V&R Academic

Nach dem Boom

Herausgegeben von
Anselm Doering-Manteuffel und Lutz Raphael

Tobias Gerstung

Stapellauf für ein neues Zeitalter

Die Industriemetropole Glasgow im revolutionären Wandel nach dem Boom (1960–2000)

Vandenhoeck & Ruprecht

Mit 15 Abbildungen, 5 Grafiken und 5 Tabellen

Bibliografische Information der Deutschen Nationalbibliothek

Die Deutsche Nationalbibliothek verzeichnet diese Publikation in der Deutschen Nationalbibliografie; detaillierte bibliografische Daten sind im Internet über http://dnb.d-nb.de abrufbar.

ISBN 978-3-525-30086-2

Weitere Ausgaben und Online-Angebote sind erhältlich unter: www.v-r.de.

Umschlagabbildung: Glasgow (Bildnr. 70850157) © fotolia

Gedruckt mit Unterstützung der Deutschen Forschungsgemeinschaft.

Satz: textformart, Göttingen | www.text-form-art.de
Druck und Bindung: ⊕ Hubert & Co. KG, Robert-Bosch-Breite 6, D-37079 Göttingen

Gedruckt auf alterungsbeständigem Papier.

Inhalt

Einleitung

> The last cranes [of the shipyards, T.G.] reach into the heart of a city: Glasgow: A giant born violently of the industrial revolution. The stuff for ships was handy here. And iron and coal and native skill built this city whose heart is tied to the sea.[1]
>
> Zitat aus dem Film *Seawards the Great Ships*, Großbritannien 1961

Beginnen wir mit einer Zeitreise und wandern zurück in das Jahr 1957.[2] Es ist Sommer und wir reisen mit dem Schiff nach Glasgow (Abbildung 1). Unser Weg führt uns zunächst im unteren Teil des *Firth of Clyde*, eines weiten und mächtigen Fjords, in dem sich die nicht allzu fernen Berge des schottischen Hochlandes spiegeln, vorbei an den Ferienparadiesen Rothsay auf der *Isle of Bute* und Dunoon, wo um diese Jahreszeit tausende Glasgower ein paar Tage Urlaub *doon the water* verbringen. Angereist sind die meisten von ihnen mit einem der typischen Raddampfer, im Volksmund *Clyde Puffers* genannt. Sie verbinden nicht nur die ›schottische Riviera‹ mit dem Stadtzentrum, sondern übernehmen auch einen Großteil des Warenverkehrs innerhalb der Region. Etwas weiter flussaufwärts entdecken wir am Nordufer Helensburgh, wo im Jahre 1812 der Ingenieur Henry Bell (1767–1830) das Dampfschiff *Comet* entwarf, das auf der ersten kommerziell erfolgreichen Dampfschifffahrtslinie Europas Helensburgh-Glasgow-Greenock seinen Dienst tat.[3]

Zu beiden Seiten des Flusses beeindrucken uns nun die ersten Werftanlagen mit ihren riesigen Kränen und Helgen. Am südlichen Flussufer fällt die Werft der *Scott Shipbuilding and Engineering* in Greenock wegen ihrer Größe besonders auf. Bekannt geworden ist die Stadt durch James Watt (1736–1819), der durch seine Weiterentwicklung der Dampfmaschine nicht unwesentlich zum Siegeszug dieser Technologie beigetragen hat. Es folgt Port Glasgow. Der Rat der Stadt Glasgow erwarb hier 1667 Land, um einen ersten Tiefwasserhafen zu

1 Dieses Zitat stammt aus dem Dokumentarfilm: Seawards the Great Ships, Großbritannien 1961, Regie: Hilary Harris, Buch: John Grierson/Clifford Hanley, 28 min.

2 Die folgende Beschreibung basiert auf dem Film Queen Mary aus dem Jahr 1957, Clyde Waterfront, News, Events and Articles, Video Downloads, URL: http://www.clydewaterfront.com/news/video-downloads/queen-mary-%281957 %29 (Abruf 15.2.2011); vgl. auch: Archibald Hurd (Hrsg.), Ports of the World, 13. Aufl., New York 1959, S. 1487–1498; H. A. Moisley, Glasgow's Spheres of Influence, in: Ronald Miller/Joy Tivy (Hrsg.), The Glasgow Region. A General Survey, Glasgow 1958, S. 285–301.

3 Ian McCrorie, Clyde Pleasure Steamers an Illustrated History, Greenock 1986, S. 5.

errichten, da der Flusslauf oberhalb aufgrund zahlreicher Sandbänke nur von flachen Kähnen befahren werden konnte.[4] Mit dem allmählichen Ausbau des Clyde zur Wasserstraße im Verlauf des 18. und 19. Jahrhunderts büßte dieser westliche Vorposten seine zeitweilige Bedeutung jedoch bald wieder ein. Glasgow selbst entwickelte sich hingegen im Laufe des 19. Jahrhunderts zu einem bedeutenden Seehafen und Standort der Schiffsbauindustrie, so dass gegen Ende des 19. Jahrhunderts die Kräne der Werften, wie es im einleitenden Zitat aus dem oscargekrönten Dokumentarfilm *Seawards the Great Ships* heißt, bis in das Herz der Stadt hineinragten.

Zu beiden Seiten rücken nun die Ufer näher ans Schiff heran. Linkerhand mündet der Zu beiden Seiten rücken nun die Ufer näher ans Schiff heran. Linkerhand mündet der Leven in den Clyde und hinter dem markanten Felsen von Dumbarton, dem Königssitz des untergegangenen Reiches von Strathclyde, zeigt sich die Werft von *William Denny & Bros.*, Erbauer der *Cutty Sark* und des ersten turbinengetriebenen Personendampfers der Welt, der *King Edward*. Im Moment befindet sich dort gerade die *HMS Jaguar*, eine Fregatte der *Royal Navy* vom Typ 41, im Bau.

Weiter flussaufwärts treffen wir auf die Mündung des *Forth and Clyde* Kanals, der seit 1790 die Ostküste Schottlands mit der Westküste verbindet. Zwölf Jahre nach seiner Eröffnung war dieser Kanal Schauplatz für die Probefahrt der *Charlotte Dundas*. Das Schiff des Erfinders William Symington war eines der ersten brauchbaren Dampfschiffe der Welt.

Je näher wir dem Zentrum Glasgows kommen, desto dichter wird die Bebauung der Flussufer. Hinter der Werft von *John Brown & Company* in Clydebank, Geburtsstätte so berühmter Schiffe wie der *Lusitania*, der königlichen Yacht *Britannia* oder der *Queen Elizabeth*, begrüßt uns der große Turm der Singer-Werke mit seinem gewaltigen Ziffernblatt. Von hier ab reihen sich am Nordufer Werften und Industrieanlagen scheinbar endlos aneinander. Zwischen den riesigen Backsteinhallen, Schornsteinen und Helgen tauchen die für Glasgow typischen, meist dreistöckigen Mietskasernen, die *Tenements*, auf. In diesen einfachen Behausungen wohnt das Heer der Arbeitskräfte, das diesen *Workshop of the World* am Laufen hält. Viele von ihnen leben in Einraumwohnungen ohne eigenes Bad oder Toilette. Laut dem Zensus von 1951 hat Glasgow derzeit etwa 1,089 Millionen Einwohner und ist damit die drittgrößte Stadt des Vereinigten Königreichs.[5] Für den Weg zur Arbeit nutzen die Menschen die zahlreichen Fährverbindungen, deren kleine Schiffchen nun unseren Weg in emsiger Betriebsamkeit kreuzen.

Und noch etwas nimmt zu, je tiefer wir in das Zentrum dieser schwerindustriell geprägten Region vordringen: der Smog. Abgase aus Fabrikschornsteinen und Kohleheizungen, aber auch von Schiffen und Dampflokomotiven verbinden

4 Irene Maver, Glasgow, Edinburgh 2000, S. 14.

5 D. J. Robertson, Population. Past and Present, in: James Cunnison/John B. S. Gilfillan, The Third Statistical Account of Scotland: Glasgow, Glasgow 1958, S. 48–79, hier S. 48.

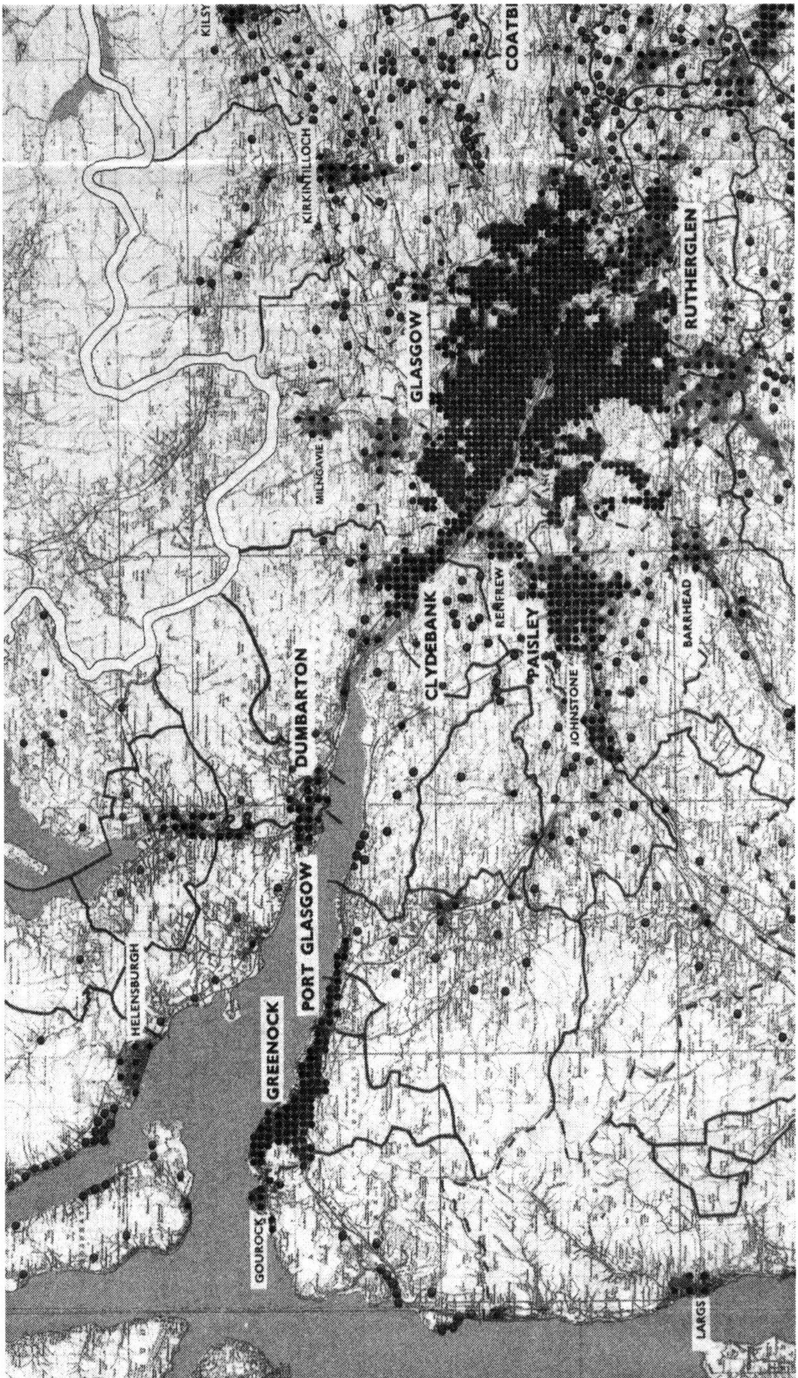

Abb. 1: Glasgow und Umgebung, Quelle: Patrick Abercrombie/Robert H. Matthew, The Clyde Valley Regional Plan, London 1949, S. 17.

sich mit jenen aus Chemieanlagen zu einer sehr unangenehmen Melange. Die meisten Bauwerke, die wir vom Fluss aus erkennen können, sind schwarz vor Ruß. Auch das Flusswasser, durch das sich unser Boot stromaufwärts müht, ist von Abwässern und Abfällen stark verschmutzt. Hinzu kommt der Lärm, der von den Werften und den Fabrikhallen herüber dringt.

Mit dem *Rothesay Dock* erreichen wir den eigentlichen Innenstadthafen, dessen neuestes Hafenbecken, das *King George V Dock*, erst 1931 eröffnet worden ist. Es folgen Docks und Kaianalagen zu beiden Seiten des Flusses (Abbildung 2). Kräne, Güterschuppen, Eisenbahngleise, größere und kleinere Werften prägen das Bild. 23 Schiffsbaubetriebe sind es dieser Tage noch. Orientierung im Gewirr der Industrie- und Hafenanlagen bietet das riesige Speichergebäude der *Meadowside Granary*. Hier werden täglich große Mengen an Getreide umgeschlagen – nicht zuletzt für die schottische Whiskey-Industrie. Vom *Yorkhill Basin* nebenan wird das Nationalgetränk in alle Welt, überwiegend aber nach Nordamerika verschifft.

Vorbei an *Fairfields Shipyard* in Govan erreichen wir das Herz des Hafens, die beiden großen, einander gegenüberliegenden Becken des *Queen's Dock* am nördlichen und des *Prince's Dock* am südlichen Ufer. Am Arm des über 50 Meter hohen Finnieston-Krans schwebt gerade eine Dampflokomotive der *North British Locomotive Company* in den Frachtraum eines Schiffes, das heute Abend noch nach Kapstadt auslaufen soll. Der Bau von Lokomotiven, der sich im nördlich gelegenen Stadtteil Springburn konzentriert, ist das zweite schwerindustrielle Standbein Glasgows nach dem Schiffsbau. Neben dem Finnieston-Kran zeigt jeweils ein schmucker kleiner Rundbau aus roten Ziegeln an, wo sich der *Glasgow Harbour Tunnel* befindet. Er verbindet beide Seiten des Flusses durch drei Röhren unterirdisch miteinander. Seit 1943 ist allerdings nur noch der Fußgängertunnel in Betrieb.

Von hier ab reihen sich beiderseits des Flusses rote Backsteinspeicher aneinander. In ihnen verpacken Hafenarbeiter die Waren und Produkte der heimischen Industrie seesicher, ehe sie nach komplizierten Plänen an Bord eines Schiffes verstaut werden. Güter, die für Glasgow bestimmt sind, werden hier zwischengelagert und für den Weitertransport neu gruppiert.

Das rote Band der Hafenschuppen wird am Südufer durch das *General Terminus* unterbrochen. Bis vor kurzem gingen von hier aus Schiffsladungen mit schottischer Kohle in andere Teile Großbritanniens oder in entfernte Gegenden der Welt. Derzeit wird die Anlage umgerüstet. Statt Kohle zu exportieren, soll sie bald Eisenerz importieren. Das neue integrierte Stahlwerk *Ravenscraig*, das derzeit südlich von Glasgow bei der Stahlstadt Motherwell entsteht, soll so mit den notwendigen Rohstoffen versorgt werden.

Am Südufer folgt die Einfahrt zum ältesten der Innenstadtdocks, dem 1867 erbauten *Kingston Dock*, hinter dem das große Gebäude der *Scottish Co-operative Wholesale Society* aufragt. Hier werden die Verbindungslinien zu den schottischen Inseln abgewickelt. Gegenüber, am Anderston und am Lancefield Kai, legen die Schiffe nach Irland ab. Am *Broomielaw Wharf* in Sichtweite des

Abb. 2: Luftaufnahme des Glasgower Hafens von 1934, linkerhand das Queen's und rechter Hand die *Govan Graving Docks* und das *Prince's Dock*, Blickrichtung flussaufwärts in Richtung Stadtzentrum, Quelle: *Historic Environment Scotland*, SC 1257727, © Historic Environment Scotland (Aerofilms Collections), Licensor canmore.org.uk.

Bürogebäudes der *Clyde Port Authority* gehen wir schließlich von Bord, lassen das Hafenviertel mit seinen Warenhäusern, maritimen Einrichtungen und Industriebetrieben links liegen und erreichen nach wenigen Schritten das kommerzielle Zentrum der Stadt.

Fünfzig Jahre früher hätte diese Reise ganz ähnlich ausgesehen. Wenig hatte sich seitdem verändert, wie der schottische Wirtschaftswissenschaftler Alec Cairncross 1958 zutreffend bemerkte:

In the past half-century, Scottish life has again been dominated by Glasgow: more by the changes that did not take place than by the changes that did. Glasgow was one of the first large cities of the world to cease to grow […].[6]

6 Alec Cairncross, The Economy of Glasgow, in: Ronald Miller/Joy Tivy (Hrsg.), The Glasgow Region. A General Survey, Glasgow 1958, S. 219–241, hier S. 220.

Fünfzig Jahre später hingegen, also im Jahr 2007, sind Stadt und Fluss kaum wiederzuerkennen: Die industriell-maritime Kulturlandschaft entlang des Clyde ist weitgehend verschwunden. Die Küstenorte am Unterlauf sind nun winters wie sommers verwaist, da die Glasgower ihren Urlaub mittlerweile lieber im sonnigen Süden Europas verbringen. Wo sich einst Werften und Hafenanlagen den vordersten Platz am Wasser streitig machten, findet man jetzt Büro- und Wohnanlagen, kleinere Parks, Einkaufszentren und ähnliches, aber auch zahlreiche Brachflächen. Nur zwei Werften haben am Oberlauf des Clyde die Krisenjahre überstanden. An den Standorten Govan und Scotstoun produziert die *BAE Systems* Militärschiffe, den Großteil davon für die *Royal Navy*.

Wo sich früher Nord- und Südbecken des *Queen's Dock* erstreckten, kann man heute trockenen Fußes das *Scottish Exhibition and Conference Centre* betreten. Sein von *Foster and Partners* entworfenes *Clyde Auditorium* setzt mit seiner auffällig geformten Aluminiumhülle einen markanten architektonischen Akzent am Flussufer. Ohne Funktion und etwas verloren steht der Finnieston-Kran am Ufer. Zum bloßen Schmuckelement degradiert, scheint sein gewaltiger Arm in eine unsichtbare Vergangenheit zu weisen. Zusammen mit der 2006 eröffneten Straßenbrücke *Clyde Arc* dient er den Nachrichtensendungen von *BBC-Scotland* als Kulisse. Nebenan, in der Rotunde des geschlossenen und teilweise verfüllten Hafentunnels sitzen derweil die Restaurantgäste und genießen bei fernöstlichen Speisen und einem guten Glas Wein den Blick auf das Wasser und die ›authentische‹ Atmosphäre.

Am Südufer erhebt sich als architektonisches Pendant zu Fosters Auditorium das *Science Centre*, ein naturwissenschaftliches Erlebniszentrum, dessen silberne Titaniumhülle einen halben, auf der Seite liegenden Schiffsrumpf zu imitieren scheint. Dazu gehören der Glasgow-Tower, ein Aussichtsturm, der sich wie ein Segel im Wind dreht, und ein kugelförmiges Imax-Kino. Das Areal wird heute unter dem Namen *Pacific Quay* vermarktet. Schon seit Jahren sucht man nach Investoren, die hier weitere Büroflächen und Wohnungen bauen sollen. In unmittelbarer Nachbarschaft entstand ein neues Medienquartier mit der von David Chipperfield entworfenen Dependance von *BBC Scotland* und dem Sender *STV Central*. Zu beiden Seiten des Flusses folgen nun Wohnbauten und Büros, darunter auch alte Hafenschuppen, die in Lofts umgewandelt wurden (Abbildung 3).

Lässt man den Blick bei Sonnenschein über die älteren Bauwerke am Fluss schweifen, so fällt auf, dass die ganze Stadt rot bis honigfarben schimmert. Vorbei die Zeiten, als ein smoggetränktes Schwarzgrau den Grundton der Stadt bildete. Eine verbesserte Luftqualität – nicht zuletzt aufgrund des Rückgangs der Industrie und verbesserter Gesetze zur Abgasreinigung – und ein umfangreiches Fassadenreinigungsprogramm haben den schmucken Sandstein der viktorianischen Häuser wieder zum Leuchten gebracht. Dazwischen fließt der Clyde dahin, dessen Wasser inzwischen fast schon wieder Badequalität erreicht hat.

Nachdem wir die Stadtautobahn unter der zehnspurigen *Kingston Bridge* unterquert haben, erreichen wir schließlich den *Broomielaw* Kai. Wo einst die

Abb. 3: Ehemaliger Hafen heute. Links (ehemals Queen's Dock): Crowne Plaza Hotel und Clyde Auditorium. Rechts das Medienquartier mit STV und BBC, rechts vorne nur noch angeschnitten, das Science Centre, ehedem *Prince's Dock*, Blickrichtung flussaufwärts in Richtung Stadtzentrum, Quelle: British Geological Survey, BGS©NERC (All Rights Reserved 2015).

kleineren Passagierschiffe anlegten, radeln heute Touristen, und in den Grünanlagen genießen die Angestellten des dahinterliegenden *International Financial Services District* ihre Mittagspause. Das einzige schwimmende Objekt auf dem Wasser ist die 1989 zu einem Event-Restaurant umgebaute *Renfrew Ferry.* Zwischen den großen Bürokomplexen aus Stahl, Glas und Beton, die das Nordufer prägen, nimmt sich die Hauptverwaltung der *Clyde Port Authority* – neben einer Handvoll alter Warenhäuser eines der letzten Gebäude, die bereits 1957 an dieser Stelle standen – ziemlich unscheinbar aus. Nur wenige Schritte brauchen Banker, Broker und Versicherungsangestellte von hier zur Einkaufsmeile rund um die *Sauchihall* und die *Buchanan Street.* Dahinter erstreckt sich die *Merchant City,* in den 1960er und 1970er Jahren ein heruntergekommenes Innenstadtviertel am Rande des industriell geprägten *East End,* heute ein teures Geschäftsquartier mit Edelboutiquen, Verwaltungs- und Universitätseinrichtungen, exquisiten Büroflächen und ein Magnet für die immer zahlreicheren Stadttouristen. Laut dem Zensus von 2001 zählt Glasgow noch ungefähr 609.000 Einwohner[7] und damit nur knapp die Hälfte der Bevölkerung von 1951.

7 David Butler/Gareth Butler, British Political Facts since 1979, Basingstoke 2006, S. 168.

Der Kontrast zwischen dem Glasgow der 1950er und dem der 2000er Jahre verdeutlicht die Auswirkungen eines umfassenden Veränderungsprozesses, der die Stadt in ihrer physischen Gestalt, ihrem räumlich-funktionalen Gefüge sowie im Selbstverständnis, im Selbst- und Fremdbild umgeprägt hat. Präsentierte sich Glasgow in den 1950er Jahren auf den ersten Blick noch als Herz einer Industrieregion, geprägt von Kohle und Stahl, von Schiffs- und Maschinenbau sowie als Handelshafen im Austausch mit dem Commonwealth und Nordamerika, so kann davon in den 2000er Jahren keine Rede mehr sein. Hafen und Schwerindustrie sind weitgehend Vergangenheit. Verkaufs- und Büroflächen sowie Einrichtungen der Freizeit-, Kultur- und Unterhaltungsindustrie prägen das Bild.

Der in Glasgow zu beobachtende Wandel ist kein lokales Phänomen. Vergleichbare Entwicklungen lassen sich in zahlreichen westeuropäischen Großstädten, insbesondere aber in den Regionen beobachten, die einst Motoren der industriellen Entwicklung gewesen waren. Sie sind Teil einer weitreichenden sozio-ökonomischen Entwicklungsdynamik, welche die westlichen Industriegesellschaften in der zweiten Hälfte des 20. Jahrhunderts erfasste und langfristige und tiefgreifende Veränderungen mit sich brachte.

Ein wichtiges Element dieser Entwicklung ist eine veränderte Art und Weise, wie in einer Volkswirtschaft Werte geschaffen werden.[8] Die industrielle Produktion von materiellen Waren und Gütern büßte ihre bis dahin zentrale Bedeutung in Bezug auf die Beschäftigung ein. Dieser Prozess setzte in den verschiedenen Ländern zu unterschiedlichen Zeiten ein. In Großbritannien, das als Vorreiter angesehen werden kann, erreichte der Anteil der Beschäftigung im produzierenden Gewerbe 1955 seinen Höhepunkt und begann danach zu Gunsten anderer Wirtschaftsbereiche zu sinken. In Deutschland, Frankreich oder Italien sollte diese Schwelle erst in den frühen 1970er Jahren überschritten werden.[9] Die schwer- und montanindustrielle Grundlage vieler traditioneller Industriestädte und -regionen in Westeuropa begann Ende der 1950er Jahre wegzubrechen. Das erste Glied in dieser Kette, das unter der Last der Veränderungen zersprang, war die Kohlewirtschaft. Eine Reihe von dynamischen Prozessen verdichtete sich in den späten 1950er Jahren zu einer Absatzkrise[10] und zur Schließung zahlreicher

8 Vgl. Tony Judt, Geschichte Europas seit dem Zweiten Weltkrieg, München, Wien 2006, S. 516f.

9 Vgl. dazu die Tabelle in: Charles Feinstein, Structural Change in the Developed Countries during the Twentieth Century, in: Oxford Review of Economic Policy 15 (1999), Heft 4, S. 35–55, hier S. 39.

10 William Ashworth, The History of the British Coal Industry, Bd. 5, 1946–1982: The Nationalized Industry, Oxford 1986, S. 37–60; Analog hierzu für Deutschland vgl. Hans-Christoph Seidel, Kohlenkrise und Zechenstilllegungen im Ruhrgebiet, in: Jana Golombek (Hrsg.), Schichtwechsel. Von der Kohlekrise zum Strukturwandel. Katalog zur Ausstellung im LWL-Industriemuseum, Zeche Hannover in Bochum, 3.7.–30.10.2011, Essen 2011, S. 30–37; Christoph Nonn, Die Krise des Ruhrbergbaus bis zur Gründung der Ruhrkohle AG (1957/58 bis 1969), in: Michael Farrenkopf u.a. (Hrsg.), Glück auf! Ruhrgebiet. Der Steinkohlenbergbau nach 1945, Bochum 2009, S. 236–242.

Bergwerke, Kokereien und angeschlossener Industrien. Die Ursachen waren vielfältig, aber überwiegend struktureller Natur. Zum einen waren gerade in altindustriellen Regionen die oberflächennahen Vorkommen weitgehend erschöpft. Je tiefer gegraben werden musste, um an die Kohle zu gelangen, desto unrentabler wurde die Förderung und bald war einheimische Kohle nicht mehr konkurrenzfähig. Ein Umstand, der dadurch befördert wurde, dass immer größere Massengutfrachter auf dem Seeweg immer billigere Importkohle ins Land brachten. Zum anderen sank der Absatz von Kohle insgesamt, weil diese zunehmend durch Erdöl, Erdgas und andere Energieträger ersetzt wurde. So setzte die Energiewirtschaft in Großbritannien auf den Ausbau von Atomstrom und *British Railways* stellte immer größere Kontingente der Flotte auf Diesel und Elektroantrieb um. Allein der Kohleverbrauch der Eisenbahnen ging von 14,2 Millionen Tonnen im Jahr 1950 auf 8,9 Millionen Tonnen 1960 zurück, ein Minus von mehr als einem Drittel. Der Verbrauch von Kohle für den Antrieb von Schiffen war schon länger rückläufig und sank im selben Zeitraum weiter von 6,3 auf 0,6 Millionen Tonnen.[11] Insbesondere nach 1957 ging der Absatz auch in anderen Bereichen kontinuierlich zurück. Es setzte ein lang anhaltender und dauerhafter Niedergang der Kohlewirtschaft ein, der bis heute anhält.

In den 1970er Jahren gerieten dann weitere Wirtschaftszweige in Schwierigkeiten. Den Anfang markierte eine Überproduktionskrise in der Eisen- und Stahlindustrie, von der die britischen Hersteller besonders stark betroffen waren.[12] Letzteres hatte seine Ursache in den Weichenstellungen der frühen Nachkriegszeit. Auch nach der Reprivatisierung der Stahlindustrie durch die konservative Regierung in Folge der gewonnenen Wahl von 1954 blieb die Forderung nach einer erneuten Verstaatlichung virulent und die unsicheren Eigentumsverhältnisse verhinderten in den Folgejahren dringend notwendige Investitionen. Die erneute Verstaatlichung unter *Labour* 1967 wurde mit großzügigen Entschädigungszahlungen erkauft, eine Hypothek, welche das Staatsunternehmen *British Steel Corporation* für die Dauer seiner Existenz schwer belasten sollte und den Handlungsspielraum der Unternehmensleitung erheblich einschränkte. Außerdem wirkten sich die zunehmenden Versuche der Politik, direkten Einfluss auf strategische Unternehmensentscheidungen zu nehmen, um die sozialen Folgen der angestrebten Rationalisierungsmaßnahmen in Grenzen zu halten, negativ auf die Wettbewerbsfähigkeit aus. Schließlich mussten zahlreiche Standorte geschlossen werden. Die britische Stahlindustrie verlor zwischen 1975 und 1985 beinahe 70 Prozent ihrer Beschäftigten, ein Strukturwandel mit immensen sozialen und ökonomischen Folgen für die betroffenen Regionen.[13]

11 Brian R. Mitchel, British Historical Statistics, Cambridge 1988, S. 259.

12 Alasdair M. Blair, The British Iron and Steel Industry Since 1945, in: The Journal of European Economic History 26 (1997), Heft 3, S. 571–581.

13 Martin Rhodes/Vincent Wright, The European Steel Crisis, 1974–84. A Study in the Demise of Traditional Unionism, in: British Journal of Political Science 18 (1988), Heft 2, S. 171–195, hier S. 175.

Kohle und Stahl hatten die Grundlage für die industrielle Revolution geliefert. Das Vorhandensein dieser Rohstoffe hatte, vor dem Hintergrund eines nur langsam expandierenden Transportwesens, zur Herausbildung von industriellen Clustern in Europa geführt, die sich aufgrund der geophysikalischen Gegebenheiten halbmondförmig von Westschottland über Nordengland, Belgien und das Ruhrgebiet bis hinein nach Schlesien erstreckten. Die eisen- und stahlverarbeitenden Unternehmen, der Maschinen- oder Schiffsbau, der Fahrzeugbau siedelten sich in der Nähe ihrer Rohstoffquellen an und es entstand ein dichtes Netz von Betrieben aus ähnlichen Branchen. Die so erzeugten Synergien verschafften den Industrierevieren lange Zeit einen Wettbewerbsvorteil gegenüber anderen Standorten. Eine Krise der genannten Grundstoffindustrien musste sich auf diese Konglomerate negativ auswirken. Hinzu kamen mentale, funktionale, politische und strukturelle Hindernisse, die eine Anpassung der altindustriell geprägten Regionen an notwendige Erneuerungs- und Transformationsprozesse erschwerten.[14] Gebiete wie Lothringen, das Ruhrgebiet oder eben Westschottland erlebten binnen weniger Jahre eine umfassende Umstrukturierung der gesamten regionalen Ökonomie.

Diese Entwicklung setzte keineswegs plötzlich ein. Bereits in der Zwischenkriegszeit hatte sich angedeutet, dass die alten, schwerindustriell dominierten Produktionszusammenhänge an Bedeutung verlieren würden. Schon vor dem Zweiten Weltkrieg etablierten sich neue Leitsektoren wie beispielweise die Elektronik oder der Automobilbau. Im Vereinigten Königreich profitierte insbesondere der Südwesten von dieser Entwicklung, wo sich viele der neuen Leichtindustrien ansiedelten. Bestehende regionale Unterschiede verdichteten sich allmählich und es bildete sich eine neue regional-ökonomische Differenzierung heraus, die bald als Süd-Nord-Gefälle bezeichnet wurde.[15] Während die neuen Wachstumsbranchen im Süden für Vollbeschäftigung und hohe Löhne sorgten, verloren altindustrielle Gebiete wie Nordengland oder Westschottland an Bedeutung. Mit der Ausweitung des Dienstleistungssektors und mit der zunehmenden ökonomischen Bedeutung eines auf Wissen und Kommunikation basierenden Akkumulationssystems in den 1970er und 1980er Jahren verfestigte sich dieser Trend weiter.[16]

Der Strukturwandel und seine weitreichenden Folgeerscheinungen, so lautet eine Grundannahme dieser Untersuchung, bildete das Gravitationszentrum

14 Vgl. Andrew Popp/John Wilson, Business in the Region. From ›Old‹ Districts to ›New‹ Clusters, in: Richard Coopey/Peter Lyth (Hrsg.), Business in Britain in the Twentieth Century, Oxford 2009, S. 65–81.

15 Vgl. Graham Gudgin/Andrew Shofield, The Emergence of the North-South Divide and its Projected Future, in: Richard T. Harrison/Mark Hart (Hrsg.), Spatial Policy in a Divided Nation, London 1993.

16 Vgl. Rainer Schulze, Region – Industrialisierung – Strukturwandel. Annäherungen an eine regionale Perspektive sozio-ökonomischen Wandels, in: Ders. (Hrsg.), Industrieregionen im Umbruch. Historische Voraussetzungen und Verlaufsmuster des regionalen Strukturwandels im europäischen Vergleich, Essen 1993.

eines umfassenderen gesellschaftlichen Veränderungsprozesses. Freilich handelt es sich hierbei nicht um ein einfaches Kausalverhältnis, sondern um ein Geflecht aus Folgen und Nebenfolgen, aus Gleichzeitigkeiten und Ungleichzeitigkeiten. Dieser Wandel und seine Verlaufsprozesse werden analyisiert. Gefragt wird nach der Natur und nach dem Ausmaß der Veränderungen. Zu den unmittelbaren Auswirkungen für die betroffenen altindustriellen Kerngebiete zählten etwa eine hohe Arbeitslosigkeit, die Abwanderung der leistungsfähigen Gruppen der Bevölkerung, soziale Spannungen und Kriminalität sowie der Niedergang der Infrastruktur. »Der kurze Traum immerwährender Prosperität«[17] die Verheißungen anhaltender Vollbeschäftigung und eines stetig steigenden Wohlstands, abgesichert durch den Sozial- oder Wohlfahrtsstaat scheiterte hier zuerst.

Wie reagierten die betroffenen Kommunen auf die enormen Herausforderungen, denen sie sich im Zuge dessen zu stellen hatten? Viele der bis dahin gültigen Strategien und Problemlösungskonzepte schienen angesichts der immer dynamischer um sich greifenden Entwicklung zu versagen und die gescheiterten Versuche, die Lage wieder in den Griff zu bekommen, führten letztlich zu einer Legitimitätskrise der verantwortlichen Akteure, sei es nun auf nationalstaatlicher, regionaler oder lokaler Ebene, die letztlich eine institutionelle wie strategische Erneuerung zur Folge hatte.[18]

Mit Hilfe einer Mikrostudie soll der eben abstrakt skizzierte Wandel konkretisiert und in seiner Komplexität beschreibbar werden. Glasgow scheint hierfür ein geeignetes Fallbeispiel. Als urbaner Kern des westschottischen Industriereviers kann die Entwicklung der Stadt in mancherlei Hinsicht als typisch für altindustriell geprägte Regionen gelten. Die vorhandenen Kohle- und Eisenvorkommen führten schon früh zur Entstehung von Betrieben der Eisen- und Stahlherstellung. Außerdem entwickelte sich der Ballungsraum entlang des Clyde im Verlauf des 19. Jahrhunderts zu einem der weltweit wichtigsten Standorte des Schiffs- und Lokomotivbaus. Das Siegel ›*Clyde built*‹ etablierte sich als ein Synonym für hohe Verarbeitungsqualität und ausgefeilte Ingenieurskunst aus Schottland.

Daneben war Glasgow bis in die 1960er Jahre ein wichtiger Handelshafen. Hier wurden die Rohstoffe angeliefert, welche das Revier zur Produktion benötigte. Fertigwaren und Güter gingen von den Docks am Clyde in alle Welt. Wichtige Reedereien wie die *Anchor-Line* hatten ihren Sitz in der Stadt. Die technologischen Entwicklungen im globalen Güterverkehr, insbesondere die immer größer werdenden Schiffstypen, die Einführung des Norm-Containers und nicht zuletzt der Strukturwandel sowie der damit verbundene Rückgang

17 Vgl. Burkhart Lutz, Der kurze Traum immerwährender Prosperität. Eine Neuinterpretation der industriell-kapitalistischen Entwicklung im Europa des 20. Jahrhunderts, Frankfurt a. M., New York 1989.

18 Vgl. die Beiträge im gleichnamigen Sammelband zur BBC1-Serie *Politics Now*: Anthony King (Hrsg.), Why is Britian Becoming Harder to Govern? London 1976.

der Produktion führten schließlich dazu, dass der Glasgower Hafen seit den 1960er Jahren immer rascher an Bedeutung verlor. Daran konnte auch der Bau eines Containerterminals in Greenock nichts ändern. Dies lag nicht zuletzt an einer Verlagerung des Seeverkehrs. Glasgows relative Nähe zum amerikanischen Festland hatte dem Hafen lange Zeit einen Vorteil verschafft. Nun kam jedoch ein Großteil der Waren nicht mehr von der anderen Seite des Atlantiks, sondern aus Fernost. Die westschottische Küste lag nun an der Peripherie eines europäischen Binnenmarktes, dessen asiatische Zulieferer eher kontinentaleuropäische Häfen wie Hamburg oder Rotterdam bevorzugten, weil diese über ein wesentlich größeres Hinterland verfügten. Hafenstädte an der Südostküste der britischen Inseln wie Felixstowe konnten hiervon profitieren, nicht aber der Nordwesten. Statt wie zuvor mit Hilfe der Küstenschifffahrt erfolgte der Weitertransport in andere Landesteile nun zunehmend per LKW auf einem sich stetig verbessernden Straßennetz. Damit gingen weitere Schiffsbewegungen für den Glasgower Hafen verloren. Gleichzeitig beschleunigten die billigen Importe aus Fernost, die in den Normcontainern in großer Zahl und mit verschwindend geringen Transportkosten nach Großbritannien gelangten, den Strukturwandel der schottischen Ökonomie. In Glasgow führten die genannten Entwicklungen dazu, dass die innerstädtischen Hafenanlagen, mit Ausnahme des *King George V. Dock*, alle nach und nach still gelegt wurden. Damit fand die jahrhundertealte Geschichte der Stadt als Hafenstadt größtenteils ihr Ende.

Bis heute gilt der Wandel Glasgows als paradigmatisch für die seit den 1970er Jahren verstärkt zu beobachtenden Transformationsprozesse, wie folgender Ausschnitt aus einer Untersuchung der schottischen Städte im Auftrag des Edinburger Parlaments aus dem Jahr 2002 belegt:

> Scotland is one of the most urbanised countries in the world and was one of the first to urbanise. Indeed, the growth of Glasgow after 1800, its decline after 1950 and its relative stabilisation and economic growth over the last decade make it a major exemplar of the kinds of city change that have accompanied industrialisation, then de-industrialisation and more recently post-industrial development.[19]

Dieses Verständnis der Geschichte Glasgows in der zweiten Hälfte des 20. Jahrhunderts gilt es im Folgenden zu prüfen und zu analyisieren.

19 The Scottish Executive, Review of Scotland's Cities – The Analysis, Edinburgh 2002, URL: http://www.scotland.gov.uk/Resource/Doc/47021/0027033.pdf (Abruf 14.10.2011); vom internationalen Interesse zeugen u. a.: Bundesministerium für Raumordnung, Bauwesen und Städtebau, Erneuerung einer alten Industriestadt – Glasgow's Miles Better, Bonn 1988; OECD, Urban Renaissance. Glasgow: Lessons for Innovation and Implementation, Paris 2002.

Thema, Fragestellung und Gegenstand

Thema der vorliegenden Untersuchung ist der sozio-ökonomische Wandel im letzten Drittel des 20. Jahrhunderts, der mit dem Auslaufen der Nachkriegsprosperität an Dynamik gewann und zu grundlegenden Veränderungen in den westeuropäischen Industriegesellschaften führte. Ein solch breiter thematischer Rahmen bedarf der Konkretisierung. Gegenstand dieses Forschungsvorhabens bilden die Umnutzungs- und Umgestaltungsprozesse der Glasgower Hafen- und Industrieflächen, die im Zuge des Strukturwandels der späten 1960er und 1970er Jahre und der technologischen Entwicklung im globalen Güterverkehr ihre Funktion verloren hatten und brach fielen. Diese Löcher im urbanen Gewebe kündeten zunächst vom ökonomischen Niedergang und dem Zerfall einer industriell-maritimen Kulturlandschaft, entwickelten sich aber schon bald zu Projektionsflächen für eine bessere Zukunft. Der Bau des *Scottish Exhibition and Conference Centre* zwischen 1983 und 1985 markierte gewissermaßen den Startschuss für eine Neuaneignung, eine Re-Interpretation dieser urbanen Räume, die auch in der Gegenwart keinesfalls abgeschlossen ist.[20]

Das Hauptaugenmerk gilt der *Waterfront*, den Flächen entlang des Flusses. Hier lassen sich in den 1970er Jahren zwei wichtige Entwicklungen beobachten, die den Stadtraum insgesamt erheblich veränderten. Erstens ist das Verschwinden des Hafens aus der Stadt anzusprechen. Der Bau immer größerer Schiffe und die Einführung des Containers führten zu neuen Hafenformen, die eine zunehmende Trennung von Hafen und Stadt brachten. In Glasgow war es der Bau des Tiefwasser-Containerterminals in Greenock, der die innerstädtischen Hafenanlagen obsolet machte. Die Verlagerung der Ziel- und Endpunkte der wichtigsten Handelsrouten und Glasgows Abstieg von einem wichtigen Knotenpunkt im Welthandelsnetz zu dessen Peripherie taten ein Übriges und beschleunigten den Niedergang des Handelshafens. Zweitens hatte die gute Verkehrsanbindung über das Wasser dazu geführt, dass sich in Hafen- oder Ufernähe die Industrie konzentriert hatte. Die enge räumliche Verknüpfung von Stadt, Hafen und Industrie charakterisierte einen Typ der Industriehafenstadt, wie er bis in die 1970er Jahre in Europa und den USA häufig anzutreffen war. Der internationale Wettbewerb, der Strukturwandel sowie neue Produkte und Produktionsmethoden führten seither dazu, dass immer mehr Produktionsanlagen in der Uferzone stillgelegt oder verlagert wurden. Im Falle Glasgows war es der Kollaps der Schiffsbauindustrie, der gewaltige Brachlandschaften entlang des Clyde entstehen ließ. Hier wie andernorts suchte man in der Folgezeit nach dem richtigen Umgang mit diesen Flächen. Der Kampf wider den *horror vacui* wurde an der *Waterfront* besonders hart geführt. Die Wasserflächen erlaubten den freien

20 Vgl. Glasgow City Council, City Plan 2. Part 1: Development Strategy Overview, Glasgow 2009, URL: http://www.glasgow.gov.uk/en/Business/CityPlan/cityplan2hardcopiesandpdfsmaps.htm (Abruf 21.2.2012).

Blick auf leer stehende und verfallende Industrie- und Hafenanlagen und schufen so ein besonderes Maß an Sichtbarkeit. Ihre Umnutzung und Wiedereingliederung besaß in den Augen der Zeitgenossen deshalb hohe Priorität. Von Baltimores *Inner Harbour Project* bis zum Guggenheim Museum in Bilbao, immer wieder wurden am Wasser symbolische Großprojekte durchgeführt, von denen sich die Verantwortlichen in Wirtschaft und Politik wichtige Impulse für die Entwicklung der jeweiligen Stadt erhofften.[21]

Gefragt wird, wie sich die Stadtlandschaft am Fluss im Untersuchungszeitraum veränderte. Welche Auswirkungen hatte der sozio-ökonomische Wandel auf die physisch-materielle Oberfläche der Stadt? Verschwanden die Hinterlassenschaften des Industriezeitalters aus dem Stadtbild und was trat an ihre Stelle? Hinter den Veränderungen in Glasgow stand eine ganze Reihe unterschiedlicher Akteure, sowohl von öffentlicher wie von privatwirtschaftlicher Seite, die diesen Wandel planten und vorantrieben. Wer waren die Menschen hinter den Entwicklungsprozessen und an welchen Leitbildern orientierten sie sich?

Doch nicht nur die physisch-materielle Oberfläche veränderte ihr Antlitz, auch wenn dieser Wandel zunächst der augenscheinlichste ist. Zu fragen ist darüber hinaus in welchem Verhältnis der Gestaltwandel der Stadt zu sich verändernden Mentalitäten der Bewohner steht. Welche Folgen hatte es für diese, als die Grundpfeiler des kollektiven Selbstverständnisses und die alltäglichen Lebenswelten so grundlegend erschüttert wurden? War Glasgow in den 1950er Jahren noch durch die typischen Strukturmerkmale einer westeuropäischen Industrie- und Hafenstadt geprägt, so sind diese Kategorien heute kaum mehr von sozio-ökonomischer Bedeutung. Anders sieht dies in der städtischen Erinnerungskultur aus. Hier nehmen der Stolz auf das Image einer *Working-class City* und das industriell-maritime Erbe nach wie vor einen wichtigen, wenngleich nicht unumstrittenen Platz ein. Welcher Pfad führt aus diesem völlig anderen Erfahrungsraum in die Mentalitätsstrukturen und Erwartungshorizonte der Gegenwart?

Das Erkenntnisinteresse dieser Arbeit liegt also darin, anhand einer Mikrogeschichte eines konkreten städtischen Raumes Konturen des Wandels »nach dem Boom«[22] herauszupräparieren und somit einen Beitrag zur empirischen Erforschung der Geschichte Westeuropas im letzten Drittel des 20. Jahrhun-

21 Geographen und Städteforscher haben hierzu bereits viel veröffentlicht. Für einen Überblick in die internationale Dimension vgl. Richard Marshall (Hrsg.), Waterfronts in Post-Industrial Cities, London, New York 2001; Brian S. Hoyle/David A. Pinder/Sohail Husain (Hrsg.), Revitalising the Waterfront. International Dimensions of Dockland Development, London 1988; Dirk Schubert (Hrsg.), Ufer- und Hafenzonen im Wandel. Analysen und Planungen zur Revitalisierung der Waterfront in Hafenstädten, 2. Aufl., Berlin 2002; Axel Priebs/Rainer Wehrhahn (Hrsg.), Neue Entwicklungen an der europäischen Waterfront, Kiel 2004.

22 Vgl. Anselm Doering-Manteuffel/Lutz Raphael, Nach dem Boom. Perspektiven auf die Zeitgeschichte seit 1970, 2. Aufl., Göttingen 2010.

derts zu leisten. Der Untersuchungszeitraum setzt dementsprechend mit dem beschleunigten Niedergang der traditionellen Industrien seit Mitte der 1960er-Jahre ein. Behandelt werden die Auflösung der alten Strukturen und die Suche nach neuen Konzeptionen in Reaktion auf die daraus resultierenden Problemlagen. Den Endpunkt markieren die späten 1990er Jahre, als die meisten Weichenstellungen in Bezug auf das neue Glasgow bereits getroffen waren und ein entsprechender Mentalitätswandel erkennbar wurde.

Historische und Sozialwissenschaftliche Forschung in der Zeitgeschichte

Wagt sich zeithistorische Forschung so nah an die eigene Gegenwart heran, wird sie mit einer Fülle an zeitgenössischer sozialwissenschaftlicher Literatur konfrontiert. Das Spektrum reicht von hochspezialisierten Einzeluntersuchungen bis hin zu breiten Deutungsangeboten einer Epoche. Im Falle Glasgows mit seinen zwei großen Universitäten und zahlreichen kleineren Forschungseinrichtungen ist das ebenfalls so. Auf einzelne Untersuchungen wird zu gegebener Zeit einzugehen sein. An dieser Stelle wird der Umgang des Zeithistorikers mit solchen Texten erläutert.[23]

So wenig wie der Historiker sich losgelöst von seiner eigenen Gegenwart der Betrachtung vergangener Epochen hinzugeben vermag, kann ein Sozialwissenschaftler eine vollkommen objektive Analyse eines Problems leisten. Seine Fragestellung, sein Erwartungshorizont, seine Herangehensweise – all das wird beeinflusst von Kontexten, die jenseits des konkreten Problems liegen. Methoden und Ergebnisse repräsentieren also immer nur eine partikulare, vom jeweiligen Erkenntnisinteresse bestimmte Sicht auf einen beschränkten und selektierten Teil der historischen Entwicklungsprozesse. Aus dieser epistemologischen Konstante erwächst der sozialwissenschaftlichen Literatur aus der Sicht des Zeithistorikers eine gewisse Ambivalenz. Einerseits bieten die Studien Datensätze und Deutungsangebote, die von großem Nutzen sein können. Die Versuchung, diese im Rahmen der eigenen Erzählung allzu unkritisch zu verwenden, ist groß. Das birgt jedoch die Gefahr, zeitgenössische Selbstreflexionen und Deutungsversuche samt deren politischer Agenda mit zu übernehmen und blind zu

23 Vgl. Lutz Raphael, Die Verwissenschaftlichung des Sozialen als methodische und konzeptionelle Herausforderung für eine Sozialgeschichte des 20. Jahrhunderts, in: Geschichte und Gesellschaft 22 (1996), S. 165–193; Margit Szöllösi-Janze, Wissensgesellschaft in Deutschland. Überlegungen zur Neubestimmung der deutschen Zeitgeschichte über Verwissenschaftlichungsprozesse, in: Geschichte und Gesellschaft 30 (2004), S. 277–313; Doering-Manteuffel/Raphael, Nach dem Boom, S. 75–107; Rüdiger Graf/Kim Christian Priemel, Zeitgeschichte in der Welt der Sozialwissenschaften, Legitimität und Originalität einer Disziplin, in: Vierteljahrshefte für Zeitgeschichte 59 (2011) Heft 4, S. 479–508.

werden, für alternative Sichtweisen. Rüdiger Graf und Kim Christian Priemel, die sich mit diesem Dilemma befasst haben, fordern deshalb:

> Den unbequemen Schritt zurückzutreten, um die wirklichkeitskonstituierende Wirkung sozialwissenschaftlicher Analysen zu reflektieren und diese als Quelle, nicht als Darstellung zu lesen […].[24]

Für die praktische Arbeit bedeutet dies, dass die sozialwissenschaftliche Literatur umfassend zu historisieren und zu kontextualisieren ist. Entstehungs- und Diskussionszusammenhänge müssen aufgezeigt werden und es ist zu klären, warum bestimmte Lesarten zu einem bestimmten Zeitpunkt so einflussreich werden und andere sich nicht durchsetzen konnten. Außerdem muss ausgelotet werden, inwiefern die gängigen zeitgenössischen Interpretationsmuster den eigenen Blick auf die Vergangenheit noch mitbestimmen.[25]

Dies gilt explizit auch für die jüngsten Deutungsangebote aus der Feder der Historikerzunft, die überwiegend noch thesenartige Annäherungen an einen neuen Abschnitt der Zeitgeschichte darstellen, aber bislang empirisch noch wenig unterfüttert sind. Anselm Doering-Manteuffel und Lutz Raphael haben das Konzept eines »Strukturbruchs« in Verbindung mit einem »sozialen Wandel von revolutionärer Qualität«[26] geprägt. Von den Problemlagen der Gegenwart her kommend, lautet ihre Ausgangsfrage: Welchen Entwicklungsprozessen und welchen historischen Konstellationen verdankt die gegenwärtige Welt ihre spezifischen Charakteristika, wie etwa die Dominanz marktradikaler Ideologien oder die Wirtschaftsform des digitalen Finanzmarktkapitalismus? Sie haben dabei vor allem drei Entwicklungsprozesse im Auge, um die herum sich viele kleinere Stränge anlagern: Die kulturelle und gesellschaftliche Liberalisierung seit Mitte der 1960er, das Auslaufen der außerordentlichen Nachkriegsprosperität seit den späten 1960ern und den ökonomischen Strukturwandel seit den 1970er Jahren.

Zu einer ähnlichen Chronologie, wenngleich aus einem etwas anderen Blickwinkel, gelangt der Freiburger Historiker Ulrich Herbert. Für ihn endet um 1970 herum die Hochmoderne.[27] Darunter versteht er einen umfassenden offe-

24 Ebd., S. 507.

25 Vgl. Doering-Manteuffel/Raphael, Nach dem Boom, S. 75–78; Colin Crouch, Social Change in Western Europe, Oxford 1999, S. 39–44.

26 Doering-Manteuffel/Raphael, Nach dem Boom, S. 28; vgl. die Mehrfachbesprechung im Forum der ›Sehepunkte‹ vom Mai 2009, URL: www.sehepunkte.de//2009/05/#forum/mehrfachbesprechung-a-doering-manteuffel-l-raphael-nach-dem-boom-g246ttingen-2008-115/ (Abruf 22.2.2012).

27 Vgl. Ulrich Herbert, Europe in High Modernity. Reflections on a Theory of the 20th Century, in: Journal of Modern European History 5 (2007), Heft 1, S. 5–22; vgl. Lutz Raphael, Ordnungsmuster der ›Hochmoderne‹? Die Theorie der Moderne und die Geschichte der europäischen Gesellschaften im 20. Jahrhundert, in: Ders./Ute Schneider (Hrsg.), Dimensionen der Moderne. Festschrift für Christof Dipper, Frankfurt a. M. 2008, S. 73–91.

nen Dynamisierungsprozess, der seinen Ausgang nahm, als Industrialisierung und Urbanisierung zu Massenphänomenen wurden, als neue Verkehrs- und Transportmittel den Austausch von Gütern und Informationen beschleunigten und immer neue Innovationen in Wissenschaft, Technik und Kultur den Gang der Welt scheinbar beschleunigten. Die 1950er und 1960er Jahre waren demnach eine Phase der Verheißung. Das sozialdemokratische Modell schien eine Lösung der vielschichtigen Probleme, welche die Hochmoderne von Beginn an geprägt hatten, in greifbare Nähe zu rücken. Dies alles geschah vor dem Hintergrund einer anhaltenden Demokratisierung und Liberalisierung. Ab Ende der 1960er Jahre brach dann jedoch die materielle Grundlage dieses Modells weg. Mit der folgenden Umstrukturierung der klassisch-kapitalistischen Industriegesellschaft sei die Hochmoderne an ihr Ende gekommen. Damit erschöpfte sich auch der utopische Gehalt vieler Modernisierungsträume. Konrad Jarausch spricht in diesem Zusammenhang vom »Ende der Zuversicht.«[28]

Viele Autoren gehen mittlerweile davon aus, dass um 1970 herum die Weichen in unsere Gegenwart gestellt werden. Die vorliegende Untersuchung will diese These anhand eines überschaubaren Gegenstands und mit Hilfe eines konkreten Fallbeispiels überprüfen und versteht sich gleichzeitig als Beitrag zur empirischen Erforschung der jüngsten Zeitgeschichte.

Theoretischer und methodischer Zugriff

Wie bereits aus den einleitenden Bemerkungen erkennbar wird, spielt die Kategorie »Raum« für die vorliegende Untersuchung eine zentrale Rolle. Gemeint ist hier zum einen der physische Raum. Die Arbeit beschäftigt sich mit der Umgestaltung von Flächen, die wiederum Teil eines urbanen Raumes, mitunter eines dichtgewobenen Netzwerkes lokaler und lokalisierbarer Beziehungen und Kommunikationswege sind. Es handelt sich also um vom Menschen zur Erfüllung bestimmter Zwecke gestaltete Räume, weniger um geographische und geophysikalische Gegebenheiten. Verlieren solche Areale ihre Funktion im innerurbanen Gefüge oder erhalten sie eine neue Funktionalität zugewiesen, so verändert sich in der Regel nicht nur etwas für das unmittelbar betroffene Gelände, vielmehr strahlt der Wandel auf die umliegenden Gebiete aus.

Die bauliche Entwicklung der Stadt ist an der Oberfläche beobacht- und beschreibbar.[29] Ihre materielle Gestalt repräsentiert jedoch zum anderen unsere Vorstellungen von Urbanität im Allgemeinen und der konkreten Stadt im Besonderen, unsere Art der Aneignung des physischen Raumes, dessen Wahrnehmung

28 Konrad H. Jarausch, Das Ende der Zuversicht? Die siebziger Jahre als Geschichte, Göttingen 2008.

29 Besonders sinnfällig führt dies ein Fotoband vor Augen, der ältere Luftaufnahmen britischer Städte mit solchen aus den Jahren 1987/88 vergleicht: Leslie Gardiner, The Changing Face of Britain from the Air, London 1989.

und symbolische Dimension.[30] Sowohl die materiell-physische als auch die repräsentativ-ideelle Ebene sollen im Rahmen der Untersuchung aufeinander bezogen und mit der Analyse der zeitgenössischen sozialwissenschaftlichen Debatten über die Stadt verknüpft werden. Zu fragen ist also nicht nur nach konkreten Auswirkungen des Strukturwandels auf die physische Struktur der Stadt, sondern auch danach, wie sich gesellschaftliche Veränderungen in den urbanen Raum eingeschrieben haben. Konkrete Umbauprojekte werden zudem als Teil gesellschaftlicher Selbstverständigungsprozesse über das Wesen der Stadt, also über Urbanität, gedeutet und interpretiert. Hat sich mit den vielfachen Veränderungen der Stadtstrukturen in der Phase »nach dem Boom« auch unsere Vorstellung von der Stadt an sich, ihrer Ordnung, ihren funktionsräumlichen Zusammenhängen verändert?

Die Arbeit nimmt somit Impulse des *Spatial Turn* auf, wenngleich der Begriff etwas unglücklich gewählt, weil doppelt irreführend ist.[31] Bei genauerer Betrachtung handelt es sich weder um einen Paradigmenwechsel im Sinne Thomas Kuhns, wie die Vokabel des *Turn* nahelegt, noch kann man in diesem Zusammenhang von einem exakt umrissenen theoretisch-methodischen Instrumentarium ausgehen. Hinter diesem Label verbirgt sich vielmehr eine Vielzahl neuerer Ansätze insbesondere in den Kultur- und Sozialwissenschaften, die alle die Grundannahme teilen, dass die Kategorie ›Raum‹ in der jeweiligen Disziplin zu wenig Beachtung findet und dass dieses Defizit zu beheben sei. Die Konjunktur solcher Ansätze seit den späten 1990er Jahren erklärt sich teilweise daraus, dass die einschlägigen Autoren auf eine Reihe von Veröffentlichungen reagierten, die angesichts der verkehrs- und kommunikationstechnologischen Entwicklung Ende der 1980er und in den 1990er Jahren ein »Verschwinden des Raumes«[32] oder doch zumindest eine »time-space compression«[33] attestierten.

Dies gilt auch für den britischen Historiker David Blackbourn, der 1998 als einer der ersten auf die wachsende Bedeutung der Kategorie Raum in der Ge-

30 Vgl. Henri Lefebvre, Die Produktion des Raumes, in: Jörg Dünne (Hrsg.), Raumtheorie, Grundlagentexte aus Philosophie und Kulturwissenschaften, Frankfurt a. M. 2007, S. 330–341; Edward W. Soja, Thirdspace. Journeys to Los Angeles and Other Real-and-Imagined Places, London, New York 1989; Peter Noller, Globalisierung der Stadträume und Lebensstile. Kulturelle und lokale Repräsentationen des globalen Raums, Opladen 1999.

31 Matthias Middell, Der Spatial Turn und das Interesse an der Globalisierung in der Geschichtswissenschaft, in: Jörg Döring/Tristan Thielemann (Hrsg.), Spatial Turn. Das Raumparadigma in den Kultur- und Sozialwissenschaften, Bielefeld 2008, S. 103–124; einen interdisziplinären Überblick bietet die Einleitung zu diesem Sammelband: Jörg Doering/Tristan Thielemann, Einleitung. Was lesen wir im Raume? Der Spatial Turn und das geheime Wissen der Geographen, in: Dies. (Hrsg.), Spatial Turn, S. 7–48; Thomas Pohl, Entgrenzte Stadt. Räumliche Fragmentierung und zeitliche Flexibilisierung in der Spätmoderne, Bielefeld 2009.

32 Paul Virilio, Das dritte Intervall. Ein kritischer Übergang, in: Edith Decker/Peter Weibel (Hrsg.), Vom Verschwinden der Ferne. Telekommunikation und Kunst, Köln 1990, S. 348.

33 David Harvey, The Condition of Postmodernity, Oxford 1990, S. 260–283.

schichtsschreibung hinwies. Für ihn lag darin ein mögliches Korrektiv zur Ortlosigkeit der digitalen Gegenwart:

We might benefit from recovering a sharper sense of the physical space within which human agents have acted historically, something that can become lost in this age of cyberspace, virtual reality and simulacra, when historians visit many websites but rarely lace up those stout walking shoes to investigate either countryside or town.[34]

Der Osteuropa-Historiker Karl Schlögel hat mit seinem 2003 erschienenen Buch *Im Raume lesen wir die Zeit* wesentlich dazu beigetragen, dass die Bedeutung des Raumes zumindest in der deutschen Geschichtswissenschaft neu überdacht wurde.[35] *Spatial Turn* hieß in seiner Lesart: »gesteigerte Aufmerksamkeit für die räumliche Seite der geschichtlichen Welt – nicht mehr, aber auch nicht weniger«[36]

Geschichte findet Stadt lautet der doppeldeutige Titel eines Aufsatzes von Aleida Assmann.[37] Der Ort, an dem sie sich ereignet, ist weder tote Kulisse noch bloßes Objekt menschlichen Gestaltungswillens. Vielmehr wirkt er in seinen Dimensionen, in seiner Beschaffenheit und Strukturierung auf die historische Entwicklung zurück. Glasgow wäre vielleicht für immer das hübsche und beschauliche Städtchen geblieben, das der britische Schriftsteller Daniel Defoe im frühen 18. Jahrhundert als die sauberste, schönste und bestgebaute Stadt nach London beschrieben hatte[38], wären Kohle und Eisen nicht zu Grundstoffen der Industrialisierung geworden und hätten sich nicht nutzbare Vorkommen ausgerechnet unter den fruchtbaren Böden von Lanarkshire und Ayrshire befunden.[39]

Die Klammer des Raumes vereint vielfältige, teils widersprüchliche Erfahrungen und unterschiedliche Prozesse in ihrer je eigenen Zeitlichkeit. Aleida Assmann spricht in diesem Zusammenhang vom Palimpsest der Stadt, der sich »als geronnene und geschichtete Geschichte« beschreiben lasse.[40] Die Konzentration des Blicks auf den städtischen Raum Glasgows ließ während der Recherche manche Vorannahmen, die bislang als gegeben angesehen wurden, verschwimmen. Anderes trat umso schärfer hervor. Man könnte hier mit Schlögel vom »Vetorecht gegen die von der Disziplin und von der arbeitsteiligen Forschung favorisierte

34 David Blackbourn, A Sense of Place. New Directions in German History, London 1999.
35 Karl Schlögel, Im Raume lesen wir die Zeit. Über Zivilisationsgeschichte und Geopolitik, München, Wien 2003.
36 Ebd., S. 68.
37 Aleida Assmann, Geschichte findet Stadt, in: Moritz Csáky/Christoph Leitgeb (Hrsg.), Kommunikation – Gedächtnis – Raum. Kulturwissenschaften nach dem ›Spatial Turn‹, Bielefeld 2009, S. 13–28.
38 Daniel Defoe, A Tour Through the Whole Island of Great Britain, Harmondsworth 1986, S. 605.
39 Thomas Neville George, The Geology and Geomorphology of the Glasgow District, in Miller/Tivy, The Glasgow Region, S. 17–61, hier S. 37.
40 Aleida Assmann, Geschichte findet Stadt, S. 18.

Parzellierung und Segmentierung des Gegenstands«[41] sprechen, die dem historischen Ort innewohnt. Der Historiker, der sich auf diese Kategorie einlässt, macht die paradoxe Erfahrung, dass die Beschränkung des Blicks auf einen abgegrenzten Raum das Sichtfeld für die Vielfalt der Geschichte vor Ort weitet.

Gleichzeitig darf die mikrohistorische Sicht, wie sie in der vorliegenden Untersuchung überwiegt, nicht zur Nabelschau verkommen. Stadtgeschichte soll hier nicht als Selbstzweck betrieben werden. So, wie neuere Ansätze in der biographischen Geschichte das Schicksal eines Individuums nicht für sich betrachten, sondern eher als Symptom und Metapher für größere Zusammenhänge deuten,[42] so soll hier die Entwicklung einer bestimmten Stadt herangezogen werden, um Aussagen über die Stadt »nach dem Boom« treffen zu können. Mikro- und Makrohistorie müssen dabei immer wieder zueinander ins Verhältnis gesetzt werden. Alles, was vor Ort zu beobachten ist, entstammt zunächst dem Mikrokosmos des gewählten Fallbeispiels und muss deshalb auf seine Tragweite und Generalisierbarkeit hin geprüft werden. Ortsspezifische und regionale Besonderheiten gilt es von größeren, verallgemeinerbaren Trends und Tendenzen abzugrenzen. Denn, wie es Andreas Fahrmeier und Elfie Rembold in ihrem Sammelband zur Geschichte der britischen Städte ausgedrückt haben:

> [...] what complicates matter[s] is that each city is different – in terms of its traditions, including the written and unwritten framework of the civic constitution, in terms of its self-image, its social makeup, its economic specialisation, its political preferences, its location in the centre or on the periphery of a state, its relative success compared with other regions and towns, and so on.[43]

Maßnahmen zur Umgestaltung der Stadtstruktur, der urbanen Ökonomie oder zur Schaffung eines neuen Stadtimages müssen, wollen sie erfolgreich sein, dieser Eigenlogik[44] der individuellen Stadt Rechnung tragen und Gleiches gilt auch für die historische Analyse.

Diese Untersuchung ordnet sich somit in einen Strang der jüngeren Ideengeschichte ein, die Konzepte und Ordnungsvorstellungen anhand konkreter Handlungszusammenhänge analysiert.[45] Zeitgenössische Wahrnehmungen und

41 Karl Schlögel, Im Raume, S. 10.

42 Vgl. Jan Eckel, Hans Rothfels. Eine intellektuelle Biographie im 20. Jahrhundert, Göttingen 2005, S. 9–32; Etzemüller, Sozialgeschichte als politische Geschichte. Werner Conze und die Neuorientierung der westdeutschen Geschichtswissenschaft nach 1945, München 2001, S. 2–8.

43 Andreas Fahrmeier/Elfie Rembold, Representation of British Cities. The Transformation of Urban Space 1700–2000, in: Dies. (Hrsg.), Representation of British Cities. The Transformation of Urban Space 1700–2000, Berlin, Wien 2003, S. 11 f.

44 Der Begriff der Eigenlogik entstammt der Stadtsoziologie vgl. Martina Löw, Soziologie der Städte, Frankfurt a. M. 2008, S. 65–108.

45 Lutz Raphael, Ideen als gesellschaftliche Gestaltungskraft im Europa der Neuzeit. Bemerkungen zur Bilanz eines DFG-Schwerpunktprogramms, in: Ders./Heinz-Elmar Tenorth (Hrsg.), Ideen als gesellschaftliche Gestaltungskraft im Europa der Neuzeit, München 2006, S. 11–27.

Interpretationen des Wandels und ihre vielfältigen Repräsentationen im urbanen Raum stehen im Mittelpunkt des Erkenntnisinteresses. Die Entwicklung Glasgows ist dabei der physisch-materielle, die Geschichte seiner Bewohner der sozial-kulturelle Ankerpunkt der geschichtswissenschaftlicher Erzählung. Durch eine Verknüpfung des lokalen Geschehens mit den zeitgenössischen sozialwissenschaftlichen Debatten soll zudem die Öffnung hin zu einem größeren und umfassenderen historischen Kontext ermöglicht werden.

Mit dieser Perspektive nähert sich die Arbeit darüber hinaus an jüngere Ansätze in der Politikgeschichte an[46], insbesondere dort, wo sie sich mit dem »Politische[n] in seinen sprachlich-bildlichen Symbolstrukturen«[47] befasst. Stadtentwicklungspläne, Imagekampagnen und Umbauprojekte lassen sich mit Hilfe einer solchen Perspektive neu lesen und anders verstehen. Wichtige Pionierarbeit bei der Erschließung dieser Ansätze für die neuere historische Stadtforschung haben die Kanadier Steven High und David W. Lewis in ihrer Studie über den amerikanischen *Rust Belt* geleistet. In ihrem Werk *Corporate Wasteland* weisen sie beispielsweise auf die symbolische Dimension und ritualhafte Ausgestaltung bei der Zerstörung alter Fabrikhallen und Produktionsstätten hin.[48] Mit den zentralen Bauwerken der Industriegesellschaft und ihrer Infrastruktur sollte die alte Welt zu Grabe getragen werden. Die mediale Aufzeichnung dieser Vernichtungsakte ermöglichte wiederum ihre Reproduzierbarkeit und Verbreitung.[49]

Forschungsstand und Quellen

Da die vorliegende Arbeit als Lokalstudie angelegt ist, bedarf sie einer Einbettung in größere nationale und internationale Zusammenhänge, insbesondere im europäischen und transatlantischen Kontext. Jüngere Gesamtdarstellungen zur europäischen Zeitgeschichte beginnen häufig mit dem Jahr 1945 und

46 Vgl. Ute Frevert, Neue Politikgeschichte: Konzepte und Herausforderungen, in: Dies./Heinz Gerhard Haupt (Hrsg.), Neue Politikgeschichte. Perspektiven einer historischen Politikforschung, Frankfurt a. M., New York 2005, S. 7–26; Für Großbritannien vgl. Kerstin Brückweh/Martina Steber, Aufregende Zeiten? Ein Forschungsbericht zu Neuansätzen in der britischen Zeitgeschichte des Politischen, in: Archiv für Sozialgeschichte 50 (2010), 671–701; Lawrence Black, ›What kind of people are you?‹ Labour, the people and the ›New Political History‹, in: John Callaghan u. a. (Hrsg.), Interpreting the Labour Party. Approaches to Labour politics and history, Manchester 2003, S. 23–38, hier insbes. S. 23–26; Steven Fielding, Looking for the New Political History, in: Journal of Contemporary History 42 (2007), S. 515–524.

47 Frevert, Neue Politikgeschichte, S. 23; Ausgangspunkt für zahlreiche Entwicklungen auf diesem Feld: Murray Edelman, Politik als Ritual. Die symbolische Funktion staatlicher Institutionen und politischen Handelns, 3. erw. Aufl., Frankfurt a. M. 2005.

48 Vgl. Steven High/David W. Lewis, Corporate Wasteland. The Landscape and Memory of Deindustrialization, Ithaca, London 2007.

49 Ebd., S. 39.

konzentrieren sich weitgehend auf die Politikgeschichte.[50] Einen umfassenden Überblick über die sozialgeschichtliche Entwicklung Europas bietet, neben einigen historisch angelegten, soziologischen Darstellungen,[51] vor allem Hartmut Kaelble.[52] Einzelne thematische Aspekte der wirtschaftlichen Entwicklung seit dem Zweiten Weltkrieg behandelt außerdem der Sammelband von Max-Stephan Schulze.[53] Eine Geschichte Europas im letzten Viertel des 20. Jahrhunderts hat der britische Historiker Jeremy Black 2009 vorgelegt.[54] Im Bezug auf die Themen, die im Rahmen der vorliegenden Studie bearbeitet werden, ist insbesondere der von Niall Ferguson und Charles S. Maier herausgegebene Sammelband *The Shock of the Global* von Interesse, der sich um eine historische Einordnung der 1970er Jahre in einer globalhistorischen Perspektive bemüht. Im Mittelpunkt steht dabei das von Stagflation und einer sich neu etablierenden weltweiten Arbeitsteilung gespeiste Krisenbewusstsein der Zeitgenossen.[55]

Die meisten Überblickswerke zur jüngeren Geschichte Großbritanniens setzen entweder mit dem Beginn oder dem Ende des Zweiten Weltkriegs ein und reichen etwa bis zur Jahrtausendwende. Dabei fällt zunächst das weitgehende Fehlen eines Interpretationsmusters auf, das noch in den 1980er Jahren die Narrative zur britischen Nachkriegsgeschichte dominiert hat: die *Decline*-These. Kaum ein Autor sieht heute noch die Entwicklung Großbritanniens seit dem Zweiten Weltkrieg oder gar dem späten 19. Jahrhundert als eine Geschichte des anhaltenden ökonomischen Niedergangs und des kulturellen Verfalls. Diese Lesart hatte ihre Hochzeit, so scheint es aus heutiger Sicht, während der politisch-ideologischen Kämpfe der Thatcher-Jahre und verlor danach immer mehr an Überzeugungskraft und politischer Brisanz. Nicht zuletzt vor dem Hintergrund der wirtschaftlichen Erholung hat spätestens Mitte der 1990er Jahre die wirtschafts- und ideengeschichtliche Historisierung des *Decline*-Narratives eingesetzt.[56] Befreit von

50 William I. Hitchcock, The Struggle for Europe. The History of the Continent Since 1945, London 2003; Harold James, Geschichte Europas, München 2006; Judt, Geschichte Europas; Mark Mazower, Der dunkle Kontinent. Europa im 20. Jahrhundert, Berlin 2000; vgl. Jost Dülffer, Europäische Zeitgeschichte – Narrative und historiographische Perspektiven, in: Zeithistorische Forschungen, Online-Ausgabe, 1 (2004), Heft 1, URL: http://www.zeithistorische-forschungen.de/16126041-Duelffer-1-2004 (Abruf 24.2.2012).

51 Vgl. Crouch, Social Change; Göran Therborn, Die Gesellschaften Europas 1945–2000, Frankfurt, New York 2000; Stefan Hradil/Stefan Immerfall (Hrsg.), Die westeuropäischen Gesellschaften im Vergleich, Opladen 1997.

52 Hartmut Kaelble, Sozialgeschichte Europas 1945 bis zur Gegenwart, Bonn 2007.

53 Max-Stephan Schulze, Western Europe. Economic and Social Change, London 1999.

54 Jeremy Black, Europe Since the Seventies, London 2009.

55 Niall Ferguson u. a., The Shock of the Global. The 1970s in Perspective, Harvard 2010.

56 Vgl. Jim Tomlinson, The Politics of Decline, Harlow 2001; Richard English/Michael Kenny, Rethinking British decline, Basingstoke 2000, insbes. S. 279–299; Barry Supple, Fear of Failing. Economic History and the Decline of Britain, in: Economic History Review 47 (1994), Heft 3, S. 441–458; Michael Kitson, Failure Followed by Success or Success Followed by Failure? A Re-Examination of British Economic Growth Since 1949,

ideologischen Vorgaben und tagesaktuellen Argumentationszusammenhängen wird die wirtschaftliche Entwicklung Großbritanniens seit dem Ende des Zweiten Weltkriegs in jüngeren Darstellungen zunehmend in ihrer ganzen Komplexität und Widersprüchlichkeit greifbar.

Ein zweites Interpretament scheint sich für das Verständnis dieser Jahre jedoch weiterhin zu bewähren. Nach wie vor attestiert eine Mehrheit der Autoren der britischen Nachkriegsgeschichte eine Zäsur, die sie, je nach inhaltlicher Schwerpunktsetzung, zwischen den mittleren 1960er Jahren und Mitte der 1980er Jahre ansetzen. Den narrativen Kern dieser Binnenzäsur bildet die Vorstellung von einem relativ breiten sozialdemokratischen Konsens über die parteipolitischen Lager hinweg, dessen wichtigste Elemente die *Mixed Economy*, das *Free Collective Bargaining* und der britische Wohlfahrtsstaat gebildet hätten.[57] Die Auflösung dieses Grundkonsenses markierte demnach einen tiefen Einschnitt in der britischen Nachkriegsgeschichte.

Natürlich gab und gibt es Kritik am Konzept eines Nachkriegskonsenses.[58] Eine repräsentative Gegenposition findet sich etwa bei dem Politologen Peter Kerr. Er vertritt die Ansicht, das zugrunde liegende Erzählmuster entstamme ideologischen Auseinandersetzungen und baue auf falschen Prämissen auf. Seine Vertreter gingen zu Unrecht davon aus, einzelne große Gestalten wie Clement Attlee, der Schöpfer des Konsenses, oder Margaret Thatcher mit ihrem umfassenden Reformprogramm, hätten den Gang der Geschichte bestimmt. Kerr betont hingegen den evolutionären Charakter der Entwicklung und spricht provokativ davon, dass erst die Thatcher-Regierung einen weitreichenden Konsens geschaffen habe.[59]

Betrachtet man Kerrs Kritik *en détail*, vermag sie indes wenig zu überzeugen. Zwar weist er zu Recht auf die Gefahr hin, die vorhandenen Unterschiede zwischen den politischen Lagern durch die Betonung des Konsenses zu überdecken, die meisten jüngeren Vertreter dieser Lesart sind sich jedoch dieser Problematik durchaus bewusst. Nach wie vor erscheinen die zahlreichen Gemeinsamkeiten und die relative Kontinuität in der britischen Innenpolitik vor 1970 weit ungewöhnlicher und erklärungsbedürftiger als die Unterschiede. Warum,

in: Roderick Floud (Hrsg.), The Cambridge Economic History of Modern Britain, Bd. 3: Structural Change and Growth 1939–2000, Cambridge 2004, S. 27–56; Almuth Ebke, ›The Party is Over?‹ Die Wirtschaftspolitik der Regierungen Heath, Wilson und Callaghan und das Narrativ des »British Decline«, 1970–76, Ms., Tübingen 2011.

57 Vgl. Paul Addison, The Road to 1945, London 1975; Rodney Lowe, The Second World War, Consensus, and the Foundation of the Welfare State, in: Twentieth Century British History 1 (1990), Heft 2, S. 152–182; Dominik Geppert, Großbritannien seit 1979. Politik und Gesellschaft, in: Neue Politische Literatur 54 (2009), Heft 1, S. 61–86, hier S. 63; Hans Kastendiek/Richard Stinshoff, Kontinuität und Umbruch. Zur Entwicklung Großbritanniens seit 1945, in: Hans Kastendiek/Roland Sturm (Hrsg.), Länderbericht Großbritannien. Geschichte, Politik, Wirtschaft, Gesellschaft, 3. erw. Aufl., Bonn 2006, S. 95–116.

58 Vgl. Lowe, The Second World War, S. 152–154.

59 Peter Kerr, Post-War British Politics. From Conflict to Consensus, London 2001.

könnte man beispielsweise fragen, hielten die konservativen Regierungen nach 1951 nicht nur an dem von *Labour* geschaffenen Wohlfahrtsstaat, sondern auch am Großteil der beschlossenen Verstaatlichungen fest? Bei der Suche nach Antworten auf solche Fragen hat sich das heuristische Konstrukt des Nachkriegskonsenses bislang bewährt.[60]

Das Konsensmodell stammt im Wesentlichen aus der Politikgeschichte und in den vorliegenden Gesamtdarstellungen dominiert bislang das Politische.[61] Anders die sehr gut lesbare und an ein breites Publikum gerichtete Darstellung des Glasgower Journalisten Andrew Marr.[62] In fünf chronologisch angeordneten Kapiteln zeichnet er jeweils ein umfassendes Portrait der britischen Gesellschaft, das Innen- und Außenpolitik genauso berücksichtigt wie sozial- und mentalitätsgeschichtliche Aspekte oder die Entwicklung von Populärkultur und Konsumverhalten. Seine Interpretation der Nachkriegsgeschichte wird von zwei Hauptthesen bestimmt. Er sieht erstens die Entwicklung der Gesellschaft über den gesamten Untersuchungszeitraum hinweg überwiegend positiv. Das Vereinigte Königreich habe es geschafft, sich von einem ineffizienten und rückwärtsgewandten, in Imperialismus und schwerindustriellem Produktionsregime verhafteten Gemeinwesen in ein wohlhabenderes und sozialdemokratischeres Land zu verwandeln und diese Transformation sei erstaunlicherweise ohne Revolution vonstatten gegangen.[63] Zweitens könne man diese Erfolgsgeschichte keineswegs den Leistungen einer besonders fähigen politischen Elite zuschreiben. Abgesehen von der Attlee-Regierung (1945–51) und den ersten beiden Kabinetten Margaret Thatchers (1979–1987) habe das politische Führungspersonal Großbritanniens durchgehend versagt. Die Ursachen für die positive Entwicklung sieht Marr demnach außerhalb der Sphäre des Politischen. Dass die Kapiteleinteilung dennoch dem Wechsel der Regierungsparteien folgt, mag deshalb inkonsequent scheinen. Interessanterweise weicht er ein Mal davon ab: Die Phase zwischen der ersten Wilson-Regierung (1964) und dem Amtsantritt Margaret Thatchers (1979) behandelt er als zusammenhängende Krisen- und Übergangsphase, in der auf die Hochzeit eines modernistischen Fortschrittsglaubens an Plan- und Steuerbarkeit der gesamtgesellschaftlichen Entwicklung schließlich das Scheitern an der Wirklichkeit und den wirtschaftlichen Rahmenbedingungen gefallen sei.

Noch deutlicher wird die Scharnierfunktion dieser etwa fünfzehn Jahre in der zweibändigen, von Brian Harrison besorgten Darstellung der britischen Nachkriegszeit, die in der Reihe *The New Oxford History of England* erschie-

60 Vgl. Arthur Marwick, British Society Since 1945, 4. erw. Aufl., London u. a. 2003, S. 73–81.

61 David Childs, Britain Since 1945. A Political History, 6. erw. u. erg., Aufl., London 2006; Kenneth O'Morgan, Britain Since 1945. The People's Peace, 3. erw. u. erg. Aufl., Oxford 2001; Simon James/Virgina Preston (Hrsg.), British Politics Since 1945. The Dynamics of Historical Change. Basingstoke, Hampshire, New York 2001.

62 Andrew Marr, A History of Modern Britain, London 2007.

63 Ebd., S. XXIX.

nen ist.[64] Harrison zieht die Trennlinie zwischen den beiden Teilen seiner Darstellung um das Jahr 1970 herum. Damals sei der in den frühen 1950er Jahren etablierte demokratische Korporatismus, der in den 1960er Jahren seinen Zenit erreicht habe, spürbar in die Krise geraten. Um diese Zeit herum habe darüber hinaus eine Phase der relativen, verfassungsmäßigen Einheit und Stabilität allmählich ihr Ende gefunden, in der die Klammer eines britischen Nationalbewusstseins die kulturellen und sozialen Unterschiede innerhalb des Vereinigten Königreichs zu überdecken vermochte.

Paul Addison verschiebt in seiner 2010 erschienenen Gesamtdarstellung die Chronologie des Wandels näher in Richtung Gegenwart.[65] Er verortet zwar manche der wesentlichen politischen, ökonomischen und sozialen Veränderungen ebenfalls bereits in den 1960er Jahren. Die entscheidenden Jahrzehnte beschleunigten Wandels, in denen die britische Gesellschaft revolutioniert wurde, sind ihm zufolge jedoch die 1970er und 1980er Jahre.[66] Ähnlich wie Marr sieht er in den übergroßen Erwartungen der 1950er und 1960er Jahre, in der wirtschaftlichen Krise der 1970er Jahre und im Scheitern der Modernisierungspolitik vor dem Hintergrund sich verengender finanzieller Spielräume die Ursachen für die tiefgreifenden Umwälzungen des darauffolgenden Doppeljahrzehnts.

Für den Sozialhistoriker Arthur Marwick waren die Erfahrungen des Zweiten Weltkriegs bestimmend für den sozialen Konsens der Nachkriegszeit.[67] Dieser verliert in seiner Darstellung bereits Ende der 1950er Jahre an Bedeutung. Darauf sei ein langes Jahrzehnt stetig wachsenden Wohlstands gefolgt. Die Auswirkungen der ersten Ölkrise, die zahlreichen Arbeitskämpfe und eine Eskalation von Gewalt hätten dem dann ab 1973 ein Ende bereitet. In der Folge sei ein Einschnitt in den Wertvorstellungen und Lebensentwürfen der Menschen zu beobachten. Diese von Unsicherheit geprägte Krisenphase sei durch die Reformen der Thatcher-Regierung überwunden worden.

Neben den Einzeldarstellungen existieren einige neuere Sammelbände zur britischen Nachkriegsgeschichte. Zwei seien hier kurz erwähnt: Zum einen der von Jonathan Hollowell herausgegebene Band *Britain since 1945* und zum anderen der von Paul Addison und Harriet Jones betreute *Companion to Contemporary Britain 1939–2000*.[68] Beide bieten eine Vielzahl fundierter Beiträge zu einzelnen thematischen Aspekten zur Entwicklung seit dem Zweiten Weltkrieg.

In deutscher Sprache liegen zwei neuere Gesamtdarstellungen vor. 2005 erschien die knapp gehaltene Einführung *Großbritannien seit 1945* von Thomas

64 Brian Harrison, Seeking a Role. The United Kingdom 1951–1970, Oxford 2009; Ders., Finding a Role? The United Kingdom 1970–1990, Oxford 2010.

65 Paul Addison, No Turning Back. The Peacetime Revolutions of Post-War Britain, Oxford 2010.

66 Ebd., S. 404.

67 Marwick, British Society.

68 Jonathan Hollowell (Hrsg.), Britain since 1945, Oxford 2003; Paul Addison/Harriet Jones (Hrsg.), Companion to Contemporary Britain, Malden, Ma, Oxford 2005.

Mergel, die mit den Krisen der 1970er Jahre und dem Aufstieg des Thatcherismus endet.[69] Chronologisch weiter ausholend und sehr viel umfangreicher ist die *Geschichte Großbritanniens im 20. Jahrhundert* von Franz-Josef Brüggemeier.[70] Erschienen in der von Ulrich Herbert herausgegebenen Reihe *Europäische Geschichte im 20. Jahrhundert*, orientiert sich diese am Konzept der Hochmoderne. Brüggemeier überschreibt die Jahre zwischen 1961 und 1979 mit *Wind of Change* und deutet diesen Zeitraum als Formationsphase der britischen Gesellschaft von heute.

Das Standardwerk zur britischen Wirtschaftsgeschichte Großbritanniens seit 1945 ist der dritte Band der von Roderick Floud und Paul Johnson herausgegebenen *Cambridge Economic History of Modern Britain*.[71] Im Titel werden die beiden großen Themen der wirtschaftlichen Entwicklung zwischen 1939 und 2000 bereits benannt: *Structural Change and Growth*. Unter der besonderen Berücksichtigung des Strukturwandels und der Frage des Wirtschaftswachstums beleuchten die fünfzehn Aufsätze unterschiedlichste Aspekte der Wirtschaftsgeschichte, von den Besonderheiten der Kriegswirtschaft über die Entwicklung einzelner Sektoren bis hin zur Auswirkung des Europäischen Marktes und der Regionalförderung.

Neben den Gesamtdarstellungen entstand in jüngerer Zeit eine Reihe von Büchern, die einzelnen Nachkriegsdekaden gewidmet sind. Bislang lag der Schwerpunkt auf den 1960er Jahren und die meisten Historiker betonten die besondere Bedeutung dieses Jahrzehnts für die gesellschaftliche Liberalisierung, deren Bewertung je nach politischem Standpunkt der Autoren sehr unterschiedlich ausfällt. Ein umfangreicher und aktueller Literaturbericht hierzu findet sich in Mark Donellys *Sixties Britain*.[72] In *The Sixties* leistet Arthur Marwick darüber hinaus einen Vergleich der britischen Entwicklung mit der in Frankreich, Italien und den Vereinigten Staaten.[73] Einige Autoren haben inzwischen zu Recht darauf hingewiesen, dass viele der sozialen und kulturellen Aufbrüche dieser Dekade erst im Laufe der 1970er Jahre die Breitenwirksamkeit erzielten, die bisweilen bereits für das vorausgegangene Jahrzehnt attestiert wird.[74]

Das Gros der Bücher über die 1970er und 1980er Jahre stammt aus der Feder historisch versierter Journalisten und bietet eine auf Interviews, Zeitungs-

69 Thomas Mergel, Großbritannien seit 1945, Göttingen 2005.

70 Franz-Josef Brüggemeier, Geschichte Großbritannien im 20. Jahrhundert, München 2010.

71 Roderick Floud/Paul Johnson (Hrsg.), The Cambridge Economic History of Modern Britain, 3 Bde., Cambridge 2004; außerdem hierzu: Roger Middelton, The British Economy Since 1945, Basingstoke 2000; Alec Cairncross, The British Economy Since 1945. Economic Policy and Performance, 1945–1995, 2. Aufl., Oxford 1999.

72 Vgl. Mark Donelly, Sixties Britain. Culture, Society and Politics, Harlow 2005, S. 1–14.

73 Arthur Marwick, The Sixties. Cultural Revolution in Britain, France, Italy, and the United States, c.1958-c.1974, Oxford 1998.

74 Vgl. Dominic Sandbrook, State of Emergency. The Way We Were: Britain 1970–1974, London 2010, S. 10.

lektüre und Betrachtungen über die zeitgenössische Populärkultur aufbauende Mixtur aus Politik- und Kulturgeschichte.[75] Die 1970er Jahre waren und sind in der britischen Öffentlichkeit ein Schreckgespenst, das durch die politischen Debatten von Thatcher bis Cameron spukt, und meist mit einem ›Nie wieder so‹ beschworen wird.[76] In jüngster Zeit haben sich einige Autoren daran gemacht, eine Revision dieses Bildes vorzunehmen, wobei zunächst die kulturelle Bedeutung des Jahrzehnts hervorgehoben wurde.[77] Andy Beckett schreibt in der Einleitung zu *When the lights went out*, die 1970er Jahre hätten für das Großbritannien der Gegenwart eine ähnliche Funktion, wie die Weimarer Republik für die Gesellschaft der Bundesrepublik.[78] Diesem Zerrbild versucht er durch einen differenzierteren Blick entgegenzuwirken. Zwar attestiert er dem Jahrzehnt eine Krise des Selbstverständnisses und des Selbstvertrauens einer bis dato scheinbar stabilen und beispielhaften Demokratie, stellt demgegenüber aber auch die kulturellen Leistungen und die politischen Aufbrüche der Neuen Sozialen Bewegungen heraus.

Noch stärker werden Politik-, Kultur- und Mediengeschichte in Alwyn W. Turners *Crisis? What Crisis?* verzahnt, wobei immer wieder erstaunliche Analogien zwischen Populärkultur und politischem Feld gezogen werden.[79] Im Laufe des Jahrzehnts sei der Nachkriegskonsens immer mehr unter Beschuss geraten und zwar sowohl vom rechten wie vom linken Rand des politischen Spektrums, bei Turner verkörpert durch die Rivalität der beiden Antipoden Enoch Powell und Tony Benn. Die zunehmende Gewalt, militante Gewerkschaften, das wachsende Bewusstsein für die Gefährdung der Umwelt und die ökonomische Krise hätten das Selbstverständnis und Selbstvertrauen der britischen Gesellschaft untergraben. Ihr sei innerhalb weniger Jahre die Zukunft abhanden gekommen. Die Auswirkungen macht Turner an so unterschiedlichen Phänomenen wie der nostalgischen Verklärung weiter zurückliegender Phasen der britischen Geschichte, insbesondere des Zweiten Weltkriegs in den TV-Serien der späten 1970er Jahre oder dem ›*No Future*‹ der Punkbewegung fest.

Mittlerweile hat auch die zeithistorische Forschung nachgezogen. Dominic Sandbrook wagte sich mit dem dritten Band seiner *History of Modern Britain*

75 Ausführlicher Literaturbericht zur britischen Zeitgeschichte seit 1979 vgl. Dominik Geppert, Großbritannien seit 1979.

76 Den Urtext lieferte der konservative Journalist Christopher Booker mit seiner 1980 veröffentlichten Rückschau: Christopher Booker, The Seventies. Portrait of a Decade, London 1980; aktuell dazu vgl. Francis Wheen, Economic Gloom, Terror Threats, Strikes, Football Hooliganism, Civil Liberties Strangled: Why Britain is Going Back to the 70s, in: Mail online, URL: http://www.dailymail.co.uk/debate/article-1213528/Economic-gloom-Terror-threats-Strikes-Football-hooliganism-Civil-liberties-strangled-Why-Britains-going-70s.html (Abruf 23.2.2012).

77 Vgl. Howard Sounes, The Sights, Sounds and Ideas of a Brilliant Decade, London 2006.

78 Andy Beckett, When the Lights Went Out. What Really Happened to Britain in the Seventies, London 2009.

79 Alwyn W. Turner, Crisis? What Crisis? Britain in the 1970s, London 2008.

jüngst in die Jahre der Regierung von Edward Heath (1970–1974) vor.[80] Um den narrativen Kern einer Politik- und Wirtschaftsgeschichte herum portraitiert er die britische Gesellschaft jener Zeit, die er einerseits von zahlreichen sozialen und kulturellen Neuerungen und andererseits von der sich entfaltenden wirtschaftlichen Misere und einer Krise der politischen Führung geprägt sieht. Die frühen 1970er Jahre sind bei Sandbrook also eine Phase des nicht mehr und noch nicht:

> […] its political consensus fragmenting under the pressure of social change, its economy struggling to cope with overseas competitors, its culture torn between the comforts of nostalgia and the excitement of change, its leaders groping to understand a landscape transformed by consumerism and social mobility. An old world was dying; a new was struggling to be born.[81]

Diese vielfältigen Dichotomien kulminieren in Sandbrooks viertem Band schließlich in den Jahren 1974 bis 1979 in einem *Battle for Britain*.[82]

Eine erste Geschichte des darauffolgenden Jahrzehnts hat der Journalist Andy McSmith vorgelegt.[83] Diese seien in der ersten Hälfte von umfassenderen Veränderungen und zahlreicheren Konflikten geprägt gewesen als jedes andere Jahrzehnt seit dem Zweiten Weltkrieg. In den späten 1980er Jahren habe sich dann eine neue Ordnung etabliert, die bis in die Gegenwart hinein fortbestehe.[84] McSmith verweist auf die Gegensätze zwischen ideologisch extrem aufgeladenen Auseinandersetzungen auf der einen und einer wachsenden Politikverdrossenheit auf der anderen Seite, eine Gesellschaft zwischen *Live-Aid* und neuer Gier an den Finanzmärkten, zwischen Rezessionen und steigendem privaten Wohlstand. Er deutet die Glaubens- und Richtungskämpfe der frühen 1980er Jahre als Geburtswehen einer neuen Ära, deren Wesensmerkmale jedoch relativ vage bleiben.

Vielleicht liegt dieses offene Ende aber auch in der Natur der Sache. Je näher man sich historisch-interpretierend an die eigene Gegenwart heranwagt, desto unklarer werden die Konturen, desto mehr verschwimmt der Blick. Selbst eine sehr aufschlussreiche und präzis geschriebene Politik- und Sozialgeschichte des Konsumzeitalters, wie die von Jeremy Black[85], wirft am Ende deutlich mehr Fragen auf, als sie zu beantworten vermag. Die Zunahme an Unsicherheiten und Kontingenzerfahrungen, die er für das letzte Drittel des 20. Jahrhunderts herausgearbeitet hat, scheinen sich auch in der zeithistorischen Betrachtung auszubreiten, je näher ihr Blick an die Gegenwart heranreicht.

80 Sandbrook, State of Emergency.
81 Ebd., S. 13.
82 Ders., Seasons in the Sun. The Battle for Britain, 1974–79, London 2012.
83 Andy McSmith, No Such Thing as Society. A History of Britain in the 1980s, London 2010.
84 Ebd., S. 9.
85 Black, Britain Since the Seventies.

Die meisten Werke zur britischen Nachkriegsgeschichte konzentrieren sich weitgehend auf England oder sind gar London-zentriert. Andere Teile des Vereinigten Königreichs tauchen nur am Rande auf. Gesonderte Darstellungen zur Geschichte des modernen Schottlands beginnen gerne mit dem Unionsvertrag von 1707 und entsprechend knapp wird die zweite Hälfte des 20. Jahrhunderts behandelt.[86] Die lange Perspektive erklärt sich häufig aus einem gesteigerten Interesse an der Frage nach der sozialen, politischen und kulturellen Eigenständigkeit der Schotten. Die anhaltende Aktualität dieses Themas angesichts der fortdauernden Debatte um die Unabhängigkeit Schottlands hat zu einer Flut an populärwissenschaftlichen Publikationen geführt, auf die hier nicht näher eingegangen werden kann.

Schaut man auf die wissenschaftliche Geschichtsschreibung, so ist die Anzahl der Veröffentlichungen überschaubar. An erster Stelle steht Ewen A. Camerons in der Reihe *The New Edinburgh History of Scotland* verfasste Darstellung *Impaled Upon a Thistle*.[87] Sechs der sechzehn Kapitel sind der Zeit nach 1945 gewidmet. Zwei Querschnittskapitel vermitteln einen Überblick über die Sozial- und Wirtschaftsgeschichte, wobei letzteres den Titel *The End of Industrial Scotland* trägt und vor allem den beschleunigten Strukturwandel seit Mitte der 1960er Jahre behandelt. Die übrigen vier Kapitel widmet Cameron der Politikgeschichte, wobei er das Erstarken des Nationalismus und den zunehmenden Ruf nach einer parlamentarischen Vertretung in den 1970er Jahren als einen entscheidenden Wendepunkt deutet.[88]

No Gods and Precious Few Heroes entstammt der Feder Christopher Harvies.[89] Er war lange Zeit Professor für die Landeskunde Großbritanniens an der Universität Tübingen, ehe der Labour-Renegat 2007 als Abgeordneter für die *Scottish Natonalist Party* (SNP) ins schottische Parlament einzog. Seine Darstellung – der Titel lässt es bereits erahnen – bietet eine recht pessimistische Sicht auf Schottland im 20. Jahrhundert. Das Hauptproblem besteht jedoch darin, dass das Bändchen, trotz der mittlerweile dritten aktualisierten Auflage, in wesentlichen Teilen aus den späten 1970er beziehungsweise frühen 1980er Jahren stammt und deshalb eher Quellencharakter besitzt. Das letzte Drittel des 20. Jahrhunderts wird lediglich in zwei nachträglich ergänzten Kapiteln knapp behandelt, wobei die Thatcher-Jahre als Phase der »*instant post-industrialisation*«[90] bezeichnet werden. Der wirtschaftliche Wiederaufstieg in der Folgezeit steht, aus der Sicht Harvies, auf tönernen Füßen.

86 Thomas M. Devine, The Scottish Nation 1700–2000, London 1999; Murray G. H. Pittock, A New History of Scotland, Stroud 2003.

87 Ewen A. Cameron, Impaled Upon a Thistle. Scotland Since 1880, Edinburgh 2010.

88 Ebd., S. 289–319; Zur Krise britischer Identität und dem Erstarken der Partikularismen im Vereinigten Königreich vgl. Peter Leese, Britain Since 1945. Aspects of Identity, Basingstoke 2006, S.67–84.

89 Christopher Harvie, No Gods and Precious Few Heroes. Scotland Since 1914, 3. erw. Aufl., Edinburgh 1998.

90 Ebd., S. 164.

Der Glasgower Historiker Richard J. Finlay hat einen sehr gut lesbaren und thesenstarken Band zur schottischen Geschichte seit dem Ersten Weltkrieg vorgelegt.[91] Leider ist die Nutzbarkeit dieses Werkes für den Historiker stark eingeschränkt, da er weitgehend auf Verweise und Fußnoten verzichtet. Dieses Manko wird durch die vereinzelt eingefügten sehr ausführlichen Quellenzitate und eine kommentierte Bibliographie im Anhang nur unzureichend behoben. Zwischen Mitte der 1970er Jahre und Mitte der 1980er Jahre verortet Finlay einen ökonomischen Niedergang, verbunden mit einer breiten gesellschaftlichen Krise. Für die späten 1980er Jahre attestiert er hingegen eine Renaissance der schottischen Kultur und die Wiederbelebung der radikal umstrukturierten Wirtschaft, deren logische Konsequenz letztlich das Referendum von 1997 und die Schaffung eines schottischen Parlaments gewesen sei.

Eine aktuelle Monographie zur Wirtschaftsgeschichte Schottlands liegt derzeit nicht vor.[92] Ersatzweise bietet der Sammelband *The Transformation of Scotland* einen Überblick über die ökonomische Entwicklung von 1700 bis zur Jahrtausendwende. In den vier thematischen Blöcken befasst sich je ein Aufsatz mit dem Zeitraum zwischen 1914 und 2000.[93]

Drei neuere Sammelbände vereinen Aufsätze zur schottischen Geschichte im 20. Jahrhundert. Der erste, von Thomas M. Devine und Richard J. Finlay verantwortete Band *Scotland in the 20th Century*, enthält insgesamt 14, jeweils das ganze Jahrhundert betrachtende Aufsätze zur Wirtschafts-, Sozial-, Politik- und Ideengeschichte.[94] Der zweite, von Lynn Abrams und Callum G. Brown herausgegeben, hat einen erkennbar kultur- und sozialgeschichtlichen Schwerpunkt.[95] Zusammen mit Jenny Wormald hat schließlich Thomas M. Devine jüngst ein Handbuch zur Geschichte Schottlands seit der frühen Neuzeit vorgelegt. Der sehr langen Perspektive ist es geschuldet, dass die Beiträge zum 20. Jahrhundert sehr knapp ausfallen.[96]

Eine Geschichte der Arbeiter und der Arbeiterbewegung in Schottland liegt in William W. Knoxs *Industrial Nation* vor.[97] Für ihn stellt der Amtsantritt

91 Richard J. Finlay, Modern Scotland 1914–2000, London 2004.

92 Bruce Lenman, An Economic History of Modern Scotland, 1660–1976, London 1977; Tony Dickson/James H. Treble, People and Society in Scotland, Volume III, 1914–1990, Edinburgh 1992.

93 Thomas M. Devine/Clive H. Lee/George C. Peeden (Hrsg.), The Transformation of Scotland. The Economy Since 1700, Edinburgh 2005.

94 Thomas M. Devine/Richard J. Finlay (Hrsg.), Scotland in the Twentieth Century, Edinburgh 1996; ergänzend die Aufsatzbände 2 u. 4 von: Anthony Cooke u. a. (Hrsg.), Modern Scottish History 1707 to the Present, 5 Bde., East Linton 1998.

95 Lynn Abrams/Callum G. Brown (Hrsg.), A History of Everyday Life in Twentieth Century Scotland, Edinburgh 2010.

96 Jenny Wormald/Thomas M. Devine (Hrsg.), The Oxford Handbook of Modern Scottish History, Oxford u. a. 2012.

97 William W. Knox, Industrial Nation. Work, Culture and Society in Scotland, 1800-Present, Edinburgh 1999.

Margaret Thatchers 1979 den entscheidenden Wendepunkt dar. Ihre Politik habe die seit Beginn der Industrialisierung vorherrschende *Crafts Culture* zerstört:

The year 1979, then, marked the beginning of the end for the male, skilled industrial, protestant worker in Scotland and represented a climacteric in the political development of working class politics north of the border.[98]

Zur Stadtgeschichte Glasgows existieren nur wenige Gesamtdarstellungen. Das Standardwerk von Andrew Gibb stammt aus dem Untersuchungszeitraum selbst und kann deshalb nur für die Vorgeschichte der hier untersuchten Veränderungen herangezogen werden.[99] Eine neuere Darstellung von Irene Maver ist zur Jahrtausendwende erschienen und methodisch wie auch inhaltlich auf dem neuesten Stand.[100] Das Hauptaugenmerk liegt hier jedoch auf der Zeit vor 1918. Das Werk profitiert von zwei Sammelbänden zur Glasgower Stadtgeschichte.[101]

Damit sind wir nun bei der Frage nach den verwendeten Quellen angelangt. Die Untersuchung setzt auf drei Ebenen an, die sich in der Auswahl des Quellenkorpus entsprechend widerspiegeln. Die wichtigste Ebene ist erstens die der unmittelbar an den Entscheidungen beteiligten Akteure. Das sind in diesem Falle die verantwortlichen Entscheidungsträger vor Ort. Welche Ideen und Ordnungsvorstellungen bestimmten ihr Handeln bei der Umgestaltung des städtischen Raumes und bei der versuchten Neuausrichtung der urbanen Ökonomie? Bei der Beantwortung dieser Frage gilt der Stadtverwaltung von Glasgow und dem *Strathclyde Regional Council* besondere Aufmerksamkeit. Darüber hinaus werden die *Scottish Development Agency* und das *Scottish Office* in den Blick genommen.

Die Überlieferung der Glasgower Stadtverwaltung wird im Stadtarchiv in der *Mitchell Library* verwahrt. Für die Zeit zwischen 1965 und 1995 wurden die Stadtratsprotokolle systematisch ausgewertet.[102] Es handelt sich hierbei jedoch um reine Ergebnisprotokolle, die in der Regel nicht viel mehr preisgeben, als wann etwas beschlossen wurde. Will man über eine bloße Chronologie der Er-

98 Ebd. S. 252.

99 Andrew Gibb, Glasgow. The Making of a City, London 1983.

100 Maver, Glasgow.

101 Thomas M. Devine/Gordon Jackson (Hrsg.), Glasgow. Volume I: Beginnings to 1830, Manchester, New York 1995; W. Hamish Fraser/Irene Maver, Glasgow. Volume II: 1830 to 1912, Manchester, New York 1996.

102 Aufgrund zweier Verwaltungsreformen gliedert sich der Bestand innerhalb des Untersuchungszeitraums in die Minutes of the Corporation of Glasgow, die bis zu deren Auflösung 1975 reichen, die Minutes of the City of Glasgow District Council sowie die Minutes of the Glasgow City Council ab 1996: The Glasgow City Archives (künftig GCA), Minutes of the Corporation of Glasgow, C1/3; ebd., Minutes of the City of Glasgow District Council, GDC1/1; ebd., Minutes of the Glasgow City Council, GCC1/1.

eignisse hinaus gelangen, ist darum die Berücksichtigung eines weiteren ergänzenden Archivbestands von Bedeutung. Es handelt sich um die zu den Protokollen gehörenden Sitzungsunterlagen[103], also um diejenigen Materialien, welche den Mandatsträgern als Entscheidungsgrundlage zur Verfügung gestellt wurden. Dieser Bestand ist jedoch für den genannten Zeitraum weder vollständig erhalten noch erschlossen und konnte schon allein aufgrund der Fülle an Material nur stichprobenartig eingesehen werden.

In der *Mitchell Library* befindet sich außerdem ein Großteil der Unterlagen des Rates der Region Strathclyde (*Strathclyde Regional Council*, SRC). Eingeführt mit dem *Local Government (Scotland) Act* 1973 übernahm die Region ab 1975 wesentliche Planungs- und Verwaltungsaufgaben und bestand bis zu einer erneuten Reform im Jahre 1996 fort. Die Ergebnisprotokolle zu den Sitzungen des Rates und seiner Untergremien sowie eine Reihe von ebenfalls archivierten, aber noch nicht erschlossenen Sitzungsmaterialien sind freigegeben.[104] Darüber hinaus boten die regelmäßig von den Experten des SRC verfassten regionalen Strukturpläne Aufschluss über die Einschätzung der wirtschaftlichen Entwicklung und über Strategien zur Belebung und Neuausrichtung der regionalen Ökonomie. Diese Pläne konnten vollständig in der Bibliothek der *University of Glasgow* eingesehen werden.

Neben Stadt und Region war die halbstaatliche *Scottish Development Agency* (SDA) ein weiterer wichtiger Akteur. 1975 ins Leben gerufen, umfasste ihr Aufgabengebiet den Bau und die Vermietung von Gewerbeparks und Fabrikgebäuden, Investitionen in schottische Unternehmen sowie die Regenerierung beziehungsweise Umnutzung von Industriebrachen. Im schottischen Nationalarchiv in Edinburg konnten die jährlichen Tätigkeitsberichte der SDA von der Gründung bis zur Restrukturierung und Umbenennung in *Scottish Enterprise* 1991 eingesehen werden.[105]

In Edinburg befindet sich auch der Großteil der relevanten Dokumente aus dem *Scottish Office* (SO). Bis zur Schaffung eines eigenen schottischen Parlaments 1999 war dieses Ministerium der britischen Regierung unter der Leitung des *Secretary of State for Scotland* für die meisten Belange nördlich der Grenze zuständig. Für die vorliegende Arbeit waren in erster Linie Lageberichte und Strategiepapiere aus den Abteilungen Wirtschaft und Entwicklung von Interesse.[106] Wertvolle Informationen über die Absichten und Pläne der einzelnen Abteilungen des SO fanden sich darüber hinaus gebündelt in den Unterlagen der Pressestelle.[107]

103 GCA, City of Glasgow District Council Committee Papers, GDC1/3.

104 GCA, Minutes of the Strathclyde Regional Council, SRC, 1/1; ebd., Strathclyde Regional Council Committee Papers, SRC, 1/2.

105 The National Archives of Scotland (künftig NAS), Scottish Development Agency, Annual Reports 1975–1991, SDA1.

106 NAS, Scottish Office, Development Department, Planning Files, DD12.

107 NAS, Scottish Office, Central Services, Scottish Information Records Office, SOE12.

Eine wichtige Institution der schottischen Zivilgesellschaft war im Untersuchungszeitraum der *Scottish Trades Union Congress* (STUC). Hier wurden nicht nur regelmäßig Analysen und Berichte zur Lage der schottischen Nation verfasst. Der unter einem starken Einfluss von Labour stehende STUC betrieb darüber hinaus wichtige Lobbyarbeit gegenüber der britischen Regierung. Die hohe Zahl der Mitglieder lässt außerdem vermuten, dass im STUC ein breites Spektrum der schottischen Bevölkerung vertreten war. Im Archiv der *Glasgow Caledonian University* findet sich eine reichhaltige Sammlung an Materialien des STUC und seiner untergeordneten Gruppierungen. Für die Zeit zwischen 1965 und 1990 konnten die Jahresberichte ausgewertet werden. Da diese für die darauffolgenden Jahre enormen Umfang annahmen wurde für die Folgezeit auf die STUC Publikation *Scottish Trade Union Review* zurückgegriffen.[108]

Für die zweite Untersuchungsebene der sozialwissenschafltichen Analysen und Debatten erwiesen sich die Bibliotheken und Sammlungen der Glasgower Universitäten als gute Anlaufstelle bei der Suche nach Quellen. Im Mittelpunkt der Recherche standen dabei Arbeiten, die sich direkt mit der Stadt Glasgow befassten und etwa die Auswirkungen der Deindustrialisierung vor Ort untersuchten. Die Bibliothek der *University of Glasgow* besitzt etwa eine fast vollständige Überlieferung der Strukturpläne des *Strathclyde Regional Council*.[109]

Besonders aufschlussreich waren Forschungsaufträge, die von der Stadt, dem Regionalrat oder der *Scottish Development Agency* selbst in Auftrag gegeben worden waren. So etwa im Jahre 1967, als die Stadtverwaltung zusammen mit der örtlichen Handelskammer und dem *Scottish Development Department* bei den beiden Glasgower Universitäten ein Gutachten über die Auswirkungen der Einführung des genormten Containers im Güterverkehr auf die regionale Ökonomie bestellte.[110]

Auf einer weiteren Ebene galt es schließlich, drittens, der Wahrnehmung durch breitere Bevölkerungsschichten und dem kulturellen Wandel nachzugehen. Einen Einblick in die Erlebniswelten und Erfahrungshorizonte der ehedem im Glasgower Hafen beschäftigten Arbeiter vermittelten zwei bislang unveröffentlichte Interviewserien des *Scottish Oral History Centre* der *University of Strathclyde*. Die erste, *Voices from the Yard*, wurde Ende 1989 aufgenommen und umfasst insgesamt neun Interviews mit ehemaligen Beschäftigten aus den unterschiedlichen Arbeitsbereichen der Werften am Clyde. Die zweite Serie von Interviews wurde 2009 von Dr. David Walker für das *Riverside Museum* durchgeführt. Es handelt sich hierbei um zwölf Gespräche mit ehemaligen

108 Glasgow Caledonian University Archives and Special Collections (künftig GCUA), The Records of the Scottish Trades Union Congress, Annual Reports (künftig STUCA).

109 Der Bestand reicht von der Strathclyde Regional Planning Survey aus dem Jahr 1979 bis zum Update des Regionlaplans von 1990 aus dem Jahr 1992.University of Glasgow, Universitätsbibliothek, qM545.S85 STR2 und STR3.

110 R. E. Nicoll/D. J. Robertson, A Report on Containerisation. Implications for Distribution and Transport in West Central Scotland, Glasgow 1970.

Hafenarbeitern, die sich in erster Linie um ihre Arbeit im Hafen, um die ausgeführten Tätigkeiten und um die Arbeitsbedingungen drehen.[111]

In Ergänzung dazu wurde außerdem die bedeutendste Tageszeitung der Stadt, der »Glasgow Herald«, ausgewertet.[112]

Aufbau und Gliederung

Die These vom Strukturbruch impliziert mindestens zwei qualitativ unterscheidbare Phasen, ein Davor und ein Danach. Die vorliegende Arbeit trägt dieser argumentativen Grundstruktur durch eine Zweiteilung Rechnung. Der erste Teil befasst sich mit der Geschichte und den Entstehungsbedingungen des westschottischen Industriereviers. Gefragt wird unter anderem danach, warum es gerade im westlichen Clyde-Becken zu einer solchen Konzentration von Industriebetrieben gekommen ist? Das schwerindustrielle Cluster rund um Glasgow ist ohne Zweifel eines der Zentren der Industrialisierungsgeschichte Großbritanniens und Europas. Es handelt sich aber auch um eine Region, die eine recht spezifische, auf wenige Leitsektoren ausgerichtete ökonomische Struktur herausgebildet hat. Diese Besonderheiten und die sich daraus ergebenden Abhängigkeiten und Interdependenzen sollen herausgearbeitet werden. Es geht dabei nicht um enzyklopädische Vollständigkeit. Dafür sei auf die einschlägigen Werke verwiesen.[113] Vielmehr sollen einige wesentliche Entwicklungslinien aufgezeigt werden, die Glasgow als ökonomische, soziale und urbane Entität geformt und beeinflusst haben.

In dieser Phase, die sich mit den Begriffen Industrialisierung und Urbanisierung umschreiben lässt, entwickelte sich die Stadt von einem mittleren Handelszentrum zu einer Industrie- und Hafenstadt im Gesamtzusammenhang eines schwerindustriell geprägten Ballungsraumes. Dabei entstand an den Ufern des Clyde eine Form der Kulturlandschaft, wie sie bald auch in anderen industriell geprägten Ballungszentren dieser Epoche in Europa anzutreffen ist. Sie war geprägt vom Doppelcharakter der Stadt als Hafen- und Industriestadt. Hafen- und Verkehrsanlagen, Kraftwerke, Fabriken und Lagerhallen teilten sich den knapp bemessenen Raum mit den Behausungen der Menschen, die dort ihr

111 Für die Sammlung des Scottish Oral History Centre gibt es keine Signatur. Ergänzt wird dieses Material durch eine publizierte Sammlung von Interviews: Lewis Johnman/Ian Johnston, Down the River, Glendaruel 2001; Interviews mit schottischen Hafenarbeitern aus Leith sind publiziert in: Ian MacDougall, Voices of Leith Dockers. Personal Recollections of Working Lives, Edinburgh 2001.

112 Für Artikel und Inhalte, die seit 1989 erschienen sind, gibt es ein Online-Archive, URL: http://www.heraldscotland.com/archive (Abruf 27.1.2012); Ausgaben, die vor 1989 erschienen sind, konnten in der Mitchell Library auf Mikrofilm eingesehen werden. Zum 3.2.1992 erfolgte die Umbenennung in The Herald.

113 Vgl. Devine/Jackson, Glasgow. Volume I: Beginnings to 1830; Fraser/Maver, Glasgow. Volume II: 1830 to 1912; Maver, Glasgow; Gibb, Glasgow. The Making of a City.

Auskommen fanden und der für deren Versorgung notwendigen Infrastruktur. Lärm und Abgasemissionen, ein bestimmtes Zeitregime und die unterschiedlichen Formen der Industriearbeit beeinflussten ihrerseits die sozio-räumlichen Zusammenhänge.[114] Diese Kulturlandschaft war freilich kein die Zeiten überdauerndes monolithisches Gebilde. Die vorangestellte Skizze zur Geschichte Glasgows zeigt ja gerade, wie sie in immer neuen Verschiebungen und Verwerfungen im Lauf von etwa zweihundert Jahren entstand und dabei immer wieder umgestaltet worden ist. Trotz aller Veränderungen blieb aber eine gewisse Grundkonfiguration, nämlich die der Industriehafenstadt, zumindest zwischen dem letzten Drittel des 19. Jahrhunderts und den 1970er Jahren relativ stabil.

Erst ab den 1960er Jahren akkumulierten sich teils unabhängige teils interdependente Entwicklungen zu jenem Transformationsprozess, der die alte Ordnung in den darauffolgenden Jahrzehnten erodierte. Der erste Teil endet deshalb mit jenen Aspekten der Glasgower Nachkriegsgeschichte, die wir gemeinhin mit dem Wirtschaftsboom in Verbindung bringen. Hier sollen einzelne Entwicklungsstränge in den Blick genommen werden, die allemal bis in die Zwischenkriegszeit oder noch weiter zurückreichen, die nun aber eine nie dagewesene Dynamik entfalten konnten. Dazu gehören die Strukturkrise des schwerindustriellen und exportorientierten Clusters, die großangelegte Gegenoffensive der Sozialingenieure, Städteplaner und anderer Experten zur staatlich gelenkten Modernisierung der regionalen Wirtschaft und Gesellschaft und schließlich die Abwanderung des Hafens aus der Stadt.

Alle drei Entwicklungen trugen wesentlich dazu bei, dass sich die sozialräumlichen Zusammenhänge der Industrie- und Hafenstadt Glasgow ab den 1970er Jahren mit zunehmender Geschwindigkeit auflösten. Die innerstädtischen Brachen, die sich vor allem entlang des Flusses und im Ostteil der Stadt ausbreiteten, waren sichtbare Zeichen dieses Prozesses. Sie brannten sich in das urbane Gewebe ein, als Menetekel einer schrumpfenden Stadt[115] in einer vom Niedergang betroffenen Region. Was folgte, war eine Inkubationszeit, in der sich die Stadt auf der Suche nach einer neuen ökonomischen Grundlage, aber auch nach einer neuen Identität und einem neuen Selbstverständnis begab. Diese Suchbewegung ist das Thema des zweiten Teils der vorliegenden Arbeit. Entgegen einer der ursprünglichen Ausgangsthesen dieses Projekts erscheint diese Zeit zunächst in vielerlei Hinsicht als eine Phase der Stagnation und des Stillstands. Altes verschwand oder schien doch zumindest dem Untergang geweiht. Neue Entwicklungen und Dynamiken zeichneten sich vor allem dadurch aus, dass sie woanders stattfanden. Neben den vielfältigen Veränderungsprozessen,

114 Zum Begriff der sozial-räumlichen Stadtentwicklung vgl. Michael Pacione, Glasgow. The Socio-Spatial Development of the City, Chichester 1995.

115 Zum Begriff der schrumpfenden Städte vgl. Emmanuèle Cunningham-Sabot, Shrinking Cities in France and Great Britain. A Silent Process?, URL: http://metrostudies.berkeley.edu/pubs/proceedings/Shrinking/5Fol_and_Sabot_PA_final.pdf (Abruf 23.5.2014).

welche die Geschichte Glasgows seit der Industrialisierung immer wieder bestimmt hatten, erscheinen die Jahre zwischen dem *Work-In* der *Upper-Clyde Shipbuilders* 1971/72 und den frühen 1980er Jahren als eine relativ bleierne Zeit. Sie bilden jedoch den Hintergrund für die darauffolgenden vielfältigen Aufbrüche wirtschaftlicher, politischer und sozialer Natur, welche das urbane Gefüge der Stadt im Laufe der 1990er Jahre zu stabilisieren vermochten, ehe insbesondere nach der Jahrtausendwende sogar ein bescheidenes Wachstum zu beobachten war.

Anhand zentraler Projekte zur Wiederaneignung innerstädtischer Brachlandschaften will der zweite Teil einerseits die Geschichte der physischen Rehabilitation des Stadtraumes zeigen. Der Bau des *Scottish Exhibition and Conference Centre* auf dem Gelände des *Queen's Docks*, das *Glasgow Garden Festival*, die Entstehung des *International Financial Service Districts* am Broomielaw Kai und der Versuch zur Etablierung eines Media-Quartiers am ehemaligen *Prince's Dock* markieren wichtige Etappen auf diesem Weg. Andererseits wird das immaterielle Glasgow in den Blick genommen. Die städtische Kampagne zur Verbesserung des Images, die mit dem Slogan »Glasgow's Miles Better« bekannt wurde, die Programmgestaltung und die öffentliche Debatte rund um das Kulturhauptstadtsjahr 1990 sowie die vor diesem Hintergrund ablaufende Formierung des Konzepts der kreativen Stadt als einem neuen, bis in unsere Gegenwart hinein gültigen planerischen Leitbild stellen hier wichtige Untersuchungsgegenstände dar. Eine These hierzu lautet, dass insbesondere die strukturellen Veränderungen in der Stadt eine intellektuelle Suchbewegung ausgelöst hätten, einen Lernprozess, an dessen Ende sich unsere Vorstellung von der Gesellschaft im allgemeinen und von Urbanität im Besonderen deutlich verändert hat.

Erster Teil: Die Industriehafenstadt Glasgow – Entstehung und Charakteristika

Um der Hypothese auf den Grund zu gehen, dass sich die Welt seit den 1970er Jahren grundlegend verändert hat, muss man zunächst die vorausgegangene Phase in den Blick nehmen. Nur wenn analysiert wird, wie das Vorher beschaffen war, können Prozesse und Wandlungen beschrieben werden, die diese Zeit möglicherweise in eine neue überführten. Dies gilt auf der Makro- wie auf der Mikroebene. Im ersten Teil wird daher die Geschichte Glasgows nach dem Zweiten Weltkrieg nachgezeichnet, um stadtbiografische Eigenheiten und Problemlagen samt ihrer historischen Genese offenzulegen. Wenn hierbei ausführlich auch auf Industrialisierung und Urbanisierung eingegangen wird, dann deshalb, weil die 1950er und 1960er Jahre in vielfacher Hinsicht den Versuch darstellen, die ökonomischen, strukturellen und sozialen Probleme zu lösen, welche die Verantwortlichen als Hinterlassenschaft dieser expansiven Phase verstanden. Ihr Handeln und ihre Leitvorstellungen, aber auch das Ausmaß ihres Einflusses sind ohne diese Vorgeschichte nicht verständlich.

Als Ausgangspunkt dient der *Clyde Valley Regional Plan* (CVRP).[1] »*In the dark days of 1943*«[2] vom damaligen *Secretary of State for Scotland* Thomas Johnston[3] in Auftrag gegeben, erschien eine erste Abschrift 1946, ehe 1949 die Buchform veröffentlicht wurde. Das von einem Dutzend Wissenschaftler erarbeitete Werk verband die faktengesättigte Analyse des Ist-Zustandes mit weitreichenden Vorschlägen für die zukünftige Gestaltung des Ballungsraums Glasgow. Zusammen mit dem sogenannten Bruce-Plan bestimmte er das Handeln von Planern und Politikern bis in die frühen 1970er Jahre. Freilich nicht in der Form, dass die dort festgehaltenen Absichten eins zu eins umgesetzt worden wären. Manches wurde ganz oder teilweise Realität, wie etwa das umfangreiche Programm zur Neugründung von Planstädten im Umland. Anderes blieb unverwirklicht, wie der Bau einer integrierten Stahl- und Eisenhütte am Ufer des Clyde westlich des Hafens. Zunächst hatte es den Anschein, als würde nicht einmal die regionale Planungsbehörde eingerichtet werden, welche die Autoren so eindringlich forderten.

1 Patrick Abercrombie/Robert H. Matthew, The Clyde Valley Regional Plan, London 1949.
2 Ebd., S. V.
3 Zu Johnston vgl. David Torrance, The Scottish Secretaries, Edinburgh 2006, S. 157–175; zur Entstehungsgeschichte: Roger Smith, The Setting Up of the Clyde Valley Regional Planning Team and Agencies for Implementation, in: Ders./Urlan Wannop (Hrsg.), Strategic Planning in Action. The Impact of the Clyde Valley Regional Plan 1946–1982, S. 16–40.

Der CVRP war in vielerlei Hinsicht ein Kind der Zwischenkriegszeit. Der Erfahrungshintergrund, auf dem die Empfehlungen beruhten, war die früh in den 1920er Jahre einsetzende Stagnation der westschottischen Wirtschaft, die sich mit Beginn der Weltwirtschaftskrise noch einmal deutlich verstärkt hatte. Die vergleichsweise schlechte Entwicklung der exportorientierten Schwerindustrie des Ballungsraumes zwischen den frühen 1920er Jahren und dem Zweiten Weltkrieg hatte aus Sicht der Zeitgenossen grundlegende strukturelle Schwächen aufgezeigt, die man nun mit Mitteln der Planung und der Steuerung beseitigen wollte. Der CVRP sollte die Blaupause für die Modernisierung von Wirtschaft und Gesellschaft abgeben.

Thomas Johnston lag viel daran, diesem Neuanfang einen überparteilichen, konsensorientierten und pragmatischen Anstrich zu geben. Die Entstehungsgeschichte des Plans kann somit eingeordnet werden in die Geburt des Nachkriegskonsenses aus dem Geiste des Krieges. Sie vermittelt etwas von der Planungseuphorie und dem visionären Geist der späten Kriegs- und frühen Nachkriegsjahre. Barry Cullingworth, Verfasser einer Geschichte der Stadt- und Raumplanung in Großbritannien, bringt die damalige Stimmung auf den Punkt.

> A new and better Britain was to be built, with massive improvements in a wide range of areas, from social security and the health services to controls over land use that would effect a ›proper distribution of industry‹ and a ›positive planning‹ system which would build new towns, rebuild older cities, and steer development in accordance with the public interest.[4]

Das »*Golden Age of Planning*«[5] wurde von der Überzeugung beherrscht, eine bessere Zukunft sei nur eine Frage der richtigen Rahmenplanung und deren konsequenter technischer Umsetzung. Fortschrittsglaube und Optimismus, die diesem Denken zugrunde lagen, schienen durch die Erfolge einer geplanten und gesteuerten Kriegswirtschaft gerechtfertigt.

Auf über 340 Seiten befassten sich die Autoren mit Fragen der Bevölkerungsentwicklung, der Wirtschaft, der Infrastruktur, der Einrichtung von Grüngürteln und dem Erhalt von Naherholungsgebieten sowie der politischen Verfasstheit der Region. Die Planung ging weit über die Gestaltung von Straßen, Plätzen und Stadtvierteln hinaus. Indem sie einerseits umfassende Strukturreformen vorantrieb, sollte sie die Schranken zwischen der Gestaltung des physischen Raumes, wirtschaftlicher Rahmenplanung und dem Feld des Sozialen durchbrechen. Da sie andererseits die Stadt als elementaren Teil eines größeren, mindestens regionalen Zusammenhangs verstand, zielte sie auf eine Überwindung der Dichotomien von Stadt und Land, von Zentrum und Peripherie. Der

4 Barry Cullingworth, Fifty Years of Post-War Planning, in: Town Planning Review 65 (1994), Heft 3, S. 277–303, hier S. 277.

5 Helen Meller, Towns, Plans and Society in Modern Britain, Cambridge 1997, S. 67.

Plan sollte den Raum, in den diese Dichotomien eingebettet waren, überspannen. Die bisher vorherrschende Dominanz der Stadt über ihr Umland sollte beendet werden.

Wie viele Projekte der gesellschaftlichen Modernisierung stellte der CVRP den Versuch dar, mittels rationaler und wissenschaftlicher Handlungsweisen vermeintliche und tatsächliche Missstände zu beheben, deren Ursprünge in der verschränkten Dynamik von Industrialisierung und Urbanisierung begründet lagen. Das hierzu notwendige analytisch-methodische Handwerkszeug stellten die jungen Sozialwissenschaften bereit. Die zu beobachtende »beschleunigte Rückkopplung wissenschaftlicher Forschung an die Gesellschaft« in immer mehr Lebensbereichen hat Lutz Raphael als »Verwissenschaftlichung des Sozialen« bezeichnet.[6] Die notwendigen Ressourcen und Machtmittel für die Verwirklichung dieses im Kern utopischen Programms sollte der Staat bereitstellen.

Die wissenschaftliche Leitung oblag Sir Patrick Abercrombie (1879–1957), der besonders für seinen Plan für den Großraum London bekannt ist.[7] Seine Karriere begann mit dem Studium der Architektur.[8] 1915 wurde er Professor für *Civic Design* an der Universität von Liverpool. Er war erster Herausgeber der ab 1910 erscheinenden *Town Planning Review* und 1926 Mitbegründer des *Council for the Preservation of Rural England.* 1935 wechselte er auf den Lehrstuhl für Stadtplanung am *University College* in London, den er bis 1946 innehatte. Als er den Auftrag für den *Clyde Valley Regional Plan* erhielt, war er der einflussreichste britische Stadtplaner seiner Zeit. Eines seiner Hauptanliegen war es, das Ausgreifen der Städte auf ihr Umland durch die Einrichtung von Grüngürteln einzudämmen. Die Bekämpfung der zu hohen Bevölkerungsdichte, des Raummangels und die räumlich-funktionale Neuordnung der Stadt waren weitere zentrale Ziele, die Eingang in den CVRP fanden.

6 Lutz Raphael, Die Verwissenschaftlichung des Sozialen als methodische und konzeptionelle Herausforderung für eine Sozialgeschichte des 20. Jahrhunderts, in: Geschichte und Gesellschaft 22 (1996), Heft 2, S. 165–193, hier S. 165.

7 Patrick Abercrombie, Greater London Plan, London 1944.

8 Frederic J. Osborn, Abercrombie, in: Arnold Whittick (Hrsg.), Encyclopedia of Urban Planning, New York u.a. 1974, S. 2f.; Mervyn Miller, Abercrombie, Sir Leslie Patrick 1879–1957, in: H.C.G. Mathew/Brian Harrison (Hrsg.), Oxford Dictionary of National Biography. From the Earliest Times to the Year 2000, Bd. 1, Oxford u.a. 2004, S. 79–83; Gerald Dix, Patrick Abercrombie, in: Gordon E. Cherry, Pioneers in British Planning, London 1981, S. 103–125.

1. Die Problemanalyse des Clyde Valley Regional Plans von 1949: Industrialisierung und Urbanisierung

Immer wieder und in unterschiedlichsten Zusammenhängen ist im *Clyde Valley Regional Plan* von *Congestion* die Rede. In diesem Begriff bündelten die Autoren eine ganze Reihe an Phänomenen, die sie für die relative sozio-ökonomische Stagnation Glasgows und seines Hinterlands während der Zwischenkriegszeit und für die Verelendung der Innenstadt verantwortlich machten. Drei Fehlentwicklungen standen im Vordergrund: Das war zum einen die Unausgewogenheit der Wirtschaft. Die Region hänge zu sehr von Kohle, Eisen und Stahl ab. Um in Zukunft wieder ökonomisch florieren zu können, sollten stattdessen jüngere Industrien angesiedelt werden. Zum anderen sahen die Autoren die Bevölkerungsdichte als zu hoch an, was entsprechend negative soziale Folgen zeitige. Schließlich kritisierten sie die ständige Expansion des urbanen Zentrums auf Kosten der Peripherie, die dem enormen Bevölkerungsdruck geschuldet sei.

Diese Problemanalyse wird im Folgenden zum Ausgangspunkt genommen, um die historischen Entwicklungslinien nachzuzeichnen, die Glasgow als Industrie- und Hafenstadt hervorgebracht hatten. Anhand der Lösungsvorschläge des CVRP wird dann gezeigt, welche Leitmotive die Planung in den 1950er und 1960er beherrschten.

Zunächst wird die Geschichte des westschottischen Industriereviers betrachtet. Regionale Rohstoffvorkommen und die geographische Lage, also der physische Raum des Clydebeckens, waren wesentliche Bedingungen der ungeheuer dynamischen Entwicklung dieser Zone im Verlauf des 19. Jahrhunderts. Der Aufriss der Industrialisierungsgeschichte der Stadt konzentriert sich auf die Entwicklung und Herausbildung von Leitsektoren. Dies ist der Kürze und der Verständlichkeit geschuldet und soll keineswegs die Ergebnisse der jüngeren Forschung zur Industrialisierung in Frage stellen, welche die Komplexität, die Vielschichtigkeit und den kumulativen Charakter der Entwicklungsprozesse ebenso betont hat wie die zahlreichen Brüche und den eher evolutionären Gang der Veränderung.[1]

1 Einen Überblick über die Debatte in der englischsprachigen Literatur der letzten Jahre bieten: Patrick K. O'Brien, Introduction: Modern Conceptions of the Industrial Revolution, in: Ders. (Hrsg.), The Industrial Revolution and British Society, Cambridge 1993, S. 1–30; Maxine Berg/Pat Hudson, Rehabilitating the Industrial Revolution, in: Economic History Review 45 (1992), Heft 1, S. 24–50; David Cannadine, The Past and the Present in the English Industrial Revolution 1880–1890, in: Past and Present 103 (1984), S. 131–172.

In einem engen Zusammenhang mit der wirtschaftlichen Expansion steht die demographische und sozial-räumliche Entwicklung der Stadtbevölkerung. Diese soll in einem zweiten Schritt betrachtet werden. Zum einen soll die lange Geschichte Glasgows als Zielpunkt von Immigration und Binnenwanderung aufgezeigt werden. Zum anderen werden die aus der raschen Expansion und der Urbanisierung des 19. Jahrhunderts erwachsenden sozialen Schwierigkeiten sowie die kommunalen Konzepte zu deren Lösung erläutert.[2]

Ein dritter Abschnitt ist dann schließlich der Entstehung des Glasgower Stadthafens gewidmet. Wie und warum gelang es den Glasgowern, den Schiffsverkehr so weit ins Landesinnere umzulenken? Wie fügte sich der Hafen in das räumliche und funktionale Netzwerk der Stadt ein? Diese beiden Fragen gilt es zu beantworten. Am Ende dieses Unterkapitels sollte auch der Leser, der bislang nur wenig über Glasgow weiß, genügend über die Entwicklung dieser Stadt von einem kleinen, an einem unbedeutenden Flüsschen gelegenen Bischofssitz zu einer der führenden Industrie- und Hafenstädte vor dem Ersten Weltkrieg erfahren haben, um einige zentrale Aspekte des Wandels dieser urbanen Formation ab den 1970er Jahren nachvollziehen zu können.

1.1 Glasgows Entwicklung zur Industriemetropole

The greater part of Scotland's industry is concentrated in the Clyde Valley Region. It contains 53 % of the country's insured population, including 32 % in coalmining, metal manufacture 70 %, general engineering 75 %, shipbuilding and marine engineering 85 %, textiles and clothing 49 %, food drink and tobacco 47 %, printing and paper 45 %, and chemicals 66 %.[3]

Mit diesem Absatz beginnt im CVRP das Kapitel über die Lage der Industrie Westschottlands. Anhand der Anteile an versicherten Beschäftigten in wichtigen Branchen wollten die Autoren zum einen die wirtschaftliche Dominanz dieser Region innerhalb Schottlands hervorheben. Zum anderen zeigt die Auswahl der genannten Wirtschaftszweige die besondere Bedeutung der Schwerindustrie und verwandter Bereiche wie der Metallverarbeitung, des Maschinenbaus und der Werften innerhalb der Region. Dieses schwerindustrielle Cluster war besonders während der zweiten Phase der Industrialisierung ab den 1830er Jahren entstanden. Den Planern der 1940er Jahre schien es unumgänglich, dass dieser Komplex in naher Zukunft grundlegenden Veränderungen ausgesetzt sein würde.[4] Ihr oberstes Ziel war es, die Wirtschaft der an die Herausforderungen einer neuen Zeit anzupassen und zukunftsfähig zu machen.

2 Der Begriff der Urbanisierung ist in letzter Zeit kontrovers diskutiert worden vgl. hierzu die Themenausgabe der Informationen zur modernen Stadtgeschichte 2/2012.
3 Abercrombie/Matthew, The Clyde Valley Regional Plan, S. 222.
4 Ebd., S. 3.

Ein Weg dorthin schien der Ausbau sogenannter Leichtindustrien zu sein. Darunter verstand man die Produktion von Konsumgütern und elektronischen Geräten. Durch die staatlich gelenkte Umstrukturierung sollte das bestehende Übergewicht der exportabhängigen Schwerindustrie verringert werden. Zu deutlich war die Anfälligkeit der regionalen Ökonomie für zyklische Krisen und Stagnation in den Jahren nach dem Ersten Weltkrieg zu Tage getreten. Wie aber war es zu dieser Konzentration so vieler Unternehmen aus eng verwandten Branchen gekommen und warum entstand gerade im abgelgenen Westen des schottischen Tieflandgürtels eines der Zentren der industriellen Moderne?

1.1.1 Vom Tabakhandel zur Textilindustrie

Von Beginn an waren Handel und Industrialisierung in Glasgow aufs Engste miteinander verknüpft.[5] Der Aufstieg der Stadt zu einem wichtigen Handelsplatz war maßgeblich für die Errichtung eines großen Hafens fast 20 Kilometer landeinwärts. Die finanzielle Grundlage für die Entwicklung des westschottischen Industriereviers wurde im 18. Jahrhundert geschaffen, als Glasgow sich zu einem der wichtigsten Umschlagplätze für den Transatlantikhandel im Vereinigten Königreich entwickelte. Für das Geschäft mit den nordamerikanischen Kolonien war die Mündung des Clyde geographisch günstig gelegen. Ein Schiff konnte von dort zweimal im Jahr eine Reise zur *Chesapeake Bay* unternehmen, von London aus nur einmal. In Kriegszeiten blieben die Häfen an der Nordwestküste zudem meist unbehelligt.[6] Dank des Unionsvertrages von 1707 konnte Glasgow, geschützt vom merkantilistischen Protektionismus der Navigationsakten, seinen geographischen Vorteil in der Folgezeit voll ausspie-

5 Zur Geschichte Glasgows während der frühen Industrialisierung vgl. Irene Maver, Glasgow, Edinburgh 2000, S. 3–16; Michael Pacione, Glasgow: The Socio-Spatial Development of the City, Chichester u. a. 1995, hier S. 1–52; Peter Hall, The Cities in Civilization, London 1998, S. 348–376; Andrew Gibb, Glasgow. The Making of a City, London 1983, S. 35–114; Gordon Jackson, Glasgow in Transition, c. 1660 to c. 1740, in: Thomas M. Devine/Gordon Jackson (Hrsg.), Glasgow. Volume I: Beginnings to 1830, Manchester, New York 1995, S. 63–105; Thomas M. Devine, The Golden Age of Tobacco, in: ebd., S. 139–183; John B. S. Gilfillan/H. A. Moisley, Industrial and Commercial Developments to 1914, in: Ronald Miller/Joy Tivy (Hrsg.), The Glasgow Region. A General Survey, Glasgow 1958, S. 150–189; John R. Kellet, Glasgow. A Concise History, London 1967; räumlich weiter gefasst vgl. Christopher Harvie, Scottish Industrialisation, c. 1750–1880, in: Rainer Schulze (Hrsg.), Industrieregionen im Umbruch. Historische Voraussetzungen und Verlaufsmuster des regionalen Strukturwandels im europäischen Vergleich, Essen 1993, S. 176–195; R. H. Campbell, Scotland since 1707. The Rise and Fall of the Scottish Industry, 2. Aufl., Edinburgh 1985, S. 4–94; S. G. E. Lythe/John Butt, An Economic History of Scotland 1100–1939, Glasgow, London 1975, S. 85–242; Bruce Lenman, An Economic History of Modern Scotland, 1660–1975, London 1977, S. 44–155.

6 Harvie, Scottish Industrialisation, S. 181.

len.[7] Das Geschäft mit Neuengland, Virginia, den Carolinas und den Westindischen Inseln erblühte. Bereits bestehende Handelsverbindungen nach England, Skandinavien und Kontinentaleuropa wurden ausgebaut.[8] Daniel Defoe schreibt in seinen zwischen 1724 und 1727 veröffentlichten Reiseberichten *A Tour through the Whole Island of Great Britain*:

Glasgow is a city of business; here is the face of trade, as well foreign as home trade; and, I may say, ›tis the only city in Scotland, at this time, that apparently increases and improves in both. The Union has answered its end to them more than to any other part of Scotland, for their trade is new formed by it; and, as the Union opened the door to the Scots in our American colonies, the Glasgow merchants presently fell in with the opportunity.[9]

Defoe, der die Stadt von einem Besuch im Jahre 1707 kannte, fasste hier die Entwicklung zwischen seinem Besuch und den 1720er Jahren zusammen. Dass er die Bedeutung des Unionsvertrages für den Aufstieg der Stadt betonte, hatte politische Gründe.[10] Unbestreitbar stieg Glasgow jedoch diesen Jahren zu einem der europaweit geschäftigsten Umschlagsplätze für Importe aus Nordamerika und von den westindischen Inseln auf. Die Stadt wurde zum wichtigsten Importhafen für Tabak im Vereinigten Königreich.[11] Zwischen 1755 und 1775 nahm die Menge an schottischen Tabakimporten um über 200 Prozent von 15 auf 46 Millionen Pfund zu. 1772 kamen mehr als die Hälfte der gesamten Tabakimporte Großbritanniens über Glasgow ins Land, wobei der größte Teil umgehend nach Kontinentaleuropa weitertransportiert wurde.[12] Glasow avancierte zum Entrepot für Kolonialwaren auf dem Weg nach Europa und umgekehrt gelangten viele Fertigwaren über die schottische Westküste in die Kolonien. Neben Tabak brachten die Schiffe vor allem Zucker, Rum, Baumwolle und Ingwer.

Das Tabakgeschäft war lukrativ. Es brachte eine kleine, sozial abgeschlossene Wirtschaftselite hervor, deren führende Köpfe aufgrund ihres aristokratischen Lebensstils bald als *Tabakbarone* bezeichnet wurden.[13] Berühmtheit erlangten etwa Alexander Speirs, Archibald Ingram, John Glassford oder Andrew Buchanan. Adam Smith (1723–1790), von 1751 bis 1759 Professor für Moraltheologie an der örtlichen Universität, war von diesen Unternehmern und ihren

7 Thomas M. Devine, The Union of 1707 and Scottish Development, in: Scottish Economic and Social History 5 (1985), S. 23–40; Maver, Glasgow, S. 16–20.
8 John Riddell, The Clyde. The Making of a River, Edinburgh 2000, S. 11–17.
9 Daniel Defoe, A Tour through the Whole Island of Great Britain, Harmondsworth 1986, S. 606.
10 Defoe war ein klarer Befürworter und Agitator für die Union vgl. Gordon Jackson, Glasgow in Transition, S. 74 f.
11 Maver, Glasgow, S. 18.
12 Gilfillan/Moisley, Industrial and Commercial Developments, S. 157 f.
13 Lythe/Butt, An Economic History, S. 147; vgl. Thomas M. Devine, The Tobacco Lords. A Study of the Tobacco Merchants of Glasgow and Their Trading Activities 1740–1790, Edinburgh 1975.

Handelsimperien begeistert. In seinem Hauptwerk *An Inquiry into the Nature and Causes of the Wealth of Nations* setzte er ihrem Unternehmergeist und ihrer Profitgier ein Denkmal.[14]

Der Reichtum aus dem Tabakhandel brachte einen ersten Schub für die Stadtentwicklung. Glasgow begann über seine mittelalterlichen Grenzen hinauszuwachsen. Die *Tobacco Lords* errichteten prächtige Wohn- und Geschäftshäuser im Westen, umgeben von großzügigen Gartengrundstücken. Die räumliche Einteilung dieser Anwesen wirkte sich später auf die Anlage der *New Towns* an selber Stelle aus und prägte insbesondere die gitterförmige Anlage des Straßennetzes.

Um Investitionskapital zu sammeln, gründeten die Glasgower Kaufleute eigene Banken wie etwa die *The Ship Bank* oder die *Glasgow Arms Bank 1750.* Zahlreiche weitere folgten.[15] Hinzu kam 1783 die Gründung einer der ersten Handelskammern Großbritanniens, der *Glasgow Chamber of Commerce.* So entstand ein Netzwerk von Institutionen zur Förderung der städtischen Wirtschaft und des Handels, das während der Industrialisierung eine wichtige Rolle spielte.

Der strukturelle Impuls, der vom Tabakhandel ausging, war für die folgende Entwicklung von großer Bedeutung. Die Händler suchten zum einen angesichts starker konjunktureller Schwankungen und hoher Risiken nach alternativen Anlagemöglichkeiten. Zum anderen benötigten Sie zur Auslastung ihrer Schiffe Fertigwaren, die sie in die Kolonien ausführen konnten. In einem engen Zusammenhang mit dem Transatlantikhandel entstanden deshalb neue Wirtschaftszweige. Vor Beginn des 18. Jahrhunderts hatten sich in Glasgow nur zwei nennenswerte Produktionsbereiche etabliert, die Raffination von Zucker und die Seifenherstellung.[16] Nun entstand eine vielfältige regionale Ökonomie, die Lederwaren, Kleidung, Werkzeuge, Möbel, Geschirr und Glaswaren, Spirituosen und andere Fertigwaren produzierte. Die Kolonialhändler gründeten zwischen 1730 und 1795 39 Fabriken: Hinzu kamen Unternehmensbeteiligungen und Anteile an den Banken. Besondere Bedeutung erlangte die Leinenindustrie, die zu einem der wichtigsten Arbeitgeber in der Region aufstieg.[17]

Der Krieg um die Unabhängigkeit der nordamerikanischen Kolonien 1776–1783 setzte dem lukrativen Geschäft mit Tabak ein Ende. Glasgow erholte sich jedoch relativ schnell von diesem Einbruch. Schon während des Konfliktes war der Rum- und Zuckerhandel mit den Westindischen Inseln ausgebaut worden.

14 Nicholas Phillipson, Adam Smith. An Enlighted Life, London 2011, S. 123.

15 Clive H. Lee, The Establishment of the Financial Network, in Ders./Thomas M. Devine/George C. Peden (Hrsg.), The Transformation of Scotland. The Economy since 1700, Edinburgh 2005, S. 100–128; S.G. Checkland, Scottish Banking. A History 1695–1973, Glasgow, London 1975, S. 245–280; Lythe/Butt, An Economic History, S. 153; Harvie, Scottish Industrialisation, S.181.

16 Gilfillan/Moisley, Industrial and Commercial Developments, S. 155.

17 Thomas M. Devine, Industrialisation, in: Lee/Ders./Peden (Hrsg.), The Transformation of Scotland, S. 34–70, hier S. 46–48.

Ein Teil der Verluste aus dem Tabakgeschäft konnte so aufgefangen werden. Einige Glasgower Kaufleute hatten außerdem zu Beginn des Krieges volle Lagerhäuser gehabt und diese Bestände während der Krise für viel Geld verkauft. Nach Beendigung der Kampfhandlungen gelang es ihnen rasch alte Geschäftsbeziehungen wiederzubeleben. Entscheidend war jedoch, dass die regionale Ökonomie inzwischen relativ ausdifferenziert war und der Export eigener Produkte in den Handelsbeziehungen an Bedeutung gewonnen hatte.[18] Glasgow hatte sich von einem Zentrum frühneuzeitlichen Handels zu einem Kerngebiet der frühen Industrialisierung gewandelt.[19]

Die Textilindustrie sorgte bald für einen neuen Boom.[20] Ausgangspunkt war die bereits erwähnte Leinenverarbeitung. Sie war im Westen des *Central Belt* seit dem späten 16. Jahrhundert ansässig.[21] Die Erzeugung von Garn und gewebten Stoffen erfolgte meist als agrarisches Nebengewerbe und war dezentral im Umland angesiedelt, Verarbeitung und Handel liefen über Glasgow. Als sich der Gebrauch von Baumwollstoffen allmählich durchsetzte, konnte Westschottland seine guten Beziehungen zu den Rohstoffproduzenten ausspielen. Qualifizierte Arbeitskräfte waren ausreichend vorhanden. Das Kapital aus dem Tabakgeschäft und ein etablierter Bankensektor zur Finanzierung von Investitionen taten ein Übriges.[22] Unter diesen günstigen Bedingungen gelang der Einstieg in den wachsenden Markt sehr rasch. Die Zahl der Baumwollmühlen in Schottland nahm deutlich zu. In der Umgebung von Glasgow bildeten Anderston im Westen und Calton im Osten lokale Schwerpunkte der Weberei. Über Greenock und später auch über den Glasgower Hafen kam die Baumwolle ins Land. Die Stadt wurde zum ökonomischen Zentrum der expandierenden Textilregion:

> [...] cotton was clearly regionally important, with the city serving as the centre of control for merchant-manufacturers. It was city finance that established many pioneering cotton mills during the late eighteenth century, in neighbouring counties and beyond.[23]

18 Zum Übergang von der Handels- zur Industriestadt vgl. R.H. Campbell, The Making of the Industrial City, in: Devine/Jackson (Hrsg.), Glasgow, S. 184–213; John Butt, The Industries of Glasgow, in: Hamish Fraser/Irene Maver (Hrsg.), Glasgow. Volume II: 1830–1912, Manchester, New York 1996, S. 96–140.

19 Asa Briggs, Victorian Cities, 2. Aufl., Harmondsworth u.a. 1987 [ursprünglich 1968], S. 34.

20 Eine ausführliche Darstellung zur Geschichte der schottischen Textilindustrie bietet: Anthony Cooke, The Rise and Fall of the Scottish Cotton Industry, 1778–1914. Manchester 2010.

21 Zur Geschichte der Leinenverarbeitung in Schottland vgl. Ian D. Whyte, Proto-Industrialisation in Scotland, in: Pat Hudson (Hrsg.), Regions and Industries. A Perspective on the Industrial Revolution in Britain, Cambridge 1989, S. 228–251.

22 Zur Bedeutung dieses Kapitals für die Industrialisierung vgl. die klassische Darstellung: Peter Mathias, The First Industrial Nation. An Economic History of Britain 1700–1914, 2. Aufl., London, New York 1983, S. 94–97.

23 Irene Maver, Glasgow, S. 38.

Die Baumwollverarbeitung war von Beginn an weitgehend mechanisiert. Wasserkraft stand in Glasgow kaum, im Umland jedoch in umso größerem Maße zur Verfügung und lockte zahlreiche Betriebe an.[24] So gründete etwa David Dale 1786 die später durch die sozialreformerischen Experimente des Frühsozialisten Robert Owen berühmt gewordene Mühle *New Lanark* am Oberlauf des Clyde südöstlich von Glasgow.

Der Mangel an Wasserkraft weckte schon früh das Interesse an dampfbetriebenen Lösungen. 1792 nahm die erste Fabrik dieser Art in Glasgow den Betrieb auf. Der Durchbruch kam jedoch erst nach 1800, was mit dem Patentrecht zusammenhing. Der in Greenock geborene James Watt (1736–1819) war Mechaniker an der Glasgower Universität, als er 1764 den Auftrag erhielt, eine Newcomen-Dampfmaschine aus der Lehrgerätesammlung zu reparieren. Die Legende will es, dass ihm während eines Spaziergangs am Clyde im Stadtpark *Glasgow Green* die entscheidende Idee zur Verbesserung von deren Wirkungsgrad kam. Allerdings zog er mitsamt dem 1769 angemeldeten Patent nach Birmingham um, wo er die Technik weiter verfeinerte und 1776 die erste funktionsfähige Wattsche Dampfmaschine baute. Da er und sein Finanzier Matthew Boulton (1728–1809) sehr auf die Einhaltung des Patents achteten, konnte sich die neue Technologie erst nach dessen Erlöschen im Jahr 1800 weiter verbreiten. In diesem Jahr existierten in Glasgow nur acht dampfbetriebene Spinnereien, 1834 waren es in der Stadt und im nahen Umfeld bereits 134.[25] In Govan und Bridgeton, vor den Toren Glasgows, entstanden zahlreiche Betriebe.[26] Die Nähe zum zentralschottischen Kohlerevier war hierbei von immenser Bedeutung, da hohe Transportkosten für den wichtigsten Energieträger entfielen.

Um 1800 war die Region nach Lancashire das zweitwichtigste Zentrum der Baumwollverarbeitung Großbritanniens.[27] Die wachsende Menge an jährlich importierter Baumwolle verdeutlicht die Expansion dieses Industriezweiges. Gelangten am Vorabend der amerikanischen Unabhängigkeit gerade einmal 62 Tonnen nach Schottland, so waren es 1840 über 18.000 Tonnen.[28]

Für Glasgow gilt, was der Historiker Robert C. Allen für die Industrialisierung Großbritanniens insgesamt festgestellt hat. Die Baumwollindustrie wirkte als Magnet für weitere Gewerbeansiedlungen.

> The growth and size of the cotton industry in conjunction with its dependence on machinery sustained the engineering industry by providing it with a large and growing

24 Der einzige geeignete Wasserlauf in Glasgow war der Kelvin, wo mit William Gillespies South-Woodside Mill 1784 eine wasserbeitrieben Baumwollmühle entstand, die aber fortlaufend unter der unbeständigen und unzureichenden Wasserkraft litt vgl: Campbell, The Making of the Industrial City, S. 198.

25 Maver, Glasgow, S. 41.

26 Campbell, The Making of the Industrial City, S. 198.

27 Harvie, Scottish Industrialisation, S. 194.

28 Lythe/Butt, An Economic History, S. 177.

market for equipment. The history of the cotton industry was one of relentlessly improving machine design [...]. Improved machines translated into high investment and demand for equipment.[29]

Die enorme Nachfrage nach Investitionsgütern und Produktionsmitteln aus der Textilindustrie lockte Investoren und Unternehmer. So förderte etwa der Bedarf der Webereien die Entstehung von chemischen Betrieben, wie das Beispiel des Webers Charles Tennant (1768–1838) zeigt.[30] Er gründete im Jahr 1800 am Monklandkanal, am nord-östlichen Stadtrand, eine Fabrik zur Herstellung des von ihm erfundenen Bleichmittels. Als er starb, waren die St. Rollox Werke mit etwa 1.000 Beschäftigten die größte Chemiefabrik Europas. Der chemisch gebildete Charles Mackintosh (1766–1843) experimentierte im familieneigenen Textilbetrieb mit durch Gummi wasserdicht gemachten Stoffen und erfand so das nach ihm benannte Kleidungsstück, welches er 1823 zum Patent anmeldete.

Wichtiger war jedoch die Expansion einer anderen Branche. Die maschinelle Textilindustrie lockte zahlreiche Ingenieure und Mechaniker an und führte zur Entstehung einer bedeutenden Maschinenbauindustrie. Henry Houldsworth (1770–1853) kam beispielsweise von Manchester nach Glasgow um die Aufsicht über William Gillespies wasserbetriebene Spinnerei in Woodside zu übernehmen. 1801 kaufte er sie und baute eine weitere, dampfbetriebene in Anderston auf. Er erkannte die Bedeutung des Dampfantriebes früh und stieg in die Reparatur und Produktion von Ausrüstungsgegenständen und Maschinen ein. 1823 gründete er mit seinen Söhnen die *Anderston Foundry*, bald ein führender Anbieter von Textilmaschinen. In den 1830er Jahren investierte Houldsworth dann in die rasch expandierende Eisenindustrie.[31]

Glasgows rasanter Wandel zu einem industriellen Zentrum blieb den Zeitgenossen auf dem Festland nicht verborgen, wie das Brockhaus Bilder-Conversationslexikon von 1838 zeigt:

Während die Stadt in der Mitte des 18. Jahrh[underts] der vorzüglichste europ[äische] Marktplatz für den amerik[anischen] Taback war, hat sie jetzt die ergiebigste Quelle des Wohlstandes in zahlreichen Fabriken von Leinwand, Barchent, Gaze, Teppichen, Shawls, Seife, Eisenwaaren, Steingut, Glas, chemischen Producten, vorzüglich aber von Baumwollenwaaren. Es sollen in diesen Fabriken an 130.000 Menschen Beschäftigung finden, obschon fast alle mit Hülfe von Dampfmaschinen betrieben werden.[32]

Ermöglicht wurde dies alles durch den Import von praktischem Wissen und von Arbeitskräften. Der schottische Historiker Christopher Harvie spricht für die erste Hälfte des 19. Jahrhunderts von einer regelrechten Nordwärtsbewegung

29 Robert C. Allen, The British Industrial Revolution in Global Perspective, Cambridge 2009, S. 274.
30 Vgl. Maver, Glasgow, S. 41–44.
31 Vgl. Maver, Glasgow, S. 44.f.
32 Brockhaus Bilder-Conservationslexikon. Bd. 2, Leipzig 1838, S. 227f.

von Kapital, Personen und Unternehmen.[33] Relativ niedrige Löhne, das große Potential an Wasserkraft, das für die Textilproduktion günstige Klima und die guten Schiffsverbindungen brachten Investoren, Erfinder und Unternehmer nach Westschottland.

1.1.2 Eisen, Kohle und Stahl: Ein schwerindustrielles Cluster entsteht

Die Expansion der Textilindustrie erreichte in den 1830er Jahren ihren Höhepunkt und für etwa 40 Jahre dominierte diese Branche die urbane Ökonomie.[34] Noch 1861 waren rund 48.500 Arbeiter in der Textilindustrie tätig, gegenüber gerade einmal 4.500 Beschäftigten im Schiffsbau und in der Metallverarbeitung.[35] Unaufhaltsam vollzog sich jedoch seit den 1820er Jahren der allmähliche Aufstieg jener Industrien, die gegen Ende des Jahrhunderts zu neuen Leitsektoren werden sollten. Kohle und Eisen, die Grundstoffe dieser Entwicklung, waren vor Ort in ausreichender Menge vorhanden. Aufgrund dieses Standortvorteils spezialisierte sich die Wirtschaft der Region immer mehr. Rund um die Bereiche Metallverarbeitung, Werften und Marineindustrien, Maschinen- und Lokomotivbau formierte sich ein schwerindustrielles Cluster, das wiederum die Gestalt der Stadt stark veränderte. Es bildete sich ein sozialräumliches Beziehungsgeflecht heraus, das bis in die 1960er Jahre vergleichsweise stabil bleiben sollte. Der Clyde Valley Regional Plan fasst diese Entwicklung folgendermaßen zusammen:

> Apart from the River, the most outstanding natural feature of the midland Valley is the presence of the basins of carboniferous rocks, containing the coal and iron measures. These great mineral deposits […] together with the waterway of the Clyde, have in large measure determined the development of the modern conurbation of industrial towns at the centre of the Region, where all the problems of urban planning are concentrated and exaggerated.[36]

Glasgow wurde buchstäblich auf Kohle gebaut. Die Kohlevorkommen Ayrshires und Nordlanarkshires reichten im Süden und im Osten bis dicht an die Oberfläche heran. Berichte über deren Förderung reichen bis ins 16. Jahrhundert zurück. Besonders die *Govan Collieries*, etwa eine Meile südlich der *Glasgow Bridge*, erlangten große Bedeutung. William Dixon (1753–1822), der die Zeche 1813 übernahm, nutzte die Nähe zu Glasgow, um in das Exportgeschäft einzusteigen. Er wurde zu einem der wichtigsten Stahl- und Kohlebarone des Landes.

33 Harvie, Scottish Industrialisation, S. 181 f.
34 Maver, Glasgow, S. 44; Gibb, Glasgow, S. 90.
35 Ebd., S. 116.
36 Abercrombie/Matthew, The Clyde Valley Regional Plan, §. 25.

1823 verließen an die 300 mit Kohle aus Govan beladene Schiffe den Hafen in Richtung Irland, Nordamerika oder den Westindischen Inseln.[37]

Billige Energie aus einheimischer Kohle war einer der Schlüssel zum Erfolg. 1890 stammten etwa Zweidrittel der schottischen Kohle aus Lanarkshire. Andere Fördergebiete in Schottland holten in der Folgezeit auf. In absoluten Zahlen erreichte die in Schottland geförderte Menge 1913 mit über 42 Millionen Tonnen und einem Anteil von 15 Prozent an der britischen Gesamtfördermenge ihren Höhepunkt.[38]

Neben der Kohle, dem wichtigsten Energieträger der Industrialisierung, gab es in der Umgebung Glasgows auch Eisenerz. Es waren allerdings einige Anlaufschwierigkeiten zu überwinden, ehe diese Ressource tatsächlich nutzbar gemacht werden konnte. Die Geschichte der modernen Eisenproduktion und -verarbeitung in Schottland begann im Jahr 1801[39]. Damals lieferte David Mushet in den *Calder Iron Works* den Beweis, dass die bislang als nutzlos erachteten Kohleeisensteinvorkommen der Region zur Herstellung von Roheisen verwendet werden konnten. Allerdings bedurfte es noch der Erfindung des *Hot-blast* Verfahrens 1828 durch James Beaumont Neilson (1792–1865), einen Mitarbeiter der Glasgower Gaswerke, ehe diese Vorkommen kommerziell genutzt werden konnten:

> The combination of hot-blast furnace and blackband ironstone produced the recipe for cheap pig-iron which cut coal consumption by at least 50 per cent and enabled iron to be sent to England and sold there 15 to 20 per cent cheaper than the English product. Low mineral royalties, cheap coal and cheap labour, with a plentiful supply of jobless Highlanders or Irish [...] were further factors which gave the Glasgow ironmasters their keenly competitive edge [...].[40]

Die Produktion und Verarbeitung von Eisen löste bald die Baumwollindustrie als Leitsektor ab. 1839 produzierte Schottland 196.560 Tonnen Roheisen, 1852 waren es bereits 775.000.[41] 1830 schätzt man die Zahl der Eisengießereien in der Stadt auf ungefähr 20 Betriebe. Ab den 1840er Jahren kurbelte der Eisenbahnbau die Nachfrage ebenso an wie die immer größeren Einsatzmöglichkeiten im Schiffsbau und die Zahl der Betriebe stieg rasant.[42] Der größte Teil der schottischen Produktion ging jedoch als Roheisen nach England oder Übersee. Glasgow spielte hierbei eine zentrale Rolle. Obwohl sich das Gros der Hochöfen nicht innerhalb

37 Pacione, Glasgow, S. 51 f.

38 Alec Cairncross, The Economy of Glasgow, in: Miller/Tivy, The Glasgow Region, S. 219–241, hier S. 233; Peter L. Payne, The Decline of the Scottish Heavy Industries, in: Richard Saville (Hrsg.), The Economic Development of Modern Scotland, Edinburgh 1985, S. 79–113, hier S. 80.

39 Vgl. hierzu: Campbell, The Making of the Industrial City, S. 204–209.

40 Lindsay, Glasgow, 3. erw. Aufl. London 1989, S. 104f.

41 B.R. Mitchell, British Historical Statistics, Cambridge 1988, S. 281.

42 R.H. Campbell, Iron and Steel, in: Cunnison/Gilfillan (Hrsg.), The Third Statistical Account of Scotland: Glasgow, S. 153–170, hier S. 154.

der Stadtgrenzen, sondern direkt auf den Zechen südöstlich der Stadt oder am Monkland Kanal befand, hatten die meisten Unternehmen ihre Hauptverwaltung in der Stadt. Der *Glasgow Pig Iron Market* wurde zum Leitmarkt, dessen Preise weltweite Gültigkeit erlangten. Der Clyde ermöglichte einen kostengünstigen Transport, was den weiteren Ausbau des Hafens beförderte.[43]

Es entstanden aber auch Eisenhütten am Rande der Stadt. So errichtete etwa in den 1830er Jahren William Dixon auf seinen Kohlefeldern in Hutchesontown die *Govan Iron Works*. Die Hochöfen erleuchteten den Nachthimmel über der Stadt und hießen im Volksmund bald nur *Dixon's Blazes*. Diese Hütte mit ihren 1843 immerhin fünf Hochöfen, der damit verbundene Lärm und die Abgase sowie der ergänzende Bau des Kohlehafens *General Terminus* nebst einer Eisenbahnverbindung besiegelten die bis dahin gehegten Pläne einer Mittelklasse-Neustadt am Südufer. Die bereits errichteten großzügigen Gebäude in Laurieston, Tradeston und Hutchesontown wurden vielfach unterteilt und an Hafenarbeiter sowie die Beschäftigten der sich ansiedelnden Industriebetriebe vermietet.[44] Daneben entstanden neue, einfachere und billigere Wohnungen. Hier zeigte sich weder zum ersten noch zum letzten Mal, wie Industrialisierung und Urbanisierung in ihrem komplexen und spannungsgeladenen Zusammenspiel in der Lage waren, größere Planungsanstrengungen auszuhebeln.

Bis in die frühen 1870er Jahre expandierte das Geschäft mit dem Roheisen. Zu Beginn dieser Dekade betrug die Jahresproduktion etwa 1,2 Millionen Tonnen. Danach nahm die Konkurrenz aus dem In- und Ausland deutlich zu. Insbesondere das Erstarken eigener Eisenindustrien in den ehedem wichtigen Absatzmärkten Deutschlands und der USA sorgte für Einbußen. Technologische Neuerungen wie die Nutzung der bei der Eisenschmelze entstehenden Gase wurden nur zögerlich übernommen. Entscheidend war jedoch die rückläufige Nachfrage nach Guss- und Schmiedeeisen. Die Durchsetzung von Stahl in immer mehr Bereichen verlangte nach Roheisen aus phosphorarmen Erzen.[45] Die schottischen Vorkommen waren ungeeignet. Stattdessen musste Erz importiert werden. Die Folge waren höhere Kosten und eine sinkende Wettbewerbsfähigkeit. Die Stahlproduktion fasste deshalb nur langsam Fuß.[46] Daran änderte auch die Erfindung des Siemens-Martin-Ofens wenig. Dennoch kochte die *Steel Company of Scotland* ab 1873 den ersten Stahl in Hallside, östlich von Glasgow. Die Gilchrist-Thomas Methode erlaubte dann ab den 1880ern den Einsatz phosphorhaltiger Erze und brachte dadurch einen deutlichen wenngleich verspäteten Entwicklungsschub.

43 Campbell, Iron and Steel, S. 155.

44 Maver, Glasgow, S. 94.

45 Zur Geschichte der Stahlherstellung in Schottland vgl. I.F. Gibson, The Establishment of the Scottish Steel Industry, in: Scottish Journal of Political Economy 5 (1958), Heft 1, S. 22–39; Campbell, Scotland since 1707, S. 95–105 und S. 174–176; Neil K. Buxton, Efficency and Organization in Scotland's Iron and Steel Industry during the Interwar Period, in: The Economic History Review, New Series 29 (1976), Heft 1, S. 107–124.

46 Campbell, Iron and Steel, S. 156f.

Im Gegensatz zur schottischen Eisenindustrie, die lange Zeit mit einheimischen Rohstoffen ausgekommen war, blieb die Stahlproduktion auf Importerze angewiesen. Dass die Stahlproduktion dennoch stieg, hing mit der großen Nachfrage vor Ort zusammen. 1913 produzierten die schottischen Hersteller 1.369.000 Tonnen Roheisen und 1.431.000 Tonnen Stahl.[47] Abnehmer waren der Schiffsbau und die Marineindustrie, der Maschinen- sowie der Waggon- und Lokomotivbau in Glasgow und Umgebung. Diese gegenseitige Abhängigkeit war eine der Ursachen für die starke horizontale und vertikale Integration, wie sie vor allem die Zwischenkriegsjahre prägen sollte. Der Erste Weltkrieg selbst brachte einen weiteren Kapazitätsausbau. 1918 produzierten die Schotten über zwei Millionen Tonnen Stahl.

Im letzten Drittel des 19. Jahrhunderts etablierten sich Schiffsbau und Marineindustrie als Leitsektoren der Region, eine Entwicklung, die alles andere als zwangsläufig war. Größere Werften entstanden am Clyde erst spät. Bis zum Wegfall der amerikanischen Konkurrenz im Unabhängigkeitskrieg gab es keinen nennenswerten Schiffsbau und der Großteil der Handelsflotte stammte von jenseits des Atlantiks.[48] Nun aber entstanden erste Werften an der Clydemündung, in Greenock, Dumbarton und Port Glasgow. Der Dampfantrieb spielte schon früh eine wichtige Rolle. Seit den 1780er Jahren experimentierte William Symington (1764–1831) mit der neuen Technik.[49] 1802 gelang ihm mit der *Charlotte Dundas*, die als Schlepper für den *Forth and Clyde* Kanal vorgesehen war, der Durchbruch. Zwar wurde sie wegen zu hoher Betriebskosten und weil man um den Bestand der Kanalwände fürchtete, bald wieder außer Dienst gestellt, der Siegeszug der neuen Technik war jedoch nicht aufzuhalten. 1812 richtete Henry Bell (1767–1830) mit der *Comet* die erste erfolgreiche Dampfschifffahrtslinie Europas ein.

Bells Erfolg rief weitere Unternehmer auf den Plan. Es entwickelte sich ein äußerst konstruktives Wettrennen auf dem Fluss und die Nachfrage nach Dampfern stieg. 1822 verkehrten allein zwischen Helensburgh und Glasgow sechs Schiffe täglich. Laufend wurden neue Routen eingerichtet.[50] Der Dampfantrieb ermöglichte es, dass aus dem bis dahin wenig befahrenen Clyde die Lebensader

47 Ebd., S. 158.

48 Zur Geschichte des Schiffsbaus am Clyde vgl. Butt, The Industries of Glasgow, S. 116–120; Stephen Fox, Transatlantic. Samuel Cunard, Isambard Brunel, and the Great Atlantic Steamships, New York 2003, S. 17–35; Fred M. Walker, Song of the Clyde. A History of Clyde Shipbuilding, Cambridge 1984; Maurice Lindsay, Glasgow. Fabric of a City, London 2001, S. 149–213; Maver, Glasgow, S. 113–122; Martin Bellamy, Shipbuilding and Cultural Identity on Clydeside, in: Journal for Maritime Research 8 (2006), Heft 1, S. 1–33; A.M. Robb, Shipbuilding and Marine Engineering, in: Cunnison/Gilfillan, The Third Statistical Account, S. 171–208. Zur Geschichte des britischen Schiffsbaus vgl. Anthony Burton, The Rise and Fall of British Shipbuilding, London 1994.

49 Brian Lavery, Ship: 5,000 Years of Maritime Adventure, London 2004, S. 172; Walker, Song of the Clyde, S. 21 f.

50 Philip S. Bagwell, The Transport Revolution 1770–1985, London 1974, S. 64.

des westschottischen Industriereviers wurde. Die Dampfschiffe transportierten Post, Waren und Rohstoffe, aber auch Berufspendler sowie Besucher für die Seebäder.

Bald bestanden Fernverbindungen zwischen Glasgow und anderen wichtigen Hafenstädten an der englischen und irischen Küste. Die Betriebsamkeit auf dem Fluss beeindruckte Einheimische und Reisende gleichermaßen. 1826 beschrieb Karl Friedrich Schinkel die zwischen Glasgow und den Highlands verkehrenden Dampfschiffe als Boten der Zivilisation:

> Seit zehn Jahren haben sich allein in Glasgow sechzig Dampfboote für diese Nordgegenden etabliert, und bei dem regelmäßigen Gange derselben erhalten diese weitgedehnten Wüsten nun so viel Verbindung, dass ihr Charakter sich bald bedeutend ändern wird und schon jetzt angefangen hat, ein zivilisiertes Ansehen zu bekommen.[51]

Die große Nachfrage begünstigte die Entstehung einer eigenen Werftindustrie, die sich in weiten Teilen auf die neue Technologie spezialisierte und bald zum Zentrum des Dampfschiffsbaus wurde.[52] 1864 gab es bereits über zwanzig Werften.[53] Die lokalen Rohstoffvorkommen waren für diesen Aufstieg ebenso wichtig wie das Vorhandensein qualifizierter Arbeitskräfte. Mit den Maschinen- und Mühlenbauern, den Eisenschmelzern und -gießern standen genügend zur Verfügung. Die Maschinenbauer, die zuvor die Textilindustrie beliefert hatten, verfügten über das notwendige technologische Wissen und die entsprechende Ausrüstung. Der gut entwickelte Finanzsektor und gute Handelsbeziehungen kurbelten das Geschäft an.

Die Geschichte des Schiffsbaus in Glasgow wird in den frühen Jahren vor allem von zwei Gestalten überragt. David und Robert Napier waren Cousins, die seit 1816 Dampfmaschinen für den Antrieb von Schiffen bauten und dabei die Technik stetig verbesserten. Von ihren Unternehmungen gingen wichtige Impulse für die Herausbildung eines Werftenschwerpunkts aus, nicht zuletzt durch ihre zahlreichen Mitarbeiter, die später eigene Firmen gründeten. David Napier (1790–1869) übernahm als junger Mann die väterliche Kesselfabrik, wo er unter anderem Boiler und Metallteile für Dampfschiffe herstellte, etwa den Boiler für Henry Bells *Comet*.[54] Sein Traum war es, einen hochseefähigen Dampfer zu bauen und bald machte er sich an die Realisierung dieses Vorhabens. Nach seinen Plänen entstand 1818 bei *William Dennys* in Dumbarton die *Rob Roy*, die den Liniendienst zwischen Dublin und Greenock aufnahm. Für diese Strecke benötigte sie 26 Stunden. In den folgenden Jahren baute Napier immer größere Schiffe, wurde Reeder und Transportunternehmer.

51 Alfred von Wolzogen (Hrsg.), Aus Schinkels Nachlaß. Reisetagebücher, Briefe und Aphorismen, Berlin 1862, S. 161.

52 Fox, Transatlantic, S. 31.

53 Butt, The Industries of Glasgow, S. 117.

54 Vgl. Fox, Transatlantic, S. 33 f.

1821 überließ David die väterliche Fabrik seinem Cousin und Schwager Robert (1791–1876).[55] Zu dessen ersten Aufträgen zählten die Herstellung von Eisenrohren für die *Glasgow Water Company* und der Bau einer Dampfmaschine für eine Spinnerei in Dundee. 1823 stieg er in den Bau von Schiffsaggregaten ein. Das Geschäft lief so gut, dass er bald in eine größere Fabrik in der Washington Street, die *Vulcan Foundry*, übersiedelte, die näher am Clyde lag. Zusammen mit seinem Angestellten David Elder, dessen Sohn John selbst eine Schiffsbaudynastie begründen sollte, gelangte Robert Napier zu einigem Ruhm im Dampfschiffsbau. Er kam mit der *Royal Navy* ins Geschäft. Mit dem Kauf einer Werft in Govan lieferte er ab 1843 nicht mehr nur Pläne und Antriebstechnik, sondern ganze Schiffe. Als besonders fruchtbar erwies sich die Zusammenarbeit mit dem Kanadier Samuel Cunard (1787–1865). 1839 war Robert Napier an der Gründung der *British and North American Royal Mail Steam Packet Company* beteiligt, die den regelmäßigen Postdienst über den Atlantik aufnahm und unter dem Namen *Cunard Line* Schifffahrtsgeschichte schreiben sollte. Bis zur Fertigstellung der *Queen Elizabeth II* im Jahr 1968 lief ein Großteil ihrer Flotte am Clyde vom Stapel.

In den 1840er Jahren belief sich die jährlich in Glasgow gebaute Tonnage auf ungefähr 21.000 Tonnen. 40 Jahre später waren es über 200.000 Tonnen.[56] In dieser Zeit setzte sich der Dampfantrieb durch. 1884 waren in Großbritannien erstmals mehr Dampf- als Segelschiffe registriert.[57] Die neue Technik führte zu einer stärkeren Belastung des Rumpfes, die Maschine und die mitzuführende Kohle nahmen viel Platz ein. Dampfer mussten also stabiler und größer als Segelschiffe sein, um sicher und wirtschaftlich arbeiten zu können.[58] Angesichts dieser Herausforderungen experimentierte man vermehrt ab den 1840er Jahren mit der Verwendung von Eisenteilen in Kombination mit Holz. Schließlich gingen die Schiffsbauer dazu über, den Rumpf ganz aus Eisen zu konstruieren. Auch auf diesem Feld war die Werftindustrie am Clyde führend. 1827 baute David Napier die *Aglaia*, den ersten eisernen Dampfer Schottlands.[59] Vier Jahre später befuhr mit der *Fairy Queen* das erste Eisenschiff den Clyde. David Tod (1795–1859) und John MacGregor (1802–1858), zwei ehemalige Ingenieure aus David Napiers Fabrik, schufen in den 1830er Jahren die erste, auf Eisenschiffe spezialisierte Werft. Während der 1850er und 1860er Jahre kamen 70 Prozent der Eisenschifftonnage von den Clyde-Werften.[60] Diese Entwicklung fand mit dem Bau stählerner Schiffe, der in den 1880er Jahren aufkam, ihre Fortsetzung.

Die frühe Übernahme neuer Technologien und eigene Innovationen in enger Anlehnung an neue wissenschaftliche Erkenntnisse verstärkten den Vorsprung

55 Ebd.
56 Harvie, Scottish Industrialisation, S. 183.
57 Lavery, Ship, S. 179.
58 Ebd., S. 170–184; Walker, Song of the Clyde, S. 17–19.
59 Robb, Shipbuilding and Marine Engineering, S. 175.
60 Maver, Glasgow, S. 116.

der schottischen Schiffsbauer und ermöglichten beispielsweise den Durchbruch bei den Fernfrachtdampfern in den 1860ern durch die Entwicklung der Verbunddampfmaschine. Die hohen Investitionskosten in die Produktionsanlagen begünstigten die Konzentration der Industrie auf wenige Standorte, wovon Westschottland profitierte[61]. Schließlich machte der Ausfall amerikanischer Konkurrenz während der Bürgerkriegsjahre den Clyde zu einem der führenden Werftstandorte der Welt.[62] 1913 jubelte der »Glasgow Herald«:

> The figures are astonishing. The Clyde yards have launched 374 vessels with a tonnage of 764.748 and an indicated horsepower of 1.117.400. Our twenty miles of a river have produced more than a third of the whole tonnage built in the United Kingdom in 1912 and a fifth of the whole tonnage of the world in that year.[63]

Die wirtschaftliche Bedeutung des Schiffsbaus für die regionale Ökonomie reichte weit über die Werften hinaus. Der Maschinen- und Werkzeugbau, die Eisen- und Stahlindustrie und viele weitere Bereiche waren von ihm abhängig. Hinzu kamen Handwerker und kleine Fabrikanten, die Teile und Ausrüstungsgegenstände für die Innenausstattung der großen Passagierdampfer und Frachter lieferten. Bemerkbar machte sich die Dominanz des Schiffsbaus immer dann, wenn eine der zyklischen Krisen die Werften erschütterte, für welche die Branche so anfällig war.[64] Ein Blick auf die jährlich am Clyde produzierte Tonnage zwischen 1864 und 1914 verdeutlicht sowohl den langfristigen Anstieg der Produktion wie auch die regelmäßigen Einbrüche (vgl. Grafik 1).

Obwohl die wiederkehrenden Krisen mit hoher Arbeitslosigkeit verbunden waren, herrschte meist die Überzeugung vor, dass auf einen Einbruch wieder gute Jahre folgen würden. Diese zeitgenössisch weit verbreitete Einschätzung beruhte auf dem Erfahrungshorizont eines langfristig anhaltenden Wachstums. Unterbrochen wurde dieser positive Trend erstmals in der Zwischenkriegszeit. Es kam zu einer langanhaltenden Rezession, die von etwa 1920 bis zu den Kriegsvorbereitungen der späten 1930er Jahre dauern sollte und in deren Verlauf zahlreiche Werften eingemottet oder stillgelegt wurden.

Angesichts der wirtschaftlichen Bedeutung des Schiffsbaus verwundert es nicht, dass dieser im letzten Viertel des 19. Jahrhunderts auch in kultureller Hinsicht eine immer größere Rolle spielte. Er wurde ein Teil des Selbstverständnisses und der urbanen Identität der Glasgower und prägte das Image der Stadt nach außen.[65] Man begann, die Erfolge der Branche zu feiern, insbesondere im Ritual des Stapellaufs, und sich für Nachrichten aus dem Schiffsbau allgemein

61 Josef W. Konvitz, The Crisis of Atlantic Port Cities, 1880 to 1920, in: Comparative Studies in Society and History 36 (1994), Heft 2, S. 293–318.

62 Harvie, Scottish Industrialisation, S. 183; Walker, Song of the Clyde, S. 31.

63 O. A., The Clyde Work in 1913. Great Increases in Output, in: Glasgow Herald, 23.12.1913.

64 Vgl. Burton, The Rise and Fall of British Shipbuilding, S. 175.

65 Bellamy, Shipbuilding and Cultural Identity, S. 4–6.

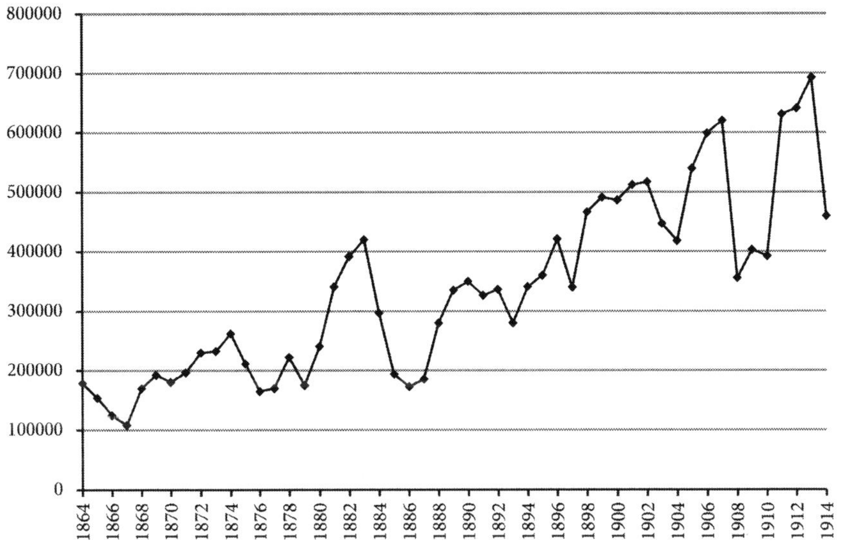

Grafik 1: Jahresproduktion der Werften in Clydeside (Tonnage in Bruttoregistertonnen), erstellt nach John Butt, The Industries of Glasgow, S. 119.

zu interessieren. Die Werften wurden zum Symbol für die Stadt und die Menschen, die in ihr lebten. Sie und die Schiffe, die sie schufen, standen für den Erfolg der Industrieregion. Auch der einfache Arbeiter auf der Werft hatte das Gefühl, an etwas großem mitzuwirken und nur wenige ließen sich den Stapellauf eines Schiffes entgehen, an dem sie selbst mitgebaut hatten Der Abgeordnete David Kirkwood berichtet etwa von tausenden Clydebank-Bewohnern, die dem Stapellauf der *Queen Mary* 1934 beiwohnten.[66]

Die Werften gingen auch in literarische Repräsentationen der Stadt ein. In *Glasgow in 1901* findet sich beispielsweise folgender Hymnus:

Our modern university may not impress you, the cathedral you may never see [...], but our shipbuilding yards are a different matter. Before you are two days in the city you are aware of their existence; and if their importance is a matter beyond you, at least you must be impressed by our belief in it. We believe, every Glasgow man of us, that our shipbuilding is a thing to be talked of; and a most honourable and dignified business to have for the chief industry of a city.[67]

66 Vgl. T.C. Smout, A Century of the Scottish People 1830–1950, London 1986, S. 108.

67 James H. Muir, Glasgow in 1901, Glasgow 2001 [ursprünglich 1901], S. 116f. Hinter dem Pseudonym verbergen sich drei Glasgower: der Maler Muirhead Bone, der Anwalt Archibald Charteris und der Journalist James Bone. Siehe hierzu auch: Martin Bellamy, The Shipbuilders. An Anthology of Scottish Shipyard Life, Edinburgh 2001, hier S. 1–20.

Im Text werden die Allgegenwart und die Dominanz der Werften in fast mythischer Überhöhung zum Ausdruck gebracht. Optisch waren die zahlreichen Kräne und Helgen, die Hallen und die halbfertigen Schiffsrümpfe tatsächlich sehr präsent im Stadtbild. Akustisch bildete das Einschlagen der Nieten den *Basso Continuo* zum *Song of the Clyde*, wie es im – freilich viel später entstandenen – gleichnamigen Schlager heißt: »*But from Glasgow to Greenock, in towns on each side, the hammers ding-dong is the song of the Clyde*«.[68] Der Schiffsbau war weder zu übersehen noch zu überhören. Er wurde zu einer der kulturellen Repräsentationen der Stadt:

> Its shipbuilding output, although only part of Glasgow's industrial profile, created an enduring identity that blended masculine skill, cosmopolitanism and entrepreneurial flair.[69]

Angesichts dieser symbolischen Dimension des Schiffsbaus für Glasgow und Clydeside wundert es wenig, dass King George V. bei seinem Besuch im Juli 1914 die Fairfield Werft im zwei Jahre zuvor von Glasgow eingemeindeten Govan besichtigte. Der Schiffsbau diente als Sinnbild der Innovationsfreude und der wirtschaftlichen Potenz der ganzen Region.

Im Umfeld des neuen Leitsektors entstand ein dichtes Netz an Zulieferbetrieben. Manche von ihnen emanzipierten sich mit der Zeit und entwickelten unabhängige Geschäftsmodelle. Dazu zählte der Bau von Lokomotiven und Wagen, der bald zu einem wichtigen Standbein der urbanen Ökonomie wurde. Dieser Aufstieg stand in engem Zusammenhang mit dem Aufbau eines schottischen Eisenbahnnetzes. Die erste dampfbetriebene Bahnstrecke Glasgow-Garnkirk wurde 1831 eröffnet. Insbesondere während der 1840er Jahre kam es, befeuert durch englisches Kapital, zu einem Eisenbahnboom und die wichtigsten Städte Schottlands wurden ans Netz angeschlossen.[70]

Dank des vorhandenen Knowhows und der verfügbaren Arbeitskräfte, konnte Glasgow von dieser Entwicklung überdurchschnittlich profitieren. Die Pioniere dieses Produktionszweiges kamen häufig über den Bau von Schiffsantrieben zur Herstellung von Lokomotiven. Die ersten Firmen entstanden in unmittelbarer Nähe der Werften am nördlichen Flussufer in Anderston.[71] 1836 etwa gründete Walter Montgomerie Neilson (1819–1865), Sohn von James Beaumont Neilson, dem Erfinder des *Hot-Blast*-Verfahrens, zusammen mit James Mitchell eine Fabrik zum Bau von Dampfmaschinen. Sie produzierten zunächst sowohl Schiffsantriebe im Auftrag der Werften als auch stationäre Dampfmaschinen für den

68 R. Y. Bell und Ian Gourleys Song of the Clyde erschien 1957 in Glasgow und somit zu einer Zeit, als das Nieten im Schiffsbau durch Schweißen verdrängt wurde und das besungene Phänomen somit im Verschwinden begriffen war.

69 Maver, Glasgow, S. 113.

70 Harvie, Scottish Industrialisation, S. 184.

71 Lindsay, Glasgow, S. 159 f.

Bergbau und die Textilindustrie, ehe sie 1843 in die Produktion von Lokomotiven einstiegen. Ab 1855 fertigte die *Neilson and Company* ausschließlich Lokomotiven. Das blühende Geschäft machte bald einen Umzug an den Stadtrand notwendig und die Wahl fiel 1861 auf einen Standort nordöstlich von Port Dundas in Springburn, dem ursprünglichen Endbahnhof der Glasgow-Garnkirk-Linie. In den darauffolgenden Jahrzehnten entstand dort ein enges Geflecht aus Wagon- und Lokomotivbauern nebst Zulieferbetrieben. Ein großer Teil davon ging 1903 im Kombinat der *North British Locomotive Company* auf, dem damals größten Schienenfahrzeughersteller außerhalb der Vereinigten Staaten.[72] Auf einer Fläche von mehr als 24 Hektar produzierten die etwa 8.000 Beschäftigten über 500 Lokomotiven jährlich.[73] Der größte Teil ging in den Export, vor allem in das britische Empire.

Am Fluss breiteten sich Hafenanlagen und Werften immer weiter westwärts aus. In unmittelbarer Nachbarschaft entstanden Industrieanlagen, Lagerhäuser und Verkehrsflächen, die auf die Nähe zu Wasser und Hafen angewiesen waren. Dahinter drängten sich die Wohnhäuser der Menschen, die in den Betrieben oder im Hafen arbeiteten. Im Norden, Osten und Süden fraßen sich Fabriken und Mietskasernen immer weiter in die Landschaft. Innerhalb weniger Jahrzehnte entstand die viktorianische Stadt in ihrer räumlichen Ausdehnung und mit ihren relativ gleichförmig gebauten Wohn- und Geschäftshäusern. Abgesehen von wenigen Ausnahmen, wie dem alten Stadtzentrum und dem schicken Westend rund um den Universitätsneubau am *Gilmore Hill*, prägte das neue Glasgow ein dichtes Gewirr aus Mietskasernen, Lagerhallen, Fabrikanlagen und Eisenbahngleisen. Dieses funktionale Nebeneinander und die damit verbundenen Belastungen waren ein Problem, das noch die Autoren des CVRP beschäftigen sollte:

> No one can fail to notice the conditions of industrial squalor and congestion that exist in large parts of Glasgow; the area abounds in out-of-date and often dilapidated industrial buildings, frequently wedged in between tenements, railways and heavy industry, with no room for expansion and overall an atmosphere of gloom and smoke.[74]

Die hohe räumliche Konzentration einerseits und die Spezialisierung auf die Schwerindustrie andererseits wurden im Plan unter dem Stichwort *Industrial Congestion* als dringend zu lösendes Problem aufgefasst. Eine im Rahmen langfristiger Planungen verankerte Doppelstrategie aus Dezentralisierung und Diversifikation sollte Abhilfe schaffen.

72 Maver, Glasgow, S. 122.

73 Wray Vamplew, Scottish Railways and the Development of Scottish Locomotive Building in the Nineteenth Century, in: The Business History Review 46 (1972), Heft 3, S. 320–338, hier S. 320.

74 Abercrombie/Matthew, The Clyde Valley Regional Plan, § 482.

1.2 Bevölkerungswachstum und Urban Crisis

It can be seen that Glasgow is not only by far the largest agglomeration of population, but also, quite definitely, the most dense. When this combination of great numbers and great density is appreciated then it is that the outstanding population problem of the Regional Survey springs to light.[75]

Der zu hohen Spezialisierung und räumlichen Konzentration der Industrie in und um Glasgow entspreche eine viel zu hohe Bevölkerungsdichte, so der CVRP. Ein großer Teil dieser Menschen hause noch dazu in heruntergekommenen Wohnungen, die innerhalb der nächsten 25 Jahre komplett zu erneuern seien:

[...] one of the greatest single developments in the region over the next two decades will be the great movement to raise the standard of housing. Living conditions, with regard to density of building and overcrowding and obsolescence have, in many instances, reached a degree hardly touched elsewhere in this country. It is not too much to say that, if a reasonable standard of decency of living is to be aimed at, the major proportion of the communities of the region require complete replacement within the next 25 years.[76]

Die Ursachen für das Ausmaß der Wohnungsmisere lagen im raschen Bevölkerungswachstum während der Industrialisierung. Im Folgenden wird deshalb zunächst die demographische Entwicklung bis zum Zweiten Weltkrieg beleuchtet. In einem zweiten Schritt wird gezeigt, wie sich der Arbeitsmarkt für diese Menschen entwickelte. Schließlich wird dann auf die städtebauliche Entwicklung eingegangen. Es wird untersucht, wie sich die Industrialisierung im Stadtraum Glasgows abbildete und inwiefern dies zu den bereits erwähnten Problemlagen beitrug.

1.2.1 Die demographische Entwicklung

Eine der auffälligsten sozialgeschichtlichen Entwicklungsprozesse im Zusammenhang mit der Industrialisierung Großbritanniens ist die Urbanisierung, der schnelle Anstieg der Stadtbevölkerung.[77] Glasgow kann hier als vergleichsweise typisches Beispiel gelten.[78] Der Zensus von 1801 liefert die ersten einigermaßen gesicherten Angaben über die Bevölkerung Glasgows, die er mit 77.385 angibt. In der Folgezeit wuchs die die Bevölkerung kontinuierlich und rasch an (vgl. Grafik 2).[79]

75 Ebd., § 111.
76 Ebd., § 4.
77 Briggs, Victorian Cities, S. 59.
78 Vgl. Gibb, Glasgow, S. 124–136; Charles Withers, The Demographic History of the City, 1831–1911, in: Fraser/Maver (Hrsg.), Glasgow, 141–162.
79 Die Zugrunde liegenden Zahlen enthalten die Bevölkerung des Gebietes, das in etwa der Stadt Glasgow in ihrer heutigen Ausdehnung entspricht. Dadurch werden Verzerrungen durch die zahlreichen Eingemeindungen weitgehend vermieden.

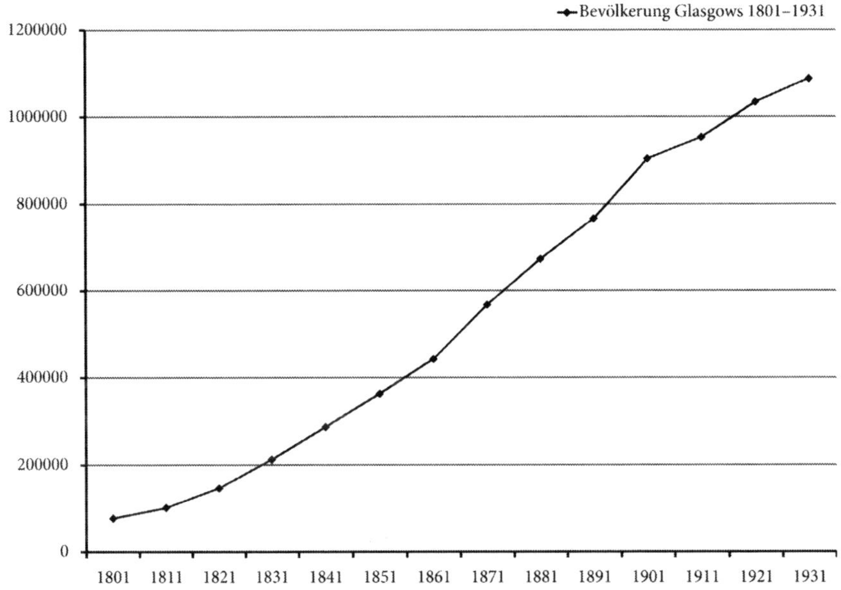

Grafik 2: Bevölkerung Glasgows 1801–1931, erstellt nach B. R. Mitchell, British Historical Statistics, Cambridge u. a. 2011, S. 26–28.

Zwischen 1801 und 1891 verzehnfachte sich die Einwohnerzahl. Die größten Zuwachsraten lagen in der ersten Jahrhunderthälfte. Da die relativ hohe Geburtenrate durch eine noch höhere Sterblichkeit mehr als ausgeglichen wurde, ist mit Andrew Gibb davon auszugehen, dass das demographische Wachstum bis ins letzte Drittel des 19. Jahrhunderts in erster Linie auf Zuwanderung beruhte.[80] In den 1870er und 1880er Jahren ging dieser Migrationsgewinn zurück.

Der Einbruch war einerseits dem starken Wachstum anderer Städte im Ballungsraum, wie etwa den damals noch selbstständigen Schiffsbaukommunen Govan und Partick, geschuldet.[81] Andererseits verließen immer mehr Schotten ihre Heimat. Zwischen 1820 und 1914 waren es mehr als zwei Millionen.[82] Einen letzen Zuwanderungsschub erlebte Glasgow in den 1890er Jahren. Nach 1901 verlangsamte sich das Wachstum spürbar.

Woher kamen die Migranten? S. G. E. Lythe und John Butt haben nachgewiesen, dass hierfür zwei eng verflochtene innerschottische Entwicklungen

80 Vgl. Gibb, Glasgow, S. 124 f.

81 Glasgow gliederte immer wieder benachbarte Gemeinwesen ein: Maryhill, Hillhead, Crosshill, Govanhill und Pollokshields 1891 mit einem Zuwachs von 53.000 Einwohnern, Kinninng Park 1905 mit 14.000 und Govan, Partick und Pollokshields 1912 mit 224.000 vgl. Whithers, The Demographic History, S. 142.

82 Thomas M. Devine, The Scottish Nation. A History 1700–2007, London u. a. 2006, S. 468–485.

maßgeblich waren: die Binnenmigration und die Urbanisierung.[83] Die Bevölkerung Schottlands geriet im Laufe des 18. Jahrhunderts immer stärker in Bewegung. In der Hauptsache handelte es sich hierbei um einen Bevölkerungsrückgang in den Hochlagen zu Gunsten des Tieflands. Diese Migration, setzte mit der Umstellung der Landwirtschaft auf die Schafzucht ein, die viele Menschen ihrer Lebensgrundlage beraubte.[84] Aus den ländlichen, agrarisch geprägten *Highlands* und *Southern Uplands* wanderten zahlreiche Menschen in das zentrale Tiefland ab. Innerhalb des *Central Belt* war insbesondere der Westen mit seinem Hauptort Glasgow das Ziel dieser demographischen Verschiebung. 1821 hatte die Stadt erstmals mehr Einwohner als Edinburg vorzuweisen.[85] Dieser Trend hielt bis zur Jahrhundertwende an. 1891 lebten fast zwanzig Prozent der Schotten in Glasgow.[86] Die benachbarten Hafen-, Bergbau- und Industriestädte, wie Paisley, Kilmarnock, Motherwell, Airdrie oder Coatbridge waren die Boomtowns des späten 19. Jahrhunderts und trugen zur Konzentration der Bevölkerung und zur Entstehung eines schwerindustriell geprägten Ballungsraums bei.[87]

Neben der Wanderung ins zentrale Tiefland zeichnete sich außerdem ein Trend zur Urbanisierung ab.[88] Davon konnten alle größeren Städte Schottlands profitieren, am meisten jedoch die großen vier: Glasgow, Dundee, Edinburg und Aberdeen. 1851 lebte jeder fünfte Schotte in einer dieser vier Städte, 1911 war es bereits jeder dritte.[89] Ab den 1830er Jahren dominierten diese »dynamic centres of economic change«[90] das schottische Leben weitgehend.

Thomas M. Devine beschreibt ein ganzes Ursachenbündel für die Urbanisierung Schottlands. Drei treten jedoch besonders hervor. Neben dem natürlichen Bevölkerungszuwachs in weiten Teilen Schottlands und dem sich daraus ergebenden Migrationsdruck macht er in erster Linie höhere Löhne und das breitere Angebot an Beschäftigungsmöglichkeiten für den Zug der Menschen in die Städte verantwortlich.[91] Für Lythe und Butt sind Bevölkerungswachstum und Urbanisierung Elemente eines strukturellen Wandels der schottischen Ökonomie, in dessen Verlauf der Argrarsektor, der im Hochland bis dahin Arbeit und Auskommen geboten hatte, seine Rolle als Hauptquell der Beschäftigung ver-

83 Vgl. Lythe/Butt, An Economic History, S. 93; Clive H. Lee, Scotland 1860–1939: Growth and Poverty, in: Roderick Floud/Paul Johnson (Hrsg.), The Cambridge Economic History of Modern Britain, Volume II: Economic Maturity 1860–1939, Cambridge u.a. 2004, S. 428–455.

84 Vgl. Eric Richards, The Highland Clearances, Edinburgh 2005.

85 Vgl. Maver, Glasgow, S. 83.

86 Vgl. Briggs, Victorian Cities, S. 60.

87 Vgl.Devine, The Scottish Nation, S. 329.

88 Für die Einordnung in den europäischen Kontext siehe: Jan de Vries, European Urbanisation, 1500–1850, London 1984; Henk Schmal (Hrsg.), Patterns of European Urbanisation since 1500, London 1981.

89 Devine, The Scottish Nation, S. 328.

90 Ebd., S. 154.

91 Ebd., S. 162–166.

loren habe. An seine Stelle seien Handel, Gewerbe und Industrie getreten.[92] Für diejenigen unter den Migranten, die ihre schottische Heimat nicht verlassen wollten oder konnten, war Glasgow deshalb ein bevorzugtes Ziel. Ein Großteil der Zuwanderer kam aus dem näheren Umfeld. 1851 waren gerade einmal 44 Prozent der Stadtbevölkerung gebürtige Glasgower. Die zweitgrößte Gruppe mit etwa zwanzig Prozent stammte aus den nahegelegenen Gebieten Lanark, Dumbarton, Stirling, Renfrew und Ayr.[93]

Glasgows Wachstum wurde außerdem durch überregionale Zuwanderung gespeist. Irland war eine der wichtigsten Quellen dieser Migrationsströme.[94] Während der 1810er und 1820er Jahre beförderte der Niedergang der Leinenverarbeitung in Ulster und Connaught die Abwanderung der Iren. Die regelmäßigen und aufgrund des hohen Wettbewerbs billigen Fährverbindungen nach Westschottland sowie der Boom der dortigen Textilindustrie lockten viele von ihnen nach Glasgow.[95] Die Hungerkatastrophe der späten 1840er Jahre bestärkte diesen Trend.

Der 1851er Zensus gibt den Anteil der irisch stämmigen Schotten mit sieben Prozent an. Diese Zahl berücksichtigt jedoch weder die Einwanderer zweiter oder dritter Generation noch deren starke räumliche Konzentration auf die großen Zentren Glasgow und Edinburg. Die Neubürger veränderten die konfessionelle Zusammensetzung in der Stadt. Aus Irland kamen viele Katholiken, was 1832 zur Wiedereinführung eines römisch-katholischen Bischofsitzes in Glasgow führte. Besonders aus der Provinz Ulster kamen hingegen viele Protestanten. Sie brachten den Oranierorden und den *Sectarianism* mit, der zu einer Eigenheit der Glasgower Stadtgesellschaft wurde. In zahlreichen alltäglichen Situationen, von der Stellenvergabe bis zur Frage, welchem Fußballverein man huldigte, spielte die konfessionelle Zugehörigkeit bald eine große Rolle.[96]

In der zweiten Hälfte des 19. Jahrhunderts ebbte die Zahl der Einwanderer von der grünen Insel allmählich ab. Auf Iren folgten nun Italiener und Osteuropäer. Eine Besonderheit in der sozioräumlichen Entwicklung Glasgows war das weitgehende Fehlen von Zuwanderungsghettos. Zwar lebten etwa in Anderston viele Neubürger aus dem schottischen Hochland, während die Iren eher im industriell geprägten East-End wohnten, der geographisch bedingte, durch die Expansion der Industrie verschärfte Mangel an Siedlungsfläche und Wohnraum ließ die Entstehung innerstädtisch-ethnischer Enklaven jedoch nicht zu.[97]

92 Lythe/Butt, An Economic History, S. 93.

93 Ebd., S. 96.

94 Zur irischstämmigen Einwanderung vgl. Thomas M. Devine (Hrsg.), Irish Immigrants and Scottish Society in the Nineteenth and Twentieth Centuries, Edinburgh 1991; James E. Handley, The Irish in Scotland, 1789–1845, Cork 1943; Ders., The Irish in Modern Scotland, Cork 1947.

95 Vgl. Brenda Collins, The Origins of Irish Immigration to Scotland in the Nineteenth and Twentieth Centuries, in: Devine (Hrsg.), Irish Immigrants and Scottish S. 5–8.

96 Steve Bruce u. a., Sectarianism in Scotland, Edinburgh 2004, hier S. 7–35.

97 Maver, Glasgow, S. 84.

Das rasche Bevölkerungswachstum ordnete sich in eine europaweite Phase der Urbanisierung ein, die durch die Industrialisierung enorm beschleunigt wurde. Gleichzeitig befeuerte der Bevölkerungsüberschuss das Wirtschaftswachstum.[98] Die urbanen Zentren der Industrialisierungsepoche teilten jedoch nicht nur das Wachstum. Sie glichen sich auch darin, dass sich dort Armut, soziales Elend, schlechte hygienische Bedingungen und Krankheiten in einem nie dagewesenen Ausmaß konzentrierten und neue soziale Fragen aufwarfen.

1.2.2 Arbeit, Armut und Elend

Gleich ob in Glasgow oder anderswo geboren, egal ob Schotte, Ire oder Pole, was die Menschen in die Stadt lockte, war die Hoffnung auf Arbeit. Die Zuwanderung sorgte gleichzeitig dafür, dass immer genügend Arbeitskräfte zur Verfügung standen. Der über weite Strecken des 19. Jahrhunderts vorhandene Überschuss an Arbeitskräften drückte auf die Löhne und davon profitierte die Wettbewerbsfähigkeit der Industrie.[99] Der Arbeitsplatz wurde zum zentralen Ort des sozialen und kulturellen Lebens in dieser Einwanderungsgesellschaft.

Wie aber entwickelten sich Beschäftigung und Arbeitsmarkt in der Stadt?[100] Schaut man auf die sektorale Verteilung der Beschäftigung innerhalb der städtischen Ökonomie, so lässt sich erkennen, dass der Großteil der Arbeitsplätze im produzierenden Gewerbe zu finden war. Zwischen 1841 und 1911 lag der Anteil der männlichen Beschäftigten dort konstant um die 72 Prozent mit nur geringen Schwankungen im einstelligen Prozentbereich.

Wie in den anderen drei großen schottischen Städten war die Textilindustrie auch in Glasgow bis weit in die zweite Hälfte des 19. Jahrhunderts hinein der größte Arbeitgeber. 1851 waren über 40 Prozent dort beschäftigt. Dann sank der Anteil kontinuierlich bis 1911 auf knapp unter 17 Prozent. Dies war die Folge wachsender Konkurrenz aus dem In- und Ausland.[101] In absoluten Zahlen waren das jedoch immerhin noch in etwa so viele Beschäftigte, wie im wirtschaftlich dominierenden Bereich des Maschinen- und Werkzeugbaus nebst Metallverarbeitung direkt tätig waren. Im letzten Drittel des 19. Jahrhunderts kam unter den großen schottischen Städten zu einer zunehmenden Ausdifferenzierung und Spezialisierung. In Glasgow konzentrierten sich die Schwerindustrie und der Schiffsbau.[102] Ein kontinuierliches Wachstum lässt sich außerdem im

98 Vgl. Andrew Lees, Cities Perceived. Urban Society in European and American Thought, 1820–1940, New York 1985, S. 1–6.

99 Lee, Scotland 1860–1939, S. 434–437.

100 Vgl. Richard Rodger, The Labour Force, in: Fraser/Maver (Hrsg.), Glasgow, S. 163–185; Die Zahlen stammen aus: Ders., Employment, Wages and Poverty in the Scottish Cities 1841–1914, in: George Gordon (Hrsg.), Perspectives on the Scottish City, Aberdeen 1985, S. 25–63, hier S. 35–53.

101 Maver, Glasow, S. 44.

102 Rodger, Employment, S. 37.

Bereich der Nahrungs- und Genussmittelindustrie beobachten, 1911 immerhin drittwichtigster Arbeitgeber der Stadt.

Frauen waren in Glasgow lange Zeit überwiegend in der Industrie beschäftigt. Im Zeitraum von 1841 bis 1911 schwankte ihr Anteil zwischen 62 und 72 Prozent. Hauptarbeitgeber waren die Textil-, die Nahrungsmittel- und die Genussmittelindustrie, später auch die Produktion von Massenkonsumgütern. Verantwortlich für den relativ großen Anteil weiblicher Beschäftigter in der Industrie war zum einen die relativ geringe Nachfrage nach häuslichen Dienstleistungen, eine Folge des vergleichsweise kleinen wohlhabenden Mittelstandes. Zum anderen die geringe Zahl an neuen Beschäftigungsmöglichkeiten für Frauen, wie sie andernorts ab den 1870er Jahren vermehrt aufkamen:

Interestingly the four Scottish cities do not seem to have participated in a ›white-blouse‹ revolution, a secular expansion in female commercial employment opportunities in telephone exchanges, office work and related employment after 1870.[103]

Nichtsdestotrotz wuchs der Dienstleistungsbereich vor dem Ersten Weltkrieg ebenfalls, wenn auch langsamer als andernorts. 1841 war jeder siebte männliche Erwerbstätige in Schottland im tertiären Bereich tätig, 1901 jeder fünfte. Auffällig ist allerdings, dass der Bereich des *Professional Employment* relativ unterentwickelt war, also Ärzte, Rechtsanwälte, Angestellte der Kirchen, Lehrer, Beamte, Wissenschaftler, Polizei- und Gefängnisbedienstete oder ähnliches. Aus diesen Berufen mit relativ sicherem Einkommen bildete sich die neue Mittelklasse. Größe, Einkommen und Konsumverhalten dieser Gruppe waren wichtige Faktoren für die Entwicklung einer Stadt. Der Wirtschafts- und Sozialhistoriker Richard Rodger geht davon aus, dass die vergleichsweise geringe Bedeutung dieser Berufsgruppe sich auf Glasgow negativ ausgewirkt habe. Insbesondere in Krisenzeiten hätte ein Gegengewicht zur exportorientierten Industrie gefehlt, um Absatzeinbrüche auszugleichen.[104]

Das Schottland der Industrialisierung war ein Niedriglohnland. Besonders in der Textilindustrie lagen die Löhne deutlich unter dem englischen Durchschnitt und waren häufig sogar um ein Fünftel niedriger.[105] Anders sah es jedoch bei den Preisen aus. Besonders Lebensmittel wie Mehl, Käse oder Eier waren in Schottland teurer.[106] Niedrige Löhne und hohe Preise verringerten die Kaufkraft und erhöhten das Armutsrisiko. Geringere Aufwendungen für Löhne und Gehälter bedeuteten zunächst einen Wettbewerbsvorteil, wirkten sich langfristig aber negativ aus. Arbeitsintensive Methoden wurden gegenüber Investitionen in Sachkapital bevorzugt, worunter die Konkurrenzfähigkeit bald litt. In Krisenzeiten erfolgten notwendige Anpassungen meist durch die Verringerung

103 Ebd., S. 30.
104 Vgl. ebd., S. 32f; T.C. Scmout, A Century of the Scottish People, S.110–112.
105 Ebd.,, S.112.
106 Lee, Scotland 1860–1939, S. 437.

der Belegschaft, mit verheerenden sozialen Folgen: ein regelmäßiges gesichertes Einkommen blieb für viele Glasgower unerreichbar.[107]

Ein großer Teil der Erwerbstätigen arbeitete in Bereichen, die starken saisonalen Schwankungen unterworfen waren. Zu dieser Gruppe zählten Hafen- und Werftarbeiter, Schneider oder Hutmacher, aber auch Arbeiter in den städtischen Gas- und Kraftwerken, alle dem Baugewerbe zugehörigen Berufe sowie Maler und Anstreicher. In seiner Studie zur Saisonarbeit in Glasgow vor dem Ersten Weltkrieg kommt der Historiker J. H. Treble zu dem Schluss, dass zwischen 1891–1911 etwa 20 bis 30 Prozent der männlichen und 26 bis 28 Prozent der weiblichen Beschäftigten im erwerbsfähigen Alter in prekären Arbeitsverhältnissen tätig waren:

> […] there can be no doubt that for many of Glasgow's citizens who followed a seasonal occupation, seasonality of employment meant a perpetual struggle to keep themselves and their families above the poverty line. For whatever the economic rationale which gave rise to seasonality of output, the social price which it exacted from the working classes was high.[108]

Niedrige Löhne bei hohem Preisniveau und unsichere Beschäftigungsverhältnisse prägten die Erfahrungswelt eines großen Teils der Bevölkerung vor dem Ersten Weltkrieg. Die Unsicherheit der Einkommen zwang viele Bewohner dazu, sich eine Bleibe zu suchen, die sie auch in Zeiten der Arbeitslosigkeit noch bezahlen konnten. Gleichzeitig waren die unteren Einkommensgruppen die räumlich immobilsten. Wegen langer Tagesarbeitszeiten und aufgrund fehlender Verkehrsmittel mussten sie möglichst nah beim Arbeitsplatz wohnen.[109] Dies trug zur enormen Bevölkerungsdichte und zur Bildung innerstädtischer Slums bei. Armut und unsichere Lebensperspektive wirkten sich wiederum auf das soziale Klima in der Stadt und ihren Ruf aus:

> […] Glasgow was Scotland's ›shock city‹ […], in terms of the condition of many of its population, the severity of some epidemics, and infant mortality in particular. Where you lived, the class into which you were born, the size of your family, and your access to ›improvements‹ – in housing, diet, and medical care – were all critical influences upon life and death in Glasgow.[110]

107 Rodger, Employment, S. 46.

108 J. H. Treble, The Seasonal Demand for Adult Labour in Glasgow, 1890–1914, in: Social History 3 (1978), Heft 1, S. 43–60, hier S. 58; Ders., The Characteristics of the Female Unskilled Labour Market and the Formation of Female Casual Labour Market in Glasgow, in: Scottish Economic and Social History 6 (1986), S. 33–46.

109 Vgl. W. Forsyth, Urban Economic Morphology on Nineteenth-Century Glasgow, in: Anthony Slaven/Derek Aldcroft (Hrsg.), Business, Banking and Urban History. Essays in Honour of S. G. Checkland, Edinburgh 1982, S. 166–191; Richard Rodger, Rents and Ground Rents. Housing and the Land Market in Nineteenth-Century Britain, in: James H. Johnson/Colin G. Pooley (Hrsg.), The Structure of Nineteenth-Century Cities, London 1982, S. 39–74.

110 Withers, The Demographic History, S. 158.

Der Mangel an Wohnraum, das Elend in den Slums sowie die schlechte Gesundheitsversorgung verliehen den zahlreichen Reformbewegungen jener Jahre ihre besondere Dynamik. Zunächst dominierten kalvinistische Positionen, die die Ursache der Armut in der mangelnden moralisch-spirituellen Erziehung des Individuums sahen. In der zweiten Hälfte des 19. Jahrhunderts setzte sich dann allmählich der Gedanke durch, dass das auf sich allein gestellte Individuum mit den Lebensbedingungen in der Großstadt überfordert war. Wie in den meisten britischen Industriestädten, baute man deshalb zunehmend auf die Kommunalverwaltung als Träger sozialer Reformen.[111] Sie sollte die Kräfte bündeln, um die Situation der Menschen zu verbessern und das Elend zu bekämpfen.

Die drei großen Themen waren Wasser, Luft und Licht. Das erste Vorzeigeprojekt dieses kommunalen Interventionismus in Glasgow war die Verbesserung der Wasserversorgung. Vom 56 Kilometer entfernten Loch Katrine in den Highlands wurde eine Leitung in die Stadt gelegt. Es war keine geringere als Königin Victoria, die dieses Prestigeprojekt 1859 eröffnete.[112]

Der Erfolg des Vorhabens beflügelte eine interventionistische Stadtpolitik.[113] Es folgten weitere Programme, wie etwa die beiden *City Improvement Acts* von 1866 und 1897, die den Abriss der schlimmsten Slums durch die Stadt vorsahen. Der *Police Act* von 1862 schuf die Stelle eines *Medical Officers* sowie das *Sanitary Committe*, ein wichtiger Schritt hin zur Professionalisierung der Gesundheitsfürsorge. Besonders ab den 1870er Jahren zog die Stadtverwaltung immer mehr Kompetenzen und Arbeitsfelder an sich, etwa im Bereich der urbanen Infrastruktur. Gute Beispiele für die Überführung bestehender privater Einrichtungen in kommunales Eigentum sind etwa die Übernahme der Gas- und Elektrizitätsversorgung, die zunehmende Kontrolle des Marktwesens oder die Kommunalisierung der Trambahnen 1891. Letztere sollte das Transportmittel für die ärmeren Teile der Bevölkerung bezahlbar machen. Gleichzeitig inszenierte sich die Kommune als vorbildlicher Arbeitgeber, um der Privatwirtschaft ein Beispiel für den rechten Umgang mit den Beschäftigten zu geben.[114] So gab es bereits ab 1898 für kommunale Angestellte einen Mindestlohn.

Liberale Politiker, Kirchen und engagierte Bürger unterstützten die Ausweitung städtischer Aufgabenbereiche. Die Träger dieser Politik stammten meist aus der Mittelschicht.[115] Ab den 1890er Jahren machte sich zudem der verstärkte Einfluss der organisierten Arbeiterbewegung und der *New Liberals*

111 Vgl. Lees, Cities Perceived, S. 235–237; Allgemeiner vgl. Anselm Doering-Manteuffel, ›Soziale Demokratie‹ als transnationales Ordnungsmodell im 20. Jahrhundert, in: Jost Dülffer/Wilfried Loth (Hrsg.), Dimensionen internationaler Geschichte, München 2012, S. 313–334.

112 Maver, Glasgow 91 f.

113 Vgl. W. Hamish Fraser/Irene Maver, Tackling the Problems, in: Dies. (Hrsg.), Glasgow, S. 394–440, hier S. 410.

114 Ebd., S. 428.

115 Doering-Manteuffel, ›Soziale Demokratie‹, S. 320.

bemerkbar.[116] In den beiden Dekaden vor dem Ersten Weltkrieg galt Glasgow als Musterstadt des *Municipal Socialism.* Auf Grundlage eines breiten, tief in der bürgerlichen Gesellschaft verwurzelten Konsenses wurde das städtische Alltagsleben immer stärker von der Kommune organisiert. Dabei verstanden sich städtische Elite und Verwaltung als Vorreiter für andere britische, europäische und nordamerikanische Großstädte:

> Such municipal socialism spread from the usual concern with water and gas supply to public health provisions (from hospitals to laundries, sewage and refuse disposal), markets, lighting, veterinary and bacteriological services, civic reconstruction, building regulations (probably the tightest in the country) and public transport. Such a convergence inevitably underpinned all the city's spatial, social and cultural relations.[117]

Erst unmittelbar vor Ausbruch des Ersten Weltkriegs formierte sich ernsthafter Widerstand gegen diese Politik. Dies lag zum einen an den Kosten, welche die steuerzahlenden Bürger für Erhalt und Ausbau dieser Wohlfahrtsstadt aufbringen mussten. Zwischen 1881 und 1911 stieg etwa die Kommunalsteuer um 36 Prozent. Zum anderen versuchte die Privatwirtschaft nun vermehrt, sich der scheinbar übermächtigen Konkurrenz durch die öffentliche Hand zu erwehren.[118] Bevor sich jedoch ein marktliberaleres Denken durchsetzten konnte, brach der Erste Weltkrieg aus und der Streit über die Aufgaben und Grenzen der Kommunen wurde aufgeschoben.

1.2.3 Räumliche und städtebauliche Entwicklung

Die verschränkten Dynamiken von Industrialisierung und Urbanisierung, die Zusammenballung von Industrie und Menschen auf engstem Raum, prägten lange Zeit die städtebauliche Entwicklung Glasgows, wie in zahlreichen anderen Städten in Europa oder Nordamerika.[119] Glasgow wuchs in alle Richtungen stetig über sich hinaus, vor allem aber nahm die Ost-West-Ausdehnung zu. Dies hatte geographische Ursachen. Die nördlich wie südlich an das Clyde-Becken angrenzenden moorigen Hochflächen kamen für eine Bebauung nicht in Frage.[120]

Schaut man auf die Binnenstruktur des Ballungsraums, so zeigt sich ein aus vielen Industriestädten bekanntes Muster: Das *Eastend* war überwiegend indus-

116 Zu den New Liberals siehe: Michael Freeden, The New Liberalism. An Ideology of Social Reform, Oxford 1978; Doering-Manteuffel, ›Soziale Demokratie‹, S. 318–321.

117 John M. McKenzie, ›The Second City of the Empire‹. Glasgow – Imperial Municipality, in: Felix Driver/David Gilbert, Imperial Cities. Landscape, Display and Identity, Manchester u. a. 1999, S. 215–237, hier S. 218 f.

118 Fraser/Maver, Tackling the Problems, S. 432.

119 Vgl. Daniel T. Rodgers, Atlantic Crossings. Social Politics in a Progressive Age, Cambridge, London 1998, hier S. 47 f.

120 Vgl. Pacione, Glasgow, S. 68–109.

triell geprägt. Die Straße nach Edinburg bot eine wichtige Entwicklungsachse, an der entlang sich schon früh die Textilindustrie niederließ. Später folgten Hüttenwerke Maschinenbau, Gießereien und Metallverarbeitung. Im Norden, von Maryhill über Cowcaddens bis Camlachie, waren der Monkland und der *Forth and Clyde* Kanal wichtige Anziehungspunkte für die Eisenverhüttung, für die chemische Industrie und andere Branchen. Im Süden dominierte ebenfalls die Industrie mit der Werftenstadt Govan als wichtigem Zentrum.

Eine Besonderheit im räumlich-ökonomischen Muster Glasgows war jedoch die starke Westausdehnung. Hier wuchs einerseits das schicke Glasgow der Mittelklasse. Andererseits kam es in großem Umfang zur Ansiedlung von Industrie. Aufgrund der geographisch bedingten Enge des Clyde-Bassins und wegen der ökonomischen Bedeutung des Flusses stritten sich südlich der Nobelviertel Hafenbetreiber, Werften und Industriebetriebe um die besten Flächen und forcierten die Westwärtsbewegung, während im Norden der *Forth and Clyde* Kanal industrielle Nutzung anzog. Das Glasgow der Mittelklasse bildete somit ein schmales Band des Wohlstands, eingekeilt zwischen ärmeren Industrie- und Arbeitervierteln.

Ein gutes Beispiel für die prägende Kraft der Industrie bei der Stadtentwicklung bietet die *Saracen Foundry*. Gegründet 1850 von Walter McFarlane und weiteren Teilhabern, hatte das Unternehmen seinen Sitz zunächst im Stadtteil Gallowgate. Da das Geschäft mit gusseisernen Produkten und Ornamenten schnell expandierte, reichte der Raum dort bald nicht mehr aus. Ein Umzug in die Washington Street in Anderston verschaffte nur vorübergehende Erleichterung. Mitte der 1860er Jahre kaufte McFarlane von der Familie Campbell das Herrenhaus *Possil Estate* nebst zugehörigem Park. Auf dem etwa einen halben Quadratkilometer großen Areal am Nordrand der Stadt errichtete er 1869 eine Gießerei nebst Unterkünften für die Arbeiter. Zählte das Gebiet 1872 nur 10 Einwohner, so lebten 1891 in neuen Stadtteil Possilpark bereits 10.000 Menschen.[121]

Ähnlich verlief die Entwicklung der späteren John Brown's Werft in Clydebank, Geburtsort der berühmtesten Cunard-Dampfer wie etwa der *Lusitania* oder der *Queen Elizabeth*.[122] Als J.G. Thomsons *Clyde Bank Iron Shipyard* in Govan 1871 der Erweiterung des Glasgower Hafens weichen musste, fand sich ein neuer Standort flussabwärts gegenüber der Mündung des *White Cart*. Dahinter entstand eine Arbeitersiedlung, in der um 1880 rund 2.000 Menschen lebten. Als der amerikanische Nähmaschinenbauer Singer Anfang der 1880er Jahre dort ein großes Werk errichtete, zogen in kurzer Zeit viele Arbeiter mit ihren Familien zu. 1886 erhielt der neue Ort unter dem Namen Clydebank den Status einer *Police Burgh* und 1913 lebten dort bereits 43.000 Menschen.

121 Butt, The Industries of Glasgow, S. 113f.; Gary Nisbet/Tim Gardner, Walter Macfarlane und Co. (1850–1965), URL: http://glasgowsculpture.com/pg_biography.php?sub=macfarlane_w-co (Abruf 04.06.2012).

122 John Hood u. a., The History of Clydebank, Carnforth 1988, S. 3–22; Walker, Song of the Clyde, S. 146–152.

Zu diesem Zeitpunkt hatte die Werft ihren Namen geändert. 1899 war sie vom Sheffielder Stahlhersteller *John Brown and Company* übernommen worden, ein Vorgeschmack auf die starke horizontale und vertikale Integration kommender Jahre. Clydebank entwickelte sich zu einer eigenen Stadt, wenngleich immer die Gefahr bestand, von Glasgow eingemeindet zu werden.

Die Folge des rasanten Wachstums waren ständig ausufernde Ränder nach außen und eine enge funktionale Durchmischung im Innern. Überall in der Stadt, insbesondere aber im alten Stadtzentrum, entstanden Hinterhoffabriken, die den Bewohnern den knappen Wohnraum streitig machten. Spekulanten errichteten in der Nähe neuer Fabriken einfache und billige Mietskasernen. Diese bestanden häufig aus kleinen Einraumwohnungen ohne eigene sanitäre Einrichtungen und waren darauf ausgerichtet, eine möglichst große Zahl an Mietern auf kleinster Fläche und zu geringen Kosten für die Erbauer unterzubringen. Zwischen 1862 und 1901 bestanden etwa 18 Prozent der neu gebauten Wohnungen in der Stadt aus nur einem Raum, weitere 48 Prozent lediglich aus zweien. Um sich die Besonderheit der daraus resultierenden Wohnsituation zu verdeutlichen, hilft ein Vergleich. 1911 lebten in England und Wales etwa 7 Prozent der Bevölkerung in Ein- oder Zweizimmerwohnungen. Für Schottland und Glasgow lauten die entsprechenden Zahlen 50 Prozent bzw. über 60 Prozent.[123] Der Kampf gegen die Wohnungsnot war eines der zentralen politischen Themen von der Jahrhundertwende bis in die 1970er Jahre. Der Aufstieg der *Independent Labour Party* in Glasgow vor und während des Ersten Weltkrieges war eng mit John Wheatleys Kampagne für den kommunalen Wohnungsbau verbunden.[124]

Architektonisch fand die aufstrebende Industriestadt im Laufe des 19. Jahrhunderts ihren eigenen Stil.[125] Zunächst dominierte der Klassizismus in egalitär-didaktischer Ausrichtung. Eine ästhetisch anspruchsvolle, sinn- und ordnungsstiftende Gestaltung des öffentlichen Raumes sollte die Stadtbevölkerung zu moralischer Weiterentwicklung führen. Das stilistische Mittel dieser Volkserziehung war die historische oder bukolische Assoziation:

> The idea that ancient and traditional scenes and buildings could evoke sympathy for ancient institutions and lessen the alienation which many people faced was a major ideological premise in Glasgow's nineteenth century townscape.[126]

123 Smout, A Century of the Scottish People, S.34f.

124 John Wheatley, Eight-Pound Cottages for Glasgow Citizens, Glasgow 1913; vgl. Maver, Glasgow, S. 176f; Smout, A Century of the Scottish People, S. 39; J.J. Smyth, Labour in Glasgow 1896–1936. Socialism, Suffrage, Sectarianism, East Linton 2000, S. 8.

125 Vgl. James Schmiechen, Glasgow of the Imagination: Architecture, Townscape and Society, in: Fraser/Maver, Glasgow, S. 486–518; Brian Edwards, Glasgow Improvements, 1866–1901, in: Peter Reed, Glasgow: The Forming of the City, 2. erw. Aufl., Edinburgh 1999, S. 84–103.

126 Vgl. Schmiechen, Glasgow of the Imagination, S. 497.

Diese aufklärerisch optimistische Architektur war urban und anti-urban zugleich. Sie schuf einerseits die moderne Stadt, während sie andererseits diese an den Idealen eines verklärten Landlebens ausrichtete. In Ihrer Widersprüchlichkeit offenbart sie etwas von der Orientierungslosigkeit der Zeitgenossen angesichts der Herausforderungen einer als chaotisch wahrgenommenen Gegenwart. Schmuckelemente, Ornamentik und Skulpturen mit Motiven des ländlichen Schottland dienten einerseits als Gegenbilder zur Realität der Industriestadt und boten andererseits eine ästhetische Aufwertung des urbanen Lebensumfelds. In dieser Bildsprache, so drückte es der schottische Biologe, Soziologe und Stadtplaner Patrick Geddes einmal aus, verbinde sich die vergangene Stadt, mit jener, die sie sein könnte.[127]

Die Neogotik, die zur gleichen Zeit in England in Mode kam, spielte in Glasgow eine eher untergeordnete Rolle:

> The true taste was classicism, for classicism had for the people of Glasgow a mixture of associational analogies, not the least of which were anti-elitist political notions which saw the Gothic image as a badge of feudal slavery.[128]

Am Clyde hielt man ungewöhnlich lange am Klassizismus fest, was zu einer immer stärkeren Funktionalisierung und zu einer immer abstrakteren Aneignung führte. Auf diesem Nährboden entwickelte sich ab den 1880er Jahren eine eigene Formensprache der Architektur und der Stadtgestaltung, der *Glasgow Free Style*. Dieser fand dank eines gewaltigen Baubooms, der der Innenstadt zwischen 1860 und dem Ersten Weltkrieg ein völlig neues Aussehen verlieh, große Verbreitung. Während sich die Stadt als Ganzes in die Fläche ausdehnte, wuchs das Zentrum in die Höhe. Alte Gebäude mussten neuen höheren weichen. Ecktürmchen und Schmuckgiebel verstärkten die Bewegung nach oben.[129]

Der wirtschaftliche und soziale Wandel brachte neue Formen des öffentlichen Raumes hervor, etwa Bahnhöfe, Untergrundstationen, Theater, Galerien und Museen, Badeanstalten und Waschhäuser, Markthallen, Gewerbe- und Handelsbauten, die bald zum Innbegriff des Urbanen schlechthin wurden. Innerhalb weniger Jahre entstanden drei große Bahnhöfe, die *Central* (1878), die *Queen Street* (1878) und die *St. Enoch Station* (1880). Diese Großbauten sollten durch Form und Gestalt dem Besucher der Stadt Orientierung geben, hatten also eine sinn- und ordnungsstiftende Funktion.

Mit der Gründung des *City Improvement Trusts* 1866 wurde die Rolle der Stadtverwaltung neu definiert. Durch den Kauf zahlreicher Gebäude und Grundstücke wurde sie zu einem der wichtigsten Grundbesitzer und zugleich zum zentralen Akteur bei der Stadtgerstaltung. Der Trust war beauftragt, im alten Zentrum und den angrenzenden Vierteln die schlimmsten Slumbehausun-

127 Patrick Geddes, Cities in Evolution, London 1915, S. 374f.

128 Vgl. Schmiechen, Glasgow of the Imagination, S. 500.

129 Vgl. ebd. S. 506.

gen aufzukaufen und abzureißen, um den Grund an private Investoren zu veräußern. Bis 1877 kam ein Großteil der Grundstücke in kommunalen Besitz, etwa die Hälfte der Bebauung wurde abgerissen und zahlreiche Grundstücke fanden anschließend neue Besitzer. Es waren häufig die Eisenbahnunternehmen, die diese Flächen für den Bau von Bahnhöfen und Gleisanlagen erwarben.

Obwohl der Trust prinzipiell auch zum Bau von neuen Wohnungen berechtigt war, überließ er diese Aufgabe weitgehend privaten Investoren. Man begnügte sich stattdessen mit rechtlichen Rahmensetzungen. So durften etwa keine Gebäude mit mehr als vier Stockwerken errichtet werden, wobei pro Etage nur eine Einraumwohnung zulässig war. Letzteres führte ironischerweise dazu, dass der Großteil der neuen Wohnungen für die ärmeren Schichten, deren Behausungen zuvor zerstört worden waren, nicht erschwinglich war. Sie wichen in die umliegenden Viertel aus, wo sich dadurch die Not noch vergrößerte.[130]

1878 erschütterte der Kollaps der *City of Glasgow Bank* die Stadt und brachte nicht nur zahlreiche Anleger um ihr Erspartes und Unternehmer in ernsthafte Schwierigkeiten. Die darauffolgende Rezession traf besonders den Bausektor und die Nachfrage nach Bauland kollabierte. Die Arbeit des *City Improvement Trusts* geriet für zehn Jahre ins Stocken. Der Stopp der *Slum-Clearances* hatte eine unbeabsichtigte Nebenfolge. Da die aufgekauften Wohnhäuser und Grundstücke nicht weiterentwickelt werden konnten, sah sich die Stadt plötzlich in die Rolle des Vermieters gedrängt. Erst Ende der 1880er Jahre kam der Immobilienmarkt erneut in Gang. Ende der 1890er Jahre hatte der Trust 34 Gebäude mit 1.184 Wohneinheiten und 171 Geschäftslokalen errichtet.

Die zweite *City Improvement Bill* von 1897 atmete weit mehr den Geist des *Municipal Socialism*. Die Stadt stellte 100.000 Pfund für den Ankauf von Grundstücken im Stadtzentrum bereit, weitere *Slum-Clearences* sollten folgen und 10 Hektar Fläche vor allem im East End waren für den Bau von Kommunalwohnungen vorgesehen. Auch wenn der Anteil des kommunalen Wohnungsbaus vor dem Ersten Weltkrieg deutlich geringer war als in vergleichbaren Städten, ein erster Schritt war getan und der eingeschlagene Pfad wurde nach 1918 fortgesetzt.[131]

Die neue Rolle und das Selbstvertrauen von Stadtverwaltung und Rat fanden ihren Niederschlag nicht nur im Wohnungsbau. Die neuen *City Chambers* am George Square, errichtet zwischen 1883 und 1888, brachten den neuen Anspruch der Stadtverwaltung als einer vorbildlich und fortschrittlich agierenden Administration zum Ausdruck. Zahlreiche Anspielungen und Verweise auf venezianische Paläste in der Fassade dieses Prachtbaus adelten Glasgow zur *Serenissima*. Wie das alte Venedig einst den Handel im Mittelmeer dominierte, so sollte Glasgow, die *Second City of the Empire*, Handel und Industrie des neuen

130 Fraser/Maver, Tackling the Problems, S. 414–416.
131 Vgl. ebd., S. 421–423.

Zeitalters beherrschen.[132] Dieses Bild vom Venedig des Nordens tauchte in Stadtbeschreibungen bis in die 1950er Jahre immer wieder auf.[133] So etwa 1911 beim Glasgower Lokalhistoriker George Eyre-Todd:

Glasgow has long been pointed out as perhaps the best-governed city in the world. With fleets upon every sea, and enterprises in every corner of the earth, it is the successor of the famous merchant cities of the past. – Tyre, Carthage, and Venice.[134]

Architektonisch bildete sich allmählich ein neuer, eigener Baustil heraus, wie er etwa bei Charles Rennie Mackintosh (1868–1925) oder Wiliam Leiper (1839–1916) anzutreffen ist. In hohem Grade eklektisch, idiosynkratrisch und individualistisch kombinierte dieser Stil unterschiedlichste Stilelemente mit älteren schottischen Formen. Das besondere war das hohe Maß an Abstraktion im Spiel mit diesen Elementen, wie etwa bei Mackintoshs Neugestaltung der Fassade des »Glasgow Herald« Gebäudes von 1895 deutlich wird.[135] Die neue Art zu Bauen diente in ihrer stilistischen Eigenheit als Werbung und Aushängeschild für den Architekten und die Stadt oder das Unternehmen, das sich damit schmückte. Eine moralisch-didaktische Funktion war damit nicht verknüpft. Parallel zur sozialen Entwicklung wichen egalitäre und aufklärerische Vorstellungen einer stärkeren Betonung der Klassenunterschiede.[136] In der neuen Architektur fand die gebildete Mittelklasse ihren gestalterischen Ausdruck und ein Distinktionsmerkmal.[137] Wie die großen internationalen Ausstellungen von 1888 und 1901 repräsentierten sie den wirtschaftlichen und wissenschaftlichen Erfolg der Stadt.[138]

So wie die Wirtschaft in den Jahren nach dem Zweiten Weltkrieg in die Krise geriet, so verlor auch der Glasgow-Stil in dieser Zeit an Bedeutung. Mit der Formsprache der nun aufkommenden klassischen Moderne war er nicht vereinbar: »[…] the architecture which once was a language of modernity had become a puzzle and a symbol of failure.«[139]

132 Zitate venezianischer Architektur finden sich an vielen Gebäuden, etwa an *Templeton's Carpet Factory*, ein Fabrikgebäude, das dem Dogenpalast ähnelt. Die Verwendung des Titels *Second City of the Empire* findet ab Mitte der 1820er Verwendung vgl. John M. McKenzie, ›The Second City of the Empire‹. S. 215–237.

133 Vgl. John Scott Hughes, Harbours of the Clyde, London 1954, S.108.

134 George Eyre-Todd, The Story of Glasgow. From the Earliest Times to the Present, Glasgow 1911, S. 7f.

135 Vgl. Elizabeth Williamson/Anne Riches/Malcolm Higgs. Glasgow, London 1990, S. 230.

136 Vgl. Schmiechen, Glasgow of the Imagination, S. 506.

137 Ebd.; Stana Nenadic, The Victorian Middle Classes, in: Fraser/Maver, Glasgow, S. 265–299, hier. S. 292.

138 Zu den großen Ausstellungen vgl. Perilla Kinchin/Juliet Kinchin, Glasgow's Great Exhibitions: 1888, 1901, 1911, 1938, 1988, Wendlebury 1988, hier S. 13.

139 Schmiechen, Glasgow of the Imagination, S 510.

1.3 Der Ausbau des Clyde und die Entstehung des Glasgower Hafens

Entlang des Clyde-Ufers schienen sich viele der im CVRP benannten Probleme auf besondere Weise zu verdichten. Auf engstem Raum drängten sich Werften, Hafen- und Gleisanlagen, Industrieunternehmen und Mietskasernen. Die hohe funktionale Durchmischung spiegelte Glasgows Doppelrolle als Industrie- und Hafenstadt wider. Viele Industriebetriebe arbeiteten eng mit den Werften zusammen und wollten in deren Nähe produzieren. Andere waren auf den Transportweg Wasser angewiesen und drängten deshalb in die Uferzone. Die Werften selbst benötigten große Flächen am Wasser und der Hafen konnte aufgrund der Enge des Flusses und der umliegenden Bebauung nur entlang der Uferflächen wachsen. Hinzu kamen Verkehrsflächen zur Versorgung der Industrie und zur Anbindung des Hafens an das Hinterland.

Der Hafen war Glasgows Tor zur Welt. Die westschottische Industrie wurde über diesen Umschlagplatz mit Rohstoffen versorgt und ihre Produkte gelangten von hier in die entlegensten Gebiete des Empire. Noch der CVRP unterstreicht die enge Verknüpfung zwischen Hafenwirtschaft und Industrie.

> Glasgow is essentially a regional industrial port serving the great industrialised hinterland of Scotland; 80 % of its pre-war imports were distributed in Glasgow, Clydeside and mid-Scotland, the other 20 % going to other parts of Scotland.[140]

Glasgows Weg zur Hafenstadt war aufs Engste mit der Industrialisierung verbunden. Noch bis weit ins 19. Jahrhundert verfügte die Stadt selbst über keine nennenswerten Kaianlagen.[141] Als Hafen diente das flussabwärts an der Mündung errichtete Port Glasgow. Die Kaufleute der Stadt waren zudem stark in den Handel des noch weiter westlich gelegenen Greenock involviert. Waren, die zur Versorgung Glasgows gebraucht wurden, mussten zum Weitertransport auf kleinere Kähne, Maultiere und Pferdewagen umgeladen werden. Ein beträchtlicher Teil des Tabakhandels des 18. Jahrhunderts verlief von den beiden westlichen Vorposten über Land nach Glasgow und von dort wieder über Land zum *Firth of Forth*, ehe die Verschiffung nach Kontinentaleuropa erfolgen konnte. Hieraus entstand der Anstoß zum Bau des *Forth and Clyde* Kanals, der wichtigsten schottischen Wasserstraße jener Zeit.[142]

140 Abercrombie/Matthew, The Clyde Valley Regional Plan, § 1116.

141 Zum Ausbau des Clyde zur Wasserstraße vgl. David Turnock, The Historical Geography of Scotland since 1707, Cambridge 1982, S. 152–166; Maver, Glasgow, S. 45–47; David Daiches, Glasgow, London 1977, S. 160–163; Ridell, The Clyde; S. 11–166; Gibb, Glasgow, S. 117 f.; James Bird, The Major Seaports of the United Kingdom, London 1963, S. 76–97.

142 Zur Geschichte der schottischen Wasserwege: Len Paterson, From Sea to Sea. A History of the Scottish Lowlands and Highlands Canals, Glasgow 2006; Guthrie Hutton, Scotland's Millennium Canals. The Survival and Revival of the Forth & Clyde and Union

1791 eröffnet, verband er den *Firth of Forth* an der Ostküste mit dem *Firth of Clyde* an der Westküste. Glasgow wurde über einen Stichkanal angeschlossen. Auf einem Hügel nördlich des Stadtzentrums entstand der Binnenhafen Port Dundas. Von hier führte der 1794 eröffnete Monkland Kanal zu den östlich der Stadt gelegenen Kohlefeldern. Diese Verbindung machte den Glasgower Binnenhafen und die angrenzenden Kanalufer zu einem bevorzugen Industriestandort: Glashütten, Eisengießereien, Textilbetriebe, Getreidemühlen und Destillerien, später die chemische Industrie siedelten sich hier an.

Port Dundas war lange Zeit als Hafen Glasgows viel bedeutsamer als der seit 1688 befestigte Broomielaw Kai am Clyde. Dies hatte geographische Ursachen. Oberhalb Port Glasgows war der Fluß kaum schiffbar. Nur kleine flache Kähne konnten den Stadthafen erreichen und benötigten dazu die Hilfe der Flut und günstige Winde. Aber auch der Landweg war nicht ohne Schwierigkeiten. Der schlechte Zustand der Straßen sorgte im Zusammenspiel mit dem schottischen Wetter immer wieder für Verzögerungen. Außerdem nahm der Verkehr zwischen der Ost- und der Westküste stetig zu. Schon im 18. Jahrhundert machte man sich deshalb Gedanken darüber, wie der Oberlauf schiffbar gemacht werden könnte. 1770 begannen die ersten erfolgreichen Vertiefungsmaßnahmen.[143] Der zweite *Clyde Navigation Act* von 1770 erkannte die planerische und fiskalpolitische Zuständigkeit Glasgows für den größten Teil des flussabwärts liegenden Verlaufs an. In der Folge wurden Uferabschnitte befestigt und Buhnen gebaut, die Fließgeschwindigkeit erhöhte sich und Ablagerungen wurden ausgespült. Zugleich begann der Ausbau des Broomielaw Kais und weiterer Hafenanlagen.[144]

Um 1800 konnten bereits Küstenschiffe bis zu 100 Tonnen bis zum Broomielaw gelangen. Die großen Fernhandelsschiffe stoppten jedoch weiterhin an der Mündung.[145] 1809 entfielen auf Greenock 40.000 Tonnen an umgeschlagenen Gütern, auf Port Glasgow 13.100 und auf Glasgow gerade einmal 2.600.[146] Dass Glasgow im Jahr zuvor vom Parlament als *Port of Registry* anerkannt worden war, verdankte es den Umschlagszahlen von Port Dundas.[147] Noch 1820 waren gerade einmal 84 Schiffe mit einer Tonnage von 6.384 Tonnen in der Stadt regis-

Canals, Catrine 2002; Jean Lindsay, The Canals of Scotland, Newton Abbot 1968; spezieller zu Glasgow: Gibb, Glasgow, S. 83–88; Zur Bedeutung des Transportwesens für die industrielle Revolution in Großbritannien: Philip S. Bagwell/Peter Lyth, Transport in Britain. From Canal Lock to Gridlock, London 2002, hier S. 1–20; Simon Ville, Transport, in: Roderick Floud/Paul Johnson (Hrsg.), The Cambridge Economic History of Modern Britain, Volume I: Industrialisation 1700–1860, Cambridge u.a. 2004, S. 295–331; Derek H. Aldcroft/Michael J. Freeman (Hrsg.), Transport in the Industrial Revolution, Manchester 1983.

143 Riddell, The Clyde, S. 31–51.

144 Ebd. S. 37.

145 Ebd. S. 56.

146 Turnock, The Historical Geography of Scotland, S. 157.

147 Irene Maver, Glasgow, S. 47.

triert. In Port Glasgow waren es 114 Schiffe mit 18.225 Tonnen und in Greenock 341 Schiffen mit 46.171 Tonnen.[148]

1809 nahmen Anstrengungen zum Ausbau des Clyde ein solches Ausmaß an, dass die Stadt sich entschloss, die Verantwortung in eine eigene Gesellschaft, den *Clyde Improvement Trust*, auszulagern, aus dem 50 Jahre später der *Clyde Navigation Trust* hervorging, der die Entwicklung von Fluss und Hafen bis in die 1960er Jahre bestimmen sollte.

Um der Konkurrenz an der Clydemündung das Wasser abzugraben, waren weitere Vertiefungsmaßnahmen notwendig. Die vorhandenen Deiche und Buhnen wurden nun parallel zum Ufer miteinander verbunden. Der Fluss wurde zum Kanal. Die Fahrrinne vertiefte sich und am Ufer entstanden neue Nutzflächen, die vom expandierenden Gewerbe der Stadt eingenommen wurden. Um 1830 war der Oberlauf für Schiffe mit einer Größe von bis zu 250 Tonnen schiffbar. Der Verkehr nahm deutlich zu, was auch der Bau eines Zollgebäudes am Broomielaw 1837 verdeutlichte.

Eine besondere Rolle beim Aufstieg Glasgows zur Hafenstadt spielte die Dampfkraft. Sie ermöglichte es Schiffen, unabhängig von Wind und Gezeiten bis zum Broomielaw zu gelangen. Zugleich erlaubten dampfbetriebene Schwimmbagger eine weitere Vertiefung der Fahrrinne. Die Zunahme der Schiffsbewegungen und die immer größer werdenden Schiffe verursachten jedoch bald ein neues Problem. Es fehlte an Liegeplätzen, um diesem hohen Verkehrsaufkommen Herr zu werden. Der Broomielaw verfügte 1806 gerade einmal über 365 Meter Kailänge bei einer Flussbreite von nur 55 Metern.[149] Das war zu wenig für das besonders ab den 1830er Jahren stetig steigende Verkehrsaufkommen. Der Bericht der *Tidal Harbours Commission* an das Parlament aus dem Jahre 1847 gibt einen Einblick in den Transportstau, der inzwischen entstanden war:

> A more frequent and more annoying cause of complaint, however, arises from want of quay accommodation. Vessels lie in tiers five and six abreast, and sometimes have to wait as many days, and to shift their places as many times, before they can get a berth to unload. From the evidence of the harbour-master, the same complaint has existed for the last twenty years, and yet no proper effort has been made by the trustees to remedy it.[150]

Bereits zwischen 1806 und 1809 hatte man den Bau von Hafenbecken erwogen, um dem ruhenden Verkehr Raum zu verschaffen. Aufgrund der hohen Kosten begnügte man sich jedoch zunächst mit dem Bau weiterer Parallelkais fluss-

148 William Kenefick, Technological Change and Glasgow's Dock Labour Force, C. 1860–1917, in: International Journal of Maritime History 13 (2001), Heft 2, S. 51–72, hier S. 52.

149 Zur räumlichen Entwicklung des Hafens siehe: John F. Riddell, Glasgow and the Clyde, in: Peter Reed (Hrsg.), Glasgow. The Forming of the City, S. 41–56.

150 Tidal Harbours Commission, Appendix C to Second Report of the Commissioners with Supplement and Index, London 1847, S. xlix.

abwärts. Am Nordufer wurde 1814 der Anderston Kai eröffnet. Auf ihn folgten Hydepark (1840), Lancefield (1844) und Finnieston (1848) Kai. Am Südufer wurde 1837 mit dem Clyde Place Kai der erste Abschnitt fertiggestellt. Diese Entwicklung setzte sich mit dem Windmillcroft Kai (1839), dem Springfield Kai (1848), dem Kohlehafen General Terminus (1849) und dem Mavisbank Kai (1858) fort. 1847 betrug die Kailänge über zwei Kilometer, ausgerüstet mit Schuppen und Kränen. Die *Tidal Harbours Commission* vermeldete, dass im Vorjahr 512 Schiffe mit insgesamt 134.603 Tonnen in Glasgow registriert gewesen seien. 14.319 Schiffsankünfte wurden gezählt, davon 430 aus dem Ausland oder den Kolonien. Die Kommission betrachtete den Hafen als »in a very unfinished state and inadequate to the trade of the city«.[151]

Der Bau neuer Parallelkais geriet bald an seine Grenzen. Je weiter der Hafen nach Westen wanderte, desto größer wurde die Entfernung zum Stadtzentrum. Ein Weiterbau nach altem Muster schien dem *Clyde Navigation Trust* deshalb nicht mehr sinnvoll. Zudem geriet man mit der expandierenden Werftindustrie zunehmend in einen Wettstreit um die Uferzonen. Deshalb griff man nun auf die alten Vorschläge zum Bau von Dockanlagen zurück. Der Bericht der *Tidal Harbours Commission* hatte moniert, dass obwohl Grundstücke für den Bau von Docks bereits angekauft worden seien, die Arbeiten bislang nicht begonnen hätten.[152] Tatsächlich hatte die Hafengesellschaft Flächen hinter dem Stobcross Kai am Nord- und dem Windmillcroft Kai am Südufer erstanden. Es dauerte jedoch bis 1864 ehe mit dem Bau begonnen wurde. Die Eröffnung des Windmillcroft (später Kingston) Dock 1867 markierte den Beginn einer Phase des kapitalintensiven Ausbaus und der Entstehung des modernen Hafens. Diese Entwicklung folgte etwas verzögert dem Beispiel anderer britischer Hafenstädte. Zwischen 1860 und 1914 wurde in Großbritannien insgesamt die astronomische Summe von 153 Millionen Pfund in den Bau von Docks- und Hafenanlagen investiert.[153]

Das Bild in Abbildung 4 erschien 1876 in der *London Illustrated News* und sollte die großen Fortschritte der vorangegangenen Jahre dokumentieren. Die obere Bildhälfte gab eine 1848 publizierte Ansicht des Glasgower Hafens um 1802 wieder. Die untere Hälfte war 1876 angefertigt worden und bot in etwa dieselbe Perspektive.

Links ist jeweils der Broomielaw Kai zu erkennen. Im unteren Bild betont der Illustrator die Zunahme des Verkehrs, die Breite des Kanals, die Befestigung der Ufer und Kaianlagen und lässt rechts die Einfahrt zum neuen Kingston Dock erkennen. Im Vordergrund des unteren Bildes sind außerdem mehrere Dampfschiffe dargestellt. Zu beiden Ufern erkennt man Lagerschuppen und rechts am Windmillcroft Kai sieht man einen der Kräne. Der zum Bild gehörende Textteil beschreibt das geschäftige Treiben auf dem Wasser:

151 Tidal Harbours Commission, Appendix C, S. xlviii.
152 Tidal Harbours Commission, Appendix C, S. l.
153 Konwitz, The Crisis of Atlantic Port Cities, S. 301.

Abb. 4: Illustrated London News, 2.9.1876, S. 225. Mit freundlicher Unterstützung der Reprostelle der Universitätsbibliothek Tübingen.

At the Broomielaw and other walled quays, there is an incessant bustle of arriving and departing steamships for America and the Indies, the Mediterranean, or the ports of England, Ireland, and Scotland, leaving this harbour more than ten thousand times in the year, where in the old time an idle man could stand with his rod and line, angling for dace or gudgeon, through a long summer day.[154]

Ein Jahr nach Erscheinen dieses Bildes wurde der erste Abschnitt des *Queen's Dock* am Nordufer eröffnet, das bis 1880 fertiggestellt war. Es bestand aus zwei großen Becken, dem Nord- und dem Südbassin, deren Kais mit Güterschuppen und Kränen ausgerüstet waren. Die unmittelbare Nachbarschaft zur *Stobcross Goods & Mineral Station* sorgte für die Anbindung an das Schienennetz. Ein Gleis führte vom Güterbahnhof her kommend entlang des Nordkais. Mehrere Kräne konnten dort Kohle und andere Massengüter direkt zwischen Schiff und Schiene umschlagen. Bei seiner Eröffnung war das *Queen's Dock* das größte seiner Art in Schottland und das fünftgrößte im Vereinigten Königreich.

Dennoch konnte der Ausbau mit der Zunahme des Verkehrs nicht schritthalten. Darum begann man am gegenüberliegenden Ufer mit dem Bau eines

154 O. A. The Harbour of Glasgow, Illustrated London News, 2.9.1876, S. 219.

weiteren Docks mit drei Becken. Anlässlich der feierlichen Eröffnung durch den Herzog und die Herzogin von York 1897 wurde die neue Anlage *Prince's Dock* getauft. Bis 1914 erfolgten noch kleinere Erweiterungsmaßnahmen sowie der Bau des Mineralienhafens Rothesay Dock in Clydebank. Der Krieg brachte dann den Ausbau zum erliegen. Der 1913 entstandene Entwurf für eine große Dockanlage mit fünf Becken an der westlichen Stadtgrenze blieb Illusion. Nur eines der Becken, das *King George V Dock*, wurde gebaut und 1931 eröffnet.[155]

Entsprechend der baulichen Entwicklung begann der Hafen erst ab den 1880er Jahren eine größere Rolle als Arbeitgeber zu spielen. 1881 arbeiteten dort 1.545 Menschen. 1911 waren bereits 3.773. Häufig hatten die Hafenarbeiter zuvor am Bau der Anlagen mitgearbeitet, die sie nun betrieben. Glasgow stieg erst spät in die Riege der großen britischen Häfen auf. Wie William Kenefick zeigt, brachte dies nicht nur Nachteile.[156] Im Gegenteil: Der späte Bau ging mit der Installation modernster Be- und Entladevorrichtungen einher, die einen Wettbewerbsvorteil bedeuteten. Hinzu kam das Fehlen überkommener Traditionen und die geringe Durchdringung durch Gewerkschaften vor 1914. Die Einführung technischer Neuerungen, wie etwa des Saugrohres zum Entladen von Getreide, wurde dadurch erleichtert. Am Vorabend des Weltkriegs war der Glasgower Hafen einer der modernsten im Vereinigten Königreich.

Die Mechanisierung von Arbeitsvorgängen blieb jedoch noch lange Zeit auf Massengüter wie Getreide, Kohle oder Erz beschränkt. Der Umschlag anderer Güter wurde durch Dampf- und Hydraulikkräne zwar erleichtert, war aber im Wesentlichen auf Muskelkraft angewiesen und dies blieb bis zum Siegeszug des Containers Mitte der 1960er Jahre so. Güter unterschiedlichster Größe mussten seetauglich verpackt und anschließend kunstvoll im Bauch eines Schiffes verstaut werden. Dabei galt es die unterschiedlichen Formate und die vorgesehene Reihenfolge der Zielhäfen mit zu bedenken. Die Anfertigung der entsprechenden Staupläne war äußerst komplex.

Die Arbeit in den Docks war Männersache und sie war von großer Unsicherheit geprägt. Da sich die Ankunfts- und Umschlagzeiten von Schiffen lange Zeit nicht exakt vorhersagen ließen, etablierte sich in den meisten europäischen Hafenstädten ein sehr prekäres Arbeitsregime. Es gab kaum Festangestellte. Die Arbeit wurde tageweise oder halbtagsweise an Gangs vergeben, Gruppen von Hafenarbeitern unter Führung eines Vorarbeiters. Erhielt eine Gang keinen Auftrag blieb ihren Mitgliedern nichts anderes übrig, als bis zur nächsten Vergabe zu warten. Dieses in Großbritannien als *Casual Labour* bezeichnete System war für die Reedereien ein lohnendes Geschäft, zahlten sie doch nur für geleistete Arbeit. Für die Hafenarbeiter bedeutete es Unsicherheit und Armut. Häufige Arbeitsunfälle und der Umgang mit gesundheitsgefährdenden Stoffen

155 Turnock, The Historical Geography of Scotland, S. 157.
156 Vgl. Kenefick, Technological Change and Glasgow's Dock Labour Force.

wirkten ebenfalls belastend. Bestechung und Korruption spielten bei der Vergabe ebenso eine Rolle wie die Konfession.[157]

Die prekäre Situation der Schauerleute besserte sich erst angesichts der logistischen Herausforderungen des Zweiten Weltkriegs. Ernest Bevin, selbst ehemaliger Gewerkschaftsführer der Hafenarbeiter und Mitbegründer *der Transport and General Workers Union*, führte als *Minister of Labour and National Service* die Zwangsregistrierung aller Docker ein. Damit verbunden waren Ausfallentschädigungen für Tage ohne Arbeit. Ein System, das nach Kriegsende durch das *National Dock Labour Scheme* verfestigt wurde und bis Ende der 1960er Jahre hinein die Arbeit im Hafen regelte.[158]

Die Form der Arbeit bestimmte die bauliche Gestalt des Hafens. Die noch lange Zeit unsicheren Abfahrts- und Ankunftszeiten verlangten den Bau von großen Lagerhäusern in unmittelbarer Nähe zum Kai. Wenn man heutzutage den *International Financial Services District* Glasgows am Broomielaw durchstreift, kann man noch einige der alten Speicher entdecken, deren Bausubstanz teilweise bis in die 1840er Jahre zurückreicht. Jeder Kai hatte zudem einen Transit-Schuppen, in dem die Waren auf den Transport vorbereitet und sortiert wurden und auf ihre Verladung warteten. Hinzu kamen Gebäude zur Unterbringung der notwendigen sozialen Infrastruktur für Seeleute und Hafenarbeiter, wie etwa Gaststätten, Kaufläden und Spezialgeschäfte oder die Seemannsmission. Dieses Grundmuster blieb als sozio-räumliche Struktur des Hafenviertels bis in die 1960er Jahre hinein erhalten.

Der Bau des *King George V Dock* 1931 in Shieldhall markierte die letzte Ausbaustufe. Aus einem flachen, wild mäandernden Fluss war durch zahlreiche Eingriffe des Menschen ein Kanal geworden, der Glasgow mit dem Rest der Welt verband. Der im Landesinneren gelegene Handelsplatz hatte sich neben London, Liverpool und Hull zu einer der wichtigsten Hafenstädte Großbritanniens gemausert. Hafen, Industrierevier und Dienstleistungswirtschaft waren aufs Engste wirtschaftlich und räumlich verknüpft. Die Glasgower unternahmen im Laufe des 18. und 19. Jahrhunderts enorme Anstrengungen, den Hafen von der Peripherie ins Zentrum des westschottischen Wirtschaftsraumes zu verlegen. Ein Prozess, der mit der Umgestaltung des Clyde vom Fluss zur Wasserstraße und mit dem Bau der großen Dockanlagen erreicht worden war.

Die beschleunigte Ausdehnung des Hafens seit den 1860 vom Stadtzentrum entlang der Ufer nach Westen führte zu zahlreichen Interessenkonflikten zwischen Hafenwirtschaft und Industrie, besonders mit den Werften. Hafen und Schiffsbau standen in unmittelbarer Konkurrenz um die Flächen am Wasser.

157 Vgl. Gordon Phillips/Noel Whiteside, Casual Labour. The Unemployment Question in the Port Transport Industry 1880–1970, Oxford 1985; Frederick Cooper, Dockworkers and Labour History, in: Sam Davies u. a. (Hrsg.), Dock Workers. International Explorations in Comparative Labour History, 1790–1970, Aldershot 2000, S. 523–541.

158 Vgl. Phillips/Whiteside, Casual Labour, S. 235–241.

Noch der CVRP hielt fest, dass die Dominanz beider Nutzungsarten dazu geführt habe, dass in Glasgow vergleichsweise wenig andere Industrien direkt am Wasser entstanden seien.[159] Neben diesem Standortnachteil monierten die Autoren das hohe Verkehrsaufkommen und die chaotischen Zustände auf den Straßen rund um den Hafen. Das alte System stoße zunehmend an seine Grenzen und jede weitere Entwicklung würde dem Rechnung tragen müssen.

159 Abercrombie/Matthew, The Clyde Valley Regional Plan, §. 340.

2. Magere Jahre: Stagnation und Krise in der Zwischenkriegszeit

> […] just as Glasgow had led Scotland, and the world, in the development of shipbuilding and heavy engineering, so it became one of the first of the great industrial cities to stop growing. The artificial stimulus of war, with its insatiable demands for munitions and machines, masked the incipient decline indicated by large-scale emigration from the city from c.1905 onwards.[1]

Bis zum Ersten Weltkrieg war der Ballungsraum um Glasgow unbestreitbar eines der industriellen Zentren des Empire, ja der ganzen Welt. Die großen internationalen Ausstellungen 1888 und 1901 im Kelvingrove Park inszenierten die wirtschaftliche Leistungsfähigkeit und das Selbstbewusstseins der Stadt und ihrer Wirtschaft. Innerhalb von etwa hundert Jahren war in Westschottland ein schwerindustrielles Cluster entstanden. Eine enge Bindung zwischen Produzenten und Abnehmern prägte das Wirtschaftsleben des Ballungsraums, der aus der Dichte der sozial-räumlichen Strukturen zahlreiche Synergieeffekte gewann. Dies belegt die hohe Zahl der Ausgründungen aus bestehenden Unternehmen heraus im letzten Drittel des 19. Jahrhunderts. Damit einhergegangen war die Entstehung eines wichtigen Industrie- und Handelshafens, über den Glasgow seine Produkte in alle Welt lieferte. Der Weg dorthin war trotz immer wieder auftretender Krisen von Wachstum und immer neuen Anpassungsleistungen der urbanen und regionalen Ökonomie geprägt gewesen.

Vor 1914 hatten die Glasgower wenig Anlass an der Dauerhaftigkeit dieser Expansion zu zweifeln. In den Zwischenkriegsjahren geschah jedoch das Unerwartete: Es kam zu einer langanhaltenden Rezession. Zwar war diese Zeit für die britische Wirtschaft insgesamt eine schwierige, die klassischen Industriereviere, allen voran Westschottland, litten jedoch besonders unter der wirtschaftlichen Schwäche und sie erholten sich viel langsamer.[2] Aus der Rückschau erscheint der Erste Weltkrieg somit als wichtige Zäsur und als Wendepunkt in der Geschichte Glasgows.[3]

Die Zeitgenossen begannen spätestens in den 1930er Jahren zu ahnen, dass sich hinter der ungleichen Entwicklung strukturelle Schwierigkeiten verbargen und sie entwarfen eine Politik, die darauf abzielte, die betroffenen Regionen besonders zu unterstützen. Der CVRP ist letztlich die Fortsetzung dieser frühen

1 Gibb, Glasgow, S. 115.

2 Campbell, Scotland since 1707, S. 171.

3 Vgl. Tony Dickson/James H. Treble, Introduction: Scotland, 1914–1990, in. Dies. (Hrsg.), People and Society in Scotland, Band III, 1914–1990, S. 1–11, hier S. 2; Anthony Slaven, The Development of the West of Scotland, 1750–1960, London, Boston 1975, S. 183–209.

Strukturförderpolitik und ohne diesen Erfahrungshorizont im Grunde nicht zu verstehen. Darum wird im Folgenden zunächst auf die wirtschaftliche Entwicklung Glasgows zwischen den Kriegen eingegangen, wobei dem Leitsektor Schiffsbau exemplarisch die größte Aufmerksamkeit gelten soll. Danach werden die Anfänge der nationalen Strukturförderpolitik und ihre Auswirkung auf Glasgow dargelegt.

2.1 Schiffsbaukrise und Stagnation

Die hohe und langanhaltende Arbeitslosigkeit, der wirtschaftliche Stillstand insbesondere im Schiffsbau und die Auswanderung qualifizierter Kräfte waren sichtbare Zeichen einer strukturellen Schwäche Westschottlands in den Jahrzehnten zwischen den Weltkriegen.[4] Erste Anzeichen hierfür, etwa das Erstarken der europäischen und US-amerikanischen Konkurrenz, das Abfließen von Investitionskapital ins Ausland oder der Rückgang der Zuwanderung waren bereits vor 1914 zu erkennen gewesen, aber nur wenige hatten diese zu deuten gewusst.[5] Wer zu Beginn des 20. Jahrhunderts Zweifel gegenüber der weiteren wirtschaftlichen Entwicklung der Region gehegt haben mochte, der wurde durch die Ereignisse 1914–1918 scheinbar eines Besseren belehrt. Der Waffengang brachte einen Boom für Schwerindustrie und Werften. Unter enger staatlicher Kontrolle zur Steigerung der Rüstungsproduktion verstärkte sich jedoch auch die Spezialisierung und damit die Abhängigkeit der Region von Schiffsbau und Schwerindustrie.[6]

Im Frieden hielt der positive Trend zunächst weiter an. In den ersten beiden Nachkriegsjahren sorgten Ersatzbeschaffungen für volle Auftragsbücher. So gut lief das Geschäft und so groß war die Konkurrenz vor Ort, dass ein regelrechter Verteilungskampf um die vorhandenen Rohstoffe und Materialien ausbrach. Die schottische Eisen- und Stahlindustrie, seit Jahrzehnten aufs Engste mit dem Schiffsbau verknüpft, geriet in den Sog einer Konzentrationsbewegung. Innerhalb weniger Jahre sicherten sich die Werften durch Übernahmen und Beteiligungen den Großteil der Produzenten. *David Colville & Sons*, seit 1920 mehrheitlich in der Hand des Titanic-Erbauers *Harland & Wolf*, hatte bereits während des Krieges viele der kleinen und mittleren Hütten übernommen und zusammengefasst. Dieser Trend setzte sich nun fort. Von den neun wichtigsten Firmen, die 1913 neunzig Prozent der Stahlherstellung beherrschten, war

4 Zur schottischen Wirtschaft zwischen den Kriegen vgl. Devine, The Scottish Nation, S. 266–272; Campbell, Scotland since 1707, S. 186–207. George C. Peden, The Managed Economy. Scotland 1919–2000, in: Thomas M. Devine/C.H. Lee/George C. Peden (Hrsg.), The Transformation of Scotland, S. 233–264; Für Glasgow: Maver, Glasgow, S.203–210; Gibb, Glasgow, S. 148–153.

5 Lythe/Butt, An Economic History, S. 201 f.

6 Devine, The Scottish Nation, S. 266.

1920 allein *Stewart & Lloyds* mit den *Clydesdale Steel Works* in der Selbstständigkeit verblieben. Alle anderen waren in der Hand einzelner Schiffsbauer oder von Schiffsbaukonsortien.[7]

Der wirtschaftliche Erfolg war jedoch von kurzer Dauer. Die Sondereffekte des Krieges liefen aus, die Wirtschaft brach ein. Bereits 1923 lag die Arbeitslosigkeit in Schottland bei 14,3 Prozent und blieb von da an immer deutlich über dem nationalen Durchschnitt.[8] Eine vergleichbare Entwicklung zeigten auch andere Industrie- und Bergbauregionen Großbritanniens wie etwa der Norden Englands. Gleichzeitig begann bereits Mitte der 1920er Jahre die Nachfrage nach Kohle zu stagnieren. Im Glasgower Revier waren außerdem die oberflächennahen Vorkommen erschöpft. Es zeichnete sich eine Verlagerung des Abbaus von West- nach Ostschottland ab. Für die energieintensive Industrie rund um Glasgow, bedeutete dies steigende Kosten.

Die Weltwirtschaftskrise erreichte in Großbritannien zwischen 1931 und 1933 ihren Höhepunkt. Schottland fiel in der Folge immer weiter zurück. Lag die Arbeitslosigkeit zwischen 1927 und 1929 etwa ein Zehntel über dem nationalen Durchschnitt, so war sie zwischen 1937 und 1939 – trotz gesunkener absoluter Zahlen – um ein Drittel höher. Als nach dem Zweiten Weltkrieg Vollbeschäftigung herrschte, blieb die schottische Arbeitslosenquote hartnäckig doppelt so hoch wie im Rest des Landes. A. D. Campbell stellte für die Jahre 1924 bis 1949 fest, dass das schottische Pro-Kopf-Einkommen zwischen vier und dreizehn Prozent unter dem britischen Durchschnitt lag.[9] Er machte den geringen Anteil der Erwerbstätigen an der Gesamtbevölkerung, die hohe Arbeitslosigkeit und eine geringe Produktivität für dieses Phänomen verantwortlich, vor allem aber niedrigere Löhne und Gehälter. Für Schottland errechnete er im Untersuchungszeitraum ein um etwa acht Prozent geringeres Durchschnittseinkommen. Schottland blieb also eine Niedriglohnregion.

Die Schwäche hatte zwei Hauptursachen. Zum einen zog der Leitsektor Schiffsbau die von ihm abhängigen Betriebe mit in die Krise. Zum anderen litt die exportabhängige Region unter den schwierigen Bedingungen eines kränkelnden Weltmarktes:

The unsettled political conditions of the interwar period and the growing economic nationalism resulted in a contraction rather than an expansion of international trading. The engineering industries of Glasgow suffered particularly from the contraction and depression of the shipbuilding industry, on which so many depended di-

7 Peter L. Payne, Rationality and Personality. A Study of Mergers in the Scottish Iron and Steel Industry, 1916–1936, in: Business History 19 (1977), Heft 2, S. 162–191.

8 Vgl. W. R. Garside, British Unemployment 1919–1939. A Study in Public Policy, Cambridge u. a. 1990, S. 5–10.

9 A. D. Campbell, Changes in Scottish Incomes 1924–49, in: The Economic Journal 65 (1955), Heft 258, S. 225–240; Neil K. Buxton, Economic Growth in Scotland between the Wars: The Role of Production Structure and Rationalization, in: The Economic History Review 33 (1980), Heft 4, S. 538–555.

rectly or indirectly, and from the contraction of export markets on which all branches depended to a considerable extent. Even the best years of the period were lean ones.[10]

Der Krieg hatte den Werften fette Jahre beschert und zum Ausbau der Produktionskapazitäten geführt. Anthony Burton, Experte für die Geschichte der britischen Werftindustrie, geht von einer Kapazitätssteigerung von um die vierzig Prozent für ganz Großbritannien aus.[11] Dieser Prozess vollzog sich weltweit in einer ähnlichen Größenordnung. Eine Überkapazitätskrise war vorprogrammiert.

Tab. 1: Jahresproduktion der Clyde-Werften 1920–1938

Jahr	Handelsmarine		Navy		Gesamt	
	Schiffe	Tonnage	Schiffe	Tonnage	Schiffe	Tonnage
1920	330	672438	0	0	330	672438
1921	249	511185	0	0	249	511185
1922	143	388481	0	0	143	388481
1923	122	175528	0	0	122	175528
1924	251	538021	0	0	251	538021
1925	280	523322	0	0	280	523322
1926	171	275140	2	11210	173	286350
1927	268	441383	6	21182	274	462565
1928	238	583071	3	21540	241	604611
1929	229	558058	5	7740	234	565798
1930	243	526564	5	3280	248	529844
1931	97	152101	2	562	99	152663
1932	29	63757	1	2880	30	66637
1933	29	55058	2	1310	31	56368
1934	61	238300	6	29821	67	268121
1935	67	162037	7	9893	74	171930
1936	100	296366	5	30491	105	326857
1937	103	344204	9	36900	112	381104
1938	104	415093	13	28522	117	443615

Erstellt nach Cunnison/Gilfillan (Hrsg.), The Third Statistical Account of Scotland: Glasgow, Glasgow 1958, S. 840 f.

10 Sarah C. Orr/James Orr, Other Engineering, in: Cunnison/Gilfillan (Hrsg.), The Third Statistical Account, S. 209–239, hier S. 219.

11 Vgl. Burton, The Rise and Fall of British Shipbuilding, S. 182–198.

Verschlimmert wurde die Situation durch einen plötzlichen Einbruch sowohl der militärischen wie der zivilen Nachfrage. Ab 1921 verfinsterte sich der Himmel nicht nur über den Werften am Clyde. Die Entspannung der politischen Großwetterlage, insbesondere das 1922 geschlossene Washingtoner Flottenabkommen und das damit verbundene Moratorium für den Bau von Großkampfschiffen, traf die auf Rüstungsaufträge spezialisierten Werften hier aber besonders hart (vgl. Tab. 1). Auch das zweite Standbein vieler Clyde-Werften, der Bau von großen Passagierdampfern, erlebte eine Flaute. Schließlich verhinderte die protektionistische Haltung vieler Staaten ein Aufblühen des Welthandels. Folglich sank die Nachfrage für Frachtschiffe.

Angesichts der Flaute rächte es sich, dass viele Betriebe für Ausbau und Modernisierungen während des Ersten Weltkriegs und in den ersten beiden Nachkriegsjahren ihre Kapitalreserven eingesetzt hatten. Viele gerieten in Liquiditätsschwierigkeiten.[12] Die Krise des Schiffsbaus hatte einen Domino-Effekt auf die zahlreichen Branchen und Betriebe, die direkt oder indirekt von Werftaufträgen abhängig waren. Das in der Folge langsamer wachsende Realeinkommen und die höhere Arbeitslosigkeit hemmten wiederum die regionale Nachfrage und verschlechterten die Marktbedingungen für die aufkommenden Konsumgüterindustrien und Dienstleistungen. Die von Winston Churchill 1925 verkündete Rückkehr zum Goldstandard schwächte Wettbewerbsfähigkeit der schottischen Exportindustrie zusätzlich.[13] Ihre Produkte verteuerten sich im Ausland.[14] Die Bruttoindustrieproduktion Schottlands sank zwischen 1924 und 1935 jährlich um durchschnittlich 2,89 Prozent.[15]

Die Schiffsbauindustrie reagierte mit drastischen Rationalisierungsmaßnahmen wie die 1930 von dem Werftbesitzer und Industriellen James Lithgow ins Leben gerufene *National Shipbuilders Security Ltd.* Finanziert durch eine Abgabe auf Schiffsverkäufe bestand die Funktion dieses Unternehmens darin, kränkelnde Betriebe aufzukaufen, um sie zu schließen oder einzumotten. So sollte der Wettbewerbsdruck für die übrigen Werften verringert werden. Immerhin gelang so ein Abbau der Gesamtkapazitäten um zwanzig bis dreißig Prozent.[16] Um einer Schließung zu entgehen versuchten viele Betriebe ihre Pro-

12 Michael S. Moss/John R. Hume, Workshop of the British Empire. Engineering and Shipbuilding in the West of Scotland, London, Edinburgh 1977, S. 9.

13 Sidney Pollard (Hrsg.), The Gold Standard and Employment Policies between the Wars, London 1970; Dagegen Lythe/Butt, An Economic History, S. 204f.

14 W.R. Garside, British Unemployment 1919–1939, S. 115–139; Für Großbritannien insgesamt fällt die Bewertung der Wiedereinführung positiver aus vgl. David Greasley/Les Oxley, Discontinuities in Competitiveness. The Impact of the First World War on British Industry, in: Economich History Review 49 (1996), Heft 1, S. 82–100.

15 Devine, The Scottish Nation, S. 269; vgl. Neil K. Buxton, Economic growth in Scotland; Den Einfluss schottischer Eliten betont: John Foster, The Twentieth Century, 1914–1979, in: R. A. Houston/W. W. J. Knox, The New Penguin History of Scotland. From the Earliest Times to the Present Day, London u. a. 2001, S. 417–493, hier S. 428f.

16 Devine, The Scottish Nation, S. 270; Neil K. Buxton, Economic growth in Scotland, S. 553.

duktion möglichst lange aufrecht zu erhalten und nahmen deshalb auch Aufträge an, die nur verlustbringend auszuführen waren.[17]

Insgesamt gilt es für die wirtschaftliche Entwicklung der Region zwischen den Weltkriegen festzuhalten, dass sich erste Anzeichen einer Strukturkrise offenbarten, wie sie auch in anderen klassischen Industrieregionen zu beobachten war. Sie erfasste einen Großteil der regionalen Ökonomie. Dem Lokomotiv- oder dem Maschinenbau erging es kaum besser als den Werften. Vor dem Krieg hatte der wirtschaftliche Wohlstand dieser Regionen auf lokalen Rohstoffvorkommen und der daraus resultierenden Konzentration schwerindustrieller Betriebe beruht. Jetzt verblassten die geophysikalischen Vorteile und die starke wirtschaftliche Abhängigkeit von wenigen Branchen geriet zum Nachteil.[18] Im Falle Glasgows kam die Konzentration auf exportorientierte Investitionsgüterindustrien erschwerend hinzu. Diese waren von starken zyklischen Schwankungen betroffen und litten besonders unter dem eingeschränkten Welthandel. Neue Industrien entwickelten sich häufig außerhalb der altindustriellen Regionen. Hierin sah der Wirtschaftswissenschaftler Alec Cairncross 1958 aus der Rückschau den Hauptgrund für Glasgows Schwäche:

> The most disquieting feature of the inter-war period was thus not the absence of diversification; nor was it the violence of the fluctuations to which the dominant industries were subject. It was, to a much greater extent, the failure of newer industries to take root and the lack of soil in which they could hope to flourish.[19]

Die neuen konsumorientierten Wachstumsbranchen produzierten in erster Linie für den heimischen Markt. Sie benötigten weit weniger Rohstoffe zur Produktion und siedelten sich dort an, wo die größte Zahl an potentiellen Konsumenten zu finden war. Im Falle Großbritanniens waren dies die urbanen Zentren des Südens und die Midlands. Westschottland verlor den Anschluss an wichtige ökonomische Entwicklungen. Seine Wirtschaftsstruktur unterschied sich 1939 kaum von der im Jahr 1914.[20] Dass die Anzahl der im Dienstleistungsbereich Beschäftigten dennoch wuchs, war dem öffentlichen Dienst zu verdanken. 1934 hatte die Stadt um die 34.000 Vollzeitbeschäftigte, darunter immer mehr Frauen.[21]

Versuche, die ökonomische Basis der Region zu erweitern, blieben während der 1920er Jahre auf wenige privatwirtschaftliche Initiativen beschränkt. Am meisten tat sich hierbei *William Beardmore and Co.* hervor. William Beardmore Junior hatte in den 1890er Jahren die *Parkhead Forge* im Glasgower Osten zum größten Stahlwerk Schottlands ausgebaut. Um die Jahrhundertwende stieg der Produzent von Stahlteilen und Panzerplatten in die Werftindustrie ein. In

17 Vgl. R.H. Campbell, Costs and Contracts. Lessons from Clyde Shipbuilding between the Wars, in: Slaven/Aldcroft (Hrsg.), Business, Banking and Urban History, S. 54–79.

18 Lythe/Butt, An Economic History, S. 205.

19 Cairncross, The Economy of Glasgow, S. 230.

20 Devine, The Scottish Nation, S. 269.

21 Maver, Glasgow, S. 209.

der Folgezeit weitete er das Unternehmensportfolio weiter aus. Im Ersten Weltkrieg wurde die *Parkhead Forge* ein Zentrum der Rüstungsproduktion. Neben Geschützen entstanden nun Automobile, Lastwagen, Flugzeuge und Luftschiffe. Nach Kriegsende kam der Bau von Motorrädern hinzu. Wäre die Unternehmensgeschichte nach Kriegsende erfolgreich verlaufen, so meint jedenfalls Thomas M. Devine, hätte sich die schottische Industrie insgesamt wohl positiver entwickelt:

If this range of activity had continued successfully, the economic history of Scotland would have been very different and the connection between old and new industries firmly established.[22]

Das Imperium des *Fieldmarshall of Industry*, wie Lord Weir den Unternehmer bei einem Siegesdinner im April 1919 bezeichnete, überlebte jedoch die Turbulenzen der 1920er Jahre nicht. Die Firma zog sich auf das Kerngeschäft zurück, ein Beispiel für das Scheitern einer Erneuerung aus der Privatwirtschaft heraus.[23] Vielleicht, so spekuliert Neil K. Buxton am Ende seiner Geschichte der schottischen Wirtschaft, hätte es eines stärkeren staatlichen Eingreifens bedurft, um den relativen Niedergang jener Jahre zu verhindern.[24] Erst die Weltwirtschaftskrise ebnete den Boden für eine interventionistische Politik. Im Folgenden werden einige Maßnahmen aufgezeigt, die die nationale Regierung ergriff, um den betroffenen Regionen zu helfen.

2.2 Staatliche Strukturförderung: Die Anfänge umfassender Planungs- und Steuerungsversuche

Complete *laisser faire* went by the board decades ago, but until recently the tendency has been, at least among businessmen, to regard state intervention in industry as perhaps necessary, but if so a necessary evil. As a purely abstract proposition that would still doubtless be maintained. But in practice the attitude has changed.[25]

Mit diesen Zeilen reagierte ein Kommentator 1939 im *Economist* auf die zunehmende Bereitschaft des britischen Staates, in Wirtschaft und Gesellschaft einzugreifen. Vor dem Ersten Weltkrieg waren es vor allem die Kommunen gewesen, die soziale Reformen vorangetrieben hatten. Nun rückte die Leistungsfähigkeit des Nationalstaats vermehrt in den Mittelpunkt der Aufmerksamkeit.[26] Ein Feld, in dem dieser Wandel zu beobachten war, ist die staatliche Strukturförderung.

22 Thomas M. Devine, The Scottish Nation, S. 271.
23 John Hood, The History of Clydebank, S. 63–67.
24 Buxton, Economic Growth in Scotland between the Wars, S. 554 f.
25 O. A., The Cartelisation of England, in: The Economist, 18.03.1939.
26 Doering-Manteuffel, ›Soziale Demokratie‹, S. 321–324.

In Folge des Zusammenbruchs von 1929 und der regional sehr verschiedenen Auswirkungen begann die britische Regierung in den 1930er Jahren zögerlich damit, eine aktivere Strukturförderpolitik zu entwickeln. Die traditionelle Ablehnung eines Interventionsstaates saß tief und die Überwindung dieses Denkens vollzog sich nur langsam.[27] Bezogen auf Schottland markierte die Einrichtung des *Scottish National Development Council* (SNDC) 1931 einen ersten Schritt in diese Richtung. Bereits 1927 und somit deutlich vor der Weltwirtschaftskrise hatte die Regierung erkannt, dass die traditionellen Industriereviere und Bergbauregionen wirtschaftlich nicht recht auf die Füße kamen. Immer mehr Menschen waren dort von langanhaltender Arbeitslosigkeit betroffen. Die erste Reaktion war ein Minimaleingriff: Der Staat förderte finanziell die ohnehin stattfindende Abwanderung von Arbeitskräften in Gebiete mit besserer Wirtschaftsentwicklung. Als sich die Lage im Rahmen der Weltwirtschaftskrise jedoch zuspitzte, kam diese Form der räumlichen Umverteilung an ihre Grenzen.[28]

Ein neues Instrument musste her. Der *Scottish National Development Council* sollte Politik und Wirtschaft zusammenbringen. Ziel war es, die Anstrengungen zur Belebung der schottischen Industrie zu bündeln. Er stand am Beginn einer langen Reihe korporatistischer Initiativen, die unter der Kriegskoalition weiter ausgebaut wurden und schließlich in den Nachkriegskonsens miteinflossen

Das *Scottish Economic Office* (SEO) war ein Ableger des SNDC und mit Standortwerbung betraut. Gleichzeitig versuchte man das Image der Region zu verbessern. Eines der prominentesten Projekte des SEO war die große *Empire Exhibition* im Bellahouston Park im Jahr 1938. Damit knüpfte man an die Tradition der großen Leistungsschauen vor dem Ersten Weltkrieg an. Die stark modernistische Ausstellungsarchitektur sollte Fortschrittlichkeit, Selbstvertrauen und Leistungsfähigkeit der Region demonstrieren. Gleichzeitig zielte die Veranstaltung jenseits aller Symbolik auf die Erneuerung der Beziehungen zu den traditionellen Absatzmärkten in Übersee.[29]

Der *Special Areas Act*, der 1934 in Kraft trat, war zwar vor allem eine symbolpolitische Handlung, gleichzeitig markiert er aus heutiger Sicht den Anfang einer Reihe von Strukturfördergesetzen, die die Rolle des Staates und sein Verhältnis zu den Regionen grundlegend verändern sollten. Die Regierung bekannte sich durch ihn einerseits zu ihrer Verantwortung für die am stärksten von Arbeitslosigkeit betroffenen Gebiete und trat damit der wachsenden Kritik an ihrem Krisenmanagement entgegen.[30] Andererseits zeigte das Gesetz durchaus reale Wirkung: Neben Südwales, Tyneside und Cumberland wurde die Region um Glasgow zu einer *Special Area* erklärt, eine Vorausstzung für

27 Vgl. Julian Greaves, Industrial Reorganization and Government Policy in Interwar Britain, Aldershot, Burlington 2005; Zu Glasgow vgl. Gibb, Glasgow, S. 148 f.; Maver, Glasgow, S. 208 f.

28 Vgl. Garside, British Unemployment, S. 240–251.

29 Kinchin/Kinchin, Glasgow's Great Exhibitions, S. 129.

30 Garside, British Unemployment, S. 251–258.

staatliche Unterstützung. Pikanterweise blieb das Stadtgebiet Glasgows und somit das Herz des westschottischen Reviers außen vor.[31] Zwei Kommissare, Sir Malcolm Stewart für England und Wales sowie Sir Arthur Rose für Schottland, wurden dazu ermächtigt, den betroffenen Gebietskörperschaften Gelder in Höhe von insgesamt zwei Millionen Pfund zukommen zu lassen. Gefördert wurden soziale Projekte und Infrastrukturmaßnahmen. Direktzahlungen an privatwirtschaftliche Unternehmen waren verboten. 1936 wurde der Fördertopf auf drei und 1937 auf dreieinhalb Millionen aufgestockt.

Unter dem Eindruck der bevorstehenden Wahlen 1935 drehte die Regierung die Interventionsschraube einen Tick weiter. Betriebe, die bereit waren in *Special Areas* zu investieren und Arbeitsplätze zu schaffen, konnten hierfür nun staatliche Hilfen erhalten. Den zuständigen *Development Boards* wurde die Gründung von *Trading Estate Companies* erlaubt. Diese sollten Grundstücke kaufen, Fabriken errichten und diese zum marktüblichen Preis vermieten oder verkaufen. So hoffte man Investoren anzulocken. Beide Maßnahmen untergruben letztlich das Verbot direkter finanzieller Leistungen an die Privatwirtschaft. Der *Special Areas (Amendment) Act* von 1937 trug dem Rechnung, indem er die Gewährung von Steuernachlässen und günstigen Krediten an Investoren legitimierte.[32]

Schottland profitierte vom neuen Kurs der Regierung. Ab 1937 schuf die *Scottish Industrial Estates Company* auf einem Gelände südlich von Glasgow den *Hillington Estate* als Vorzeigeprojekt und Modell für zukünftige Industrie- und Gewerbeparks.[33] In die Gestaltung dieses 130 Hektar großen Areals flossen viele Ideen aus der Gartenstadtbewegung ein. Großzügige, mit Bäumen und Blumen bewachsene Boulevards erschlossen die Anlage aus zumeist einstöckigen, weißgestrichenen Fabrikgebäuden und Bürobauten. Luft und Licht sollten ihre heilsamen Kräfte auch in der Arbeitswelt entfalten. Daneben galt das Hauptaugenmerk der verkehrstechnischen Erschließung. Neben dem alten Transportmittel der Eisenbahn erhielt das Areal Anschluss an eine der verkehrsreichsten Straßen Schottlands und es lag nah beim Flughafen.[34] Möbel- und Elektrogerätehersteller, Textilbetriebe und Lebensmittelproduzenten

31 Nach Irene Maver lag dies an der ablehnenden Haltung im Glasgower Rathaus, wo man den Imageschaden größer einschätzte als die Segnungen des Strukturförderprogrammes. W. R. Garside macht hingegen die Regierung verantwortlich vgl. Maver, Glasgow, S. 208; Garside British Unemployment, S. 255. Mehrfach wurde Glasgows Status zum Gegenstand parlamentarischer Debatten vgl. Hansard, HC Debates, 4.7.1935, Serie 5, Bd. 303, § 2064–2110; ebd., 19.5.1936, Serie 5, Bd. 312, § 985f; ebd., 31.12.1937, Serie 5, Bd. 330, § 806f.

32 Garside, British Unemployment, S. 263.

33 Eine Darstellung der Geschichte der britischen Industrial Estates, wenngleich nicht aus Historikersicht, findet sich in: Hartmut Niesing, Die Gewerbeparks (›industrial estates‹) als Mittel der staatlichen regionalen Industrialisierungspolitik dargestellt am Beispiel Großbritanniens, Berlin 1970, hier insbesondere S. 28–137. Zum Social Engineering am Arbeitsplatz vgl. Timo Luks, Der Betrieb als Ort der Moderne. Zur Geschichte von Industriearbeit, Ordnungsdenken und Social Engineering im 20. Jahrhundert, Bielefeld 2010.

34 McKean, Between the Wars, S. 138f.

siedelten sich an. Der Park erwies sich als Erfolg. Anderthalb Jahre nach der Eröffnung waren bereits 67 Unternehmen in den 103 Fabrikgebäuden. Weitere Projekte dieser Art folgten.[35]

Die unmittelbare ökonomische Bedeutung der *Industrial Estates* wird heute eher gering eingeschätzt, handelte es sich bei einem Großteil der dort angesiedelten Arbeitsplätze doch um bloße Verlagerungen. Irene Maver betont jedoch zu Recht ihre große Symbolkraft.

These developments were small-scale, employing less than 5.000 people by the outbreak of the Second World War. Nevertheless, they were important symbols of modernity, steering Glasgow and its environs away from the traditional industries that had become synonymous with stagnation.[36]

Sie signalisierten den Aufbruch in eine andere, eine bessere Zukunft. Eine Zukunft mit leichten und sauberen Industrien. Die regionale Strukturförderung der Zwischenkriegsjahre markiert einen Anfang. Ihre Wirkung blieb jedoch begrenzt. Letztlich war es den erneuten Rüstungsbemühungen im Vorfeld des Zweiten Weltkrieges und der damit verbundenen Belebung der traditionellen Industriezweige geschuldet, dass sich die Lage in den *Special Areas* und auch in Clydeside Ende der 1930er Jahre entspannte.[37] Erst nach dem Zweiten Weltkrieg wurde mit den beiden *Distribution of Industry Acts* der Labour-Regierung von 1945 und 1950 und dem *Town and Country Planning Act* von 1947 die interventionistische Regionalpolitik auf eine neue Stufe gehoben. Von da an bis in die 1970er Jahre zielte sie auf den Ausgleich der ökonomischen Unterschiede zwischen den Regionen. Gleichzeitig wurden die Anstrengungen zur Belebung der Wirtschaft in den neuen *Devlopment Areas* verstärkt.[38] Die grundsätzliche Notwendigkeit einer solchen Strategie war Teil des Nachkriegskonsens, auch wenn sich die politischen Lager über die richtigen Mittel stritten, um dieses Ziel zu erreichen.

2.3 Wohnungsnot, Kriminalität und Imageprobleme

Wie das Bild vieler Industriestädte, war auch das Image Glasgows vor dem Ersten Weltkrieg ambivalent.[39] Auf der einen Seite beeindruckten enorme wirtschaftliche Erfolge in Schiffsbau und Schwerindustrie, eine vielfältige und rege Kulturszene und eine vorbildliche Stadtverwaltung, welche die vorhandenen so-

35 Vgl. Pacione, Glasgow, S.140f.

36 Maver, Glasgow, S. 209.

37 Garside, British Unemployment, S. 271–274.

38 Finlay, Modern Scotland, London 2004, S. 213.

39 Tom Hart, Urban Growth and Municipal Government. Glasgow in a Comparative Context 1846–1914, in: Slaven/Aldcroft (Hrsg.), Business, Banking and Urban History, Essays in Honour of S. G. Checkland, S. 193–219.

zialen Schwierigkeiten mit den Elementen eines weithin akzeptierten *Municipal Socialism* zu lösen versuchte. Auf der anderen Seite standen die Slums und das Elend in den Industriequartieren. Bis zum Krieg hatten die positiven Elemente im Außenbild überwogen. In den 1920er und 1930er Jahren aber begannen die negativen Aspekte Überhand zu gewinnen. Glasgow bekam erstmals ein Imageproblem. Die wirtschaftliche Schwäche und die katastrophale Wohnsituation vermischten sich mit Nachrichten über Gewalt, soziale Probleme und drohende revolutionäre Erhebungen zu einem düsteren Image, dass der Stadt noch viele Jahrzehnte zu schaffen machen sollte.[40]

Der positive Teil des Images, der Ruf, eine fortschrittliche und kosmopolitische Industriestadt zu sein, verlor an Gewicht. An seine Stelle trat das Bild einer in überkommenen Traditionen und Mustern verharrenden Wirtschaft und Gesellschaft. Befördert wurde diese Entwicklung durch die aufkommenden Massenmedien. Veröffentlichungen wie *Cancer of the Empire*, in denen soziale Missstände in Glasgow beklagt wurden, trugen ihren Teil zum schlechten Ruf der Stadt bei.[41] Das Etikett »*No Mean City*«, ursprünglich der Titel eines Romans über den Alltag der Arbeiterklasse, die Kriminalität und die Gewalt in den Stadtvierteln am Südufer des Clyde, wurde zur Formel für alles, was schief zu laufen schien und zur Metapher für die Glasgower Gesellschaft selbst.[42] Freilich war das Bild, das in solchen Publikationen vermittelt wurde verzerrt, aber es war nicht ohne Referenzpunkte zur und blieb nicht ohne Rückwirkungen auf die Realität.

Die Gewalt auf den Straßen, insbesondere die Bandenkriege, waren zentraler Bestandteil dieses Bildes. Tatsächlich gab es bereits vor dem Ausbruch des Ersten Weltkrieges immer wieder Berichte über Gewaltexzesse, nicht zuletzt im Zusammenhang mit Fußballspielen. Seit den 1890er Jahren gründeten sich in vielen britischen Großstädten gewaltorientierte Gruppierungen unter Jugendlichen, die häufig auch Revierkämpfe untereinander ausführten.[43] Die schlechte wirtschaftliche Lage nach dem Krieg und die vergleichsweise hohe Arbeitslosigkeit sorgten im Falle Glasgows jedoch für eine besonders deutliche Ausformung dieses Phänomens. Mit der Zunahme von Jugend- und Langzeitarbeitslosigkeit wurde die Gang zu einem wichtigen stabilisierenden Faktor im Leben vieler Jugendlicher. Die Gangmitglieder blieben länger dabei, manche bis weit in ihre dreißiger Jahre. Gleichzeitig führte die zunehmende materielle Not zur Kriminalisierung und Professionalisierung der Banden. Zur Straßengewalt kamen Raub und Diebstahl. Im Glasgower *Eastend* prägte zusätzlich die religiöse Frontstellung zwischen Protestanten und Katholiken die Banden-

40 Vgl. Maver, Glasgow, S. 252–258.

41 William Bolitho, Cancer of Empire, London 1924.

42 Alexander McArthur/H. Kingsley Long, No Mean City. A Story of the Glasgow Slums, London 1935; ursprünglich ein Zitat aus: Apg 21,39.

43 Vgl. Andrew Davies, Youth Gangs, Masculinity and Violence in Late Victorian Manchester and Salford, in: Journal of Social History 32 (1998), S.349–369.

kämpfe.[44] Dieses Milieu der Gangs und Gangster wurde in »No Mean City«, dem Glasgow Roman der Zwischenkriegsjahre schlechthin, portraitiert. Dieser nationale Bestseller beruhte auf tatsächlichen Beobachtungen und war von einem erfahrenen Journalisten reißerisch geschrieben worden. Zahlreiche weitere Bücher, die die Gewalt der Gangs in den Slums thematisierten, versuchten aus dem Erfolg von »No Mean City« Kapital zu schlagen.

Der Mangel an Wohnraum und der schlechte Zustand vieler Behausungen blieben ein zentrales Problem der Stadt zwischen den Weltkriegen.[45] Bereits 1915 kulminierten zahlreiche Streiks gegen steigende Mietpreise in größtenteils von Frauen getragenen Massenprotesten und führten letztlich zum *Rent Restriction Act* von 1915. Zeitgleich beklagten die Militärärzte den schlechten Gesundheitszustand der Rekruten, der wesentlich auch auf die miserablen Zustände in den Arbeiterunterkünften zurückgeführt wurde. 1917 forderte die *Royal Commission on Housing in Scotland* ein massives Wohnbauprogramm, da nur so Lebensqualität und Gesundheit verbessert und an den britischen Durchschnitt angeglichen werden könne.[46]

Nach Kriegsende kam es zu einer entscheidenden Wende in der Stadtpolitik, die nicht nur in Großbritannien zu beobachten war. Vielmehr handelte es sich um eine:

> [...] gemeinsame europäische Opposition gegen die Stadt des 19. Jahrhunderts, gegen die Viktorianische, Haussmannsche, Wilhelminische Stadt, mit ihren scharfen innereuropäischen Gegensätzen, ihren historizistischen Fassaden, ihren mit Hinterhäusern überfüllten Straßenblöcken, ihrer Mischung von Arbeit, Wohnen, Verwalten, Handel in derselben Nachbarschaft, eine wenig geplante multifunktionale Stadt.[47]

Den Hintergrund hierfür bildeten die Großstadtängste des vorausgegangen Jahrhunderts, besonders die Negativerfahrungen der Industriestädte.[48] Die Folge war eine Neuausrichtung der Wohnbaupolitik. Der *Housing and Town Planning Act* von 1919 stellte erstmals nennenswerte finanzielle Mittel des Staates für den kommunalen Wohnungsbau bereit.[49] Die Glasgower Stadtverwaltung gründete

44 Ders., The Scottish Chicago? From ›Hooligans‹ to ›Gangsters‹ in Inter-War Glasgow, in: Cultural and Social History 4 (2007), Heft 4, S. 511–527; Ders., Street Gangs, Crime and Policing in Glasgow during the 1930s. The Case of the Beehive Boys, in: Social History 23 (1998), Heft 4, 251–267; Ders., Glasgow's Reign of Terror. Street Gangs, Racketeering and Intimidation in the 1920s and 1930s, in: Contemporary British History 21 (2007), Heft 4, S. 405–427.

45 Vgl. Maver, S. 258–260; Gibb, Glasgow, S.154–159.

46 HMSO, Report of the Royal Commission on the Housing of the Industrial Population of Scotland, Rural and Urban, Edinburgh 1917.

47 Hartmut Kaelble, Die Besonderheiten der europäischen Stadt im 20. Jahrhundert, in: Friedrich Lenger/Klaus Tenfelde (Hrsg.), Die europäische Stadt im 20. Jahrhundert. Wahrnehmung – Entwicklung – Erosion, Köln u. a. 2006 S. 25–45, hier S. 42.

48 Lees, Cities Perceived, S. 105–189; Rodgers, Atlantic Crossings, S. 47 f.

49 Vgl. Hellen Meller, Towns, Plans and Society in Modern Britain, S. 46–66.

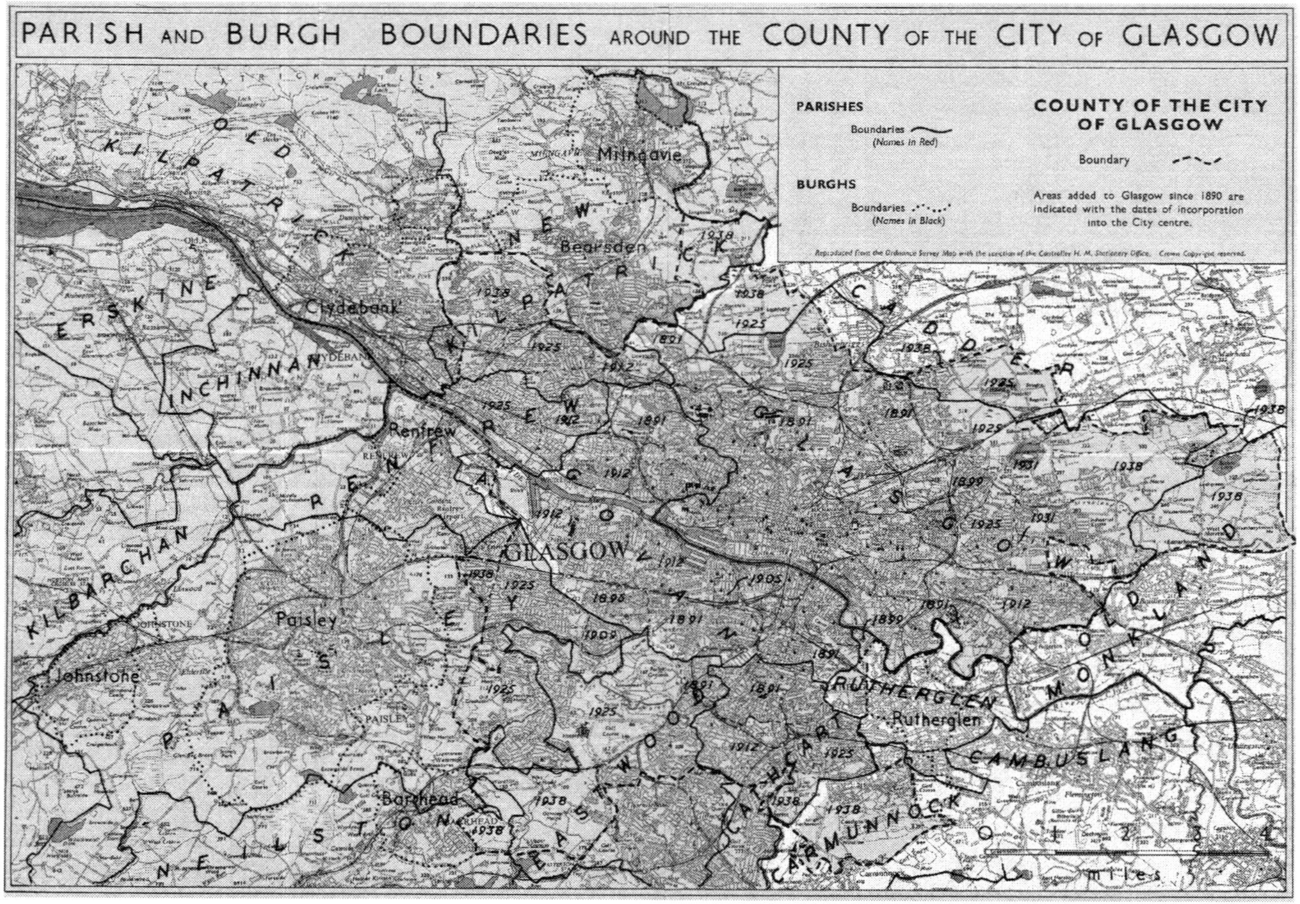

Abb. 5: Erweiterungen und Eingemeindungen durch Glasgow, Quelle: Cunnison, James/John B. S. Gilfillan, The Third Statistical Account of Scotland: Glasgow, Glasgow 1958, Appendix.

umgehend ein eigenes Wohnbauamt. In den 1890er Jahren war man beinah ungewollt zum Vermieter von Wohnraum avanciert und hatte sich mit dem Bau von Musterwohnhäusern begnügt. Nun stieg die Kommune im großen Stil in den Immobilienmarkt ein. Bis 1938 baute sie 50.000 Wohneinheiten und beteiligte sich an weiteren 10.000 in privater Bauträgerschaft. Solche Zuwächse konnten nicht im bestehenden Stadtgebiet realisiert werden (Abbildung 5). Stattdessen setzte man auf Siedlungen auf der grünen Wiese. Die für diese kommunal gesteuerte Suburbanisierung benötigten Zukäufe vergrößerten das Stadtgebiet um mehr als das doppelte von 7.763 ha im Jahr 1912 auf 16.076 ha 1938.[50]

Der Wohnungsbau erfolgte in zwei Phasen. Die erste reichte etwa bis 1925 und zeichnete sich durch die Dominanz der Gartenstadtidee aus. Eine vergleichsweise lockere Bebauung sollte die freie Zirkulation der Luft ermöglichen und genügend Lichteinfall gewähren. Diese Vorstellung entstammte direkt den Diskursen des späten 19. Jahrhunderts, wonach ein Mangel an eben diesen Dingen die Krankheiten und die katastrophale Lage in den Städten verursacht habe. Dahinter steckte letztlich das Leitbild des gesunden Landlebens in einem idealisierten Dorf in *Merry England* als Gegenentwurf zu den Industriestädten des 19. Jahrhunderts. Dem entsprach die Bauform des Cottage. John Wheatley, Linkskatholik und Mitglied der *Independent Labour Party*, hatte bereits 1913 bezahlbare Cottages für die Arbeiterklasse gefordert.[51] Was nun gebaut wurde, waren vergleichsweise teure und qualitativ hochwertige Siedlungen an der Peripherie. Diese Entwicklung hatte zwei ästhetische Nebeneffekte: Zum einen begannen sich die Stadtbilder südlich und nördlich der Grenze in ihrer äußeren Form anzugleichen.[52] Zum anderen sorgte der gartenstadtähnliche Charakter dafür, dass die Grenze zwischen Stadt und Umland zu verschwimmen begann.

Die neue Bauweise erwies sich jedoch als viel zu teuer, um damit dem Mangel an Wohnraum Herr zu werden. Nur gutverdienende Facharbeiter und Angehörige des unteren und mittleren Managements konnten sich die neuen Wohnungen leisten. Der hohe Bedarf an Wohnungen für ärmere Schichten war so nicht zu decken. Allein zwischen 1918 und 1939 wurden über 18.000 Wohnungen für unbewohnbar erklärt, wodurch sich die Wohnungsnot drastisch verschärfte. Vor dem Hintergrund sich verändernder finanzieller Rahmenbedingungen begann ab den 1930er Jahren eine Neuausrichtung der staatlichen Förderung und des kommunalen Wohnungsbaus.

In dieser zweiten Phase wurden die Bedürfnisse der ärmeren Bevölkerung und der Familien stärker berücksichtigt. Die utopischen Träume der Planer mussten einem pragmatischeren Ansatz weichen. In Glasgow hieß das, zurück zur Mietskaserne. In Maryhill, Blackhill oder Possil entstanden moderne Varianten der klassischen *Tenements*. Sie waren in der Regel nur dreistöckig und damit niedriger als ihre viktorianischen Vorgänger und ihre Fassaden blieben

50 Maver, Glasgow, S. 256.

51 John Wheatley, Eight-Pound Cottages; vgl. Maver, Glasgow, S. 257.

52 Vgl. Murray G. H. Pittock, A New History of Scotland, Stroud 2003, S. 293.

ohne Schmuck. Vor allem blieben sie aber in Sachen Qualität hinter den Erwartungen zurück. Möglichst viel, möglichst schnell und möglichst billig waren die Leitgedanken dieses Bauens, oder wie Charles McKean schreibt: »[...] the scale of the problem compelled a suburban solution of mass production.«[53] Die fordistische Herangehensweise blieb nicht ohne Wirkung. Sie setzte einen Massenexodus aus der Innenstadt an die Peripherie in Gang, den die Planer nach dem Zweiten Weltkrieg durch den Bau der *New Towns* und großen Stadtrandsiedlungen noch einmal deutlich beschleunigen sollten.[54]

Allein das Ausmaß der neuen Wohnbauprogramme verschob die Verhältnisse auf dem schottischen und dem Glasgower Immobilienmarkt nachhaltig. Öffentlich-rechtliche Körperschaften wie die Kommunen oder die 1937 gegründete *Scottish Special Areas Housing Association* (später *Scottish Special Housing Association*) dominierten das Geschehen zunehmend. Letztere wurde zum größten Anbieter von Mietwohnungen in der schottischen Geschichte. Von den 344.209 zwischen 1919 und 1941 in Schottland gebauten Wohnungen waren 70 Prozent im Besitz öffentlicher Träger. In Glasgow waren die Verhältnisse ähnlich. Erst Margaret Thatchers Reformen zerstörten diese Dominanz der öffentlichen Hand.

Die politische Landschaft Glasgows erfuhr während der Zwischenkriegsjahre tiefgreifende und langfristige Veränderungen, welche für die 1950er und 1960er Jahre prägend sein sollten, An erster Stelle ist hier der Aufstieg der *Labour Party* zur dominierenden Partei zu nennen.[55] In den wirtschaftlich schwierigen Jahren 1903 bis1905 bzw. 1907 bis 1910 und dann vermehrt während des Krieges kam es in Glasgow immer wieder zu Streiks, Demonstrationen und Unruhen. Das brachte der Stadt den Ruf ein, Hort einer besonders militanten Arbeiterschaft zu sein. Hintergrund dafür war die hohe Arbeitslosigkeit während der beiden Vorkriegsdepressionen und der hohe Anteil an unsteten Beschäftigungsverhältnissen.[56] Der kriegsbedingte Mangel an Arbeitskräften und der Einsatz von Frauen verschärften die Auseinandersetzungen zwischen Gewerkschaften und Unternehmern. Erstere befürchteten die dauerhafte Verdrängung gut ausgebildeter und bezahlter, gewerkschaftlich organisierter männlicher Facharbeiter durch billigere und nichtorganisierte weibliche Arbeitskräfte. Zugleich stärkte der Fachkräftemangel die Verhandlungsposition der Gewerkschaften. Die Gehälter stiegen und mit ihnen die Erwartungen an die Nachkriegszeit.[57]

53 Charles McKean, Between the Wars, in: Reed (Hrsg.), Glasgow. The Forming of the City, S. 130–146, hier S. 131.

54 Ebd., S. 140–142.

55 Dieser dauerte fast 40 Jahre und war nicht frei von Rückschlägen. Die Zwischenkriegszeit markierte, abgesehen vom Debakel 1931, den Durchbruch Labours vgl. Smyth, Labour in Glasgow, S. 95–124; Maver, Glasgow, S. 226–241.

56 Smyth, Labour in Glasgow, S. 22.

57 Michael S. Moss/John R. Hume, Workshop of the British Empire, S. 8f.

Der politische Arm der Arbeiterbewegung, die *Independent Labour Party* (ILP), hatte in diesen Konflikten eine wichtige Rolle gespielt und bei der ersten Wahl in Friedenszeiten rechneten viele Beobachter mit einem Sieg der Partei über die bis dahin dominierenden *Liberals*. Dies schien umso wahrscheinlicher, als zuvor der *Representation of the People Act* den Kreis der Wähler wesentlich erweitert hatte. Die Bindung des Wahlrechts an den Besitz war aufgehoben, zumindest für Männer ab 21 Jahren. Gleichzeitig stieg die Zahl der Glasgower Vertreter im Parlament von 7 auf 15. Überraschenderweise konnte die ILP am Ende jedoch nur ein einziges Mandat erringen. Neil McLean gewann Govan, den vor dem Krieg eingegliederten Werftenstadtteil. Gewinner waren die Konservativen. Ihnen spielte die geringe Wahlbeteiligung in die Hände, eine Folge von Schwierigkeiten bei der Vorbereitung der Wahllisten.[58]

Glasgows Ruf als einer Hochburg der militanten Arbeiterbewegung schien sich jedoch schon wenige Monate später zu bestätigen. Ein Streik für die 40-Stunden-Woche gipfelte am Schwarzen Freitag, dem 31.1.1919, als sich die Polizei und ein Teil der etwa 60.000 auf dem George Square versammelten Demonstranten Straßenschlachten lieferten, die sich bis weit in die Nacht hinzogen und bald auf weite Teile der Stadt ausdehnten. Angesichts der Umstürze in anderen europäischen Ländern fürchtete die Regierung eine bolschewistische Revolution. 10.000 Soldaten wurden in Marsch gesetzt, bewaffnet mit Panzern, Geschützen und Maschinengewehren. Aus heutiger Sicht spricht kaum etwas dafür, dass die Streikenden tatsächlich einen revolutionären Umbruch planten. Dennoch gingen die Ereignisse von 1919 ebenso ins kollektive Gedächtnis und in das Image der Stadt ein, wie die Proteste gegen Mieterhöhungen oder die Arbeitsniederlegungen und pazifistischen Demonstrationen der Kriegsjahre. Der Mythos von der *Red Clydeside* wurde im weiteren Verlauf des 20. Jahrhunderts und insbesondere in den politischen Kämpfen der Jahre 1970 bis 1990 immer wieder von verschiedenen Gruppen instrumentalisiert, sei es als Schreckgespenst oder als Märtyrerlegende.[59]

Der Sieg der Labour Partei bei der Parlamentswahl 1922 wurde zu einem weiteren Erinnerungsort der Stadtgeschichte. Bei einer Wahlbeteiligung von 75 Prozent errang die Partei 10 der 15 Mandate. Unter den Abgeordneten waren mit David Kirkwood und Emanuel Shinwell auch zwei der Organisatoren des Streiks von 1919. Vor dem Hintergrund eher kompromissbereiter Parteienvertreter in Westminster galten die *Red Clydesiders*, als besonders links und radikal und verstärkten so das Bild vom roten Glasgow.

Mit dem Niedergang der *Liberals*, die bis zum Ersten Weltkrieg die politische Landschaft in Glasgow dominiert hatten, spitzte sich das politische System auf die Auseinandersetzung zwischen Labour und den Konservativen zu.[60] Obwohl

58 Maver, Glasgow, S. 228.

59 Vgl. William Kenefick/Arthur McIvor (Hrsg.), The Roots of Red Clydeside, 1910–1914, Edinburgh 1996; John Foster, Strike Action and Working-Class Politics on Clydeside 1914–1919, in: International Review of Social History 35 (1990), S. 33–70.

60 Zur liberalen Tradition und deren Einflüsse auf die ILP vgl. Joan Smith, Labour Tradition in Glasgow and Liverpool, in: History Workshop 17 (1984), S. 32–56.

die konservativen von der *Unionist Party* einige progressivistische Impulse in ihr Programm übernahmen, war die politische Debatte stark polarisiert. Dies zeigte sich etwa in der Diskussion um den *Education (Scotland) Act* von 1918, der konfessionelle Schulen ins staatliche Bildungssystem integrierte. Die protestantisch dominierten Unionisten leisteten erbitterten Widerstand. Dadurch rückten in Glasgow der politische Katholizismus irischstämmiger Einwohner und Labour näher zusammen und dieses Bündnis war ein wichtiger Schritt zur Stabilisierung der Dominanz der Partei.[61]

Bei den Glasgower Kommunalwahlen tat sich Labour deutlich schwerer, obwohl auch hier der Stimmenanteil in den 1920er Jahren wuchs. Die politischen Gegner nutzten hier die bereits vor dem Krieg erkennbare Angst vieler Bürger vor mehr Bürokratie und explodierenden Kommunalausgaben, um gegen sozialistische Umtriebe mobil zu machen. Außerdem war das kommunale Wahlrecht weit konservativer und ließ weniger Wähler zu. Erst 1933 errang Labour die Mehrheit im Stadtrat. Die Partei profitierte dabei vom kurzfristigen Erfolg der *Scottish Protestant League*, die mit einem Programm aus Anti-Katholizismus und Wohlfahrtsexpansion das konservative Lager gespalten hatte. In der Folge etablierte sich Labour als führende kommunalpolitische Kraft:

> Thereafter Labour's municipal star remained in the ascendant, at least until after the Second World War. Credit for consolidation the party's base has been attributed firmly to Patrick Dollan. […] Dollans formidable organisational abilities and persuasive personality helped to mellow the fiery image of ›Red Clydeside‹ and gave authority to Labour's municipal presence at a time when efforts were being made to improve outside perceptions of the city.[62]

Dass Labours Weg zur Macht jedoch keine Einbahnstraße war, zeigte sich 1931, als auf nationaler Ebene die Minderheitsregierung Ramsey McDonalds scheiterte und die Partei landesweit große Verluste hinnehmen musste. In Glasgow verlor sie sechs Sitze. Betrachtet man jedoch ganz Schottland, wo Labour nur zwei weitere Mandate erringen konnte, erscheint das Glasgower Ergebnis vergleichsweise solide. Als folgenreicher erwies sich der Bruch zwischen *Labour* und *Independent Labour Party* im Jahr 1932. Bei der Wahl von 1935 errang die ILP vier und die Labour Partei fünf Sitze. Auch wenn die ILP nach dem Übertritt ihrer drei verbliebenen Abgeordneten zu *Labour* 1947 kein Mandat mehr erringen konnte und immer mehr an Bedeutung verlor, blieb die Spaltung nominell bis 1975 bestehen.

Schließlich formierte sich in der Zwischenkriegszeit auch der politische Nationalismus neu. Die ILP konnte die nationalistische Stimmung zunächst für sich nutzten, da sich die Partei für schon länger für eine größere Eigenständigkeit Schottlands einsetzte. 1924 brachte der ILP-Abgeordnete George Buchanan eine Gesetzesinitiative für ein schottisches Parlament ein. Das Scheitern die-

61 Maver, Glasgow, S. 234.
62 Ebd. S. 236.

ser Initiative trotz Labour-Regierung führte allerdings dann dazu, dass die Partei ihre Glaubwürdigkeit in der Sache verlor. Dies ließ Platz für neue nationale Kräfte. Frustriert über das mangelnde Interesse an der nationalen Frage im linken Lager gründete John McCormick 1927 die *Glasgow University Scottish Nationalist Association* und 1928 schließlich die Mitte-Links-Partei *National Party of Scotland*. Um die Stimmen der Mittelklasse zu gewinnen steuerte diese bald nach rechts. Im konservativen Lager sammelten sich die Nationalen hinter Kevin McDowall, der 1933 aus der *Unionist Party* ausgeschlossen worden war. Er gründete die *Scottish Party*. 1934 fusionierte diese mit der NPS zur *Scottish National Party* (SNP).

Obwohl die neue Partei die Nationalisten aus beiden großen politischen Lagern einte, spielte sie bis in die 1960er Jahre keine große Rolle. Die größte lokalpolitische Herausforderung für Labour im Glasgower Stadtrat kam von anderer Seite.[63] Geeint durch die Ablehnung eines allzu weitgehenden *Social Municipalism* und die Sorge um die Kosten für die Kommune formte sich ein Bündnis aus Unionisten, Liberalen, Geschäftsleuten und unabhängigen Abgeordneten, aus dem 1936 die *Progressive Party* hervorging. Ihre Mitglieder entstammten überwiegend der Mittelklasse. Sie lehnten den allzu großen Einfluss der Parteien auf kommunaler Ebene ab, was in erster Linie gegen Labour gerichtet war. Die *Progressive Party* wurde zu einer festen Größe in der schottischen Kommunalpolitik und spielte neben Labour in Glasgow lange eine wichtige Rolle, ehe ihr Stern in den 1960er Jahre zu sinken begann.

63 Ebd. S. 235.

3. Glasgow nach dem Zweiten Weltkrieg: Fortsetzung der wirtschaftlichen Entwicklung und Planungsboom

Wenige Jahre nach Auslaufen des Nachkriegsbooms prägte der französische Ökonom Jean Fourastié für die Jahre 1946 bis 1975 den Begriff der *glorreichen Dreissig Jahre.*[1] Dem britischen Historiker und Marxisten Eric Hobsbawm erschienen die 1950er und 1960er Jahre in der Retrospektive als ein *goldenes Zeitalter.*[2] Verglichen mit den Katastrophen der ersten Jahrhunderthälfte und dem wahrgenommenen sozialen, ökonomischen und ökologischen Erdrutsch der 1970er Jahre waren es die relativ stabile Friedensordnung in Europa, der wachsende Wohlstand der Bevölkerung und die damit verbundenen sozialen und kulturellen Aufbrüche, die eine solche Sicht gerechtfertigt erscheinen ließen. Diese Deutung prägt noch immer die überwiegende Mehrheit der in jüngster Zeit stetig anwachsenden Werke zur Geschichte Europas seit dem Zweiten Weltkrieg.[3] Unterschiede ergeben sich allenfalls in der jeweiligen Gewichtung einzelner Faktoren oder in der genauen Eingrenzung des Zeitraums.[4] Und obwohl die britische Wirtschaft in jener Phase der raschen Expansion relativ betrachtet hinter den westeuropäischen Nachbarn zurückblieb, ordnete der Historiker Paul Addison die britische Nachkriegsgeschichte durchaus in dieses Fortschrittsnarrativ ein. Wachstum und Wohlstand jener Jahre hätten zu einem gesellschaftlichen Wandel beigetragen, den er als *Friedenszeitrevolution* beschreibt.[5] Die unmittelbaren Nachkriegsjahre sahen die Grundsteinlegung eines neuen Wohlfahrtsstaates und mit dem Ende der Sparmaßnahmen Mitte

1 Jean Fourastié, Les Trente Glorieuses ou la Révolution Invisible de 1946 à 1975, Paris 1979.

2 Eric Hobsbawm, Das Zeitalter der Extreme. Weltgeschichte des 20. Jahrhunderts, München 2007 [Orginal: London 1994].

3 Jost Dülffer/Anja Kruke, Von der Geschichte der europäischen Integration zur Gesellschaftsgeschichte Europas nach 1945, in: Archiv für Sozialgeschichte 49 (2009), S. 3–24.

4 Vgl. Hartmut Kaelble, Sozialgeschichte Europas 1945 bis zur Gegenwart, München 2007; Tony Judt, Die Geschichte Europas seit dem Zweiten Weltkrieg, München, Wien 2006; Barry Eichengreen, European Economy since 1945. Coordinated Capitalism and Beyond, Princeton, Oxford 2007; Richard Vinen, A History in Fragments. Europe in the Twentieth Century, London 2000, S. 271–298; Mark Mazower, Der dunkle Kontinent. Europa im 20. Jahrhundert, Berlin 2000; William I. Hitchcock, The Struggle for Europe. The History of the Continent since 1945, London 2003, S. 131–246; Harold, James, Geschichte Europas, München 2006, S. 329–354.

5 Vgl. Paul Addison, No Turning Back. The Peacetime Revolutions of Post-War Britain, Oxford 2010.

der 1950er Jahre begann für die Mehrheit der Briten die Wohlstands- und Konsumgesellschaft Wirklichkeit zu werden.[6]

Diese Boomjahre waren aber auch die Phase eines gewaltigen Experiments. Der Staat begann in nie gekanntem Ausmaß in immer mehr Gesellschaftsbereiche vorzudringen. Erstes Ziel dieser Interventionen war die Wirtschaft. Wichtige Bereiche wie die Energieversorgung wurden verstaatlicht. Gleichzeitig übernahm der Staat durch eine anti-zyklische Fiskalpolitik zunehmend Verantwortung für die konjunkturelle Entwicklung. Das volkswirtschaftliche Rüstzeug hierfür lieferten John Maynard Keynes und seine Adepten. Politiker beider großer Parteien akzeptierten die Verantwortung des Staates für Sicherheit, Wachstum und Vollbeschäftigung und dieser Konsens ermöglichte die Ausweitung staatlicher Handlungsspielräume unter dem Banner der Modernisierung von Wirtschaft und Gesellschaft. Die sich immer weiter ausdifferenzierenden Sozialwissenschaften trugen ihren Teil dazu bei, indem sie stetig neue Handlungsfelder und Optimierungsobjekte generierten. Begleitet wurde diese »Quest for Modernity«[7] von hohen Erwartungen und vom Glauben an die Machbarkeit von gesellschaftlichem und technologischem Fortschritt durch staatliche Planung und Steuerung. In den 1960er Jahren erreichte diese Entwicklung ihren Höhepunkt und Harold Wilson prägte in seiner Rede auf dem Parteitag von Scarborough 1963 das Schlagwort von der weißglühenden Revolution in der ein neues Großbritannien geschmiedet werde.

> [...] in all our plans for the future, we are re-defining and we are re-stating our Socialism in terms of the scientific revolution. But that revolution cannot become a reality unless we are prepared to make far-reaching changes in economic and social attitudes which permeate our whole system of society. The Britain that is going to be forged in the white heat of this revolution will be no place for restrictive practices or for outdated methods on either side of industry.[8]

Die Boomjahre in Großbritannien bilden den Hintergrund für die folgenden drei Unterkapitel, in denen einzelne Aspekte der Entwicklung Glasgows zwischen 1945 und den frühen 1970er Jahren behandelt werden. Dabei soll der einzelne Fall, der Mikrokosmos einer Stadt, ins Verhältnis zum nationalgeschichtlichen Narrativ der goldenen Jahre gesetzt werden, um neben den Gemeinsamkeiten auch Unterschiede und Eigenheiten der Entwicklung zu erkennen. Im Mittelpunkt steht die Suche nach den Wurzeln struktureller Veränderungen, die schließlich in jenem dynamischen Wandel kulminierten, der das Zeitalter der westlichen Industriegesellschaften in unsere eigene Gegenwart überführte.

6 Vgl. ebd. S. 51–75; Dominic Sandbrook, Never Had It so Good. A History of Britain from Suez to the Beatles, London 2005, S. 97–137.

7 So überschreibt Paul Addison die Jahre 1957 bis 1974, vgl. Addison, No Turning Back, S. 131.

8 Zitiert nach: David Edgerton, The ›White Heat‹ Revisited. The British Government and Technology in the 1960s, in: Twentieth Century British History 7 (1996), Heft 1, 53–82, hier S. 56.

Drei Aspekte werden in den Blick genommen. Erstens geht es um die urbane Ökonomie. Welchen Anteil hatte Glasgow am britischen Wirtschaftswunder? Lässt sich für die Stadt eine Phase des Booms ermitteln und ist diese deckungsgleich mit der nationalen Chronologie? Am Beispiel des Schiffsbaus soll diesen Fragen nachgegangen werden. Die These hierzu lautet, dass Ende der 1950er Jahre die strukturellen Schwierigkeiten erneut auftauchten, welche die Entwicklung Glasgows bereits in der Zwischenkriegszeit gehemmt hatten und die von den Sondereffekten der Kriegswirtschaft und des Wiederaufbaus lediglich verdeckt worden waren. Wenn dem so ist, dann begann die Auflösung des altindustriellen Clusters am Clyde lange vor dem Ende des Booms.

Während der 1950er und 1960er Jahre wurden das westschottische Industrierevier im Allgemeinen und Glasgow im Besonderen in einem bis dato unbekannten Ausmaß zu einem Experimentierfeld für Sozialingenieure und Planer.[9] Im zweiten Abschnitt sollen die größtenteils staatlich gesteuerten Anstrengungen zur Dezentralisierung von Industrie und Bevölkerung sowie zur Diversifikation der regionalen Ökonomie betrachtet werden. Gefragt wird nach den Auswirkungen dieser Politik auf den konkreten Stadtraum und die Region, aber auch nach dem dahinter stehenden Verständnis von Urbanität. Anfangs verband sich mit diesem Projekt sozialer und ökonomischer Erneuerung die Hoffnung, all jene Probleme lösen zu können, die durch die rasche Expansion von Stadt und urbaner Ökonomie vor dem Ersten Weltkrieg hervorgerufen worden waren. Mit der Konkretisierung der Utopie, so die These, generierten die tendenziell anti-urbanen Lösungsstrategien bald eine Reihe unvorhergesehener Folgen, die ab den späten 1960er Jahren zu ihrer zunehmenden Diskreditierung führten, ehe sich ihr utopisches Potential in der folgenden Dekade vollends erschöpfte. Gleichzeitig begannen sich viele der zugrunde liegenden Problemkonstellationen der Industriegroßstadt durch Bevölkerungsverluste und den Einbruch der urbanen Ökonomie in zunehmendem Tempo aufzulösen.

Drittens soll es schließlich um das Schicksal des Glasgower Hafens gehen. 1945 noch fünftwichtigster Umschlagplatz im Vereinigten Königreich, versank der Clyde trotz aller Versuche der Modernisierung in den 1970er Jahren zunehmend in der Bedeutungslosigkeit und lag 2003 abgeschlagen auf Rang 17.[10] Blickt man auf die Hafenanlagen in Glasgow, so begann bereits in den 1960er Jahren die Stilllegung weiter Teile und eine Verlagerung in Richtung Küste. Hier wird untersucht, was den Anstoß zu dieser Abwanderung gab und welche Folgen sie für das räumlich-funktionale Beziehungsgeflecht der Stadt hatte.

9 Dass es sich hierbei nicht um einen Einzelfall handelt, zeigt etwa das Beispiel Londons vgl. Dirk Schubert, London: The Unique City‹. Geplante Dekonzentration und Suburbanisierung oder Sprawl und Degeneration des Gartenstadtkonzepts, in: Ders./Axel Schildt (Hrsg.), Städte zwischen Wachstum und Schrumpfung. Wahrnehmungs- und Umgangsformen in Geschichte und Gegenwart, Dortmund 2008, S. 227–253.

10 Vgl. Alfred J. Baird/Vincent F. Valentine, Port Privatisation in the United Kingdom, in: Mary R. Brooks/Kevin Cullinane (Hrsg.), Devolution, Port Governance and Port Performance, Oxford u.a. 2007, S. 55–84.

Alle drei Phänomene, der Wandel der urbanen Ökonomie, das Scheitern des staatlichen Modernisierungsprojekts und der Rückzug des Hafens, sind auf vielfache Weise miteinander verknüpft und weisen doch ihre je eigenen Entstehungszusammenhänge und Zeithorizonte auf. Alle drei wurzeln in der Phase der Urbanisierung und der Industrialisierung und ragen auf ihre je eigentümliche Art und Weise in die zweite Hälfte des 20. Jahrhunderts hinein. Vor dem Hintergrund der sozialen und weltwirtschaftlichen Turbulenzen der 1970er Jahre verdichteten sie sich mit älteren und zeitgenössischen anti-urbanen Motiven zum düsteren Bild einer gescheiterten Metropole, einer Industriestadt, die den Anschluss an die Zukunft verpasst hatte. Das Bild vom sterbenden Moloch, in vielerlei Hinsicht eine Umkehrung der Erfolgsgeschichte vor dem Ersten Weltkrieg, sollte sich nur schwer wieder abschütteln lassen.

3.1 Nachkriegsboom und ökonomischer Wandel

Ein wichtiger Mosaikstein in diesem Bild war die wirtschaftliche Entwicklung. Die 1950er und 1960er Jahre waren in Westeuropa eine Phase außergewöhnlichen Wachstums. Großbritannien machte da keine Ausnahme.[11] Die Phase des schnellsten anhaltenden Wachstums der britischen Wirtschaft lag zwischen 1945 und den frühen 1970er Jahren mit einer durchschnittlichen Wachstumsrate von drei Prozent.[12] Vom Kriegsende bis in die 1950er Jahre brummte vor allem die Exportindustrie. Die günstige Entwicklung des Außenhandels wurde zunächst durch den Ausfall der Konkurrenz aus Deutschland erleichtert.[13] Die Absatzmärkte des Empire standen noch weitgehend offen. Das Bruttoinlandsprodukt pro Kopf wuchs zwischen 1950 und 1973 durchschnittlich um 2,4 Prozent. Allein in den Jahren 1959 bis 1973 betrug der Produktivitätszuwachs pro geleistete Arbeitsstunde 3,1 Prozent.[14] Für die Arbeitnehmer waren es gute Zeiten, die Arbeitslosigkeit lag zwischen 1950 und 1973 im Durchschnitt bei nur 2,8 Prozent. Der junge Wohlfahrtsstaat schuf ein nie dagewesenes Maß an sozialer Sicherheit. Wohlstand und Lebensstandard der breiten Bevölkerung stiegen, vor allem nach der Aufhebung der letzten Rationalisierungsmaßnamen 1954.[15] Die Inflationsrate blieb vorerst moderat.

11 Alec Cairncross, The British Economy since 1945, 2. akt. Aufl., Oxford, Malden 1995; Roger Middleton, The British Economy since 1945. Engaging with the Debate, Basingstoke 2000.

12 Michael Kitson, Failure Followed by Success or Success Followed by Failure? A Reexamination of British Economic Growth since 1949, in: Roderick Floud/Paul Johnson, The Cambridge Economic History of Modern Britain, Band 3, Structural Change and Growth 1939–200, Cambridge u. a. 2004, S. 27–56, hier S. 31.

13 Addison, No Turning Back, S. 61.

14 Diese Zahlen, sowie die Vergleichswerte stammen aus Angus Maddison, The World Economy. A Millennial Perspective, Paris 2001, S 132 f.

15 Vgl. Sandbrook, Never Had It so Good., S. 97–137.

Relativ betrachtet blieb Großbritannien jedoch hinter den europäischen Nachbarn zurück. In Frankreich etwa wuchs das Bruttoinlandsprodukt im selben Zeitraum um 4,1 und in Deutschland sogar um 5 Prozent. Der jährliche Zuwachs der Produktivität lag bei 5 bzw. 5,9 Prozent. Das vergleichsweise schlechte Abschneiden wurde in der Öffentlichkeit häufig thematisiert.[16] Bereits seit dem späten 19. Jahrhundert hatte es in Großbritannien eine Debatte über den drohenden Niedergang der Nation gegeben. Hintergrund war damals der Aufstieg des Deutschen Reiches und der Vereinigten Staaten von Amerika gewesen. Dieser Diskurs erhielt in den Jahren des Nachkriegsbooms neue Nahrung. Allerdings verschoben sich die inhaltlichen Schwerpunkte der Debatte. Geopolitische und militärische Argumente verloren an Bedeutung und an ihre Stelle traten ökonomische Fragen. In erster Linie ging es nun um den Lebensstandard der Bevölkerung. Argumentiert wurde nicht mehr absolut, mit der wirtschaftlichen Entwicklung des Vereinigten Königreichs, sondern relativ, mit der besseren Entwicklung anderer Staaten. Gleichzeitig drang der *Declinism* in weitere Diskurse über den Zustand der Gesellschaft ein. Er sollte bis in die späten 1980er Jahre hinein wissenschaftliche wie populäre Vorstellungen von der Entwicklung der britischen Wirtschaft und anderer sozio-ökonomischer Prozesse prägen und erreichte nicht zuletzt auch die britische Geschichtsschreibung.[17]

Um jenseits aller Untergangsphantasien der Feuilletons die Ursachen der britischen Schwäche verstehen zu können, hilft es, sich die volkswirtschaftlichen Erklärungsmodelle für das außergewöhnliche Wachstum Westeuropas in den 1950er und 1960er Jahren zu vergegenwärtigen.[18] Dem Keynesianismus nahestehende Theorien verstehen die wirtschaftliche Entwicklung als einen sich wellenartig fortsetzenden Wechsel von Expansion und Kontraktion. Vertretern dieses Denkens, das auf Nikolai D. Kondratjew und Joseph A. Schumpeter zurückgeht, gelten Basisinnovationen als ursächlich für den zyklischen Wechsel von schnellem und langsamem Wachstum. Gemeint sind grundlegende Erfindungen, die nicht nur zur Etablierung neuer Produkte, sondern ganzer Produktionszweige führen. Sie tauchen bevorzugt in Rezessionsphasen auf, wenn der Innovationsdruck auf die Unternehmer am höchsten ist. Erreichen sie

16 Vgl. hierzu Jim Tomlinson, Inventing ›Decline‹. The Falling Behind of the British Economy in the Postwar Years, in: Economic History Review 49 (1996), S. 731–757.

17 Vgl. Ders., The Politics of Decline, Harlow 2001; Richard English/Michael Kenny, Rethinking British Decline, Basingstoke 2000, hier S. 279–299; Barry Supple, Fear of Failing. Economic History and the Decline of Britain, in: Economic History Review 47 (1994), H. 3, 441–458; Almuth Ebke, ›The Party Is Over?‹ Die Wirtschaftspolitik der Regierungen Heath, Wilson und Callaghan und das Narrativ des »British Decline«, 1970–76, Ms., Tübingen 2011.

18 Zu volkswirtschaftlichen Erklärungsmustern vgl. Werner Abelshauser, Deutsche Wirtschaftsgeschichte seit 1945, Bonn 2004, S. 275–288; Rainer Metz, Expansion und Kontraktion. Das Wachstum der deutschen Wirtschaft, in: Reinhard Spree (Hrsg.), Geschichte der deutschen Wirtschaft im 20. Jahrhundert, München 2001.

Marktreife, gerieren sie solange neues Wachstum, bis sich ihr Produktzyklus erschöpft hat. Aus dieser Perspektive erscheinen die Zwischenkriegsjahre und der Krieg selbst als eine Ära der Basisinnovationen in den Bereichen Elektrotechnik, Petrochemie, Kunststoffe, Automobil- und Flugzeugbau, die nach Kriegsende Marktreife erlangten und das rasche Wachstum der Boomjahre auslösten, ehe sich ihr Potential ab den späten 1960er Jahren zusehends erschöpfte. Das relative Zurückbleiben eines Landes ließe sich mit einem Mangel an Innovation und schlechten Mechanismen bei der Markteinführung von Produkten erklären.

Die neoklassische Schule der Nationalökonomie hat zwei Erklärungen für den Nachkriegsboom hervorgebracht. Zum einen die Rekonstruktionshypothese, die besagt, es habe in den Ländern Westeuropas spätestens seit der Weltwirtschaftskrise eine steigende Differenz zwischen potentiellem und tatsächlichem Wachstum gegeben. Innovationen fanden keinen Markt, Kapital keine Rendite, vorhandenes Wissen und technische Fertigkeiten kamen nicht zum Einsatz. Der rasche Abbau dieses angestauten Wachstumspotentials nach der Wiederherstellung eines liberalen Welthandelsregimes nach 1945 habe dann zu den enormen Wachstumsraten im Boom geführt. Zum anderen die *Catch-up-* oder Konvergenzhypothese, die annimmt, der technologische Vorsprung der USA habe bis Kriegsende stetig zugenommen. Die hohen Wachstumszahlen der Boomjahre seien Symptome einer Aufholjagd, in deren Verlauf sich die führenden Volkswirtschaften Westeuropas durch Übernahme der jeweils bestentwickelten Technologien wieder an das amerikanische Vorbild angenähert hätten. Solange der Vorsprung der USA noch groß gewesen sei, habe die Verfolgergruppe ein entsprechend hohes Wachstum aufgewiesen, das mit der Verringerung des Abstands verlor jedoch zurückging.

Neoklassische Erklärungsmodelle basieren auf der Annahme eines Normalwachstums. Dies gilt auch für die in Bezug auf das deutsche Wirtschaftswunder diskutierte Strukturbruchhypothese, die auf Grund der begrifflichen Nähe zu dem von Anselm Doering-Manteuffel und Lutz Raphael propagierten Strukturbruch nach dem Boom Anlass zu Missverständnissen gab.[19] Sie akzentuiert schärfer die Unterbrechungen des Normalwachstums ohne die zu Grunde liegende Annahme langfristig stabiler Entwicklungstrends zu negieren.[20] Exogene Schocks wie Kriege oder eine zu hohe Staatsquote führten zu Störungen des natürlichen Gleichgewichts und zu einer Abweichung vom langfristigen Wachstumspfad. Wird die Störung beseitigt, kehre die Wirtschaft zum langfristigen Trend zurück. Die rasche Erholung der britischen Volkswirtschaft nach dem Krieg musste demnach mit Abschluss der Rekonstruktionsphase früher als anderswo zur Rückkehr des Normalwachstums führen.

19 Vgl. die Reaktionen der Autoren im Vorwort zur 2. Auflage: Doering-Manteuffel/Raphael, Nach dem Boom, S. 12–16.

20 Vgl. Werner Abelshauser, Deutsche Wirtschaftsgeschichte seit 1945, S. 276–278.

In diese Richtung argumentiert etwa der britische Wirtschaftshistoriker Stephen Broadberry, der sich eingehend mit der Entwicklung der Produktivität zwischen 1850 und 1990 befasst hat.[21] Er vergleicht Großbritannien mit den USA und Deutschland und stellt dabei fest, dass die Relation der Produktivität im verarbeitenden Gewerbe langfristig erstaunlich stabil blieb beziehungsweise sich nach Störungen immer wieder in einem bestimmten Verhältnis einpendelte. Die deutsche und die britische Volkswirtschaft hätten dabei meist gleichauf gelegen, während der entsprechende Wert für die USA in etwa doppelt so hoch gewesen sei. Die Stabilität ruhe auf den dauerhaft unterschiedlichen Produktionsregimen diesseits und jenseits des Atlantiks.

Großbritanniens Schwäche während des Booms sei demnach eine Ausnahmeerscheinung, für die Broadberry zwei Umstände verantwortlich macht. Erstens habe sich die britische Wirtschaft relativ abgeschottet vom internationalen Wettbewerb. Sie habe sich zum einen am heimischen Markt orientiert, auf dem der Wettbewerb durch staatliche Interventionen beschränkt war. Zum anderen habe sie Absatzmärkte im Commonwealth gefunden, wobei der Handel mit den überseeischen Gebieten durch die Dekolonialisierung vor allem ab den späten 1950er Jahren stetig zurückgegangen sei. Zweitens seien neue, die Produktivität steigernde Produktionsformen auf den Widerstand sowohl von Seiten der Arbeiterschaft als auch von Seiten des Managements gestoßen. Die fordistische Massenproduktion sei im Vereinigten Königreich langsamer voran gekommen als in Kontinentaleuropa. Das Resultat war eine sinkende Wettbewerbsfähigkeit. Erst der britische EWG-Beitritt 1973 habe die relative Abgeschlossenheit geendet und die Defizite der britischen Volkwirtschaft in einem Schock offenbart. Langfristig habe diese Konfrontation aber die britische Wettbewerbsfähigkeit wieder hergestellt. Dazu trug nach Broadberry auch der Übergang von einer fordistischen Massen- zur computerbasierten flexiblen Qualitätsproduktion bei, der auf beiden Seiten des Ärmelkanals an ältere Produktionsmuster anknüpfen konnte.

Indem Broadberry die langfristige Stabilität im Verhältnis dreier führender Volkswirtschaften nachweist, widerlegt er die These vom ewigen Niedergang der britischen Wirtschaft. Es bliebe allerdings zu untersuchen, ob, und wenn ja, ab wann der transatlantische Wirtschaftsraum in globalwirtschaftlicher Perspektive an Bedeutung verlor. Ungeachtet dessen ist festzuhalten, dass die britische Wirtschaft im Boom absolut betrachtet ein deutliches und langfristiges Wachstum vorzuweisen hatte, das nur in Relation zu noch erfolgreicheren Volkswirtschaften gering erscheint. Dieses Wachstum bot die Grundlage für einen steigenden Lebensstandard, neue Formen des Massenkonsums und den

21 Stephen N. Broadberry, The Productivity Race. British Manufacturing in International Perspective, 1850–1990, Cambridge, New York 1997, S. 1–16; Ders./Mary O'Mahony, Britain's Twentieth-Century Productivity Performance in International Perspective, in: Nicholas Crafts/Ian Gazely/Andrew Newell (Hrsg.), Work and Pay in Twentieth-Century Britain, Oxford 2007.

Ausbau des Wohlfahrtsstaates. Die unterschiedliche Bewertung der wirtschaftlichen Entwicklung Großbritanniens seit 1945 ist also nicht zuletzt eine Frage der Perzeptionsebene.

Bis Mitte der 1950er Jahre folgte Glasgows wirtschaftliche Entwicklung den positiven Trends der britischen Volkswirtschaft.[22] Das westschottische Industrierevier konnte anfangs von der günstigen Lage für Exporte profitieren und die Schwäche der Konkurrenz nutzen. Während beispielsweise die Werften in Deutschland oder Japan in Trümmern lagen und erst wieder aufgebaut werden mussten, konnte man am Clyde weiterproduzieren und kurzfristig Marktanteile zurückgewinnen. Zudem sorgte der Korea-Konflikt für neue Rüstungsaufträge. Die Erfolge der Exportwirtschaft wirkten positiv auf den Arbeitsmarkt. Die Beschäftigung blieb stabil. Waren noch 1938 etwa 83.000 Glasgower ohne Arbeit gewesen, so sank diese Zahl während des Zweiten Weltkrieges deutlich. 1951 hatten nur 17.500 Menschen keine Stelle. Die gute Lage am Arbeitsmarkt führte zu einer Zunahme der Beschäftigung verheirateter Frauen. Sie fanden Arbeit in der wachsenden Bürokratie, im Handel aber auch in neuen Leichtindustrien, etwa in Olivettis Schreib- und Rechenmaschinenwerk. Die sektorale Verteilung der Arbeitsplätze ließ jedoch bereits Ansätze des Strukturwandels erkennen. Zwar waren Werften, Marineindustrie, Maschinenbau und Metallverarbeitung mit einem Anteil von etwa 15 Prozent noch immer die wichtigsten Arbeitgeber in der Region, dahinter folgten jedoch bereits die Büroangestellten mit etwa 11 Prozent, der Großteil davon Frauen.[23]

Neben den Frauen profitierte auch eine neue Generation von Immigranten vom Nachkriegsboom. Sie kamen nicht mehr wie ihre Vorgänger über die irische See oder aus den schottischen Highlands, sondern aus der Karibik und Südasien. Sie fanden Anstellung in der Industrie und nicht zuletzt in den Verkehrsbetrieben. Letzteres offenbarte sich 1965, als ein Krieg zwischen Pakistan und Indien ausbrach. Der öffentliche Nahverkehr kam praktisch zum Erliegen, weil fast die Hälfte der Beschäftigten des *Glasgow Corporation Transport Departments* aus einem der beiden Länder stammte und lieber die Nachrichten aus der Heimat verfolgte, als zur Arbeit zu gehen.[24]

Die neuen Einwanderer trafen auf eine Region im Wandel. Die Säulen der viktorianischen Ökonomie, Kohle, Stahl und Schiffsbau, waren während der Zwischenkriegsjahre bereits gewaltig erschüttert worden. Der Krieg selbst und die Nachkriegszeit schafften eine vorübergehende Stabilisierung und brachten neue Unternehmen aus der Rüstungsindustrie.[25] Aber schon bald hielten

22 Vgl. Alec C. Cairncross, The Economy of Glasgow, S. 219–232.

23 Vgl. Maver, Glasgow, S. 212 f.

24 Vgl. Devine, The Scottish Nation, S. 564.

25 Zur wirtschaftlichen Entwicklung während der Boomjahre vgl. George C. Peden, The Managed Economy, S. 247–256, Anthony Slaven, The Development of the West of Scotland, S. 211–259; Bruce Lenman, An Economic History of Modern Scotland, S. 232–251.

die alten Probleme erneut Einzug in das westschottische Revier. Es fällt auf, wie wenig sich die Planer der Nachkriegsordnung für die traditionellen Industrien der Region interessierten. Sie galten ihnen als genauso anachronistisch, wie das Phänomen Industriestadt an sich. Ihr Verschwinden sei nur noch eine Frage der Zeit.[26]

Tatsächlich hatte der Kohlebergbau im Westen Schottlands seinen Zenit bereits mit dem Ersten Weltkrieg überschritten.[27] Es folgten Jahre sinkender Nachfrage, zunehmender Konkurrenz und fallender Preise. Zahlreiche Arbeitsniederlegungen wie der Bergarbeiterstreik 1921 oder der Generalstreik 1926 schadeten den Bergwerken und dem Ruf der Branche. Rationalisierungsversuche und Betriebsschließungen waren die Folge. Die Zahl der Beschäftigten sank zwischen 1920 und 1933 von 155.000 auf 81.000. Die Implementierung immer neuer Abbautechnologien ließ die Produktivität steigen. Ähnlich wie auch der Schiffsbau erlebte die Branche eine umfassende Reorganisation. So sank die Zahl der Zechen in der Stahlstadt Motherwell vor den Toren Glasgows auf drei Großbetriebe, die schließlich in einem Konsortium aufgingen.

Nach Kriegsende setzte sich diese Entwicklung fort. Der große Einfluss des Staates, der seit dem Ersten Weltkrieg bestand, wurde nun durch die Verstaatlichung und die Schaffung des *National Coal Board* (NCB) intensiviert. Die Pläne des NCB sahen die Schließung unrentabler Minen in Lanarkshire vor. Neue moderne Großzechen sollten dafür in Fife, den Lothians und Ayrshire entstehen.[28] Das Problem der zunehmenden Energieträgerkonkurrenz ließ sich damit jedoch genauso wenig aus der Welt schaffen wie der sich verschärfende Wettbewerbsdruck, und so begann die schottische Kohleindustrie nach einer kurzen Verschnaufpause ihren Abwärtstrend mit der europaweiten Bergbaukrise von 1957 fortzusetzen. Allein zwischen 1958 und 1960 wurden 12.000 Stellen abgebaut. Das Scheitern der geplanten Großzeche in Rothes wurde zum Symbol für eine verfehlte Bergbaupolitik.

Die schottische Eisen- und Stahlindustrie schien durch staatliche Modernisierungsprogramme profitieren zu können.[29] Bereits seit den 1930er Jahren war über die Notwendigkeit zum Bau eines neuen integrierten Stahlwerks gesprochen worden.[30] Die kleinteilig organisierte und räumlich zerstreute Produktion sollte zusammengeführt, die Synergieeffekte einer *Economy of Scale* besser genutzt werden. Die Abhängigkeit von importierten Erzen, Schrott und koksfähiger Kohle legte einen Standort an schiffbarem Gewässer nahe. Die Weltwirtschaftskrise und Interessenkonflikte zwischen den beteiligten Unterneh-

26 Vgl. Josef W. Konvitz, Missing the Boat. Port City Planning in Glasgow during World War II, in: Urban Studies 29 (1992), Heft 8, S. 1293–1304.

27 Vgl. Catriona M.M. Macdonald, Whaur Extremes Meet. Scotland's Twentieth Century, Edinburgh 2009, S. 36–40.

28 Hansard, HC Debates, Serie 5, Bd. 465, § 1227.

29 Vgl. Devine, The Scottish Nation, S. 571–573.

30 Kenneth Warren, Locational Problems of the Scottish Iron and Steel Industry since 1760, Part 1, in: Scottish Geographical Magazine 81 (1965), Heft 1, S. 18–37, hier S. 32.

men vereitelten die Umsetzung dieser Pläne vor dem Krieg. Der CVRP griff das Projekt auf und schlug einen Standort westlich von Glasgow mit eigenem Hafen am Clyde vor.[31] Colvilles, seit 1951 Teil der staatlichen *Iron and Steel Corporation of Great Britain*, beherrschte die schottische Produktion. 1954 entschied sich die Unternehmensführung für den Bau einer neuen Eisen- und Stahlhütte mit eigener Kokerei in Motherwell, wo das Unternehmen bereits produzierte. Damit fiel eine wichtige Vorentscheidung gegen einen Standort am Wasser. Ausschlaggebend waren letztlich die höheren Kosten für einen Neubau am Clyde und die Vorteile einer Anbindung an die bestehenden Produktionsstätten.[32] Das ganze Projekt besaß von Beginn an eine hohe symbolische Bedeutung:

> From its inception in the 1950s, Ravenscraig took on symbolic status in Scotland, encapsulating hopes for industrial renewal, whilst demonstrating the British state's commitment to depressed regions.[33]

Die Entscheidung für einen inländischen Standort sollte sich schon bald belastend auf die Zukunft des neuen Werks auswirken. Als Ravenscraig 1957 eröffnet wurde, hatte die europäische Stahlproduktion deutlich zugelegt. Der Konkurrenzdruck und die Gefahr der Überproduktion waren deutlich gestiegen. Dadurch machten sich die hohen Transportkosten für Kohle, Erz und Schrott sowie das Fehlen geeigneter Ressourcen vor Ort bemerkbar. Trotz der Bedenken der Unternehmensführung drängte die Politik Colvilles schließlich zum Bau eines Heißwalzwerks.[34] Das Projekt war nie rentabel und erwies sich mittel- bis langfristig als schwere Belastung für den Konzern. Das lag vor allem daran, dass es nicht gelang neue Märkte für die verbesserten Produkte zu finden.

Neuer Großkunde sollte eine mit staatlichen Subventionen aufgebaute schottische Automobilindustrie werden. Zwischen 1961 und 1963 entstand in Linwood, westlich von Glasgow, eine Automobilfabrik der *Rootes Group* zum Bau des Kleinwagens *Hillman Imp*. Gleichzeitig errichtete die *British Motor Corporation* ein Werk für Lastwagen und Traktoren in Bathgate, West Lothian. Neben Elektronik, Konsumgütern und Luftfahrtindustrie galt der Automobilbau als eine der wichtigsten Zukunftsbranchen. Zur Eröffnung von Linwood ließ *Rootes* einen Werbefilm drehen, der gleichermaßen den *Hillman Imp* und Schottland als Tourismusziel bewarb. Ein junges Paar gleitet in seinem nagelneuen Wagen durch eine schottische Landschaft während eine prophetische Stimme aus dem Off verkündet:

31 Abercrombie/Matthew, The Clyde Valley Regional Plan, § 315–325; Vorlage für den CVRP dürfte ein Bericht der British Iron and Steel Federation vom Dezember 1945 gewesen sein, vgl. Warren, Locational Problems of the Scottish Iron and Steel Industry S. 88.

32 Ebd., S. 93.

33 David Stewart, Fighting for Survival. The 1980s Campaign to Save Ravenscraig Steel Works, in: Journal of Scottish Historical Studies 25 (2005), Heft 1, S 40–57, hier S. 40.

34 Devine, The Scottish Nation, S. 573.

A new age in an old, old country. The small car is the symbol of this revolution, the mobile revolution. And of the new freedom. The freedom of Mister and Misses Everyman to delight in their heritage.[35]

Hoffnungen auf eine gesellschaftliche Modernisierung, auf wirtschaftlichen Wohlstand, Individualismus und Teilhabe an der Freizeit- und Konsumgesellschaft; all das verdichtete sich symbolisch im Automobil. Der Aufbau einer schottischen Automobilindustrie ging somit weit über die konkrete Unternehmensansiedlung als Akt staatlicher Strukturförderung hinaus. Sie sollte das symbolische Kapital des Automobils zum Wohle der Region nutzbar machen und so deren Zukunftsfähigkeit unter Beweis stellen. Auf ganz ähnliche Weise geschah dies im Übrigen fast zeitgleich mit dem Bau des Opelwerkes Bochum auf dem Gelände der stillgelegten Zeche Dannenbaum. Die schottische Automobilindustrie hatte jedoch von Anfang an große Schwierigkeiten. Eines der Hauptprobleme bestand darin, dass sich fast die gesamte Zulieferindustrie im Umfeld der großen Automobilwerke im Süden befand. Ein Umzug oder der Bau eines Zweigwerks lohnte nicht, da der schottische Markt zu klein war. Hohe Transportkosten für Teile waren die Folge. Der Transport der fertigen Fahrzeuge zu den Märkten im Süden war ebenfalls teuer. Die schottische Automobilindustrie war also nie wettbewerbsfähig.[36] Der Hersteller Linwood wechselte zunächst an Chrysler UK, dann an Peugeot-Talbot und wurde schließlich 1981 abgewickelt. Bathgate schloss fünf Jahre später seine Tore. Der Verlust dieses wichtigen Abnehmers besiegelte das Ende der schottischen Stahlindustrie.

Der gescheiterte Anlauf zur Etablierung einer schottischen Automobilindustrie ist nur ein Beispiel dafür, wie die Regierung in London die Standortentscheidungen der Unternehmen durch billige Kredite, Subventionen und rechtliche Vorgaben zu Gunsten der *Special Areas* zu beeinflussen versuchte. Die Erfolge waren gering. Ab den späten 1950er Jahren verlor die schottische Wirtschaft immer mehr an Boden, die Arbeitslosigkeit stieg und mit ihr die Abwanderung. Die Leidenszeit der Zwischenkriegsjahre schien zurückzukehren.[37] Angesichts dieser Malaise gab der *Scottish Council* eine Untersuchung zur Lage der Wirtschaft in Auftrag.[38] Der Leiter der Kommission John Toothill war Vorsitzender des Elektronik- und Rüstungskonzerns Ferranti, der im Krieg erste Werke in Schottland eröffnet hatte. Er verkörperte somit jene neue Wirtschaftselite, von der man sich eine Wende zum Besseren erhoffte.[39] Wirtschaftsinteressen und Regionalregierung in Form des *Scottish Office* fanden in der Kommission

35 Young in Heart, Großbritannien 1963, Regie: David Welsh, Buch: Clifford Hanley, 23 min.

36 Vgl. Finlay, Modern Scotland, S 327.

37 Devine, The Scottish Nation, S. 572.

38 Vgl. Macdonald, Whaur extremes meet, S. 67–80.

39 Ewan A. Cameron, The Stateless Nation and the British State since 1918, in: Thomas M. Devine/Jenny Wormald (Hrsg.), The Oxford Handbook of Modern Scottish History, Oxford u. a. 2012, S. 620–634, hier S. 631.

zusammen und formulierten in korporatistischer Manier ihre Ziele. »Scotland has too many of the older industries and not enough of the new«[40], war im 1961 veröffentlichten Abschlussbericht zu lesen. Die Wachstumsbranchen der Konsumgüterproduktion und neuer wissenschaftsbasierter Industrien zögen Südostengland als Standort vor:

It is the main centre of the home markets; it has the best communications with the majority of overseas markets; it is the centre of finance and of the main scientific effort; the main Government departments are in London; the bulk of the component and specialist sub-contractors for engineering and many other industries are there or in the physical proximity.[41]

Um dennoch neue Unternehmen in den Norden zu locken, schlugen Toothill und seine Mitstreiter ein Maßnahmenbündel zur Erneuerung der schottischen Industrie vor, das sie als regionales Element einer nationalen Wirtschaftsplanung nach französischem Vorbild verstanden.[42] Neben einer verbesserten Infrastruktur innerhalb Schottlands und einer stärkeren verkehrstechnischen Anbindung an die Wachstumszone im Süden forderten sie vor allem Investitionen in die Bildung. Die Ausbildung sollte zumindest teilweise von den Unternehmen an Berufsschulen verlagert werden. Maßnahmen zu Weiterbildung und Umschulung sollten das bestehende Arbeitskräftepotential fit für neue Anforderungen machen. Der Ausbau der Hochschullandschaft war ein zentraler Baustein dieser Pläne. Sie sollten die zügigere Anwendung wissenschaftlicher Erkenntnisse und Verbesserungen bei Produktdesign und Herstellungsprozess ermöglichen. Zudem sei die Mobilität der Arbeitskräfte in der Region zu erhöhen und die Umsetzung des Glasgower *Overspill*-Pogrammes zu beschleunigen. Der Toothill-Report plädierte zudem für einen grundlegenden Strategiewandel in der Wirtschaftsförderung. Statt wie bislang Gebiete mit hoher Arbeitslosigkeit zu unterstützen, sollte nun die Aufmerksamkeit auf die Wachstumszentren in der Region gelenkt werden.

Der Bericht blieb zunächst ohne politische Folgen, sieht man von der Einrichtung des *Scottish Development Departments* einmal ab.[43] Dies hing unter anderem damit zusammen, dass sich viele Forderungen nur schwer mit der bestehenden Gesetzgebung vereinbaren ließen. Die Vorschläge beeinflussten aber die staatliche Politik in den 1960er Jahren, nicht zuletzt die 1966 veröffentlichte *Scottish-Office*-Version des Fünfjahresplanes, erstellt vom *Department for Economic Affairs.*[44]

40 The Scottish Council, Inquiry into the Scottish Economy 1960–1961. Report of a Committee Appointed by the Scottish Council (Development and Industry) under the Chairmanship of J. N. Toothill, Edinburgh 1961.

41 Ebd., S. 185.

42 Ebd., S. 191.

43 Vgl. Ian Levitt, The Origins of the Scottish Development Department, 1943–62, in: Scottish Affairs 14 (1996), URL: http://www.scottishaffairs.org/backiss/pdfs/sa14/sa14_Levitt.pdf (Abruf 12.2.2013).

44 Scottish Office, The Scottish Economy 1965–1970. A Plan for Expansion, London 1966; vgl. Cameron, The Stateless Nation, S. 631.

In dieser Dekade zeitigte der staatliche Interventionismus einige Erfolge.[45] Dennoch gingen zwischen 1961 und 1971 mehr Arbeitsplätze verloren als neu geschaffen wurden, obwohl Großbritannien insgesamt einen leichten Zuwachs verzeichnen konnte. Der Verlust von 1,9 Prozent für Schottland fiel aber moderat aus, verglichen mit einem Minus von über 12 Prozent im Ballungsraum Glasgow.[46] Die Stadt konnte von der Struktur- und Regionalförderung kaum profitieren. Im Gegenteil: Die Beschleunigung des *Overspill*-Programms führte dazu, dass der ohnehin bestehende Trend zur Suburbanisierung und Abwanderung von Unternehmen beschleunigt wurde. Neue Industrien siedelten sich lieber in den *New Towns* oder in den *Industrial Estates* jenseits der Stadtgrenze an. Der Direktor des Glasgower Planungsamtes James Rae schrieb 1974 in einem Bericht an den Stadtrat über die Lage am Arbeitsmarkt: »In view of the need to attract new industry the city's performance in attracting immigrant firms is not encouraging.«[47]

Der Anstieg der Arbeitslosigkeit war aber auch eine Folge der Krise im Schiffsbau ab den späten 1950er Jahren. Die Branche geriet in eine Abwärtsspirale, die sie in den 1970er Jahren an den Rand des völligen Zusammenbruchs bringen und viele Unternehmen der Region mitreißen sollte. Die stark ausgeprägten Interdependenzen, die einst den industriellen Erfolg Westschottlands ermöglicht hatten, entwickelten nun eine fast ebenso dynamische Zerstörungskraft. So verlor die Stadt bereits in der Hochphase des Interventionsstaates zwischen 1961 und 1971 mehr als 78.000 Arbeitsplätze.[48]

Das außerordentlich gute Geschäft der Werften nach Kriegsende erwies sich bald als vorübergehendes Phänomen.[49] Als 1956/57 eine kleine Rezession einsetzte, stornierten viele Kunden ihre Bestellungen. In den drauffolgenden Jahren gerieten immer mehr Betriebe in ernsthafte Schwierigkeiten. Zwar blieb die jährliche Tonnage zwischen 1955 und 1965 immer im Bereich zwischen 400.000 und 500.000 Tonnen, angesichts der Verdopplung der Tonnage der Welthandelsflotte zwischen 1948 und 1965[50] machte dies jedoch einen immer kleineren Anteil am globalen Markt aus. 1950 zeichneten die Werften am Clyde noch für ein Drittel der weltweiten Fertigung verantwortlich, 1960 waren es gerade noch fünf, zehn Jahre später zwei Prozent.[51] Das Wiedererstarken alter und das Auf-

45 Devine, The Scottish Nation, S. 579 f.

46 Vgl. Christopher M. Law/C. J. Grundy/M. L. Senior, The Greater Glasgow Area, Salford 1984, S. 10.

47 Hier zitiert nach: Claude Thomson, Glasgow Faces further Loss of People and Jobs, in: Glasgow Herald, 10.4.1974.

48 Vgl. ebd.

49 Michael S. Moss/John R. Hume, Workshop of the British Empire, S. 141–144.

50 Vgl. Lewis Johnman/Hugh Murphy, British Shipbuilding and the State since 1918. A Political Economy of Decline, Exeter 2002, S. 120; Ders., Internationalization and the Collapse of British Shipbuilding, 1945–1975, in: David J. Starkey/Gelina Harlaftis (Hrsg.), Global Markets. The Internationalization of the Sea Transport Industries since 1850, St. John's 1998, S. 319–354, hier S. 323.

51 Finlay, Modern Scotland, S. 261.

tauchen neuer Konkurrenten ging weitgehend auf Kosten der britischen Unternehmen. Firmen aus den USA, Japan, Deutschland und Skandinavien verfügten meist über modernere Produktionsanlagen und Fertigungsmethoden. Zudem verpassten die britischen Schiffsbauer aufgrund der konservativen Haltung ihrer wichtigsten Kunden weitere Innovationen, wie die Etablierung des Dieselantriebs. Die während des Zweiten Weltkrieges vor allem in den USA perfektionierte standardisierte Massenproduktion wurde nur zögerlich akzeptiert. Die hohe Auslastung der Betriebe in den Nachkriegsjahren verhinderte technologische Neuerungen ebenso, wie der Widerstand der zahlreichen kleinen Gewerkschaften. Am boomenden Tankergeschäft hatten die Clyde-Werften ohnehin nur geringen Anteil. Schließlich verlor die britische Handelsmarine ihre Dominanz im globalen Seehandel. Ihr Anteil an der Welthandelsflotte sank von 22,4 Prozent 1948 auf 11,4 Prozent 1970.[52] Die britischen Reeder waren lange Zeit treue Kunden der heimischen Werften gewesen. Eine Krise der Branche musste die Aufträge im Schiffsbau einbrechen lassen. Die verbliebenen Unternehmen bestellten zunehmend im Ausland, wo sie Schiffe schneller, günstiger und zu im Vorhinein festgelegten Preisen beziehen konnten. In den 1960er Jahren gingen fast 70 Prozent der Aufträge an ausländische Werften.[53] Ein Memorandum zur Lage der britischen Schifffahrt und Schiffsbauindustrie berichtete 1962 über die Stimmung unter den Werftbesitzern:

> The shipbuilding industry [...] has long recognised that it cannot expect to see again the boom of the first 10 years after the war and that it is living in a world grossly overprovided with shipbuilding capacity, much of which is subsidised or protected by Governments.[54]

Im Laufe der 1960er Jahre wuchs der Druck auf den Staat, die Branche zu stützen. Die Diskussion spitzte sich rasch auf die aufstrebende Wirtschaftsmacht Japan als Hauptkonkurrenten zu. So äußerte sich etwa Rose Belch, der Geschäftsführer von *Lithgow Limited* über die zunehmende Rivalität so:

> This is a problem which is far too big for individual shipowners and individual shipbuilders to overcome. It is [...] a matter which can be resolved only at Government level. People have asked me what I mean by that – am I suggesting that distasteful word ›subsidy‹? I do not really know. But of this I am certain, that if an approach by our Government, or a joint approach by all west European governments, does not yield any results, then I do feel that our governments must be prepared to offer whatever

52 Alan G. Jamieson, Ebb Tide in the British Maritime Industries. Change and Adaption, 1918–1990, Exeter 2003, S 12; Johnman/Murphy, British Shipbuilding, S. 131 f.

53 John Butt, The Changing Character of Urban Employment 1901–1981, in: George Gordon (Hrsg.), Perspectives of the Scottish City, Aberdeen 1985, S. 212–235.

54 Memorandum des Verkehrsministers für das Kabinett vom 20.7.1962: »The British Shipping Industry«, The National Archives, London (künftig TNA), Cabinet Papers 1915–1977, CAB/129/110/20, § 15.

protection or stimulation is necessary to ensure that we retain [...] that healthy, thriving shipbuilding industry which is so completely essential for our future strength and prosperity.[55]

Belch forderte die Regierung zu einer aktiveren Politik auf. Zugleich betonte er die europäische Dimension des Problems. Die Aussagen lassen eine wachsende Verunsicherung anhand der zunehmenden globalen Arbeitsteilung erkennen, die sich eben neu herauszubilden begann und die als Bedrohung wahrgenommen wurde.[56]

Mitte der 1960er Jahre steuerte die Werftenkrise auf einen ersten Höhepunkt zu. Zahlreiche Betriebe mussten schließen. Allein am Clyde gaben zwischen 1950 und 1965 einundzwanzig Betriebe auf. Die Zahl der Beschäftigten der britischen Schiffsbauindustrie sank im selben Zeitraum von 275.000 auf 220.000. Der 1960 entstandene oskargekrönte Dokumentarfilm *Seawards the Great Ships* über die Clyde-Werften erweist sich in der Rückschau als Eloge auf eine im Verschwinden begriffene Branche.[57] Angesichts der schwierigen Lage beauftragte die Labour Regierung im Februar 1965 Reay Geddes Vorschläge zu erarbeiten, wie die Wettbewerbsfähigkeit wieder herzustellen sei.[58] Geddes, ein Dunlop-Mangager, saß seit 1962 im *National Economic Development Council* und war ebenso lang für das *National Institute for Economic Research* tätig.[59]

Am 15. Oktober 1965 stand die *Fairfield Shipbuilding and Engineering Company* in Govan, eine der großen Glasgower Traditionswerften, vor dem Aus.[60] Das Unternehmen war in mancher Hinsicht ein Sonderfall. Über mehrere Jahre hinweg waren die Produktionsanlagen bei laufendem Betrieb in einem fünf Millionen Pfund schweren staatlich geförderten Programm modernisiert worden. Eine Schließung hätte die geleistete Hilfe verpuffen lassen. Gleichzeitig schien die Auftragslage gut. Bestellungen im Wert von 32 Millionen Pfund standen in den Büchern. Die Regierung entschied sich für ein Eingreifen. Als Sofortmaßnahme zur Überwindung der Liquiditätsprobleme stellte sie einen Kredit bereit. Im Gegenzug stieg der Staat mit 50 Prozent in das Unternehmen ein, die anderen 50 Prozent teilten sich Gewerkschaften und private Kapitalgeber. Erstmals intervenierte der Staat direkt in eine Werft.

55 Zitiert nach: o.A., Protection against Japanese Shipbuilding Suggested, in: The Times, 20.10.1964.

56 Die Angst vor Japan ist ein westeuropäisches Phänomen vgl. beispielsweise den Spiegeltitel ›Industriemacht Japan. Gefahr für Deutschlands Märkte‹, Der Spiegel 22/1969.

57 Seawards the Great Ships, Großbritannien 1961, Regie: Hilary Harris, Buch: John Grierson/ Clifford Hanley, 28 min; vgl. Murray Pittock, The Road to Independence? Scotland since the Sixties, London 2008, S. 17.

58 Vgl. Bo Stråth, The Politics of De-Industrialisation. The Contracting of the West European Shipbuilding Industry, London u.a. 1987, S. 119f.

59 Vgl. o.A. Focus on Management. Reay Geddes, in: Glasgow Herald, 24.6.1968.

60 Vgl. Jamieson, Ebb Tide in the British Maritime Industries; S 69–74; Burton, The Rise and Fall of British Shipbuilding, S. 227–231, Keith Aitken, The Bairns o'Adam, The Story of the STUC, Edinburgh 1997, S. 222–228.

Die Regierung verstand ihr Handeln nicht nur als wirtschaftliche Notwendigkeit. Vielmehr sahen die Verantwortlichen die Chance, einen neuen Vorzeigebetrieb zu schaffen. Besonders auf dem Gebiet der Arbeitsbeziehungen, die in der Branche traditionell schlecht waren, sollte das Fairfield-Experiment zeigen, wie durch gutes Management und im Konsens mit der Belegschaft eine höhere Produktivität erzielt werden könnte.[61] Um dieses Ziel zu erreichen, war die Regierung bereit, sich mit den Gewerkschaften anzulegen. Im Jahresbericht des *Scottisch Trade Union Congress* (STUC) von 1966 findet sich ein Bericht über eine Konferenz zur Lage auf den Werften, die am 5. November 1965 in Glasgow stattfand und bei der 80 Vertreter der im Schiffsbau aktiven Gewerkschaften anwesend waren. Gastredner Roy Mason, ehemaliger Bergarbeiter und selbst Gewerkschaftsfunktionär, inzwischen Labour-Abgeordneter und Wilsons Staatsminister für Schifffahrt im Handelsministerium, ließ keinen Zweifel an der Haltung der Regierung:

Mr. Mason declared that although a Labour administration was in power it was not intended that it should become ›a shoulder to weep on‹, and claimed that the old, dogmatic slogans which might have been valid in the past were not relevant today.[62]

Hier zeigen sich bereits Ansätze zu einem Wandel im Verhältnis zwischen Labour und den Gewerkschaften, der 1969 im Weißbuch *In Place of Strife* und dem erfolglosen Versuch gipfelte, deren Macht zu beschränken.[63] Die ganzen 1970er Jahre über blieb dieses Thema virulent, ehe sich Margaret Thatcher gegen die Gewerkschaften durchsetzen konnte. Noch war es zwar nicht soweit, aber Roy Mason lehnte den Ruf nach Subventionen oder einer ›Abwrackprämie‹ für britische Reeder explizit ab. Er argumentierte marktorientiert, drang auf Reformen und Modernisierungsmaßnahmen, welche die britischen Werften wettbewerbsfähig machen sollten. Die schlechten Beziehungen zwischen Arbeitgebern und Arbeitnehmern waren ihm ein Dorn im Auge:

He also expressed the view that there were far too many unions engaged in the shipbuilding industry, and pointed out that Britain's most severe international competitors in this field, Sweden and Japan, operated with one union in each yard and by this means considerably facilitated consultation between management and men. By

61 Bo Stråth, The Politics of De-Industrialisation, S. 121–123; Einen guten Einblick in das Fairfiled Experiment gewährt der für das Filmfestival in Rom gedrehte Dokumentarfilm The Bowler and the Bunnet, Großbritannien 1967, Regie: Sean Connery, Buch: Clifford Hanley, 36 min.

62 Scottish Trade Union Congress, Annual Report 1966, S. 25, Glasgow Caledonian University Archive and Special Collections (künftig: GCUA), Records of the Scottish Trades Union Congress, Annual Reports (künftig STUCA).

63 Department of Employment and Productivity, In Place of Strife. A Policy for Industrial Relations, London 1969; Dominc Sandbrook, White Heat. A History of Britain in the Swinging Sixties, London 2006, S. 705–731; Andrew Marr, A History of Modern Britain, London 2008, S. 308–311.

comparison he claimed that industrial relations in shipbuilding in Britain were ›appalling‹, and that Scotland, with less than a quarter of the total U.K. labour force engaged in this industry, had in the first half of 1965 accounted for more than 50 % of the days lost through industrial disputes.[64]

Zur Optimierung der Arbeitsabläufe und um die Produktivität zu steigern, wurde eine Gruppe von Wissenschaftlern der *Strathclyde University* mit einer Untersuchung beauftragt. In tayloristischer Manier wurde jeder Handgriff erfasst und die dafür benötigte Zeit gemessen. Die Maßnahmen zeigten insgesamt Wirkung. Innerhalb von nur zwei Jahren stieg die Produktivität auf der Werft zehnmal schneller als im nationalen Durchschnitt und 1967 erzielte das Unternehmen einen ersten bescheidenen Gewinn von 10.000 Pfund. Das Ziel der Wiederherstellung der Wettbewerbsfähigkeit schien erreicht.

Allerdings war im März 1966 der Geddes-Bericht erschienen und in der Folge wurde die gesamte britische Schiffsbauindustrie reorganisiert.[65] Auch jetzt galt das Ziel der Wiedererlangung der Konkurrenzfähigkeit. Für ein Einzelunternehmen wie Fairfield war in den Visionen der Planer aber kein Platz mehr. Alle Clyde-Werften wurden zu zwei großen Konsortien vereinigt, der Scott-Lithgow Gruppe am Unterlauf und den *Upper Clyde Shipbuilders* (UCS) in Glasgow und Clydebank. Teil der letztgenannten wurden neben Fairfield noch *John Brown's Clydebank Yard, Charles Connell and Company* in Scotstoun, *Alexander Stephen and Sons* in Linthouse und der Navy-Spezialist *Yarrow Shipbuilders Limited.* So sollten wettbewerbsfähige Großunternehmen mit einer breiten Produktpallette entstehen. Die aus handwerklichen Traditionen erwachsene Qualitätsproduktion sollte von einer fordistischen Massenproduktionsweise mit Fertigteilen abgelöst werden:

There seems to us to remain not far below the surface, some conflict between shipbuilding as a craft and as an industry. […] The pride in the craft displayed at all levels in the industry brings an economic as well as a social benefit. But it has slowed down adaptation to modern industrial conditions. […] The shipbuilding industry is on the whole an assembly industry and has much in common with the building industries: it involves the prefabrication, erection and fitting out of large individually designed structures.[66]

Geddes, ganz Kind seiner Zeit, erkannte in der handwerklichen Tradition der Branche keine Chance für die Besetzung von Marktnischen, sondern nur Hindernisse bei der Modernisierung mit dem Ziel einer fordistischen Großproduktion.

64 STUC, Annual Report 1966, S. 26, GCUA, STUCA.

65 Board of Trade, Shipbuilding Inquiry Committee Report, 1965–1966, London 1966; vgl. Bo Stråth, The Politics of De-Industrialisation, S. 119–121; Johnman/Murphy, British Shipbuilding, S. 163–190.

66 Board of Trade, Shipbuilding Committee. Report, zitiert nach: Burton, The Rise and Fall of British Shipbuilding, S. 221 f.

Desweiteren wollte Geddes den Einfluss der bislang dominierenden Unternehmerfamilien kappen und an ihrer Stelle ein professionelles Management einführen. Er empfahl zudem eine Neuordnung der industriellen Beziehungen. Die Zahl der Gewerkschaften sollte reduziert werden, um die häufigen Demarkationsdispute zu beenden, die immer wieder zu Streiks führten. Bo Stråth, der die Krise des westeuropäischen Schiffsbaus vergleichend untersucht hat, sieht in diesem korporatistischen Experiment zur Neuordnung einer ganzen Branche inklusive ihrer industriellen Beziehungen denn auch ein umfassendes Projekt des staatlich gelenkten »*economic and social engineering*.«[67] Was nach dem Krieg mit dem Aufbau einer *Mixed Economy* begonnen hatte, fand hier seine logische Fortsetzung.

Allen staatlichen Anstrengungen zum Trotz taumelten die neu geschmiedeten Großunternehmen jedoch weiter dem Abgrund entgegen. Die Unternehmensteile der UCS fanden nie zu einer Einheit zusammen. Die erhofften Synergien blieben aus. Yarrows, das als einziges Teilunternehmen schwarze Zahlen schrieb, stieg 1970 aus der erzwungenen Liaison aus. Zudem sicherte das zur Verfügung gestellte Kapital die Liquidität nicht in einem ausreichenden Maße. Die dreijährige Garantie gegen Entlassungen, die von den Gewerkschaften ausgehandelt worden war, hatte zur Folge, dass die Werften ständig ausgelastet sein mussten. Dies wurde bald zu einem Problem. Zwar hatte man volle Auftragsbücher übernommen, darunter solche Prestigeprojekte wie den Bau der *Queen Elizabeth II.*[68] Es zeigte sich jedoch bald, dass viele Aufträge nur unter Verlusten zu erfüllen waren.

Wie schon in den Zwischenkriegsjahren wurde erneut ein Prestigeprojekt der *Cunard-Line* zum Symbol für die Misere des schottischen Schiffsbaus. Immer wieder machte die *Queen Elizabeth II.* durch technische Mängel Schlagzeilen. Schon bei den Testfahrten mit den Vertretern der Reederei gab es Antriebsprobleme, das Schiff konnte nur mit Mühe in den Hafen zurückkehren und die Käufer standen kurz davor, die Übergabe abzulehnen.[69] Zudem neigte sich das Zeitalter der großen Passagierlinienschiffe ohnehin seinem Ende entgegen, während der Kreuzfahrtboom späterer Jahre noch lange nicht in Sicht war. So erwies sich das ganze Projekt aus Sicht der Reederei immer mehr als ein Anachronismus. Bei *John Brown's* hingegen band der Bau zahlreiche Ressourcen, die andernfalls in die strategische Neuausrichtung hätten investiert werden können.[70] Mit dem Stapellauf des Schiffes endete die 130-jährige enge Zusammenarbeit zwischen Cunard und Clyde.

1971 standen die UCS schließlich erneut vor der Pleite.[71] Ein 2003 von der BBC geführtes Interview mit Bobby Dickie, damals Schreiner auf *John Brown's*

67 Bo Stråth, The Politics of De-Industrialisation, S. 120.

68 O. A., Bells Ring out as Clydeside Hears the News, in: The Times, 31.12.1964

69 Vgl. o.A., Shipping, The Unlucky Queen, in: Time Magazine, 10.1.1969; o.A., QE2 Passengers to be Taken off, in Glasgow Herald, 3.4.1974.

70 Vgl. Maver, Glasgow, S. 213 f.

71 Dominic Sandbrook, State of Emergency. The Way We Were. Britain 1970–1974, London u. a. 2011, S. 82–85

Clydebank Yard, offenbart, welche Erschütterung diese Nachricht unter den Beschäftigten auslöste und wie tief sich die Ereignisse in das kollektive Gedächtnis eingebrannt haben:

When the news broke, it was a shock – a tremendous shock to the people of Clydebank, because the yard had been there for a century and more. It was part of a tradition. It was the finest shipbuilding yard in the world – at least as far we were concerned. People could just not believe it. Personally, I felt really shattered. It wasn't just the shipyard that was closing; it was all the subsidiary companies, the local firms, who supplied materials. It was a sort of domino effect. If the yard closed, all these other industries would suffer.[72]

Es stand viel auf dem Spiel, auch für die neue konservative Regierung von Edward Heath. Der Premier hatte einen Politikwechsel angekündigt. Er wollte die Macht der Gewerkschaften beschränken, die Inflation stoppen und die Staatsausgaben senken. Kränkelnde Branchen und Unternehmen, die Rede war von *Lame Ducks*, sollten nicht länger mit Steuergeldern unterstützt werden. Wer am Markt nicht bestehen könne, müsse eben untergehen. Der Umgang mit der Krise bei den UCS sollte die Entschlossenheit und den Willen der Regierung demonstrieren, den neuen Kurs durchzuhalten. Kurz zuvor war Heath bereits gezwungen gewesen, Rolls Royce mit 60 Millionen Pfund vor der Insolvenz zu retten. Nun wollte der Premierminister zeigen, dass er zu weiteren Rettungsaktionen nicht bereit war. Gegenüber Vertreter des *Scottish Trade Union Congress* machte er dies im Juni 1971 klar:

The Prime Minister then reviewed the developments over Upper Clyde Shipbuilders Ltd. (UCS). The outcome of these developments had been that the Government could no longer put the taxpayers' money into a company whose Chairman could give no indication when it would become a viable concern.[...] It was not a basis on which the country could be run to pour money into debt-making companies. There was no future except in companies which could build ships and sell them at a profit.[73]

Die Gewerkschaften hielten die vorgeschlagene Restrukturierung der Clyde-Werften dementsprechend für nichts anderes als einen Plan zur Vernichtung von Arbeitsplätzen und zur Schließung der Betriebe. Die Politik von Heath und seines *Secretary of State for Trade and Industry* John Davies verdammten sie als pure Ideologie. So ließ etwa der STUC in einer Pressemitteilung 1972 verlauten:

The General Council condemns the decision taken by the Government to refuse assistance to Upper Clyde Shipbuilders. This decision was motivated by, firstly, the unreasonable hatred of Upper Clyde Shipbuilders and secondly, the outdated and totally irrelevant philosophy expressed in John Davies' lame duck speech.[74]

72 Zitiert aus dem Begleitband zur gleichnamigen BBC Serie: Jim Hewitson, The Scots at Sea. Celebrating Scotland's Maritime History, Edinburgh 2004, S. 61.

73 Note for the Record vom 21.6.1971, TNA, Prem 15/697.

74 Abgedruckt im Wortlaut in: STUC, Annual Report 1972, S. 29, GCUA, STUCA.

Am Ende musste der Premier erneut einen Rückzieher machen. Im ersten Band ihrer 1995 veröffentlichten Autobiografie nennt die damalige Bildungsministerin, Margaret Thatcher, Heaths Kehrtwende eine »small but memorably inglorius episode«[75]. Heaths *U-turn* galt ihr rückblickend als der Anfang vom Ende einer gesunden Finanz- und Wirtschaftspolitik, für die dessen Regierung angetreten war. Tatsächlich gehörte Standfestigkeit mit zu den Eigenschaften, mit denen Thatcher später um Unterstützung warb.[76] Angesichts steigender Arbeitslosenzahlen und drohender Streiks hielt sie ihren Kritikern inner- und außerhalb der eigenen Reihen 1980 entgegen: »To those waiting with bated breath for that favourite media catchphrase, the U-turn, I have only one thing to say: You turn if you want to. The lady's not for turning.«[77]

Wie kam es zu Heaths Kehrtwende? Ende Juli 1971 besetzten die 8.500 Arbeiter, angeführt von jungen meist kommunistischen *Shop Stewards* wie Jimmy Reid und Jimmy Airlie kurzerhand die Werft. Sie wollten verhindern, dass Produktionsmittel verkauft und somit Tatsachen geschaffen würden, die sich später nur schwer wieder hätten rückgängig machen lassen. Stattdessen versuchten sie ohne Bezahlung die vorliegenden Aufträge weiterzuführen, um ökonomische Überlebensfähigkeit der Werften zu demonstrieren. Sie pochten auf ihr Recht auf Arbeit, lehnten Gewalt, Vandalismus sowie Streiks ab und begannen den wohl ersten Work-In in der Geschichte der britischen Arbeiterbewegung.[78] Der Mythos vom Roten Clyde wurde in diesem Zusammenhang zu einem wichtigen historischen Referenzpunkt in Reden und Stellungnahmen zum Streik. Das Schicksal der Werftarbeiter rief eine große Solidaritätsbewegung hervor und im August streikten 200.000 Arbeiter. Sammy Barr, Elektroschweißer auf einer der UCS-Werften und Mitglied im *Shop Steward's Coordinating Committee* erinnerte sich in einem BBC-Interview 2003 vor allem an die Zustimmung, die der Belegschaft aus dem ganzen Land zu Teil wurde:

75 Margaret Thatcher, The Path to Power, London 1995, S. 213–219, hier S. 215.

76 Vgl. Dominic Sandbrook, Au Revoir, Never Goodby, in: New Statesman, 26.2.2009.

77 Rede auf dem Parteitag der Konservativen in Brighton am 10.10.1980, Margret Thatcher Foundation, Speeches and Interviews, Prime Minister 1979–1990, URL: http://www.margaretthatcher.org/document/104431 (Abruf 8.2.2013).

78 Maver, Glasgow, S. 214; Der UCS Work-In ist noch weitgehend ein Desiderat, vgl. Jon Foster/Charles Woolfson, How Workers on the Clyde Gained the Capacity for Class Struggle. The Upper Clyde Shipbuilders' Work-In, 1971–2, in: John McIlroy/Nina Fisman/Alan Campbell, The High Tide of British Trade Unionism. Trade Unionism and Industrial Politics, 1964–79, Monmouth 2007, S. 297–325; Es existiert aber eine zeitnah entstandene Erinnerungs- und Kampfliteratur vgl.: Jimmy Reid, Reflections of a Clyde-Built Man, London 1976; Ken Coates, Work-Ins, Sit-Ins and Industrial Democracy. The Implications of Factory Occupations in Great Britain in the Early Seventies, Nottingham 1981; Willie Thompson/Finlay Hart, The U.C.S. Work-In. Foreword by Jimmy Reid, London 1972; John Foster/Charles Woolfson, The Politics of the UCS Work-In. Class Alliances and the Right to Work. Foreword by Tony Benn, London 1986; Frank Broadway, Upper Clyde Shipbuilders. A Study of Government Intervention in Industry – The Way the Money Goes, London 1976.

We were known as the Red Clydesiders, which was correct because quite a number of the young lads were Communists. But over above that I remember the morale being marvelous. Everyone in Britain – in Manchester, London, Liverpool, Newcastle – knew of our struggle and was offering support. I never thought of my personal involvement in all this events. It was about kids coming out of school and finding jobs in the shipbuilding industry.[79]

Viele prominente Persönlichkeiten, wie etwa John Lennon und Yoko Ono, ergriffen Partei für die Beschäftigten und spendeten Geld. Prominente Labour-Politiker, allen voran Anthony Benn, versuchten Kapital aus dem Ereignis zu schlagen. Letzteres war nicht ohne Ironie, hatte doch der Populist Benn den Zusammenschluss des Konsortiums mit ausgehandelt. Die Streikenden schwammen auf einer breiten Woge der Sympathie. Am 19. August 1971 demonstrierten über 50.000 Menschen in Glasgow.[80] Angesichts des politischen Drucks und vor dem Hintergrund schlechter Arbeitsmarktzahlen – erstmals seit 1945 kletterte die Arbeitslosigkeit auf über eine Million – gab die Regierung schließlich nach.[81] Ein teures Sanierungsprogramm wurde beschlossen. Allein das UCS-Nachfolgeunternehmen *Govan Shipbuilders* erhielt 35 Millionen Pfund Unterstützung. Weitere Gelder flossen an die US-amerikanische Ölfirma Marathon, die *John Brown's* übernahm, um dort Plattformen für die Ölindustrie zu produzieren.

In den Augen der Zeitgenossen war dies ein historischer Sieg der Arbeiter und Angestellten der Werften.[82] In späteren Kämpfen gegen Werksschließungen und den Abbau von Arbeitsplätzen tauchte der UCS Work-In immer wieder als Referenzpunkt auf.[83] Es sollte einer der letzten großen Erfolge im Kampf gegen Unternehmensschließungen und Entlassungen sein. Der schottische Autor David Daiches vermerkte nur wenige Jahre später in seiner Stadtgeschichte Glasgows:

As for shipbuilding, so long the glory of Glasgow and the Clyde, although in 1975 there were still over 18.000 directly employed on shipbuilding on the river and over three times that number engaged in the supply industry or as sub-contractors associated with shipbuilding, the decline has been steady and drastic. [...] In spite of

79 Jim Hewitson, The Scots at Sea, S. 59.

80 James McKillop, 50.000 March in Protest against UCS Rundown, in: The Glasgow Herald, 19.8.1971.

81 Vgl. Protokoll der Kabinettssitzung vom 24.2.1972, TNA, Cabinet Papers 1915–1977, CAB/128/50/11, S. 3; Margaret Thatcher, The Path to Power, S. 214.

82 Vgl. o.A., Hobbling Back, in: The Glasgow Herald, 29.02.1972.

83 Beispielsweise angesichts der bevorstehenden Schließung des Automobilwerks in Linwood vgl. Ian Imrie/John McKinlay, Car Men Plan UCS-Style Battle to Keep Plant Open, in: Glasgow Herald, 12.2.1981: oder im Kampf um die Rettung von Ravenscraig in den frühen 1980ern, vgl. Roy Rogers, Unions May Occupy Plant in Battle to Save Steel Jobs, in: Glasgow Herald, 7.10.1982.

North Sea oil, and the diversification of companies to manufacture oilrigs or associated equipment, the position of Clyde shipbuilding remains doubtful and confused.[84]

Anfang der 1970er Jahre hatte sich die wirtschaftliche Lage Westschottlands deutlich verschlechtert. In einem Gespräch zwischen Vertretern des STUC, dem *Secretary of State for Scotland*, Gordon Campbell und dem *Secretary of State for Trade and Industry*, John Davies, das am 26. Juli 1971 in London stattfand, schilderten die Gewerkschaftler die Krise mit drastischen Worten:

It was stated that the tragedy of the present situation was that all industry was involved. Apart from shipbuilding, the traditional industries had in fact declined as far as they could. Problem areas were emerging and the reverse suffered by the Scottish economy in the previous year had destroyed much of the progress made in the attraction of new industry in the 60s. The major area of unemployment was undoubtedly West Central Scotland where the sharp increase in male unemployment created a problem necessitating urgent action.[85]

Betroffen waren die traditionellen Industriezweige der Region, die ab den späten 1950er Jahren und vermehrt im Zusammenhang mit der Schiffsbaukrise der 1960er Jahre auf breiter Front in wirtschaftliche Schwierigkeiten gerieten. Ihre Schwäche trug dazu bei, dass die Jahre des Booms im Ballungsraum rund um Glasgow nie so golden gewesen waren wie in anderen Landesteilen. Bereits 1959 klagte Thomas Brennan:

Unlike many cities, however, the population of Glasgow has been stationary for a long time: the city is not even now experiencing the booming conditions, either in growth of population or industrial or commercial development, which would provide the impetus on which its redevelopment might be carried.[86]

Die 1950er und noch mehr die 1960er Jahre waren einerseits von den Anzeichen einer ernsthaften ökonomischen Krise geprägt, wurden andererseits aber auch von den, mit viel Verve und Optimismus vorgetragenen, staatlichen Gegenmaßnahmen bestimmt. Noch hielten viele es für eine ausgemachte Sache, dass es Planern und Politikern gelingen werde, den drohenden Zusammenbruch der alten Industrie durch eine gezielte Strategie zur Diversifikation der regionalen Ökonomie aufzufangen. Die Ansiedlung von Unternehmen aus der Automobilindustrie war Teil dieser Politik.

Die Anstrengungen zur Erneuerung der regionalen Ökonomie wurden im Laufe der 1960er Jahre vor allem dann unter Labour verschärft. Allein zwischen 1964 und 1973 stiegen die öffentlichen Ausgaben um 900 Prozent.[87] Ein beträchtlicher Teil des Geldes floss in den Ausbau der Infrastruktur und vieles

84 Daiches, Glasgow, S. 254.
85 STUC, Annual Report 1972, S. 5, GCUA, STUCA.
86 Tom Brennan, Reshaping a City. Glasgow 1959, S. 17.
87 Vgl. Devine, The Scottish Nation, S. 580 f.

kam der Expansion des Bildungssektors zugute. Die Zahl der bislang vier Universitäten wurde verdoppelt. Glasgow erhielt durch die Fusion des *Royal Technical College* und des *Scottish College of Commerce* eine zweite Volluniversität, die *Strathclyde University*. Allein die erhofften Erfolge dieser Offensive blieben aus, wie ein Blick auf die Entwicklung der Beschäftigungszahlen im Ballungsraum Glasgow zeigt (vgl. Grafik 3). In den 1960er Jahren begann die Zahl der Beschäftigten langsam aber stetig zu sinken, wobei der deutlichste Einbruch in den Jahren zwischen 1978 und 1981 erfolgte:

Ursache dieses Negativtrends war der Umstand, dass die Beschäftigung im produzierenden Gewerbe rascher zurückging, als im Dienstleistungssektor neue Stellen entstanden.[88] 1981 gab es nur noch halb so viel Jobs in diesem Bereich als 1961 und eine weitere Dekade später war es nur noch ein Drittel. Teilweise lässt sich diese Entwicklung in den Strukturwandel der britischen Volkswirtschaft einordnen. In Großbritannien sank der Anteil des sekundären Sektors zwischen 1964 und 1993 um etwas mehr als die Hälfte.[89]

Gleichzeitig mit dem Rückgang der Arbeitsplätze im produzierenden Gewerbe stieg die Produktivität überdurchschnittlich: Während sie in Großbritannien zwischen 1979 und 1985 um 3,9 Prozent zulegte, betrug die Steigerung in Schottland 5,8 Prozent. Diejenigen, die das Glück hatten, eine Stelle zu haben, konnten sich über die Angleichung des zur Verfügung stehenden Einkommens freuen. Lag dieses in Schottland 1978 noch bei nur 95,9 Prozent des Durchschnitts im Vereinigen Königreich, so waren es 1985 bereits 98,7 Prozent.[90]

Wo das Werben um Investoren und Arbeitsplätze erfolgreich war, zeigte sich bald ein anderes Problem. Neue Arbeitsplätze entstanden meist in Form von Zweigniederlassungen und Filialen englischer oder ausländischer Unternehmen. Diese *Branch-Plant Economy* wurde in der Regel von außerhalb Schottlands gesteuert und besaß vor Ort kaum Entwicklungsabteilungen oder Verwaltungsstrukturen. In ökonomischen Krisenzeiten neigten die Besitzer dazu, solche Werke als erste zu schließen. Zudem kam es aus solchen Betrieben kaum zu Ausgründungen.[91]

Die Restrukturierungspolitik der Boomjahre erwies sich bald als weißer Elefant. Der schottische Historiker Bruce Lenman schrieb in seiner Eigenschaft als Zeitzeuge in seiner 1976 erschienenen Wirtschaftsgeschichte des Landes:

88 Die Kategorien des 3-Sektorenmodells sind freilich problematisch. Das vorhandene Statistikmaterial orientiert sich jedoch in der Regel daran und an dem hier beschriebenen Trend kann es wenig Zweifel geben. Zu den Verzerrungen und blinden Flecken vgl, Rüdiger Graf/Kim Christian Priemel, Zeitgeschichte in der Welt der Sozialwissenschaften, Legitimität und Originalität einer Disziplin, in: Vierteljahreshefte für Zeitgeschichte 59 (2011) Heft 4, S. 479–508.

89 Cairncross, The British Economy, S. 312 f.

90 Vgl. Alf Young, Jobs Price We Can't Go on Paying, in: Glasgow Herald, 18.5.1987.

91 Vgl. John Macinnes, The Deindustrialisation of Glasgow, in: Scottish Affairs 223 (1998), S. 108–124.

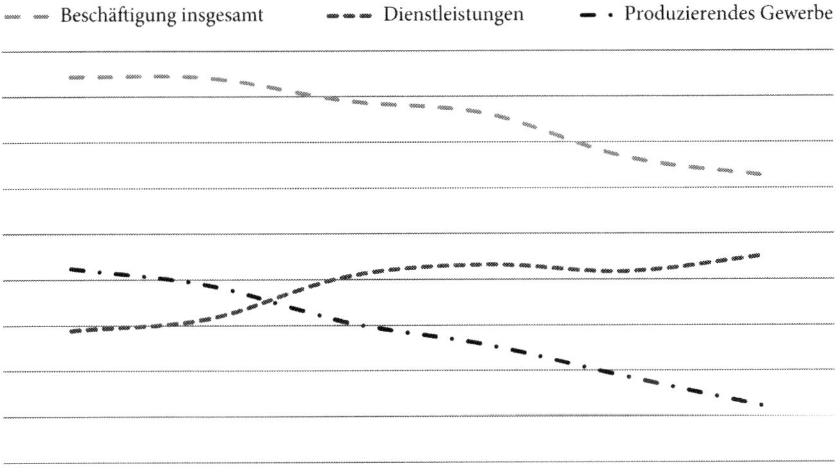

Grafik 3: Beschäftigung im Ballungsraum Glasgow, erstellt nach John MacInnes, The Deindustrialisation of Glasgow, in: Scottish Affairs 23 (1998), S. 108–124, hier S. 110.

> From 1960 to 1976 Scotland passed through years when politicians promised more than ever before in the field of economic growth, and delivered very little. By the end of 1976 virtually every known gimmick in the way of internal and external manipulation of the British economy had been tried, and had failed.[92]

Aus diesen Sätzen sprechen enttäuschte Erwartungen und Verbittterung. Der Versuch, die Utopie vom großen Plan Wirklichkeit werden zu lassen, war gescheitert. Die Erfolge des politischen Nationalismus im Schottland der 1960er und 1970er Jahre wurzelten ebenso in dieser Erfahrung wie die neoliberale Kritik am staatlichen Interventionismus. Arbeitslosigkeit kehrte als Massenphänomen zurück. In Schottland lag die Quote 1972 mit 6,4 Prozent so hoch wie sonst nur im ebenfalls altindustriell geprägten Norden Englands.[93] Sie sank zwar bis 1974 nochmal auf vier Prozent, aber nur, um in den darauffolgenden Jahren noch deutlicher anzusteigen. 1980 übersprang sie die Zehn-Prozent-Marke. Diese Entwicklung lässt sich in einen breiten Trend einordnen, der die Arbeitslosigkeit in fast allen westeuropäischen Staaten seit den 1960er Jahren langfristig wieder anschwellen ließ.[94]

92 Lenman, An Economic History of Modern Scotland, S. 251.

93 Abgesehen von Nordirland, das in vielerlei Hinsicht einen Sonderfall darstellt vgl. Mitchell, British Historical Statistics, S. 126.

94 Zu den verschiedenen ökonomischen Erklärungsmodellen vgl. Stephen Nickell/Luca Nunziata/Wolfgang Ochel, Unemployment in the OECD since the 1960s. What Do We Know, in: The Economic Journal 115 (Januar 2005), S. 1–27; Für eine historische Einführung vgl. Thomas Raithel/Thomas Schlemmer (Hrsg.), Die Rückkehr der Arbeitslosigkeit. Die Bundesrepublik Deutschland im europäischen Kontext 1973–1989, München 2009.

Weite Teile westschottischen Ballungsraums bogen im Laufe der 1960er Jahre auf einen Entwicklungspfad ein, der von sinkenden Beschäftigungszahlen und geringem Wachstum geprägt war. In den wirtschaftlich turbulenten 1970er Jahren schufen die beiden Ölpreisschocks und das Ende von Bretton Woods ein schwieriges Umfeld, in dem sich der Substanzverlust der urbanen Ökonomie Glasgows beschleunigte und nur der relativ stabile Dienstleistungsmarkt Anlass zur Hoffnung bot. Ein Zeichen für die Krise war die Verstaatlichung der gesamten britischen Schiffsbauindustrie 1977.

Gleichzeitig sank die Zahl der Einwohner. Zwischen 1961 und 1981 verlor der Ballungsraum etwa zehn Prozent seiner Bevölkerung. Die Einwohnerzahl Glasgows sank von 1.140.078 auf 765.915.[95] Ein Verlust von über 32,8 Prozent. Die wirtschaftlich leistungsfähigen Bürger zogen entweder in die aufstrebenden *New Towns* oder suchten sich in England oder in Übersee neue Arbeit. Glasgow wurde zu einer schrumpfenden Stadt. Industrie- und Gewerbebetriebe schlossen ihre Pforten für immer oder verließen die Stadt, um an neuen Standorten auf der grünen Wiese wachsen zu können. Die zu große Spezialisierung der urbanen Ökonomie auf wenige Märkte und ihre starke Integration in das Wirtschaftsgefüge des Empires trugen mit dazu bei, dass die Stadt den Strukturwandel verpasste. Sidney G. Checkland, Begründer der Wirtschaftsgeschichte an der *University of Glasgow*, verglich die Strukturschwäche der Industriestadt 1976 mit dem giftigen Upasbaum.[96] So wie dieser keine anderen Pflanzen unter sich aufkommen lasse und selbst über sein Absterben hinaus den Boden vergifte, so hätte die Schwerindustrie Glasgows das Aufkommen neuer Branchen und Wirtschaftszweige in der Vergangenheit verhindert und tue dies noch immer. Das verstärkte Interesse an der Wirtschaftsgeschichte Schottlands in jenen Jahren dürfte – neben fachinternen Ursachen – aus dem Bedürfnis der Zeitgenossen herrühren, das merkwürdige Absterben[97] der Industriegesellschaft zu verstehen.

3.2 A great Adventure in applied Sociology: Dezentralisierung, Diversifikation und Stadterneuerung als planerische Leitbilder des Booms

In der ökonomischen Entwicklung Glasgows lassen sich ab den späten 1950er Jahren die Molltöne also kaum überhören, die den goldenen Grundakkord der Boomjahre schließlich in Disharmonien auflösen sollten. In der folgenden Dekade wurden diese jedoch zunächst von einer optimistischen Grundstimmung

95 Law/Grundy/Senior, The Greater Glasgow Area, S. 10.

96 S. G. Checkland, The Upas-Tree. Glasgow 1875–1975. A Study in Growth and Contraction, Glasgow 1976.

97 Richard Finlay spricht vom ›Strange death of the victorian economy‹ vgl. Finlay, Modern Scotland, S. 256–266.

weitgehend überlagert. Die 1960er Jahre waren die Zeit der großen Planungs- und Steuerungsentwürfe und der Glaube an die technisch-rationale Lösbarkeit gerade auch der wirtschaftlichen Probleme war groß. Mehr noch als in der Zwischenkriegszeit wurde der Staat zum zentralen Akteur einer umfassenden Modernisierungs- und Erneuerungspolitik. Der Boom stellte die hierfür benötigten finanziellen Mittel zur Verfügung. Ein zentrales Ziel dieser Politik war die Schaffung gleicher Lebensverhältnisse. Maßnahmen zur regionalen Strukturförderung wurden deshalb zu einem wichtigen Handlungsfeld staatlicher Institutionen. Der Norden Großbritanniens, Westschottland und Wales waren die Räume, auf die diese Politik in besonderem Maße ausgerichtet war.

Die Anfänge dieser staatlichen Modernisierungspolitik reichten bis in die Zwischenkriegszeit zurück. Die Mehrheit der altindustriell geprägten Gebiete Großbritanniens hatte bereits in den 1920er Jahren eine lange Phase der Stagnation erlebt. Die Auswirkungen der Weltwirtschaftskrise waren in diesen Regionen besonders deutlich zu spüren gewesen und es zeigte sich eine wachsende Kluft zwischen diesen Räumen und der Wachstumszone im Süden. Vor diesem Hintergrund setzte ab den 1930er Jahren eine Neuvermessung des Verhältnisses von Wirtschaft und Staat ein, in deren Verlauf klassisch liberale Positionen an Gewicht verloren.

Diese Entwicklung steht in engem Zusammenhang mit der Herausbildung eines neuen Musters europäischer Industriestaatlichkeit deren Kennzeichen die »makroökonomische Stabilisierung, der Neokorporatismus und ein Ausbau der Sozialsysteme« waren.[98] Die regionale Strukturförderung war eines der Politikfelder, in denen dieser Wandel zuz beobachten war.

Die Erfahrung mit Planwirtschaft und Ressourcenmanagement während des Zweiten Weltkriegs wirkte wie ein Katalysator. Nie zuvor war der Staat soweit und in so viele Bereiche der Gesellschaft vorgedrungen, hatte so vieles geregelt, kontrolliert und bestimmt. Die Leistungen der staatlichen Verwaltung im Krieg weckten bei vielen Menschen die Hoffnung, dass sich diese Kräfte auch im Frieden zur Verbesserung der Gesellschaft einsetzen ließen:

> The ›command economy‹ of the war years resembled socialism and was welcomed by the [Labour, d. Vf.] party as a rehearsal for the real thing. The stupendous increases achieved in industrial output, the elimination of unemployment, and the general acceptance of food rationing as fair and effective all tended to strengthen the case for state interventionism in the minds of ›the great and the good‹, the public-spirited professionals who served on advisory committees and Royal Commissions, or as temporary civil servants in wartime.[99]

Den Empfehlungen des Beveridge Reports von 1942 folgend machte sich die Regierung an den Aufbau eines neuartigen Wohlfahrtsstaates, der allen seinen

98 Christoph Boyer, Lange Entwicklungslinien europäischer Sozialpolitik im 20. Jahrhundert. Eine Annäherung, in: Archiv für Sozialgeschichte 49 (2009), S. 25–62, hier S. 31.
99 Addison, No Turning Back, S. 11.

Bürgern soziale Sicherheit, eine ausreichende Gesundheitsfürsorge, bessere Wohnungen und mehr Bildung bringen sollte.[100] Staatliche Planung schien das Gebot der Stunde. Die Zwischenkriegsjahre hatten in diesem Zusammenhang eine Phase der Anbahnung und des Übergangs dargestellt. Die sozialreformerische Programmatik, die vor dem Ersten Weltkrieg Teil des bürgerlichen liberalen Selbstverständnisses in den Städten gewesen war, erfuhr vor dem Hintergrund der ökonomischen und sozialen Herausforderungen der 1920er und 1930er Jahre auf der übergeordneten staatlichen Ebene eine neue Verankerung. Aber erst nach Kriegsende fanden diese Ideen und Vorstellungen staatsbasierter Sozialreformen auf breiter Front den Weg in die politische Praxis.[101] In Schottland gab es ein hohes Maß an Unterstützung für staatlich gelenkte Modernisierungsprogramme:

> Not surprisingly, there was a great enthusiasm north of the border for more government intervention, because there was a lot for the state to do. The thirties had left a legacy of poor opportunities for the Scottish people. There had been a craze for the collection of statistics, all of which showed that Scotland had missed out on most of the social and economic improvements which had been experienced by the rest of the United Kingdom. Unemployment rates had been higher, poverty more endemic, housing was overcrowded, and health was poorer.[102]

Die Neudefinition der Rolle des Staates wurde rhetorisch begleitet von der Idee einer Friedensrendite für die Leistungen der Bevölkerung im Kampf gegen Hitler.[103] Die dargebrachten Opfer begründeten den Einsatz staatlicher Machtfülle zum Wohle der Bevölkerung und zum Aufbau eines Wohlfahrtsstaates. Dieser Gedanke prägte die Pläne der Kriegskoalition für die Friedenszeit und fand Eingang in die Wahlprogramme beider großer Parteien. So hieß es 1945 bei Labour:

> The gallant men and women in the Fighting Services, in the Merchant Navy, Home Guard and Civil Defence, in the factories and in the bombed areas – they deserve and must be assured a happier future than faced so many of them after the last war.[104]

Nach dem Krieg gelte es – anders als nach 1918 – auch den Frieden für die kleinen Leute zu gewinnen. Die Gesellschaft bedürfe einer Generalsanierung, eines großangelegten Programmes zur Modernisierung von Wohnungen, Fabriken und Maschinen, Schulen und sozialen Sicherungssystemen. Der Geist von Dün-

100 Vgl. Rodney Lowe, The Welfare State in Britain since 1945, 3. Aufl., Basingstoke 2005; Nicholas Timmins, The Five Giants. A Biography of the Welfare State, 2. Aufl., London 2009.

101 Doering-Manteuffel, ›Soziale Demokratie‹ als transnationales Ordnungsmodell, S. 16–20.

102 Finlay, Modern Scotland, S. 201.

103 Vgl. Malcolm Smith, Britain and 1940. History, Myth and Popular Memory, London 2000, S. 111–130.

104 Labour Party, Let Us Face the Future. A Declaration of Labour Policy for the Consideration of the Nation, in: Iain Dale (Hrsg.), British Political Party Manifestos 1900–1997, Volume II: Labour Party General Election Manifestos 1900–1997, London 1999, S. 49–60, hier S. 49.

kirchen und Blitz müsse in die Friedenszeit hinein wirken, um den Reformstau des britischen Gemeinwesens zu lösen.[105] Noch im Krieg hatte der Beveridge-Plan die Blaupause für den britischen Wohlfahrtsstaat geliefert. Auf dieser Grundlage leitete die neu gewählte Labour-Regierung unter Attlee nach Kriegsende eine Reihe von Programmen und Reformmaßnahmen ein, welche die politische und gesellschaftliche Verfasstheit Großbritanniens grundlegend veränderten. Neben dem Aufbau des Wohlfahrtsstaates wurden Teile der britischen Wirtschaft verstaatlicht. Diese *Peacetime Revolution*, wie der Historiker Paul Addison den Umbruch benannt hat, schuf eine neue Ordnung, die bis in die 1970er Jahre auf einem breiten gesellschaftlichen Konsens aufbauen konnte.[106]

Dieser Konsens war auch im Bereich von Stadtplanung und Stadtentwicklung erkennbar.[107] Das vorrangige Feld zur Verwirklichung des Wohlfahrtsstaates war hier der staatlich geförderte Wohnungsbau. Im Wahlkampfprogramm der Konservativen las sich das 1945 so:

> In the first years of peace, the provision of homes will be the greatest domestic task. An all-out policy will not only make a tremendous contribution to family life, but also to steady employment and to national health. All our energy must be thrown into it. Local authorities and private enterprise must both be given the fullest encouragement to get on with the job.[108]

Das Ausmaß an benötigtem Wohnraum löste ein regelrechtes Planungsfieber aus. Allerorten wurden große Entwürfe zur Erneuerung der Städte in Auftrag gegeben. Die Neugestaltung der britischen Stadtlandschaft sollte durch Planung und öffentliche Kontrolle zu einer rationaleren, effizienteren und lebenswerteren urbanen Umwelt führen. Endlich, so schien es, sei der politische Wille und auch das Kapital vorhanden, dem chaotischen Ist-Zustand ein Ende zu bereiten, der durch das allzu ungebremste Wirken der Marktkräfte seit der Industrialisierung entstanden war.[109]

105 Ebd., S. 53.

106 Vgl. Addison, No Turning Back, S.1–258; Brian Harrison, Seeking a Role. The United Kingdom 1951–1970, Oxford u.a. 2009, S. 234–300; Lowe, The Welfare State in Britain since 1945.

107 Gordon E. Cherry, Town Planning in Britain since 1900, The Rise and Fall of the Planning Ideal, Oxford, Cambridge 1996, S. 133–138.

108 Conservative Party, General Election Manifesto 1945, in: Iain Dale (Hrsg.), British Political Party Manifestos 1900–1997, Volume I: Conservative Party General Election Manifestos 1900–1997, S. 60–71, hier S. 63.

109 Meller, Towns, Plans and Society in Modern Britain, S. 67–84; Cherry, Town Planning in Britain, S. 111–132; zur europäischen Dimension vgl. Dieter Schott, London and its ›New Towns‹. Metropolitan Planning on Both Sides of the Channel, in: Friedrich Lenger/Klaus Tenfelde (Hrsg.), Die europäische Stadt im 20. Jahrhundert. Wahrnehmung – Entwicklung – Erosion, Köln u.a. 2006, hier insbesondere S. 283–306; Vittorio M. Lampugnani, Die Stadt im 20. Jahrhundert: Visionen, Entwürfe, Gebautes, 2 Bde., Berlin 2010, hier insbesondere Bd.2, S. 697–720.

Ein erster Schritt hin zu einer neuen Ordnung der Stadt war die Einführung eines neuen Planungsrechts.[110] Die Labour-Regierung Attlees brachte hierzu eine ganze Reihe von Gesetzen auf den Weg, allen voran den *Town and Country Planning Act* von 1947. Mit ihm wurde erstmals ein wirksames öffentlich-rechtliches Genehmigungsverfahren implementiert. Um eine Fläche zu bebauen oder bestehende Gebäude zu verändern, bedurfte es fortan der Genehmigung durch die Planungsbehörde. Auf Kosten der Freiheit des Eigentums erhielt die Verwaltung also ein Mittel zur Kontrolle der Flächennutzung. Sie konnte die funktionale Nutzung einzelner Quartiere beschränken. Gleichzeitig war es möglich, die bauliche Gestaltung zu beeinflussen.[111]

Die neue Rechtslage institutionalisierte ein Planungsdenken, das in Europa während der Zwischenkriegszeit virulent geworden war. Die Stadt trat als Gegenstand der Planung in den Hintergrund. Die neuen Visionen verlangten nach einem größeren Projektionsraum. Dieser konnte mehrere Städte und Gemeinden unterschiedlichster Größe, aber auch Agrarland und Erholungsgebiete umfassen. 1943 zeigte die *National Gallery* die Ausstellung *Rebuilding Britain*. Um das Elend der Industriestädte zu überwinden, so war im Begleitband zur Ausstellung zu lesen, die von William Beveridge persönlich eröffnet wurde, bedürfe es vor allem einer umfassenden Planung:

The very first thing to win is the Battle of Planning. We shall need to have planning on a national scale, boldly overstepping the traditional boundaries of urban council, rural council, county council. Boldly overstepping the interests described so often as vested.[112]

Der Begriff, in den der räumlich erweiterte Gegenstand gegossen wurde, war die Region.[113] In den 1920er Jahren war die Regionalplanung erstmals erprobt worden, etwa durch die Einrichtung regionaler Planungsbüros im Gesundheitsministerium. Die räumlich ungleiche Entwicklung während der Weltwirtschaftskrise hatte dann zur verstärkten Übernahme regionaler Konzepte geführt, die nach Kriegsende vollends zur Entfaltung kamen.[114] Der Bericht der *Royal Commission on the Distribution of the Industrial Population* von 1940 formulierte die politische Zielsetzung: »Encouragement of a reasonable balance of industrial development, as far as possible, throughout the country.«[115] Dies galt sowohl in

110 Vgl. H. W. E. Davies, The Planning System and the Development Plan, in: Barry Cullingworth (Hrsg.), British Planning. 50 Years of Urban and Regional Policy, London, New Brunswick 1999, S. 45–61.

111 Vgl. ebd.

112 Royal Institute of British Architects, Towards a New Britain, Surrey 1943, S. 4; vgl. David Kynaston, Austerity Britain 1945–48. A World to Build, London 2007, S. 30 f.

113 Vgl. Peter Hall, The Regional Dimension, in: Cullingworth (Hrsg.), British Planning, S. 76–89.

114 Vgl. ebd., S. 78–80; Meller, Towns, Plans and Society in Modern Britain, S. 55 f.

115 Royal Commission on the Distribution of the Industrial Population, Report, London 1940, S. 202.

Bezug auf die Stadt, die in Ausgleich mit ihrem Umland gebracht werden sollte, als auch für die strukturelle Ungleichheit zwischen den Regionen. Eine solche Umverteilungs- und Dezentralisierungspolitik konnte nur auf nationaler Ebene verankert sein. Dem entsprach etwa die Unterstützung des *Clyde Valley Regional Plans* durch das *Scottish Office*.[116]

Mit der räumlichen Expansion des Planungshorizonts korrespondierte eine thematische, die physische Struktur der Stadt überschreitende Perspektive. Stadt- und Raumplanung waren in diesem Denken nicht nur mit wirtschaftlichen und geografischen, sondern auch mit sozialen Zielsetzungen verknüpft. Auf der Grundlage einer rationalen und wissenschaftlichen Analyse des Status Quo sollte ein möglichst umfassender Entwurf der künftigen Gesellschaft entstehen, und deren Entwicklung entsprechend dieser Vorgaben gesteuert werden. Indem die Interessen einzelner Kommunen größeren Zusammenhängen untergeordnet wurden, offenbart sich holistische Anspruch dieses Planungsdenkens. So wie die individuelle Stadt nur noch im Zusammenhang mit dem sie umgebenden Raum betrachtet werden sollte, musste der Bau von Wohnungen und Siedlungen als Teil eines umfassenden gesellschaftlichen Modernisierungsprogramms verstanden werden. Die Konkretion der Utopie in der städtebaulichen Praxis war dabei nur eines von vielen zu gestaltenden Feldern.[117]

Für die Expansion des Planungs- und Steuerungsdenkens, die in den 1960er und frühen 1970er Jahren ihren Höhepunkt erreichte, spielte die zunehmende Prominenz der noch jungen Sozialwissenschaften eine wichtige Rolle. Sie lieferten nicht nur Analysemethoden und Gegenwartsdiagnosen, sondern brachten stetig neue Untersuchungsfelder und Gegenstandsbereiche hervor, auf die sich dann wiederum der staatliche Durchherrschungsanspruch ausdehnen konnte.[118] Erst im Laufe der 1970er Jahre rückte die Stadt selbst wieder in den Mittelpunkt der Aufmerksamkeit der Planer.[119]

Glasgow und das Clyde-Becken waren eines der großen Experimentierfelder der Regionalplanung. Der folgende Artikel aus der Times von 1959 vermittelt einen Eindruck vom Enthusiasmus und den optimistischen Erwartungen, mit denen viele zeitgenössische Kommentatoren diesem »great adventure in applied sociology« begegneten:

116 Vgl. Urlan Wannop, Regional Fulfilment. Planning into Administration in the Clyde Valley 1944–84, in: Planning Perspectives 1 (1986), S. 207–229, hier S. 211–213.

117 Finlay spricht von »›total‹ planning«:Finlay, Modern Scotland, S. 207.

118 Gabriele Metzler/Dirk van Laak, Die Konkretion der Utopie. Historische Quellen der Planungsutopien der 1920er Jahre, in: Isabel Heinemann/Patrick Wagner (Hrsg.), Wissenschaft-Planung-Vertreibung. Neuordnungskonzepte und Umsiedlungspolitik im 20. Jahrhundert, S. 23–43; Meller, Towns, Plans and Society in Modern Britain, S. 62f; Cherry, Town Planning in Britain, S.179–185.

119 Peter Hall, The Regional Dimension, S. 80–83.

Rumbustious Glasgow of a million inhabitants stands at the kernel of it all; and the Government are solidly with the corporation in aiming to disperse up to 300.000 persons from the teeming city while simultaneously promoting an enormous scheme of civic redevelopment which at the end of two decades or so is likely to make Glasgow, for good or ill, an enduring monument of twentieth century architecture.[120]

Die in der Folge des *Clyde Valley Regional Plans* implementierte Dezentralisierung und die Neugestaltung der Innenstadt im Anschluss an den Bruce-Plan waren Teil dieses Abenteuers. Dass beide Strategien dem Zeitgeist entsprachen und keineswegs als Glasgower Sonderweg missdeutet werden sollten, zeigen vergleichbare Programme in London, Birmingham oder Nottingham.[121] Für Glasgow beschrieb Abercrombies Team die Lage in alarmistischen Tönen:

[...] it is probably true to say that nowhere else in Great Britain are 700.000 people crowded into approximately 1.800 acres, an average gross residential density of nearly 400 persons per acre, occurring in the central part of Glasgow. Housing densities in those gaunt tenement blocks, which are a relic of the worst manifestations of unplanned enterprise of the eighteenth century, are as high in some districts as 127 houses, or 700 persons to the acre.[122]

Das Übermaß an Bevölkerung wurde als Folge der planlosen Expansion des 19. Jahrhunderts verstanden, eine Fehlentwicklung, die es nun zu beheben gelte. Die Zahl der Bewohner sollte auf 300 pro Acre gesenkt werden. Die Planer gingen davon aus, dass hierzu 250.000 bis 300.000 Glasgower umzusiedeln waren, etwa die Hälfte davon innerhalb des Stadtgebiets, die andere jenseits der Stadtgrenzen und des Grüngürtels.[123] Vier neu zu errichtende Planstädte sollten die überschüssige Bevölkerung aufnehmen.

Unter Platzmangel und der Enge Glasgows litten auch die Unternehmen und Betriebe im Stadtgebiet. Dem Mangel an geeigneten Erweiterungs- und Neuansiedlungsflächen sei ebenfalls durch Umsiedlung beizukommen.

[...] little study has so far been made of industrial congestion. From our own evidence we believe this to be very high, [...] we are convinced that the total amount of land available for industry in the Central Urban Area is quite insufficient to meet both the present requirements of industry and the future needs of employment. We must emphasise here that the question of the relief of congestion by decentralisation must be considered both in terms of people and work.[124]

120 O. A., Overspill Plan for Glasgow, in: The Times, 21.01.1959.

121 John R. Gold, The Practice of Modernism. Modern Architects and Urban Transformation, 1954–1972, London, New York 2007, S. 105–145.

122 Abercrombie/Matthew, The Clyde Valley Regional Plan, § 750.

123 Ebd., § 764.

124 Ebd., § 750.

Der Plan zur Umsiedlung von Menschen und Industrie in andere Städte, *New Towns* und neue *Industrial Estates*, war durch und durch regionalistisch und bedeutete eine Abkehr vom bislang herrschenden Leitbild der Planung, das sich nahezu ausschließlich auf die Stadt als Grundeinheit des Handelns beschränkt hatte. Letzteres ergab sich schlicht aus der Trägerschaft der Kommunen. Nun mischte sich zunehmend der Staat ein und damit weitete sich die Perspektive. Bislang hatten urbane Zentren wie Glasgow die Entwicklung an ihrer Peripherie mitbestimmt bis hin zur Eingemeindung anderer Kommunen. Jetzt sollte die Entwicklung der Region als Ganzes ins Gleichgewicht gebracht werden. Der schädliche Wettstreit der Kommunen um Macht, Einfluss und Ressourcen sollte durch die übergeordnete Instanz des Staates zum Wohle des Gemeinwesens beendet werden. Nicht mehr *Greater Glasgow* sondern das Clyde-Becken war fortan Gegenstand der Planung. Nur innerhalb dieses Rahmens sollten die Kommunen eigene Vorhaben formulieren.[125] Das neue Planungsdenken wollte das Übergewicht der industriell geprägten Großstadt zu Gunsten kleinerer, räumlich gestreuter Einheiten auflösen. Glasgow, der urbane Kern des westschottischen Industriereviers, war aus Sicht der Planer zum Hauptproblem für die Region geworden.[126] Darin offenbart sich die lange Dominanz anti-urbaner Strömungen in der britischen Stadtplanung, die mit Ebenezer Howard ihren Ausgang nahm, in den Zwischenkriegsjahren an Gewicht gewann und die den theoretische Tiefenstruktur für die Nachkriegsjahre lieferte. Die Stadt, vor allem die industriell geprägte Großstadt, fungierte hier als Negativmodell.

Die Dezentralisierung ging jedoch auf Kosten der Kernstadt und sie war deswegen von Beginn an umstritten. Insbesondere die Glasgower Stadtverwaltung versuchte sich lange gegen den drohenden Verlust an Bevölkerung, Arbeitsplätzen und Steuereinnahmen zu wehren. Sie beauftragte ihren *Master of Works*, den Stadtingenieur Robert Bruce, mit einem eigenen Entwurf.[127] Der erste Teil des Bruce-Plans entstand in nur einem Jahr, zwischen 1944 und 1945. Mit dem raschen Erscheinen wollte man der Veröffentlichung des CVRPs zuvor kommen und tatsächlich handelte es sich in vielerlei Hinsicht um einen direkten Gegenentwurf.[128] Ganz der Idee des *Greater Glasgow* verpflichtet, war der Verbleib der Bevölkerung innerhalb der Stadtgrenzen das oberste Ziel. Der notwendige Wohnraum sollte in Siedlungen an der Peripherie entstehen. So gesehen war dies nur die Fortsetzung der städtischen Wohnbau- und Siedlungspolitik der 1930er Jahre. Bereits Ende dieser Dekade waren die für eine Erweiterung benötigten Flächen aufgekauft worden. Es handelte sich um die letzte

125 Maver, Glasgow, S. 261.

126 Kynaston, Austerity Britain, S. 164.

127 Robert Bruce, First Planning Report to the Highways and Planning Committee of the Corporation of Glasgow, Glasgow 1945; Ders., Second Planning Report to the Highways and Planning Committee of the Corporation of Glasgow, Glasgow 1946.

128 Vgl. Thomas A. Markus, Comprehensive Development and Housing, 1945–75, in: Reed, Glasgow. The Forming of the City, S. 147–165; Gold, The Practice of Modernism, S. 81 f.

nennenswerte Vergrößerung des Stadtgebietes. Um nach Kriegsende die gestiegene Zahl der Bedürftigen unterzubringen, musste jedoch eine weit höhere Einwohnerdichte in Kauf genommen werden als ursprünglich vorgesehen.

Radikaler war der Neuentwurf der Innenstadt (Abbildung 6). Bruce schlug vor, die gesamte vorhandene Substanz abzuräumen und das Stadtzentrum völlig neu zu errichten.[129] Zwei neue Großbahnhöfe im Norden bzw. im Süden sollten durch eine Magistrale über den Fluss hinweg verbunden werden. Zentrale Einrichtungen der Stadtverwaltung und Behörden sollten zu beiden Seiten aufgereiht werden. Umschlossen wurde dieses politische Herz von einem Ring aus Geschäften, Büros und Gewerbe. Der äußerste Bereich sollte zu guter Letzt die Wohngebiete aufnehmen. Die architektonische Grundform des Entwurfs war das Hochhaus. Ein Hauptaugenmerk lag auf der Verkehrsplanung, insbesondere dem Straßenverkehr. Ein um die Innenstadt herum angelegter Autobahnring, die *Inner Ring Road*, sollte über weitere Schnellstraßen mit dem überregionalen Straßennetz verbunden werden.

Der Entwurf griff Impulse der klassischen europäischen Moderne auf und erinnerte in seiner Radikalität an Le Corbusier. Er wollte Ordnung schaffen und setzte, ganz im Sinne der Charta von Athen aus dem Jahr 1933, auf die räumliche Trennung unterschiedlicher Funktionen in der Stadt.[130] Innerhalb dieser Utopie einer funktionellen Stadt[131] spielten die Verkehrsplanung und insbesondere die Anlage von breiten Versorgungs- und Durchgangsstraßen eine wichtige Rolle. Sie waren weit mehr als bloße Verkehrsachsen. Sie definierten, gliederten und strukturierten den Stadtraum. In den 1950er Jahren entstand eine ganze Reihe ähnlich radikaler Entwürfe auch für andere britische Stadtzentren, die dann in der darauffolgenden Dekade teilweise umgesetzt wurden.[132]

In Abercrombies Kritik am Bruce-Plan spiegeln sich die unterschiedlichen räumlichen Bezugsgrößen: »*We think the proposals are based on too short sighted a view of Glasgow's place as the capital of the Region*«[133]. Während Bruce für eine Stadt plante, deren Probleme es zu lösen galt, war für das Abercrombie Team die Stadt selbst das Problem. Der lähmende Streit zwischen den Institutionen, zwischen Stadt und Staat, verzögerte den Wohnungsbau und erhöhte dadurch den Handlungsdruck.[134] Langfristig behielt Abercrombies von der Regie-

129 Vgl. den Katalog zur gleichnamigen Ausstellung im Glasgower Third Eye Centre: Thomas A. Markus, Visions of Perfection. The Influence of Utopian Thought upon Architecture from the Middle Ages to the Present Day, Glasgow 1985, hier S. 13.

130 Etwa Le Corbusiers Entwürfe *Ville Contemporaine* oder *Voisin* von 1922 bzw. 1925 vgl. Lampugnani, Die Stadt im 20. Jahrhundert., Bd. 1, S. 386–395; Die Charta von Athen war ein Manifest des Congrès International d'Architecture Moderne vgl. Le Corbusier, An die Studenten. Die ›Charte d'Athènes‹, Hamburg 1962.

131 Vgl. Martina Löw/Silke Steets/Sergej Stoetzer, Einführung in die Stadt- und Raumsoziologie, 2. erw. Aufl., Opladen, Farmington Hills 2008, S. 97–102.

132 Gold, The Practice of Modernism, S. 79–89.

133 Abercrombie/Matthew, The Clyde Valley Regional Plan, § 80.

134 Gold, The Practice of Modernism, S. 81.

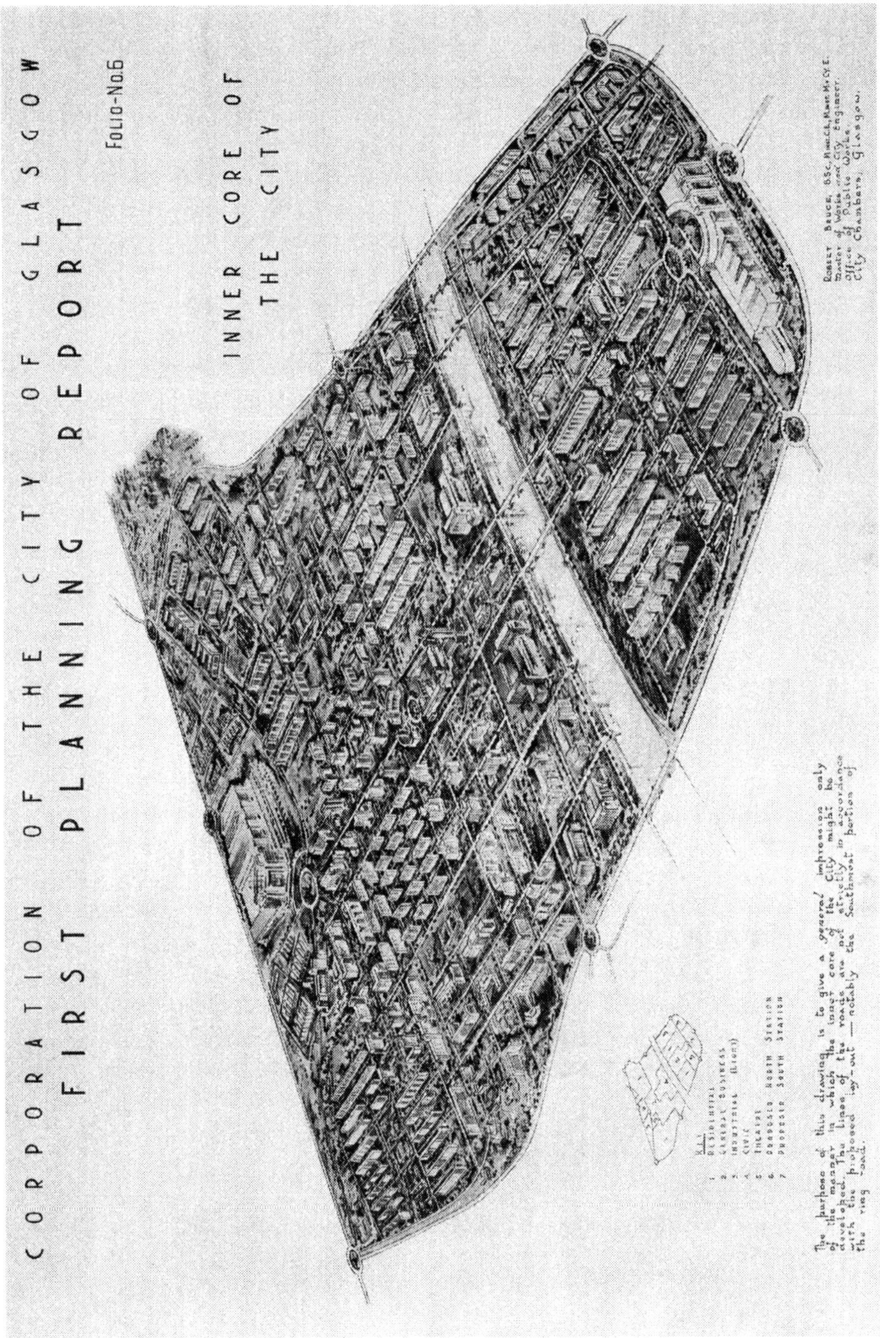

Abb. 6: Entwurf des neuen Stadtzentrums aus dem Bruce-Plan, Quelle: Glasgow Museums, © CSG CIC Glasgow Museums Collection.

rung unterstütztes Konzept die Oberhand. *New Towns* wurden gebaut, Teile der Bevölkerung und auch einige wenige Betriebe umgesiedelt. Aber auch Bruce' Überlegungen blieben nicht ohne Einfluss. 1961 reiste eine Abordnung Glasgows mit einer vom *Scottish Office* initiierten Exkursion in die autogerechten Städte der USA. Mit den frisch gewonnenen Eindrücken machte man sich ab 1965 daran, die Pläne für eine Stadtautobahn in die Tat umzusetzen.[135] Letztlich konnten jedoch nur die Nord- und Westflanke realisiert werden.[136] Einige seiner Vorschläge kamen später bei der Neugestaltung der Innenstadt zum Zuge.

Dass die Dezentralisierungsstrategie gegen den Willen der Stadt durchgesetzt werden konnte, lag nicht zuletzt daran, dass die Kommune angesichts der Größe der anstehenden Aufgaben überfordert schien und schließlich zum Einlenken gezwungen war.[137] Während des Krieges hatten die Programme zum Abriss unbewohnbarer Gebäude und zum Bau kommunaler Wohnungen geruht. Der Zustand der Bausubstanz hatte sich weiter verschlechtert. Zwar war Glasgow selbst von deutschen Luftangriffen einigermaßen verschont geblieben, nicht aber das benachbarte Clydebank, das in der Nacht vom 13. auf den 14. März 1941 fast völlig zerstört wurde. Dadurch verschärfte sich die Wohnungsnot im Ballungsraum. Zu Beginn der 1950er Jahre warteten über 100.000 Glasgower auf die Zuteilung einer Wohnung. Die Bauleistung der Kommune war hoch, reichte jedoch zu keiner Zeit, aus um den tatsächlichen Bedarf zu decken.

Als erstes wurden die von Bruce favorisierten Stadtrandsiedlungen realisiert. Vier Großsiedlungen sollten jeweils 25.000 bis 30.000 Menschen aufnehmen. Pollok im Südwesten war bereits vor dem Krieg begonnen, dann aber nicht weiter gebaut worden. Hier setzte man die Arbeiten fort. Im Nordwesten wuchs ab 1951 Drumchapel in die Höhe, im Süden folgte 1954 Castlemilk und im äußersten Nordosten 1955 Easterhouse. Die neuen Viertel wurden von schlichten drei- bis vierstöckigen Mietblocks dominiert, die eine modernistische Form der traditionellen *Tenements* darstellten. Der Streit um die richtige Siedlungspolitik und die daraus resultierenden Verzögerungen führten dazu, dass die Stadt aus pragmatischen Gründen ihre Bautätigkeit auf die Schaffung von Wohnraum konzentrierte. Versorgungseinrichtungen und Geschäfte sowie eine planvolle Gestaltung der Frei- und Grünflächen wurden nur im allernotwendigsten Umfang, verspätet oder überhaupt nicht realisiert. Um Kosten zu senken, erfolgte die Ausgestaltung zudem in einer monotonen Standardbauweise. Beides sollte sich schon bald als eine schwerwiegende Hypothek erweisen.[138]

135 The Scottish Planning Mission to the United States 1961. Urban Renewal and Traffic, Glasgow Archives, Glasgow (künftig GCA), D-AP/1/9.

136 Bruce-Pläne wurden zuvor in einem eigenen Straßenplan konkretisiert vgl. The Corporation of the City of Glasgow. Report on a Highway Plan for Glasgow, Glasgow 1965.

137 Vgl. Maver, Glasgow, S. 262–265.

138 Elizabeth Williamson/Anne Riches/Malcolm Higgs, Glasgow, London 1990, S. 75f.; Markus, Comprehensive Development and Housing, S. 152; Gold, The Practice of Modernism, S. 81.

Das Prestigeprojekt der staatlichen Seite, vertreten durch das *Scottish Office*, waren die *New Towns*.[139] Finanziert vom Staat, entworfen und umgesetzt von eigenständigen Entwicklungsgesellschaften sollten diese Planstädte auf der grünen Wiese jeweils etwa 50.000 Einwohner aufnehmen, die in Nachbarschaften von je 5.000 bis 10.000 Menschen oder mindestens 300 Wohneinheiten unterzubringen waren. Jede Nachbarschaft sollte von einem Grünstreifen umgeben sein, auch dies ein spätes Erbe der Gartenstadtbewegung.[140] Zwischen den Neugründungen und der Kernstadt war ein breiter Grüngürtel vorgesehen. Der Erhalt landwirtschaftlich wertvoller Flächen und die räumlich wahrnehmbare Distanz zwischen städtischen Siedlungen war ein zentrales Anliegen der Planer:

Whereas by the 1990s cultivated land seemed if anything too abundant, in the 1950s it seemed scarce: it was disappearing too fast, eaten up by industrial and suburban development, roadbuilding, and military training requirements. Integral to the postwar planner's nightmare were interwar ribbon development and suburban sprawl.[141]

Landmangel in der Stadt durch Überbevölkerung und den Wildwuchs der Industrie, Landmangel aber auch an der Peripherie durch die Suburbanisierungswelle der Zwischenkriegsjahre; dieser doppelten Problematik versuchten die Erbauer der *New Towns* durch den Sprung über den Grüngürtel zu entkommen. Das setzte allerdings sozial, politisch und wirtschaftlich eigenständige Einheiten voraus, die alle notwendigen Freizeit- und Versorgungseinrichtungen sowie eine entsprechende Anzahl an Arbeitsplätzen bieten sollten. Um die Fehler der alten historisch gewachsenen Stadt zu vermeiden, galt es, die unterschiedlichen Funktionen der Stadt räumlich zu trennen, was sich in einer Dreiteilung in Stadtzentrum, Wohn- und Industriegebiet widerspiegelte.[142]

Ab 1947 entstand etwa 13 Kilometer südlich des Stadtzentrums mit East Kilbride die erste dieser Neugründungen. 1963 lebten dort bereits 35.500 Menschen, von denen 57 Prozent aus Glasgow, der Rest überwiegend aus Lanarkshire stammten. 1955 wurde mit Cumbernauld der Bau einer weiteren Neustadt im Nordosten beschlossen. 1962 folgte Livingston zwischen Edinburg und Glasgow und 1966 begann der Ausbau von Irvine an der Küste Ayrshires. Das ursprünglich für den Kohlebergbau geplante Glenrothes in Fife erhielt ebenfalls Umsiedler aus Glasgow, nachdem das Projekt einer neuen Großzeche gescheitert war. Gleichzeitig vereinbarte die Stadt mit anderen schottischen Kommunen die Ansiedlung von Glasgower Bürgern im Rahmen des sogenannten *Overspill*-Programms. Für die Zielkommunen gab es entsprechende Fördergelder. Neben

139 Vgl. Michael Pacione, Renewal, Redevelopment and Rehabilitation, in: George Gordon (Hrsg.), Perspectives of the Scottish City, Aberdeen 1985, S. 280–303; Urlan Wannop, New Towns, in: Barry Cullingworth (Hrsg.), British Planning, S. 213–231.

140 Abercrombie/Matthew, The Clyde Valley Regional Plan, § 1362–1391.

141 Harrison, Seeking a role, S. 153.

142 Lampugnani, Die Stadt im 20. Jahrhundert, Bd.2, S. 697–720.

den *New Towns* war die Erweiterung von mehr als 30 bestehenden Städten geplant.[143] Insgesamt sollte die Bevölkerung Glasgows innerhalb von 20 Jahren um 200.000 Einwohner gesenkt werden.

Die Umsiedlungen sollten die völlige Neugestaltung des Stadtzentrums ermöglichen. 1957 wurden 29 *Comprehensive Development Areas* mit einer Fläche von insgesamt 13 Quadratkilometern im Stadtgebiet ausgewiesen. Das entsprach etwa acht Prozent der Gesamtfläche. Nach und nach sollten diese Areale dem Erdboden gleichgemacht und neu aufgebaut werden. Aufgrund zwischenzeitlich geleisteter empirischer Untersuchungen stellte der Fünfjahresbericht zum Stadtentwicklungsplan den Ist-Zustand jeder *Comprehensive Development Area* fest und entwarf einen Masterplan, der bis 1980 umgesetzt werden sollte.[144] Glasgows Programm zur Stadterneuerung war zwar innerhalb des Vereinigten Königreichs kein Sonderweg, zweifelsohne aber besonders umfassend und radikal.[145]

Nicht erst seit »No Mean City« war Hutchesontown-Gorbals der berüchtigtste Slum-Bezirk der Stadt. Deshalb war es nicht ohne symbolische Bedeutung, dass 1957 gerade hier mit den Flächensanierungen begonnen wurde. *Secretary of State* Michael Nobel unterstrich dies im November 1962:

People who don't know Glasgow have a picture of the Gorbals. It is often a bad picture and it is basically a wrong one. In putting Glasgow into focus in the world's eye, it was a masterly stroke to begin at this point. Here, ladies and gentlemen, the world is going to see the real miracle in the Gorbals.[146]

Auf 45 Hektar sollten 7.600 Wohnungen, 100 Industriebetriebe, 444 Geschäfte, 48 Pubs und weitere Gebäude wie Kirchen abgerissen werden. Von den ursprünglichen 26.806 Bewohnern sollten etwa 10.000 zurückkehren, der Rest war dauerhaft umzusiedeln. Dadurch erhofften sich die Planer eine Reduktion der Bewohnerdichte von 1.143 auf 405 pro Hektar.[147]

Wie aber dachten die Bewohner über diese Maßnahme? Einen kleinen Einblick gewährt eine Umfrage, die Tom Brennan vom *Department of Social and Economic Reasearch* an der Universität Glasgow 1957/58 unter 300 Haushalten durchführen ließ.[148] Er stellte nicht nur fest, dass sich aus Sicht der Bewohner die Lebensqualität in den Gorbals seit der Zwischenkriegszeit spürbar verbes-

143 The Corporation of the City of Glasgow, Industry on the Move, Glasgow 1959, hier S. 9.
144 The Corporation of the City of Glasgow. The First Quinquennial Review of the Development Plan 1960. The Survey Report, Glasgow 1960.
145 Gold, The Practice of Modernism, S. 81; Pacione, Renewal, Redevelopment and Rehabilitation, S. 288 f.
146 Zitiert nach: o.A., Gorbals Rebuilding Is ›National Problem‹, in: The Times, 31.08.1964.
147 Gold, The Practice of Modernism, S. 178 f.
148 Brennan, Reshaping a City; Eine Zusammenfassung der Ergebnisse findet sich in: Ders., Most Publicised British Slum, in: The Times, 06.03.1958.

sert hatte, wobei steigende Einkommen und private Initiativen zur Verbesserung des Wohnraums eine wichtige Rolle spielten. Zwei Drittel der Befragten gaben zudem an, dass sie lieber an Ort und Stelle wohnen bleiben würden. Aus Sicht der Planer und der Verwaltung stand diese Option nicht zur Debatte. Generell nahmen die planerischen Großprojekte jener Jahre wenig Rücksicht auf die Bedürfnisse der Betroffenen. Sie verschwanden hinter Bevölkerungszahlen und Statistiken, wurden zu Objekten und gerieten nur in den Blick, wenn sie sich nicht so verhielten, wie es Planer, Wissenschaftler und Sozialingenieure erwarteten.

Mit der Auslöschung der Gorbals demonstrierte die Stadt ihren Willen, die Vergangenheit zu überwinden und die alten Probleme zu lösen. Der optimistischen fortschrittsorientierten Stimmung tat es keinen Abbruch, dass trotz Überbelegung und sanitärer Mängel die Bausubstanz einiger Häuser noch weitgehend in Ordnung war.[149] Diese Form der Stadterneuerung scherte sich wenig um einzelne Häuser oder Blocks. Ihr Maßstab waren ganze Innenstadtquartiere. Die Erneuerung wurde symbolisch durch den radikalen Bruch mit dem Alten sichtbar gemacht. Es galt, den Fortschritt stadträumlich in Szene zu setzen, nicht nur für die eigene Bevölkerung sondern über die Grenzen der Region hinaus. Das Narrativ von der phönixgleichen Wiedergeburt der Stadt aus den Trümmern der Vergangenheit fand hier erstmals breite Anwendung. Dieses Leitmotiv taucht seither in immer neuen Variationen auf und dient auch vielen anderen altindustriell geprägten Regionen und Städten zur Sinnstiftung und Imageaufbesserung.[150]

Der Bau neuer Wohnungen, wenngleich eingebettet in die Erzählung von der Erneuerung, reichte hierzu jedoch nicht aus. Es bedurfte es eines besonders markanten und prominenten architektonischen Symbols, um den Wandel zu versinnbildlichen. Die renommierten Architekten Robert Matthew und Basil Spence wurden mit der Gestaltung je eines Teilprojekts (Hutchesontown-Gorbals B bzw. C) beauftragt. Spences Projekt sprengte den finanziellen und zeitlichen Rahmen deutlich. Und dies blieb nicht das einzige Problem. Aufgrund der Verzögerungen bei den Neubauten wurden viele Bewohner von abgerissenen Häusern in anderen Teilen der Gorbals untergebracht, wodurch sich dort die Situation verschlimmerte. Die große Anzahl leerstehender Gebäude ließ eine Rattenplage entstehen und die Ruhr kehrte vorübergehend zurück. Der Neuanfang drohte zu scheitern, Stadt und Regierung schoben sich gegenseitig den schwarzen Peter zu. Reverend Richard Holloway, der eine der Bewohnerselbsthilfegruppen vertrat, äußerte gegenüber der Times frustriert:

149 Williamson/Riches/Higgs, Glasgow, S. 507.

150 Vgl. OECD, Urban Renaissance. Glasgow: Lessons for Innovation and Implementation, Paris 2002; Anne Power/Jörg Plöger/Astrid Winkler, Phoenix Cities. The Fall and Rise of Great Industrial Cities, Bristol 2010.

The new Gorbals is a public relations myth. [...] I have many friends who come up from the south thinking that the Gorbals is no more. They are completely shocked when they realize that it is and that they have had the wool pulled over their eyes.[151]

Dieses Zitat offenbart einerseits die große landesweite Resonanz auf die Bemühungen der Stadt und der Regierung, den Neubau der Gorbals als symbolischen Neuanfang und zur Imageverbesserung im ganzen Land einzusetzen und andererseits wachsende Verbitterung der Bewohner über die tatsächlichen Vorgänge vor Ort.

Trotz solcher Rückschläge wurde die Politik der großflächigen Stadterneuerung fortgesetzt. Ausmaß und Umfang der großen, als *Slum-Clearance* bezeichneten Sanierungsprojekte, die zwischen den späten 1950er und den 1970er Jahren in Angriff genommen wurden, beflügelten den Bau von Hochhäusern. Durch die fordistische Fertigbauweise sollten die Kosten für den Wohnungsbau gesenkt werden. Die Stadt begann den Mangel an Wohnfläche durch vertikale Expansion zu kompensieren. Bis 1971 erbaute sie 208 Hochhäuser, von denen 140 mehr als 20 Stockwerke besaßen. Die Zahl der Wohnungen in diesen Türmen belief sich auf insgesamt 20.836.[152] Diese Strategie gipfelte im Bau der *Red Road Flats*, acht Hochhäuser mit je 28 beziehungsweise 31 Stockwerken für 4.000 Bewohner. Kaum eine andere britische Stadt setzte so konsequent auf den Bau von Hochhäusern. Anlässlich der Eröffnung der *Red Road Flats* rechtfertigte *Secretary of State for Scotland* William Ross den Hochhausbau:

When we appreciate just exactly the heritage of a century of scars of industrialisation in Glasgow, we can see the terrible problem that faces the council. [...] Anyone who looks at the problem and appreciates the development space in Glasgow and says there is no scope for multi-storey flats in Glasgow is just not being realistic.[153]

Betrachtet man das gesamte Wohnbauprogramm zwsichen dem Ende des Zweiten Weltkrieges und den 1970er Jahren, so ist festzuhalten, dass die rege Bautätigkeit der Nachkriegsjahre die Verhältnisse am Immobilienmarkt endgültig zu Gunsten der öffentlichen Hand verschob. 1969 verwaltete das *Housing Management Department* die Stolze Zahl von über 136.000 Wohnungen. Gerade zu dieser Zeit geriet der kommunale Hochhausbau jedoch zunehmend in die Kritik.

Am Morgen des 16. Mai 1968 erschütterte gegen 5:45 Uhr eine Detonation den Osten Londons. Ort des Geschehens war das zweiundzwanzig Stockwerke hohe, in Plattenbauweise errichtete Hochhaus *Ronan Point* in Newham.[154] Vier Men-

151 O. A., Gorbals Rebuilding is ›National Problem‹, in: The Times, 31.08.1964.

152 Gold, The Practice of Modernism, S. 181.

153 O. A., Minister Says Multi-Storey Flats the Answer to Housing Problem, in: Glasgow Herald, 29.10.1966.

154 Gold, The Practice of Modernism, S. 276–280.

schen starben und siebzehn wurden verletzt, als in Folge einer Gasexplosion ein Teil des Gebäudes wie ein Kartenhaus in sich zusammenfiel. Diese Katastrophe und ihre Aufarbeitung stellten die bisherigen Bauprogramme in Frage. In Glasgow hatten zuvor bereits die Zerstörungen durch das Sturmtief *Q* zu kritischen Bemerkungen Anlass gegeben. Hunderte Menschen mussten aus gefährdeten Hochhäusern evakuiert werden.[155] Hinzu kam eine ganze Reihe von unerwarteten Schwierigkeiten im Normalbetrieb. So fielen etwa die Unterhaltskosten deutlich höher aus als ursprünglich erwartet. Defekte Fahrstühle gehörten bald ebenso zur festen Ausstattung wie verwilderte Grünflächen. 1966 war der Höhepunkt des Hochhausbaus in Großbritannien. Von da an ging die Zahl der neuen Bauprojekte deutlich zurück.[156]

Die Abkehr von den Wohntürmen, die noch wenige Jahre zuvor als Lösung aller Probleme und Inbegriff des Modernen gefeiert worden waren[157], fand auch in Glasgow statt, wie der folgende Abschnitt aus der Broschüre *Glasgow in the 70s* der *New Glasgow Society* zeigt:

> 1970 has seen the turn of the tide (at last) against high flats. The city's Housing Manager now joins his authoritative voice with those of other critics. He says: ›Apart from dearer costs of erection and management, presumably a determination on future policy must be made and not least to be considered are the human, social and management problems.‹ It's only a pity that we had to lumber future generations with 200 blocks before the authorities realised the problems.[158]

Neben dem Wohnungsbau war die Errichtung der Inner-Ring Road zwischen 1965 und 1972 wohl die beduetendste städtebauliche Maßnahme. Sie löste zahlrreiche verkehrstechnische Probleme weit über das Stadtgebiet hinaus. Der Preis für diese Arterie war jedoch hoch. Die Errichtung der West- und der Nordflanke schlug eine tiefe Schneise in das viktorianische Stadtbild. Sie zerstörte nicht nur Teile der Gorbals, sondern auch architektonisch wertvolle und sozial-räumlich bedeutsame Ensembles wie *Charing Cross*. Ihr Verlauf definierte fortan als neues Stadtzentrum einen verkleinerten Innenbezirk, den sie zugleich von den umliegenden Vierteln abschnitt.[159]

Mit dem Bau der Straße gaben die Planer dem Straßenverkehr Vorrang vor allen anderen Verkehrswegen. Dies zeigte sich besonders im Hinblick auf die Hafenanlagen. Mit der Errichtung der großen Autobahnbrücke über den Clyde ging

155 Vgl. o.A., Twenty Killed by Hurricane, in: Glasgow Herald, 16.1.1968.

156 Michael Stratton/Barrie Trinder, Twentieth Century Industrial Archaeology, London 2001, S. 140–144.

157 Stefan Muthesius/Miles Glenndinning, Tower Block. Modern Public Housing in England, Scotland, Wales and Northern Ireland, London 1994.

158 New Glasgow Society, Glasgow in the 70s, Glasgow 1973, Bibliothek der University of Strathclyde (künftig BUS), Robertson Collection, D 941.44308.

159 Dies wird erkennbar, wenn spätere Planungsdokumente den so definierten Innenbezirk zum Gegenstand haben vgl. The Corportaion of the City of Glasgow, Planning Policy Report on the Central Area, Glasgow 1975.

die Schließung des flussaufwärtsgelegenen Kingston Docks und des Broomielaw Kais einher. Ein Großteil der Nordtrasse entstand an Stelle des 1963 geschlossenen *Forth and Clyde Canals*.[160]

Angesichts der weitreichenden Veränderungen durch den Bau der Ringstraße formierte sich jedoch auch erstmals ein nennenswerter, von lokalen Eliten getragener Widerstand gegen die Allmacht von Planern und Politikern. So gründete sich die bereits erwähnte *New Glasgow Society* 1965 als Sammelbecken des Protests gegen die negativen Folgen dieser Maßnahme.

Der Bau von *New Towns* und Peripheriesiedlungen, die Beseitigung sogenannter Slums sowie der Bau neuer Straßen und die Elektrifizierung von Bahnstrecken waren Teil eines umfangreichen Programms zur Umgestaltung und Erneuerung des urbanen Umfeldes. Der städtische Raum wurde neu definiert. Diese Form der Stadterneuerung lässt die Ambivalenz der Modernisierungsbestrebungen erkennen. Einerseits wurden konkrete Maßnahmen geplant und durchgeführt, die zu einer Verbesserung der Infrastruktur beitrugen. Andererseits waren daran immer auch utopische Inhalte geknüpft, die den konkreten Vorhaben Legitimation, Ziel und Richtung gaben. Schließlich führte die Kombination beider Seiten häufig dazu, dass am Ende viele neue Probleme entstanden, nicht zuletzt, weil die Bedürfnisse der betroffenen Menschen wenig Beachtung fanden. Sie kamen nur als gesellschaftliche Gruppen vor, etwa wenn in den frühen *New Towns* von Seiten der Planer eine sozial ausgeglichene Bevölkerung angestrebt wurde.[161]

Wie weit die hier angesprochenen Probleme verbreitet waren, zeigt ein Spiegel-Artikel aus dem Jahr 1971, der zu einem Rundumschlag gegen alle laufenden Stadtneugründungen in Ost- wie in Westeuropa, in Frankreich wie in den USA ausholte.[162] In diesem Artikel wurde auch über eine Gruppe englischer Stadtplaner berichtet, die angesichts der verheerenden Entwicklung ein Ende der Suburbanisierung und die »Rückkehr zu den ursprünglichen Prinzipien des Stadtlebens« forderten, »zur Stadt als Marktplatz, als kompakter City.« Aus den Reaktionen auf die negativen Folgen der Großprojekte der Nachkriegszeit zeichneten sich erste Konturen für neue planerische Leitmotive heraus, die dann ab den 1980ern unter dem Schlagwort Europäische Stadt Wirkmacht erlangten.

Ganz anders die Situation in den 1960er Jahren: Was der Wohnungsneubau und die Dezentralisierung für Stadt und Region zu leisten versprachen, sollte auf nationaler Ebene die staatlich gelenkte Restrukturierung der britischen Wirtschaft bringen. Der Bericht der *Royal Commission on the Distribution of the Industrial Population* aus dem Jahr 1940 hatte die Umsiedlung von Unternehmen aus den wirtschaftlich erfolgreichen Regionen in die *Development Areas*

160 The Corporation of the City of Glasgow, The First Quinquennial, S. 47.

161 Andre Homer, Planned Communities. The Social Objectives of the British New Towns, 1946–65, in: Lawrence Black u. a. (Hrsg.), Consensus or Coercion? The State, the People and Social Cohesion in Post-War Britain, Cheltenham 2001, S. 125–135.

162 Vgl. o.A., Die Neuen Städte. Weder Fisch noch Fleisch, in: Der Spiegel, 3.1.1972.

vorgeschlagen. Nach Kriegsende schien die Zeit reif, die Pläne in die Tat umzusetzen. Anders als zu Beginn der Regionalförderung in den 1930er Jahren gehörte das Glasgower Stadtgebiet jetzt ebenfalls zu den durch Steuererleichterungen, günstige Kredite und weitere finanzielle Hilfen geförderten Gebieten. Im Hinblick auf altindustrielle Zentren hatte diese Politik zwei Ziele, wie der Historiker Andrew Gibb schreibt:

> This involved the twin aims of diversifying the top-heavy industrial structure of the region into the modern growth manufacturing industries, and at the same time, breaking up the spatial concentrations of industry and associated population, and creating regional centres of growth on industrial estates and in the anticipated New Towns.[163]

Die Diversifikation der urbanen und regionalen Ökonomie und die Dezentralisierung von Industrie und Bevölkerung wurden hier im nationalen Rahmen zusammengedacht. Aus dem Süden des Vereinigten Königreiches oder aus Übersee sollten Industrien und Investoren in den Norden und nach Schottland gelockt werden. Beim Aufbau von Arbeitsplätzen in den *New Towns* hatte man mit einer solchen Strategie bereits erste Erfahrungen gesammelt.

Die Umgestaltung Glasgows von den späten 1940er bis in die 1970er Jahre stand ganz im Zeichen des *Social Engineerings*, wie es Thomas Etzemüller und andere beschrieben haben.[164] Vor dem Ersten Weltkrieg war die Entwicklung der Stadt weitgehend der Logik des Marktes gefolgt. Der *Social Municipalism* war in Glasgow und andernorts zwar angetreten, um die schlimmsten Auswüchse dieses Systems zu lindern, verstand sich selbst aber eher als Ergänzung denn als Ersatz für das Marktgeschehen.

Angesichts der krisenhaften Entwicklungen der 1920er und 1930er Jahre setzte sich dann auch in der traditionell liberal geprägten Gesellschaft Großbritanniens die Vorstellung durch, dass gesellschaftlicher Fortschritt durch *Laissez-Faire* allein nicht zu bewerkstelligen sei. Experten wie Bruce oder Abercrombie sollten die öffentliche Hand auf der Grundlage wissenschaftlich und transparent ermittelter Daten beraten, damit diese die notwendigen Modernisierungsaufgaben bewältigen könne. Ziel war die Re-Harmonisierung und Re-Stabilisierung des Verhältnisses von Mensch und Wirtschaft im Raum. Das Übermaß an Schwerindustrie sollte durch die Etablierung neuer, leichter Industrien ausgeglichen werden. Die Störungen und Verletzungen, welche die Doppelrevolution von Industrialisierung und Urbanisierung im urbanen Gewebe hinterlassen hatte, sollte durch rationale Planung geheilt werden. Das zunächst

163 Gibb, Glasgow, S. 149.

164 Vgl. Thomas Etzemüller, Social Engineering als Verhaltenslehre des kühlen Kopfes, in: Ders. (Hrsg.), Die Ordnung der Moderne. Social Engineering im 20. Jahrhundert, Bielefeld 2009, S. 11–39.

günstige wirtschaftliche Umfeld schien die materiellen Mittel für diese Konkretisierung städtebaulicher Utopien bereitzustellen.

Dass die Praxis diesem Anspruch oft weit hinterherhinkte, erscheint genauso typisch wie der Umstand, dass die tatsächlich umgesetzten Projekte beinahe so viele neue Probleme schufen wie sie alte beseitigten. Während die Suburbanisierung und Dezentralisierung von Arbeitsplätzen und Unternehmen zwischen 1966 und 1973 ihren absoluten Höhepunkt erreichte[165], wuchs gleichzeitig die Kritik an dieser Entwicklung und die Zweifel am herrschenden Planungsregime wurden lauter.[166] In Glasgow erschien 1967 eine Studie über den ehemals vom Lokomotivbau geprägten Stadtteil Springburn, die zwei Jahre zuvor von der Stadtverwaltung bei der *University of Glasgow* in Auftrag gegeben worden war. In diesem Text wurde die bisherige Dezentralisierungspolitik scharf kritisiert. Angesichts hoher Arbeitslosigkeit in den urbanen Zentren müsse man sich überlegen, wie man dieses Potential aktivieren könne. Zudem verringere sich das Problem des Flächenmangels in der Stadt durch den Niedergang der alten Industrien:

In other words, we believe that there is a good case for planning Central Scotland outwards from its two major cities, so that the future developments can be grafted on to their economies and share their economic advantages. Existing policies sometimes give an unfortunate impression of ignoring the very existence of Scotland's two largest cities and of writing off the traditional contribution which such areas make to economic growth.[167]

Hier wurde ein Paradigmenwechsel gefordert: Strukturförderpolitik sollte sich nicht länger am Leitbild einer auf innerregionalen Ausgleich bedachten, tendenziell anti-urbanen Dezentralisierung orientieren. Die Ergebnisse einer 1974 veröffentlichten Studie über die Folgen der *Overspill*-Politik für die industrielle Entwicklung wiesen in eine ähnliche Richtung:

The empirical evidence suggests that many of the assumptions underlying the industrial overspill policy are seriously open to question, because the policy, despite some theoretical attractions, has not been working effectively in practice. It is also debatable whether the policy was desirable given the unemployment levels in the city and the contraction of its industrial base, which suggest the need for a policy that places greater emphasis on job creation.[168]

165 Vgl. David Keeble, Industrial Change in the United Kingdom, in: William F. Lever (Hrsg.), Industrial Change in the United Kingdom, Harlow 1987, S. 1–20, hier S. 12.

166 Harrison, Seeking a role, S. 157 f.

167 The Corporation of the City of Glasgow/University of Glasgow, The Springburn Study. Urban Renewal in a Regional Context, Glasgow 1967, S. 16; vgl. o. A., Glasgow Overspill Policy may be Self-Defeating, in: Glasgow Herald, 23.9.1967.

168 R.A. Henderson, Industrial Overspill from Glasgow 1958–1968, in: Urban Studies 11 (1974), S. 61–79, hier S. 78.

Am Übergang von den 1960er in die 1970er Jahre setzte somit ein Umdenken ein. Die großen Städte des zentralen Tieflandes wurden jetzt wieder als Wachstumskerne betrachtet und gefördert. Flächen waren keine Mangelware mehr. Sie breiteten sich in Form von Industrie- und Stadterneuerungsbrachen mitten im Herzen des urbanen Raumes aus. Angesichts dieser veränderten Rahmenbedingungen kam es im Laufe der 1970er zu einer Neuausrichtung der Stadterneuerungspolitik in Glasgow, die sich im *West Central Scotland Plan* aus dem Jahr 1974 durchsetzte und 1977 mit dem Weißbuch *Policy for the Inner Cities* auch auf nationaler Ebene festgeschrieben wurde.[169]

Auch die autogerechte Stadt büßte als Utopie im selben Maße ein, wie sich ihre Umsetzung konkretisierte. In Glasgow führte der Bau des ersten Teils des Autobahnringes zu massiver Kritik. Besonders die geplante Ostflanke, vorbei an der Kathedrale, die mittelalterliche Hauptstraße hinab und mitten durch den Stadtpark Glasgow Green, rief Widerstand hervor. Im »Glasgow Herald« wurde eine Reihe von Leserbriefen, die sich gegen den Bau der Straße wehrten 1972 unter der treffenden Überschrift *City Motorway Madness* zusammengefasst.[170] Eine Gruppe venezianischer Architekten, die sich mit den strukturellen Problemen in Glasgows urbanem Gewebe beschäftigten, sprach gar von einer Schlinge, welche die Stadt zu erdrosseln drohe.[171] In der Stadt artikulierte sich immer gößerer Widerstand, der wesentlich mit dazu beitrug, dass die noch ausstehenden Bauphasen nicht mehr verwirklicht wurden.

Ähnlich wie in der Wirtschaftspolitik markierten die späten 1960er Jahre also auch in den Feldern Stadtplanung und Sozialpolitik eine Phase der Enttäuschung. Die hohen Erwartungen, mit denen der Ausbau staatlicher Steuerungs- und Planungsinstanzen verbunden gewesen waren, wurden nicht oder nur teilweise erfüllt. Mehr noch: staatliche Interventionen und Dirigismus brachten zusätzlich neue Probleme hervor. Die Desillusionierung im Übergang von den 1960er zu den 1970er Jahren bereitete einem Denken den Boden, in dem ein breit aufgestellter Staatsapparat zunehmend nicht mehr als Lösung, sondern Ursache vieler Probleme wahrgenommen wurde. Dies zeigte sich etwa in der Delegitimierung der öffentlich-rechtlichen Wohnbauträger und Thatchers entsprechendem Eintreten für die Ausbreitung von privatem Wohneigentum.[172] Erstmals seit den späten 1930er Jahren begann sich eine grundlegende Neuausrichtung politischer und planerischer Leitbilder abzuzeichnen, die Rahmenbedingungen schuf, die bis in unsere Gegenwart Gültigkeit besitzen.

169 Department of the Environment, Policy for the Inner Cities, London 1977; vgl. Pacione, Renewal, Redevelopment and Rehabilitation, S. 290–295.

170 O. A., City Motorway Madness, Glasgow Herald, 29.12.1972.

171 Vgl. Alan Macdermid, Glasgow ring road ›a noose choking city‹, in: Glasgow Herald, 8.5.1974.

172 Vgl. Peter Shapely, The Politics of Housing: Power, Policy and Consumers, Manchester, New York 2007.

3.3 Vom Verschwinden des Hafens aus der Stadt

Zwischen 1960 und den frühen 1970er Jahren verschwand der größte Teil des Glasgower Hafens Schritt für Schritt aus dem Stadtbild. Die verbliebene Hafentätigkeit wanderte immer weiter flussabwärts. Wo früher Güter umgeschlagen wurden und sich Passagiere eingeschifft hatten, breiteten sich nun zu beiden Seiten des Flusses Brachen aus, die, zusammen mit stillgelegten Industriebetrieben und Werften, die Stadtlandschaft immer mehr beherrschten. Diese Entwicklung brachte aber nicht nur das Problem eines stetig wachsenden *Rust Belts* entlang des Clyde. Die Funktion des Flusses als Wasserstraße nahm ebenso schnell ab wie die Bedeutung Glasgows als Hafenstadt.

In der maritimen Ökonomie veränderten sich die bis dato grundlegenden Strukturen in einem Ausmaß, wie seit dem Ausbau des Clyde ab dem späten 18. Jahrhundert nicht mehr. Seit den Tagen des Tabakhandels hatte Glasgow stets an Gravitationskraft gewonnen und die Geschicke Westschottlands beherrscht. Als urbaner Kern eines entstehenden Industriereviers hatte es eine so große Anziehungskraft besessen, dass der Seehandel unter großen finanziellen Anstrengungen und trotz enormer technischer Hindernisse von der Flussmündung 20 Kilometer landeinwärts verlegt worden war. Verlierer dieses Prozesses waren die Hafenstädte am *Firth of Clyde* und entlang der Küste von Ayrshire gewesen. Ab den frühen 1960er Jahren begann nun eine gegenläufige Entwicklung. Greenock, bis ins 18. Jahrhundert der wichtigste Hafen am Clyde, profitierte von dieser Umkehrung am meisten. Glasgow hingegen verlor nicht nur einen großen Teil der Schiffsbauindustrie, sondern musste gleichzeitig mit der schrittweisen Stillegung des Stadthafens den Verlust eines weiteren Teils seiner maritimen Ökonomie hinnehmen.

Der Niedergang des Glasgower Hafens hatte viele Ursachen. Da wären zunächst die Auswirkungen staatlicher Steuerungsprojekte. Während des Zweiten Weltkrieges, als der Glasgower Hafen zu einer der wichtigsten Drehscheiben für den Nachschub fungierte, waren die Schwächen der lokalen Infrastruktur offen zu Tage getreten. Schon damals war eine Verlagerung an die Küste als Lösung skizziert worden, um dem Stau im Hinterland und der Enge von Fluss und Hafenanlagen zu entgehen. Im Laufe der 1960er Jahre verbanden sich diese Überlegungen zweitens mit weitreichenden Veränderungen der Logistik auf See und an Land, die neue Anforderungen an den Hafen als Umschlagplatz stellten. Drittens hatte ein verändertes Freizeit- und Konsumverhalten, gekoppelt an den Siegeszug des individuellen PKW-Verkehrs und der Flugreisen, einen Funktionsverlust des Hafens zur Folge. Letzteres war wie der Wandel im Seehandel freilich ein Phänomen, das weit über Glasgow hinausreichte und auf Dauer weltweit das Verhältnis von Hafen und Stadt nachhaltig verändern sollte.

Die beiden großen Planwerke der Glasgower Nachkriegsgeschichte, der *Bruce-Plan* und der *Clyde Valley Regional Plan*, hatten sich interessanterweise kaum mit dem Hafen und dessen Verhältnis zur Stadt befasst.[173] Für Bruces zentrales Projekt, die Neugestaltung der Innenstadt, waren die Hafenanlagen lediglich ein zu beseitigendes Hindernis. Das von ihm vorgeschlagene Straßensystem nahm auf deren verkehrstechnische Bedürfnisse keine Rücksicht. Für die Planer um Abercrombie waren die alten exportorientierten Industrien und ihre Abhängigkeit von der Nähe zum Hafen ein historisches Auslaufmodell. Die Konsumgüterindustrie, die sie in den *New Towns* anzusiedeln hofften, sollte überwiegend für den Binnenmarkt produzieren und mit diesem über ein leistungsfähiges Straßennetz verbunden sein.

Die Hafenbehörde *Clyde Navigation Trust* verfolgte während der 1950er Jahre ein moderates Modernisierungsprogramm. Zwischen Govan und dem King George V. Dock wurde ein Kai mit einem vertieften Liegeplatz eingerichtet, der Getreidehafen wurde erweitert und der *General Terminus* wurde von der Verschiffung von Kohle auf das Löschen von Eisenerz für das neue Stahlwerk Ravenscraig umgestellt. Der Glasgower Hafen blieb aber in seiner Struktur und in seiner Bedeutung erhalten. Die folgende Tabelle (vgl. Tab.2) gibt die Fläche des Hafens im Jahr 1956 an.

Tab. 2: Der Glasgower Hafen 1958

Docks	**Kailänge (Meter)**	**Landfläche (Hektar)**	**Wasserfläche (Hektar)**
Kingston	721,46	1,89	1,87
Queen's	3048,61	10,32	13,66
Prince's	3417,41	16,12	14,16
King George V.	1585,57	19,67	8,07
Rothesay	1869,64	21,95	8,27
Yorkhill Basins	987,24	6,26	1,53
Parallelkais:			
Nordufer	4199,84	18,04	103,23
Südufer	3872,17	13,01	
Gesamt	19701,95	107,25	150,79

Nach J. Cunnison/J. B. S. Gilfillan (Hrsg.), The Third Statistical Account of Scotland: Glasgow, Glasgow 1958, S. 327.

Die wirklich einschneidenden Veränderungen setzten in den 1960er Jahren im Rahmen eines umfassenden nationalen Programms zur Restrukturierung der

173 Konvitz, Missing the Boat.

britischen Hafenwirtschaft ein.[174] Ernest Marples, *Minister of Transport* unter der konservativen Regierung von Harold Macmillan, berief im März 1961 ein *Committee of Inquiry into the Major Ports of Great Britain* mit dem Zweck ein:

To consider to what extent the major docks and harbours of Great Britain are adequate to meet present and future national needs; whether the methods of working can be improved; and to make recommendations.[175]

Vorsitzender wurde Lord Rochdale, der zuvor bereits die britische Baumwollindustrie durch rauhe Zeiten gesteuert hatte.[176] Neben ihm wurden vier weitere Mitglieder berufen, deren wichtigste Eigenschaft darin bestand, über keinerlei Verbindungen zur Hafenwirtschaft zu verfügen. Da es zu diesem Zeitpunkt kaum einheitliche Statistiken und vergleichbare Zahlen über die Leistungsfähigkeit und die Effizienz der Häfen gab, blieben der Kommission nur zwei Möglichkeiten, um sich ein Bild über die Lage zu verschaffen. Zum einen bereisten ihre Mitglieder achtzehn britische und drei kontinentaleuropäische Häfen, um sich vor Ort über Methoden und Arbeitsweisen zu informieren. Zum anderen forderten sie Stellungnahmen der betroffenen Hafenbehörden, Kommunen, Arbeitgeberverbände und Gewerkschaften ein. Der 264 Seiten starke Abschlussbericht, den Rochdale nach einem Jahr seinem Auftraggeber überreichte, enthielt insgesamt 140 Empfehlungen.[177] Ein Großteil davon wurde mit dem *Harbours Act* von 1964 umgesetzt.

Im Mittelpunkt stand der Entwurf für eine *National Ports Authority* (NPA). Sie sollte die Modernisierung der Häfen koordinieren und steuern. Alle größeren Bauvorhaben der Hafenbehörden sollten ihr zur Genehmigung vorgelegt werden. Die NPA sollte außerdem ein einheitliches statistisches System zur Erfassung der Hafenwirtschaft einführen, eine Lehre, die unmittelbar aus den Schwierigkeiten gezogen wurde, mit denen die Kommission selbst während ihrer Arbeit konfrontiert gewesen war. Schließlich sollte sie die Forschung zur Verbesserung von Management, Methoden und Arbeitsabläufen in der Hafenwirtschaft fördern und den zuständigen Minister bei Gesetzesinitiativen beraten. Die überkommene Organisation und Struktur der britischen Häfen, die in ihren Wurzeln bis in die frühe Phase der Industrialisierung zurückreichte, fand mit der Schaffung dieser Behörde 1964 ein Ende. Es begann der Versuch mittels zentralstaatlicher Planung die Wettbewerbsfähigkeit der Häfen wieder herzustellen.[178]

Neben der Blaupause für die NPA und einer ganzen Reihe von allgemeinen Empfehlungen enthielt der Bericht Abschnitte zu den einzelnen Häfen und ent-

174 Vgl. Alan G. Jamieson, ›Not More Ports, but Better Ports‹. The Development of British Ports since 1945, in: The Northern Mariner 6 (1996), S. 29–34.

175 Hansard, HC Debates, 29.3.1961, Serie C, Band 637, § 1335.

176 Vgl. Michael Knight, Obituary: Viscount Rochdale, in: The Independent, 8.6.1993.

177 Ministry of Transport, Report of the Committee of Inquiry into the Major Ports of Great Britain, London 1962; vgl. Richard O. Goss, British Ports Policies since 1945, in: Journal of Transport Economics and Policy 32 (1998), Heft 1, S. 51–71.

178 Jamison, ›Not More Ports, but Better Ports‹, S. 29.

sprechende Vorschläge für deren weitere Entwicklung. Der Clyde wurde hier als ein Hafenkomplex behandelt, für den die Schaffung einer einheitlichen Hafenbehörde gefordert wurde.[179] Sie sollte die Schifffahrt auf dem Clyde und im *Firth of Clyde* bis hinab zu den Cumbrae-Inseln kontrollieren. Ähnliches empfahlen die Autoren auch für andere Flusssysteme, wie etwa am Tyne. Die vorgeschlagene Bildung größerer Einheiten entsprach der Einrichtung der NPA und sollte die Kräfte für die anstehenden Modernisierungsmaßnahmen bündeln:

> The arguments for the amalgamation of port undertakings on which most stress is usually laid are those concerned with priorities in investment and the avoidance of the wasteful duplication of resources. To these may be added better planning in the distribution of traffic, more realistic charges schemes, a fuller use of existing port capacity and port facilities and increased scope for staff training and promotion.[180]

Die Kommission wollte durch die Schaffung größerer Einheiten den Zugriff des Staates auf die bis dahin weitgehend unabhängigen, meist kommunal gebundenen Hafenbehörden vergrößern und die Reibungsverluste beseitigen, die ein System erzeugte, bei dem eine Vielzahl kleinerer Einheiten im Wettbewerb um Marktanteile und staatliche Fördermittel gegeneinander zu arbeiten pflegte. Bezogen auf den Clyde war die Idee nicht neu. Vielmehr griff sie die Empfehlungen eines Untersuchungsberichts auf, den ein Komitee während des Krieges unter dem *Lord Justice Clerk of Scotland* Thomas Cooper im Auftrag des *Ministry of War Transport* erstellt hatte.[181] Damals, als der Clyde neben Liverpool der wichtigste Hafen für den britischen Nachschub war, hatten sich die Grenzen der Leistungsfähigkeit des Glasgower Hafens deutlich gezeigt. Truppen- und Materialtransporter mussten überwiegend im *Firth of Clyde* entladen werden, um dem Transportstau auf dem Fluss, im Hafen selbst und auf den Straßen und Schienen der Stadt zu entgehen. So wie die Autoren des CVRP Glasgow als Moloch, als zu lösendes Problem behandelten, so zielte auch die Einrichtung einer die administrativen Grenzen überschreitenden Hafenbehörde auf eine Schwächung der Stadt zu Gunsten ihres Umlandes. Die Dominanz des urbanen Kernraums galt ebenso als Modernisierungshindernis, wie der unnötige und ineffiziente Wettbewerb zwischen den Kommunen.

Anders als für Abercrombie war für die Rochdale-Kommission jedoch nicht die Dezentralisierung und der Ausgleich von Ungleichgewichten im Raum das Ziel. Die Vorherrschaft Glasgows und des *Clyde Navigation Trusts* stellte in diesem Fall eher ein politisches Problem dar. Sie drohte die notwendige Verlagerung des Hafens und eine Vereinheitlichung der Verwaltung zu blockieren. Größere Modernisierungsvorhaben, so lautete die zweite Forderung der Autoren, seien eben gerade nicht in Glasgow, sondern in Greenock zu realisieren, denn:

179 Ministry of Transport, Report of the Committee of Inquiry into the Major Ports, S. 192–196.

180 Ebd., S. 45.

181 Vgl. Konvitz, Missing the Boat, S. 1294–1297.

Glasgow itself is by no means well sited as a port, bearing in mind such factors as the increasing size of ships and traffic congestion in the city itself. We take this view in full awareness of the strong demand exerted by an established trading and industrial community for the provision of port facilities as near as may be to itself. The river Clyde is, however, narrow; this makes it difficult for the larger vessels to turn when leaving their berths. It is also relatively shallow and a reasonable depth can only be maintained by constant expensive dredging over a considerable length of river [...]. Indeed, Glasgow suffers from physical disadvantages similar to those of Manchester [...]. Both were, of course, developed to meet pressing commercial needs; but in course of time the advantages of their position have become less significant, the disadvantages more and more evident.[182]

Dass der wichtigste Hafen Westschottlands landeinwärts in Glasgow entstanden war, erschien den Autoren als Anachronismus, als Fehlentwicklung der Industrialisierungs- und Urbanisierungsphase, die nun mit Hilfe wissenschaftlich rationaler Planung und der Machtmöglichkeiten des modernen Staates zu korrigieren sei. Hauptargumente für die Rückverlagerung des Hafens waren die Breite und die Wassertiefe des *Firth of Clyde*. Stetig größer werdende Schiffe brachten den engen Glasgower Flusshafen an seine Grenzen. In den frühen 1960er Jahren waren es in erster Linie Massengutfrachter und Tanker, die an Größe und Tiefgang rasch zulegten. Hafenstädte, die wie Glasgow weit landeinwärts an Flüssen lagen, mussten dieser Entwicklung durch den Ausbau und die Vertiefung der Verbindung zum offenen Meer Rechnung tragen, andernfalls drohten sie zunehmend vom Warenverkehr abgehängt zu werden. Selbst London bekam diese Entwicklung zu spüren, wovon die nahen Küstenhäfen profitieren konnten. Diese Verlagerung an immer tieferes und breiteres Wasser ist ein Prozess, der dank stetig wachsender Container-Schiffe bis in unsere Gegenwart hinein anhält, wie die aktuelle Debatte um die Elbvertiefung in Hamburg zeigt.[183]

Im Falle Glasgows schien ein weiterer Ausbau der schmalen und langen Passage zwischen der Stadt und der Mündung wirtschaftlich kaum mehr lohnend und wäre ohne staatliche Hilfe auch nicht finanzierbar gewesen. Die Regierung wollte jedoch öffentliche Gelder lieber in den Hafen Greenocks investieren, da hier mit geringeren Mitteln nachhaltigere Erfolge zu erzielen waren. Hilfe hätte in dieser Situation höchstens noch von den Werften am Oberlauf kommen können. Schließlich hing von Breite und Tiefgang der Flusspassage ab, wie groß die Schiffe maximal sein konnten, die sie produzierten. Zu Beginn der 1960er Jahre waren sie allerdings bereits in solchen wirtschaftlichen Schwierigkeiten, dass sie als Investoren nicht in Frage kamen.

Mit den Empfehlungen des *Rochdale-Reports* hing fortan ein Damokles-Schwert über dem Glasgower Hafen. Der *Harbours Act* von 1964 schuf einen *National Ports Council* als Planungs- und Rationalisierungsinstrument im Sinne der

182 Ministry of Transport, Report of the Committee of Inquiry into the Major Ports, S. 195.
183 Vgl. o.A., Elbvertiefung. Kampf um die Pötte, in: Die Zeit, 16.03.2012.

Rochdale-Kommission.[184] Angesichts zunehmender staatlicher Interventionen war es nur eine Frage der Zeit, bis die technologische Entwicklung des Seehandels eine umfassende Modernisierung der Clyde-Häfen und somit eine Verlagerung des Handelsschwerpunkts in Richtung Greenock erzwingen würde. Die entscheidende Neuerung sollte ab den mittleren 1960er Jahren die weltweite Durchsetzung des genormten Containers als Standardtransportmittel für Nichtmassengüter sein.

Der Siegeszug des Containers begann am 26. April 1956, als die *Ideal-X* des Speditionsunternehmers und frisch gebackenen Reeders Malcolm McLean in Newark mit dem Ziel Houston in See stach.[185] Diese Fahrt gilt allgemein als Ausgangspunkt für die Entwicklung der intermodalen Container-Schifffahrt, wie wir sie heute kennen.[186] Intermodal meint hier, dass Güter in ein und derselben Transporteinheit mit Hilfe wechselnder Verkehrsmittel befördert werden.[187]

58 LKW-Auflieger trug die *Ideal-X*, ursprünglich ein Tanker aus der im Krieg massenweise produzierten T2-Reihe. Sie ruhten auf einer eigens über dem Oberdeck errichteten Plattform. Solche zusätzlichen Deckstellplätze waren erstmals während des Krieges erprobt worden, wenn es darum ging, sperrige Güter wie etwa Flugzeuge zu transportieren. Das Besondere an McLeans Idee war, dass die Auflieger für die Verschiffung in Newark von ihren Fahrgestellen gehoben und an ihrem Bestimmungsort auf andere Fahrgestelle gesetzt wurden. Dadurch sank die Umschlagzeit und an Deck ließ sich eine Vielzahl dieser, auf die schlichte geometrische Form des Quaders reduzierten Transportbehältnisse platzsparend verstauen.

Zwei Jahre später, am 4. Oktober 1957, dem Tag des Sputnik-Starts, nahm mit McLeans *Gateway City* das erste Vollcontainerschiff seinen Dienst auf. Das Schiff war ursprünglich ebenfalls ein Produkt der Massenproduktion im Krieg, allerdings handelte es sich um einen C-2 Frachter, entwickelt für den Transport gemischter Güter. McLean ließ einige Umbauten vornehmen. Die Luken wurden erweitert und im Frachtraum des Schiffes wurde eine Gitterwabenkonstruktion eingebaut, die es ermöglichte, fünf bis sechs Container übereinander

184 Vgl. Goss, British Ports Policies since 1945, S. 55f..

185 Vgl. Marc Levinson, The Box. How the Shipping Container Made the World Smaller and the World Economy Bigger. Princeton, Oxford 2006; Brian J. Cudahy, Box Boats. How Container Ships Changed the World, New York 2007; Frank Broeze, The Globalisation of the Oceans. Containerisation from the 1950s to the Present, Newfoundland 2002; Arthur Donovan/Joseph Bonney, The Box that Changed the World. Fifty Years of Container Shipping. An Illustrated History. East Windsor 2006; Hans Jürgen Witthöft, Container. Eine Kiste macht Revolution, Hamburg 2000.

186 Für eine kritische Sicht auf dieses Narrativ unter Berücksichtigung der Vorläufertechnologien vgl. Michael Hascher, Die low-tech Revolution. Container und Pipelines, in: Ralf Roth/Karl Schlögl (Hrsg.), Neue Wege in ein neues Europa. Geschichte und Verkehr im 20. Jahrhundert, Frankfurt a. M. 2009, S. 431–451.

187 Sebastian Kummer, Einführung in die Verkehrswirtschaft, Wien 2006, S. 48.

zu stapeln. Hierfür waren eigens neue Frachtbehälter konstruiert worden, die sich gut stapeln und schnell verlaschen ließen. Insgesamt konnte die *Gateway City* 226 dieser Container an Bord nehmen. Desweiteren erhielt das Schiff zwei leistungsfähige Kräne, um unabhängig von der Hafenseite zu sein. War der erste Stapel Container gelöscht, konnte noch während des Entladens bereits der Beladevorgang eingeleitet werden. Die Zeitersparnis war enorm. Innerhalb von acht Stunden konnte das Schiff ent- und beladen werden. 1956 hatte man dieselbe Zeitspanne noch benötigt, um die 58 Auflieger auf der *Ideal-X* zu verstauen.[188]

Damit war ein Logistikkonzept erfunden, dass den Welthandel revolutionieren sollte. Trotz zunehmender Konkurrenz konnte sich McLeans *Sea-Land Services* in diesem rasch wachsenden Markt behaupten. Das Unternehmen dehnte sein Operationsgebiet auf die gesamte Ostküste der USA und nach Südamerika aus. Eines ihrer Schiffe, die *Fairland*, überquerte 1966 als erstes Containerschiff den Atlantik, um in Rotterdam, Bremen und Grangemouth Station zu machen. Noch ehe der erste Container Europa erreichte, hatte er bereits zu einem Wandel der europäischen Handelsschifffahrt beigetragen. Reedereien gründeten allerorts Gemeinschaftsunternehmen, um die hohen Investitionskosten für die neue Technologie stemmen zu können.[189] Dies war der Auftakt zu einer Konsolidierung der ganzen Branche. So entstand 1965 in Großbritannien aus den vier im Liniendienst führenden, Reedereien *Ocean Steamship Company, Peninsular and Oriental Steam Navigation Company, British and Commonwealth Shipping* und *Furness Withy* die *Overseas Container Limited*, deren erstes Containerschiff, die *Encounter Bay*, im März 1969 ihren Dienst aufnahm. Weitere Gemeinschaftsunternehmen, teilweise über nationale Grenzen hinweg, folgten.[190] Nach der Festlegung genormter Maße und Formen zu Beginn der 1970er Jahre setzte sich der Container als Mittel zum Transport für Nicht-Massengüter weltweit durch. Die damit verbundene Absenkung der Transportkosten und die Beschleunigung des Güterverkehrs hatten wesentlichen Anteil an der Entstehung unserer heutigen integrierten globalen Ökonomie. Zusammen mit den Entwicklungen in der Kommunikations- und Informationstechnologie war der Normcontainer ein Wegbereiter einer neuen, weltweiten Reorganisation der Güterproduktion, in deren Verlauf ein stetig wachsender Teil der Waren- und Güterherstellung aus Europa abwanderte. Während in Großbritannien und anderen westeuropäischen Staaten das Gespenst der Deindustrialisierung umging, entstanden etwa im asiatischen Raum neue Industrien und Arbeitsplätze. In den Hafenstädten des transatlantischen Raumes lassen sich die Auswirkungen dieses Wandels bereits sehr früh beobachten.[191]

188 Marc Levinson, The Box, S. 54–57.

189 Vgl. o. A., Container. Gefährliche Kiste, in: Der Spiegel 53/1967, S. 26–27.

190 Jamieson, Ebb Tide in the British Maritime Industries, S.37.

191 Martin Stopford, Maritime Economics, 3. Aufl., London 2009, S. 41; Scott Campbell, Increasing Trade, Declining Port Cities. Port Containerization and the Regional Diffusion of Economic Benefits, in: Helzi Nopon/Julie Graham/Ann R. Markusen (Hrsg.), Trading Industries, Trading Regions. International Trade, American Industry and Regional Economic Development, New York 1993, S. 212–255, hier S. 223f.

Der Container veränderte sowohl die Arbeitsabläufe als auch die bauliche Struktur der Häfen.[192] Der auffälligste Unterschied zeigte sich in einer drastischen Reduzierung der benötigten Arbeitskräfte. Bewältigten etwa siebzehn Arbeiter 1950 noch achtzehn Tonnen Stückgut in einer Schicht, so schafften 1983 neunköpfige Arbeitstrupps im selben Zeitraum 1700 Tonnen.[193] Das Verpacken entfiel beziehungsweise wurde aus dem Hafenbereich entweder zum Absender oder in landeinwärts gelegenen Umschlagplätze, sogenannte Inlanddepots, ausgelagert. Für das Löschen der Ladung wurden deutlich weniger Arbeitskräfte benötigt. Körperliche Kraft verlor in diesem Zusammenhang stark an Bedeutung. Ein ehemaliger Stauer erinnerte sich in einem Oral-History Interview 2009 voller Stolz an die Bedeutung der körperlichen Arbeit im Hafen:

As somebody who was attached to them you had to praise them and think ›Well, compared to some other people those guys are really working‹. Sweat running off them or the other way it was frozen down there, you know. Ach it was okay [...][194]

Für den Sprecher dieser Zeilen, der selbst vor allem mit der Abfassung von Stauplänen betraut war, stellte die körperliche Arbeit, die er bei seinen Kollegen beobachtete, offenbar etwas Wertvolles dar, dass er noch in der Rückschau positiv hervorhebt. Und er merkt noch etwas anderes an im Zusammenhang mit dem Container:

[...] did I like working in it? It was okay until the containers came along and things like the coil boats and slabs ... there was no great challenge in it. It was more challenging to have general cargo ›Where can we store that?‹ ›What can we do?‹ ›Have to watch we don't over-stow‹ ›Have to watch that they can gain access first port‹ something like that. You had to think ... not just sort of say ›Oh there's another wagon ... coals away down‹.[195]

192 Yehuda Hayuth, Changes on the Waterfront. A Model-Based Approach, in: Brian Hoyle/David Pinder/Sohail Husain (Hrsg.), Revitalising the Waterfront. International Dimensions of Dockland Redevelopment, London 1988, S. 52–64; Die Stadt Glasgow gab eigens eine Untersuchung über die Auswirkungen des Containers in Auftrag: R.E. Nicoll/D.J. Robertson (Hrsg.), A Report on Containerisation. Implications for Distribution and Transport in West Central Scotland, Glasgow 1970.

193 Vgl. Hannes Driemel, Hafenarbeit im Containerterminal. Präzisionsarbeit statt Muskelkraft, in: Deutsches Schifffahrtsmuseum Bremerhaven (Hrsg.), Lebenswelt Hafen. So viel Wind und keine Segel, Bremerhaven 1986, S. 21.

194 Interview mit einem anonymen Superintendent Stevedorer vom 10.8.2009, Transkript, Interviews mit ehemaligen Hafenarbeitern durchgeführt von Dr. David Walker im Auftrag des Riverside Museums Glasgow (künftig Dockers), Scottish Oral History Centre (künftig SOHC), University of Strathclyde (künftig UoS). Als Stauer war der Sprecher vor allem für die Anfertigung von Stauplänen verantwortlich und spricht deshalb von den Hafenarbeitern als einer anderen Gruppe.

195 Ebd., die Dreierpunkte ohne eckige Klammern sind aus der Transkript von David Walker übernommen und kennzeichnen Unverständliches.

Die Arbeit sei also, in anderen Worten, zuvor anspruchsvoller gewesen. Diese Selbsteinschätzung steht im Widerspruch zu vielen zeitgenössischen sozialwissenschaftlichen Diagnosen, die dazu neigen, die verschwindenden Jobs des alten Produktionsregimes als gering- oder unqualifizierte Arbeit zu klassifizieren; eine Sicht die auf einem stark formalisierten und akademisch orientierten Verständnis von Ausbildung und Qualifikation beruhte. Aus Sicht der Hafenarbeiter damals disqualifizierten Container und Computer die Arbeit am Kai. Ein anderer Docker fasste dies so zusammen:

> [...] all the containers were in Greenock but we got sent doon there a couple a times [...]. Ye wernae daen any work ›cause the crane was daen it aw. You were only unhooking them or putting them on, that's the only thing we were daen. It was boring, really. [...] Pre containerisation, aw right ye either used a crane or a winch tae put aw the heavy stuff in the hold and then the lighter stuff between decks, ye know, aw the lighter stuff up the top and that was aw manual whereas containers, aw the stuff was in the container and it was just the one lift and obviously wi' that, they had the weight, what was inside the container ye know might have been 20 ton, some containers were 15 ton, they were aw just loaded and it was put it on the boat or take it off the boat and obviously there was nae manual work on it, no manual work whatsoever.[196]

Die Arbeit vor Einführung des Containers war demnach vielseitiger und abwechslungsreicher und bedurfte zudem der Erfahrung und eines besonderen Wissens im Umgang mit Stückgut. Diese Sicht relativiert sich, wenn man auf die Qualifikation der wenigen schaut, die für die Arbeitsabläufe in einem modernen Containerterminal zuständig sind oder entsprechende Gerätschaften bedienen. Für den einfachen Hafenarbeiter mag dieser Befund aber durchaus zutreffend gewesen sein. Einen weiteren Grund, warum der Container bei den Hafenarbeitern eher unbeliebt war, erwähnte der Hafenarbeiter James McGrath: Die verplombten Standardbehälter reduzierten die Diebstähle im Hafen, und brachten die Docker so um eine wichtige Quelle für Konsumgüter aller Art, insbesondere aber für Whiskey.[197]

Die Hauptfolge von Automatisierung und Containerisierung und die Hauptursache für die negative Sicht der Hafenarbeiter auf den Wandel war jedoch der rasche Abbau von Stellen. Technologische Veränderungen und Entlassungen waren etwa die Ursache für den großen Hafenarbeiterstreik 1972. Nicht zufällig nahm dieser seinen Ausgang an einem Inlanddepot im Norden Londons und entbrannte an der Frage, ob Nicht-Hafenarbeiter Container beladen durften.[198] Die Lagerzeit von Waren im Hafen wurde auf ein Minimum reduziert, um einen ungehemmten Fluss von Gütern im Rahmen einer globalen *Just-In-Time* Produk-

196 Interview mit Owen McIntyre vom 13.08.2009, Transkript, Dockers, SOHC, UoS.
197 Interview mit James McGrath vom 12.08.2009, Dockers, Transkript, SOHC, UoS.
198 Vgl. Sandbrook, State of Emergency, S. 82–85; Ian Murray, Industrial Court Threatens to Jail Organizers of Container Depot Picket, in: The Times, 15.6.1972.

tion zu gewährleisten. Dazu gehörte auch, dass das alte System der Bedarfs- oder Trampschifffahrt immer mehr vom regulären Liniendienst verdrängt wurde.[199]

Gleichzeitig veränderten sich die Anforderungen an Standort und physische Struktur der Anlagen. Der Container schuf zusammen mit neuen Formen von *Roll-on-Roll-off-* und Massengutterminals weltweit ein neues Verhältnis von Hafen und Stadt.[200] Container-Terminals kamen ohne Lagerhallen und Schuppen aus. Sie benötigten große ebene Flächen als Zwischenlager für Container, eigens konstruierte Krananlagen sowie eine leistungsfähige Verkehrsanbindung an Straße und Schiene. Herkömmliche Dockanlagen erwiesen sich als zu eng für diesen Hafentyp und die immer größer werdenden Containerschiffe. Lange gerade Kais an möglichst offenem und tiefem Wasser wurden benötigt. Der Flächenbedarf wuchs gegenüber herkömmlichen Stückgutanlagen in etwa um das zehnfache. Innerhalb historisch gewachsener Hafenstädte ließen sich solche Terminals kaum realisieren. Die Verlagerung der Aktivitäten in Richtung Meer ist eine der bedeutendsten Veränderungen im Verhältnis von Hafen und Stadt in der zweiten Hälfte des 20. Jahrhunderts.[201]

Im Falle Glasgows folgte man den Empfehlungen der Rochdale-Kommission. Zeitgleich mit dem Zusammenschluss von *Clyde Navigation Trust*, *Greenock Harbour Trust* und des *Clyde Lighthouses Trust* zur *Clyde Port Authority* (CPA) erfolgte die Entscheidung zum Bau eines Containerterminals in Greenock. Allerdings nicht auf der grünen Wiese, vielmehr wurde der bestehende Hafen umgebaut. Am 26. Mai 1969 schwebte der erste Container mit Whiskey für den amerikanischen Markt an Bord eines Schiffes.[202] In den folgenden zehn Jahren erfolgte die schrittweise Schließung weiter Teile des Glasgower Hafens. Der Broomielaw Kai und das Kingston Dock waren bereits dem Bau der Innenstadtautobahn zum Opfer gefallen. *Queen's* und *Prince's Dock*, Herzstück des Hafens, schlossen bald darauf und mit ihnen viele der Parallelkais. Die Eröffnung des *Hunterston Ore Terminals* 1979 an der Küste von Ayrshire mit seinem weit ins Meer hinausgebauten Anleger brachte schließlich auch das Aus für den Erzhafen *General Terminus*. Der verbliebene Handel konzentrierte sich zunehmend am King George V. Dock. Der Innenstadthafen war Geschichte.

Die Eröffnung des Hunterston Terminals durch die Königinmutter, die eigens mit der Royal Yacht angereist war, geriet aufgrund eines Streiks allerdings zur Farce. Ursache war eine zwischengewerkschaftliche Fehde zwischen Dockern und Stahlarbeitern darüber, wer in dem neuen Terminal arbeiten sollte. So lag zur Eröffnung keiner der großen Erzfrachter am Kai, für die die Anlage errichtet worden war. Stattdessen surrten nach dem königlichen Druck

199 Vgl. Horst Linde, Containertechnologie – (R)Evolution des Seeverkehrs, in: Hans-Joachim Braun (Hrsg.), Seetransport in Geschichte und Gegenwart. Vorträge der Jahrestagung der Georg-Agricola-Gesellschaft 2004 in Bremerhaven, Freiberg 2005, S. 77–94.

200 Brian S. Hoyle, Development Dynamics at the Port-City Interface, in: Ders./Pinder/Husain (Hrsg.), Revitalising the Waterfront, S. 3–19.

201 Yehuda Hayuth, Changes on the Waterfront, S. 55.

202 Vgl. o.A., Whiskey Launched the Service, in: Glasgow Herald, 27.6.1969.

auf den Startknopf leere Förderbänder in Richtung leerer Erz-Waggons. Der »Glasgow Herald« kommentierte bissig:

Of course, there is occasion for a small cheer in that the project has [...] at least taken off, but an opening ceremony so hollow at the core cannot but harm this country's industrial image. Here, once again, British technology and expertise were being nullified by poor industrial relations.[203]

Zwanzig Jahre später war nicht nur die *Britannia* ein Fall fürs Museum[204]. Mit der Schließung von Ravenscraig 1992 war die ganze schottische Stahlindustrie nur noch Erinnerung.

Neben den Empfehlungen der Rochdale-Kommission und dem Siegeszug des Containers hatte die Schließung aber noch andere, weniger spezifische Ursachen. Der Hafen als Durchgangsort für Passagiere, sei es nun für Pendler im Berufsverkehr, Ausflügler oder Fernreisende, verlor in den Nachkriegsjahren rasch an Bedeutung. Am folgenschwersten erwiesen sich der Rückgang der Linien-Passagierschifffahrt. Vor allem die schwindenden Passagierzahlen auf der Nordatlantikroute hatten für Glasgow Folgen. Lange Zeit war dieses Geschäft von britischen Reedereien wie der *Cunard-Line* beherrscht worden, die wiederum eng mit den Clyde-Werften verbunden gewesen waren. Nach Kriegsende schienen steigende Passagierzahlen zunächst für einen Fortgang dieser Erfolgsgeschichte zu sprechen. Im Laufe der 1950er Jahre nahm auf langen Strecken die Konkurrenz durch das Flugzeug jedoch rasch zu und 1957 überquerten erstmals mehr Menschen den Nordatlantik fliegend als mit dem Schiff. 1959 war die Zahl der Fluggäste fast doppelt so hoch.[205] Die Ära der großen Passagierliniendampfer, für deren Bau Glasgow einst berühmt gewesen war, neigte sich ihrem Ende zu. Dies betraf nicht nur diejenigen unter den Glasgower Werften, die auf den Bau großer Linienschiffe spezialisiert waren. Es bedeutete auch, dass seine Rolle als Drehkreuz von Überseereisen verlor und damit verbundene Einrichtungen obsolet wurden. Die Glasgower *Anchor Line* etwa, stellte ihren transatlantischen Passagier-Liniendienst, der zuletzt nur noch mit Kombischiffen aufrechterhalten worden war, 1956 nach über hundert Jahren ein. Nach dem Aus für die Passagierfahrten nach Indien zog sie sich zehn Jahre später völlig aus dem Passagiergeschäft zurück, ehe sie in den wirtschaftlichen Turbulenzen der 1970er Jahre unterging.[206]

Nicht nur die Fernreisen gingen zurück. Die Geographie Großbritanniens hatte lange Zeit dafür gesorgt, dass die Küstenschifffahrt von zentraler Bedeu-

203 O. A., Dampener on Hunterston, in: Glasgow Herald, 6.6.1979.

204 Ironischerweise liegt sie als Museumsschiff heute im Edinburger Hafen und nicht in Clydebank, wo sie gebaut wurde.

205 Jamieson, Ebb tide in the British maritime industries, S. 30 f.

206 Vgl. Martin Bellamy/Bill Spalding, The Golden Years of the Anchor Line, Catrine 2011. S. 105–108.

tung sowohl für den Güterverkehr als auch für Passagierreisen gewesen war. Der Ausbau des Straßennetzes und die Zunahme des Automobil- und Lastwagenverkehrs führten in den Jahrzehnten nach dem Krieg zu einer Verlagerung von Menschen und Gütern auf die Straße. Die Küstenschifffahrt, ein wichtiger Zweig der Glasgower Hafenwirtschaft, verschwand nun ebenfalls schrittweise.

Durch die zunehmende Verlagerung des Seehandels von der Ausrichtung auf Nordamerika hin zu den wachsenden Märkten Asiens verlor Glasgow zudem seinen wichtigsten geographischen Vorteil, den, die kürzeste Verbindung in die USA zu besitzen. Die hohen Investitionskosten für immer größere Hafenanlagen und der sich beschleunigende Welthandel führten dazu, dass im Fernverkehr die Zahl der Zwischenstopps drastisch verringert wurde. Containerschiffe, die zwischen Asien und Europa verkehrten, liefen bald nur noch einen der ganz großen Häfen wie Rotterdam, Antwerpen oder Hamburg an, von wo aus Feeder-Schiffe die Waren weiterverteilten. Von den britischen Häfen wurden bald nur noch die südöstlich am Ärmelkanal gelegenen direkt bedient. Zusammen mit der Dekolonialisierung und der Neuausrichtung der britischen Wirtschaft auf Europa hatte dies zur Folge, dass Glasgow seine Bedeutung als wichtiger Handelsknotenpunkt zwischen Empire, Mutterland und Nordamerika verlor und sich zunehmend in eine Randlage gedrängt sah.

In einem Dossier, mit dessen Hilfe sich William Ross auf die Eröffnung des Inlanddepots in Coatbridge am 7. November 1969 vorbereitete, war zu lesen: »not only are we peripheral to Britain, we are, if anything, more peripheral to Europe.«[207] Waren und Güter aus Schottland, die für den kontinental europäischen Markt bestimmt waren, wurden immer öfter durch englische Häfen an der Westküste geschleust. Eine Studie der *Scottish Development Agency* über die Entwicklung der schottischen Hafenwirtschaft aus dem Jahr 1983 ergab, dass mehr als 70 Prozent der Produkte über englische Häfen verschifft wurden.[208] Die Folge: höhere Transportkosten für Rohstoffe und schottische Produkte. In einem Zeitzeugeninterview berichtete 2009 der pensionierte Glasgower Hafenarbeiter Owen MacIntyre über den Wandel jener Zeit:

> [...] Glasgow being on the west coast of Scotland and we werenae getting imported stuff from the Commonwealth countries, Australia, India, Canada...even America...ye were only dealing with France, Germany, aw the Common Market countries – they're just gonnae cross the Channel and go intae Southampton or Portsmouth or wherever, they're no gonnae come all the way...cost dearer for a ship tae come up...even Liverpool, Liverpool was the same [...] instead of having big boats in we were only getting coasters and all that crap, maybe one or two days work and that was you, it became boring shall we

207 Dossier zur Rede zur Eröffnung von Coatbridge 7.11.1969, National Archives of Scotland, Edinburgh (künftig NAS), Scottish Information Office Records, Regional Development Division, SOE12/142/34.

208 Vgl. John McKinlay, Scottish Ports' Lost Cargo Floods South, in: Glasgow Herald, 28.6.1986.

say and sometimes ye still got the big boats in but it wisnae as often as it was, ye know, before we joined the Common Market, ye could see the deterioration coming.[209]

Schließlich war die bereits erwähnte vergleichsweise schlechte Entwicklung des westschottischen Industriereviers ein wesentlicher Faktor für den Niedergang des Glasgower Hafens. Betriebsschließungen und das Verschwinden ganzer Industriezweige aus dem urbanen und regionalen Produktionszusammenhang hatten rückläufige Frachtzahlen sowohl bei den Rohstoffimporten als auch bei den Fertigwarenexporten zur Folge. Der enge Zusammenhang zwischen regionaler Ökonomie und Hafen, der den Aufstieg Glasgows vor dem Ersten Weltkrieg mit ermöglicht hatte, löste sich auf. Der Glasgower Industriehafen verlor sein angestammtes Hinterland und somit einen wesentlichen Teil seiner Daseinsberechtigung. Für das, was heute noch an Industriegütern verschifft wird, reicht inzwischen das King George V. Dock.

Wie gezeigt werden konnte, verdichteten sich im Rückzug des Hafens aus der Stadt seit den späten 1960er Jahren unterschiedlichste Entwicklungsstränge: Die Krise des altindustriell geprägten Industriereviers rund um Glasgow; eine staatliche Infrastruktur- und Wirtschaftspolitik, die dem entgegenwirken wollte; die technologische Revolution der Logistik auf der Straße, am Kai und auf dem Meer; die zunehmende Verlagerung von Produktionsstätten nach Asien im Zuge einer neuen globalen Arbeitsteilung und ein verändertes Freizeit- und Konsumverhalten, um nur die wichtigsten zu nennen. Zwischen 1966 und 1977 ging der jährliche Warenumschlag im Glasgower Hafen um etwa eine Million Tonnen zurück.[210] Immer weitere Teile der maritimen Infrastruktur wurden geschlossen. Dieser Rückzug hinterließ Leerstellen. Verwaiste Kais und Docks, die sich neben aufgegebenen Werft- und Industrieanlagen entlang der Flussufer ausbreiteten, kündeten vom Verlust des Ordnungs- und Sinnzusammenhanges der Industrie- und Hafenstadt. Die Zukunft Glasgows und der Region schien ungewisser als je zuvor. »*What future for the Clyde?*« fragte 1968 der Journalist David Stark besorgt im »Glasgow Herald« und brachte damit eine weit verbreitete Unsicherheit zum Ausdruck.[211]

209 Interview mit Owen McIntyre vom 13.08.2009, Dockers, SOHC, UoS.
210 Daiches, Glasgow, S. 254.
211 Vgl. David Stark, What Future for the Clyde?, in: Glasgow Herald, 19.3.1968.

4. Zwischenfazit: Industrie- und Hafenstadt von der Mitte des 19. Jahrhunderts bis in die 1960er Jahre

Das westschottische Industrierevier entwickelte sich aufgrund der vorhandenen Rohstoffvorkommen. Eisen und Kohle, die Basis der frühen Industrialisierung lieferten die geophysikalische Grundlage für die Entstehung eines schwerindustriellen Clusters am Clyde. Zuvor hatten sich im Zuge des Dreieckshandels mit den amerikanischen Kolonien und dem restlichen Europa bereits zahlreiche Gewerbebetriebe in der Stadt angesiedelt. Der Handel hatte zudem für die Ansammlung von Investitionskapital und eine gut ausgebaute Finanzwirtschaft gesorgt.

Unter diesen Voraussetzungen wuchs Glasgow um die Mitte des 19. Jahrhunderts zu einem der industriellen Zentren der Weltwirtschaft heran. In zunehmendem Maße begann der Schiffsbau diesen ökonomischen Ballungsraum zu dominieren. Der Bau dampfbetriebener Schiffe und die Etablierung der Stahlbauweise spielten dabei eine wichtige Rolle. Ein weiteres Gebiet, auf dem die Glasgower reüssierten war der Bau leistungsstarker Lokomotiven und komfortabler Wagen für die Eisenbahnnetze des Empire.

Die rasche Urbanisierung Westschottlands, die mit der Industrialisierung einherging, brachte zahlreiche soziale und städtebauliche Probleme mit sich wie etwa eine hohe Bevölkerungsdichte und die unmittelbare Nachbarschaft von Industriebetrieben und Mietskasernen, aber auch die räumliche Konzentration von Not und Elend in der alten Innenstadt, entlang des Hafens und der Werften sowie im industriell geprägten *Eastend*.

Das letzte Drittel des 19. Jahrhunderts war aber auch eine Hochzeit des *Social Municipalism* der in einer rationalen, gut organisierten Kommunalverwaltung den Schlüssel zur Lösung der drängendsten Probleme sah, die durch den Boom der Industrie und den massenhaften Zuzug von Menschen entstanden waren. Die Stadtverwaltung von Glasgow sah sich hier klar als nationalen Vorreiter. Ihr Hauptaugenmerk galt dabei der Wohnungsnot und der Hygiene in den Elendsvierteln.

Bis zum Ersten Weltkrieg expandierte der Ballungsraum samt Glasgow immer weiter. Die Stadt dehnte sich räumlich aus, die Zahl der Arbeitsplätze und der Einwohner wuchs. In den 1920er Jahren setzte dann eine lange Phase der Stagnation ein. In diese Zeit fallen auch die zahlreichen Bemühungen um eine stärkere horizontale und vertikale Integration der schottischen Industrien, wobei auch hier der Schiffsbau die Führung übernahm. Erst der Zweite Weltkrieg und der darauffolgende Nachkriegsboom schufen hier Abhilfe.

Die relative Prosperität der Nachkriegsjahre schien dann erstmals die Mittel bereit zu stellen, die sozialen und städtebaulichen Probleme des Ballungsraums zu lösen. Als Akteur spielte die Kommune hierbei nach wie vor eine wichtige Rolle. Mit dem Wohlfahrtsstaat und seinen Förderprogrammen war aber nun ein neuer mächtiger Spieler auf dem Feld, der immer mehr Raum für sich beanspruchte. Großangelegte Programme zur Dezentralisierung von Industrie und Bevölkerung und zur Diversifikation der ökonomischen Basis wurden überhaupt erst dank der Unterstützung des Staates möglich.

Ab den 1960er Jahren begann der industrielle Strukturwandel am Clyde spürbar zu werden und in den 1970er und frühen 1980er Jahren entfaltete er seine größte Kraft. Die Industrie- und Hafenstadt Glasgow verlor in jenen Jahren ihre wirtschaftliche Grundlage und der sozialräumliche Zusammenhang der Stadtlandschaft wurde immer mehr in Frage gestellt. Glasgow geriet in einen Teufelskreis aus Unternehmensschließungen, Arbeitslosigkeit, Verelendung ganzer Stadtteile und Bevölkerungsschwund. Als das letzte Drittel des 20. Jahrhunderts begann, war die Stadt, die sich ehedem stolz *The Second City of the Empire* genannt hatte, in einem Schrumpfungsprozess begriffen und ein Ende dieser Abwärtsspirale war nicht absehbar. Mit dem Verlust großer Teile der Industrie und mit der Schließung des Hafens verlor die Stadt ihre wirtschaftliche Basis, aber auch ihr Selbstbild und ihre Identifikationskraft gerieten ins Wanken. Eine knapp 150-jährige Ära der Stadtgeschichte ging allmählich zu Ende.

Zweiter Teil: Vom Industriemoloch zur Kreativen Stadt? Wandlungen Glasgows nach dem Boom

Der zweite Teil befasst sich mit den Veränderungen, die aus der Industrie- und Hafenstadt Glasgow im letzten Drittel des 20. Jahrhunderts einen wichtigen Dienstleistungsstandort und eine Vorreiterin in Sachen Kulturindustrie machten. Während zuvor dargelegt wurde, wie die Säulen des alten Glasgow Mitte der 1960er Jahre zu bröckeln begannen, ehe sie in den wirtschaftlich und politisch turbulenten späten 1970er und frühen 1980er Jahren endgültig in sich zusammenbrachen, stehen jetzt die Übergänge und Neuaufbrüche im Mittelpunkt des Erkenntnisinteresses. Vereinfacht gesagt: Die 1980er Jahre bildeten eine Phase der Experimente und der Suchbewegungen, aus denen sich dann gegen Ende der Dekade und im Verlauf der 1990er Jahre neue Routinen und Gewissheiten herauszuschälen begannen, die als Leitmotive bis heute wirksam geblieben sind.

Diese Um- und Neuorientierung der Stadtpolitik wird auf zwei interdependenten Ebenen betrachtet. Zunächst werden einige konkrete städtebauliche Projekte analysiert, deren gemeinsamer Nenner die Umnutzungen von Industrie- und Hafenbrachen ist. Gezeigt wird, wie sich das Stadtbild und das urbane Netzwerk nach dem Boom veränderten, und wie versucht wurde, baulich-funktionale Entsprechungen zu den sich wandelnden Rahmenbedingungen zu finden. Die konkreten Beispiele dienen somit als räumlich-materielle Manifestationen, um größeren sozio-ökonomische Prozessen auf die Spur zu kommen, die das Glasgow von heute hervorgebracht haben. Gefragt wird, inwiefern die genannten Projekte, die alle ihren festen Platz im Narrativ der urbanen Wiedergeburt Glasgows haben, tatsächlich Teil dieses Wandels waren.

In einem zweiten Schritt soll dann die Stadt der Bilder, die *Soft City*[1] in den Blick genommen werden, also die Vorstellungen und Bilder, die Einheimische wie Außenstehende von Glasgow hatten. Der Wandel des imaginierten Glasgow zählt zu den augenfälligsten Entwicklungen seit den späten 1980er Jahren. Den Verantwortlichen der Stadt gelang es im Schulterschluss mit Werbefachleuten und Unternehmern, den Ruf einer schrumpfenden, von Kriminalität, Arbeitslosigkeit und sozialen Spannungen zerrissenen Stadt zumindest teilweise abzulegen. Aussagen wie die folgende von der Homepage des *Lonely Planet* aus dem Jahr 2013 wären in den späten 1970er Jahren undenkbar gewesen:

1 Der Begriff wird hier wie erläutert verwendet. Er entstammt aber einem eher literarischen Werk, vgl. Jonathan Raban, Soft City, London 1984 [ursrpünglich London 1974].

> Glasgow is regenerating and evolving at a dizzying pace – style cats beware, this city is edgy, modish and downright ballsy. Its Victorian architectural legacy is now swamped with cutting-edge style bars, world-class venues to tickle your taste buds, and a hedonistic club culture that will bring out your nocturnal instincts. Best of all, though, is Glasgow's pounding live-music scene which is one of the best in Britain, and accessible through countless venues dedicated to homegrown beats.[2]

Vom Schmuddelkind im hohen Norden war Glasgow zu *Scotland with Style* geworden, so das Motto einer Imagekampagne aus dem Jahr 2004.[3] Dieser Wandel war das Ergebnis harter Arbeit in den 1980er und 1990er Jahren. Die Stadtverwaltung und zahlreiche andere Institutionen der Glasgower Gesellschaft hatten sich um ein besseres Image der Stadt bemüht. Und diese Anstrengungen zeitigten durchaus Erfolge, auch wenn das Glasgow Bild in der Öffentlichkeit heute weit vielschichtiger ist, als es die Lobhymne des *Lonely Planet* erahnen lässt. Neben dem dominierenden Narrativ von der Renaissance der Stadt sollen deshalb auch andere, zum Teil gegenläufige Erzählungen zur Sprache kommen. Es geht nicht so sehr darum, welche dieser beiden Geschichten des neuen Glasgow denn nun die richtige ist. Diese Frage war für die Zeitgenossen damals zweifellos von höchster Bedeutung und politischer Brisanz. Sie lässt sich aber nicht zufriedenstellend beantworten und ist im Grunde falsch gestellt. Vielmehr soll in dieser Untersuchung gezeigt werden, dass beide Stränge letztlich Teil einer kollektiven Selbstfindungs- und Orientierungsdebatte sind, die ihren Ausgang in einer Phase der Verunsicherung und des Übergangs vor dem Hintergrund tiefgreifender sozio-ökonomischer Veränderungen nahm.

Bevor der Wandel Glasgows im letzten Drittel des 20 Jahrhunderts jedoch näher betrachtet werden kann, müssen zuvor die Rahmenbedingungen geklärt werde, innerhalb deren dieser Prozess stattfand. Deshalb wird im Folgenden der Blick noch einmal geweitet, um die politische, soziale und ökonomische Verfasstheit Schottlands zwischen den 1970er Jahren und der Jahrtausendwende zu analysieren. Diese Zusammenhänge sind für ein Verständnis der Vorgänge in Glasgow unerlässlich.

2 Artikel über Glasgow auf der Homepage der Reiseführerreihe Lonely Planet, die in Australien erscheint, URL: http://www.lonelyplanet.com/scotland/glasgow (Abruf 17.5.2013).

3 Kirsty Scott, As the Wealth and Health Gap Widen, Glasgow Rebrands Itself as City of Style, in: The Guardian, 10.3.2004.

1. Rahmenbedingungen und Kontexte im letzten Drittel des 20. Jahrhunderts

Im Folgenden Abschnitt über die Rahmenbedingungen für die Entwicklung Glasgows nach dem Boom wird zunächst auf das britisch-schottische Verhältnis eingegangen, dann auf das Auseinanderdriften der politischen Landschaften beiderseits der Grenze. Es soll gezeigt werden, dass sich die politische Tektonik zwischen London und Edinburg ab den 1970er Jahren nicht zuletzt aufgrund des sozio-ökonomischen Wandels zu verschieben begann. Dann wendet sich die Untersuchung der ökonomischen Entwicklung zu. Der Elektronik- und der Ölboom beeinflussten beide die Politik und die Wirtschaft Schottlands im letzten Drittel des 20. Jahrhunderts wesentlich. Sie weckten Hoffnungen, schufen Arbeitsplätze und schienen zumindest Zeitweise eine neue Zukunft heraufzubeschwören. Es folgt ein Blick auf die institutionellen Rahmenbedingungen. Wer waren die Akteure vor Ort und in welchen administrativen Zusammenhängen agierten sie? Schließlich soll die politische Entwicklung innerhalb der beiden entscheidenden lokalpolitischen Gremien, dem Stadt- und dem Regionalrat, kurz nachgezeichnet werden. Dabei geht es im Kern um die Frage, wer am Clyde das Heft des Handelns in der Hand hielt?

1.1 Wachsende Divergenz: Großbritannien und Schottland ab Mitte der 1970er Jahre

Die politische Landschaft Schottlands wurde im letzten Drittel des 20. Jahrhunderts von zwei dynamischen Prozessen beherrscht, die in der Nachkriegszeit noch kaum absehbar gewesen waren. Auf der einen Seite das Erstarken des schottischen Nationalismus und die Wahlerfolge der *Scottish National Party (SNP)*, die ab Mitte der 1960er Jahre Aufsehen erregten. Von diesen frühen Triumphen führt ein direkter, wenngleich kein geradliniger Weg zur gegenwärtigen Dominanz der Partei in der politischen Landschaft Schottlands. Auf der anderen Seite begann zur gleichen Zeit der Abstieg der schottischen Tories, der die Partei in den späten 1990er Jahren in die politische Bedeutungslosigkeit führte. Von dieser Erosion der *Scottish Conservative and Unionist Party* konnte Labour lange Zeit profitieren. Der Aufstieg der SNP, das allmähliche Widererstarken der Liberalen, die Entfremdung der Konservativen von ihren schottischen Wählern und beachtlichen Teilen der eigenen Partei schufen seit den 1960er Jahren ein politisches Kräftefeld, dass sich zunehmend vom übrigen Großbritannien unterschied. Mit der Schaffung eines schottischen Parlaments 1999 und der Einführung einer kombinierten Mehrheits- und Verhältniswahl wurde diese Differenz Verfassungswirklichkeit. Die politische Entfremdung zwischen

Schotten und Engländern war auf vielfache Weise mit dem Strukturwandel und den Reaktionen darauf verknüpft.

Dieser Zusammenhang soll im Zentrum der folgenden Analyse stehen. Gefragt wird, ob und wie wie die sozio-ökonomische Entwicklung im Norden und der zu beobachtende Wandel in der politischen Landschaft Schottlands verknüpft sind. Die beiden Referenden über die Schaffung eines schottischen Parlaments von 1979 und 1997 bilden hier wichtige Eckpunkte einer Entwicklung hin zu einem wachsenden Partikularismus, die vorerst in dem gescheiterten Unabhängigkeitsreferendum von 2014 kuliminerte. Inden beiden Jahrzehnten nach dem Zweiten Weltkrieg war dieser Prozess noch in keinerlei Hinsich absehbar gewesen. Wie kam es zu diesem Umschwung?

Die Zeit zwischen dem Zweiten Weltkrieg und den mittleren 1960er Jahren waren gute Jahre im Verhältnis zwischen Schottland und dem Rest des Vereinigten Königreiches gewesen.[1] Der schottische Separatismus, der während der krisenhaften 1930er Jahre sein Haupt erhoben hatte, verlor in der Nachkriegszeit rasch an Boden. Gleichzeitig verloren auch die traditionell starken Liberalen. Die Parteienlandschaft Schottlands glich sich in den Jahren des Booms also mehr und mehr an diejenige im Rest des Landes an, auch wenn eine völlige Nivellierung der Unterschiede nicht stattfand.

Auch im kulturellen Feld und auf der Ebene kollektiver Identität hatte eine Annäherung stattgefunden. Die Erinnerung an Not und Entbehrungen aber auch gemeinsame Leistungen während des Zweiten Weltkrieges boten einen gemeinsamen positiven Erfahrungshintergrund und beförderten eine inklusive britische Identität, wie Andrew Marr schreibt.

> The elation of victory, the prominent part played by Scottish regiments and the mingling of Scots with the other nations of Britain in the common cause had strengthened the feeling of a mutual Britishness – a theme rammed home in wartime propaganda, often brilliantly and moving.[2]

Für einen schottischen Partikularismus oder gar Nationalismus blieb da jenseits der Folklore kein Platz. Dass dieser Trend nach Kriegsende anhielt, war nicht zuletzt eine Folge des bald heraufziehenden Kalten Krieges und der erneuten Bedrohung durch äußere Mächte.

Auch die Verheißungen des neuen Wohlfahrtsstaates boten ein starkes Band, das die britische Gesellschaft der Nachkriegsjahre zusammenhielt. Die Aussicht auf Soziale Sicherheit, eine Angleichung der Lebensverhältnisse und wachsenden Wohlstand für alle ließ Trennendes in den Hintergrund treten. Denn

1 Vgl. James Mitchell, Scotland. Cultural Base and Economic Catalyst, in: Jonathan Hollowell, Britain since 1945, Oxford 2003, S. 109–125; Murray Pittock, The Road to Independence? Scotland since the Sixties, London 2008; Paul Addison, No Turning back. The Peacetime Revolutions of Post-War Britain, Oxford 2010, S.102–130, 222–258.

2 Andrew Marr, The Battle for Scotland, London 1992, S. 105.

erfüllbar schien dieser Traum nur durch die Stärkung zentralstaatlicher Strukturen. Es herrschte beispielsweise ein breiter politischer Konsens darüber, die bestehenden regionalen Unterschiede in Bezug auf die Wirtschaftsleistung angeglichen werden sollten: »There must be no depressed areas in the New Britain«[3], verkündete Labours Wahlkampfmanifest 1945. Und unter expliziter Bezugnahme auf Schottland hieß es noch zehn Jahre später bei den Konservativen: »As part of our policy for maintaining full employment, we aim to attract the widest variety of new industrial enterprise to the areas where it is most needed.«[4]

Die Regionen, die in den Zwischenkriegsjahren besonders gelitten hatten, sollten in den Genuss staatlicher Modernisierungsprogramme kommen. Ziel der regionalen Strukturförderung war die Angleichung der Lebensverhältnisse in ganz Großbritannien. Der wirtschaftlich erfolgreiche Süden war das Vorbild, an dem sich die Maßnahmen orientierten. Dieser *One-fits-All*-Ansatz der Strukturförderung nahm wenig Rücksicht auf vorhandene Stärken und regionale Besonderheiten. Vollbeschäftigung und soziale Sicherung, Korporatismus und ein eingehegter Kapitalismus in Form einer *Mixed Economy* ließen sich nur schwer mit der Vorstellung partikularer Nationalismen zusammendenken. Ideell boten beide Narrative der Kriegsgemeinschaft und der Modernisierung bis in die 1960er Jahre eine einheits- und gemeinschaftsstiftende Klammer und prägten das Selbstverständnis im Vereinigten Königreich.[5]

Im Laufe der 1960er Jahre verloren beide Großerzählungen an Strahlkraft. In Schottland erhielten die Nationalisten genauso Auftrieb wie in Wales oder Nordirland. Dieses Aufblühen der partikularen Kräfte hatte vor allem zwei Ursachen. Einerseits wollte die junge Generation von den Entbehrungen und Leistungen im Kampf gegen das nationalsozialistische Deutschland nichts mehr wissen. All dies schien weit weg und passte kaum mehr ins Selbstverständnis einer Wohlstands- und Konsumgesellschaft mit steigendem Lebensstandard für die Mehrheit der Bevölkerung.[6] Der wirtschaftliche Erfolg anderer europäischer Staaten, nicht zuletzt des besiegten Deutschlands, stellte zudem den militärischen Erfolg im Zweiten Weltkrieg rückwirkend in Frage. Während

3 Labour Party, Let Us Face the Future. A Declaration of Labour Policy for the Consideration of the Nation, in: Iain Dale, Labour Party General Election Manifestos 1900–1997, London, New York 2000, S. 51–60, hier S. 54.

4 Conservative Party, United for Peace and Progress. The Conservative and Unionist Party's Policy, in: Iain Dale, Conservative Party General Election Manifestos 1900–1997, London, New York 2000, S. 101–125, hier S. 123.

5 Vgl. Peter Leese, Britain since 1945. Aspects of Identity, Basingstoke 2006, S. 13–59.

6 Vgl. Richard J. Finlay, Modern Scotland 1914–2000, London 2004, S. 277–280; Peter Lyanche, Scottish Government and Politics. An Introduction, Edinburgh 2001; James Mitchell, From Breakthrough to Mainstream. The Politics of Potential and Blackmail, in: Gerry Hassan (Hrsg.), The Modern SNP. From Protest to Power, Edinburgh 2009, S. 31–41.

die britische Wirtschaft insgesamt nur relativ langsam wuchs, waren es die altindustriell geprägten Regionen, die nochmals deutlich weiter zurückblieben.

Andererseits scheiterten im Laufe der 1960er Jahre jene staatlichen Modernisierungs- und Steuerungsmodelle, an die zuvor so große Erwartungen geknüpft worden waren. Zahlreiche fehlgeschlagene Experimente, sei es nun im Wohnungs- und Städtebau oder in der Industriepolitik, führten zu Enttäuschungen und mehrten die Unzufriedenheit mit den beiden großen Parteien. Die Skepsis gegenüber zentralistischer Steuerung und Planung sowie der antizyklischen *Stop-and-Go*-Strategie keynsianischer Prägung wuchs. Die Zahlungsbilanzprobleme und eine Reihe größerer und kleinerer Sterlingkrisen, die in der Abwertung des Pfundes und in der Aufgabe des ersten und letzten Fünfjahresplanes 1967 gipfelten, trugen zum Verlust des Vertrauens in Staat und Politik bei.[7]

Die mobilisierende Kraft des schottischen Nationalismus ab den späten 1960er Jahren erklärt sich jedoch nicht nur aus diesen allgemeinen Tendenzen heraus, wie Murray Pittock betont.

> The sudden rise of the SNP can be mapped almost exactly on the acceleration of the decolonization process abroad and the apogee of central planning operating in a context of decline at home, combined with significant anglicizing policy moves in areas such as education.[8]

Drei Argumente stehen im Mittelpunkt seiner Analyse.[9] Erstens sei die schottische Ökonomie besonders stark mit den Rohstoff- und Absatzmärkten des Empire verknüpft gewesen. Verwaltung und Wirtschaft in den Kolonien boten vielen Auswanderungswilligen Karrieremöglichkeiten in Übersee und die große schottische Diaspora habe ein wichtiges Netzwerk innerhalb des Weltreiches gebildet. Im Verhältnis zu Großbritannien beziehungsweise zu England habe das Empire deshalb nördlich der Grenze eine vergleichsweise wichtige Rolle gespielt. Mit der beschleunigten Dekolonialisierung löste sich dieser Zusammenhang im Laufe der 1960er Jahre auf. Das Vereinigte Königreich verlor damit an Attraktivität für die Schotten.

Zweitens habe der Unionsvertrag Schottland einige Besonderheiten, Institutionen und Privilegien gewährt. Im Bereich des Rechts, der Bildung, der Finanzwirtschaft und der Verwaltung habe die Region ein gehöriges Maß an Eigenständigkeit besessen. Mit der schottischen Kirche habe zudem eine wichtige kulturelle, soziale und religiöse Plattform zur Verfügung gestanden. Nach 1945 weitete der Staat seinen Zugriff auf Kommunen und Regionen jedoch immer mehr aus, beispielsweise in den Institutionen des Wohlfahrtsstaates oder im Zuge der Verstaatlichung wichtiger Industriebetriebe. Beides habe zur Verlagerung der politischen und ökonomischen Macht in Richtung London bei-

7 Alec Cairncross/Barry Eichengreen, Sterling in Decline. The Devaluations of 1934, 1943 and 1967, 2. Aufl., Basingstoke 2003, S. 156–217.

8 Pittock, The Road to Independence, S. 63 f.

9 Vgl. ebd., S. 13–28.

getragen. Diese Schwächung der Autonomie wurde hingenommen, solange die Vorteile eines solchen Arrangements überwogen. Im Laufe der 1960er sei dieser Konsens jedoch allmählich zerbröckelt.

Drittens wirkten der Niedergang der traditionellen Industrien und das Scheitern staatlicher Modernisierungsversuche der Wirtschaft im schottisch-britischen Verhältnis polarisierend.[10] Zweifellos teilte der Westen Schottlands die Erfahrung des ökonomischen Niedergangs und einer hohen Arbeitslosigkeit mit anderen altindustriell geprägten Kernregionen Großbritanniens. Anders als südlich der Grenze stand hier jedoch der schottische Nationalismus als ideologisches Kompensationsnarrativ und alternatives Deutungsmuster zur Verfügung. Die ökonomische Krise wurde so nicht mehr nur als Folge einer strukturellen Schwäche, sondern vor allem als Produkt einer falschen, letztlich anti-schottischen Politik wahrgenommen. Ein Leserbrief aus dem »Glasgow Herald« aus dem November 1985 spiegelt diese Stimmung wieder:

> Sir, I share Mr. Clerkin's view that Tory government has been disastrous for the well-being of Scotland and her people. May I point out, however, that at the next, as at any General Election, even if not one single individual voted Conservative in Scotland, we could still have a Conservative Government in Westminster, with full authority to mishandle Scottish affairs as before![11]

Je mehr die Schotten Herr über ihre eigenen Angelegenheiten wären, desto besser würden sie die Schwierigkeiten meistern können, dachten viele. Eine weitere Dezentralisierung der Regierungsgewalt, also *Devolution*, war so betrachtet, nur die logische Konsequenz der Besonderheiten der schottischen Gesellschaft. Die Nationalisten waren die einzige Partei, die eine solche Politik glaubwürdig vertrat. Die negativen Auswirkungen des Strukturwandels und das Scheitern einer zentralstaatlich organisierten Planwirtschaft stärkte somit die Entfremdung zwischen Zentrum und Peripherie.

Wie sehr die nationalistische Stimmung im Laufe der 1970er Jahre hochkochte, zeigte eine Reihe kleinerer Bombenanschläge der Untergrundorganisation *Tartan Army*. In der Nacht auf den 22. September 1975 traf es den zwölf Jahre zuvor eröffneten Clyde-Straßentunnel in Glasgow. Verletzt wurde bei dem Anschlag niemand. Der Sachschaden war gering. Die Täter hatten rechtzeitig vor dem Sprengsatz gewarnt.[12] Die Stimmung blieb aber angespannt. Dies belegt die Berichterstattung im »Glasgow Herald« über den Besuch der Queen in der Stadt am 17. Mai 1977 im Rahmen der Feierlichkeiten zum silbernen Thronjubiläum. Obwohl es keine Zwischenfälle gab, offenbaren die Berichte eine große Anspannung im Vorfeld. Die Verantwortlichen fürchteten anti-royale und nationalisti-

10 Thomas M. Devine, The Scottish Nation 1700–2000, London 1999, S. 581; Richard J. Finlay, The Early Years. From the Inter-War Period to the mid-1960s, in: Hassan (Hrsg.), The Modern SNP, S. 19–30.

11 Mary McGonigal, Scottish Votes Irrelevant, in: Glasgow Herald, 4.11.1985.

12 Vgl Hugh Hunston, Tartan Army Blast Rocks Clyde Tunnel, in: Glasgow Herald, 22.9.1975.

sche Proteste bis hin zu Anschlägen.[13] Selbst ein harmloses Freundschaftsspiel zwischen einer Auswahl der Glasgower Clubs und der Englischen Liga drohte zum Politikum zu werden. Insbesondere beim Absingen der Nationalhymne bei Spielbeginn befürchtete man einen Eklat.

Das Aufleben des schottischen Nationalismus ab den späten 1960er Jahren und die aufgeheizte Stimmung der 1970er kamen einigermaßen überraschend, waren dennoch nicht ohne Vorläufer. Seit dem Krieg hatte immer eine starke nationalistische Unterströmung existiert.[14] Sie zeigte sich etwa in den parteiübergreifenden und konsensorientierten Aktionen der Plebiszitbewegung der späten 1940er Jahre, in den fast zwei Millionen Unterschriften unter dem *National Covenant for Scottish Home Rule*, oder in so skurrilen Zwischenfällen wie dem Raub des *Stone of Destiny* aus der *Westminster Cathedral* am Weihnachtstag 1950 durch vier Glasgower Studenten.[15] Als parlamentarische Kraft spielten die Nationalisten jedoch keine Rolle.

Bei den Unterhauswahlen 1966 kündigte sich jedoch ein Wandel an.[16] Die SNP erreichte erstmals einen Anteil von fünf Prozent und im Jahr darauf gewann Winnie Ewing bei einer Nachwahl in Hamilton, South Lanarkshire, einen Sitz im Parlament. Damit war der Nationalismus zurück auf der politischen Bühne. Die Auseinandersetzungen um die Rettung der *Upper Clyde Shipbuilders* und die Versuche zur Beschneidung des Interventionsstaates durch die Regierung Heath befeuerten den Erfolg der SNP und der Trend setzte sich fort. So war es sicherlich kein Zufall, dass sich 1973 die junge SNP-Kandidatin Margo MacDonald bei einer Nachwahl im vom Schiffsbau geprägten Stadtteil Govan gegen den etablierten Labour-Kandidaten durchsetzen konnte.[17] Im Jahr zuvor hatten die Nationalisten die *It's Scotland's Oil*-Kampagne gestartet.[18] In den zwei nationalen Wahlen des Jahres 1974 erhielt die SNP 22 bzw. 30 Prozent der schottischen Stimmen, was zunächst 7, dann 11 Sitze in Westminster bedeutete.[19]

Der rasche Aufstieg der SNP während der Amtszeit von Edward Heath war wesentlich eine Folge enttäuschter Erwartungen. Als Oppositionsführer hatte

13 Stringent check on royal route, in: Glasgow Herald, 17.5.1977; George Forbes, Glasgow Belongs to You! Happy and Glorious all the Day Long, in: Ebd., 18.5.1977.

14 Devine, The Scottish Nation, S. 565–573.

15 Vgl. o. A., Widespread Search for Scots Stone of Destiny. ›Patriots‹ Suspected of Theft, in: Glasgow Herald, 26.12.1950.

16 Iain Mclean, Challenging the Union, in: Thomas. M. Devine/Jenny Wormald (Hrsg.), The Oxford Handbook of Modern Scottish History, Oxford 2012, S. 635–651.

17 Vgl. o. A., SNP Shock for Labour in Govan, in: Glasgow Herald, 9.11.1973; Zur Biographie der politischen Bedeutuntg MacDonalds vgl. o. A., Independent MSP Margo MacDonald Dies, URL: http://www.bbc.com/news/uk-scotland-scotland-politics-26883278 (Abruf, 1.12.2014).

18 Vgl. Christopher Harvie, Fool's Gold, The Story of North Sea Oil, London 1994, S. 121–124.

19 Pittock, The Road to Independence, S. 59.

Heath seine Unterstützung für mehr schottische Autonomie zum Ausdruck gebracht.[20] Als Premierminister ließen aber weder er selbst noch seine Partei Begeisterung für das Thema erkennen. Der Wahlerfolg war zudem Ausdruck einer wachsenden Unzufriedenheit mit den beiden großen etablierten Parteien in Bezug auf den Umgang mit der sich verschärfenden wirtschaftlichen und sozialen Krise nördlich der Grenze.

Labour hatte sich in den 1950er Jahren vom Thema *Home Rule* weitgehend verabschiedet. In seiner ersten Amtzeit sah sich Harold Wilson angesichts der Erfolge der SNP jedoch gezwungen, eine Kommission einzusetzen, die Vorschläge für eine Verfassungsreform erarbeiten sollte. Ergebniss wurden aber erst 1973 veröffentlicht, als in Westminster die Konservativen unter Heath das Ruder wieder übernommen hatten. Für Vertreter der Reform war der Bericht ohnehin enttäuschend. Man hatte sich auf wenig mehr als die Empfehlung zur Einrichtung einer schottischen Versammlung einigen können. In der Frage, wie genau diese aussehen und welche Befugnisse sie erhalten sollte, gingen die Vorschläge weit auseinander. Sowohl Labour als auch Konservative lehnten die Empfehlungen ab.[21] Beide Parteien blieben vorerst Stützen des zentralistischen Nachkriegsstaats.

Im Februar 1974 kehrte Wilson in die Downing Street zurück, allerdings ohne sichere Mehrheit im Unterhaus.[22] Angesichts des ersten *Hung Parliaments* seit 1929 hoffte der Premier seine Stellung durch Neuwahlen zu verbessern. Er führte Labour auf einen *Devolution*-Kurs, um Stimmen von der SNP zu gewinnen.[23] Tatsächlich legten die Nationalisten bei der Oktoberwahl jedoch um weitere vier Sitze zu, allerdings auf Kosten der Konservativen. Wilson erlangte eine regierungsfähige Mehrheit. Um den innerhalb von Labour ausgebrochenen Streit über das Thema *Devolution* zu entschärfen und die SNP weiter zu schwächen, entschloss man sich, die Frage eines schottischen Parlaments in Form eines Referendums den Wählern vorzulegen.[24] Die Abstimmung 1979 brachte zwar eine hauchdünne Mehrheit für das vorgeschlagene Modell, insgesamt stimmten jedoch zu wenige Wähler zu.

20 David Torrance, Great Scottish Speeches, Edinburgh 2011, S. 148–150.

21 Report of the Royal Commission on the Constitution, veröffentlicht am 31. Oktober 1973, The National Archives London (künftig TNA); Cabinet Papers 1915–1977, CAB/129/172/16; John Warden, Home Rule Remains a Distant Prospect, in: Glasgow Herald, 1.11.1973; o. A., Mixed Reaction to Kilbrandon Report, in: Ebd.

22 Addison, No Turning Back, S. 155; Dominic Sandbrook, State of Emergency. The Way We Were. Britain 1970–1974, S. 613–645; Andy Beckett, When the Lights Went Out. What Really Happened to Britain in the Seventies, London 2009, S. 150–156.

23 Vgl. Bob McLean, Labour in Scotland since 1945: Myth and Reality, in: Gerry Hassan, The Scottish Labour Party. History, Institutions and Ideas, Edinburgh 2004, S. 34–50, hier S. 40f.

24 James Mitchell, Scotland and the Union, 1945–95, in: Thomas M. Devine/Richard J. Finlay, Scotland in the Twentieth Century, Edinburgh 1996, S. 85–101, hier S. 96f.

Der SNP brachte das gescheiterte Referendum einen Einbruch. Bei der nächsten Unterhauswahl sank ihr Stimmanteil in Schottland auf 17,3 und vier Jahre später auf 11,8 Prozent. Vorübergehend schien ihr Vormarsch gestoppt. Ähnlich wie die Labour-Partei, die im selben Jahr die Unterhauswahlen verlor, rückte die SNP in der Folge deutlich nach Links, wo sie die meiste Zeit der 1980er Jahre verblieb. Innere Auseinandersetzungen schwächten die Partei. Die terroristischen Aktionen der *Scottish National Liberation Army* waren der Nationalen Sache ebenfalls nicht zuträglich.

Ironischer weise war es Margaret Thatcher, welche die SNP wieder auf die Erfolgsspur setzte. Erst die Kampagne gegen die Kopfsteuer 1989/90 brachte die Partei zurück auf die politische Bühne. Dabei spielte der Umstand eine große Rolle, dass dieses einkommensunabhängige Steuermodell zuerst in Schottland eingeführt werden sollte. Viele Schotten glaubten sich in der Rolle des Versuchskaninchens für Experimente aus der neoliberalen Giftküche.[25] Der erneute Erfolg der SNP fußte nun auf einem nationalistischen, zugleich aber sozialdemokratisch-europafreundlichen Programm. Diese neue Ausrichtung vereinte viele Gegner der radikalen Reformpolitik der Regierung in London. Um die aufgeheizte Stimmung zu kanalisieren bildete sich zugleich ein Bündnis aus Labour, Liberaldemokraten und Teilen der schottischen Zivilgesellschaft mit dem Ziel der Einrichtung einer *Scottish Constitutional Convention* 1989.

Aus dieser Versammlung stammte schließlich die Blaupause für *New Labours Devolution*-Gesetzgebung und das Referendum von 1997.[26] Mit dem Edinburger Parlament war eine zentrale Forderung der Nationalisten erfüllt. In den ersten beiden Legislaturperioden regierte jedoch eine Koalition aus Labour und Liberaldemokraten. Mit der Wahl 2007 übernahm erstmals eine von den Grünen unterstützte Minderheitenregierung der SNP das Steuer und 2011 gelang der Partei schließlich der Durchbruch mit einer Mehrheit von 69 der insgesamt 129 Sitze.

Von den späten 1960er Jahren bis heute hat sich die SNP zu einem bestimmenden Faktor der schottischen Politik entwickelt. Sie legte den Weg von einer Protestpartei zum heute wichtigsten Konkurrent von Labour im Kampf um die Macht in Holyrood, ja zur dominierenden politischen Kraft in Schottland überhaupt zurück.

Murray Pittock hat den Aufstieg der Partei und das Erstarken einer schottischen Identität seit den 1960er Jahren als die psychologische Kehrseite des beschleunigten Wandels und der damit verbundenen vielfachen Verlusterfahrungen beschrieben.

Downgraded [...] to the status of a region, no longer partner in Empire or dominant in international trade and mercantilism, provincialized by centralist policy, commer-

25 Vgl. Vgl. Andy McSmith, No Such Thing as Society. A History of Britain in the 1980s, London 2010, S. 246–248.

26 Vgl. Iain Mclean, Challenging the Union, S. 641 f.

cial globalization and loss of competitiveness in key industries, Scotland's status was in decline on almost every front. The SNP gave Scots an opportunity to demonstrate that they were a separate country without ever committing them to doing more than using it as a protest vehicle to show just this.[27]

Die frühen 1970er Jahre markieren die Rückkehr zum schottischen Sonderweg an der Wahlurne. Die Renationalisierung der Politik auf dem Boden einer erstarkten schottischen Identität war eine Kompensation für die enttäuschten Erwartungen der Modernisierungsprojekte und die erlittenen Niederlagen in der Zeit des Umbruchs.

Die zweite große Veränderung in der politischen Landschaft Schottlands nach dem Boom betraf die Konservativen. Ihr schleichender Bedeutungsverlust trug zur wachsenden Divergenz zwischen Schottland und dem übrigen Großbritannien bei.[28] Dies offenbart die Bilanz der Partei bei den schottischen Parlamentswahlen. In bislang vier Wahlen blieben sie mit deutlichem Abstand auf Rang drei, hinter Labour und der SNP und etwa in Augenhöhe mit den Liberaldemokraten. Bei den Unterhauswahlen hingegen spielt die Partei in Schottland praktisch keine Rolle mehr. Der absolute Tiefpunkt kam mit der Wahl von 1997, als sie nicht eines der schottischen Mandate erringen konnte.

Eine erstaunliche Entwicklung, wenn man bedenkt, dass sich die *Unionist Party* nach dem Ersten Weltkrieg und in Folge des Niedergangs der Liberalen als erfolgreichste Partei Schottlands etabliert hatte. Ihr Erfolg hatte darauf beruht, dass es ihr gelang, nicht nur in der Mittelklasse, sondern auch unter der protestantischen Mehrheit der gelernten und angelernten Arbeiter Fuß zu fassen. Bis Mitte 1950er Jahre konnte sie diese Position halten. Bei den Wahlen 1955 erreichte sie 50,1 Prozent der schottischen Stimmen und 36 von 71 Sitzen.

Danach setzte, parallel zur schlechten wirtschaftlichen Entwicklung, ein allmählicher Rückgang ein. 1959 waren es 31, 1964 nur 24 und 1966 gerade mal 20 Mandate. Auch die Fusion mit der Konservativen Partei von England und Wales 1965 unter dem Label *Scottish Conservative and Unionist Party* brachte nicht die erhoffte Wende. Selbst 1970, als die Konservativen in London an die Macht zurückkehrten, gelang es der Partei zwar ihren prozentualen Anteil zu erhöhen, sie errang jedoch nur 23 schottische Mandate, während Labour 44 erhielt.

Thatchers Reformen, als dezidiert anti-schottisch wahrgenommen, beschleunigten den Niedergang. Gegen den Trend im Süden gewann Labour in 18 Jahren Tory-Herrschaft kontinuierlich an Zustimmung. Da half es auch nichts, dass sich etwa der Vorsitzende der schottischen Konservativen, Michael Ancram, 1982 explizit gegen die Schließung des Stahlwerks Ravenscraig wandte.[29] Zu

27 Pittock, The Road to Independence, S.64.

28 Devine, The Scottish Nation, S. 581 f.

29 Ian Imrie, Unions Cheer Ancram in Steel Fight, in: Glasgow Herald 13.11.1982.

sehr wurden er und seine Partei als verlängerter Arm der *Iron Lady* gesehen. In seiner Eröffnungsrede zur Jahresversammlung des *Scottish Trades Union Congress* (STUC) 1987 in Perth brachte der Vorsitzende Ron Curran eine Geringschätzung der schottischen Tories zum Ausdruck, die damals in Schottland weit über das Labour- und Gewerkschaftslager hinaus anzutreffen war:

Since their return of office in 1979, this Government has committed industrial murder upon the Scottish economy. The list of closures in Scotland since 1979 is longer than the credits for Gone with the Wind, an appropriate analogy to the fate of thousands of jobs. This policy is aided and attended by the Scottish Tories, who owe a greater allegiance to Thatcher's dogma than to the Scottish People they are supposed to represent.[30]

Die Mitglieder der Konservativen Partei wurden offen als Verräter an der schottischen Sache gebrandmarkt, besonders nach der tatsächlichen Stillegung von Ravenscraig 1992.[31] Mitte der 1990er Jahre verfügte der Rat der Region Fife über zwei Abgeordnete der *Communist Party of Great Britain*, aber über keinen einzigen Konservativen. 1997 gab es weder einen von den Tories kontrollierten *District Council*, noch einen Westminster-Abgeordneten. Angesichts solcher Zahlen hielt der Historiker William W. Knox in seiner Geschichte der schottischen Arbeiterbewegung fest: »Scotland is now a Tory-free zone.«[32] Noch bei den Unterhauswahlen 2002 schaffte es nur ein einziger Konservativer einen der 59 schottischen Sitze zu erringen. Bei derselben Wahl erreichte Labour 41, die Liberaldemokraten elf und die SNP sechs Mandate.

Während der 1980er und 1990er Jahre hatte sich das Gefühl, Opfer und Experimentierfeld eines Wirtschaftsdogmas zu sein mit der Wahrnehmung verbunden, dass das Votum der schottischen Wähler keinen Einfluss auf die Politik und die Regierungsbildung in London hatte. Diese Erfahrung führte zu einer wachsenden Entfremdung, die ihren politischen Ausdruck in der Dominanz von Labour und im Wiederaufstieg der Nationalisten fand.[33] In Schottland, wo mehr Menschen auf staatliche Hilfen angewiesen waren und ein größerer Anteil der Bevölkerung in kommunalen Wohnungen lebte, wurde dem Sozial- und Versogungsstaat ein viel höherer Wert zugesprochen als südlich

30 STUC, Annual Report 1987, S. 169, Glasgow Caledonian University Archives and Special Collections (künftig GCUA), Records of the Scottish Trades Union Congress, Annual Reports (künftig STUCA);Ian Bruce, Tories Accused of Industrial Murder, in: Glasgow Herald, 21.4.1987;

31 Vgl. William Clark, Disastrous Timing of Closure Sends Scots Tories Reeling: Lang Strives to Limit the Damage, in: Glasgow Herald, 9.1.1992.

32 William W. Knox, Industrial Nation. Work, Culture and Society in Scotland, 1800–Present, Edinburgh 1999, S. 253.

33 Finlay, Modern Scotland, S. 354; Der wachsende Partikularismus hatt regionalspezifische Ursachen, war ein europäisches Phänomen vgl. Jemery Black, Europe since the Seventies, London 2009, S. 118–123.

der Grenze.[34] Ein Angriff auf ihn wurde deshalb immer auch als Angriff auf Schottland interpretiert. Angesichts der neoliberalen Kälte, die von Süden her ins Land wehte, etablierte sich eine sozial-demokratisch korporatistische und proeuropäische Politik, gleich ob in der Lesart von Labour oder der SNP, als alternatives, distinguiert schottisches Modell und als Teil der kollektiven Identität und Abgrenzung:

> [...] unlike the thirties, the eighties witnessed the decline of the Conservative Party in Scotland and this was indicative of a real political divide which opened up between north and south of the border.[35]

Beide Faktoren, der Aufstieg der SNP und der Niedergang der Konservativen, prägten die politische Landschaft Schottlands nach dem Boom in zunehmendem Ausmaß. Mitte der 1960er Jahre setzte eine Entwicklung hin zu einer eigenständigen schottischen Politik ein, die seit den ersten Wahlen zum Edinburger Parlament 1999 weiter verfestigt wurde und mit der absoluten Mehrheit der SNP von 2011 einen vorläufigen Höhepunkt erreicht hat.[36] Schottland ist zwar heute keinesfalls unabhängig, kann mit dem Politologen Allan McConnell aber als halbautonom beschrieben werden.[37] Nördlich der Grenze etablierte sich dauerhaft ein Vierparteiensystem mit Labour, SNP, Liberaldemokraten und Konservativen.

Dieser politische Kontext spielte für die Entwicklung Glasgows eine nicht unbedeutende Rolle. Die beiden wichtigsten Akteure der Lokalpolitik von Mitte der 1970er bis Mitte der 1990er Jahre, der *Strathclyde Regional Council* und der *City of Glasgow District Council*, wurden von gewählten Gremien gelenkt. Wem die Schotten im Allgemeinen und die Glasgower im Besonderen ihr Vertrauen schenkten, das hing in den 1970er und 1980er Jahren mehr denn je von der wirtschaftlichen Lage und den politischen Reaktionen darauf ab.

1.2 Zwischen Silicon Glen, Ölboom und Dienstleistungswirtschaft: Konjunkturen schottischer Wirtschaftsförderung

Der Niedergang der schottischen Traditionsindustrie in der zweiten Hälfte des 20. Jahrhunderts ist sicherlich der augenfälligste Befund im Hinblick auf die wirtschaftliche Entwicklung der Region.[38] Dieser ökonomische Strukturwandel, der

34 Vgl. Knox, Industrial Nation, S. 253.
35 Finlay, Modern Scotland, S. 342.
36 Vgl. James G. Kellas, The Scotttish Political System, 4. Aufl., Cambridge 1989, S. 122 f.
37 Allan McConnell, Scottish Local Government, Edinburgh 2004, 148–153.
38 Vgl. Knox, Industrial Nation, S. 254–264; Peter L. Payne, The Economy, in: Devine/Finlay, Scotland in the Twentieth Century, S. 13–45; Catriona M. M. Macdonald, Whaur Extremes Meet. Edinburgh 2009, S. 34–80; Ewen A. Cameron, Impaled upon a Thistle. Scotland since 1880, S. 236–262.

seine größte Dynamik in den späten 1970er und frühen 1980er Jahren entfaltete, veränderte, wie bereits gezeigt, die wirtschafltiche Basis Glasgows, Schottlands und Großbritanniens grundlegend.[39] Ein Umbruch, der bis heute spürbar ist. Im einst von der Schwerindustrie dominierten Glasgow war 2004 etwa nicht einmal mehr jeder zehnte Job in im produzierenden Gewerbe zu finden.[40]

Zeitgenössische Sozialwissenschaftler prägten für dieses Phänomen, das sich in nahezu allen hochentwickelten Industriegesellschaften im letzten Drittes des 20. Jahrhunders beobachten lässt, den Begriff der Deindustrialisierung.[41] Dabei handelt es sich jedoch keineswegs nur um einen neutralen Fachbegriff, sondern um ein zeitgenössisches Interpretament mit bisweilen hoher politischer Aufladung. Diese zeitgenössischen Anreicherungen müssen beim Umgang mit diesem Terminus immer mit bedacht werden.[42] Im Folgenden sollen deshalb einige Überlegungen zur Historisierung der Deindustrialisierung unternommen werden.

In der Romantik begann der Begriff seine Karriere als ein emphatisches, gegen die Industrialisierung gerichtetes Schlagwort romantischer Gegenwartskritik.[43] Für die Gegner der wirtschaftlichen Entwicklung und ihrer katastrophalen sozialen Begleiterscheinungen schien Deindustrialsierung der einzig mögliche Ausweg aus Not und Elend. Zurück zur Natur und zur althergebrachten Lebensweise lautete ihre Devise.

Die erneute Konjunktur des Begriffes in den späten 1970er und 1980er Jahren geschah dann aber unter umgekehrten Vorzeichen. Angesichts der Auflösungserscheinungen der industriegesellschaftlichen Zusammenhänge wurde Deindustrialisierung nun zur prägnanten Metapher für die Verlusterfahrungen und sozialen Konflikte im Zuge des wirtschafltichen Strukturwandels. Für konservative Kulturpessimisten war Deindustrialisierung nicht weniger als *Declinism* im Endstadium. Mit den alten Industrien verschwanden die letzten

39 Vgl. in dieser Arbeit, S. 76–100.

40 Glasgow Economic Forum, A Step Change for Glasgow. Glasgow's Ten-Year Economic Development Strategy, Glasgow 2006, URL: http://www.glasgoweconomicfacts.com/Dept.aspx?dept_id=196 (Abruf 18.4.2013).

41 Vgl. Frank Blackaby (Hrsg.), De-Industrialisation, London 1979; John Hughes, Britain in Crisis. De-Industrialisation and How to Fight It, Nottingham 1981; Ders., De-Industrialisation, Nottingham 1980; William F. Lever (Hrsg.), Industrial Change in the United Kingdom, Harlow 1987; Keith Cowling, The Internationalization of Production and Deindustiralisation, Warwick 1985.

42 Vlg. Kim Christian Priemel/Rüdiger Graf, Zeitgeschichte in der Welt der Sozialwissenschaften. Legitimität und Originalität einer Disziplin, in: Vierteljahreshefte für Zeitgeschichte 59 (2011), Heft 4, S. 479–508.

43 Jörg Arnold bearbeitet derzeit Projekt zur Historisierung und Kontextualisierung dieses Begriffes sowie der damit verbundenen Deutungs- und Wahrnehmungsmuster, vgl. Jörg Arnold, ›De-industrialization‹. A Research Project on the Societal History of Economic Change in Britain (1970–90), in: German Historical Institute Bulletin 34 (2012), Heft 2, S. 34–60.

Säulen, auf denen das britische Weltreich einst geruht hatte. Der Untergang der Nation schien endgültig besiegelt.

Aber auch im linken Lager war der Begriff hochgradig anschlussfähig, besonders bei radikalen Gewerkschaftlern und intellektuellen Vordenkern. Sie verstanden Deindustrialisierung als bewusst herbeigeführte und politisch gewollte Entwicklung, die auf die Zerstörung der britischen Arbeiterklasse und ihrer politischen Institutionen zielte. Diese Lesart erhielt im schottischen Kontext eine nationalkulturell antagonistische Bedeutung. Das Schottland der Arbeiter stand hier gegen das England der Yuppies und Banker.

Semantisch eng verwandt mit der Deindustrialisierung sind die Begriffe Dienstleistungsgesellschaft und Tertiarisierung, mit denen die Zeitgenossen den Strukturwandel sprachlich zu fassen suchten. Die sozio-ökonomische Entwicklung sollte auf den Begriff gebracht und somit beherschbar gemacht werden. Dahinter verbarg sich eine latente, stetig wachsende Beunruhigung angesichts der Auflösung der überkommenen Lebens- und Arbeitszusammenhänge. Überkommene Gewisseheiten wurden in kurzer Zeit zertrümmert, die Gegenwart schien unbeherrschbar, die Zukunft unsicher. Ein gutes Beispiel die zeitgenössische Sensibilität gegenüber des Schwindens der Gegenwart und dessen Folgen für das praktische politische Handeln offenbaren die Autoren des *Strathclyde Regional Plan* von 1981:

> In the past it was relatively simple to define the form and structure of emplyment. The rapid growth of the service sector makes it difficult to use previous definitions of employment. Many new jobs simply do not fit clearly into any of the official employment categories but straddle several. It is vitally important to retain a flexible view of what type of development creates employment and where potential employers could or should be located.[44]

Dieser dynamischen Gegenwartsschrumpfung,[45] von Adam Tooze jüngst als Kolonialisierung der Gegenwart durch die Zukunft bezeichnet[46], versuchten zeitgenössische Autoren Einhalt zu gebieten, in dem sie dem Geschehen eine Richtung vorgaben. Aus einer Vielzahl unterschiedlicher und widersprüchlicher Bewegungen wurde semantisch ein Vektor geschmiedet. Mit der Tertiarisierung als Weg und der Dienstleistungsgesellschaft als Ziel erhielt die scheinbar aus den Fugen geratene Gegenwart wieder Richtung, Form und Sinn. Die Zukunft schien weniger ungewiss und bedrohlich, ja bei richtiger Weichenstellung beherrschbar.

44 SRC, Strathclyde Regional Plan 1981. Update 1986: Consolidation Report, Glasgow 1986, S. 37.

45 Vgl. Hermann Lübbe, Gegenwartschrumpfung, in: Klaus Backhaus/Holger Bonus (Hrsg.), Die Beschleunigungsfalle oder der Triumpf der Schildkröte, 3. Aufl., Stuttgart 1998, S. 129–164; Hartmut Rosa, Beschleunigung. Die Veränderungen der Zeitstrukturen in der Moderne, Frankfurt a. M. 2005, S. 131–134.

46 In seinem Vortrag auf der Konferenz Vorgeschichte der Gegenwart. Dimensionen des Strukturbruchs nach dem Boom, IfZ München, 27.–29.6.2013.

Die Popularität solcher sozialwissenschaftlicher Begriffe beruhte weniger auf der Schlüssigkeit konkreter Analysen und Diagnosen. Vielmehr bündelten sie eine Reihe von gesamtgesellschaftlichen Fragekomplexen und machten sie diskursiv fassbar. Wie viele Menschen etwa Daniel Bells Buch über die Postindustrielle Gesellschaft je gelesen haben, ist deshalb letztlich irrelevant. Die scheinbar so soliden sozialwissenschaftlichen Interpretamente erweisen sich aus zeitlicher Distanz eher als als Symptome reger gesellschaftlicher Prozesse der Selbstverständigung und Neuorientierung, ausgelöst durch tiefgreifende Veränderungen, von denen der ökonomische Strukturwandel nur eine, wenngleich eine wichtige war.

In den Debatten um die Entwicklung Glasgows im letzten Drittel des 20. Jahrhunderts tauchen diese sozialwissenschaftlichen Begrifflichkeiten immer wieder auf, sowohl im Sprachgebrauch von Fachleuten, als auch in den Äußerungen von Politkern, Stadtplanern und anderen Verantwortungsträgern. Erst die Historisierung der zeitgenössischen Sprache macht diese Quellen verständlich.

Wirtschaftspolitisch war das letzte Drittel des 20. Jahrhunderts in Schottland eine Zeit großer, sich immer rascher abnutzender und teilweise widersprüchlicher Visionen, die alle auch auf die Ereignisse in Glasgow wirkten. Es handelt sich um den Erfolg der schottischen Elektronikindustrie, die Auswirkungen der Entdeckung des Nordsee-Öls sowie die Expansion des Dienstleistungssektors.

Der Erfolg der schottischen Elektronikindustrie ließ in den 1980ern, als Vergleiche mit Kalifornien *en vogue* waren, Lokalpolitiker und Journalisten gerne vom *Silicon Glen* schwärmen.[47] Der Zweite Weltkrieg brachte eine erste Ansiedlungswelle der Branche in Schottland. Namhafte Firmen wie Ferranti zogen damals in den sichereren Norden. Nach Kriegsende blieben sie und weitere Unternehmen folgten. Sie kamen zunächst überwiegend aus den USA und suchten nach einem Standort, um von hier aus den europäischen Markt beliefern zu können. Billige weibliche Arbeitskräfte und finanzielle Anreize aus Mitteln der regionalen Strukturförderung waren wesentliche Faktoren für die Ansiedlungen. 1950 eröffnete etwa IBM ein Werk in Gourock an der Westküste.

Die Modernisierungspolitik der 1960er Jahre verstärkte den Trend und gegen Ende der 1970er Jahre entfiel auf die Branche ein Großteil der ausländischen Investitionen in Schottland.[48] Inzwischen waren auch japanische Konzerne prominent vertreten. Manche Kommentatoren wähnten Schottland bereits an der

47 Ein schönes Beispiel bietet ein Times-Interview mit SoS George Younger vgl. Bill Johnstone, Bitain's Silicon Glen Still Growing, in: The Times, 24.1.1983; Auch in deutschsprachigen Texten taucht der Begriff auf vgl. o.A., Zum Wohlfühlen, in Der Spiegel, 22.12.1986; Esliabeth Niejahr, ›Die Arbeitslosen profitieren‹. Im britischen Silicon Glen herrschen amerikanische Verhältnisse, in: Der Spiegel, 21.4.1997.

48 George C. Peden, A New Scotland? The Economy, in: Devine/Wormald (Hrsg.), The Oxford Handbook of Modern Scottish History, S. 652–670, hier S. 662.

Spitze einer neuen industriellen Revolution.[49] Räumlich konzentrierte sich die Ansiedlung im zentralen Tieflandgürtel, besonders rund um die *New Towns.*

1983 Beschäftigte die Elektronikbranche in Schottland etwa 40.000 Menschen direkt. Ein Großteil davon waren Frauen.[50] Unternehmen wie *National Semiconductors, Hewlett Packard, Motorola* oder *Sun Microsystems* galten in dieser und der darauffolgenden Dekade als große Hoffnung für die wirtschaftliche Erneuerung Schottlands »from ships to chips«.[51] So förderte beispielsweise die Regierung die Einrichtung eines entsprechenden Schulungszentrums für jugendliche Arbeitslose im Glasgower Osten:

> [...] intended to provide training workshops for unemployed young people aged between 16 and 19 at which they could be taught the skills of computer programming, word processing, digital techniques, control systems and basic electronics linked with suitable work experience.[52]

Tatsächlich entstanden in diesem Sektor neue Arbeitsplätze und die Branche trug wesentlichen Anteil an den guten Wachstumszahlen der 1990er Jahre. Die Beschäftigung legte bis 1997 auf 46.000 zu. In Folge der Dotcom-Krise der frühen 2000er Jahre kam es dann aber zu einem Einbruch. Reine Montagewerke wanderten nach Osteuropa oder Asien ab, wo billiger produziert werden konnte und die Rahmenbedingungen günstiger waren. Andere, wie etwa das erst 1991 in Bathgate eröffnete Mobilfunkwerk von *Motorola* mit über 3.000 Beschäftigten, fielen nicht nur der Marktentwicklung, sondern auch der Schwäche ihrer Mutterkonzerne zum Opfer.[53] Insbesondere im Umfeld der schottischen Universitäten blieben forschungsintensive Bereiche wie etwa Lasertechnik oder Nanotechnologie erhalten.[54] Dennoch verlor die Branche zwischen 1998 und 2006 etwa 20.000 Jobs. Im *Silicon Glen* gingen die Lichter aus:

> Silicon Glen vanished in a torrent of excess capacity in chip making and mobile-phone manufacture, a loss of confidence in hi-tech after the dotcom bust, and a shift in manufacture to the low-cost economies of Eastern Europe and the Far East.[55]

49 Vgl. George Forbes, Scots May Lead Microchip Revolution, in: Glasgow Herald, 8.8.1979.

50 Scottish Development Agency (künftig SDA), Report 83. Focus on Technology, S. 29, National Archives of Scotland (künftig NAS), SDA Annual Reports, SDA1/8.

51 Knox, Industrial Nation, S. 254.

52 Vgl. den Beschluss des Policy and Resources Committee vom 25.2.1982 zur Unterstützung einer solchen Einrichtung, Glasgow Archives (künftig GCA), Minutes of the City of Glasgow District Council (künftig GDC), GDC1/2, 1982/83, Heft 2, S. 129; Ein weitere befand sich in Greenock vgl. Allistair Weir, Electronic Age Brings New Hopes, in. Glasgow Herald, 21.9.1982.

53 Vgl. o.A., Motorola to Close Scottish Plant, in: BBC News, 24.4.2001, URL: http://news.bbc.co.uk/2/hi/uk_news/scotland/1294237.stm (Abruf 9.4.2013).

54 Vgl. Peden, A New Scotland, S. 662

55 Vgl. o.A., Silicon Glen. The Miracle that Just Melted Away, in: Scotsman.com, 8.11.2007, URL: http://www.scotsman.com/news/scottish-news/top-stories/silicon-glen-the-miracle-that-just-melted-away-1-698782 (Abruf 23.4.2012).

Auf lange Sicht bedeutender als die Elektronikindustrie war die Erschließung der Ölvorkommen vor der schottischen Ostküste.[56] Deren Entdeckung 1969 beflügelte die Phantasie von Ökonomen, Politikern und Unternehmern in den 1970er Jahren mehr als alles andere. Das *West Central Scotland Plan Team* veröffentlichte im Februar 1975 eine Studie über die Auswirkungen des Öls auf die Strathclyde Region. Demnach beschäftigte die Ölindustrie zu diesem Zeitpunkt dort rund 10.000 Menschen, überwiegend im produzierenden Gewerbe. In Glasgow selbst waren es über 2.000.[57] Die Studie begann mit der Feststellung:

> It is now generally accepted that the discovery of oil and gas in the North Sea is one of the most important political and economic events to have affected Scotland and Britain this century. [...] It is argued that the discovery of North Sea oil proivides the opportunity for industry in Strathclyde to supply the world offshore oil industry [...][58]

Für Westschottland lagen nach diesem Bericht die größten ökonomischen Chancen in der Verknüpfung der vorhandenen Fähigkeiten mit den Bedürfnissen der Ölindustrie, also im Bau von Bohrinseln und Spezialschiffen sowie bei der Herstellung von Maschinen und Geräten zur Erdölförderung. Anlässlich der großen *Offshore Europe* Ausstellung 1977 in Aberdeen war *Secretary of State for Scotland* Bruce Millan optimistisch, was die Bewältigung des Strukturwandels mit Hilfe des Ölbooms betraf.

> Over the last 30 years the Scottish economy has been adjusting to major industrial change and a major effort has been necessary to diversify and to introduce new industry and new attitudes to the Scottish industrial scene. It is here that North Sea oil has made an impact. The new offshore industry has created fresh markets for the traditional heavy engineering industries of the West of Scotland and encouraged the establishment of new firms bringing new technological skills to many parts of the country.[59]

Ähnlich äußerte sich auch Premierminister James Callaghan anlässlich eines Besuches auf der BP Bohrinsel Delta. Vor dem Hintergrund der *It's Scotlands Oil* Kampagne betonte er jedoch die nationale Bedeutung der Vorkommen. Die Einnahmen aus dem Ölgeschäft müssten zur Wiederbelebung der gesamten britischen Industrie genutzt werden.[60]

Tatsächlich profitierten Teile Schottlands vom Öl-Boom, besonders Aberdeen und die Grampian Region sowie die Shetlands. Doch selbst dort, gab es immer wieder Schwierigkeiten. Das Hauptproblem bestand darin, dass die Förderung

56 Vgl. Harvie, Fool's Gold; Cordula Ulsamer/Lothar Ulsamer, Schottland. Das Nordseeöl und die britische Wirtschaft. Eine Reise zum Rande Europas, Schondorf 1991; Alex Kemp, The Official History of North Sea Oil and Gas, 2 Bde., London 2012.

57 West Central Scotland Plan Team, Strathclyde. The Economic Impact of Offshore Oil, Glasgow 1975, S. 97 f.

58 Ebd., S. 1.

59 Bruce Millan, Expertise Opens Door to World-Wide Market, in: Glasgow Herald, 12.9.1977.

60 Vgl. Hugh Cochrane, Oil Revenues Must Benefit All, Says PM, in: Glasgow Herald. 19.9.1977.

aufgrund der geophysikalischen Gegebenheiten vergleichsweise teuer war. Die Entwicklung des Ölpreises war deshalb für die Rentabilität der schottischen Produktion relativ wichtig. In Zeiten niedriger Preise drohten Verluste. Schwankungen am Weltmarkt schlugen unmittelbar auf die Beschäftigungszahlen durch.

Westschottland konnte nie in dem Maße am Ölgeschäft teilhaben, wie sich das die Mitglieder des *West Central Scotland Plan Teams* erhofft hatten.[61] Die Erschließung der Vorkommen erfolgte in großer Eile und einheimische Firmen hatten kaum Chancen, das hierfür notwendige Know-how zu entwickeln. Die beteiligten Ölmultis griffen lieber auf bewährte Partner zurück.[62] Einzig die traditionelle Energiewirtschaft konnte langfristig profitieren. 2011 arbeiteten immerhin 42.000 Schotten im Energiesektor, der auch auf dem Gebiet der erneuerbaren Energien wichtige Innovationen liefert.[63]

Schließlich brachte die Expansion der Dienstleistungen Arbeitsplätze nach Schottland. Der am schnellsten wachsenden Bereich waren die Finanzdienstleistungen. Zwischen 1985 und 2005 stieg hier die Zahl der Beschäftigten in Schottland von 63.400 auf 112.700.[64] Hintergrund des Booms waren die Deregulierung der Finanzmärkte und die Privatisierungen unter Margret Thatcher sowie technologische Neuerungen im Handel. Zusammen lösten sie eine Dynamik aus, die besonders nach dem *Big Bang* vom Oktober 1986 die Finanzwelt in Großbritannien und darüber hinaus grundlegend verändern sollte.[65]

Die Immobilienbranche trug ebenfalls zur Expansion des Dienstleistungssektors bei. Den Impuls zur Expansion hatte auch hier die Politik gegeben. Seit 1976 entstanden in Schottland erstmals wieder mehr Wohnungen durch private Bauträger als durch die öffentliche Hand.[66] Der Markt für Grundstücke und Wohnungen nahm allmählich Fahrt auf. Die Thatcher-Regierung verstärkte diesen Trend durch die gezielte Förderung von Wohneigentum. Der Anteil der Beschäftigten im Immobiliensektor in Schottland stieg im Zeitraum zwischen 1981 und 2001 von 3,7 auf 11,2 Prozent.[67]

61 Vgl. Macdonald, Whaur Extremes Meet. Scottland's Twentieth Century, S. 75–80.

62 Vgl. Peden, A New Scotland, S. 657 f.

63 Vgl. Mackay Consultants, Prospects for Scotland's Energy Industries 2011–2020, Inverness 2011, 134f, URL: http://news.bbc.co.uk/2/shared/bsp/hi/pdfs/09_06_11_macakyreport.pdf (Abruf 23.4.2013).

64 Vgl. Peden, A New Scotland, S. 663.

65 Vgl. McSmith, No Such Thing as Society, S. 168–188; Andrew Marr, A History of Modern Britain, London 2007, S. 420–428; Alec Cairncross, The British Economy since 1945, 2. Aufl., Oxford, Malden MA 1995, S. 269–272; Katherine Watson, The Financial Services Sector since 1945, in: Roderick Floud/Paul Johnson (Hrsg.), The Cambridge Economic History of Modern Britain, Volume III: Structural Change and Growth 1939–2000, Cambridge u. a. 2004, S. 167–188.

66 Vgl. o.A., Philosophy on Housing, in: Glasgow Herald, 12.1.1978.

67 Vgl. Lindsay Paterson/Frank Bechhofer/DavidMcCrone, Living in Scotland. Social and Economic Change since 1980, Edinburgh 2004, S. 47.

Ein dritter wichtiger Wachstumsbringer im Dienstleistungssektor war der traditionell starke Tourismus, der vor dem Hintergrund eines veränderten Freizeit- und Konsumverhaltens kräftig zulegte. Mit steigenden Übernachtungszahlen nahm die Beschäftigung hier ebenso zu, wie der Beitrag der Branche zum Bruttosozialprodukt.[68] 2006 zählte der Fremdenverkehr mit 218.200 Beschäftigungsverhältnissen zu den größten Arbeitgebern in Schottland.[69]

Nur ein Bereich erwies sich langfristig als noch bedeutsamer für die Erholung der Region: Der öffentliche Sektor. Hier entstand im letzten Drittel des 20. Jahrhunderts eine ganze Reihe von Dienstleistungsjobs in der Verwaltung, im Bildungs-, Erziehungs- oder im Gesundheitswesen. Nicht ohne Grund ruhte eine der größten Hofffnungen vieler Glasgower in den krisenhaften späten 1970er Jahren auf der 1974 von der Regierung angekündigten Verlagerung von 7.000 Regierungsjobs an den Clyde. Es handelte sich vor allem um Stellen im Verteidigungsministerium, die auf diese Weise dezentralisiert werden sollten.[70] Allerdings verzögerte sich das Projekt um viele Jahre. Der schlechte Ruf Glasgows spielte hierbei eine nicht unbedeutende Rolle und viele Bediensteten weigerten sich schlicht in die ungeliebte Provinz umzuziehen.[71]

Aber auch ohne die Dezentralisierungspolitik der Regierung lag der Anteil der Beschäftigten im öffentlichen Dienst konstant höher als im britischen Durchschnitt. 1981 waren 27,5 Prozent aller schottischen Beschäftigten dort tätig.[72] Bis 2001 stieg der Anteil auf 31,9 Prozent. Den größten Zuwachs hatte der Bereich *Health and Social Work* zu verzeichnen. Erst die Finanzkrise ab 2008 brachte einen spürbaren Rückgang der Beschäftigung im öffentlichen Sektor, besonders bei den Kommunen.

Alle vier Entwicklungslinien zusammen, der Strukturwandel, die Entdeckung des Nordseeöls, der Elektronik- und Softwareboom sowie die Expansion des Dienstleistungssektors, trugen dazu bei, dass Glasgow und der Westen die Führungsrolle innerhalb der schottischen Wirtschaft an den Osten des Landes

68 Zur Tourismusbranche vgl. Rory MacLellan/Ronnie Smith (Hrsg.), Tourism in Scotland, London 1998; John R. Gold/Margaret M. Gold, Imagining Scotland. Tradition, Representation and Promotion in Scottish Tourism since 1750, Aldershot 1995; William R. Kerr, Tourism Public Policy and the Strategic Management of Failure, Oxford 2003, S. 115–225.

69 Allerdings enthält diese Angabe Teilzeit- und Saisonarbeitsverhältnisse vgl. Peden, A New Scotland, S. 665; Eine genaue Zahl der Beschäftigten lässt sich nur schwer ermitteln vgl. Erwin Losekoot/Roy C. Wood, Prospects for Tourism Employment, in: Scottish Affairs 34 (2001), S. 91–106.

70 Vgl. Glasgow Wins 7000 Civil Service Jobs, in: Glasgow Herald 31.7.1974.

71 Urlan A. Wannop, The Physical Strategy, in: West Central Scotland Plan Team, Report. Conference West Central Scotland Plan, Glasgow 1974, S.35–45, hier S. 41.

72 Die Angaben hierzu schwanken sehr, je nach zählweise der Autoren. Dass der Anteil der Beschäftigten aber vergleichsweise hoch ist, bestreitet niemand vgl. Paterson/Bechhofer/McCrone, Living in Scotland, S. 47.

verloren. Das zeigt sich etwa im regionalen Vergleich des Bruttoinlandsprodukts. Zwischen 1977 und 1995 stieg das Prokopfeinkommen in der Strathclyde Region um 32,4 Prozent, während der Zuwachs in Lothian 57,8 und in der Ölregion Grampian sogar 73,8 Prozent betrug. Gleichzeitig sank der Anteil Strathclydes an der Schottischen Bevölkerung von 49,2 auf 44,4 Prozent.[73] Die Schaffung eines schottischen Parlaments mit Sitz in Edinburg verstärkte die Verlagerung der wirtschaftlichen und politischen Gewichte innerhalb Schottlands. Die sozialräumlich-ökonomische Struktur des Landes, die seit der Industrialisierung von Glasgow und seinem Umland dominiert worden war, erfuhr eine deutliche Neuausrichtung.

1.3 Institutionelle Rahmenbedingungen und Akteure

Der Wandel der politischen Landschaft, das Erstarken des Nationalismus und die wechselhafte Entwicklung der schottischen Wirtschaft wirkten sich auf die Handelnden in Glasgow aus und beeinflussten politische Entscheidungen. Im Folgenden werden einige der wichtigsten Institutionen und Akteure vorgestellt, die im letzten Drittel des 20. Jahrhunderts Einfluss auf die Geschicke Glasgows nahmen. Entsprechend der damaligen Verwaltungsstruktur werden die drei Ebenen Staat, Region und Kommune in den Blick genommen. Der Schwerpunkt liegt auf der regionalen und lokalen Ebene.[74]

Die wichtigste Institution auf nationaler und regionaler Ebene war im Untersuchuchungszeitraum das *Scottish Office (SO)*. Gegründet 1885, besaß die Behörde von Anfang an eine Doppelfunktion. Sie war einerseits der verlängerte Arm der Regierung in Schottland. Andererseits vertrat sie schottische Interessen in Westminster. Mit der Aufwertung des *Scottish Secretary* zum *Secretary of State for Scotland* (SoS) 1926 wurde der Spitzenbeamte dieser Institution zugleich zum festen Kabinettsmitglied.[75] In der Folgezeit gelang es den Amtsinhabern immer wieder, die Kompetenzen des SO auszuweiten. Ein weiterer wichtiger Schritt in der Geschichte der Behörde war der Umzug von London nach Edinburg im Jahr 1939, eine Konzession an die nationalistischen Tendenzen der 1930er Jahre.[76] Das *Board of Health*, das *Board of Agriculture* und das *Scottish Education Department*, bis dahin vom SO weitgehend unabhängig, wurden nun in dessen vier neuen Abteilungen untergebracht, dem *Department of Agriculture for Scotland*, dem *Scottish Education Department*, dem *Department of Health for Scotland* sowie dem *Scottish Home Department*. Mit dem *St. Andrews House* in

73 Vgl. Peden, A New Scotland, S. 666.
74 Für eine ausführliche Einführung vgl. McConnell, Scottish Local Government.
75 Vgl. David Torrance, The Scottish Secretaries, Edinburgh 2006.
76 Finlay, Modern Scotland, S. 166–168.

Edinburg entstand ein repräsentatives, wenn gleich nicht unumstrittenes Verwaltungsgebäude, Ausdruck eines neuen Selbstbewusstseins in der Region.[77]

Während des Zweiten Weltkriegs berief Winston Churchill den Gründer des *Forward* und Labour-Abgeordneten Thomas Johnston an die Spitze des SO. Unter ihm erlangte die Behörde einen enormen Zuwachs an Kompetenzen und die Belegschaft verdoppelte sich auf 5.000 Mitarbeiter.[78] Unter den Bedingungen der Kriegswirtschaft verwirklichte der ehemalige *Red Clydesider* Johnston Elemente seines *Social Municipalism* auf regionaler Ebene mittels fast diktatorischer Machtbefugnisse.[79] Er richtete unter anderem eine Abteilung für Industriepolitik im *Scottish Home Department* ein. Dort entstand jährlich ein Weißbuch über den Stand und die Entwicklungsmöglichkeiten der schottischen Wirtschaft.[80]

Nach dem Krieg überwog weiterhin die Zustimmung zu Korporatismus, Planung, Steuerung und Staatsinterventionismus.[81] Dies stärkte zentralistische und universalistische Tendenzen in der britischen Innenpolitik. Dass sich die Parallelstruktur des SO gegen den Trend zur Vereinheitlichung behaupten konnte, lag zum einen am Rechtssystem nördlich der Grenze, das eine Anpassung vieler Gesetze notwendig machte. Zum anderen konnte auf bewährte Strukturen zurückgegriffen werden.[82] Unter diesen Umständen nahmen die Kompetenzen des SO mit dem Aufbau des Wohlfahrtsstaates sogar noch zu. Die Einführung des *National Health Service* in Schottland fiel beispielsweise den Verantwortungsbereich der Behörde. In der Nachkriegszeit übernahm das *Department of Health for Scotland* zusätzlich die Kontrolle über die zahlreichen Wohnbauprogramme öffentlicher Träger. Die Ansiedlung von Unternehmen in strukturschwachen Gebieten verblieb jedoch im Aufgabenbereich des *Board of Trade* in London.

Trotz des Aufgabenzuwachses hielt die 1939 geschaffene Struktur des Ministeriums bis Anfang der 1960er Jahre. Angesichts vieler neuer Aufgaben forderte der *Toothill Report* 1961 eine Reform.[83] Im darauffolgenden Jahre wurden das *Department of Health for Scotland* und das *Scottish Home Department* in einem neuen *Scottish Home and Health Department* zusammengefasst. Daneben entstand erstmalig ein *Scottish Development Department* als umfassende Planungsbehörde, zur Verbesserung der Infrastruktur und als Bekenntnis des Staates zur Modernisierung der Region:

77 Vgl. David M. Walker, St. Andrew's House. An Edinburgh Controversy 1912–1939, Historic Scotland, URL: http://www.historic-scotland.gov.uk/standrewshouse.pdf (Abruf 26.2.2013).

78 Torrance, The Scottish Secretaries, S. 157–175; Finlay, Modern Scotland, S. 208–214.

79 Vgl. Devine, Modern Scotland, S. 552.

80 Mary Macdonald/Adam Redpath, The Scottish Office 19*54–79, in: H. M. Drucker/N. L. Drucker (Hrsg.), The Scottish Government Yearbook 1980, Edinburgh 1979, S. 101–134.

81 Addison, No Turning Back, S. 10–12.

82 Finlay, Modern Scotland, S. 209.

83 The Scottish Council, Inquiry into the Scottish Economy 1960–1961. Report of a Committee Appointed by the Scottish Council (Development and Industry) under the Chairmanship of J. N Toothill, Edinburgh 1961.

> […] the Development Department symbolised Government's commitment to arrest industrial decline: Nevertheless the Department held no power to direct or even encourage English industry to move. Its principal function was to develop Scotland's infrastructure, co-ordinate ›the Scottish interest‹ more effectively and manage a change in industrial culture.[84]

Das *Scottish Development Department* zeichnete außerdem, neben anderen Stellen, für den ersten und einzigen schottischen Fünfjahresplan verantwortlich, der 1966 veröffentlicht wurde.[85] Damit wurde die Behörde unter der Regierung Wilson zum zentralen Motor der Modernisierung Schottlands. Bereits 1963 war die *Scottish Development Group* als abteilungsübergreifende Arbeitsgruppe ins Leben gerufen worden. Sie sollte die Anstrengungen zur Erneuerung der schottischen Wirtschaft bündeln und koordinieren. Das Scheitern der großen Wirtschaftspläne im Zeichen der Sterling-Krise 1967 trug wesentlich zur Enttäuschung der hohen Erwartungen im Lande bei. Ungeachtet dessen blieb das SO der wichtigste Akteur in der Wirtschafts- und Strukturförderung vor Ort.

Unter Margaret Thatcher behielt das SO seine ambivalente Stellung als Teil der Regierung einerseits und schottische Interessenvertretung andererseits. SoS George Younger setzte zwar viele der Reformvorhaben Thatchers um, etwa die *Tenant's Rights (Scotland) Bill*, die den Mietern von Kommunalwohnungen den Kauf ihrer vier Wände zu günstigen Konditionen ermöglichte, oder durch seinen Kampf gegen zu hohe Ausgaben der Kommunen.

Gleichzeitig fiel in seine Amtszeit die von Thatchers Reformkurs beschleunigte Deindustrialisierung. Younger gelang es, den raschen Anstieg der Arbeitslosigkeit und die nationalistische Gefahr geschickt im Sinne schottischer Interessen auszunutzen. Gegen die Linie der Londoner Regierung konnte er einige Betriebe vor der Schließung retten, allen voran das Stahlwerk Ravenscraig 1982. Möglich war dies durch sein gutes Verhältnis zu Thatcher, die ihm weitgehend freie Hand ließ.[86] Im Falle von Ravenscraig bedurfte es allerdings einer Rücktrittsdrohung Youngers.[87]

Mit dem *Devolution*-Referendum von 1997 und der Einrichtung eines schottischen Parlaments 1999 verlor das SO einen Großteil seiner Kompetenzen an die neue schottische Exekutive. Organisatorisch wurde es Teil des *Department for*

84 Ian Levitt, The Origins of the Scottish Development Department, 1943–62, in: Scottish Affairs 14 (1996). S. 42–63, hier S. 59 f.

85 HMSO, The Scottish Office, The Scottish Economy 1965–1970. A Plan for Expansion, London 1966; vgl. Ewan A. Cameron, The Stateless Nation and the British State since 1918, in: Devine/Wormald (Hrsg.), The Oxford Handbook of Modern Scottish History, S. 620–634, hier S. 631; Michael Keating, The City that Refused to Die. Glasgow. The Politics of Urban Regeneration, Aberdeen 1988, S. 25.

86 Vgl. Torrance, The Scottish Secretaries, S. 295–300.

87 Vgl. David Stewart, Fighting for Survival. The 1980s Campaign to Save Ravenscraig Steelworks, in: Journal of Scottish Historical Studies 25 (2005), Heft 1, S.40–57, hier S. 49.

Constitutional Affairs das seinerseits wiederum im 2007 gegründeten *Ministry of Justice* aufging. 2003 wurde aus dem *Scottish Office* das *Scotland Office*.

Dem *Scottish Office* standen lange nur die Kommunen gegenüber. Dies änderte sich mit der Einführung eines zweigliedrigen Verwaltunsgssystem mit dem *Local Government (Scotland) Act* 1973.[88] Zwischen SO und den Städten und Gemeinden wurden nun die Regionen als zusätzliche Verwaltungsebene eingeführt.[89] Dies hatte unmittelbare Auswirkungen auf Glasgow. Rechtzeitig zum 800 jährigen Stadtjubiläum wurde die *Corporation of the City of Glasgow* nach 80 Jahren aufgelöst.[90] Ihre Funktionen, Aufgaben und Rechte wurden unter zwei neuen Institutionen aufgeteilt. Dies war zum einen der *City of Glasgow District* mit einem räumlichen stark beschnittenen Zuständigkeitsbereich. Darüber entstand zum anderen die *Strathclyde Region*. Sie umfasste das Gebiet des *Clyde Valley Regional Plans*, ging mit insgesamt 2,8 Millionen Einwohnern aber noch darüber hinaus.

Beide Verwaltungsebenen erhielten je ein auf vier Jahre gewähltes Gremium, den *Glasgow District Council* (GDC) und den *Strathclyde Regional Council* (SRC). Das Hauptgewicht lag fortan bei der Region. Sie war unter anderem für Bildung, Polizei und Feuerwehr sowie den öffentlichen Nahverkehr zuständig.[91] Vor allem aber erhielt sie die Planungshoheit. Als übergeordnete Planungs- und Verwaltungsbehörde entsprach die Region weitgehend dem, was bereits der *Clyde Valley Regional Plan* gefordert hatte.[92] Mit dem ersten regionalen Strukturplan von 1979 setzte der SRC die Rahmenbedingungen für die weitere Entwicklung Glasgows.[93]

Durch die Wahlen zum Regionalrat entsprach die Reform zugleich Forderungen nach einer Dezentralisierung der Regierungsgewalt und nach mehr Demokratie. Sie dämpfte zeitweise den Aufstieg der Nationalisten. Bereits beim Sieg der SNP Kandidatin Winnie Ewing bei der Nachwahl in Hamilton 1967 hatte der »Glasgow Herald« postuliert, die Lösung für das Problem des zunehmenden Partikularismus liege in eine Verwaltungsreform zugunsten von Städten und Regionen:

88 McConnell, Scottish Local Government, S. 43–68.

89 William Miller, Politics in the Scottish City 1832–1982, in: George Gordon (Hrsg.), Perspectives of the Scottish City, Aberdeen 1985, S. 180–211, hier S.208; Irene Maver, Glasgow, Edinburgh 2000, S. 216 f.; Roger Smith, The Setting up of the Clyde Valley Regional Planning Team and Agencies for Implementation, in: Ders./Urlan Wannop (Hrsg.), Strategic Planning in Action. The Impact of the Clyde Valley Regional Plan 1946–1982, Aldershot 1985, S. 17–40, hier S. 33 f.

90 Zum Stadtjubiläum vgl. den Begleitband Hugh Cochrane, Glasgow. The First 800 Years, Glasgow 1975.

91 Finlay, Modern Scotland, S. 362 f.

92 Patrick Abercrombie/Robert H. Matthew, The Clyde Valley Regional Plan, London 1949, § 1903 f.

93 SRC, Strathclyde Structure Plan 1979, Glasgow 1980.

The solution lies [...] with determined efforts to put power back into the local communities. Local government must be reformed by sweeping away local authority boundaries more suited to the less mobile days of fifty years ago. A regional structure of local government would permit the creation of powerful local authorities capable of handling the vital questions of economic planning and rehousing.[94]

Der *Strathclyde Regional Council* wurde während seines zehnjährigen Bestehens von Labour dominiert (vgl. Tab. 3). Über den gesamten Zeitraum hinweg konnte die Partei die Anzahl ihrer Mandate ständig ausbauen. Zugleich war auch in diesem lokalpolitischen Gremium der rasche Niedergang der Konservativen zu beobachten. Sie verloren stetig an Sitzen und ergatterten bei der letzten Wahl gerade noch 3 Mandate. Das waren ganze 83 weniger als die Konkurrenz von der Labour Partei.

Tab. 3: Wahlergebnisse für den Strathclyde Regional Council 1974–1994 (Sitze)

	1974	1978	1982	1986	1990	1994*
Labour	71	73	79	87	90	86
Conservative	20	25	15	6	5	3
Liberal	2	2	4	5	4	6
SNP	5	2	3	2	1	7
Sonstige	5	1	2	3	3	2

Erstellt nach den veröffentlichten Wahlergebnissen im Glasgow Herald 1974–1994.

* Die Zahlen für 1994 sind entnommen aus den Protokollen des Strathclyde Regional Councils 1994, Appendix, Strathclyde Regional Council Election 5th may 1994, Election Results, GCA, SRC 1/1.

Der *City of Glasgow District* war der wichtigste von neun Distrikten innerhalb der Region. Die Distriktsverwaltung versuchte, möglichst viel von den alten Strukturen in das neue Model hinüberzuretten. So installierte man beispielsweise an der Spitze des neuen Stadtrates, des *City of Glasgow District Councils (GDC)*, das altehrwürdige Amt des *Lord Provost of Glasgow*. Er hatte aber überwiegend repräsentative Funktion. Die Exekutive leitete der Führer der größten Ratsfraktion und diese wurde durchweg von Labour gestellt. Mit einer Aushahme: 1977 zog man es vor, angesichts vorausgegangener Skandale und schwerer Verluste bei der Lokalwahl in die Opposition zu gehen. Bis 1980 lenkte deshalb eine konservative Minderheit mit 25 Mandaten die Geschicke der Stadt, was sich angesichts der 30 Sitze für Labour und 16 für die SNP als schwierig erwies (vgl. Tab. 4).

94 O. A., Back Home, in: Glasgow Herald, 6.11.1967.

In Folge des gescheiterten Referendums verschwand die SNP allerdings 1980 wieder aus dem Stadtrat. Davon konnte aber letztlich nur Labour profitieren, deren nun deutlich angewachsene Fraktion das Ruder wieder übernahm.

Tab 4: Wahlergebnisse für den Glasgow District Council 1974–1990 (Sitze)

	1974	1977	1980	1984*	1988	1992
Labour	55	30	58	59	60	54
Conservative	17	25	11	5	4	5
Liberal	0	1	3	2	2	1
SNP	0	16	0	0	2	2
Sonstige	0	0	0	0	0	4

Erstellt nach Colin Rallings/Michael Thrasher (Hrsg.), Local elections in Britain. A statistical Digest, Plymouth 1993, S. 462.

* 1984 wurde die Zahl der Sitze von 72 auf 66 verringert.

Mit Inkrafttreten des *Local Government etc. (Scotland) Act 1994* wurde das zweigliedrige Verwaltungssystem schließlich wieder aufgegeben. Der *Glasgow City Council* (GCC) trat 1996 an die Stelle des GDC und die neue kommunale Gebietskörperschaft erhielt einen Teil ihrer alten Rechte zurück.

Neben den direkt demokratisch legitimierten Akteuren spielten in der Stadtentwicklung in Großbritannien *Quasi-autonomous Non-governmental Organisations* (Quangos) eine wichtige Rolle. Dabei handelte es sich um steuerfinanzierte Körperschaften, an die der Staat einen Teil seiner Aufgaben und Rechte delegierte, die aber selbst nicht Teil einer Behörde waren.[95] Zu ihnen zählte etwa die *Scottish Development Agency* (SDA), eine der wichtigsten Institutionen bei der Erneuerung Glasgows in den späten 1970er und 1980er Jahren.

Die Quangos waren kein neues Instrument. Bereits die *New Towns* der Nachkriegsjahre waren durch *Development Corporations* geplant, gebaut und verwaltet worden, die zumindest aus heutiger Sicht ebenfalls unter diese Kategorie fallen würden. Unter den veränderten Rahmenbedingungen kam diese Mischform aus privatwirtschaftlichen und öffentlich-rechtlichen Elementen aber immer häufiger zum Einsatz. Dies zeigt sich auch in der wohl bekanntesten Stadtentwicklungsgesellschaft aus jener Zeit, der *London Docklands Development Corporation*, die zwischen 1981 und 1998 die Umwandlung des ehemaligen Londoner Stadthafens in ein Finanz- und Dienstleistungszentrum betrieb.

95 Eine genauere Definiton ist schwierig vgl. Carsten Greve/Matthew Flinders/Sandra van Thiel, Quangos – What's in a Name? Defining Quangos from a Comparative Perspective, in: Governance 12 (1999), Heft 2, S. 129–146.

Die Aufgaben der SDA waren vergleichsweise vielschichtig, was sich nicht zuletzt aus ihrer Entstehungsgeschichte erklärt. Diese ist aufs engste mit dem Erstarken der Nationalisten in den 1970er Jahren verknüpft und reiht sich in die Versuche der Londoner Regierungen ein, durch politische Zugeständnisse und finanzielle Hilfen die Zustimmung der Schotten zum Vereinigten Königreich gewissermaßen zu erkaufen.[96] Die Blaupause für die SDA stammte von Bruce Millan. Willam Ross, Harold Wilsons *Secretary of State for Scotland* zwischen 1964 und 1970 sowie von 1974 bis 1976, setzte die Pläne seines Mitarbeiters und späteren Nachfolgers politisch durch.[97] Ins Leben gerufen durch den *Scottish Development Agency Act* von 1975 übernahm diese mit einem Etat von 200 Millionen Pfund ausgestattete Organisation Aufgaben und Personal der *Scottish Industrial Estates Corproration (SIEC)*, des *Small Industries Council for Rural Areas of Scotland (SICRAS)* und der *Land Renewal Unit* des *Scottish Development Departments (LRU)*. Ihr Auftrag lautete einerseits die schottische Wirtschaft zu fördern und andererseits Umweltschäden und Industriebrachen zu beseitigen. Formal war sie zwar dem SoS rechenschaftspflichtig, tatsächlich besaß sie aber in ihren Entscheidungen weitreichende Freiheiten. Das Führungsgremium setzte sich aus Vertretern von Wirtschaft, Politik und den Gewerkschaften zusammen und zeugte in seiner Struktur vom noch immer vorherrschenden korporatistischen Geist und vom besonders engen Band zwischen Wirtschaft und Politik in Schottland.[98]

Von der SIEC übernahm die SDA den Bau von Fabriken und Gewerbegebieten sowie die Vermietung entsprechender Immobilien. Die SICRAS ging innerhalb der SDA in der *Small Business Division* auf. Sie bot Beratungsdienste für kleinere Unternehmen an, leistete technologische und werbetechnische Hilfestellung, stellte aber auch Kleinkredite für Investitionen zur Verfügung. Nicht mehr eine *Economy of Scale* war hier das Ziel, wie sie als Leitmotiv den Modernisierungsversuchen der 1950er und 1960er zugrunde gelegen hatte. Vielmehr erhoffte sie sich von der Förderung einer Vielzahl kleinerer, junger und innovativer Unternehmen langfristig neue Arbeitsplätze in Zukunftsbrachen.

Neben dieser Neuausrichtung der Wirtschaftsförderung brachte die SDA aber auch in anderer Hinsicht einen Wandel. Erstens trat sie angesichts der anhaltenden wirtschaftlichen Misere und der geringen Risikobereitschaft der Banken selbst als Investor auf und erwarb Beteiligungen an schottischen Unternehmen. So hieß es etwa im Jahresbericht 1985:

> High risk remains a most significant characteristic of the investment portfolio with a substantial proportion of individual investments supporting emerging companies dedicated to exploitation of new technology.[99]

96 Finlay, Modern Scotland, S.333 f.
97 Torrance, The Scottish Secretaries, S. 248–269.
98 SDA, First Report 1976, § 6, NAS, SDA1/1.
99 SDA, Annual Report 1985. Agency of change, S. 9, NAS; SDA1/10.

Im Unterschied zu früheren staatlichen Eingriffen in die Wirtschaft ging es nicht mehr darum, strauchelnde Betriebe zu retten. Sie investierte vielmehr dort, wo Wachstum und Gewinne zu erwarten waren. Start-up-Unternehmen bargen zwar ein gewisses Ausfallrisiko, boten im Gegenzug aber auch die Möglichkeit, mit relativ geringem Kapitaleinsatz größtmögliche Effekte zu erzielen. Kredite und Beteiligungen sollten den durch die Kapitalknappheit gefesselten Unternehmergeist freisetzen und so den freien Markt ankurbeln, was langfristig neue Arbeitsplätze bringen sollte.

The Agency is very clearly about jobs, but its attention is fixed on jobs in efficient and progressive companies and industries, and not on the creating of uneconomic employment jobs for their own sakes. It is increasingly a dilemma of the economy that considerations of modernisation, mechanisation, cost-saving and efficiency may not coincide with the straightforward need for restored and increased employment numbers. The Agency is firm in its belief that efficiency and productivity must lead, and that jobs must themselves be efficient and productive; the balance of employment numbers should follow from the general increase in activity that efficiency and low cost can make possible.[100]

Aus diesen Zeilen spricht die für viele Zeitgenossen in den 1970er Jahren neue Erfahrung der zunehmenden Entkoppelung von Wachstum und Beschäftigung.

Zweitens sollte die SDA ihre Arbeit auf Dauer selbst refinanzieren. Ihre Entstehung stand zunächst in enger Verbindung mit der zweiten großen Verstaatlichungswelle nach 1945 und der Schaffung des *National Enterprise Boards (NEB)*, des Lieblingsprojekts der planwirtschaftlich denkenden Labour-Linken unter Tony Benn. Als Tiger im Wahlkampf gestartet, war der NEB, dank der Obstruktionspolitik Harold Wilsons und anderer Kabinettsmitglieder, im Februar 1975 als zerzauster Stubenkater gelandet.[101] Noch im Weißbuch *The Regeneration of British Industry*, vom August 1974 zeigte sich die ursprüngliche angedachte enge Verzahnung von NEB und SDA:

The Government considers that the most effective assistance and support for the modernization and growth of Scottish industry will be achieved by giving the Scottish Development Agency executive responsibilities over a wide field. It has therefore been decided that appropriate functions of the NEB should be carried out in Scotland by the Scottish Development Agency, and that the Agency should be fully associated with the Board in consideration if matters of relevance to employment and economic growth in Scotland.[102]

100 SDA, Annual Report 1978, S. 7, NAS, SDA1/3.

101 Addison, No Turning Back, S. 265–267; Marr, A History of Modern Britain, S. 352f; Dominic Sandbrook, Seasons in the Sun. The Battle for Britain, 1974–1979, S. 277f.

102 Department of Industry, The Regeneration of British Industry, London 1974, TNA, Cabinet Papers 1915–1977, CAB/129/178/15.

Tatsächlich glich die SDA aber bald eher einem Investmentfond. Eine der Vorgaben aus dem *Scottish Office* lautete, dass die SDA bis 1981/82 eine durchschnittliche Rendite von fünfzehn bis zwanzig Prozent auf ihre Einlagen erwirtschaften solle.[103] Zwar wurde diese Marge nie erreicht und in späteren Jahren deutlich gesenkt. Das Ziel, aus der Strukturförderung Gewinne zu erwirtschaften, blieb aber erhalten.

Bevorzugte Investitionsobjekte der SDA waren kleinere und mittlere Unternehmen aus Wachstumsbranchen wie der Elektroindustrie, der Biotechnologie, dem Gesundheitswesen, dem Energiesektor, aber auch dem industriellen Waldbau. Sie förderte die Gründung von Start-ups aus der universitären Forschung und schuf mit dem Programm zur Einrichtung von *Science Parks* ab 1979 solche Schnittstellen zwischen Forschung und Wirtschaft: »specialised industrial estates accommodating research and high technology manufacturing in conditions of high amenity.«[104] Eines der ersten Gewerbegebiete dieses neuen Typs war der *West of Scotland Science Park* im Nordwesten Glasgows. Neben ihrer unternehmerischen Tätigkeit in wichtigen Zukunftsbrachen investierte die SDA aber auch in eine bessere Infrastruktur für Dienstleister, Tourismus und Handel.

Drittens erfolgte mit Gründung der SDA ein Strategiewechsel im Umgang dem Erbe der Schwer- und Montanindustrie. Bereits der *Clyde Valley Regional Plan* hatte Brachflächen und verfallende Industrieanlagen als Modernisierungshindernis erkannt.[105] Damals war es überwiegend um die Renaturierung stillgelegter Zechen und Halden südlich von Glasgow gegangen. Nun aber wandte die SDA ihre Aufmerksamkeit vermehrt den innerstädtischen Brachen zu, wie der Jahresbericht 1978 zeigt:

> Changing transport patterns have also left substantial scars in the form of disused railway lines and stations, canals and defunct harbours. Extensive problems exist in urban areas where the scale may vary from tiny gap sites to large areas of industrial dereliction, slum housing, and disused dockland.[106]

An der Peripherie hatte man sich oft mit kosmetischen Renaturierungen begnügt. Die verstärkte Beschäftigung mit den urbanen Kernräumen verlieh der Frage der Um- oder Neunutzung von Brachen ebenso neues Gewicht wie der Suche nach neuen Technologien zur Beseitigung von Altlasten. In Glasgow, insbesondere im Ostteil der Stadt, ließen Unternehmensschließungen, die Abwanderung von Betrieben, die Infrastruktur- und Stadterneuerungsmaßnahmen der 1950er und 1960er Jahre sowie der Rückzug des Hafens aus der Stadt die

103 Gavin McCrone/J. N Randall, The Scottish Development Agency, in: Richard Saville (Hrsg.), The Economic Development of Modern Scotland 1950–1980, S. 233–244, hier S. 237.

104 Vgl. SDA, Annual Report 1981, S. 43, NAS, SDA1/6.

105 Abercrombie/Matthew, The Clyde Valley Regional Plan, § 492.

106 SDA, Annual Report 1978, S.46, NAS, SDA1/3.

ungenutzten und verfallenden Areale wachsen.[107] Die SDA übernahm deshalb im Auftrag des *Scottish Office* die Federführung beim *Glasgow Eastern Renewal Project* (GEAR), auf das später noch näher einzugehen sein wird.[108] Zwischen 1979 und 1990 gab die SDA insgesamt fast 500 Millionen Pfund für Flächensanierung und Stadterneuerung aus.[109] Von Anfang an bevorzugte sie hierbei Flächen, die eine gewisse Attraktivität für private Investoren besaßen.

In its environmental role, the Agency will develop priorities for land renewal schemes, especially those for which an economic after-use is identified. This will lead to the development of integrated projects which will require complementary investment so as to ensure effective after-use.[110]

Diese Sichtweise deckte sich mit einer weiteren wichtigen Überzeugung der SDA-Verantwortlichen, die die Interventionen der öffentlichen Hand nur als Wegbereiter für private Investoren verstanden.

The Agency sees the public sector in the role as one of pump-priming; once the public sector demonstrates its belief in the inner cities potential for recovery, the private sector, which must be the main source for longer-term economic recovery, will come to share that confidence.[111]

Maßnahmen zur Stadtbildverschönerung, zur Verbesserung der Infrastruktur und zur Verbesserung der Wohnsituation waren also aus Sicht der SDA vertrauensbildende Maßnahmen, mit dem Ziel, das Marktgeschehen zu reanimieren.

Als drittes Aufgabenfeld bündelte die SDA schließlich alle Anstrengungen zur Einwerbung englischer und ausländischer Investoren. Bislang waren die Kommunen als Einzelkämpfer im Wettbewerb um neue Arbeitsplätze angetreten. Die Stadt und die Handelskammer Glasgow hatten beispielsweise im Rahmen der Glasgow-Woche in der Partnerstadt Hamburg,[112] durch eine Handelsmissionen nach China[113] oder die Einrichtung eines eigenen Büros in Kalifornien[114] Standortwerbung in eigener Sache betrieben. Mit *Locate in Scotland* vertrat nun die SDA in enger Abstimmung mit dem SO die Verbände und Kommunen im

107 Vgl. etwa The Corporation of the City of Glasgow/University of Glasgow, The Springburn Study. Urban Renewal in a Regional Context, Glasgow 1967, S. 16; vgl. o. A., Glasgow Overspill Policy May be Self-Defeating, in: Glasgow Herald, 23.9.1967.

108 SDA, First Report 1976, § 35 f., NAS, SDA1/1

109 Hansard, HC Debates, 3.11.1989, Serie 6, Bd. 159, § 379 f.

110 SDA, Annual Report 1978, S. 51, NAS; SDA1/10

111 Ebd.

112 Diese fand vom 4. bis 9 März 1974 statt, vgl. die entsprechende Pressesammlung, GCA, Corporation of the city of Glasgow (künftig CCG), Information Bureau, D-IB15.

113 Vgl. Teilnahme des Lord Provost und seiner Frau an einer von der Handelskammer organisierten China-Reise im April 1977, Minutes City of Glasgow District Council (künftig MCGDC), 17.6.1976, GCA, GDC1/1/5, Heft 4, S. 191.

114 MCGDC, Special Sub-committee on US Investment 12.4.1980, Attraction of US Investment to Glasgow. Appointment of Representative, GCA, GDC 1/2/1980, Heft 2, S. 86.

Ausland. Potentielle Investoren sollten so eine einheitliche Anlaufstelle erhalten. Dieser Anspruch kam in einem Slogan zum Ausdruck, mit dem die SDA für sich selber warb: »The key to Scotland's front door.«[115]

Die SDA spielte vor allem in den 1980er Jahren in Schottland eine zentrale Rolle. Sie trat unter anderem als bestimmender Akteur und Investor bei vielen der in dieser Arbeit untersuchten Projekte auf, etwa beim Bau des *Scottish Exhibition and Conference Centre* (SECC) oder beim *Glasgow Garden Festival* 1988. Mit ihrer auf die Innenstadterneuerung ausgerichteten Politik förderte sie die Widerentdeckung der urbanen Zentren und wirkte so bei der Entstehung des planerischen Leitmotives einer neuen Urbanität mit. Die Neuinterpretation des heruntergekommenen historischen Stadtkerns Glasgows als schicke *Merchant City* und deren Umbau zum edlen Geschäfts- und Einkaufsviertel symbolisiert diesen Wandel wohl mehr als jede andere Maßnahme. Auch die Wiedergeburt der Innenstadt wurde stets als Reanimation der Marktkräfte gedacht:

> Special emphasis will be placed upon inner city areas, where the revival of economic activity, and consequently the regeneration of the community, depends crucially upon the successful fostering of local entrepreneurship.[116]

Als Margret Thatcher an die Macht kam, begannen sie und ihre Berater das Bild von der *Grocer's Daughter* zu pflegen, die mit Bescheidenheit und klarem wirtschaftlichen Verstand die Probleme Großbritanniens lösen werde. Dieses Image konnte nicht nur auf eine weit zurückreichende Tradition im konservativen Lager requirieren. Vielmehr erweisen sich die *Iron Lady* und ihre Berater einmal mehr als Seismographen ihrer Zeit. Bereits 1973 erschien etwa das Buch *Small is Beatiful* des deutschstämmigen Ökonomen Ernst Friedrich Schumacher, dessen Titel sich rasch zum Slogan verselbstständigte.[117]

Ganz ähnliche Motive, wenngleich mit umgekehrten Vorzeichen, tauchten dann ab der zweiten Hälfte der 1970er Jahre auf den verschiedenen Spielfeldern der Decline-Debatten auf.[118] Dominic Sandbrook verortet diese Verklärung des Mittelstandes und der Mittelklasse im Rahmen des sozialen Wandels, der seit den 1960er Jahren viele Vertreter dieses Gesellschafssegments in gesellschaftliche Führungspositionen aufrücken ließ.[119] Allein, dieses Phänomen ist keinesfalls auf Großbritannien beschränkt. Die deutsche Debatte der 1970er Jahre um die

115 Für eine solche Werbeanzeige vgl. SDA, The Turning Point in your Search for a Scotttish Factory, in: The Times, 28.4.1978; oder auch auf deutsch vgl. o.A. Zum Wohlfühlen, in: Der Spiegel, 22.12.1986.

116 SDA, Annual report 1978, S. 51, NAS, SDA1/3.

117 Ernst F. Schumacher, Small is Beautiful. A Study of Economics as if People Mattered, London 1973.

118 So sah etwa Wiener eine der Hauptursachen der britischen Misere in der anti-materialistischen Kultur der Mittelklasse vgl. Martin J. Wiener, English Culture and the Decline of the Industrial Spirit 1850–1980, Cambridge u.a. 1981, S. 157–166.

119 Diese Schicht bildet innerhalb der Konservativen auch die stärkste Unterstützergruppe Margret Thatchers vgl. Sandbrook, Seasons in the Sun, S. 255–257.

Krise der Selbständigkeit weist beispielsweise klare Parallelen auf und dürfte einem vergleichbaren sozio-okonomischen Kontext entsprungen sein.[120]

Die Konzepte der SDA für die Reanimation wirtschaftlich brachgefallener Stadtbezirke griffen solche Ideen auf. Der Kleinunternehmer galt hier als Träger des Wirtschaftslebens. Für die Stadterneuerung bedeutete das: Nur wenn diese Trägerschicht ausreichend gefördert würde, könne die notwendige Wiederbelebung der urbanen, regionalen oder nationalen Wirtschaft gelingen. Zwar versuchte man auch weiterhin, Großinvestoren aus dem Ausland anzulocken, das Gros der Anstrengungen zielte nun jedoch auf die Erzeugung eines genuinen Wachstums aus den Strukturen vor Ort.

Der Regierungswechsel 1979 brachte Veränderungen für die Arbeit der SDA. Die Finanzmittel wurden im Laufe der 1980er Jahre deutlich knapper und sich das institutionelle Umfeld wandelte sich. Gleich blieb hingegen das besondere Engagement für Glasgow (vgl. Grafik 4). Zwischen 1976 und 1989 gab die SDA insgesamt etwa 253.921.000 Pfund in der Stadt aus, im zweitplatzierten Dundee gerade einmal 46.144.000 Pfund.[121] Als diese Zahlen 1990 im »Glasgow Herald« veröffentlicht wurden, sahen sich all jene Kritiker bestätigt, die der Ansicht waren, hinter dem Kürzel SDA verberge sich nicht die *Scottish* sondern die *Strathclyde Development Agency*. Die SDA argumentierte hingegen mit den ungleich größeren Problemen in Westschottland und mit einzelnen, besonders teuren Projekten, wie dem *Glasgow Garden Festival* oder dem *Scottish Exhibition Centre and Conference Centre*. Grafik 4 zeigt die Ausgaben der SDA in Glasgow im Zeitraum 1976/77 bis 1988/89.

Mit dem *Enterprise and New Towns (Scotland) Act* von 1990 wurde die SDA mit der *Scottish Training Agency* fusioniert und firmiert seither unter dem Titel *Scottish Enterprise*. Dies bedeutete zum einen die Übernahme neuer Funktionen im Bereich von Aus-, Fort- und Weiterbildung, ehe dieser Teil 2008 erneut abgespalten wurde. Zum anderen war damit eine Stärkung der lokalen Büros verbunden. Der Trend zu regional-individuellen Lösungen, der seit den 1970er Jahren erkennbar war, fand hier seine Fortsetzung auf kommunaler Ebene.[122] Der Übergang von universalen Lösungsansätzen im Korsett einer teleologischen Modernisierungstheorie, zu bedarfsgerechten, auf die jeweiligen Gegebenheiten zugeschnittenen Konzepten korrespondiert mit einer sich ausdifferenzierenden Konsumgesellschaft, die den Fordismus allmählich hinter sich ließ.

120 Vgl. Jan-Ottmar Hesse, Die ›Krise der Selbständigkeit‹. Westdeutschland in den 1970er Jahren, in: Knut Andresen/Ursula Bitzegeio/Jürgen Mittag (Hrsg.), Nach dem Strukturbruch? Kontinuität und Wandel von Arbeitswelten, Bonn 2011, S. 87–105, hier S. 103 f.

121 O. A., No Mean SDA Allowance for Problems, in: Glasgow Herald, 8.3.1990.

122 SDA, Towards Scottish Enterprise. Annual Report 1990, NAS, SDA1/15.

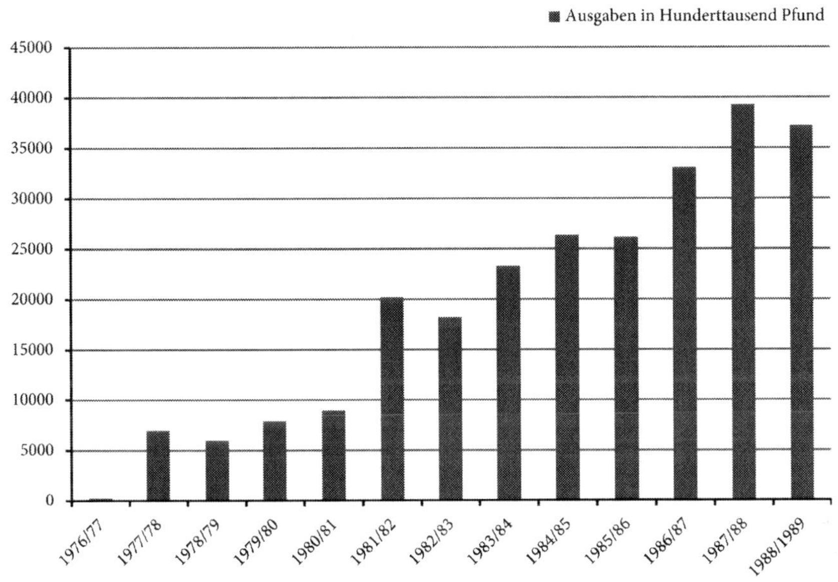

Grafik 4: Ausgaben der SDA in Glasgow, erstellt nach o.A, No mean SDA allowance for problems, in: Glasgow Herald, 8.3.1990.

1.4 Glasgow 1970–2000: Arbeitslosigkeit und Bevölkerungsverlust

Innerhalb der bereits dargelegten Entwicklung der politischen Landschaft in Schottland folgte die Glasgower Lokalpolitik den breiteren Trends, allerdings mit einigen Besonderheiten. So war etwa die Dominanz von Labour im Stadtrat nochmal deutlich ausgeprägter als im übrigen Schottland.[123] Nichtsdestotrotz machte sich auch hier seit den frühen 1960er Jahren der Aufstieg der SNP bemerkbar. Bei den Lokalwahlen 1968 gewann sie 13 Sitze. Erschüttert durch einige Korruptionsskandale verlor Labour erstmals seit 1952 die Kontrolle über dieses Gremium, wenngleich nur für eine Wahlperiode. Die *Unionist Par*ty war bis Mitte der 1960er Jahre auf lokaler Ebene in Schottland überhaupt nicht aktiv gewesen und hatte dieses Feld der von ihr mitbeeinflussten *Progressive Party* überlassen. Die Parteireform von 1965 brachte nicht nur eine stärkere Anbindung an die Konservativen in England und Wales und eine straffere Organisation, sondern auch den Eintritt in die Kommunalpolitik, wo sie die Progressiven rasch verdrängten.

123 Maver, Glasgow, S. 241–251.

Kein anders Thema hatte die Glasgower Stadtpolitik bis dahin mehr beherrscht, als die Wohnungsfrage. Während der Boomjahre schien sich die Lage auf dem Wohnungsmarkt dann erstmals zu entspannen. Zunächst war es der Bau zahlreicher neuer Wohnungen, der eine Lösung des Problems versprach. Dann aber war es der erst schleichende, dann immer rascher voranschreitende Bevölkerungsverlust der dafür sorgte, dass die Wohnungsfrage ihre soziale und politische Brisanz verlor.

An ihrer Stelle rückte nun die stetig steigende Arbeitslosigkeit als dominierendes Thema der Stadt- und Regionalpolitik. Die Region Strathclyde erreichte den Höchststand an Arbeitsplätzen mit etwa 1.114.000 Beschäftigten in den mittleren 1960er Jahren. 1981 waren davon gerade noch 890.000 übrig.[124] Doch dieser Rückgang war noch relativ gering im Vergleich zur katastrophalen Entwicklung in Glasgow selbst. In den Traditionsindustrien waren die höchsten Verluste zu verzeichnen. Zwischen 1971 und 1984 sank die Beschäftigung in Schiffsbau- und Marineindustrie um 40 Prozent, im Maschinenbau um 55 Prozent und in der Metallverarbeitung gar um 80 Prozent.[125] Die Beschäftigungsstruktur wandelte sich grundlegend und dauerhaft, wie der schottische Journalist Ian Jack feststellte.

More than twice as many people now work in banks, insurance companies and stockbrokers' offices as do in shipyards (the plural is still applicable, just) and engineshops. And many more, about 60.000 of them, do not work at all.[126]

Die neue Dominanz der Dienstleistungen war zumindest teilweise ein Statistikphänomen. Es waren weniger neue Arbeitsplätze, die die relative Stärkung dieses Sektors heirbeiführten, als der Zusammenbruch der herkömmlichen, schwerindustriellen Stadtökonomie. Gleichzeitig bot die Ausrichtung der Politik an der Utopie der Dienstleistungsgesellschaft im Rahmen eines Fortschrittsmodells scheinbar Sicherheit und Orientierung. Jenseits dieser verzerrenden Effekte lässt sich der Strukturwandel jedoch nicht leugnen.

Dass der Umbruch so rasch und so tiefgreifend war, lag zu einem nicht unerheblichen Teil an den Reformen unter Thatcher. Sie beschleunigten den bereits bestehenden Trend massiv. Der Glasgower Stadtrat kritisierte die Politik der Regierung deshalb mehrfach scharf. Labour-Stadtrat Pat Lally, eben erst vom großen Korruptionsskandal um die städtischen Sozialwohnungen genesen und nach 3 Jahren Politik-Abstinenz wieder in das Gremium gewählt, erwirkte im Juli 1980 etwa folgende Resolution:

That this Council is shocked by the recent unemployment figures which show 223,150 people out of work in Scotland, the worst jobless total in over forty years, with the prospects of even worse to come. We are appalled by Government policies which

124 SRC, Strathclyde Structure Plan. The Easy Read, Glasgow 1983, § 1.4.
125 Ian Jack, Before the Oil Run Out. Britain 1977–86, London 1987, 204.
126 Ebd., S. 204 f.

are deliberately creating bankruptcies and accelerating unemployment causing untold suffering and destroying the commercial and industrial base of our economy.[127]

Mit dieser Sicht der Dinge war Lally weder allein, noch lässt sich die Heftigkeit der Kritik als bloßes Parteiengeplänkel kleinreden. Kaum etwas trug mehr zur Entfremdung zwischen den politischen Eliten Schottlands und Englands bei als die rückischtlosen Maßnahmen der frühen Thatcher-Jahre. Bereits drei Monate später beschloss der Rat erneut mit großer Mehrheit eine Rüge an die Addresse der Regierung.

That this Council believes the present policies being implemented and pursued by the present Conservative Government in relation to increasing unemployment to a figure of 2,062,866, the highest in fifty years, a figure totally unacceptable to this Council, are a deliberate attack on any reasonable standard of living and we reject also the principle of unrealistically high interest rates which contribute effectively towards high unemployment. Unless steps are taken urgently to produce alternative strategies regarding these crucial issues then we believe this Government's course of action will prove disastrous not only to this City of Glasgow but to the country as a whole. We urge this Government to review these policies before social and economic damage result in a crisis without equal in this century.[128]

Einzig die konservative Oppostion im Glasgower Stadtrat unterstütze die harte Linie der Regierung als unangenehm aber notwendig. Nur durch mutiges und entschlossenes Handeln gegen alle Widerstände könne das Land dauerhaft genesen. Die Stadträte John Young und Derek Mason reichten eine Gegenresolution ein:

[…] this Council believes the present policies being implemented and pursued by the Conservative Government are necessary to overcome inflation as well as unemployment, correcting the nation's economic standing. Furthermore this Council appreciates the difficult and unpleasant decisions that H.M. Government requires to take and congratulates them on their courage in pursuing the present financial policy.[129]

Angesichts der klaren Mehrheitsverhältnisse im Stadtrat blieb diese Haltung ein Randphänomen. In Anbetracht der wachsenden sozialen und wirtschaftlichen Not in der Stadt isolierten sich die Konservativen mit ihrer linientreuen Position rasch. Ihr zur Schau gestellter Glaube an die Alternativlosigkeit der Regierungspolitik war in den Augen vieler Schotten nichts anderes als Verrat an den Interessen der Wähler.

127 Resolution von Pat Lally im Stadtrat vom 3.7.1980, GCA, GDC, GDC1/2, 1980/81, Heft 4, S. 323.

128 Resolution von Councillor Lenahan im Stadtrat vom 23.10.1980, GCA, GDC, GDC ½, 1980, Heft 7, S. 642.

129 Gegenresolution von John Young ebd.

Die offizielle Arbeitslosenquote war in Glasgow im nationalen Vergleich sehr hoch. Dennoch spiegelt sie nur bedingt das Elend wider, das der rasche Zusammenbruch der Stadtökonomie tatsächlich auslöste. So sind in diesem statistischen Mittelwert auch die wohlhabenden Stadtteile enthalten, die das Gesamtergebnis verbessern. In manchen Quartieren lag der Anteil der Arbeitslosen jedoch weit höher, als die Quote für die Gesamtstadt es erahnen lässt. Eine Untersuchung aus dem Jahr 1984 vermittelt einen Einblick in diese räumliche Dimension der Arbeitslosigkeit (vgl. Tab. 5).[130] Die Arbeitslosenquote für ganz Glasgow lag zu diemsem Zeitpunkt bei über 26 Prozent. Verglichen mit einer nationalen Quote von 10,7 Prozent[131] war dies ein katastrophaler Wert.

Neben dem relativ hohen Gesamtniveau sind die Ergebnisse dieser Untersuchung in vier Punkten bemerkenswert. Erstens waren Stadteile, die zuvor von der traditionellen Industrie geprägt waren, nun überdruchschnittlich von Arbeitslosigkeit betroffen. Drei Bezirke wiesen insgesamt eine Arbeitslosenquote von über 30 Prozent auf. Bridgeton und Dalmarnock sowie Garngard/Blackhill lagen im Ostteil der Stadt, wo der Niedergang der Eisen- und Stahlverarbeitung und des Maschinenbaus besonders deutliche Spuren hinterlassen hatte. Unter der männlichen Bevölkerung lag die Arbeitslosenquote hier sogar deutlich über 40 Prozent.

Das schlechte Abschneiden von Easterhouse/Garthamlock verweist zweitens auf den sich herausbildenden neuen räumlich-sozialen Randbezirk der Stadtgesellschaft. Nach nur wenigen Jahren der Blüte verkamen die großen Peripheriesiedlungen der 1950er und 1960er Jahre nun zu sozialen Brennpunkten. Die räumliche Entfernung vom Zentrum und die schlechte Verkehrsanbindung spielte dabei eine ebenso große Rolle wie der Mangel an kulturellen, sozialen und administrativen Einrichtungen. In den vier großen Stadtrandsiedlungen Drumchapel, Easterhouse, Castlemilk und Pollok betrug der Anteil der Arbeitslosen unter der männlichen Bevölkerung im erwerbsfähigen Alter jeweils mehr als 30 Prozent.

Drittens sah es im Herzen der Stadt kaum besser aus. Die Lage im alten Stadtzentrum glich in Sachen Arbeitslosigkeit der Situation in den Stadtrandsiedlungen. 26 Prozent der Bevölkerung im erwerbsfähgien Alter waren hier arbeitslos.

Schließlich fällt viertens die ungleiche Verteilung zwischen den Geschlechtern ins Auge. Grob lässt sich sagen, dass Männer etwa doppelt so häufig von Arbeitslosigkeit betroffen waren wie Frauen. Hier gilt es eine Einschränkung zu machen. Die Satistik verzerrte das Bild grundsätzlich zu Ungunsten der Männer,

130 Zugleich ist die Studie ein Beispiel für den internationalen Wissenstranfer in Fragen des Strukturwandels, wie schon aus dem Titel deutlich wird vgl. Alan McGregor, Labour Market Problems and Manpower Policies in Glasgow. Remarks for the Colloquium/Workshop on Glasgow and Pittsburgh in the Project on Regional Structural Change in International Perspective, University of Pittsburgh, November 1984.

131 Vgl. International Labour Office, Department of Statistics, Laborsta Internet Database, Main Statistics Monthly, Unemployment General, United Kingdom, URL: http://laborsta.ilo.org/default.html (Abruf 12.4.2013).

Tab 5: Arbeitslosigkeit nach Stadtteilen im August 1984

Stadtteil	Männlich		Weiblich		Insgesamt	
	Anzahl	Quote %	Anzahl	Quote %	Anzahl	Quote %
Stadtzentrum	803	32,8	232	15,9	1.035	26,5
Anderston/Partick	3.284	22,5	1.631	14,0	4.915	18,7
Yoker/Knightswood	3.200	19,3	1.158	9,3	4.358	15,1
Drumchapel	2.249	34,6	689	16,3	2.938	27,4
Maryhill	3.143	29,8	1.144	15,3	4.287	23,7
Springburn/Balornock	3.011	31,5	905	13,1	3.916	23,8
Milton/Possil	3.270	33,0	1.064	16,2	4.334	26,3
Denniston/Carntyne	1.899	25,1	735	13,5	2.634	20,2
Parkhead/Shettleston	2.764	29,6	938	14,9	3.702	23,7
Garngard/Blackhill	1.863	44,5	480	18,1	2.343	34,3
Ruchazie/Queenslie	2.890	35,2	885	16,6	3.775	27,9
Easterhouse/ Garthamlock	3.170	38,7	884	17,8	4.054	30,8
Bridgeton/Dalmarnock	1.605	47,9	394	19,9	1.999	37,5
Gorbals/Govanhill	2.234	26,5	848	15,0	3.082	21,9
Cathcart/Pollokshields	2.747	12,8	1.503	9,4	4.250	11,3
Castlemilk	2.993	35,4	849	15,9	3.842	27,9
Govan/Kinning Park	3.225	35,4	1.014	17,1	4.239	28,2
Cardonald Mosspark	1.758	18,9	694	9,5	2.452	14,7
Pollok	1.494	31,5	442	13,2	1.936	23,9
Nitshill/Darnley	3.244	31,8	965	14,6	4.209	25,0
Sandyhills/Ballieston	1.367	16,0	597	10,1	1.964	13,6
Cambuslang	1.387	22,4	600	14,6	1.987	19,3
Rutherglen	2.520	19,6	997	10,9	3.517	16,0
Glasgow insgesamt	56.120	26,7	19.648	13,4	75.768	21,2

Nach Alan McGregor, Labour Market Problems and Manpower Policies in Glasgow. Remarks for the Colloquium/Workshop on Glasgow and Pittsburgh in the Project on Regional Structural Change in International Perspective, University of Pittsburgh, November 1984, S. 6.

weil sie etwa verheiratete Frauen nicht erfasste. Das erklärt auch die geringen absoluten Zahlen.[132] Doch auch, wenn man diese Verzerrung miteinrechnet, bleibt der Befund einer überwiegend männlichen Arbeitslosigkeit bestehen.

Während die Verteilung der Arbeitslosigkeit in der Stadt auf die räumliche Dimension des Sozialen verweist, zeigt die unterschiedliche Betroffenheit zwischen den Geschlechtern eine ungleiche Gewichtung innerhalb der Gruppe der Arbeitslosen. Auch wenn hier mit einem gehörigen Maß an statistischer Verzerrung zu rechnen ist, da nicht berufstätige Frauen meistens aus der Statistik fallen, kann nicht übersehen werden, dass der Anteil weiblicher Erwerbstätigkeit in den Jahren nach dem Boom zu steigen begann.

Alan McGregor, der die hier ausgewertete Untersuchung dürchführte, warnte außerdem vor der überdurchschnittlich hohen Jugendarbeitslosigkeit. Über 40 Prozent der Arbeitslosen in der Region Strathclyde waren zwischen 16 und 24 Jahre alt.[133] Dieses Thema kehrte denn auch in den Debatten um die Zukunft Glasgows wider.

Die schlechte Lage am Arbeitsmarkt hatte enorme soziale Folgen. Die wohl augenscheinlichste war die verstärkte Abwanderung der Bevölkerung. Beim Zensus 1951 zählte die Stadt 1.090.000 Einwohner, 1961 waren es 1.055.000. Danach jedoch ging die Zahl rapide zurück.[134] Allein zwischen 1971 und 1981 verlor die Stadt über 20 Prozent ihrer Bevölkerung und zählte am Ende nur noch 766.000 Einwohner.[135]

Dieser Rückgang der Einwohnerzahl relativiert sich etwas, wenn man bedenkt, dass einige der Migranten im Ballungsraum Westschottlands verblieben. Es kann jedoch kein Zweifel daran bestehen, dass Glasgow selbst seit den 1950er Jahren stetig Einwohner an das Umland, an andere Teile Großbritanniens oder an das Ausland verloren hat. Die einstige *Second City of the Empire* wurde zu einer schrumpfenden Stadt. Wirtschaft, Demographie, Sozialstruktur und materielles Lebensumfeld begannen sich in einer Abwärtsspirale gegenseitig negativ zu beeinflussen. Dieser Teufelskreis trat hier vergleichsweise früh in Erscheinung, ließ sich in der Folge aber auch in anderen altindustriell geprägten Regionen beobachten wie etwa dem amerikanischen *Rust Belt* oder dem Ruhrgebiet.[136]

132 Stephen Smith, Labour Economics, 2. Aufl., London, New York 2003, S. 326f.

133 McGregor, Labour Market Problems and Manpower Policies in Glasgow.

134 Brian R. Mitchell, British Historical Statistics, Cambridge u. a. 1988, S. 28.

135 Alan Middleton, Glasgow and its East End, in: Ders./David Donnison (Hrsg.), Regenerating the Inner City. Glasgow's Experience, London 1987, S. 3–33, hier S. 8; Für die absoluten Zahlen vgl. Scottish Executive, Review of Scotland's Cities – The Analysis, S. 23, URL: http://www.scotland.gov.uk/Resource/Doc/47021/0027033.pdf (Abruf 10.1.2012).

136 Vgl. Jürgen Friedrichs, Revitalisierung von Städten in altindustriellen Gebieten. Ein Modell und die Folgen, in: Geographische Zeitschrift 82 (1994), Heft 1, S. 133–153; Armin Owzar, Schrumpfen in der Gegenwart – Schrumpfen in der Geschichte. Zur Einführung, in: Ders./Angelika Lampen (Hrsg.), Schrumpfende Städte. Ein Phänomen zwischen Antike und Moderne, Köln u. a. 2008, S XI–XXXV; Axel Schildt/Dirk Schubert (Hrsg.), Städte

Die Abwanderung aus Glasgow verlangsamte sich erst in den zwei Jahrzehnten nach 1981.[137] Allen Gegenmaßnahmen zum Trotz hielt der negative demographische Trend bis zur Jahrtausendwende an, als sich die Zahl im Bereich von um die 577.000 vorübergehend stabilisierte. Erst ab 2002 begann die Einwohnerschaft wieder langsam zu wachsen und erreichte 2011 immerhin 598.800.[138]

Hintergrund für die demographische Stabilisierung war ein erstaunliches Comeback der Stadtökonomie. Die Nullerjahre markierten aber hier eine Trendwende. Zwischen 2003 und 2008 stieg etwa die Zahl der unselbständig Beschäftigten in der Stadt um 7,5 Prozent, verglichen mit 4,9 Prozent im schottischen Durchschnitt und 3,8 Prozent im Vereinigten Königreich.[139] 2008 gab es 413.500 unselbständige Jobs und selbst in dem von der Finanzkrise geprägten Jahren von 2006 bis 2010 stieg die Arbeitslosenrate in der Stadt lediglich um 1,9 Prozent, verglichen mit 2,9 Prozent in ganz Großbritannien. Glasgow schien nach Jahrzehnten des Niedergangs wieder auf dem Wege der Besserung.

Die nun folgenden Kapitel fragen danach, wie diese Trendwende erreicht werden konnte. Aus heuristischen Gründen werden dabei die beiden Ebenen der physikalisch-städtebaulichen Entwicklung einerseits und der Arbeit am Image und dem Wandel der Repräsentationen andererseits getrennt voneinander betrachtet. Beide stehen freilich in einem engen Verhältnis zueinander und sind aufs engste miteinander verzahnt. Die Entwicklung beider Stränge floss in das heute dominierende Narrativ von Glasgows urbaner Erneuerung ein, das mittlerweile selbst in deutschen Feuilletons und Reiseberichten angekommen ist.[140]

zwischen Wachstum und Schrumpfung. Wahrnehmungs- und Umgangsformen in Geschichte und Gegenwart, Dortmund 2008; Für Zahlen zum Bevölkerungsrückgang im Ruhrgebiet vgl. Kommunalverband Ruhrgebiet, Strukturbericht Ruhrgebiet 2002, Essen 2002, S. 9–12.

137 General Register Office for Scotland, Population Estimates Time Series Data, URL: http://www.gro-scotland.gov.uk/statistics/theme/population/estimates/mid-year/time-series.html (Abruf 12.4.2012).

138 Nomis Official Labour Market Statistics, Labour Market Profile Glasgow City, URL: http://www.nomisweb.co.uk/reports/lmp/la/1946157420/report.aspx?town=Glasgow (Abruf 19.4.2013).

139 Vgl. Glasgow City Council, Glasgow Economic Facts 2010/2011, S. 2 f., URL: http://www.glasgoweconomicfacts.com/Dept.aspx?dept_id=214 (Abruf 19.4.2013).

140 Vgl. Rüdiger Schaper, Mächtig viel Stil. Glasgows Niedergang und Auferstehung erinnert in manchem an Berlin. Ein paar Schmutzecken gibt es noch – zum Glück, in: Der Tagesspiegel, 14.3.2010.

2. Die Stadt der Steine: Die Erneuerung der materiellen Infrastruktur und die Umgestaltung der Uferzone

Der Strukturwandel und der damit verbundene Schrumpfungsprozess waren in erster Linie ein soziales und ökonomisches Phänomen. Das zeigte sich an etwa an schwindender Produktivität, steigenden Arbeitslosenzahlen oder der Abwanderung der leistungsfähigsten Teile der Bevölkerung. Ein Umbruch solchen Ausmaßes musste sich aber auch in die materielle Struktur der Stadt einschreiben und ihre Physiognomie verändern. Der Verfall ganzer Stadtteile, die Zunahme von Brachflächen und leerstehenden Gebäuden oder die Aufgabe von Infrastruktur waren sichtbare Zeichen des Niederganges. Schon sehr früh wurde deshalb in Glasgow die Bedeutung von Stadtplanung und Stadterneuerung für die politisch gewollte Wende hin zum Besseren erkannt.

2.1 Das Glasgow Eastern Renewal Projekt: Am Übergang zu einem neuen Plangungsdenken

Die große Modernisierungs- und Planungseuphorie der frühen 1960er Jahre kam zu Beginn der folgenden Dekade an ihr Ende. Gleichzeitig schienen soziale und ökonomische Krisenzeichen zuzunehmen. Es folgte eine Phase der Neuorientierung der britischen Innenpolitik, die von großen, ideologisch geführten Auseinandersetzungen geprägt war und in deren Folge der Nachkriegskonsens zerbröckelte. Diese Geburtswehen einer neuen Zeit erfassten fast alle politischen Bereiche und reichten bis in die 1990er Jahre hinein. Diese Zeit des Übergangs war von Unsicherheit und von der Suche nach neuen Wegen geprägt. Besonders die ökonomischen Experimente der frühen Thatcher-Jahre polarisierten die Politik stärker als jemals zuvor in der Geschichte Großbritanniens seit dem Zweiten Weltkrieg. Die militante Auseinandersetzung zwischen der Regierung und den streikenden Bergarbeitern 1984/85, in deren Verlauf fast 12.000 Kumpel verhaftet wurden[1], war einer der Höhepunkte des daraus resultierenden Konflikts.[2] Der »Spiegel« sprach in diesem Zusammenhang vom »bitterste[n] Arbeitskampf der britischen Nachkriegsgeschichte.«[3]

1 Vgl. Jeremy Black, Britain since the Seventies, London 2004. S. 41.

2 Vgl. Arne Hort, Von Scargill zu Blair? Der britische Bergarbeiterstreik 1984–85 als Problem einer europäischen Zeitgeschichtsschreibung, Frankfurt a.M. 2013; McSmith, No Such Thing as Society, S. 136–152; Marr, A History of Modern Britain, 411–416.

3 O. A., ›Scargill wurde an die Wand genagelt‹, in: Der Spiegel, 10/1985, S. 128f.

Mit dem Abgang Margaret Thatchers von der politischen Bühne im Zuge des Kopfsteuer-Desasters und dem Amtsantritt des farblosen John Major beruhigte sich die Stimmung im Land allmählich. Spätestens der Wandel von *Labour* zu *New Labour* unter der Führung von Tony Blair markierte die Etablierung eines neuen marktliberalen Konsensmodells und beendete die Polarisierung der Politik während der Phase des Übergangs.[4] Das Fundament dieser neuen Ordnung hielt bis zum Ausbruch der globalen Wirtschaftskrise 2008 und wird auch seither nur zögerlich in Frage gestellt.[5]

Im Wandel des Planungsdenkens spiegelt sich der allmähliche Übergang zu einer neuen Ordnung wider. Sowohl die staatliche Wirtschafts- und Gesellschaftssteuerung als auch die Stadt- und Regionalplanung erfuhren einen Wandel. Die überkommenen Leitbilder, die in der Mehrzahl noch in den Zwischenkriegsjahren formuliert worden waren, hatten als Verheißung über der Nachkriegszeit geschwebt und in den frühen 1960er Jahren schienen sich viele Hoffnungen zu erfüllen.[6] Mehr Planung und Modernisierung war nie gewesen. Gleichzeitig diskreditierte das Eintreten der Utopie in die Wirklichkeit die bislang hehren Phantasien in zunehmendem Maße und zu Beginn der 1970er Jahre waren die meisten Leitbilder nicht mehr zu halten. Die einsetzende *Crisis in Planning*[7] galt für beinahe alle Bereiche der Politik, besonders aber für die Stadtplanung. Der deutschstämmige David Eversley schrieb, kurz nach dem er das Amt des strategischen Chefplaners des *Greater London Councils* aufgegeben hatte, in einem Handbuch:

›The Planner‹ has become a monster, a threat to society, one of the most guilty of the earth-rapers. Suddenly, he has become a breaker of communities, a divider of families, a promoter of neuroses (first noticed as ›New Town Blues‹), a feller of trees and bringer of doom by noise, visual intrusion and pollution, a destroyer of our national heritage, a callous technocrat razing to the ground a large proportion of Britain's historic buildings. He is regarded as a dictator, a technocratic law unto himself, outside the process of democratic control.[8]

4 Vgl. Addsion, No Turning Back, S. 407–410.

5 Etwa in der Debatte um die Notwendigkeit einer Re-Industrialisierung Großbritanniens, die in Schottland freilich nationalistisch aufgeladen wird vgl. Alex Salmonds Rede vom 15.2.2012 an der London School of Economics: »Independence and Responsibility. The Future of Scotland«, URL: www2.lse.ac.uk/publicEvents/pdf/20120215%20Alex%20Salmond%20transcript.pdf (Abruf 3.4.2013).

6 Vgl. Tim Brindley/Yvonne Rydin/Gerry Stoker, Remaking Planning. The Politics of Urban Change in the Thatcher Years, London 1989, S. 2–6.

7 So der Titel einer 1969 vom Institute of Development Studies der Universität Sussex durchgeführten internationalen Tagung vgl. Mike Faber/Dudley Seers (Hrsg.), The Crisis in Planning, 2 Bde., Sussex 1972.

8 David Eversley, The Planner in Society, London 1973, S. 14. Eversley wurde 1922 als Ernst Karl Eduard Eberstadt in Frankfurt geboren und floh in den 1930ern mit seinen Eltern nach Großbritannien, wo sich die Familie umbenannte vgl. Nicholas Deakin, Obituary. David Eversley, in: The Independent, 13.7.1995.

Was Eversley hier beschreibt ist die völlige Delegitimation all dessen, was die Stadtplanung bis dahin bestimmt hatte. Auf eine Phase der Verheißung folgten Ernüchterung und Enttäuschung. Die Figur des Planers selbst sank vom Heilsbringer zum unmenschlichen Technokraten herab. Dieser Niedergang hatte viele Ursachen und nicht alle können hier zur Sprache kommen.[9]

Bezogen auf die Stadtplanung spielte das Scheitern der großen Entwürfe beziehungsweise die Realität der *Concrete* gewordenen Utopie eine zentrale Rolle, wie es ja auch bei Eversley anklingt. Intellektuelle Kritiker sahen in den Modernisierungsprogrammen und vor allem im großflächigen Abriss der viktorianischen Städte einen Akt der Zerstörung, ja der Vergewaltigung.[10] Im selben Maße wie der zuvor herrschende Konnex von Planung und Fortschritt bröckelte, wuchs das Bewusstsein für die hohen Kosten, die eine entfesselte Modernisierungspolitik in den Städten erzeugte. Einer der prominentesten Kritiker der Zerstörung der Städte war der Dichter und Publizist John Betjeman. Er beklagte einen schreitenden Orientierungsverlust.

> If there is some street or old shop in the market square, dock, factory or warehouse, barn or garden wall which you have passed often and taken for granted, do not expect to see it still there next week. Because it is not listed, because it is ›of no historic interest‹, the bulldozers will be in and part of your background will have gone forever.[11]

Aus dieser Verlusterfahrung heraus formierte sich Mitte der 1970er Jahre europaweit die Denkmalschutzbewegung.[12] Die Einstufung als Baudenkmal war eine Möglichkeit Altes zu bewahren. Die Vorherrschaft der Planer und Architekten über die Stadt wurde jedoch nicht nur von Seiten der Bewohner in Frage gestellt, die mit den Ergebnissen von deren Entscheidungen täglich konfrontiert waren.

Die Sozialwissenschaften, Geografen, Soziologen Wirtschafts- und Politikwissenschaftler lenkten den Blick weg von Bauformen und Idealskizzen hin zu den Menschen und den Lebensverhältnissen in den Städten. Die häufig neomarxistisch inspirierten Protagonisten dieser Fächer legten großen Wert auf die Analyse des Ist-Zustandes. Mit dieser empirischen Herangehensweise trugen sie, gewissermaßen als unbeabsichtigte Nebenfolge, zur Entzauberung von Planung und zur Erosion visionärer Fortschrittsphantasien bei. Sie waren es auch, welche die Aufmerksamkeit zurück auf die vielfältigen sozialen und ökonomi-

9 Vgl. John R. Gold, The Practice of Modernism. Modern Architects and Urban Transformation, 1954–1972, London, New York 2007, hier S. 270–289; Gordon E. Cherry, Town Planning in Britain since 1900, Oxford 1996, hier S. 169–210; Helen Meller, Towns, Plans and Society in Modern Britain, Cambridge 1997, hier S.85–104.

10 Vgl. Colin Amery/Dan Cruickshank, The Rape of Britain, London 1975.

11 Zitiert aus Betjemans Vorwort, ebd., S. 7.

12 Vgl. Tilman Harlander, Wohnen und Stadtentwicklung in der Bundesrepublik, in: Ingeborg Flagge (Hrsg.), Geschichte des Wohnens von 1945 bis heute. Aufbau – Neubau – Umbau, Stuttgart 1999, S. 233–417, hier S.334–344.

schen Probleme der *Inner Cities* lenkten und zwar deutlich vor den Krawallen der frühen 1980er Jahre.

Während der vorausgegangenen, gegen die Industriegroßstädte gerichteten Phase der Stadtplanung, die von der frühen Gartenstadtbewegung bis Anfang der 1970er Jahre reichte, waren die urbanen Zentren zu Gunsten der Peripherie, von Suburbia und *New Towns* vernachlässigt worden.[13] Deindustrialisierung und Arbeitsmigration hatten genauso zur Verschlechterung der Lage beigetragen, wie die großflächigen Abrissprogramme und der autogerechte Ausbau der 1960er Jahre. Ein Umdenken schien dringend notwendig. Dezentralisierung und *Overspill*-Politik kamen an ihr Ende. Der Städtebau auf der grünen Wiese oder auf der freigeräumten Fläche wich einer verstärkten Anstrengung zur Erneuerung aus den bestehenden Strukturen heraus.

In Glasgow leitete der *West Central Scotland Plan* 1974 die Wende hin zu Innentwicklung und Altbausanierung ein.[14] Die Pläne von Bruce und Abercrombie wurden nach fast 30-jähriger Vorherrschaft abgelöst, weil sich die Gewissheiten, auf denen sie basierten, aufgelöst hatten. Die Verfasser des neuen Planwerks forderten einen grundlegenden Perspektivwechsel.

> Also damaging is the common impression that the new towns are islands of growth in a sea of older burghs and districts whose firms, factories, offices, warehouses are in universal decline. Obviously, more jobs have been lost in the older areas than new ones have been created, but new jobs in and around the older districts of the Region have always been the major element in renewing the region's economy and will continue so. [...] the Region depends overwhelmingly on Glasgow, Coatbridge, Renfrewshire and all the other areas we sometime misleadingly call ›older‹ areas, and upon jobs substantially created by established industry or established industrial sites [...].[15]

Die Stadtzentren, die in den Jahren zuvor Hindernisse des Fortschritts zum Abriss freigegeben wurden, rückten nun wieder ins Zentrum des Interesses. Damit einher ging die Aufwertung der vorhandenen Substanz.

Die Einstellung des letzten schottischen *New Town*-Projekts in Stonehouse 1976 symbolisiert diesen Wandel. Ein Jahr später wurde das ganze britische *New Town* Programm beerdigt.[16] Die Planungen für Stonehouse hatten erst fünf Jahre zuvor begonnen. Angesichts der schlechten wirtschaftlichen Entwicklung Glasgows und dem rasanten Bevölkerungsverlusts geriet das Vorhaben aber

13 Zu den Wurzeln dieses Denkens im 19. Jahrhundert vgl. Peter C. Gould, Early Green Politics. Back to Nature, Back to the Land, and Socialism in Britain, 1800–1900, Brighton 1988, hier S. 143–156.

14 Vgl. West Central Scotland Plan Team, West Central Scotland. A Programme of Action, Glasgow 1974.

15 Wannop, The Physical Strategy, S. 40.

16 Cherry, Town Planning in Britain, S 186–189.

schon früh in die Kritik. So erklärte etwa der *Strathclyde Regional Council* gegenüber SoS Bruce Millan, dass der Weiterbau von Stonehouse mit den strategischen Zielen des zukünftigen Strukturplanes für die Region nicht vereinbar sei. Bei der Einstellung des Projekts begründete Millan seine Entscheidung als Teil eines:

> [...] change of emphasis, by both central and local government, in social and economic policies towards urban renewal in West Central Scotland, by recognising the need to give priority to older urban areas, in the allocation of increasingly scarce resources rather than by expanding the number of new towns.[17]

Befördert wurde diese Neuausrichtung demanch durch die schlechte Entwicklung der britischen Volkswirtschaft und die klammen öffentlichen Kassen. Sie erzwangen eine stärkere Konzentration des städtebaulichen Engagements auf wenige neuralgische Punkte. Von hier, bis zu einer Förderpolitik, die durch finanzielle Anreize private Investoren für Stadterneuerungsprojekte zu begeistern versuchte, war es nur noch ein kurzer Weg.

Das Aus für Stonehouse war zugleich der Startschuss für das *Glasgow Eastern Area Renewal* (GEAR). In politischer Hinsicht war das Programm zur Erneuerung des Glasgower Ostens gewissermaßen ein Akt der Kompensation.[18] Es handelte sich um das wohl ambitionierteste Stadterneuerungsprogramm Großbritanniens zu diesem Zeitpunkt.[19] Geld und Personal wurden teilweise von der *East Kilbride and Stonehouse Development Corporation* für das neue Projekt umgewidmet. Die personelle Kontinuität brachte auch eine inhaltliche mit sich. Das Ineinandergreifen von altem und neuem Planungsdenken war deshalb ein Wesensmerkmal von GEAR. Das Projekt war ein Experiment an der Schwelle zu einem neuen Planungsregime.

Das Glasgower *Eastend* galt spätestens seit den 1960er Jahren als Problemfall.[20] Maschinen- und Werkzeugbauer, Eisen- und Stahlindustrie aber auch Wohnviertel waren hier auf engstem Raum zusammengedrängt gewesen. Die Quartiere östlich des historischen Stadtkerns hatten die größte räumliche Dichte an Industriebetrieben innerhalb Glasgows aufgewiesen. Zu Beginn des GEAR-Projektes war ein großer Teil davon bereits verschwunden oder im Niedergang begriffen. Der private Immobilienmarkt war zum Erliegen gekommen und es flossen so gut wie keine Investitionen in diesen Teil der Stadt.

17 Hansard, HC Debates, 12.5.1976, Serie 5, Bd. 911, § 194f; vgl. o.A., Stonehouse New Town Scrapped, in: Glasgow Herald, 13.5.1976; O. A., East End of Glagow to have £120 m Facelift, in: Glasgow Herald, 22.5.1976.

18 Maver, Glasgow, S. 281 f.

19 Brindley/Rydin/Stoker, Remaking Planning, S. 121–138; Urlan Wannop/Roger Leclerc, Urban Renewal and the Origins of GEAR, in: David Donnison/Alan Middleton, Regenerating the Inner City. Glasgow's Experience, London 1987, S. 61–71.

20 Vgl. Middelton, Glasgow and its East End, hier S. 27–33.

Mit den Arbeitsplätzen verschwanden auch die Menschen aus dem *Eastend*, zumindest all diejenigen, die hoffen konnten, andernorts eine Anstellung zu finden. Zurück blieben vor allem ältere Menschen und sozial Schwache. Zwischen 1951 und 1978 sank die Bevölkerung von 145.000 auf 45.000. Über elf Prozent des Wohnraumes standen leer. Der Großteil der genutzten Domizile stammte aus viktorianischer Zeit und war dringend sanierungsbedürftig. Hinzu kamen die Hinterlassenschaften der *Slum-Clearance* Programme. Allein zwischen 1961 und 1971 waren 9,500 Wohnungen für unbewohnbar erklärt und abgerissen worden. Lücken in Häuserzeilen und zerstörte Straßenzüge prägten das Bild. Ganze Blocks wurden dem Erdboden gleich gemacht. Der Anblick leerer Häuser und ungepflegter Abrissflächen verstärkte den apokalyptischen Gesamteindruck.

Das äußere Erscheinungsbild trug zum beschleunigten Niedergang der Viertel bei. Vandalismus war an der Tagesordnung. Die Zerstörungswut traf aber nicht nur geschlossene Fabriken und leerstehende Gebäude, sondern richtete sich auch gegen noch genutzte Einrichtungen.[21]

Hier setzte das GEAR-Projekt an. Das Sanierungsgebiet umfasste 1.600 Hektar oder fast 8 Prozent der Fläche Glasgows. Es erstreckte sich von der *High Street* im historischen Stadtkern bis Sandyhills und Carmyle im Osten. Fast 20 Prozent des Sanierungsgebietes galten als Brachfläche. Allein die Geschossfläche leerstehender Industriegebäude belief sich auf über 120.000 Quadratmeter. Hier konzentrierten sich all die Probleme des schrumpfenden Glasgows auf engstem Raum. Hier wirkte ein Teufelskreis aus Betriebsschließungen, hoher Arbeitslosigkeit, sozialen Konflikten und Abwanderung, Verfall der Bausubstanz und des Stadtbildes sowie letztlich das Ausbleiben jeglicher privatwirtschaftlicher Investitionen.

Die Leitung des GEAR-Projekts übertrug das SO der SDA. Sie hatte die schwierige Aufgabe, zunächst einmal die Interessen und Aktivitäten der beteiligten Akteure zu koordinieren. Neben dem SO und der SDA waren sechs weitere Körperschaften direkt in das Vorhaben involviert: der *Strathclyde Regional Council*, der *Glasgow District Council*, die *Scottish Special Housing Association*, die *Housing Corporation*, das *Greater Glasgow Health Board* sowie die *Manpower Services Commission*.

Angesichts der Vielzahl der beteiligten Akteure wundert es wenig, dass erst 1979 eine Liste mit sechs gemeinsamen Projektzielen veröffentlicht werden konnte. Die Bewohner des *Eastends* desollten erstens in die Lage versetzt werden, auf dem Arbeitsmarkt mit Menschen aus anderen Stadtteilen konkurrieren zu können. Zweitens sollten der weitere ökonomische Niedergang gestoppt und neue Arbeitsplätze geschaffen werden. Drittens waren die soziale Benachteiligung und Ausgrenzung der Bewohner zu verringern. Viertens galt es ein lebenswertes städtisches Umfeld für Wohnen und Arbeiten zu schaffen. Fünftens sollte die Abwanderung gestoppt und eine ausgeglichene Bevölkerungsstruktur geschaffen werden. Schließlich sollten Engagement und Selbstvertrauen

21 John McKinlay, Call for Report on Factories Vandalism, in: Glasgow Herald, 9.5.1974.

der Bürger gefördert werden.[22] Erst mit der Formulierung dieser gemeinsamen Ziele konnte die Zusammenarbeit zwischen den beteiligten Institutionen wirklich vorangebracht werden.

Das Projekt war in seiner Organisationsstruktur vergleichsweise konservativ, nicht aber in seinen Inhalten. Zwar lagen Finanzierung und Federführung klar in öffentlicher Hand, von Beginn an sollten aber auch private Investoren zur Rückkehr ins ins *Eastend* bewegt werden. Die massiven Mittel, die aus öffentlichen Kassen in Glasgows Osten investiert wurden, sollten den Immobilienmarkt wieder in Gang setzen und somit eine Erneuerung durch die Kräfte der freien Wirtschaft stimulieren.

Der Pardigmenwechsels im Städtebau zeigt sich aber auch im Umgang mit der vorhandenen Stadt. GEAR vermied den großflächigen Abriss und Neubau. Vorhandenes wurde nicht mehr *per se* als zu beseitigender Missstand aufgefasst, Neues nicht mehr automatisch als besser angesehen. Dies galt sowohl für physische wie sozio-ökonomische Strukturen. Die Förderung der Innenentwicklung trat an die Stelle der subventionierten Dezentralisierungspolitik.

Am Augenfälligsten ist das im Bereich der Denkmalpflege. Seit Lord Eshers Bericht über den Wert des viktorianischen Glasgow und dem Beginn der Fassadenreinigungsprogramme in den frühen 1970er Jahren war das Bewusstsein für Fragen des Denkmalschutzes gewachsen.[23] Die durch den Rückgang der Industrieemissionen erst nachhaltig gewordene Befreiung der alten Sandsteinfassaden von Ruß und Dreck veränderte die Wirkung Glasgows auf seine Besucher grundlegend. Beispielsweise beschrieb der amerikanische Journalist und Wahl-Brite Bill Bryson in *Notes from a Small Island* diesen Kontrast:

> I remember when I first came to Glasgow in 1973 stepping from this very station and being profoundly stunned at how suffocatingly dark and soot-blackened the city was. I had never seen a place so choked and grubby. Everything in it seemed black and cheerless. [...] In the subsequent years Glasgow has, of course, gone through a glittering and celebrated transformation. Scores of old buildings in the city centre have been sandblasted and lovingly buffed, so that their granite surfaces gleam anew [...][24]

Das Sandstrahlen der alten Fassaden legte die hinter den Rußschichten verborgene Architektur frei und schuf so ein Bewußtsein für die ästhetische Qualität des Glasgower Stadtbilds. Gleichzeitig ordnet sich die gesteigerte Aufmerksamkeit für die bauliche Überlieferung in einen europaweiten Trend ein, der im europäischen Denkmalschutzjahr 1975 und der hierzu verfassten Charta einen ersten Höhepunkt erreichte.[25] Vor dem Hintergrund der sich verschlech-

22 SDA, Annual Report 1979; vgl. Brindley/Rydin/Stoker, Remaking planning, S. 125.

23 The Corporation of the City of Glasgow, Conservation in Glasgow. A Preliminary Report, Glasgow 1971.

24 Bill Bryson, Notes from a Small Island, London 1993, S. 365 f.

25 David Pearce, Conservation Today, London, New York 1989, S. 1–13; Europarat, Europäische Denkmalschutz-Charta, Straßburg 1975, Deutsches Nationalkomitee für Denk-

ternden wirtschaftlichen Lage fand die anschwellende Debatte um die »Grenzen des Wachstums«, die Umweltzerstörung und den Ressourcenverbrauch, im Städtebau ihre Entsprechung, ergänzt um ästhetische Aspekte.[26] Renovierung und Modernisierung der vorhandenen Bausubstanz erhielten im Wohnbauprogramm des GEAR-Projekts klar den Vorzug.

Eine weitere Neuerung zeigte sich in einem veränderten Blick auf die Stadtbevölkerung, auch dies eine Lektion der *Slum Clearances* vorausgegangener Jahrzehnte. Der Zusammenhalt und die Funktionalität bestehender lokaler Gemeinschaften wurden nun als wertvolle Ressourcen erkannt. *Community Disruption* galt es fortan, wenn möglich, zu verhindern.[27] Dazu gehörte zumindest in der Theorie auch der Anspruch, die Bewohner in die Planung miteinzubeziehn. In der Praxis folgte GEAR freilich eher den bekannten autoritären Mustern und oft genug bedeutete die beschworene Partizipation lediglich einseitige Information.[28] Hier verwies die Herangehensweise zwar auf die künftige Entwicklung, blieb aber noch weit hinter dem selbst gesetzten Anspruch zurück.

Die zeitgenössische Bilanz des GEAR-Projekts fiel gemischt aus. *GEAR – A job half done* lautete etwa der Titel des Videoprojekts der *GEAR Appraisal Group* (GAG)[29] einer Anwohnerinitiative, die sich gegen die offizielle, positive Bewertung der SDA richtete. War letztere darum bemüht, das Projekt als Erfolg darzustellen, wollte die GAG in erster Linie die Defizite aufzeigen. Damit verfolgten die Aktivisten zwei Ziele: Einerseits brachten sie ihren Unmut über die bisherigen Maßnahmen zum Ausdruck. Andererseits wollten sie angesichts des bevorstehenden Endes des GEAR-Projekts weitere Maßnahmen und Fördergelder einfordern.

Gleichzeitig zeigt sich in dieser Inititative das wachsende Bedürfnis der Bürger nach mehr Beteiligung in der Stadtplanung, eine Entwicklung, die sich bis heute fortsetzt. Das Auftreten einer Initiative wie der GAG ist ein Indiz für einen tiefergehenden Wandel im Verhältnis zwischen Planern, Stadt und Bürgern. Die Haltung vieler Bewohner in den 1980er Jahren war sehr viel emanzipierter, kritischer und selbstbewusster, als dies bei früheren Quartiersanierungen der Fall gewesen war. Arkanes Expertenwissen regierte längst nicht mehr so unangefochten, wie in den Nachkriegsjahren. Gleichzeitig war das Vertrauen in die Fähigkeiten der Planer dahin. Dennoch galt es immer wieder, Entschei-

malschutz, URL: www.dnk.de/_uploads/media/150_1975_Europarat_Denkmalschutz_Charta.pdf (Abruf 14.12.2012).

26 Thomas Harlander, Wohnen und Stadtentwicklung, S. 331–335.

27 Glasgow Eastern Area Renewal Project Governing Committee, GEAR, S. 12; Informationsbroschüre für Bürger und Betroffene, Scottish Office (künftig SO), Development Department, Planning Files, NAS, DD12/4077.

28 Brindley/Rydin/Stoker, Remaking Planning, S. 135–137.

29 GEAR Appraisal Group, GEAR – A Job Half Done, Begleitheft zum gleichnamigen Videoprojekt 1986, GCA, City of Glasgow District Council Committee Papers (künftig GDCC), GDC1/3/19.

dungen zu treffen. Wenn aber die Zukunft unsicherer und der Weg dorthin unbekannt war, dann konnte sich Planung nur an Gegenwart und Vergangenheit orientieren.

Vor diesem Hintergrund erklärt sich auch der wachsende Markt für Evaluationsdienstleistungen. Externe kommerzielle Gutachter wurden zunehmend in die Bewertung von Planungsmaßnahmen eingebunden, so auch im Falle von GEAR. Die SDA beauftragte die PIEDA Ltd., *Planning Economic and Development Consultants* aus Edinburg, gemeinsam mit dem *Centre for Housing Research* der *University of Glasgow* mit einer abschließenden Bewertung des Projekts.[30]

GEAR war ein ambivalentes Projekt. Trotz der Kürzungsprogramme für kommunale Haushalte unter Thatcher wurden zwischen 1976 und 1987 insgesamt rund 315 Millionen Pfund investiert. Die Hälfte davon floss in den Wohnungsbau, wo auch die größten Erfolge zu verzeichnen waren. Bei Projektende lebten etwa zwei Drittel der Bewohner in renovierten oder neugebauten Wohnungen. Durch den massiven Einsatz öffentlicher Gelder, etwa für die Räumung von Industriebrachen, den Abriss älterer Bebauung und Maßnahmen zur Stadtbildverschönerung gelang es zumindest teilweise, private Investoren für den Wohnungsbau zu gewinnen und den Immobilienmarkt wieder in Gang zu bringen. Im Bereich der Wirtschaftsförderung hingegen konnten nicht genügend neue Arbeitsplätze geschaffen werden. Nach Schätzungen entstanden zwischen 1976 und 1985 nur etwa 2.000 neue Jobs, während rund 17.000 alte verlorengingen.[31] Dies war eines der großen Defizite des Projekts, wie die Mitglieder von GAG nicht müde wurden zu betonen.

> The project was due to finish in the spring of 1987 yet in the eyes of people we spoke to, it had not even begun to tackle the most serious problems of the area – unemployment and the decline of industry.[32]

Sie machten dafür eine aus ihrer Sicht falsche Ausrichtung der Fördermaßnahmen verantwortlich. GEAR habe in erster Linie kleine Unternehmen und Handwerksbetriebe unterstützt und dadurch kaum Stellen schaffen können. Diese Kritik verweist auf den bereits erwähnten Strategiewechsel in der kommunalen Wirtschaftsförerung, der sich mit Gründung der SDA abgezeichnet hatte.

In den 1960er Jahren versuchte man möglichst schnell möglichst viele Arbeitsplätze in strukturschwache Regionen zu bringen. Dies geschah in Form von Montagewerken großer Konzerne, in denen vorgefertigte Teile aus anderen Regionen oder aus dem Ausland in Fließbandarbeit zu einem Endprodukt zusammengebaut wurden. Das Paradebeispiel für solch eine fordistische *Assembly Plant* war die Automobilfabrik in Linwood. Diese Form der Förderung erwies

30 Pieda Ltd./Centre for Housing Research, GEAR Project Evaluation. Draft Final Report, Glasgow 1987, GCA, GDCC, GDC1/3/19.

31 Brindley/Rydin/Stoker, Remaking planning, S. 128.

32 GEAR Appraisal Group, GEAR, S. 4.

sich als problematisch. Fehlende Zuliefererketten vor Ort, keine eigenen Entwicklungsabteilungen und die Abhängigkeit von den Entscheidungen des übergeordneten Konzerns machten diese Zweigniederlassungen besonders verwundbar. So stand etwa Linwood immer wieder vor dem Aus. Das Werk wechselte in den Besitz von Chrysler, dann in den der PSA Gruppe, ehe sie 1981 endgültig geschlossen wurde.

Angesichts zahlreicher, ähnlich erfolgloser Experimente sprachen Kritiker bald über die Nachteile der schottischen *Branch Plant and Subsidary Economy.* In den nationalistisch aufgeheizten 1970er Jahren entspann sich daran eine Debatte um die externe Kontrolle über die schottische Industrie.[33] Diese Auseinandersetzungen lassen sich unschwer als Reaktionen auf die Auswirkungen des Globalisierungsschubs[34] erkennen, der in den 1970er Jahren einsetzte. Er brachte die Verlagerung weiter Teile der Güterproduktion in Niedriglohnländer, erst innerhalb, dann außerhalb Europas.

In Reaktion auf die Kritik an früheren Förderprogrammen hatte bereits das *West Central Scotland Plan* Team die Notwendigkeit betont, die bestehende einheimische Industrie zu fördern.

> This is why we have given more emphasis to policies for indigenous industries than to policies for attracting incoming industries, although we do not regard such attractions as unimportant. We emphasise improving indigenous industry, because it is the performance of indigenous industry on which we lay most of the responsibility for the poor performance of the region as a whole.[35]

Besonders kleine Unternehmen fänden nur schwer Kredite und Beratung. Aus diesen Beobachtungen entwickelte das GEAR-Projekt eine neue Förderlinie, die sich den kleinen Unternehmen vor Ort zuwandte. Hierfür schuf sie eigens eine neue Anlaufstelle im Glasgower Osten. Sinnigerweise war es die leerstehende *Templeton Carpet Factory*, die ab November 1980 als *Tempelton Business Centre* eine Renaissance erlebte. Neu gegründete Unternehmen und Mittelständler fanden hier Büros und Werkstätten und konnten gemeinsam Dienstleistungen in Anspruch nehmen, die für den einzelnen Betrieb zu teuer gewesen wären. Existenzgründer erhielten Beratung vor Ort. Auf diese Weise versuchte man die ansässigen Betriebe zu fördern beziehungsweise die Gründung neuer Unternehmen voranzutreiben.[36]

33 John Firn, External Control and Regional Policy, in: Gordon Brown (Hrsg.), The Red Paper on Scotland, Edinburgh 1975, S. 153–196, hier S. 160.

34 Der Begriff wird hier heuristisch verwendet. Für eine ausführliche Kritik im Licht der historischen Forschung vgl. Angelika Epple, Globalisierungen, in: Docupedia Zeitgeschichte, 11.6.2012, URL: http://docupedia.de/zg/ (Abruf 17.10.2014).

35 K.J. Alexander, The Economic Strategy, in: West Central Scotland Plan Team, Report, S.11–25, hier S. 14f.

36 Urlan Wannop/Roger Leclerc, The Management of GEAR, in: David Donnison/Alan Middleton (Hrsg.), Regenerating the Inner City, S. 218–231, hier S. 223.

The Centre involves the provision, in one complex, of a whole range of workshops, factory and commercial premises, supported by a bureau offering advice and assistance to businessmen. It is aimed at stimulating the growth of small business in particular.[37]

1985 waren dort 54 Firmen untergebracht. Das Programm zum Bau von Fabriken und Werkstätten nahm ebenfalls Rücksicht auf die Bedürfnisse kleinerer Unternehmen durch die Schaffung entsprechend abgetrennter Räumlichkeiten. Dass die Verantwortlichen mit dieser Ausrichtung weitgehend dem vorherrschenden Zeitgeist entsprachen, zeigte auf nationalstaatlicher Ebene die Schaffung der Förderlinie *Local Enterprise Grants for Urban Projects* (Leg-Up). In einer von der SDA geschalteten Werbeanzeige für dieses Programm heißt es:

Scotland is a land of urban opportunity. In towns and cities all over the country there are projects that could, with a little help, being success to entrepreneurs and new life to urban areas. Which is why the Government have launched a new £5 million scheme to stimulate private investment activity in these areas.[38]

Auf den vier dazugehörigen Bildern waren heruntergekommene Wohn- und Industriebauten sowie eine Industriebrache zu sehen, ergänzt um vier Sprechblasen, die mögliche Neunutzungs- beziehungsweise Verbesserungsvorschläge formulierten, die mit einer kleinen Anschubfinanzierung bewerkstelligt werden könnten.Die Menschen vor Ort sollten zu unternehmerischem Handeln angeregt und befähigt werden. Von dieser Art der Stimulation erhoffte man sich die meisten positiven Effekte.

Was das GEAR-Projekt so interessant macht, ist also seine Stellung am Übergang zwischen altem und neuem Planungsdenken. Es entstand zu einer Zeit, als die alten Rezepte der Stadtpolitik bereits gründlich diskreditiert, die neuen Ansätze aber erst im Entstehen begriffen waren. Im Laufe der 1980er Jahre nahmen die Einflüsse neuer Leitbilder und Planungskonzepte stetig zu. Mit dem Großprojekt zur Sanierung des *Eastends* wurde die Abkehr von einer über Jahrzehnte dominanten, am Bevölkerungsoptimum orientierten Dezentralisierungspolitik eingeleitet, die noch in den sozialen Verwerfungen der Industrialsierungsphase verwurzelt gewesen war. Während der krisenhaften Zwischenkriegsjahre hatte sie an politischer Unterstützung und theoretischer Untermauerung gewonnen. Dank der finanziellen Mittel aus dem Wirtschaftsboom und einer planungs- und steuerungsfreundlichen Stimmung fanden dann in den 1950er und 1960er Jahren ihre Konzepte immer häufiger den Weg in konkrete Umsiedlungsprojekte und Stadtgründungen. GEAR stand hingegen für Innenentwicklung, für die Aufwertung des Zentrums gegenüber der Peripherie und eine Neubewertung von urbanen Kernräumen mit hoher Siedlungsdichte.

37 SDA, Annual Report 1981, S. 50, NAS; SDA1/6.

38 O. A., Scottish Development Agency. Leg-Up Money for Scottish enterprise, in: Glasgow Herald, 7.10.1982.

Bedeutsam war GEAR aber auch aufgrund seiner Rezeptionsgeschichte. So veröffentlichte beispielsweise das Bundesministerium für Raumordnung, Bauwesen und Städtebau 1988 eine Studie, in der der »erfolgreiche Weg der Industriestadt Glasgow« angesichts der Herausforderungen des Strukturwandels vorgestellt wurde und in der die Sanierung des *Eastends* im Mittelpunkt stand.[39] GEAR begründete so den Ruf Glasgows als Vorreiter in Sachen Stadterneuerung. Dieses positive Image hat bis in die 2000er Jahre immer wieder Neuinterpretationen und Kritik erfahren, blieb aber im Kern ebenso erhalten, wie das daran geknüpfte Bild von der wiederauferstandenen Stadt.[40] Diese Verbindung gibt einen Hinweis auf das schwierige Verhältnis zwischen physischer Umgestaltung und Erneuerung der virtuellen Stadt, von dem später zu reden sein wird.

Schließlich stellten sich im GEAR-Gebiet enorme Herausforderungen in Sachen Flächenrecycling. Der Glasgower Osten war in den späten 1970er und in den 1980er Jahren durch große aufgegebene Brachflächen, bebaut oder unbebaut, aus ehemals wohn-, industrie- oder verkehrstechnischer Nutzung, geprägt. Unter den stillgelegten Betrieben waren klangvolle Namen, wie etwa die *Parkhead Forge*, einstmals das größte Stahlwerk Schottlands mit 20.000 Beschäftigten. Während des Projekts kamen laufend weitere Schließungen hinzu. Die GAG-Initiative vermerkte dazu sarkastisch:

> Fancy a trip down memory lane? Let's go back to 1977 when Punk Rock and the GEAR Project were in their infancies and when companies like Templetons Carpets, BSC Tollcross, Harshaw Chemicals, Firth Brown, UG Containers, Norie Ltd. And BSC Clyde and Iron among others were still in existence. Now alas, they are all gone [...].[41]

Die brachgefallenen Industrieanlagen und Flächen wurden von den GEAR-Verantwortlichen als Investitionshindernis für die Industrie und den privaten Wohnungsbau erkannt. In einem Bericht der abteilungsübergreifenden Arbeitsgruppe *Inner Cities Policy* des *Scottish Office* aus dem Jahr 1978 ist beispielsweise zu lesen:

> It is widely thought that land is a major issue in inner urban areas. There is certainly concern about the amount of unused, under-used or derelict land in those areas. There is concern also about the apparently high cost of acquiring and developing land in inner city areas for which demand is evidently slack, with the result that it may not compete with greenfield sites. [...] the key problems for inner areas concern means of bringing land into productive use; and, where no productive use is immediately in prospect, improving its appearance or securing some suitable temporary use.[42]

39 Der Bundesministerium für Raumordnung, Bauwesen und Städtebau, Erneuerung einer alten Industriestadt – Glasgow's Miles Better, Bonn 1988, S. 3.

40 OECD, Glasgow. Lessons for Innovation and Implementation, Paris 2002.

41 GEAR Appraisal Group, GEAR, S. 7.

42 Interdepartmental Working Group on Inner City Policy, Paper by the Department of the Environment on Inner City Aspects of a Number of Policy Areas for which the Department Has Main Responsibility, May 1978, Section 1, Land, § 1–3, NAS; SO, Development Department, Planning Files, DD12/4077.

In den traditionellen Industriequartieren Ostglasgows waren Anzahl und Umfang der Brachen besonders hoch. Der Strukturwandel riss hier großflächige Löcher in das urbane Gewebe, die den Gesamtzusammenhang allmählich aufzulösen drohten. Ein Kommentator sprach im Guardian von einem städtischen Katastrophengebiet.[43] Der zuständige Direktor der SDA schilderte gegenüber derselben Zeitung den Zustand der Viertel mit drastischen Worten: »We are all too aware that time is not with us and that the patient is dying.«[44] Im Rahmen von GEAR und aus den entsprechenden Töpfen der SDA floss deshalb viel Geld in die Verschönerung des Stadtbildes und die Rehabilitation von Brachen.

Dahinter verbarg sich ein Paradigmenwechsel. In der Nachkriegszeit waren alle Planer von einem Flächenmangel als Entwicklungshindernis ausgegangen. Abercrombie versuchte das Problem durch Planstädte jenseits des Grüngürtels zu lösen, Bruce suchte sein Heil in der Verdichtung der bestehenden Bebauung. Seit dem Ende des Nachkriegsbooms hatte sich die Lage dramatisch verändert. Bis zum Beginn des GEAR-Projekts setzte der sozio-ökonomische Wandel besonders im industrieall geprägten *Eastend* enorme Flächen frei. Hinzu kam der Abriss von Mietskasernenen, die im Laufe der Jahre unbewohnbar gworden waren. Dieser Schrumpfungsprozess schuf über die Jahre hinweg ein gewaltiges Überangebot. Diese Entwicklung und die Tatsache, das die Stadt sich einige Flächen für den Weiterbau der Stadtautobahn bereit hielt, ließen den Immobileinmarkt faktisch zusammebrechen.

Während die Entwicklung Glasgows nach dem Boom gerade in der Innenstadt zahlreiche Brach- und Ödlandschaften hervorgebracht hatte, bevorzugten die meisten Unternehmer oder privaten Immobilienentwickler weiterhin die peripheren Zonen und die *New Towns*. Ein Engagement in der vom Niedergang hart gezeichneten *Inner City* war für sie wenig attraktiv und noch dazu – trotz der Grundstückspreise – hochriskant. Im Rahmen von GEAR wurde viel Geld für die Beseitigung alter Fabrik- und Lagerhallen sowie für die Entsorgung von Altlasten und die Begrünung von Industriebrachen ausgegeben, um die entsprechenden Grundstücke wieder marktfähig zu machen und gleichzeitig das Lebens- und Arbeitsumfeld zu verbessern. Es entstanden Grünflächen, Parks und Sportanlagen. Gestützt wurde diese Strategie durch finanzielle Anreize für potentielle Investoren. Kritikern galt die Verschönerungspolitk jedoch als rein kosmetisches Facelifting.

43 Im Original ›urban desaster area‹ vgl. John Kerr, Lease of Life for Glasgow's East End, The Guardian, 19.8.1976.

44 In einem Interview 1976, hier zitiert nach: Peter Hetherington, Breathing Life into a City's Old Patient, The Guardian, 6.6.1979.

2.2 Vom Parkplatz zum Park: Die provisorische Nutzung von Industrie- und Hafenbrachen

Aufgegebene Industrie- und Verkehrsareale waren nicht nur im *Eastend*, sondern in ganz Glasgow und in der Strathclyde Region insgesamt ein großes Problem. Die Verfasser des *West Central Scotland Plans* von 1974 erklärten die Beseitigung solcher Schandflecke zu einer der dringlichsten Aufgaben der Planung:

[...] if Scotland is going to keep it's people, particularly the skilled people, it has probably now to offer not just jobs but also an environment as good as those we can see on holiday when we go to England or to Canada. Some of those who went to Germany this summer and visited Dortmund to see Scotland's first match of the World Cup may have seen the very impressive work done by the Ruhr to clear its legacy of dereliction and pollution. The Ruhr shows what can be done to soften the ugly edge of industrial change and dereliction.[45]

Diese Aussagen belegen erneut die internationale Vernetzung und die Transferprozesse im stark internationalisierten Arbeitsfeld der Städteplaner. Gleichzeitig zeigt sich, dass für die Experten die Beseitigung von Brachflächen kein ästhetischer Selbstzweck war. Es handelte sich, aus ihrer Sicht, vielmehr um eine wichtige Voraussetzung für eine gelungene Wirtschaftspolitik. 1979 tauchte das Thema im *Strathclyde Regional Plan* unter dem Schlagwort *Derelict Land* prominent auf.

›Derelict land‹ is that which is incapable of beneficial use without first receiving rehabilitation treatment and covers derelict and unsightly land. Over 4.000 individual sites of a derelict nature exist in Strathclyde, covering over 22.850 acres, and representing 0,6 % of the entire Region. No District is without some derelict land, but particular concentrations exist in Glasgow, Monklands, Motherwell, Hamilton, Lanark, Cunninghame and Cumnock and Doon Valley.[46]

Für die ganze Region verzeichnete der Bericht mehr als 92 Quadratkilometer Brachen, die sich auf mehr als 4.000 einzelne Objekte verteilten. Besonders betroffen war Glasgow. 12 % des Stadtgebietes wurden als Brachland eingestuft. Schon früh wurde auf die Ambivalenz dieser aufgegebenen innerstädtischen Areale hingewiesen. Einerseits schienen sie den negativen Entwicklungstrend auf vielfache Weise zu verstärken. Andererseits boten sie jedoch auch Entwicklungschancen:

The derelict condition of this land has adverse visual, social and economic effects. [...] At the same time, this land represents an opportunity in the renewal of such areas.[47]

45 Wannop, The Physical Strategy, S. 41.
46 SRC, Strathclyde Structure Plan 1979. Written Statement, Glasgow 1979, S. 60.
47 Ebd., S. 61.

Vorerst überwog jedoch das Moment des sichtbaren Verfalls und des Niedergangs. Festivaldirektor Robert Palmer erinnerte sich im Vorwort zum Programmbuch für das Kulturhauptstadtsjahr 1990 an diese Zeit:

[...] the depredations of decay were everywhere. The city's neoclassical façades and Victorian renaissance grandeur were lost in the sprawling grey of abandoned warehouses. Deserted quays, rusting cranes and empty shipyards stood as sad monuments to an industrial revolution whose time had passed. In the doldrums of massive unemployment and the severities of poverty, the city could take small consolation in its past glories as a centre for international trade.[48]

Trotz des wachsenden Problembewusstseins waren die Kommune und die SDA mit dem Management der zahlreichen großen und kleinen Areale im Stadtgebiet überfordert. Gleichzeitig blieb die Nachfrage nach Nutz- oder Wohnflächen aufgrund der schwierigen wirtschaftlichen Rahmenbedingungen gering. So hieß es noch 1991 in einem Beitrag zur Ausstellung *Waterfont* des *Centro Internazionale Cittá d'Acqua*:

As in most industrial cities, many areas of traditional industry have deteriorated and many of them have actually become urban voids. There are vast zones of no man's land where once railway structures and production plants were part of a city that no longer exists. These vast empty areas represent an enormous potential for Glasgow's future development: there is more land potentially available for development than the city will most likely ever need.[49]

Die Ausstellung, in die der Beitrag zu Glasgow eingebettet war, versammelte Beispiele der Neunutzung von brachgefallenen Uferzonen aus über 20 Städten von Kobe bis Boston, von Oslo bis Sidney. Allein das Inhaltsverzeichnis dieses Begleitbandes belegt das weltweite Auftreten des Problems. Das in Venedig ansässige und 1989 gegründete Zentrum widmete sich unter seinem Direktor Rinio Bruttomesso immer wieder diesem Thema. Es verstand sich als Plattform zum Austausch von Informationen und Lösungsstrategien für die Herausforderungen des Strukturwandels insbesondere in den Uferzonen der Städte.[50] Seine Entstehung verweist auf einen zunehmend institutionalisierten und routinierten Umgang mit Hafen- und Uferbrachen und das Anwachsen der Kommunikation und Vernetzung der beteiligten Experten ab den späten 1980er Jahren.

48 Robert Palmer, So Whats All the Fuss about?, in: GDC, Glasgow 1990 – The Book. The Authorised Tour of the Cultural Capital of Europe, Glasgow 1989, S. 4–7, hier S. 6.

49 Hildebrand W. Frey, Glasgow. The Urban Banks of the River Clyde. Glasgow's Structure and Potential Development, in: Rinio Bruttomesso (Hrsg.), Waterfront. Una Nova Frontier Urbana. 30 Progetti di Riorganizzazione e Rioso di Aree Urbane sul Fronte d'Acqua, Venedig 1991, S. 53–57, hier. S. 53.

50 Vgl. die aktuelle Homepage, URL: http://www.citiesonwater.com/sito/home2.htm (Abruf 17.9.2013).

Vor diesem Hintergrund rückten die innerstädtischen Brachflächen in Glasgow immer mehr ins Zentrum des Interesses von Stadtplanung und Stadtpolitik. Der beschleunigte Wandel der ökonomischen Basis der Stadt führte in den frühen 1980er Jahren allerdings dazu, dass sich das Problem zunächst noch vergrößerte. Im *Monitoring Report* des SRC aus dem Jahr 1982 heißt es hierzu:

> The Regional Development strategy seeks to accelerate the process of urban renewal and regeneration. One Measure of the success of this policy is to see what has been happening to the 5.850 hectares of vacant land identified in 1980. Regrettably, although 1.300 ha's has been taken up by development this has been largely offset by increases in industrial land falling vacant as well as the continuing decay of housing areas in certain parts of the conurbation.[51]

Es fielen in dieser Zeit also weit mehr Flächen brach, als einer neuen Nutzung zuzgeführt werden konnten. Um dem Problem Herr zu werden, hob man das Flächenmanagement auf eine neue Ebene des administrativen Zugriffs. Treibende Kräfte waren hierbei die Region und das *Scottish Office*. Seit 1990 wurden alle innerstädtischen Brachflächen in Schottland im Rahmen der *Scottish Vacant and Derelict Land Survey* jährlich systematisch erfasst und überprüft (vgl. Grafik 5).[52] Im ersten Erhebungsjahr sprach die Studie neben der Kategorie *Derelict Land*, die Flächen umfasste, die vor einer Umnutzung erst von Altlasten und Gebäuden befreit werden mussten, auch *Urban Vacant Land*. Darunter wurden Flächen verstanden, die sich unmittelbar einer neuen Nutzung zuführen ließen. Seit 1993 blieb die zu Grunde liegende geographische Einteilung gleich.

Diese Grafik lässt zwei wichtige Punkte erkennen. Zum einen lag, zumindest im Zeitraum seit 1993, der Anteil der belasteten Flächen deutlich über dem der unbelasteten. Zweitens war das Ausmaß brachliegender Flächen insgesamt im langfristigen Trend rückläufig. Besonders zwischen 1995 bis 1997 wurde in kurzer Zeit viel Land einer neuen Nutzung zugeführt. Seitdem sank der Umfang brachliegender Innenstadtareale langsamer, aber kontinuierlich, bis die Finanzkrise ab 2008 erneut zu einem vorübergehenden Anstieg führte.

Schaut man auf die räumliche Verteilung im Stadtgebiet, so lagen die meisten Brachflächen im *Eastend*, den ebenfalls industriell geprägten nördlichen Stadtteilen sowie entlang des Clyde. Entlang der Flussufer erstreckte eine Schneise in Richtung Westen bis nach Clydebank. Die schrittweise Schließung des Innenstadthafens seit den späten 1960er Jahren und der Niedergang der Schiffsbauindustrie waren hierfür verantwortlich.

51 SRC, Strathclyde Structure Plan. Monitoring Report 1982, Glasgow 1982, S. 2, GCA, Strathclyde Council Papers, SR1/2/68.

52 Vgl. The Scottish Government, Statistical Bulletin, Planning Series, Scottish Vacant and Derelict Land Survey 2012, S. 1, URL: http://www.scotland.gov.uk/News/Releases/2013/01/scottish-vacant-derelict-land (Abruf 30.4.2013).

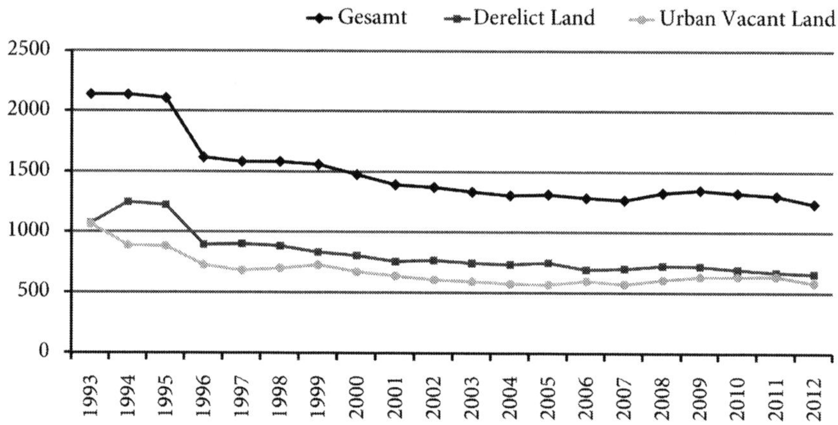

Grafik 5: Brachflächen in Glasgow 1993–2012, erstellt nach: Scottish Vacant Land Survey 1995, 2005 und 2012.

Diese flussnahen Areale stehen nun im Folgenden im Mittelpunkt des Interesses. In der Uferzone soll der Prozess der Reaktivierung brachgefallener Flächen anhand unterschiedlicher Projekte nachgezeichnet werden. Es wird geklärt, was wann geplant und gebaut wurde. Gleichzeitig soll anhand der gezeigten Prozesse der Wiederaneignung städtischen Raumes in den Blick genommen werden, welche Leitvorstellungen und Konzepte dabei handlungsleitend waren. Die Verknüpfung beider Ebenen soll einen Beitrag zur historischen Analyse der Reformulierung von Urbanität nach dem Boom leisten.

Fielen in der Stadt zentrumsnahe Flächen brach, sei es nun durch die Aufgabe von Fabriken und Produktionsstätten oder durch die Schließung von Hafenanlagen, fand sich nicht selten zunächst eine ganz pragmatische erste Nutzung: Sie wurden zu Parkplätzen. So geschah dies auf prominente Weise mit der ehemaligen St. Enoch Station, die zwischen ihrer Schließung 1966 und dem Abriss 1977 als Parkhaus herhalten musste. Ebenso erging es dem Broomielaw Kai in unmittelbarer Nachbarschaft zur *Central Station*. Die Hafenschuppen wurden abgerissen und der Boden eingeebnet, um innenstadtnahe Parkplätze zu schaffen. Damit linderte die Stadt zumindest zeitweise ein großes städtebauliches Problem, das aus der Zunahme des Individualverkehrs erwuchs. Mit dieser Nutzungsform ließ sich zugleich etwas Geld verdienen.

Eine weitere Möglichkeit aus stillgelegten Industrie- und Verkehrsflächen Kapital zu schlagen, war die Nutzung als Schutt- oder Müllhalde. Die Voraussetzung hierfür war allerdings, dass Lage und Geländeform dies zuließen. Stillgelegte Hafenbecken boten sich für eine solche Verwendung geradezu an. Gleichzeitig dienten diese Deponien zur Landgewinnung. Das Glasgower *Queen's Dock* wurde nach seiner Schließung zunächst als städtische Bauschuttdeponie genutzt.

Als 1977 mit dem Abriss der St. Enoch Station begonnen wurde, landeten die Überreste zu einem großen Teil in den beiden großen Hafenbecken.[53] Das heutige *Scottish Exhibition and Conference Centre*, das auf dem ehemaligen *Queen's Dock* errichtet wurde, steht somit sinnfälliger Weise auf den Trümmern einer der architektonischen Ikonen des alten Glasgow. Die provisorische Nutzung markierte in diesem Fall den ersten Schritt hin zu einer neuen Verwertung der Brachflächen.

Standen solche lukrativen Möglichkeiten einer vorübergehenden Nutzung nicht zur Verfügung, bot sich die Möglichkeit, buchstäblich Gras über die Sache wachsen zu lassen. Besonders kleinere Flächen, die bereits vom Gebäudebestand befreit waren und für die sich in absehbarer Zeit keine Weiterverwendung abzeichnete, waren für eine solche Zwischennutzung ideal. Überließ man solche Areale sich selbst, verwandelten sie sich häufig innerhalb kurzer Zeit in wilde Müllkippen für die Anwohner, gewissermaßen analog zur Deponienutzung durch die Behörden. Diese Form der ›Zwischennutzung von unten‹ war freilich nicht im Sinne der Stadtverwaltung und verstärkte den Schandfleckcharakter.[54]

Durch parkähnliche Begrünung konnte dieses Phänomen zumindest verringert werden. Müll und Schutt wurden beseitigt, der Boden enstprechend vorbereitet und schließlich bepflanzt. Zunächst stellte die Kommune finanzielle Zuschüsse für Begrünungsmaßnahmen bereit.[55] Nach ihrer Gründung übernahm die SDA diese Aufgabe. Gerade im GEAR-Gebiet entstand eine ganze Reihe neuer innerstädtischer Grünflächen. Diese Methode bot einen weiteren Vorteil: Zur Umgestaltung konnten ungelernte Arbeitskräfte im Rahmen von Arbeitsbeschaffungsmaßnahmen herangezogen werden.

Die Grünanlagen, die im Rahmen dieses Programmes entstanden, waren alle nur Provisorien. Sie sollten die Brachflächen optisch aufwerten und zielten darauf ab, diese auf lange Sicht wieder in den Immobilienmarkt einzugliedern. Die im Stadtbild immer deutlicher zutage tretenden Folgen des Schrumpfungsprozesses sollten überdeckt werden. Im Vergleich zu einer Industrieruine machte sich ein Stück Rasen im Stadtbild einfach besser und potentielle Investoren wurden weniger abgeschreckt. Darin unterschieden sich diese temporären Begrünungen von der ebenfalls zu beobachtenden dauerhaften Umnutzung alter Industrie- und Verkehrsflächen als Parks oder Naherholungseinrichtungen. Ein Beispiel hierfür ist die Umgestaltung des *Custom House Quay*. Diese ehemalige Hafenanlage wurde 1975 zu einem Uferpark mit Amphitheater und Café

53 Coordinating Committee, 20.9.1977, Queen's Dock, GCA, GDC1/1/8, Heft 5, S. 414.

54 Vgl. Das Problem der wilden Müllkippen wurde immer wieder im Stadtrat diskutiert, häufig im Zusammenhang mit Vandalismus vgl. Protokoll zur Sitzung des Cleansing Committee, Sub-committee on General Purposes vom 30.6.1970, Removal of abandoned vehicles and dumping of rubbish, GCA, Minutes of the Corporation of Glasgow Künftig (MCG), CI 3, Bd. 161, Heft 8, S. 667.

55 Vgl. Civic Amenities Committee, 16.08.72, GCA, MCG, CI 3, Bd. 165, Heft 9, S. 633.

umgebaut.[56] Dieser war Teil eines nach und nach entstehenden *Clyde Walkway*, der den Fluss in der Stadt für Radfahrer und Fußgänger erlebbar machen sollte.

Solange Lagerhallen und Schuppen noch intakt waren, boten diese Gebäudeformen eine weitere Möglichkeit provisorischer Nutzung. Kleinunternehmer und Handwerker fanden hier günstige Räumlichkeiten. Die Dauer dieses Arrangements hing jedoch davon ab, welche Pläne die *Clyde Port Authority* (CPA) mit dem Areal verfolgte. Meist wurden nur kurzfristige Mietverträge abgeschlossen. Der Mietpreis war gering, der Zustand der Gebäude oft schlecht. »It is low-cost, low-quality accommodation«[57], wie ein Mitarbeiter der Hafenbehörde gegenüber dem Herald in einem Interview 1987 zugab. Die Aussage fiel im Zusammenhang mit dem Entschluss der CPA, ihre Schuppen am Merkland Kai abzureissen und das Land anderweitig zu nutzen. Dieser Vorgang gewährt einen Einblick in die Belegung der Gebäude zu dieser Zeit. 40 Firmen mit insgesamt 100 Beschäftigten waren dort ansäßig. Die Palette reichte von einer KfZ-Reinigungsfirma über Autowerkstätten und -händler bis zu Abschleppdiensten. Der Fall sorgte für Aufsehen in der lokalen Presse, weil die Hafenbehörde ihren Mietern mit der Frist von nur einem Monat kündigte.

Die unterschiedlichen Konzepte zur temporären Nutzung aufgegebener Industrie- und Verkehrsflächen konnte jedoch das Problem einer sich ausdehnenden Landschaft des Niedergangs nur vorübergehend lindern, aber nicht lösen. Im selben Maß, wie die Zahl der Flächen zunahm, wuchs auch die Aufmerksamkeit für das Phänomen. Wie sensibel der Stadtrat Ende der 1970er Jahre für das Thema geworden war, zeigt folgendes Zitat aus einem Sitzungsprotokoll des *Co-Ordinating Committee* aus dem Jahr 1979, das die zukünftige Nutzung des *Queen's Dock* behandelt.

> [...] pending its permanent development, steps should be taken to improve the appearance of the site and to bring as much of it as possible into temporary use and to improve and develop those parts of the dock area which were likely to remain for the foreseeable future regardless of the type of permanent development ultimately approved.[58]

Die Stadt hatte das Problem der Brachen erkannt. Aber trotz einzelner Neunutzungsprojekte blieben viele Gebäude, Anlagen und Flächen weiterhin sich selbst überlassen. Auch der Umfang der Brachen insgesamt blieb zwischen 1981 und 1991 auf hohem Niveau relativ stabil. Zwar wurden stetig Areale saniert und einer neuen Nutzung zugeführt, aber die wirtschaftliche Entwicklung sorgte

56 Die ursprüngliche Anlage dieses Projekts, das sich in der Praxis leider nicht bewährte, lässt sich heute nur noch erahnen. Im Stadtarchiv existiert allerdings eine Broschüre über den ursprünglichen Entwurf vgl. Corporation of the City of Glasgow, Custom House Quay Redevelopment, GCA, Unterlagen der Pressestelle, D/IB51.

57 Connie Henderson, Clyde Ports Authority Tells 40 Firms to Quit, in: Glasgow Herald, 5.5.1987.

58 Co-Ordinating Committee, 2.4.1979, GCA, GDC, GDC1/1/11, 1978/79, Heft 13, S. 1256.

ständig für Nachschub. Hinzu kam ein fester Grundstock an belasteten, kaum vermittelbaren Flächen. Die erste *Derelict Land Survey* von 1990 stellte bezogen auf ganz Schottland fest, dass mehr als 45 Prozent der erfassten Brachflächen schon vor 1978 ungenutzt gewesen waren.[59] Die generell geringe Nachfrage verstetigte das Phänomen:

The continuing rationalisation of industry and housing has ensured that there is still a large vacant and derelict land problem. The dimensions of change can be gauged from the fact that the total amount of vacant and derelict land in 1981 was 5.834 hectares and despite the take-up through development of 5.040 hectares the total area in 1991 was 5.739 hectares. A considerable proportion (41 %) of the land remaining in 1991 had been included in the 1980 total suggesting a hard core of sites that will require greater efforts if they are to be brought back into effective use.[60]

Als diese Zeilen 1993 geschrieben wurden, konzentrierten sich die Industriebrachen, trotz aller Anstrengungen des GEAR-Projekts, noch immer im Glasgower Osten, von dort weiter bis Coatbridge und Airdrie und südlich bis Motherwell. Der Niedergang der schottischen Stahl- und Eisenindustrie hatte hier riesige Flächen freigesetzt. Der Boden dieser Brachen war oft stark belastet, was sich als großes Hindernis für eine Neunutzung erwies. Unternehmen, Immobiliengesellschaften und private Bauherren zogen weiterhin Grundstücke an der Peripherie vor. Es waren denn auch in erster Linie öffentliche Bauträger, die sich mit Wohnbauprojekten auf innerstädtischen Brachen engagierten.[61] Anders verhielt es sich mit vielen der alten Hafengrundstücke im Herzen der Stadt. Ihre Lage war ungleich attraktiver und zugleich war die Bodenbelastung vergleichsweise gering. Schon früh traten hier private Investoren mit Entwicklungsvorschlägen an die Stadt heran. Im Zentrum der Aufmerksamkeit standen lange Zeit *Queen's* und *Prince's Dock*.

2.3 Vom Queen's Dock zum Scottish Exhibition and Conference Centre

The drift of industry west along Scotland's main sea trade artery is not something for the future. Already the Clyde Port Authority are phasing out of use their installation in the Glasgow Area and are planning for the development for facilities on the lower reaches. […] Just as the coal of Lanarkshire was the natural resource which drew industry and population to the Central Belt in the first industrial revolution, so now the deep water of the Clyde is likely to be the magnet which will pull industry and people to the West.[62]

59 The Scottish Government, Statistical Bulletin, Planning Series, Scottish Vacant and Derelict Land Survey 1990, S. 1.
60 Strathclyde Regional Council, Context Report ›Setting the Agenda‹. Glasgow 1993, S. 28.
61 Ebd. 36.
62 David Stark, What Future for the Clyde?, in: Glasgow Herald, 19.3.1968.

In den späten 1960er Jahren begann die Verlagerung der Hafenaktivitäten flussabwärts in Richtung Westen und damit die Schließung weiter Teile des Glasgower Hafens. Das Eingangszitat aus David Starks Artikel *What future for the Clyde?* Aus dem Jahr 1968 zeigt, wie die sich abzeichnende physische Veränderung zunehmend in die Debatte um die Zukunft Glasgows miteinfloss. Es dauerte nicht lange, bis sich die Stadtverwaltung Gedanken über die daraus resultierenden planerischen Herausforderungen zu machen begann. Schon allein aufgrund ihrer zentralen Lage kam den alten Hafenarealen hierbei eine besondere Bedeutung zu. 1969 bot die *Clyde Port Authority* (CPA) der Stadt das ehemalige *Queen's Dock* zum Kauf an. Diese ließ daraufhin Möglichkeiten zur Rehabilitierung prüfen und 1972 kam es schließlich zum Kauf.[63] Ein Teil des Geländes wurde für den *Clyde-Expressway*, eine Erweiterung des Stadtautobahnnetzes, benötigt und an die Straßenbaubehörde weitergereicht. Das restliche, etwa 24 Hektar große Gelände blieb im Besitz der Stadt. Diese erwarb in den Folgejahren immer wieder ehemalige Lager- und Hafenflächen aus dem Besitz der CPA. Noch fehlte es jedoch an einem Nutzungskonzept für diese Innenstadtbrachen.

Ein früher Vorschlag sah vor, den ohnehin geplanten Bau eines Kultur- und Kongresszentrums von der oberen Buchanan Street an das Clyde-Ufer zu verlagern. Als Standort wurden mit Broomielaw und Clyde Quay die beiden Abschnitte des Hafens vorgeschlagen, die zentral in der Innenstadt lagen. Gordon Borthwick von der *New Glasgow Society* propagierte diese Idee 1967 im »Glasgow Herald«:

> For well over a century Glasgow hast turned its back on the river of its birth, the Clyde. Inexplicably, the great sweep of the river through the city centre has been allowed to decay into a physical and visual back door. Where tourists throng on the Thames or lovers stroll along the Seine, Glaswegians dump gravel. Where other Europeans gossip in cafés or mess about in pleasure craft we are more likely to find riverfront diversion in morbidly watching a rowing boat grappling for a drowned suicide.[64]

Der vernachlässigte Fluss, dem sich die Stadt nun endlich zuwende, um ihn wieder in sein urbanes Umfeld zu integrieren – dieses Bild entwickelte sich zu einem festen Topos in der Erzählung von Glasgows städtischer Erneuerung. Bis in die Gegenwart hinein taucht es in immer wieder in Planungs- und Strategiepapieren auf, die sich mit dem Verhältnis von Stadt und Fluss befassen.[65] Die häufige Wiederkehr dieser Erzählung verweist einerseits darauf, dass der Prozess der Wiedereingliederung der Uferzone in die sozialen, ökonomischen und räumlichen Zusammenhänge der Stadt bis heute nicht abgeschlossen ist. Was hier beschrei-

63 Planning Committee, Sub-Committee on the Development Plan, 8.11.1972, Ground at Queen's Dock, Lancefield Quay and Anderston Quay, GCA, MCG, CI 3, Bd. 166, Heft 21, S. 1812.

64 Gordon Borthwick, ›Princes Street‹ by the Clyde, in: Glasgow Herald, 8.2.1967.

65 Zuletzt in den strategischen Grundlagen des Local Development Plans vgl. Glasgow City Council, Glasgow City Plan Part One. Development Strategy, Glasgow 2003, S. 52.

ben wird, sind die Anfänge einer bis heute anhaltenden und ergebnisoffenen Entwicklung.[66] Andererseits dient die Geschichte von der Wiederentdeckung des vergessenen Clyde dazu, immer wieder die Aufmerksamkeit für Umgestaltungsprojekte am Wasser zu wecken, um potentielle Investoren anzulocken.

Als Borthwick die obigen Zeilen verfasste, waren erhebliche Teile des Innenstadthafens noch in Betrieb. Sie wurden erst Ende 1970 geschlossen. Der wirtschaftliche Wandel, den pessimistische Zeitgenossen in den 1980er Jahren mit dem Begriff der *Deindustrialisierung* zu fassen versuchten[67], hatte zwar bereits eingesetzt, erschien jedoch noch keineswegs als so dramatischer, tiefgreifender und unumkehrbarer Einschnitt, wie dies gegen Ende der Dekade der Fall war.

Vor diesem Hintergrund schrieb die Stadt einen ersten städtebaulichen Wettbewerb aus, der heute weitgehend in Vergessenheit geraten ist.[68] Gegenstand waren damals das Prince's und das *Queen's Dock*, die beiden ehemals vom Hafen genutzten Uferstreifen von dort bis zum Glasgow Green und der ganze Bereich der früheren St. Enoch Station.[69] Für die Durchführung des Wettbewerbs waren das *Royal Institute of British Architects*, das *Royal Town Planning Institute* sowie das *Institute for Landscape Architects* gemeinsam verantwortlich. Mit ihrem Urteil kürte die Jury 1974 gleich zwei Entwürfe zum Sieger.[70]

Andrew Renton, ein schottisch-stämmiger Architekt aus London[71], schlug vor, das ehemalige *Queen's Dock* mit Wohnungen und Büros zu überbauen. In letztere sollte der *Strathclyde Regional Council* nach seiner Formierung einziehen. Gegenüber am *Prince's Dock* sah Rentons Entwurf ein großes Handelszentrum vor. Auch der Autor des zweiten Entwurfs, der Landschaftsarchitekt Brian Clouston, hatte schottische Wurzeln und zudem Erfahrung im Umgang mit Industriebrachen. Die beiden großen Dockanlagen wollte er in einen neuen Innenstadtpark verwandeln. Entlang des Nordufers sollte ein Band neuer Wohnungen entstehen. Die Büronutzung verlagerte er an die Stelle des ehemaligen St. Enoch Bahnhofs unterhalb der Buchanan Street.

66 Vgl. hierzu die aktuellen Vorhaben auf der Homepage des Clydewaterfront-Projekts, URL: http://www.clydewaterfront.com (Abruf 12.12.2012).

67 Allen voran Frank T. Blackaby (Hrsg.), De-industrialisation, London 1979.

68 Es existieren nach eigenen Angaben weder im Stadtarchiv noch in der Verwaltung oder bei den am Wettbewerb beteiligten Institutionen Unterlagen über diesen Wettbewerb. Lediglich die Beschlüsse zur Durchführung können den Protokollen des Gemeinderats entnommen werden vgl. Planning, Sub-committee on the Development Plan,11.5.1971 GCA, MCG, CI 3, Bd. 163, Heft 8, S. 667. Allerdings finden sich an anderer Stelle Hinweise vgl. o. A., A Remarkable Chance for Glasgow. River Clyde Study and Ideas Competition, in: The Architects Journal 157 (1973), Heft 6, S. 308; o.A., Was the RIBA/RTPI/ILA Competition What Glasgow Needed?, in: The Architects Journal160 (1974), Heft 28, S. 77.

69 Vgl. o. A., A Remarkable Chance for Glasgow.

70 Vgl. Claude Thomson, Clyde Development Contest Winners, in: Glasgow Herald, 5.4.1974.

71 Zur Biographie vgl. den entsprechenden Eintrag in der Datenbank Dictionary of Scottish architects 1840–1980, URL: http://www.scottisharchitects.org.uk/architect_full.php?id=207826 (Abruf 7.5.2013).

Große Aufmerksamkeit erhielt aber noch ein dritter Entwurf. Der Beitrag des Strathclyde Teams sah vor, die beiden großen Dockanlagen und angrenzende Werftbrachen für den Bau von Sportstädten und Athletenunterkünften im Zuge der Olympiabewerbung für das Jahr 1984 zu verwenden. Tatsächlich gab es damals in der Stadtverwaltung Pläne, sich als Austragungsort für die Sommerspiele 1984 zu bewerben. Eine Machbarkeitsstudie, die von Ronald Nicoll von der *Strathclyde University* im Namen der Stadt durchführte, sollte klären, ob die Ausrichtung eines solchen Großprojektes möglich wäre. Am Ende erwiesen sich die geschätzten Kosten in Höhe von 450 Millionen Pfund vor dem Hintergrund der wirtschaftlichen Lage als viel zu hoch.[72] Der Traum von Olympia am Clyde war geplatzt.[73]

Der städtebauliche Wettbewerb über die Flächen am Fluss blieb jedoch ohne konkrete Folgen. Die Stadt dämpfte schon bei Bekanntgabe der Ergebnisse allzu große Hoffnungen auf eine rasche Umsetzung. Stadtrat Donald McColl, der Vorsitzende des Planungsausschusses versprach zwar, die Vorschläge genauestens zu prüfen, stellte aber gleichzeitig klar, dass die Kommune in keinerlei Hinsicht verpflichtet sei, einen der Wettbewerbsbeiträge ganz oder in Teilen zu realisieren.[74] Dagegen sprachen schon die zu erwartenden hohen Kosten. Für das Renton-Model wurden 275 Millionen Pfund über einen Zeitraum von 15 Jahren veranschlagt, der Olympiapark sollte 122 Millionen kosten und selbst Cloustons moderater Vorschlag hätte mit geschätzten 87 Millionen Pfund zu Buche geschlagen.[75] Geld, das angesichts der desolaten wirtschaftlichen Lage der Stadt und der sich zunehmend verdüsternden Konjunktur nicht zur Verfügung stand.

Der Wettbewerb hatte aber das Interesse privater Investoren geweckt, die in den folgenden Jahren immer wieder an die Stadt herantraten. 1976 gingen zwei Anträge bezüglich des *Queen's Dock* fast zeitgleich bei der Stadtverwaltung ein. Die Firma *Matthews and Corcoran Ltd.* Schlug dem Stadtrat den Bau eines »international commercial and leisure complex«[76] vor. *Gerald Zisman Associates* warb kurz darauf für die Errichtung eines »trade, industry and export centres.«[77] Diese Offerten brachten wiederum die kommunalen Gebietskörperschaften dazu, eigene Pläne für dieses Areal zu entwerfen.

72 Vgl. o.A., Olympics in Glasgow Would Cost £450m, in: The Times, 26.3.1976; Volker Kluge, Olympische Sommerspiele. Die Chronik, Bd. 3, Mexiko-Stadt 1968 – Los Angeles 1984, Berlin 2000, S. 882f.

73 Als Glasgow den Zuschlag für die 20. Commonwealth Games 2014 erhielt, wurde interessanterweise das ehemalige Queen's Dock, sprich das *Scottish Exhibition and Conference Centre* und die neu errichtete Hydro-Arena zum räumliche Herz dieser kleinen Olympiade vgl. die Homepage der Spiele, URL: http://www.glasgow2014.com/games/venues/secc-precinct (Abruf 7.5.2013),

74 Vgl. Thomson, Clyde Development Contest.

75 Vgl. ebd.

76 Policy and Resources Committee, 1.6.1976, GCA, GDC1/1/6, Heft 3, S. 172.

77 Policy and Resources Committee, 14.7.1976, GCA, GDC1/1/6, Heft 5, S. 313.

Zunächst verwickelten sich jedoch Region und Stadt in einen ihrer zahlreichen Kompetenzstreits. Die Kommune schien dabei zunächst gute Karten zu haben. Ihr gehörte das Grundstück und sie war zudem planungsrechtlich verantwortlich. Die Region besaß jedoch das Recht, besonders bedeutsame Vorhaben an sich zu ziehen und konnte zudem auf die Unterstützung von Seiten des *Scottish Office* zählen. Im Sommer 1976 zog die Region das Verfahren an sich.[78] Die Stadt setzte sich zur Wehr.

Noch bevor der Streit entschieden war, meldete sich mit dem *Scottish Tourist Board* (STB) eine weitere Einrichtung der öffentlichen Hand in der Sache zu Wort. Im Rahmen seines Auftrags zur Förderung des Tourismus hatte dieser auf eigene Faust die Möglichkeiten zur Errichtung eines »major recreational, leisure and tourism development[s]« prüfen lassen und legte nun ein eine eigenes Arbeitspapier vor: *Glasgow Riverside. A Major Entertainment Centre.*[79] Es handelte sich um ein langfristiges Konzept, das eine Realisierung in mehreren Schritten vorsah. So konnten die Kosten zeitlich gestreckt warden. Geplant waren unter anderem ein Sportstadion, ein Einkaufszentrum sowie verschiedene Vergnügungseinrichtungen und Gastronomiebetriebe. Die Kommune begrüßte den Entwurf, verwies aber auf die Notwendigkeit einer gesicherten Finanzierung. Die Antwort der Regionalverwaltung fiel uneinheitlich aus. Während der *Director of Leisure and Recreation* seine Zustimmung bekundete, gab man sich in der Abteilung *Physical Planning* eher bedeckt, da man ja bereits eigene Pläne verfolgte.[80]

Im Dezember 1977 kam Bewegung in die verfahrene Situation. Vertreter der Stadt, der Region, des STB, der SDA sowie des *Scottish Sports Council* trafen sich zu einer Aussprache. Sie beschlossen die Einrichtung eines gemeinsamen Planungsstabes. Diese *Queen's Dock Development Group* traf sich zwischen Dezember 1977 und April 1979, um Eckpunkte für die Entwicklung des Geländes zu erarbeiten.[81] Zunächst wurden verschiedene Formen der Zwischennutzung auf den Weg gebracht, welche das Gelände bis zur endgültigen Umgestaltung beleben sollten. Ein Teil der Flächen wurde provisorisch zu einem Parkplatz umgestaltet. Daneben wies die Stadt eine Abstellfläche als Winterquartier für Schausteller, Fahrunternehmen und Zirkusse aus. Der noch offene Teil des Südbassins sollte als Liegeplatz für die *TS Queen Mary II* und weitere Schiffe dienen, die eventuell für ein zukünftiges Schifffahrtsmuseum anzuschaffen wären; ein Projekt, das leider nie realisiert wurde. Außerdem wurde beschlossen, dass eine zukünftige Nutzung weder ein weiteres Einzelhandelszentrum noch spekulative Büroflächen enthalten dürfe.[82]

78 Vgl. o.A., Councils Clash on Trade Centre, in: Glasgow Herald, 8.9.1976.

79 Vgl. SO, Scottish Economic Planning Department (künftig SEPD), Highland Development Files, 7.9.1979, Queen's Dock. STB Proposal for Tourism Development, NAS, SEP12/335.

80 SO, SEPD, Development, 8.10.1976, Glasgow Riverside Project, NAS, SEP12/335.

81 Co-Ordinating Committee, 2.4.1979, GCA, GDC1/1/11, 1978/79, Heft 13, S. 1256.

82 SO, SEPD, Development, 5.10.1979, Proposed Development of Queen's Dock, NAS, SEP12/335.

Mit den getroffenen Vereinbarungen waren die Pläne privater Interessenten erst einmal vom Tisch. Auf der Grundlage des erarbeiteten Rahmenkonzepts, richtete die Stadt erneut einen Ideenwettbewerb aus. Fünf Vorschläge gingen daraufhin bei der Stadtverwaltung ein. Doch bevor eine Entscheidung getroffen werden konnte, kam die SDA mit ihren eigenen Plänen aus der Deckung. Ihr Vorschlag sollte sich schließlich gegen alle anderen Optionen durchsetzen.

Ausgangspunkt der Überlegungen bei der SDA war die wirtschaftliche Lage. Man glaubte, in der schlechten Vermarktung vieler Produkte eine Hauptursache für die ökonomische Misere ausgemacht zu haben. Deshalb suchte man nach einer Möglichkeit, die Sichtbarkeit schottischer Produkte auf den Märkten zu erhöhen. Gleichzeitig hatte man das Geschäft mit Konsumausstellungen und Industriemessen als Wachstumsmarkt identifiziert. 1978 ließ die SDA deshalb prüfen, wie sie auf diesem Feld tätig werden könnte.[83] Dabei entstand die Idee zum Bau eines Nationalen Ausstellungs- und Messezentrums nach dem Vorbild des zwei Jahre zuvor eröffneten *National Exhibition Centres* in Birmingham. Dieser Vorschlag stieß allerorten auf große Zustimmung. Besonders der STB hatte sich seit Anfang der 1970er Jahre für den Ausbau des Bereichs der Geschäftsreisen eingesetzt und dazu die *Scottish Conference Association* gegründet, einen Zusammenschluss von Kommunen, Hotel- und Gaststättenbetreibern sowie Reiseunternehmern.[84]

Obwohl die Reaktionen auf die Idee der SDA in ganz Schottland recht positiv ausfielen, blieb allerdings eine wichtige Frage zu klären: Wo sollte das neue Zentrum errichtet werden? Hierbei handelte es sich nicht nur um eine wirtschaftliche, sondern auch um eine politische Angelegenheit. Die SDA prüfte 49 Standorte, 28 davon kamen in die engere Auswahl, wovon wiederum drei auf Glasgower Stadtgebiet lagen.[85] Im August 1980 gab sie bekannt, dass das *Queen's Dock* als Standort bevorzugt werde:

> The SDA's deputy chairman and chief executive, Mr. Lewis Robertson, said sites in West Central Scotland had emerged with a clear advantage over others as they were near the national motorways, airports and railway centres. They were also well related to Glasgow which could offer supporting facilities to the centre such as restaurants and entertainments.[86]

Die Entscheidung brachte der SDA harsche Kritik von Seiten der Enttäuschten ein. Sandy Mutch etwa, Vorsitzender des *Grampian Regional Councils*, der auf einen Zuschlag für den Standort *Bridge of Don* bei Aberdeen gehofft hatte, warf

83 Vgl. SDA, Annual Report 1979, Glasgow 1979, S. 55, NAS, SDA1/4,

84 Ernest McIntyre, Scotland's Sights on Conferences, in: Glasgow Herald, 16.8.1979.

85 Vgl. SO, SEPD, Development, 28.7.1980, Memo by Mrs. S.M Quinn, Scottish Economic Development Department, to PS/Minister of State, National Exhibition Centre, NAS; SEP12/335.

86 Mitchel Ritchie, Glasgow Could Get £25m Show Centre, in: The Scotsman, 20.8.1980.

ihr vor, die Strathclyde Region einseitig zu bevorzugen. Es handle sich bei ihr wohl eher um eine Gesellschaft zur Entwicklung der Region Strathclyde als um eine schottlandweite Einrichtung.[87] In Edinburg, wo man mit Ingliston einen eigenen Standort ins Rennen geschickt hatte, wurde die frühe Festlegung harsch kritisiert. Im dort ansäßigen »The Scotsman« befürchtete man gar, dass die Nachfrage zu gering sein könnte und am Ende ein überdimensioniertes Projekt an einem ungeeigneten Ort zu einem »tartan elefant«[88] mutieren könnte. Der SDA wurde mangelnde Ehrlichkeit bezüglich der Entscheidungskriterien vorgeworfen: »The Glasgow option reflects political imperatives as much as anything else and the SDA should say so.«

Dass der letztgenannte Vorwurf nicht ganz ungerechtfertigt war, zeigt ein Aktenvermerk des *Scottish Economic Development Departments*, der etwa einen Monat vor Bekanntgabe des Ergebnisses entstand. Dort werden zunächst die bereits erwähnten Argumente für Glasgow aufgeführt:

> The report will come down in favour of locating an exhibition centre on one of two sites in Glasgow with a preference for the Queen's Dock site. The grounds in support of this conclusion are that the site is central to industrial Scotland; has good access by road, rail and air communications and Parking facilities; can be well served by existing quality hotel accommodation in Glasgow (though another privately financed hotel on the site is envisaged); and is appropriately placed to replace the Kelvin Hall.[89]

Neu war die Einigung mit der Stadt, die bislang in der Kelvin Hall beheimateten Veranstaltungen an das neue Zentrum zu transferieren. Tatsächlich genügte die 1927 errichtete Kelvin Hall, die 1951 die große Industrieausstellung des *Festival of Britain* beherbergt hatte, den Anforderungen an ein modernes Tagungs- und Kongresszentrum nicht mehr. Sie war das angegraute Überbleibsel von Glasgows Tradition als Kongress- und Messestadt, an welche die Planer nach Jahren der Vernachlässigung nun wieder anzuknüpfen gedachten.[90] Interessanter war aber der Teil der Argumentation, der zumindest bei der Berichterstattung über die Veröffentlichung der Ergebnisse der Standortstudie fehlte:

> It will also provide employment during and beyond the construction period in a needy area; and by its presence may initiate other beneficial developments along the Glasgow dockside area.[91]

Die schwierige wirtschaftliche und soziale Lage Westschottlands im Allgemeinen und Glasgows im Besonderen hatte also durchaus eine wichtige Rolle bei der Entscheidung gespielt, die somit wesentlich auch politischen Überlegungen

87 Vgl. John McKinlay, Hopes Rise for £25m Showpiece, in: Glasgow Herald, 20.8.1980.

88 Vgl. o.A., Editorial. Centre Goes West, in: The Scotsman, 20.8.1980.

89 SO, SEPD, Development, 28.7.1980, Memo by Mrs. S.M Quinn, NAS; SEP12/335.

90 Vgl. Perilla Kinchin/Juliet Kinchin, Glasgow's Great Exhibitions: 1888, 1901, 1911, 1938, 1988, Wendlebury 1988.

91 Ebd.

gefolgt war. Dies ist insofern interessant, als dass eine solche Argumentation in der Planungs- und Steuerungseuphorie der 1950er und 60er Jahre völlig selbstverständlich gewesen wäre, jetzt aber offensichtlich nicht mehr im selben Maß für die öffentliche Auseinandersetzung taugte. Stattdessen betonte man infrastrukturelle Vorteile und wirtschaftliche Aspekte, wie die erhoffte Aufwertung angrenzender Brachflächen entlang der Flussufer und der umliegenden Quartiere.

Aus Sicht der SDA sprach aber noch mehr für das *Queen's Dock*. Gerade in den frühen Plänen und noch bis kurz vor Baubeginn wurde der Hauptzweck des geplanten Ausstellungs- und Messegeländes zunächst darin gesehen, die Produkte der schottischen Industrie stärker zu bewerben und somit zur Belebung der Wirtschaft beizutragen. John Gleeve, auf Seiten der SDA verantwortlich für das Projekt, erklärte gegenüber dem »Glasgow Herald«:

> The main benefit of such a facility would be to give a much wider exposure in marketing terms of Scottish products. If you get a customer here and he gets to know you and your country it is so much the better. The Americans place a lot of relevance on this.[92]

Alex Fletcher, *Scottish Minister for Industry*, prägte hierfür die Formel vom »first-rate shop window for industry and commerce throughout Scotland.«[93] Trotz des Strukturwandels und der Schwäche der urbanen Ökonomie lag ein Großteil der schottischen Industrie jedoch noch immer im Ballungsraum rund um Glasgow. Die Nähe der Einrichtung zu den Produzenten sprach also ebenfalls für den Standort *Queen's Dock*. Der Vorschlag zum Bau eines solchen Messezentrums blieb weitgehend dem Erfahrungsraum der Akteure verpflichtet. Sie erhofften sich davon eine Optimierung der bestehenden ökonomischen Ordnung und wiesen anfangs noch keine Sensibilität für die bereits in vollem Gang befindlichen Prozesse auf, welche die traditionelle regionale Wertschöpfungskette ablösen und schließlich in den 1990er eine neue hervorbringen sollte.

Dennoch spielten alternative Nutzungskonzepte für das Projekt von Anfang an eine Rolle. Machbarkeitsstudien hatten gezeigt, dass der Betrieb eines bloßen Messe- und Ausstellungszentrums kaum wirtschaftlich sein könnte. Um die notwendige Auslastung zu gewährleisten, wurden deshalb von Beginn an Event- und Kulturveranstaltungen sowie Konzerte als wichtige Bestandteile in das Nutzungskonzept integriert. Daraus wurde wiederum gefolgert, dass nur ein Standort mit entsprechend großem Einzugsgebiet in Frage käme. Die 1981 etwa 712.000 Einwohner Glasgows und die Bevölkerung des umliegenden Ballungsraums waren ein valides Argument für den Standort *Queen's Dock*.

Nach Bekanntgabe der Ergebnisse der Standortuntersuchung beauftragte die SDA eine Reihe privater Beratungsfirmen, die ökonomische und finanzielle

92 John McKinlay, Hopes Rise for £25m Showpiece, in: Glasgow Herald, 20.8.1980.
93 Ritchie, Glasgow Could Get £25m Show Centre.

Durchführbarkeit des Projektes am angestrebten Standort zu prüfen. Die Zeit bis zum Erscheinen dieser Studie nutzten die enttäuschten Mitbewerber, allen voran Edinburg, um sich selbst nochmal ins Gespräch zu bringen.[94] Als der Bericht jedoch im April 1981 veröffentlicht wurde, ließen die Autoren am Standort keinen Zweifel:

Queen's Dock is confirmed as a site with outstanding potential for an Exhibition Centre, and presents a unique opportunity for Scotland. [...] No alternative site could give significant cost savings and provide a similar range of communication links and facilities as proposed for Queen's Dock. The central urban location and immediate accessibility to a very large population catchment, provides Queen's Dock with revenue potential very much greater than any other site. [...] On population catchment alone, the Queen's Dock site has revenue potential some 40 % to 50 % greater than Ingliston, Bridge of Don and any other site outwith West Central Scotland.[95]

Die Wirtschaftlichkeitsprüfung hatte ergeben, dass eine privatwirtschaftliche Finanzierung des Zentrums angesichts der errechneten Gesamtkosten in Höhe von etwa 33,8 Millionen Pfund und der über Jahre hinweg geringen Rendite unwahrscheinlich sei. Die öffentliche Hand müsse darum eine erhebliche Anschubfinanzierung leisten, um mittel- bis langfristig private Gelder ins Boot zu holen. Mit dieser Argumentation konnte auch begründet werden, warum eine Regierung, die offiziell staatlich finanzierten Großprojekten kritisch gegenüber stand, sich mit einer beachtlichen Summe engagierte.

Freilich wurde auch der ökonomische Nutzen angeführt. Gelänge es mit Hilfe des Zentrums, den Absatz der schottischen Wirtschaft um nur 0,1 % zu erhöhen, so bedeute dies einen Zugewinn von 45 Millionen Pfund innerhalb eines Jahres und somit mehr, als das ganze Projekt kosten solle. Das SECC stellte in dieser Lesart keinen marktverzerrenden Eingriff da. Vielmehr sollte er den Wettbewerb wieder herstellen. Gleichzeitig verwies der Bericht darauf, dass Westschottland innerhalb der EU als Förderregion eingestuft worden sei und das Projekt deshalb mit zusätzlichen Hilfen aus den Brüsseler Regionalfördertöpfen rechnen könne.

Neben all diesen ökonomischen Überlegungen wurde jedoch gleichzeitig die symbolische Tragweite des staatlichen Engagements in Glasgow betont. Der Bau eines Nationalen Kongress- und Messezentrums wurde einerseits als sinnvolle Ergänzung zu den bereits bestehenden Bemühungen von Staat, Region und Stadt dargestellt, die auf eine Wiederbelebung des Stadtzentrums abzielten und sollte andererseits, auf der symbolischen Ebene, den Glauben und die Zuversicht an die Zukunftsfähigkeit der vom Strukturwandel schwer gebeutelten Stadt demonstrieren:

94 Vgl. hierzu Hansard, HC Debates, 12.11.1980, Serie 5, Bd.992, § 201; ebd., 11.2.1981, Serie 5, Bd. 998, § 846–74; ebd.

95 Scottish Exhibition Centre: Phase 1 report. Economic and Technical Evalutation of the Queen's Dock Site, Glasgow. Consultants Report April 1981, S. 1, NAS, SEP12/355.

[...] its development will signify a substantial vote of confidence in the future of Glasgow and Strathclyde as the industrial heartland of Scotland. It will contribute significantly to promoting not only trade and industry but also a modern image and outlook, and through its consumer events, spectator and sporting events, it will become an important public focus.[96]

In seiner Funktion als Veranstaltungs- und Kulturzentrum diente das *Scottish Exhibition Centre* zugleich selbst als Ort der Begegnung mit der Stadt. Die dort stattfindenden Veranstaltungen, so hoffte man, würden Menschen nach Glasgow bringen, die ansonsten nicht den Weg dorthin gefunden hätten. Diese sollten durch positive Erfahrungen in und mit der Stadt und ihren Bewohnern zu Werbeträgern werden. Von Veranstaltungen aus dem klassischen Kulturbereich erhoffte man sich besonders starke Impulse.

Die Regierung Thatcher unterstützte das Vorhaben, wollte aber aus ideologischen Gründen eine möglichst hohe Beteiligung privater Investoren erreichen. Ihr schwebte vor, das Ganze in ein Modellprojekt für *Public-Private-Partnerships*[97] (PPP) zu verwandeln. Wie in anderen Politikbereichen blieb dieser Begriff auch in der Stadtpolitik und in der Planung sehr vage. Stephen V. Ward, Experte für die Geschichte der britischen Stadtplanung, spricht für die 1980er und 1990er gar von »one of the most overused words in the language of governance, not least in the various policy arenas that comprise urban planning.«[98] Trotz des ubiquitären Gebrauchs war der kleinste gemeinsame Nenner eine stärkere Beteiligung privatwirtschaftlicher Akteure beziehungsweise privaten Kapitals an der Bewältigung öffentlicher Vorhaben.

Solche Partnerschaften waren nicht neu, wie Ward ausführlich belegt. Angesichts leerer öffentlicher Kassen drangen sie aber ab den mittleren 1970er Jahren immer weiter auf das Feld der Innenstadtsanierung vor. Verbunden mit dem Versprechen von weniger Staat und einer weitreichenden Deregulierung entwickelten sie sich unter Thatcher und New Labour zu einem der wichtigsten Planungsintstrumente und zum Vehikel einer privatisierten und investororientierten Stadterneuerung.

In Anbetracht der Unbestimmtheit des Begriffs ist in jedem Fall zu fragen, was unter einer PPP konkret verstanden wurde. Nur so lassen sich Unterschiede und Entwicklungen erkennen. Im Falle des *Scottish Exhibition Centre* beschränkte sich die Vorstellung der Regierung von einer Partnerschaft auf eine Konstenbeteiligung seitens der Wirtschaft in Höhe von 50 Prozent. Mitsprache

96 Ebd., S. 59.

97 Michael Parkinson, The Thatcher Government's Urban Policy, 1979–1989, in: The Town Planning Review 60 (1989), Heft 4, S. 521–440, hier S. 434f.

98 Stephen V. Ward, Public-Private Partnerships, in: Barry Cullingworth (Hrsg.), British Planning. 50 Years of Urban and Regional Policy, London, New Brunswick 1999, S. 232–249, hier S. 232.

und Mitbestimmung spielten zunächst keine große Rolle. Hier zeigt sich, dass das Projekt in die frühe Phase der jüngeren Geschichte der PPPs einzuordnen ist. Im Verlauf der folgenden zwei Jahrzehnte sollten sich sowohl die Initiative als auch Federführung immer weiter weg von den Kommunen und hin zur Wirtschaft verlagern. Dies galt vor allem für den Wohnungsbau, aus dem sich die Kommunen immer mehr zurückziehen mussten.

Noch war die Zeit hierfür jedoch nicht reif. Die angestrebte Beteiligung in Höhe von 50 Prozent erwies sich als nicht realisierbar. Zwar rechneten die Verantwortlichen auf eine Laufzeit von 25 Jahren mit einer Rendite von immerhin 11,8 %, hohe Einstiegskosten und die relativ lange Phase bis zur ersten Gewinnausschüttung schreckten jedoch potentielle Investoren ab.

Nach Prüfung der Investitionsbereitschaft legte die SDA deshalb im Februar 1982 ein überarbeitetes Finanzkonzept vor. Private Geldgeber sollten nun nur noch ein Drittel der Baukosten in Höhe von 18 Millionen Pfund beisteuern.[99] Einweiteres Drittel entfiel zu gleichen Teilen auf die Gebietskörperschaften GDC und SRC, das letzte schließlich auf die SDA. Auch in dieser deutlichen Beteiligung der kommunalen Körperschaften unterschied sich diese frühe *Public-Private-Partnership* von später praktizierten Formen. Der Anfang war jedoch gemacht. Die geplante Mindestrendite von zwölf Prozent sollte zunächst an die privaten Kapitalanleger bezahlt werden. Erst nach Erfüllung von deren Ansprüchen kämen die öffentlichen Geldgeber zum Zug. Würden auch diese eine Rendite von zwölf Prozent erreichen, käme alles, was darüber hinaus an Gewinn erzielt werde, den privaten Anlegern zu gute. Um die Attraktivität der Anlage zu erhöhen, wurde also die öffentlich-rechtliche Seite deutlich diskriminiert.

In noch höherem Maße galt das für die Betreibergesellschaft. Dort erhielt die Wirtschaft gleich zu Beginn ein Übergewicht bei Entscheidungen. Die Spitze der gewinnorientierten Unternehmung sollte zudem ein Fachmann aus der Wirtschaft einnehmen.[100] Schließlich war die ganze finanzielle und rechtliche Konstruktion der Gesellschaft darauf angelegt, den Einfluss der öffentlichen Seite im Laufe der Jahre weiter zu verringern, bis die *Scottish Exhibition Centre Ltd.* Ganz in privater Hand liegen sollte. Neben den Baukosten fielen weitere zwölf Millionen Pfund für die Sanierung und Erschließung des Geländes an, die vollständig aus öffentlichen Kassen bezahlt wurden. Die Hälfte davon übernahm die SDA, die hierzu einen Teil ihrer Gelder für Flächensanierungen einsetzte. Die restlichen sechs Millionen teilten sich GDC und SRC.[101] Mit diesem Vorschlag war die Regierung zufrieden. Am 15. März 1982 gab SoS George Younger grünes Licht für den Bau[102] und verkündete:

99 SDA, Submission for a Scottish Industrial Exhibition Centre, 19.2.1982, NAS, SEP12/335.

100 Ebd., § 38 f.

101 Vgl. den Beschluss des Policy and Resources Committee vom 5.8.1982, GCA, GDC, GDC1/2, 1982/83, Heft 3, S. 266.

102 Vgl. John McKinlay, Go-Ahead for Plan to Turn Dock into Cxhibition Centre, in: Glasgow Herald, 16.3.1982.

This will be seen as a major contribution to the revival and regeneration of the centre of Glasgow which has suffered so much in destruction and dereliction in recent years and it emphasizes the strong confidence we in Government and the SDA have in the importance of rejuvenating the centre of Scotland's largest city.[103]

Mit der Durchführung wurde die *Bovis Construction Ltd.* betraut. Den Plan lieferte das Glasgower Architekturbüro *James Parr & Partners*.[104] Der Entwurf, der unter anderem auf einer Reihe von Exkursionen zu vergleichbaren Komplexen und Gesprächen mit deren Betreibern beruhte, war schlicht und orientierte sich an den Kriterien Funktionalität und Flexibilität. Es sah fünf Hallen unterschiedlicher Größe vor, verteilt auf zwei nebeneinanderliegende rechteckige Baukörper. Diese erhielten eine rote Metallverkleidung die farblich an die Backsteinschuppen des alten Hafens erinnerte und ein Ausrufezeichen »in this otherwise grey dockland setting« setzen sollte.[105] Darüber stieg ein silbern lackiertes Satteldach sanft bis zu einer Laterne an, in der die Belüftungsanlage untergebracht wurde. Die Ablehnung eines Flachdaches wurde mit der geringeren Wartungsintensität und folglich niedrigeren Kosten begründet. Die silberne Farbe wurde vor allem deshalb gewählt, weil sie das Sonnenlicht reflektieren und so Energie sparen und zudem weniger schnell altern sollte. Dieser kurze Einblick in die Begründungszusammenhänge mag hier als Beispiel für die Dominanz funktionaler Aspekte in Farb- und Formgebung genügen. Auch bei der Gestaltung der Ausstellungshallen folgte die Ästhetik klar der Funktion.

Der Freiraum zwischen den Längsseiten der beiden Hauptgebäude sollte von einem gläsernen Satteldach überspannt werden. Dadurch entstand ein langgestrecktes gläsernes Atrium, genannt *Concourse*, in dem zentrale Einrichtungen unterzubringen waren:

The Concourse space is seen as an enclosed street in which permanent features such as Administration Offices and Seminar Suite exist at first floor level while Security Control, First Aid Suite and a number of permanent Retail Units e.g. Bank, Tobacconist and News Agents are located at Ground Level. The Concourse provides a space in which an ever changing scene of Advertising Display, Kiosks, Information Desks and smaller Exhibitions can take place. In this way the visitor will experience an exciting and lasting impression of the Centre.

Einzig in diesem Gebäudeteil spielten ästhetische Kriterien eine größere Rolle. Zwischen dem Gebäudekomplex und dem Fluss war eine Freiluftausstellungsfläche vorgesehen. Der Platz dahinter blieb für den Bau eines Hotels durch einen privaten Investor reserviert.

103 Zitiert nach: Denny MacGee, £30m Exhibition Centre to Be Built in Glasgow, in: The Scotsman, 16.3.1982.

104 Vgl. Bovis Construction Ltd., Scottish Exhibition Centre, NAS, Scottish Exhibition and Conference Centre, Promotional and Publicity Material, Bauplan, SDA21/4/1.

105 Zum Farbkonzept vgl. Ebd.

Werbematerialien, die während der Bauzeit erschienen, stellen immer wieder die Flexibilität des Komplexes heraus. Diese sei, so war etwa in einer Broschüre der Betreibergesellschaft zu lesen, »possibly the greatest asset of the Scottish exhibition centre.«[106] Es handle sich um einen multifunktionalen Komplex, der eine Vielzahl von Veranstaltung unterschiedlichster Zielsetzung und Größe erlaube. Das Lob der Flexibilität gipfelte in folgender Passage:

With five interlinked Main Halls covering a total of 20.000 m^2, which together with ancillary areas, can offer individual hall space from 1.000 m^2 to 10.000 m^2, in addition to the more compact seminar facilities, the permutations are endless.

Endlose Verwandlungsfähigkeit war also die wichtigste Tugend des neuen Bauwerks. Die stetig wiederholte Betonung der Anpassungsfähigkeit sollte potentiellen Kunden offenbar signalisieren, dass, was immer diese gerade planten, das *Scottish Exhibition Centre* das richtige Gebäude dafür sei: »This magnificient new centre can accomodate any permutation you want – exhibition, conference, sporting event, concert or product launch.«[107] In dieser Lesart gab es so viele Nutzungsmöglichkeiten wie potentielle Nutzer. Das Ziel, ein möglichst flexibles Bauwerk zu schaffen, wirkte sich konkret auf den Entwurf aus. So wurde etwa bei allen großen Hallen auf jegliche Säulen verzichtet, um ein Maximum an unterschiedlichen Nutzungs- und Unterteilungsmöglichkeiten zu erlauben.

Die Forderung nach Flexibilität erklärt sich einerseits freilich schon aus der puren ökonomischen Notwendigkeit, eine möglichst hohe Auslastung zu erreichen. Andererseits taucht der Begriff der ›Flexibilität‹ auch noch in ganz anderen Quellen aus jener Zeit immer wieder auf. Arbeitsverhältnisse, Lebensversicherungen, Ladenöffnungszeiten oder Bauwerke; alles sollte flexibler werden. Es galt offenbar einen Zustand der Erstarrung aufzulösen, um neue Dynamiken freizusetzen.

Möglicherweise war der Wunsch nach Vielfältigkeit, nach Offenheit, nach dem nicht festgelegt sein aber auch komplementär zu einer umsichgreifenden Verunsicherung über die Beschaffenheit des Planungshorizonts. Wenn sich die Zukunft nicht mehr ohne weiteres aus der Vergangenheit ablesen ließ, dann musste Handeln in der Gegenwart so ausgerichtet werden, dass es möglichst großen Handlungsspielraum ließ. Diese Denkfigur breitete sich in der Stadtplanung seit den 1980er Jahren immer weiter aus. Spätestens nach der UNO Konferenz über Umwelt und Entwicklung, die 1992 in Rio stattfand, erhielt sie im Begriff der Nachhaltigkeit ein griffiges und erfolgreiches Label, das seinerseits als Leerformel zur Abwehr der Kolonisierung der Gegenwart durch eine Pluralität von Zukünften verstanden werden kann.[108] Damit wären Begriffe wie Flexibilität

106 Ebd.
107 Scottish Exhibition and Conference Ltd., Destination Scotland, NAS, SDA21/4/3.
108 So Adam Tooze auf der von Lutz Raphael, Anselm Doering-Manteuffel und Thomas Schlemmer organisierten Tagung »Vorgeschichte der Gegenwart. Dimensionen des Strukturbruchs nach dem Boom, 27.–29.6.2013, IfZ München.

und Anpassungsfähigkeit dem ebenfalls beobachtbaren Schwinden überkommener Gewissheiten zuzuordnen. Dieser Gedanke wird im weiteren Verlauf der Studie nochmals aufgegriffen, zumal die Zunahme verwandter Semantiken von der Flexibilisierung der Arbeitsverhältnisse, der Deregulierung der Märkte bis zur hin zu einer flüssigen Moderne[109] im Untersuchungszeitraum auffällig erschient.

Im Laufe Konkretisierung des Bauvorhabens fand eine interessante Verschiebung im Konzept statt, die sich auch auf die Namensgebung auswirkte. Zu Beginn des Projekts galt die Funktion des Schaufensters der schottischen Industrie als Hauptzweck. Andere Nutzungsformen sollten vor allem der besseren Auslastung und Rentabilität dienen. Während die Planungen konkreter wurden, zeigte sich jedoch immer deutlicher, dass das Geschäft mit Tagungen und Konferenzen selbst ein wichtiger Wachstumsmarkt war. Deshalb wurde eine der Hallen kurzerhand zum Konferenzsaal umgeplant. Der Bau erhielt nun den Titel *Scottish Exhibition and Conference Centre* (SECC), den der inzwischen mehrfach erweiterte Komplex noch heute trägt.[110]

Nach zweijähriger Bauzeit und Baukosten in Höhe von insgesamt 36 Millionen Pfund öffnete das SECC am 25. August 1985 erstmals seine Pforten für Besucher. 35.000 bis 40.000 Schaulustige kamen allein an diesem Tag zur Besichtigung.[111] Insgesamt fanden im ersten Jahr mehr als 1,5 Millionen Besucher den Weg ins SECC und machten es so zur meistbesuchten Touristenattraktion des Jahres in Schottland.[112] Die erste Veranstaltung, ein Konzert des *Scottish National Orchestra*, fand am 7. September statt. Die offizielle Einweihung durch die Queen erfolgte im Rahmen der *Scottish Motor Show* im November. Trotz der enormen wirtschaftlichen Schwierigkeiten, so die Queen in ihrer Eröffnungsrede, gelinge es Glasgow immer noch, den Blick nach vorn zu richten. Durch ihren erfolgreichen Wandel stehe die Stadt erneut im Mittelpunkt der schottischen Wirtschaft:

A great trading nation like Scotland needs a centre which is worthy of the remarkable record, both in exports and in the attraction of new industries which Scotland is currently so proud. […] Glasgow, because of the way it has adapted was the natural site.[113]

Das SECC, so die Königin weiter, könne dazu beitragen, das Wissen und die neuen Fähigkeiten der Schotten in der Welt bekannt zu machen. Die neuen Industrien und Fertigkeiten, von denen hier die Rede war, bezogen sich auf die Er-

109 Vgl. Zygmunt Baumann, Liquid Modernity, Cambridge 2000.
110 Vgl. Tony Rogers, Conferences and Conventions. A Global Industry, 2. Aufl., Amsterdam u.a. 2007, S. 362–365.
111 O.A., Centre Passes its First Test, in: Glasgow Herald, 26.8.1985.
112 Vgl. hierzu die Angaben zur Geschichte des SECC auf dessen Homepage, URL: http://www.secc.co.uk/about-the-secc/history.aspx#1985 (Abruf 3.1.2013).
113 Iain Gray/Douglas Lowe, Centre Gets Royal Seal, in: Glasgow Herald, 28.11.1985.

folge der schottischen Elektronikindustrie. Glasgows Leistung bestehe in der Anpassungsfähigkeit an die Herausforderungen der damit verbundenen dritten industriellen Revolution. Zu diesem Zeitpunkt war dies freilich mehr Wunschdenken als Ist-Zustand.

Die Erwartungen an das SEEC waren von Beginn an groß gewesen. Die Umsetzung als Public-Private-Partnership sollte die Leistungsfähigkeit dieses Stadtentwicklungsmodells demonstrieren. Von Bau und Betrieb des Zentrums erhoffte man sich die Schaffung neuer Arbeitsplätze in der Stadt. Die Veranstaltungen im SECC sollten darüber hinaus positive Impulse und Synergieeffekte für die gesamte schottische Wirtschaft erzeugen. Fünf Jahre später war die Begeisterung bereits der Ernüchterung gewichen. Ein Grund hierfür war die Unzufriedenheit mit den ästhetischen Qualitäten des funktional ausgerichteten Zweckbaus. Ein Architekturführer, der zum Kulturhauptstadtsjahr 1990er erschien und sich sonst durchaus für Gegenwartsarchitektur begeistern konnte, wusste wenig Positives über das Gebäude zu sagen:

> This large and unprepossessing shed sits in acreas of tarmac car park on the infilled Queen's Dock [...]. It makes nothing of its riverside site. Exhibition areas flank a central glazed concourse. It is accompanied by the tower-block FORUM HOTEL by Cobban & Lironi 1988–9, dramatically faced in mirrored glass but with nothing to reflect except passing clouds.[114]

Die aufgeführten Kritikpunkte sind durchaus nachvollziehbar. Sie waren in ähnlicher Weise bereits gegen den Entwurf vorgebracht worden[115] Tatsächlich wurde das Umfeld des Gebäudes auf drei Seiten vom Automobil beherrscht. Während östlich und westlich des SECC riesige Parkplatzflächen den Besucher empfingen, rauschte im Norden der Verkehr auf dem Clyde-Expressway vorbei. Die in manchen Entwürfen vorgesehene Baumbepflanzung, die besonders den Parkplatzflächen mehr Struktur und Auflockerung gebracht hätte, wurde nie realisiert. Schlimmer wog die Kritik, dass das SECC nichts aus seiner Lage am Fluss zu machen wisse. Durch die Ausrichtung der Gebäude in Ost-West Richtung und die Umrahmung des gläsernen Concours durch die Ausstellungshallen, zeigte das Zentrum dem Clyde tatsächlich die kalte Schulter. Der 1989 fertiggestellte Hotelturm am Flussufer konnte diesen Eindruck nur geringfügig verbessern. Insgesamt wirkte der Gebäudekomplex trotz seiner Größe innerhalb des Gesamtgrundstücks verloren.

Neben der Kritik an der architektonischen, landschaftsgärtnerischen und raumplanerischen Ausführung beeinflusste die schlechte wirtschaftliche Entwicklung die negative Rezeption. *The Red Shed*, wie das SECC im Volksmund genannt wurde, schrieb länger als erwartet rote Zahlen. Allein im Geschäftsjahr 1989 lag das Defizit bei 2,4 Millionen. Bis 1993 liefen insgesamt etwa 5.5 Millionen Pfund an Schulden auf.

114 Elizabeth Williamson/Anne Riches/Malcolm Higgs. Glasgow, London 1990, S. 278.
115 Vgl. Planning Committee vom 17.5.1983, GCA, GDC, GDC1/2, 1982/83, Heft 3, S. 74.

Angesichts dieser Verluste verwiesen die Verantwortlichen gerne auf den Nutzen, den das SECC für Glasgow, die Region und Schottland bringe. Dieser ließ sich aber kaum messen. Die SDA gab 1991 eine Studie hierzu in Auftrag. Das Wirtschaftsprüfungs- und Beratungsunternehmen KPMG sollte die Wirkung des SECC auf den Großraum Glasgow ermitteln. Das Ergebnis fiel erstaunlich positiv aus. Über 49 Millionen Pfund hatten demnach die Aktivitäten des SECC im Untersuchungsjahr für die urbane Ökonomie generiert. Solche Berechnungen sind jedoch nur schwer nachvollziehbar und deshalb mit Vorsicht zu genießen.

Die wirtschaftliche Wende erfolgte zwei Jahre später. 1993 erzielte die Betreibergesellschaft erstmals einen Gewinn in Höhe von 46.000 Pfund. Mitverantwortlich für diesen Erfolg war die Berufung Jeremy Sales an die Unternehmensspitze gewesen sein. Er war zum einen durch seine Beratungstätigkeiten beim *Glasgow Garden Festival* 1988 bestens mit den Problemlagen vor Ort vertraut. Zum anderen besaß er durch die vorausgegangene Tätigkeit als Vorsitzender der Exhibition Industry Federation ein hohes Maß an Erfahrung und jede Menge ausgezeichnete Kontakte innnerhalb der Branche.[116]

Inzwischen hatte sich auch die Unternehmensstruktur geändert. Die Regierung hatte im Zuge der bevorstehenden Schaffung der *Scottish Enterprise* 1991 von der SDA verlangt, dass diese ihre Anteile an der *Scottish Exhibition Centre Ltd.* abstoßen solle. Die beiden kommunalen Körperschaften SRC und den GDC übernahmen daraufhin je die Hälfte des SDA Packets und hielten nun jeweils über 45 Prozent, während der Anteil privater Investoren gleich blieb.[117] Diese Entwicklung fand ihre Fortsetzung schließlich mit der Rückkehr zum eingliedrigen System der Kommunalverwaltung und der Auflösung der Region 1996. Seitdem hält der *Glasgow City Council* über 90 Prozent. Entgegen der ursprünglichen Absicht, das SECC nach und nach zu privatisieren, ist es heute mehr denn je in der Hand der Kommune.

Auf die Entwicklung des SECC in den 1990er Jahren und den Bau des *Clyde-Auditoriums* wird später noch einzugehen sein. Für die Erste Phase der Entwicklung, die von 1978 bis in die frühen 1990er Jahre reichte, ist festzuhalten: Das SECC war stark von der Vorstellung des Schaufensters für die schottische Industrie geprägt. Die Pläne nahmen aber zu einem Zeitpunkt Gestalt an, als im Zuge der Thatcher-Reformen die Deindustrialisierung Glasgows ein dramatisches Ausmaß erreichte. Während der Standortdebatten im Parlament bemerkte der Labour-Abgeordnete für East Kilbride, Maurice Miller, verbittert: »Although the house will not be against exhibition centres, what will be left to exhibit, other than our nakedness, once the Government has finished their hatcheting?«

116 Vgl. o.A., SECC Names Chief, in: The Herald, 12.3.1990.

117 Vgl. John MacCalman, Councils Approve Move to Revitalise SECC, in: Glasgow Herald, 11.4.1991;

Während des Baus wurde der Widerspruch zwischen der ursprünglichen Konzeption und der Realität immer offensichtlicher. Die Erweiterung des *Scottish Exhibition Centres* zum *Scottish Exhibition and Conference Centre* verweist auf die Anfänge eines Lernprozesses auf Seiten der Verantwortlichen vor Ort, der mit dem Bau des des *Clyde-Auditoriums* Mitte der 1990er Jahre seine Fortsetzung fand. Tagungen und Konferenzen zeichnen sich im Gegensatz zu Hersteller- und Verbrauchermessen unter anderem dadurch aus, dass sie andere Anforderungen an Raum- und Nutzungskonzepte stellen. Die großen fensterlosen Hallen des alten SECC waren trotz aller Flexibilität für solche Veranstaltungen ungeeignet. Es bedurfte hierzu zweckbestimmter Räumlichkeiten, die über eine entsprechende Akustik und die notwendige technische Ausrüstung verfügten und durch eine Vielzahl von Kommunikations- und Rückzugsorten das Angebot abrundeten.[118] Mit der Etablierung des eigenständigen Wirtschaftsbereichs einer *Conference Industry* ging im Laufe der zweiten Hälfte des 20. Jahrhunderts die Herausbildung einer hochspezialisierten Architektur einher.[119] Auf institutioneller Ebene entsprach dem die Entstehung von Netzwerken wie der 1981 gegründeten *International Association of Conference Centres.*

Das SECC entstand zu einer Zeit, als sich der Übergang von einer älteren, auf lokalen Rohstoffen basierenden Form der Produktion, zu einer neuen, von Kommunikations- und Informationsprozessen dominierten vollzog. Das Denken der lokalen Akteure passte sich erst allmählich den sich wandelnden Strukturen an. Die Entstehungsgeschichte des SECC markiert somit den Aufbruch vom alten ins neue Glasgow der Gegenwart. Die Erfahrungen flossen in künftige Projekte mit ein.[120]

2.4 Vom Prince's Dock zum Glasgow Garden Festival 1988

Im November 1982, nur wenige Monate nachdem die Entscheidung für den Bau des SECC gefallen war, leitete die Stadtverwaltung ein weiteres Vorhaben ein, das einen festen Platz im Narrativ der wiedergeborenen und erneuerten Stadt finden sollte.[121] In diesem Monat erläuterte der städtische Direktor für Parkanlagen

118 Vgl. Tony Rogers, Conferences and Conventions, S. 2–9; Anton Shone, The Business of Confrerences. A Hospitality Sector Overview for the UK and Ireland, Oxford 1998, S. 3–18.

119 Vgl. Richard H. Penner, Conference Center Planning and Design. A Guide for Architects, Designers, Meeting Planners, and Facility Managers, New York 1991, hier insbes. S. 148–249.

120 Vgl. George Lloyd, Property-Led Partnership Arrangements in Scotland, in: Patsy Healey u.a. (Hrsg.), Rebuilding the City. Property-led Urban Regeneration. London 1992, S. 233–244.

121 Zur Geschichte des Glasgower Garden Festivals vgl. Andrew C. Theokas, Grounds for Review. The Garden Festival in Urban Planning and Design, Liverpool 2004, S. 168–174; Kinchin/Kinchin, Glasgow's Great Exhibitions, S. 169–185.

und Erholung vor dem *Policy and Ressources Committee* die von der Regierung geplante Einführung Nationaler Gartenschauen. Er schlug vor, Glasgow solle sich um die Ausrichtung eines solchen Festivals bewerben. Als Austragungsort schwebte ihm *Glasgow Green* vor, der aus dem 15. Jahrhundert stammende älteste Park der Stadt. Das Gremium begrüßte diesen Vorschlag und beauftragte die Verwaltung in der Sache Kontakt zur SDA und zum SO aufzunehmen. Es sollte geklärt werden, inwiefern eine Bewerbung von dort Unterstützung erhalten würde.[122]

Der Initiator der nationalen Gartenschauen war Michael Heseltine, damals *Secretary of State for the Environment.*[123] Zu seinem Aufgabenbereich gehörten staatliche Programme zur Stadterneuerung und Stadtentwicklung. Das Gartenschaukonzept war nur ein Programm in einer ganzen Reihe von neuen Ansätzen in der Stadtpolitik, die in den frühen Thatcher-Jahren erprobt wurden.[124] Dazu zählten etwa die bereits erwähnten *Public-Private-Partnerships* oder die *Enterprise Zones*, abgegrenzte Areale in Stadträumen, in denen staatliche Bestimmungen aufgehoben, und Steuern auf Jahre ausgesetzt wurden. Nach der Schließung des Singer-Werkes in Clydebank wurde dort eine solche *Enterprise Zone* eingerichtet. *Urban Development Corporations* waren zwar keine Neuerfindung Heseltines, die Regierung interpretierte ihre Rolle jedoch völlig neu und weitete ihre Einsatzmöglichkeiten aus.[125] Einerseits waren sie zwar öffentlich-rechtliche Körperschaften, wenngleich gewinnorientiert. Andererseits dienten Sie der Regierung zumindest in London und Liverpool dazu, die gewählten Stadt- und Regionalräte zu umgehen. Aus Sicht Londons waren diese Labour-dominierten Gremien die wahren Verantwortlichen für die Misere der Innenstädte. Durch eine falsche Politik hätten Sie diese herbeigeführt und nun blockierten sie den Reformkurs der Regierung, in dessen Mittelpunkt die Sanierung kommunaler Haushalte stand. Andy McSmith beschreibt Margret Thatchers Haltung gegenüber den Kommunen so:

> […] she displayed an intemperate hostility to local democracy. Her famous remark about the ›enemy within‹ was aimed as much at left-wing councillors from London and Liverpool as at the miners' union, and her time in office was dedicated to marginalizing local councils and accumulating power at the centre.[126]

Einmal mehr wird hier der Widerspruch zwischen der Regierungsrhetorik vom Rückzug des Staates und der tatsächlich praktizierten zentralistischen Politik

122 Vgl. Policy and Resources Committee, 25.11.1982, GCA, GDC1/2, 1982/83, Heft 7, S. 864.

123 Vgl. Theokas, Grounds for Review, S. 140–145; Michael Crick, Michael Heseltine. A Biography, S. 232.

124 Vgl. Parkinson, The Thatcher Government's Urban Policy.

125 Zur Geschichte der 13 Urban Development Corporations in England vgl. Rom Imrie/Huw Thomas (Hrsg.), British Urban Policy. An Evaluation of the Urban Development Corporations, 2. Aufl., London u. a. 1999.

126 McSmith, No Such Thing as Society, S. 234 f.

deutlich. Im Falle des ersten Gartenfestivals in Liverpool 1984 zeigte sich dies Haltung darin, dass die *Merseyside Development Corporation* das Event weitgehend allein plante und durchführte, während der militante Stadtrat dem Projekt neutral bis feindlich gegenüberstand.[127] Die 1981 gegründete *London Docklands Development Corporation* war wohl die berühmteste dieser Entwicklungsgesellschaften. Sie trieb den Wandel des alten Londoner Stadthafens zum Finanz- und Business Distrikt gegen alle Widerstände voran.[128]

In diese experimentelle Phase der Stadtpolitik unter Thatcher fällt auch die Einführung nationaler Gartenschauen. Vorbilder hierfür waren die Niederlande und Deutschland. In beiden Ländern waren seit dem Krieg regelmäßig solche Veranstaltungen an wechselnden Orten abgehalten worden. Besonders die deutschen Bundesgartenschauen tauchten im britischen Kontext immer wieder als Referenzpunkt auf.[129] Wichtiger als die Gemeinsamkeiten sind in diesem Zusammenhang jedoch die Unterschiede. Die Gartenschaukonzepte der beiden kontinentaleuropäischen Staaten zielten auf den Ausbau beziehungsweise die Erweiterung bestehender Parkanlagen und Erholungsbereiche. Für Michael Heseltine und die Thatcher-Regierung waren Gartenschauen lediglich ein Werkzeug von vielen zur Sanierung von Industriebrachen und Schandflecken in den Innenstädten. Das Ziel aller englischen Festivals war letztlich die Weiterentwicklung der betroffenen Areale durch private Unternehmen und somit die Wiedereingliederung zuvor unverkäuflicher Flächen in den Immobilienmarkt. Öffentliche Gelder flossen in die Sanierung der Flächen und in die Ausrichtung der Festivals, die so zu bloß temporären Erscheinungen wurden und als Werbung für die Vermarktung der Immobilien dienten. Die nationalen Gartenschauen stellen, etwas pointiert gesagt, eine großflächige und für den Steuerzahler vergleichsweise teure Form der Zwischennutzung dar, von der am Ende vor allem private Immobilienfirmen profitieren sollten.

Das ursprüngliche vom Glasgower Stadtrat erwogene Konzept einer Gartenschau am *Glasgow Green* stand ganz in der Tradition der kontinentaleuropäischen Vorbilder. Der Park, der sich unmittelbar östlich an den alten Stadtkern anschließt und sich nördlich des Clyde weit ins *Eastend* erstreckt, ist einer der zentralen Erinnerungsorte der Glasgower Stadtgeschichte. Bonnie Prince Charlie hatte 1745/46 im Rahmen seiner erfolglosen Kampagne zur Rückeroberung des schottischen Thrones mit seinen Truppen dort kampiert. Der Legende nach war James Watt die entscheidende Idee zu Verbesserung der Dampfmaschine bei einem Spaziergang durch den Park gekommen. Die Glasgow Rangers bestritten ihre ersten Spiele am *Flesher's Haugh* und mit dem 1898 er-

127 Vgl. Theokas, Grounds for Review, S. 145–157.

128 Vgl. Janet Foster, Docklands. Cultures in Conflict, Worlds in Collision, London 2005.

129 Vorläufer hatte es mit den Reichsgartenschauen schon vor dem Zweiten Weltkrieg gegeben. Eine stärker städtebauliche Ausrichtung erhielten jedoch erst die Nachkriegsschauen im Zuge des Wiederaufbaus vgl. Theokas, Grounds for Review, S. 29–95.

öffneten *People's Palace* stand eines der kulturellen Zentren der Stadt auf dem Parkgelände. Wiederholt war das *Glasgow Green* zum Schauplatz von Protesten und Demonstrationen geworden. Als die Stadtverwaltung begann, über die Ausrichtung eines Garden Festivals nachzudenken, war die ursprüngliche Absicht diese etwas heruntergekommene gute Stube der Stadt dauerhaft aufzuwerten. Dieser Gedanke reihte sich nahtlos in die Bemühungen zur Sanierung des Glasgower *Eastends* und des alten Stadtzentrums um den Saltmarket ein.

Diese Idee war jedoch mit den Sanierungsabsichten, welche die Regierung mit ihrem Gartenschaukonzept verfolgte, nicht kompatibel. Und dies war nicht der einzige Punkt, mit dem Glasgow nicht so ganz auf Linie des Umweltministeriums lag. Eine weitere Differenz ergab sich aus unterschiedlichen Vorstellungen der Terminierung des Events. Um mehr Zeit für Sanierungen und Pflanzungen zu haben, peilte die Regierung 1989 für das dritte Festival nach Liverpool 1984 und Stoke on Trent 1986 an. Am Clyde wollte man dieses Spektakel aber lieber schon 1988 durchführen. Dafür gab es gute Gründe. 100 Jahre nach der großen Ausstellung von 1888 und 50 Jahre nach der *Empire Exhibition* bot dieses Jahr gleich zwei stadthistorische Jubiläen, mit denen das Gartenfestival verknüpft werden konnte.

Das größte Hindernis für die Ausrichtung eines Gartenfestivals in der Stadt war jedoch die Frage der Finanzierung. Eine hohe Arbeitslosigkeit und anhaltende Betriebsschließungen ließen hohe Investitionen in ein eher kosmetisches Prestigeprojekt ebenso exzentrisch erscheinen wie die angespannte Lage in der Stadtkasse. In dieser Situation kam allerdings die SDA zur Hilfe. Sie erklärte sich bereit, einen Großteil der Kosten zu übernehmen.[130] Wie schon beim Bau des SECC sollten die Gelder hierfür teilweise aus dem Flächensanierungsprogramm genommen werden. Dieses Engagement stieß außerhalb Glasgows auf Kritik, schien sich hier doch erneut die Bevorzugung Westschottlands seitens der Agentur zu zeigen. Die SDA ließ sich davon jedoch nicht abhalten. Zusätzlich zu den Mitteln aus öffentlichen Haushalten sollten Sponsorengelder zur Finanzierung herangezogen werden.

Mit der Klärung der Finanzierungsfrage war das größte Hindernis für eine Bewerbung Glasgows beseitigt. Ein weiteres Problem, der aus Londoner Sicht mit dem Programm inkompatible Standort, konnte ebenfalls gelöst werden. Um den Vorgaben des Umweltministeriums gerecht zu werden, ließ die Stadt zunächst prüfen, ob eine Gartenschau in Springburn durchführbar wäre. Der ehemals von der Eisenbahn sowie vom Lokomotiv- und Waggonbau geprägte nördliche Stadtteil gehörte zu den am stärksten von der Deindustrialisierung betroffenen Zonen. Am Ende setzten sich die zentrumsnahen stillegelegten Hafenflächen jedoch gegenüber Springburn durch. Der damalige *City Treasurer* und spätere *Lord Provost* Pat Lally erinnert sich in seinen Memoiren an die Gründe für die Standortwahl:

130 Vgl. Policy and Resources Committee, 30.6.1983, GCA, GDC1/2, 1983/84, Heft 3, S. 232.

When the Garden Festival was offered by the Government, the City council had at first wanted to hold the event on Glasgow Green, where some exhibits might remain to become a permanent feature of the city's life. However, this was turned down because the Government's policy was that the festival should contribute to the regeneration of derelict industrial land. The obvious site was the former docks stretching on the south side of the river westwards from Kingston Bridge. It would be costly to clear and decontaminate the area, but its riverside location was highly visible, and offered tremendous potential for both the temporary delights of the festival and future redevelopment for housing or industry.[131]

Herz des Festivalparks sollte das ehemalige *Prince's Dock* am Südufer sein, das nach Teilverfüllung der Hafenbecken eine Fläche von über 50 Hektar bot. Hinzu kamen weitere Bereiche entlang des Südufers in Richtung *Kingston Bridge*, darunter der ehemalige Erzhafen *General Terminus Quay*. Damit waren innenstadtnahe Brachflächen gefunden, deren zentrale Lage eine erfolgreiche anschließende Wiederverwertung sehr wahrscheinlich erscheinen ließ.

Mit dem *Prince's Dock* gab es allerdings ein Problem. Als die Bewerbung Glasgows konkrete Züge annahm, befand sich das Grundstück nicht in Besitz der Stadt. Die *Clyde Port Authority* hatte es kurz zuvor an den Immobilienentwickler *Laing Homes Ltd.* verkauft, der Wohnungen auf dem Areal errichten wollte. Es folgten harte und zähe Verhandlungen. Am Ende erzielten beide Seiten eine Einigung über die vorrübergehende Übernahme des Geländes durch die SDA. Diese würde im Rahmen des Festivals die Entsorgung von Altlasten und die Sanierung der Fläche sowie deren landschaftsgärtnerische Neugestaltung übernehmen. Nach Beendigung sollte Laing dann den Großteil des Geländes zurückerhalten, um dort seine Bauvorhaben zu realisieren. Um in der Zwischenzeit die geplante Zahl an Wohnungen bauen zu können, erhielt Laing außerdem Ausgleichsflächen im Umfang von 50 Hektar im Stadtgebiet zugesprochen. Pat Lally rechtfertigte die Entscheidung später mit dem hohen Zeitdruck und mit dem Festhalten der SDA am *Prince's Dock* als Standort:

When we were negotiating with Laing for the use of the site, they demanded off-set sites in the city, arguing that the Garden Festival would prevent them from developing their site for several years. My view was they had already had a very successful speculation and that we shouldn't contemplate giving them off-set sites. Time was against us, and as the Scottish Development Agency was keen on the site as the only truly viable location for the festival, we reluctantly acceded to Laing's demands [...].[132]

Die Hervorhebung der Rolle der SDA mag eine Folge des Nachnutzungsdebakels in den frühen 1990er Jahren sein, für das der damalige Vorsitzende des GDC nicht verantwortlich sein wollte. Den Zeitdruck hatte die Stadt jedenfalls durch

131 Pat Lally/Neil Baxter, Lazarus Only Done It Once, The Story of My Lives, London 2000, S. 47.

132 Ebd., S. 47.

die Vorverlegung um ein Jahr selbst erhöht. Dennoch lagen Planung, Finanzierung und Durchführung des Festivals erneut in Händen der SDA, die hierfür eigens die *Garden Festival 1988 Ltd.* gründete.[133] Deren Vorstand setzte sich aus drei Vertretern der SDA sowie je einem Vertreter von GDC, SRC, Scottish Tourist Board und des SECC zusammen.[134] Die Dominanz der SDA in diesem Projekt entsprach der Federführung der *Development Corporations* bei den vorausgegangenen Festivals. Anders als etwa im Falle Liverpools zogen die beteiligten Stellen in Glasgow jedoch an einem Strang, wie viele zeitgenössische Kommentare positiv hervorhoben:

> Certainly it is impressive to see a place in the British Isles where central and local government work together. But then Scotland is another country and the Scottish Office and the Scottish Development Agency [...] believe in working with local government, in this case with Glasgow City and Strathclyde.[135]

Angesichts der unterschiedlichen politischen Lager, die sich auf Seiten der Regierung einerseits und des Regional- und Stadtrates andererseits gegenüberstanden und vor dem Hintergrund der sich zuspitzenden Konflikte und der Polarisierung zwischen Kommunen und Regierung[136], erschien die verhältnismäßig reibungslose und erfolgreiche Zusammenarbeit in Glasgow als leuchtendes Gegenbeispiel. Gleichzeitig offenbart das Zitat den politischen Sonderweg Schottlands: Ein konsensuales Politikmodell als explizit schottischer Weg wurde der konfrontativen Politik südlich der Grenze entgegengestellt.

Mit Abschluss der Verhandlungen über das Festivalgelände konnte die Bewerbung voranschreiten. Kurz nach der Gartenschau in Liverpool verkündete Umweltminister Allan Stewart im November 1984, das Glasgow den Zuschlag für das *National Garden Festival 1988* erhalten habe.[137] Die Stadt hatte sich gegen Gateshead und Swansea durchgesetzt. Mehr als drei Millionen Besucher hatte das Liverpooler Festival angelockt und dadurch die Erwartungen auch in Glasgow wachsen lassen. Die Zuversicht in Stadt, Region und bei der SDA war groß. Es galt, das fünfmonatige Ereignis als Möglichkeit zu nutzen, die Werbetrommel für die Stadt kräftig zu rühren und ihr Image weiter aufzubessern. Die damalige Vorsitzende des *Glasgow District Councils*, die Labour-Stadträtin Jean McFadden, äußerte sich anlässlich der Zusage aus London enthusiastisch:

133 Theokas, Grounds for Review, S. 169.

134 Glasgow Garden Festival 1988 Ltd., Glasgow Garden Festival '88 Souvenir Brochure and Official Guide, Gasgow 1988, S. 86.

135 Robert Holden, Glasgow's Miles of Kitsch, in: The Architects' Journal 187 (1988), Heft 19, S. 15–19, hier S. 15.

136 Für die Auseinandersetzung zwischen der Thatcher-Regierung und den Kommunen vgl. McSmith, No Such Thing as Society, S. 232–248.

137 Vgl. John MacCalman, Garden Festival Will Let Glasgow Flourish, in: Glasgow Herald, 3.11.1984.

This is fantastic news for the people of Glasgow. It will provide an ideal platform from which to continue the city's efforts of promoting Glasgow as a first class tourist and conference centre.[138]

Der *Scottish Tourist Board* sah das Event als Chance, Glasgow als Tor zu Schottland und Städtereiseziel weiter zu etablieren. Diese doppelte Stoßrichtung der Werbung für die Region und die Stadt spiegelte sich später in der Festivalarchitektur wieder, in der die unterschiedlichen schottischen Landschaften ebenso gezeigt wurden, wie Repräsentationen Glasgows. Aus Sicht der Verantwortlichen in der Kommune war freilich der zweite Punkt der wichtigere. Das Festival wiederum profitierte von der Tatsache, dass Schottland als Ganzes ein beliebtes und etabliertes Reiseziel war. Viele Gäste nahmen das Festival einfach in ihre Reisepläne auf. Um davon profitieren zu können, musste die Stadt sicherstellen, dass die Besucher nicht nur das Festivalgelände, sondern auch die Innenstadt besuchten. Pat Lally berichtet in seiner Autobiographie über einen Exkursion zur zweiten nationalen Gartenschau in Stoke on Trent 1986, die er in seiner Eigenschaft als Mehrheitsführer im Glasgower Stadtrat im Zuge der Vorbereitung besuchte. Die Abgeschiedenheit des dortigen Festivalgeländes sei ihm besonders in Erinnerung geblieben, schreibt er. Deshalb habe er Wert auf eine enge Anbindung des Festivals an die Stadt gelegt:

Their festival might have been on the moon for all it contributed ot the vitality of Stoke itself. [...] I worried about the same thing happening in Glasgow. To extract the greatest benefit from our Garden Festival we shouldn't simply see it as a sort of temporary up-market funfair, contributing only to the regeneration of its own site. What we had to do was run a parallel city festival alongside. If visitors who had enjoyed the Garden Festival also found that Glasgow was lively and interesting, then when the festival had gone they might still consider coming back to visit the city.[139]

Der Weg zur Integration des Festivalgeländes in den Stadtraum erfolgte über eine Veranstaltungsreihe. Im Vorgriff auf das bevorstehende Kulturhauptstadtsjahr 1990 wurde ein kulturelles und touristisches Begleitprogramm aufgelegt, wobei in erster Linie bereits Geplantes in einen neuen Kontext gestellt wurde. Glasgow präsentierte sich erstmals als *City of Festivals*.[140]

Chris Garett, damals Geschäftsführer des im Bau befindlichen *Scottish Exhibition Centres*, erhoffte sich ebenso positive Effekte in Bezug auf die Auslastung im Veranstaltungsjahr selbst sowie eine Belebung des Geschäfts insgesamt. Tatsächlich fanden 1988 zahlreiche Veranstaltungen der Gartenschau in den Hallen des SECC statt und machten so über die Grenzen Schottlands hinaus Werbung für den Messe- und Konferenzstandort Glasgow. Zahlreiche bereits laufende Projekte der Stadterneuerung, wie etwa der Uferwanderweg *Clyde*

138 Ebd.
139 Lally/Baxter, Lazarus, S. 47.
140 Glasgow Garden Festival 1988 Ltd., Souvenir Brochure, S.82 f.

Walkway, wurden mit dem Vorhaben kombiniert. Unter dem Strich rechneten die Verantwortlichen mit 1.000 neuen Stellen, die im Zuge der Flächensanierung und im Landschaftsbau entstehen sollten. Das gesamte Vorhaben, so ein Kommentator im »Glasgow Herald«, würde die Bemühungen zur Aufwertung und Wiederbelebung der Innenstadt beflügeln:

The new festival gardens, [...] will enhance the vision of bringing more people back into the central areas. Glasgow has been performing well in that respect so far. As the transition from industrial to commercial centre proceeds, new and better office buildings and shopping precincts have been emerging. There have been admirable conversions of old properties into modern apartments. Almost in spite of recession, there is a new pulse of vitality; better still, a presence of downtown living.[141]

Die Menschen zurück ins Stadtzentrum bringen, das galt nicht nur für Bewohner, sondern auch für Touristen. Jenseits des Festivalgeländes offenbarte das Event seinen Charakter als Katalysator für Prozesse der Stadterneuerung. Die scheinbar selbstbewusste Umbenennung des Vorhabens vom *National* zum *Glasgow Garden Festival*, die der Stadtrat durchsetzte, sollte den positiven Effekt verstärken. Das Event wurde Teil der Marketing-Kampagne für die Stadt: »The garden festival should be seen as part of Glasgow's cultural renaissance, and of the successful selling of a city.«[142] Umgekehrt hatten im Vorfeld die bereits laufenden Programme zur Stadterneuerung die Entscheidung im Sinne Glasgows beeinflusst, wie es in einem Evaluationsbericht von 1990 hieß, der im Auftrag des Umweltministeriums entstand:

There was a high level of local awareness in Glasgow of SDA's environmental improvement programme, a well established promotional campaign ›Miles Better‹ for the City and willingness to support local initiatives in Glasgow. Glasgow was selected on the basis of being able to build on these advantages and the festival was seen as another step in the process of developing the sense of partnership between private and public sector bodies.[143]

Entsprechend der Intentionen des britischen Programms spielte der Aspekt der Garten- und Landschaftsbaumesse in Glasgow im Vergleich zu den kontinentalen Vorbildern eine eher untergeordnete Rolle. Blumenrabatte und Landschaftsgärten wirkten eher als schmückendes Beiwerk für einen temporären Themen- und Freizeitpark. Dessen Anlage folgte eher dem Vorbild amerikanischer Freizeitparks als dem der Bundesgartenschauen, wie der beteiligte Architekt George Mulvagh erläuterte:

We looked at other leisure parks worldwide, in the States, the Far East, Europe and various other places, to see what actually was their formula for success. We then

141 O. A., Garden City, in: Glasgow Herald, 3.11.1984.

142 Robert Holden, Glasgow's Miles of Kitsch, S. 15.

143 Department of the Environment, An Evaluation of Garden Festivals, London 1990, S. 56.

produced a masterplan for the site, which used several of the basic guidelines from American themeparks. Visitors arrive at a single entrance and they are then funneled into the centre of the site – usually, though not always, through a commercial outlet of some sort. So there is a merchandising opportunity at the entrance. Once they have got to the central space, they can sample the festival in an organized way.[144]

Das Motto »A day out of this world« entsprach dieser Schwerpunktsetzung. Die temporäre Illusion einer anderen Welt war das Ziel der Inszenierung. Die graue Wirklichkeit rund um das Festivalgelände sollte ausgeblendet werden. Fahrgeschäfte wie etwa der *Coca-Cola-Rollercoaster* spielten eine prominente Rolle und verstärkten den Eindruck eines Rummelplatzes mit ansprechender Bepflanzung, wie nicht nur Kritiker bemerkten.[145] George Chesworth, ehemaliger Luftwaffenoffizier und nun für die Durchführung des Festivals verantwortlich, brachte die Ausrichtung folgendermaßen auf den Punkt:

Initially there was the problem that people thought the festival was just about gardens and horticulture. So we used the expression ›Festival in a garden setting‹ because it is much more than just about gardens and gardening, though that still forms the backcloth to everything else. [...] The total theme is leisure, and gardens and gardening form a major leisure pastime in the United Kingdom.[146]

Gartenbau war also nur ein Bereich unter vielen, die unter der übergreifenden thematischen Klammer ›Freizeit‹ zusammengefasst wurden. Der Park war in sechs Sektoren unterteilt: *Science and Technology, Health and Wellbeing, Plants and Food, Landscape and Scenery, Water and Maritime, Recreation and Sport.* Die Besucher konnten die Anlage anhand von vier Themenwegen erkunden: *Horticulture, Education, History and Heritage, Photography.*

Eine markante Abweichung vom übergeordneten Thema ›Freizeit‹ stellte der Bereich ›Wissenschaft und Technologie‹ dar. Interessanterweise begann der offizielle Festivalführer weder mit ›Pflanzen und Landschaftsgärten‹, noch mit ›Gesundheit und Wohlbefinden‹ sondern mit diesem Sektor:

Science and Technology features milestones in science and spectacular displays of state of the art technology: from stunning Crystal Pavilion, a glittering showcase for a host of companies involved in leading edge research to the origins of the industrial age; from rare gems to rare orchids, from genetic engineering to giant kettles, from silicon chips to spiders and insects.[147]

144 Glasgow Garden Festival 1988 Ltd., Art in the Garden. Installations. Glasgow Garden Festival, Edinburgh 1988, S. 11.
145 Vgl. Holden, Glasgow's Miles of Kitsch, S. 18.
146 O. A., Scot by Adoption Used Experience of War to Mastermind the Operation, in: Glasgow Herald, 28.4.1988; vgl. außerdem Stewart Fraser, Overall Theme is Leisure and a Family Fun Day Out, in: ebd.
147 Glasgow Garden Festival 1988 Ltd., Souvenir Brochure, S. 25.

Einerseits wurde hier das industrielle Erbe Schottlands gefeiert. Andererseits wurde die Zukunftsfähigkeit der schottischen Wirtschaft zur Schau gestellt. Herzstück dieses Bereichs, der sich über den vergleichsweise schmalen Streifen entlang des Clyde östlich des *Prince's Dock* erstreckte, war der *Crystal Pavilion*, ein gläsernes Ausstellungsgebäude in Kristallform. Schon äußerlich verwies er auf den Grundstoff, aus dem die Zukunft gemacht sein sollte:

> Crystals form the foundation of today's technology as there are chips with everything from car to computer, but without the crystal grower there would be no electronics industry.[148]

Der Chip, präsent in seiner Grundform des Kristalls, symbolisierte die Hoffnungen, die sich in den 1980er und 1990er Jahren in Glasgow mit dem Begriff des *Silicon Glen* verbanden. Schottland als Standort für Hoch-Technologie einte als Leitmotiv viele Exponate des Garden Festivals, nicht nur im *Crystal Pavilion*. Neben der Elektro- spielte dabei auch die optische Industrie eine prominente Rolle. Nicht im selben Teil des Parks, aber ausgestattet mit derselben zukunftsorientierten Botschaft, war die *Scottish Innovation Today Exhibition* im *Bank of Scotland Garden*, wo erfolgreiche Unternehmen vorgestellt wurden.

Der *Crystal Pavilion* inszenierte jedoch nicht nur die Zukunft. Er verband die Schau, ironisch gebrochen, aber semantisch eindeutig, mit historischer Größe. Namensgebung und Materialwahl spielten auf Joseph Paxtons *Crystal Palace* an. Diese Ikone der Industriemoderne war 1851 anlässlich der ersten Weltausstellung, der *Great Exhibition* im Londoner *Hyde Park*, errichtet worden.[149] Nun war der Ausstellungspavillion kein Palast und genau so wenig ließ sich die Gartenschau mit einer Weltausstellung vergleichen, schon gar nicht mit einer der mythischen Gründungsfeiern des Industriezeitalters. Dennoch war die historische Anspielung nicht ohne Sinn und vermittelte eine klare Botschaft. So wie die Ausstellung von 1851 und die dort gezeigten Produkte einen Höhepunkt der ersten industriellen Revolution darstellten, so markierten die Glasgower Exponate eine zweite, neue Stufe industrieller Entwicklung auf Basis des Computerchips. In der Souvenir-Broschüre wurde dieses Zweistufenmodell explizit ausformuliert:

> [...] a new generation of industries has arisen in Scotland over the past decades and given Scots leadership in sunrise technology, it is no surprise that many international giants such as IBM and National Semiconductor have chosen to establish bases in Inverclyde, now at the heart of Silicon Glen, and at the focus of the new industrial revolution.[150]

148 Ebd.

149 Vgl. Asa Briggs, Iron Bridge to Crystal Palace. Impact and Images of the Industrial Revolution, London 1979, S. 164–168; Winfried Kretschmer, Geschichte der Weltausstellungen, Frankfurt a. M. 1999, S. 50–56.

150 Glasgow Garden Festival 1988 Ltd., Souvenir Brochure, S.20.

Wie schon während der ersten Industriellen Revolution im 19. Jahrhundert sollte Schottland erneut eine Keimzelle des Fortschritts sein. Diesen Eindruck wollten die Ausstellungsmacher erwecken. Die Stadt, die vielleicht am meisten unter dem industriellen Strukturwandel zu leiden hatte, unterstrich so den Anspruch Schottlands, eine starke Wirtschaftsregion mit Zukunft zu sein, führend in der Vergangenheit und führend auch in Zukunft. Die Wahl der Begriffe ›*Science and Technology*‹ statt des früher üblichen ›*Industry*‹ für den gewerblichen Teil der Schau sollten zugleich den Fortschritt gegenüber der Vergangenheit hervorheben und die Kraft zur Erneuerung demonstrieren.[151]

Während die Deindustrialisierung gewissermaßen die pessimistische Variante zeitgenössischer Deutungen des Strukturwandels bildete, war die Rede von der zweiten industriellen Revolution deren optimistische Entsprechung. Wer sich wann welcher Erzählung bediente hing von Anlass und Kontext, vom Standort des Betrachters und von den damit verbundenen Interessen ab. Im Falle des *Garden Festivals*, das man als Standortwerbung verstand, waren ökonomische Erneuerung und Anpassungsbereitschaft Verkaufsargumente.

Das Spiel mit den drei Zeitebenen Gegenwart, Vergangenheit und Zukunft war fest in die Architecktur des ganzen Festivals eingewoben. So zitierten der *Clydesdale Bank Anniversary Tower* oder die *Broom Milk Bar* der *Empire Exhibition* von 1938 im Glasgower Bellahouston Park. Die Autoren einer 1988 erschienen Geschichte der großen Ausstellungen in Glasgow reihten die Gartenschau in diese Tradition ein und betonten besonders den Bezug *zur Empire Exhibition*:

> 1938's Empire Exhibition appears most boldly in the publicity. Many people of course have living memories of Glasgow's last great show; but for other reasons too it seems more relevant. The Garden Festival shares its attempt to signify resurgence form a period of economic depression; its assertion that things can and will be better; its emphasis on a new start, and a new, more wholesome way of life.[152]

Anlässlich des *Glasgow Garden Festivals* wurde die *Empire Exhibition* vielfach durch die Erinnerung von Zeitzeugen evoziert, in deren Erzählungen zumeist die Armut und die Not der 1920er und 1930er Jahre ebenso thematisiert wurden wie die Ausstellung als temporäre Flucht aus diesem Elend.[153] Es war diese Erzählung von Krise, kurzfristiger Ablenkung und letztlich des Wiederaufstiegs, die mit den zahlreichen Verweisen auf 1938 für die Gegenwart fruchtbar gemacht werden sollte.

Ein anderes historisches Kapitel schlug die sogenannte *High Street* auf. Es handelte sich hierbei um eine knallbunte Kulissenstadt mit Läden, Cafes und

151 Kinchin/Kinchin, Glasgow's Great Exhibitions, S. 182.

152 Ebd., S. 170.

153 Vgl. Cliff Hanley, Looking Back at the Thirties When I Pushed My Passionate Conscience Aside for the Sake of the Empire, in: Glasgow Herald, 28.4.1988.

Restaurants, die Fassaden und Formen aus dem viktorianischen Glasgow spielerisch inszenierte. Sie schuf dadurch nicht nur eine Repräsentanz der Stadt auf dem Festivalgelände, sondern erinnerte darüber hinaus an deren große Zeit vor dem Ersten Weltkrieg. Viele der zahlreichen Kunstprojekte des Festivals nahmen auf diesen Teil der Geschichte Glasgows und den Ort des Geschehens Bezug. Die Installation *Arrivals and Sailings* des schottischen Künstlers George Wyllie zeigte beispielsweise mehrere Dampferschornsteine, die in unterschiedliche Richtungen geneigt waren und an die Zeit erinnerten, als der Clyde noch eine vielbefahrene Wasserstraße und das *Prince's Dock* ein geschäftiger Hafen gewesen waren.[154]

Der Umgang mit der Vergangenheit reichte von Formen der spielerisch-ironischen Aneignung über pragmatischer Vereinnahmung bis hin zum Kitsch. Historische Straßenbahnwagen, lange Zeit ein Symbol für Urbanität und Fortschritt, ehe sie in den 1960er Jahren vom Automobil verdrängt wurden, transportierten nun die Besucher auf einem Rundkurs entlang des Clyde. Sie warben gleichzeitig für das im selben Jahr eröffnete *Glasgow Transport Museum* in der *Kelvin Hall*. Eine Kleinbahn nach dem Vorbild einer 1886 in Glasgow gefertigten Dampflok umkreiste das Gelände. Schon die Zeitgenossen bemerkten die Ironie, dass nur wenige Wochen bevor der Auftrag zum Bau dieser Kleinbahn an eine Firma in Stratford-upon-Avon vergeben wurde, die *British Rail* ihr Reparaturwerk in Springburn geschlossen und damit die Geschichte des Waggon- und Lokomotivbaus in der Stadt endgültig beendet hatte.[155] Die Vergangenheit spielte auch eine prominente Rolle im Themenbereich *Water and Maritime*, wo »Scotland's rich history of maritime trade and exploration«[156] gefeiert wurde.

Die Thematisierung der Stadtgeschichte war, bei aller Nostalgie, kein Selbstzweck. Die Festivalarchitektur setzte sie in einen Sinnzusammenhang mit Gegenwart und Zukunft, wobei der Kontrast ein häufig gewähltes Mittel darstellte. Dies zeigte sich auch in den Begleitmaterialien zur Gartenschau. In einer Anzeige der SDA (Abbildung 7) wurde unter der Überschrift »We're changing the Face of Scotland«[157] eine vergilbte historische Ansicht des *Prince's Dock* gezeigt, die in der Mitte von einem blühenden *Garden Festival* Logo durchbrochen wird. Unter Verweis auf ihre zahlreichen weiteren Flächenrecyclingprojekte erläuterte die SDA im darunter liegenden Textteil wie sie »disused land beautiful and useful« mache.

Die Gegenwart wird in dieser Darstellung zur überwundenen Vergangenheit. Die Welt von Gestern verschwindet und auf ihren Fundamenten erblüht eine neue. Der Stadtraum ist die Klammer, welche Gegenwart, Vergangenheit und Zukunft zusammenhält. Noch deutlicher wird dieses Zusammenspiel von Raum und Zeit in einer Zeichnung (Abbildung 8), die zunächst als Illustration

154 Vgl. Glasgow Garden Festival 1988 Ltd., Art in the Garden, S. 110f.
155 Kinchin/Kinchin, Glasgow's great exhibitions, S. 178.
156 Glasgow Garden Festival 1988 Ltd., Souvenir Brochure, S. 50.
157 Ebd., S. 99.

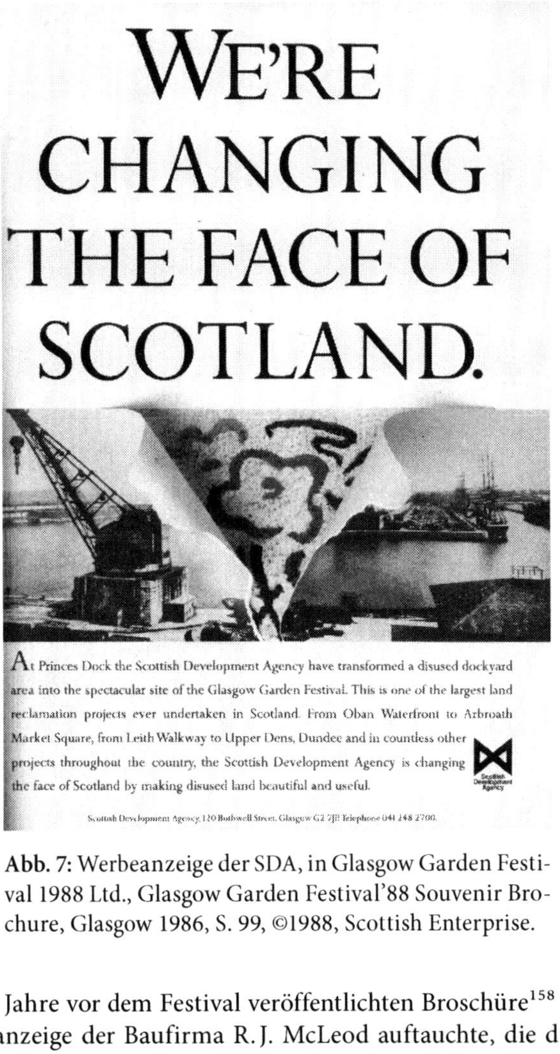

Abb. 7: Werbeanzeige der SDA, in Glasgow Garden Festival 1988 Ltd., Glasgow Garden Festival'88 Souvenir Brochure, Glasgow 1986, S. 99, ©1988, Scottish Enterprise.

in einer zwei Jahre vor dem Festival veröffentlichten Broschüre[158] und dann in einer Werbeanzeige der Baufirma R. J. McLeod auftauchte, die die Sanierung des Geländes übernommen hatte.[159] Sie zeigte ein und denselben Raum in vier übereinanderliegenden Zeitschichten. Auf der untersten Ebene ließ sich eine heruntergekommene Industriebrache erkennen. Drauf folgte eine Ebene der Umgestaltung, dargestellt durch ein Baufahrzeug, und darüber eine Parklandschaft. In der ersten Version schwebte darüber, leicht entrückt und von Wolken und Regenbogen begleitet, eine parkähnliche Wohnlandschaft.

158 Glasgow Garden Festival '88 Ltd., Glasgow Garden Festival '88, Glasgow 1986, S. 2f; Das Erscheinungjahr ergibt sich aus der Abbildung der Broschüre in einem Jahresbericht der SDA vgl. SDA, Annual Report 1986, Glasgow 1986, S. 79, NAS, SDA1/11.

159 Glasgow Garden Festival 1988 Ltd., Souvenir Brochure, S.148.

Abb. 8: Anzeige aus Glasgow Garden Festival 1988 Ltd., Glasgow Garden Festival '88 Marketing Brochure, S. 2f., © 1988, Scottish Enterprise.

Damit ist eine Ikonographie aufgerufen, die die Erzählung von der Renaissance der Stadt im Bild komprimiert. Bis heute kehrt sie in zahlreichen Variationen und unterschiedlichsten Zusammenhängen immer wieder. Ihren strukturellen Kern bildet ein Fortschrittsnarrativ. Analog zu den bereits erwähnten Elementen der Festivalarchitektur setzt sie die Überwindung der Vergangenheit in Szene. Häufig tauchen solche Arrangements im Bereich der Werbung auf, sei es nun im Rahmen der Image-Kampagne der Stadt oder in den Anzeigen privater Unternehmen. Ihre semantische Grundstruktur gleicht deren in zahlreichen Texten zum selben Thema. Ein Artikel anlässlich der Eröffnung des Festivals lässt die Stadt etwa als Phönix aus der Asche steigen:

All that has been happening in the renaissance of Glasgow these past few years will suddenly be crystallised in this spectacular festival – created out of the wasteland of a derelict dockside on the Govan side of the River Clyde. The days of the great shipping activity have passed into history, as the Finnieston crane stands in proud memorial to a bygone age. But a thing of artistic beauty has arisen from the ashes to take its place, a festival within the setting of a garden, with leisure as the theme and such an array of spectacles as to take the public by surprise.[160]

160 In der 16-Seitigen Beilage im Glasgow Herald anlässlich der Eröffnungsfeier vgl. Jack Webster, Spectacular Pageant Opens to the World in a Dear Green Place, in: Glasgow Herald, 28.4.1988.

Im Grunde kann das ganze *Garden Festival* in diesem Sinne als Versuch verstanden werden, den Fortschritt beziehungsweise das Wiederaufblühen in einer Art Gesamtkunstwerk symbolisch zu inszenieren, mit dem Ziel »to bring home to Glaswegians the fact that their city has changed and is changing still«[161], wie es in einem Kommentar im »Glasgow Herald« hieß. Ein zentrales Motiv hierbei war die Unwiederbringlichkeit der Vergangenheit, wie sie sich etwa in der Verfüllung der Hafenbecken oder in der weitgehenden Zerstörung der baulichen Hinterlassenschaften des Hafens zeigt. Der Finnieston Kran, die beiden Rotunden des Clyde-Tunnels oder die ehemalige Pumpstation *Four-Winds House* markieren hier eher die Ausnahme, die letztlich nur die Regel umso deutlicher unterstreicht: Glasgow, so lässt sich aus der Rückschau sagen, hat sich in aller städtebaulichen Deutlichkeit von seiner Hafenstadtvergangenheit getrennt. Das Festival zelebrierte einerseits den Neuanfang und war zugleich auf der performativen Ebene als ein Medium zur Überwindung der Vergangenheit gedacht.

Solche inszenierten Abschlüsse und Aufbrüche sind keine schottische oder britische Spezialität. Sie prägen vielerorts den Umgang mit den Hinterlassenschaften des Industriezeitalters. Der Historiker Steven High, der sich mit der Entwicklung altindustrieller Gebiete im nordamerikanischen und kanadischen *Rust Belt* befasst hat, sieht in der öffentlich inszenierten Zerstörung der Relikte der alten Industrien ein säkulares Ritual, das angesichts von Ungewissheit und Zukunftsängsten Ordnung und Stabilität schaffen soll. Indem die Vergangenheit symbolisch zu Grabe getragen wird, erneuert sich das Versprechen auf eine bessere Zukunft:

> In this case, the repetitive images of falling smokestacks and imploding mills and factories lead to predictability and, ironically, the promise of continuity in a time of transformation. Secular rituals are declarations against indeterminacy and serve to hide troubles, conflicts, and uncertainties.[162]

Damit solche Rituale aber wirken können, bedarf es gleichzeitig der Formulierung einer vagen oder jedenfalls nicht allzu konkreten Vision für die Zukunft. Sie muss offen genug sein, um Unerwartbares integrieren zu können. Durch diese Offenheit in Bezug auf die Zukunft kann das Auseinanderklaffen von Erfahrungshintergrund und Erwartungshorizont im Sinne einer Stabilisierung überwunden werden. Aber nur, wenn sie gleichzeitig konkret genug formuliert wird, können die Adressaten sich überhaupt etwas darunter vorstellen. Im Falle Glasgows scheint die Erzählung der Erneuerung selbst als dauernde Verheißung auf

161 O. A. After the Garden Festival, in: Glasgow Herald, 27.9.1988.

162 Vgl. Steven High/David W. Lewis, Corporate Wasteland. The Landscape and Memory of Deindustrialization, Ithaca, London 2007, S. 27. Weitere Beispiele aus Westschottland sind der Abriss des Automobilwerkes in Linwood und des Stahlwerks Ravenscraig, die rasch auf die Schließung der jeweiligen Anlage folgten. Gerade das Beispiel Ravenscraig zeigt, je größer das Konfliktpotential, desto entschlossener wurde die symbolische Vernichtung angestrebt.

das Kommende eine wichtiges Element zur Beherrschung einer prinzipiell offenen Zukunft gewesen zu sein und ist es heute noch. Ein Beispiel von vielen findet sich in der Eröffnungsrede der Gartenschau von *Lord Provost* Robert Gray:

> People in Glasgow feel they are in one of the most fascinating cities on earth, and with the current renaissance in full swing at a most interesting time [...]. It is in the Glaswegian's nature to share things, and we are delighted to be able to share the excitement of Glasgow with all visitors.[163]

Die negativen Seiten des Wandels wurden in dieser Lesart ausgeblendet. Die Zeit der Umbrüche und Unsicherheiten wurde als spannende und positive Entwicklung dargestellt. Renaissance statt Krise, so ließe sich dieses Narrativ auf den Nenner bringen. Auch wenn nicht klar zu erkennen war, wohin die Reise gehen sollte, so charakterisierte doch der positiv konnotierte Begriff der Wiedergeburt die gegenwärtigen Prozesse als Anfang einer besseren Zukunft. Die Menschen Glasgows sollten als Vorreiter und Vermittler einer neuen, nicht näher bestimmten Zeit dargestellt werden. Sie wurden in dieser Zeitdiagnose zum Kontinuum, zur *Human Ressource* und zum Garanten der Zukunftsfähigkeit.

Gemessen an den Besucherzahlen war das *Glasgow Garden Festival* ein Erfolg, trotz des durchgehend verregneten Sommers. Schon am Schnuppertag vor der offiziellen Eröffnung kamen mehr als 50.000 Besucher, überwiegend aus der Region. Insgesamt wurden in vier Monaten mehr als 4,25 Millionen Gäste gezählt. Da die Zahl fast schon an die schottische Gesamtbevölkerung von fünf Millionen heranreicht, ist klar, dass die Anziehungskraft des Festivals weit über die Grenzen der Region hinausreichte, wenngleich die vielen verkauften Dauerkarten zeigen, dass die Gartenschau auch vor Ort ein Publikumserfolg war.

Das Festival wirkt bis heute nach. Zum einen wurde es in der Fachliteratur der Stadterneuerer zu einem festen Baustein innerhalb der Erzählung von Glasgows Wiederaufstieg. Zum anderen zeigen die zahlreichen Fotografien und Videos, die inzwischen im Internet kursieren, dass man es hier mit einem Erinnerungsort der Glasgower Stadtgeschichte zu tun hat, der eine breite Verankerung unter denejnigen Menschen aufweist, die damals selbst durch die Gärten geschlendert waren. Das zeigt auch die Sammlung von Erinnerungen, die das *VillageStorytellingCentre* in Pollok jüngst als Toncollage veröffentlicht hat.[164] Darin wird das Festival als Abwechslung vom Alltag beschrieben, als ein farbenfrohes und buntes Fest voller Musik. Die Bewohner, so formuliert es eine Zeitzeugin, hätten das Gefühl gehabt, mit diesem Festival etwas erreicht zu haben.

163 O. A., We Are Delighted to Share Glasgow with our Vistiors, in: Glasgow Herald, 28.4.1988.

164 Für Oralhistory-Erinnerungen der Glasgower an ihr Garden Festival vgl. VillageStorytellingCentre, Memories of Transformation, vgl. URL: https://soundcloud.com/villagestorytellingcentre/podcast-interviews-for-memories-of-transformation (Abruf 5.12.2014).

Betrachtet man die Frage der Flächensanierung und -entwicklung, fällt die Bilanz gemischt aus. Die Absicht der Regierung, mittels des Gartenschauprogrammes Industriebrachen wieder in den Immobilienmarkt einzugliedern, spielte zwar eine Rolle für die Auswahl des Grundstückes für das Festivalgelände, bei genauerem Hinsehen zeigt sich aber genau in dieser Wahl, dass das Gelände keineswegs der staatlichen Zielsetzung entsprach. Zum Zeitpunkt der Bewerbung war es in privatwirtschaftlicher Hand und es existierten konkrete Pläne für eine Bebauung mit Wohnhäusern. Mit anderen Worten, das Grundstück war längst erfolgreich auf dem Immobilienmarkt. Noch dazu wurde mit den Ausgleichsgrundstücken für *Laing Homes Ltd.* ein vergleichsweise hoher Preis für die Zwischenmiete vereinbart, obwohl diese doch schon allein von den Sanierungsmaßnahmen der Stadt und der kostenlosen Werbung profitieren konnte. Diese Kosten waren höher als die für die Sanierung des Festivalgeländes.[165]

Andererseits wurde auf den Ausgleichsflächen immerhin gebaut. Die erhoffte rasche Neunutzung des Festivalgeländes gelang hingegen nicht. Obwohl Laing die Grundstücke nach dem Event mehr oder weniger besenrein zurück erhielt, geschah zunächst nur wenig.[166] Die Firma hatte ihre Bauvorhaben größtenteils auf den Ausgleichsflächen errichtet und zeigte nun wenig Interesse an einem weiteren Engagement. Lediglich im östlichen, der Innenstadt am nächsten gelegenen Teil entstanden wenige Wohngebäude am Flussufer. Der ökonomische Einbruch der britischen Wirtschaft in den frühen 1990er Jahren und der damit verbundene Rückgang der Immobilienpreise dürfte hier wie auch bei anderen privaten Immobilienprojekten in der Stadt eine wichtige Rolle gespielt haben.

Gemessen an den Vorgaben des Nationalen Gartenschauprogrammes scheint es aus heutiger Sicht fast so, als ob das *Garden Festival* die Entwicklung der Hafenbrache eher verzögert hätte. Bleibt zu fragen, ob das Ereignis direkte, die Lebensqualität im Umfeld verbessernde Effekte hatte. Das britische Konzept der nationalen Gartenschau war grundsätzlich weniger nachhaltig, als etwa das deutsche Vorbild bezüglich direkter Einflüsse auf das Stadtbild. Die Regierung in Westminster verstand das Ganze ohnehin mehr als PR-Kampagne für Immobilien. Es wundert daher wenig, dass das *Glasgow Garden Festival* kaum Spuren im Stadtraum hinterließ. Zu den weingen sichtbaren Artefakten gehört der sogenannte *Festival Park*. Dabei handelt es sich um einen Teil des Themenbereichs *Landscape and Scenery*, freilich ohne die aufwendigen Arrangements und Attraktionen, der den Anwohnern heute als Park dient. Die prominenteste Hinterlassenschaft ist die *Bell's Bridge*. Diese überdachte Fußgängerbrücke brachte zu Zeiten des Festivals die Besucher vom SECC-Eingang auf das Festivalgelände. Die ganze Konstruktion war um 90 Grad drehbar, um Schiffe

165 Department of the Environment, An Evaluation of Garden Festivals, London 1990, S. 14.
166 Vgl. Theokas, Grounds for Review, S. 173 f.

passieren zu lassen. Ursprünglich nur für den *Zeitraum des Garden Festivals* ausgelegt, sollte sie im Anschluss doch erhalten werden, obgleich zunächst die Zuständigkeiten für Ankauf und Unterhalt strittig waren.[167] Immerhin hinterließ das Festival so eine neue Fußgängerverbindung zwischen Nord- und Südufer.

Die hohen Kosten von 69,3 Millionen Pfund, die eine Untersuchung im Auftrag des Umweltministeriums ergab[168], scheinen angesichts der wenig nachhaltigen Entwicklung des physischen Stadtraums kaum gerechtfertigt. Die Regierung, die durch ihre Vorgaben mit dafür verantwortlich war, dass die langanhaltenden Effekte gering waren, musste zudem feststellen, dass das Ziel der raschen Wiedereingliederung der Flächen in den Immobilienmarkt trotz des hohen Kapitaleinsatzes nicht garantiert war. Angesichts hoher Kosten und geringer Effekte beerdigte die Regierung die Serie der *National Garden Festivals* schließlich sang und klanglos, indem nach Gateshead 1990 und Ebbw Vale 1992 keine weitere Schau mehr ausgelobt wurde.[169]

Im Falle des *Glasgow Garden Festivals* standen den Kosten jedoch auch relativ hohe Einnahmen durch Eintritts- und Sponsorengelder gegenüber. Letzteres zeigten bereits die Namen der Attraktionen: Der *Clydesdale Bank Tower*, die *Bell's Bridge*, der *Coca-Cola-Rollercoaster*, um nur einige zu nennen. Am Ende zahlte die SDA aber immerhin noch 29,9 Millionen Pfund für das Event. Zum Vergleich, die Baukosten für das SECC beliefen sich auf nur 24, 5 Millionen Pfund und diese Investition erwies sich als deutlich nachhaltiger.

Der Erfolg des Festivals lag jedoch in der Neukodierung des Fremd- und Selbstbildes sowie in der großen Werbewirkung. Über vier Millionen Besucher stellten einen wichtigen, wenngleich nur temporären, Impuls für die urbane Ökonomie dar. Vor allem aber wirkte das Event als ein wichtiges Forum für die Vermarktung der Stadt als Standort und Touristenziel. Freilich lässt sich diese Wirkung nur schwer berechnen. Die Etablierung als fester Bestandteil im Narrativ vom Wiederaufstieg der Stadt und die aktive Erinnerungskultur stützen jedoch den Befund.

Memories of the 1988 garden festival are still warm in the city which put more emphasis on the festival than the garden and turned it into a non-stop party. Maybe it was the equally Glaswegian distrust of open spaces without bricks and mortar which prevented at least some of the plantings being kept as a riverside walkway, but the litter blown sites between the housing developments which remain are a memento mori of a throwaway culture.[170]

167 Vgl. Garden Festival after use proposals, 13.7.1988, Strathclyde Regional Council Minutes (künftig SRC), GCA, SRC 1/1.

168 Vgl. Department of the Environment, An Evaluation, S. 16.

169 Vgl. Theokas, Grounds for Review, S. 199–204.

170 Jennifer Cunningham, Frozen into Inaction Awaiting Alms from Lady Luck, in: The Herald 1.4.1996.

Wie dieses Zitat aus dem Jahr 1996 zeigt, verwandelte sich ein Großteil des *Glasgow Garden Festival* Geländes nach 1988 wieder in eine Brachlandschaft. Diese neue Leerstelle verwies nun jedoch nicht mehr auf die industrielle und maritime Vergangenheit der Stadt, sondern auf das Wegwerf-Festival und die gescheiterten Pläne zur Neunutzung des Geländes. Und lange Zeit sah es nicht so aus, als ob sich daran etwas ändern würde.

2.5 Büros als Bausteine einer neuen Infrastruktur: Der International Financial Services District und die Merchant City

Im Programmheft zur Kulturhauptstadt Glasgow 1990 findet sich eine Werbeanzeige des Immobilienentwicklers *Glasgow & Oriental Developments Limited* (Abbildung 9). Dieser warb um Mieter für einen geplanten Bürokomplex am Clyde. Ein Block mit alten Lagerhäusern, Fabriken und Spelunken hinter dem ehemaligen Broomielaw Kai sollte für dieses Bauwerk weichen. Im Textteil versprach das Unternehmen den Bau eines außerordentlichen Objekts von nationalem Rang:

> In what is probably the largest project of its kind ever undertaken outside London, the nine acre Broomielaw site is being transformed. A new kind of commercial centre is being created to carry the legacy of The Broomielaw into the 1990s and beyond. [...] Due for completion in the early 90s, The Broomielaw will offer over one million square feet of prestigious office accommodation to national and international companies and organisations. A new commercial centre is rising out of the old Broomielaw – Glasgow's waterfront to the world.[171]

Die erste Zeile dieses Zitats spielte auf die Londoner Docklands an, deren Umbau vom Hafen- zum Finanzplatz zu diesem Zeitpunkt bereits in vollem Gange war.[172] Vom Glanz dieses Großprojekts wollte man offenbar profitieren. Die Bauherren wollten den Eindruck erwecken, im alten Glasgower Hafen ließe sich Vergleichbares schaffen. Das hinter dem Broomielaw Kai liegende Viertel sollte sich analog zu den Londoner Docklands in ein neues wirtschaftliches Zentrum verwandeln, so versprachen die Werber. Zunächst einmal ging es um die Errichtung eines Bürokomplexes. Er sollte die bauliche und technologische Infrastruktur für einen Knotenpunkt im internationalen Finanz- und Dienstleistungsnetz bilden und weitere Entwicklungen im Quartier anstoßen.

171 Glasgow District Council, Glasgow 1990 – The Book, S. 131.
172 Vgl. London Docklands Development Corporation, Report and Financial Statements 1989/1990, London 1990, S. 4f., URL: http://www.lddc-history.org.uk/reports/index.html (Abruf 11.7.2013).

Abb. 9: Werbeanzeige der Glasgow & Oriental Developments Ltd, in GDC, Glasgow 1990 – The Book. The Authorised Tour of the Cultural Capital of Europe, Glasgow 1990, S. 131).

Betrachtet man die gesamte Anzeige, so lassen sich besonders im Bildteil die Elemente einer Ikonographie der Wiedergeburt entdecken, wie sie bereits im Zusammenhang mit dem *Glasgow Garden Festival* zu beobachten waren: Das neue Glasgow nimmt Abschied vom alten, setzt die Segel und bricht in eine bessere Zukunft auf.

Wie der Strahl eines Scheinwerfers tritt aus dem Dunkel der Bildecke links unten ein Element hervor, das zu Zentrum des Bildes hin verläuft. Innerhalb dieses Bandes lassen sich zwei Fotografien unterscheiden, die etwa in der Mitte ineinander übergeblendet werden. Die eine, links unten, perspektivisch wie motivisch in die Ferne gerückt und kleiner, zeigt eine historische Ansicht des Broomielaw Kais mit Schiffen und Hafenschuppen. Die zweite stammt aus der Jetzt-Zeit der Anzeige. Das Motiv ist aus viel geringerem Abstand aufgenommen. Es zeigt zwei Männer und eine Frau im Businessdress, wobei der stehende Mann den beiden anderen etwas zu erläutern scheint. Was er ihnen erklärt, ergibt sich aus dem Begleittext, aber auch aus der bildinternen Überschrift. Diese ist graphisch in drei Ebenen gegliedert. *Glasgow's waterfront to the world* ist die unterste Ebene und zugleich der längste Textteil. Er verweist nochmals auf die Vergangenheit als Hafenkai und gleichzeitig auf die zukünftige Funktion als Schnittstelle zur Welt. Darüber steht der Name des geplanten Komplexes: *The Broomielaw.* In ihm werden der Ort und das Immobilienprojekt zu einer neuen Einheit verschmolzen. Auf der obersten Ebene steht dann nur noch der Großbuchstabe *B* als Signifikant und Kurzformel des vorher gesagten.

Performativ betrachtet setzen die drei Ebenen des Textes das Bildprogramm in besonders verdichteter Form um: Formatieren und Überschreiben. Das überkommene Bild des Broomielaw wird zitiert, als Vergangenheit markiert und mit neuen Inhalten verknüpft. So wie der konkrete Raum in der Stadt erhalten bleibt, aber durch Abriss und Neubau überschrieben werden soll, so bleibt von der Vergangenheit der bloße Begriff, verbunden mit einer veränderten Semantik. Textelement und Bilderstrahl sind auf das architektonische Modell des geplanten Bürokomplexes gerichtet, das den gesamten Bildteil unten rechts einnimmt. Dieser Entwurf, so die Botschaft, markiert einen wichtigen Baustein zur Errichtung eines neuen, besseren Glasgows.

Diese Werbeanzeige griff auf die gleichen Inszenierungselemente zurück, derer sich auch die Stadt in Sachen Standortwerbung bediente. Es handelte sich um die bildsprachliche Übersetzung des Narrativs einer urbanen Renaissance, der Wiedergeburt aus der Überwindung der Vergangenheit heraus. Das Gestern, repräsentiert durch das Bild des Broomielaw Hafens, wies scheinwerfergleich über das Jetzt, vertreten durch die Abbildung der Planer, hinaus in die andersgeartete Zukunft einer schönen neuen Bürowelt. Die Geschichte Glasgows als Hafen- und Industriestadt wurde zu einer fernen Vergangenheit deren »legacy« es für die Zukunft nutzbar zu machen gelte, wie es im Text hieß.

Dies bedeutete aber gerade nicht, die Tradition des alten Glasgow unmittelbar fortzuschreiben. Die Pläne, welche die Herrschaften in der Bildmitte beratschlagten, sollten vielmehr etwas völlig Neues schaffen. Die Analogie zwischen Gestern und Morgen bestand lediglich auf der strukturellen Ebene in der Funktion des Kais als Schnittstelle zwischen der Stadt und dem Rest der Welt. Wie der Hafen einst die *Second City of the Empire* mit ihren Absatzmärkten in Übersee verbunden hatte, sollten die neu entstehenden Bürobauten, angepasst an die veränderten sozio-ökonomischen Bedingungen, für Glasgow erneut ein Tor zur Welt werden. Daran geknüpft war die Verheißung von Wiederaufstieg und Wohlstand.

Die Art und Weise, wie diese zu erreichen waren und die Funktion des Broomielaw innerhalb dieses Entwurfs, hatten aber mit Hafen oder Industrie nicht mehr das Geringste zu tun. Es galt den infrastrukturellen Notwendigkeiten einer Informations- und Dienstleistungsgesellschaft Rechnung zu tragen. Sie war gewissermaßen die Utopie, oder – besser gesagt – das Hintergrundrauschen, an dem das Handeln der Immobilienentwickler ausgerichtet war. Das Vorhaben zielte zwar in erster Linie auf materiellen Gewinn. Ein solcher war aber nur zu erwarten, wenn Bauvorhaben und Nachfrage einigermaßen aufeinander abgestimmt waren. Die Erwartung des weiteren Voranschreitens einer auf Kommunikation, Information und Dienstleistung ausgerichteten Ökonomie gab hierzu den notwendigen, Orientierung und sinnstiftenden Überbau ab. Wo früher Güter, Waren und Menschen ihre Reise antraten oder beendeten, sollten nun immaterielle Leistungen umgeschlagen werden. Der Broomielaw sollte ein Teil von Glasgows »bold lunge for an economic future based on services«[173] sein.

173 Stewart McIntosh, Quay That Could Open the Door of Opportunity, in: Glasgow Herald, 27.3.1991.

Der Journalist Stewart McIntosh, Immobilienexperte des »Herald«, hob diese Differenz zwischen dem alten und neuen Broomielaw deutlich hervor:

> [...] the Broomielaw is best known for its docks and warehouses. [...] The river was crowded with ships in a way that we simply can't imagine now. Glasgow was the second city of the Empire and much of wealth and energy flowed in and out of the Broomielaw. The streets running up from the docks were developed as warehousing where shipping companies stored bulk commodities like tobacco, tea, grain, and other goods. Atlantic Quay brings a new surge of life to the riverside at Broomielaw. Instead of commodities being imported, services will be exported. The area will once again teem with life as thousands of office workers arrive and depart for work each day. [...] One cycle of economic life on the Clyde is almost over. A new one is beginning.[174]

Der Anstoß zum Bau eines Bürokomplexes hinter dem Broomielaw Kai war nicht aus Glasgow selbst gekommen. Der Londoner Immobilienentwickler Ed Bellhouse, einer der Partner von *Bellhouse & Joseph Investments*, war auf einer Geschäftsreise 1986 auf das Potential des alten Hafenbezirks aufmerksam geworden, wie er gegenüber Alf Young vom »Glasgow Herald« schilderte:

> ›It often happens that way,‹ he says now. ›Someone comes in from the outside and sees the potential of an area with a fresh pair of eyes.‹ That said, he is still puzzled by the lack of local activity in an area so close to a mainline railway station, major bus station and motorway system and fronting on to a rapidly rejuvenating River Clyde.[175]

Der Außenseiter, der den Wert der Brache erkennt, ist mehr als nur eine Anekdote. Für viele Glasgower waren die heruntergekommenen Viertel am stillgelegten Hafen genau das: wertlose, schäbige Quartiere. Viel zu viele existierten davon im Stadtgebiet. Was sollte man schon mit solchen Schandflecken anstellen? Stewart McIntosh beschrieb den Zusand des Broomielaws vor dem Umbau als »a derelict warehouse site [...], which had become a refuge for meths drinkers and prostituts.«[176] Ed Bellhouse erkannte hingegen die zentrale Lage und die hervorragende Verkehrsanbindung. Aus seiner Sicht waren das starke Argumente für eine Entwicklung des Standorts. Die Lage des Areals am Clyde-Ufer garantiere darüber hinaus das Maß an Sichtbarkeit und Präsenz, das ein solches Umnutzungsprojekt benötigen würde. Schließlich sprach auch die Größe der entwicklungsbereiten Grundstücke dafür, dem Quartier einen Neustart als Bürostandort zu ermöglichen. Anders als in den meisten Teilen der Glasgower Innenstadt, wo das gitterartige Straßennetz aus viktorianischer Zeit vergleichsweise eng geknüpft war, hatten der Hafen sowie industrielle und gewerbliche Formen der Nutzung in den ufernahen Flächen zwischen *Argyle Street* und Broomielaw vergleichsweise große Einheiten entstehen lassen. Es war einer

174 Stewart McIntosh, New Surge of Life Where Once the Shadow Stalked, in: Glasgow Herald, 27.3.1991.

175 Alf Young, Fresh Start for Glasgow's Former Glory, in: Glasgow Herald, 17.2.1990.

176 Stewart McIntosh, Smile, Please, at 47,5 m., in: The Herald, 3.4.1997.

dieser Blocks, zwischen York und Robertson Street gelegen, der nun zum Büroquartier umgestaltet werden sollte.

Die Finanzierung des Bauvorhabens gewährt einen Einblick in das Ausmaß internationaler Verflechtung im Immobiliensektor der frühen 1990er Jahre. Um die benötigten 300 Millionen Pfund aufbringen zu können, suchte sich Bellhouse potente Partner. Er fand sie in Fernost und den USA. *Glasgow & Oriental Developments* war ein Gemeinschaftsunternehmen der Londoner Firma *Behllhouse & Joseph Investments* und dem japanischen Bauunternehmen *Kumagai Gumi*. Das Kapital stammte von japanischen und nordamerikanischen Banken. Waren die bisher gezeigten Versuche zur Wiederaneignung der Uferzone weitgehend eine Angelegenheit öffentlicher Akteure gewesen, so war das Büroviertel am Wasser ein spekulatives Immobilienprojekt privater Investoren. Die internationale Zusammensetzung der Bauherren und die Herkunft des eingesetzten Kapitals waren Ausdruck eines sich zunehmend globalisierenden Immobilienmarktes.

Glasgow & Oriental Developments beauftragte das international tätige Architekturbüro *Building Design Partnership* damit, einen Entwurf auszuarbeiten. Architekten und Immobilienentwickler reisten daraufhin zusammen nach Amerika, wo zu dieser Zeit die Entwickllungspläne für das *Canary Wharf* in den Londoner Docklands abgefasst wurden. Ein weiteres Beispiel für die enge Verknüpfung und die Transferprozesse an der Waterfront.

Aus dem provinziellen *The Broomielaw* machten Marketingexperten rasch den mondäneren *Atlantic Quay*. Von dieser Umbenennung nach einem Weltmeer erhoffte man sich wohl eine kosmopolitischere Ausstrahlung und somit eine erhöhte Werbewirkung. In der Berichterstattung über das Bauwerk wurde dieser Wechsel zwar nicht thematisiert, wohl aber der Anspruch auf Weltläufigkeit. Wer immer noch glaube, dass Glasgow ein verschlafenes Provinznest sei, so Stewart Macintosh im *Herald* angesichts des fertiggestellten ersten Bauabschnitts, der solle an den Broomielaw gehen und sich eines Besseren belehren lassen: »The design and execution of Atlantic Quay and the whole nine acreas, 1,25 million sq. Ft., £300m, 10-year project cannot be termed provincial. It is international class.«[177] Nach Jahren des Niedergangs und der Deindustrialisierung hoffte der Journalist nun auf bessere Zeiten, in denen Glasgow international wieder würde mithalten können.

Tatsächlich wirkte der *Atlantic Quay* als Katalysator für den bereits länger boomenden Büromarkt in der Stadt. Der Wandel der sozial-räumlichen Struktur Glasgows beschleunigte ab den späten 1980er Jahren nicht nur in der Uferzone. Hier lag aber einer der Wachstumskerne, an denen sich dieser Wandel konzentrierte. Zahlreiche ältere Gebäude entlang des Clyde wurden zu Büros umgebaut oder mussten neuen Bauwerken weichen, um einer »ideal working environment down by the riverside«[178] Platz zu machen.

177 Stewart Macintosh, Atlantic Quay International Class, in: Glasgow Herald, 27.3.1991.
178 O. A., Ideal Working Environment down by the Riverside, in: Glasgow Herald, 17.4.1991.

Von den späten 1990er Jahren bis zum Ausbruch der jüngsten Finanzkrise waren Dienstleistungen unterschiedlichster Art der Motor für die positive Entwicklung der Stadt, die zu Beginn der 2000er Jahre erstmals seit dem Zensus von 1951 wieder ein leichtes Bevölkerungswachstum aufwies. Zwischen 2001 und 2006 wuchs die Zahl der Einwohner durchschnittlich um etwa 400 im Jahr.[179] Zwischen 2001 und 2011 waren es 15.376, ein Wachstum von 2,5 Prozent.[180] Die Beschäftigungsquote stieg von 55 Prozent im Jahr 1996 auf 65 Prozent 2006. Die Arbeitslosigkeit ging im selben Zeitraum von 15.1 auf 7,8 Prozent zurück. Bei beiden Werten schnitt Glasgow damit einerseits weiterhin schlechter ab als Schottland insgesamt, wo die Beschäftigungsquote bei 76 Prozent und die Arbeitslosigkeit bei 5,3 Prozent lag. Andererseits übertraf der Stellenzuwachs in der Stadt mit 24 Prozent den der Region mit nur 14. Glasgow holte auf.

Der ökonomische Erfolg war an ein neues produktionsräumliches Regime geknüpft. So, wie die großen Werk- und Fabrikhallen mit den zugehörigen Arbeitervierteln städtebauliche Grundeinheiten des Industriezeitalters gewesen waren, bildete nun das Büro die Basis einer neuen urbanen Infrastruktur. Dieser Trend hatte schon früh begonnen. Für den Zeitraum 1981 bis 1982 etwa, mitten in der Rezession, verzeichnete ein Bericht für die Region Strathclyde einen Zuwachs der Büroflächen von neun Prozent.[181] In Glasgow stieg die Bürofläche zwischen 1980 und 1982 um überdurchschnittliche 222.000 m^2. Allerdings spielten dabei zwei staatliche Akteure eine entscheidende Rolle. Zum einen war das die *British National Oil Company*, deren Hauptquartier auf 77.000 m^2 in der Stadt eingerichtet wurde, zum anderen das Verteidigungsministerium, dessen im Zuge staatlicher Devolution-Politik umgesiedelte Beamte die 30.900 m^2 des Kentigern House in der Argyle Street bezogen. Gleichzeitig unterstrichen die Autoren, dass die positive Sanktionierung der Glasgower Innenstadt durch den regionalen Strukturplan von 1979 keine preistreibende Wirkung entfaltet habe. Die innerstädtische Uferzone bot Bauherren und Nutzern attraktive Flächen. Sie wandelte sich deshalb von einem brachliegenden Schandfleck zu einem Ort erhöhter ökonomischer Aktivität innerhalb des Stadtgebiets. Die Nichtorte[182] der 1970er und 1980er Jahre wurden so schrittweise wieder in das sozialräumliche Beziehungsgefüge reintegriert.

179 Diese und die folgenden Zahlen sind, sofern nicht anderweitig gekennzeichnet, etnommen aus Glasgow City Council, The Glasgow City Council Plan 2008 to 2011. Our Future Plans and Key Objectives, Glasgow 2007, S.7.

180 Vgl. Glasgow City Council, Briefing Paper 2011 Census. Release 1: Results for Glasogw City, Glasgow 2013, URL: https://glasgow.gov.uk/CHttpHandler.ashx?id=16942&p=0 (Abruf 19.12.2014).

181 SRC, Strathclyde Structure Plan. Monitoring Report 1982, S. 5.

182 Hier verstanden als wenig oder kaum genutzte und funktionslose Zonen im urbanen Raum und nicht im Sinne Marc Augés als Monofuntionale Wüste vgl. Marc Augé, Orte und Nicht-Orte. Vorüberlegungen zu einer Ethnologie der Einsamkeit, Frankfurt a. M. 1994.

Finanz- und Unternehmensdienstleistungen sowie Immobilien waren die Kernbereiche der tertiären Expansion. Allein im Finanzdienstleistungssektor Glasgows arbeiteten 2010 rund 30.000 Menschen, also in etwa so viele, wie Schiffsbau und Marineindustrie Mitte der 1950er Jahre direkt beschäftigt hatten.[183] Der Erfolg dieser Wirtschaftsbereiche war eng verknüpft mit dem Durchbruch neuer Informations- und Kommunikationstechnologien auf breiter Front. Das Büro, bislang eine Bastion gegen alle Versuche der Automatisierung und Rationalisierung, erfuhr nun eine umfassende Reorganisation. Glasgow konnte, wie einige andere Oberzentren Großbritanniens, von dieser Entwicklung in besonderer Weise profitieren. Das Internet und die Möglichkeit zur Echtzeitkommunikation über große Entfernungen hinweg eröffneten ganz neue Dimensionen für die räumliche Organisation von Unternehmensstrukturen. Anfangs verbanden viele mit der neuen Technik die Vision einer individuell gestalteten und unabhängig organisierten Telearbeit im heimischen Büro. Wie Michael Parkinson vom *European Institute for Urban Affairs* in Liverpool Mitte der 1990er in einem Gespräch mit dem »Glasgow Herald« über die Zukunft der Städte erläuterte, entsprach dieser Traum jedoch nicht den Bedürfnissen von Unternehmen und Arbeitnehmern:

> Though lots of work could be done from home, research shows people don't like living and working in the same box. In the world of work insecurity and paranoia, people need the comfort of their colleagues around them. Besides, all the key decision-making functions can't be relocated because people want and need to have face to face contact.[184]

Das Internet verlagerte nicht so sehr den einzelnen Arbeitnehmer vom Arbeitsplatz im Betrieb an den heimischen Schreibtisch. Vielmehr trug es zur Ausgliederung und räumlichen Abspaltung ganzer Betriebsteile von teuren an billigere Standorte bei. So wie die Produktion von Konsumgütern in immer fernere Länder abgewandert war, von wo die fertigen Produkte dann im Container zu Spottpreisen eingeführt wurden, so kam es nun zur Umsiedlung von Arbeitsschritten und -plätzen in Regionen mit einer günstigeren Kostenstruktur. Im Falle Großbritanniens handelte es sich hierbei zunächst um eine Nordwärtsbewegung innerhalb des Landes, ehe Dienste wie *Call Centre* und ähnliches ab den 2000er Jahren in Schwellenländer weiter zu wandern begannen.[185]

Zwischen den späten 1980er Jahren und der Jahrtausendwende setzte somit ein Verlagerungsprozess ein, der teilweise eine Umkehrung der im 20 Jahrhundert bislang dominierenden Südwanderung in Großbritannien darstellte. Bis dahin

183 Vgl. Homepage IFSD, URL: http://www.ifsdglasgow.co.uk/why-ifsd/facts--figures (Abruf 23.6.2013).

184 Anne Johnstone, Who Cares about the City? In: Glasgow Herald, 16.10.1995.

185 So gab nach den Versicherungskonzernen Aviva und Prudential selbst die British Telecom im März 2003 die Verlagerung von 2000 Arbeitsplätzen in diesem Bereich von Großbritannien nach Indien bekannt, vgl. o.A., BT Opens Indian Call Centres, in: BBC News, 7.3.2003, URL: http://news.bbc.co.uk/2/hi/business/2828391.stm (Abruf 5.8.2013).

war es britische Unternehmen immer wichtiger geworden, im Großraum London beziehungsweise in Südengland präsent zu sein. Die Nähe zum politischen, wirtschaftlichen und sozialen Zentrum brachte viele Vorteile und der größte Absatzmarkt für Konsumgüter befand sich ebenfalls hier. Bereits in der Zwischenkriegszeit bildeten sich verschiedene Cluster der Konsum- und Elektroindustrie. Immer mehr Firmen zog es deshalb in den Süden oder sie entstanden überhaupt erst im produktiven Klima dieser Wachstumszone. Dieser Trend setzte sich in den 1950er und 1960er Jahren fort, wenngleich London gegen Ende des Zeitraums aan Attraktivität einbüßte.[186]

Die Folge war zum einen die zunehmende Ungleichheit der Lebensverhältnisse zwischen Nord und Süd, auf die der Staat ab den späten 1930er Jahren mit verschiedenen Instrumenten der Regionalförderung reagiert hatte. Das Gebiet der späteren Region Strathclyde gehörte zu den Subventionsempfängern der ersten Stunde. Zum anderen trieb die große Nachfrage nach einem begrenzten Siedlungs- und Wirtschaftsraum Preise und Mieten in und um London in die Höhe. Diese Entwicklung wirkte sich wiederum negativ auf die Kostenstruktur der Unternehmen aus. Wer aber die Vorteile der Wachstumszone nicht missen wollte, musste diesen Nachteil in Kauf nehmen. Die geringe Resonanz auf die Versuche staatlicher Förderpolitik in den 1950er und 1960er Jahren, Unternehmen durch großzügige finanzielle Unterstützung zur Umsiedlung in den Norden zu bewegen, zeigt die enormen Kohäsionskräfte des südlichen Wachstumsraums, die letztlich auf den engen räumlichen Beziehungen der Produzenten, den sich daraus ergebenden Synergieeffekten und der Nähe zu den größten Absatzmärkten beruhten.

In der zweiten Hälfte der 1980er Jahre setzten Prozesse ein, die diesen sozialräumlich geflochtenen gordischen Knoten zumindest für Teilbereiche des ökonomischen Lebens aufzudröseln begannen. Neben den bereits erwähnten technologischen Neuerungen war es vor allem die Deregulierung der Finanzmärkte, die hier eine völlig neue Dynamik auslöste. In Großbritannien begann sie im Umfeld des *Big Bang* von 1986 und erfuhr ab da immer wieder neue Schübe der Entfesselung, ehe die 2008 einsetzende Finanzkrise diese Form der Wirtschaft erstmals ernsthaft in Frage stellte. Die Expansion der Londoner *City* wirkte sich beschleunigend auf den Strukturwandel der britischen Wirtschaft aus:

> There followed a slow explosion in the City. Size was going to count in a deregulated money market, so firms merged and recruited, and salaries spiralled, sweetened by huge golden hellos, golden handcuffs and other perks. House prices shot up within miles of the City as banks and finance houses encouraged their young employees to take on huge mortgage commitments in the hope of tying them down.[187]

186 Vgl. Stephen Fothergill/Graham Gudgin, Unequal Growth. Urban and Regional Employment Change in the UK, London u.a. 1982, S. 11–24; Mick Dunford/Diane Perrons, The Restructuring of the Post-War British Space Economy, in: Ron Martin/Bob Rowthorn, The Geography of De-Industrialisation, Basingstoke, London 1986, S. 53–105.

187 McSmith, No Such Thing as Society, S. 170.

Finanz- und Unternehmensdienstleistungen gerierten immer neue Geschäftsfelder und expandierten. Aus der Dystopie der Deindustrialisierung wurde die Utopie der Dienstleistungsgesellschaft. Die starke Gewichtung des sekundären Sektors innerhalb einer Volkswirtschaft wurde aus dieser Perspektive für rückständig erklärt. Plötzlich schien Großbritannien nicht mehr das Schlusslicht, sondern zusammen mit den USA die Avantgarde eines transatlantischen Modernisierungsprozesses zu sein, dem die anderen entwickelten Volkswirtschaften früher oder später zu folgen hätten. Die Modernisierungstheorie feierte nach Jahren der Krise fröhliche Urstände. Der strukturelle Wandel ging einher mit einer intellektuellen Neubegründung des kapitalistischen Systems, wie Luc Boltanski und Ève Chiapello nachgewiesen haben.[188]

Die Deregulierung markierte aber nicht nur einen der wichtigsten Schritte auf dem Weg zum gegenwärtig dominierenden Finanzmarktkapitalismus, wie ihn etwa der Soziologe Paul Windolf beschrieben hat.[189] Vielmehr, und das macht der Historiker Andy McSmith seiner Geschichte Großbritanniens in den 1980er Jahren klar, wirkte sie sich auch unmittelbar auf den Londoner Immobilienmarkt und die Lebenshaltungskosten aus. Sowohl Wohn- als auch Gewerberäume verteuerten sich rasant. Der kreditfinanzierte, inflationäre Anstieg der Grundstückspreise in und um London war einer der Push-Faktoren, welche seit den späten 1980er Jahren immer mehr Unternehmen dazu brachten, der Hauptstadt ganz oder teilweise den Rücken zu kehren und nach Alternativen innerhalb Großbritanniens Ausschau zu halten. Möglich war das aber erst, seit das Internet die notwendigen technologischen Grundlagen zur Verfügung stellte, um auch von der Peripherie aus an den Aktivitäten im ökonomischen Zentrum teilnehmen zu können.

Was aber waren die Pull-Faktoren, die Unternehmen dazu brachten, in eine Stadt wie Glasgow überzusiedeln? An erster Stelle waren es günstige Grundstückspreise. Die Deindustrialisierung und der Rückzug des Hafens aus der Stadt hatten dafür gesorgt, dass genügend potentielle Entwicklungsflächen direkt im Stadtzentrum zur Verfügung standen. Selbst die zentralgelegenen und exponierten Areale entlang des Clyde waren, verglichen mit Londoner Preisen, günstig zu haben. Es fanden sich nun zunehmend Investoren, die bereit waren, hier Bürogebäude als Kapitalanlage zu errichten. Diese Raumreserve allein hätte aber vermutlich nicht ausgereicht, um im harten Standortwettbewerb gegen die Konkurrenz aus Bristol, Birmingham, Manchester oder den alten Erzrivalen Edinburg zu bestehen.

Zumindest in einem Fall lassen sich die Argumente, die für eine Übersiedlung nach Glasgow sprachen, gut nachvollziehen, weil das Management sich gegenüber dem »Glasgow Herald« recht auskunftsfreudig gab. Die *Trustee Savings*

188 Luc Boltanski/Ève Chiapello, Der neue Geist des Kapitalismus, Konstanz 2003.

189 Paul Windolf, Was ist Finanzmarkt-Kapitalismus?, in: Ders. (Hrsg.), Finanzmarktkapitalismus. Analysen zum Wandel von Produktionsregimen, Wiesbaden 2005, S. 20–57.

Bank verlagerte im September 1990 ihr Hypotheken-Geschäft aus London in die *Robertson Street*, genauer in einen Teil des neuen Broomielaw-Komplexes. In einem Interview nannte Alan Power, *General Manager* der *TSB Homeloans*, drei Gründe, die für die Standortwahl ausschlaggebend gewesen waren.[190] Erstens verwies er auf die repräsentativen Räumlichkeiten, die das Broomielaw-Projekt zu bieten hatte. Zweitens sprach er von der Qualität und dem vorhandenen Angebot an Arbeitskräften. Ein weiterer TSB-Manager, Raymond Wilson, erklärte im Hinblick auf den lokalen Arbeitsmarkt:

We were also attracted to Glasgow because it is a ›young‹ city with a large number of well-educated school leavers. Not all of our staff will move from London to Glasgow, but we know that we will be able to find the quality of recruits that we require.[191]

Das Schlagwort Humankapital gewann in den Standortdebatten jener Jahre stark an Bedeutung. Ein ausreichend qualifiziertes Potential von Arbeitskräften wurde zum Rohstoffreservoir, welches das wirtschaftliche Überleben sicherte. Im Jahresbericht der SDA von 1990 war der Entwicklung des Humankapitals ein eigener Abschnitt gewidmet:

For any economy, the quality of human capital is an essential complement ot capital investment in technology or product development. For Scotland's corporate sector to compete more effectively in the harsher climate of today's international marketplace and exploit rapid technological change, that human capital investment must itself be rapidly improved in both range and depth. Combined with the demographic decline in the numbers entering the labour market, continued out-migration of talent, and emerging skills shortages, this points with new urgency to the importance of gearing up with the skills needed for the 1990s.[192]

Die Zusammenlegung der SDA mit der *Scottish Training Agency* sollte der steigenden Bedeutung von Bildung und Ausbildung für die wirtschaftliche Entwicklung Rechnung tragen. »Old Glasgow was product-based. New Glasgow is people-based«, beschrieb die Journalistin Anne Johnston 1995 den Unterschied zum vorausgegangenen Produktionsregime.[193]

Drittens nannte Alan Power die bisherigen Erfolge der Stadt auf dem Feld der Stadterneuerung und die infolgedessen gesteigerte Lebensqualität, die den Standort Glasgow attraktiv erscheinen lasse:

All the directors of the company are relocating from the South-east to Glasgow and they are looking forward to the enhanced quality of life the West of Scotland can provide.[194]

190 Keith Bruce, Capture of TSB Centre Hailed as Coup for Glasgow, Glasgow Herald, 12.9.1990.
191 McIntosh, Quay.
192 SDA, Annual Report 1990, NAS, SDA1/15/20, S. 31.
193 Johnstone, Who Cares about the City.
194 Bruce, Capture of TSB.

Um sich von der Lebensqualität vor Ort selbst ein Bild machen zu können, waren die Direktoren von *TSB Homeloans* im Vorfeld der Entscheidung von *Locate in Scotland* und *Glasgow Action* zu einem Wochenendurlaub in die Stadt eingeladen worden, »[...] to enjoy a weekend in the City of Culture with their wives – including a performance by Scottish Ballet [...]«. Der bereits erwähnte Raymond Wilson zeigte sich anlässlich dieser Stippvisite von den Veränderungen in der Stadt tief beeindruckt:

The immense change in the city's image was another factor. I can remember Glasgow as a dreadful place, but now it has many bonuses to offer people wishing to relocate. The improvement in the city is just staggering.[195]

So schien die Ankunft der Übersiedler nur zu bestätigen, was die Stadt und ihre Unterstützer ohnehin schon lange propagierten:

Glasgow is now well equipped to physically deliver not only quality of life, but more importantly the sophisticated working environment now essential to major service industry users.[196]

Das SECC, das *Glasgow Garden Festival* und die Kulturhauptstadt hatten alle ihren Teil zu einem Imagewandel beigetragen. Durch die Einordnung verschiedener Projekte und Ereignisse in das Narrativ von Glasgows Wiedergeburt erschien die Erneuerung als Fortschritt hin zum Besseren. Häufig wurde dieser Prozess als abgeschlossen oder zumindest weit fortgeschritten propagiert. So heißt es im Jahresbericht der SDA 1990 lapidar: »The painful transition from an old industrial order to the modern industries of tomorrow which dominated the early years of the 1980s is, in large part, behind us.«[197]

Aus Sicht des Historikers erscheint das Ganze eher als langwierige und ergebnisoffene Entwicklung. Die relativen Erfolge der späten 1990er und 2000er Jahre wurden durch die darauffolgende Finanz- und Wirtschaftskrise teilweise in Frage gestellt. Als die SDA 1990 das Ende der Transformation behauptete, kam – so lässt sich aus heutiger Sicht erkennen – eine erste Phase anfänglicher Orientierungslosikeit und Experimente an ihr Ende.

Um glaubhaft zu sein, war die Erzählung vom neuen Glasgow auf sichtbare Verbesserungen der physischen Infrastruktur angewiesen. Hatten die Innenstadtbrachen in den 1970er Jahren den Niedergang der Industrie- und Hafenstadt deutlich vor Augen geführt, so wollte man nun durch Leuchtturmprojekte wie das SECC die Erneuerung und die wirtschaftliche Erholung im Stadtraum inszenieren. Das ehrgeizigste Projekt in diesem Zusammenhhang war die Sanierung der Innenstadt. Sie schuf ein verbessertes Umfeld für Arbeiten und

195 McIntosh, Quay.

196 Ken Campbell, Glasgow Offers Environmental Quality to Attract Further Inward Investment, in: Glasgow Herald, 5.9.1990.

197 SDA, Towards Scottish Enterprise. Annual Report 1990, S. 3.

Wohnen, das die nördliche Uferzone überhaupt erst zu einem attraktiven potentiellen Standort werden ließ.

Der paradigmatische Raum dieser Stadterneuerung lag nicht unmittelbar am Wasser, aber nur wenige Gehminuten vom Broomielaw entfernt. Die *Merchant City*, wie das Areal unter Bezug auf Glasgows goldenes Zeitalter als Zentrum des Tabakhandels nun in der Vermarktung genannt wurde, lag größtenteils auf dem Gelände des historischen Stadtzentrums rund um den *Saltmarket*.[198] Sie wurde begrenzt von *High*, *Argyle*, *Queen* und *Duke Street*.

Das Sanierungsgebiet war deutlich kleiner als beim *Glasgow Eastend Renewal*. Und dies war nicht der einzige Unterschied. GEAR war eine politische Initiative gewesen, die mit Hilfe staatlicher Gelder und unter der Federführung öffentlicher Körperschaften durchgeführt worden war. Private Investoren konnten nur vereinzelt für ein Engagement im Sanierungsgebiet gewonnen werden und zögerten, ihr Kapital ausgerechnet im heruntergekommenen Osten anzulegen.

Anders sah das bei der *Merchant City* aus. Hier ging es um den Kern der Innenstadt. Allerdings war dieser seit den 1960er Jahren ziemlich heruntergekommen. Das lag zum einen am Niedergang der letzten Reste der Glasgower Textilindustrie, die bis dahin in den Obergeschossen der Kauf- und Warenhäuser in zahlreichen kleinen Fabriken angesiedelt gewesen war. Zum anderen beförderten zwei geplante Großprojekte die negative Entwicklung des Quartiers. Erstens sollte die Ostflanke der Stadtautobahn durch den östlichen Teil des Viertels geführt werden. Zweitens plante die Strathclyde University hier eine südliche Erweiterung ihres Campuses. Beide Projekte wurden nie verwirklicht, hemmten aber private Investitionen in diesem sensiblen Bereich. 1960 wurde das Quatier als *Comprehensive Development Area* eingestuft. Die Kommune begann daraufhin, weite Teile des Gebiets zu erwerben. Durch großflächigen Abriss wollte sie die nötigen Entwicklungsflächen schaffen. Diesem Ziel folgte 1968 die Verlagerung des Großmarkts für Obst und Gemüse an die Peripherie. Das entlastete zwar die völlig verstopften Straßen, zog aber zahlreiche Schließungen von Läden und Unternehmen nach sich. Viele Eigentümer von Gebäuden schoben angesichts unsicherer Aussichten notwendige Reparaturen auf oder verkauften gleich an die Kommune. Das Quartier geriet in eine Abwärtsspirale.

1980 waren die Ostflanke der Autobahn und die Campuserweiterung so gut wie vom Tisch. Etwa ein Drittel des Quartiers befand sich im Besitz des GDC. Etwa genau so hoch war der Anteil der Leerstände, von denen wiederum zwei Drittel Eigentum der Kommune waren. Viele Gebäude galten als baufällig und potentiell gefährlich. Der Immobilienmarkt war praktisch tot. Etwa zu dieser Zeit begann man im GDC und bei der SDA über neue Wege der Quartiersentwicklung nachzudenken. Dabei setzte man zunehmend auf private Investoren als Träger der Stadterneuerung. Der *Stratclyde Structure Plan* von 1981 wirkte sich auf zweierlei Weise positiv aus. Er stufte zum einen die Ostflanke zu einem Expressway

198 Williamson/Riches/Higgs, Glasgow, S. 155f.

herab und verlagerte die Route. Zum anderen forderte er ein Ende des Flächenfraßes an der Peripherie. Innenentwicklung wurde zum vorrangigen Planungsziel.

Beides führte dazu, dass die Innenstadt für private Geldgeber wieder an Attraktivität gewann. Zudem schuf der *Local Government (Miscellaneous Provisions) (Scoltand) Act* von 1981 für die Kommunen zahlreiche neue Möglichkeiten, um private Bauherren finanziell zu unterstützen. Die Stadt nutzte diesen Spielraum dazu, die Umwandlung leerstehender Fabriken und Kaufhäuser in Wohn- und Büroräume zu fördern. So hoffte man das Ziel der Erneuerung des Quartiers mit dem Streben der Investoren um rentable Anlageobjekte zu verbinden: »public subsidy could bridge the gap between a desirable objective and a profitable opportunity.«[199]

Tatsächlich zeitigte diese Vorgehensweise einige Erfolge. Einige Objekte aus dem Besitz der Stadt wurden von privaten Investoren in Wohnungen umgewandelt und anschließend erfolgreich verkauft. Zu den ersten Objekten, die umgewandelt wurden, zählten das Albion Gebäude sowie *Merchants* und *Blackfriars Court*. Damit wuchs erstmals seit fast hundert Jahren der Wohnungsbestand im Viertel.

Die SDA übernahm nun immer mehr das Ruder. Sie beauftragte die Unternehmensberatung McKinsey damit, Wege und Methoden herauszufinden, »to realize the economic and environmental potential of Glagow city centre«[200], ein weiteres Beispiel für das Outsourcing von Planungskompetenz an private Beraterfirmen. Die daraufhin entstandene Studie empfahl die Neuausrichtung des ganzen Systems Stadt auf die Bedürfnisse des Dienstleistungssektors. »Service industries provide the only realistic opportunity for employment growth in Glasgow«[201], lautete die Grundthese des Berichts. Das Stadtzentrum spielte hierbei eine zentrale Rolle als »the natural location for most business services and many consumer services«.

Das Hauptaugenmerk lag auf Unternehmensdienstleistungen. Ausgehend von der Beobachtung, dass die meisten teuren Aufträge auf diesem Gebiet in einem engen räumlichen Umfeld von Firmenzentralen vergeben wurden, empfahl das Papier, alles daran zu setzen, mehr Unternehmen zu einer Ansiedlung innerhalb der Stadt zu bewegen. Voraussetzung hierfür sei eine Aufwertung des Umfelds:

> One of the major factors that prevents organizations even considering locating in Glasgow is that it is perceived, particularly by executives in the South, as an unattractive place to live. Making the city more attractive for people to live and work in will help create job opportunities, give local people a positive reason to stay and encourage visitors.[202]

199 Vgl. Colin Jones/Jim Patrick, The Merchant City as an Example of Housing-Led Urban Regeneration, in: Patsy Healy (Hrsg.), Rebuilding the City. Property-Led Urban Regeneration, S. 125–144, hier S. 132.

200 Gordon Cullen/McKinsey/SDA, The Potential of Glasgow City Centre, Glasgow 1985, S. 3.

201 Ebd.

202 Ebd., S. 4.

Dies allein genüge jedoch nicht. Vielmehr müsse Glasgows Erneuerung stärker publik gemacht werden:

Attempts to transform Glasgow as a business centre, a place to live and work and as a centre of entrepreneurial effort will founder unless the changing reality is communicated to Glaswegians and outsiders alike. The public needs to know about the new vision of Glasgow, and its specific attractions for groups critical to its success, such as leaders of national and international businesses, have to be communicated to them.[203]

Eine solche Anstrengung zur Wiederbelebung der Stadt bedürfe als Basis in erster Linie einer funktionierenden Partnerschaft zwischen den Organen der kommunalen Verwaltung und der Wirtschaft. Bei Erscheinen des Berichts hatte sich diese Partnerschaft bereits in Form von *Glasgow Action* institutionalisiert. Der SDA Jahresbericht sah diese Zusammenarbeit als entscheidenden Schritt auf dem Weg zum Erfolg:

However, perhaps the most important conclusion of the study was that the latent potential of Glasgow city centre is so great that the overall initiative to unlock that potential should be private sector led, and to act as a focus for the overall effort, Glasgow Action was launched.[204]

Dieser Abschnitt zeigt, was die SDA hier unter Partnerschaft verstand. Anders als bei GEAR sollten Investoren und Immobilienentwickler bei der Sanierung der Innenstadt die Führung übernehmen. Damit verschoben sich die Gewichte im Erneuerungsprozess deutlich zu Gunsten der Wirtschaft. SDA, GDC und SRC blieben zwar beteiligt, die Initiative lag nun jedoch auf Seiten der Immobilienentwickler und ihrer Geldgeber.

Flankiert wurde diese Strategie durch die Erweiterung der Einfluss- und Partizipationsmöglichkeiten der Geschäftswelt. Die Gründung von *Glasgow Action* 1985 ist in diesem Zusammenhang zu sehen.

Glasgow Action comprises some of the city's most eminent leaders of commerce, industry and education. Under the chairmanship of Sir Norman Macfarlane, these leaders are joined on Glasgow Action by the leader of Glasgow District Council and the leader of Strathclyde Regional Council, and the whole initiative is strongly supported by the Agency.[205]

Norman Sommerville Macfarlane, erster Präsident von *Glasgow Action*, war ein gut vernetzter Unternehmer und Funktionär. Sein Wirken zeigt den wachsenden Einfluss der Industrie auf stadtpolitische Planungen und Entscheidungen. Der Gründer einer in Glasgow ansässigen Verpackungsfirma war zuvor bereits viele Jahre im schottischen Ableger der *Confederation of British Industry* aktiv

203 Ebd.
204 SDA, Annual Report 1986, S. 57, NAS, SDA1/11.
205 Ebd.

gewesen. 1980 wurde er Direktor der Glasgower *Clydesdale Bank* und hatte verschieden Aufsichtsrats- und Vorstandsämter inne, wie etwa in der *American Trust plc* oder bei der *Edinburgh Fund Managers plc*. Bereits seit 1979 saß er aber auch im Vorstand der SDA. Außerdem engagierte er sich stark im Bereich von Kunst und Kultur.

Macfarlane verkörperte den neuen Typ der *Public-Private-Partnership*, in dem sich die Kräfte im Vergleich zu früheren Modellen deutlich verschoben hatten. Beim Bau des SECC war die öffentliche Hand die treibende Kraft gewesen und hatte das Projekt zu jeder Zeit kontrolliert. Der Beitrag der Wirtschaft hatte in erster Linie darin bestanden, einen Teil des Investitionskapitals beizusteuern. Das hohe Risiko hatten sich die privaten Anleger mit einer unternehmensrechtlichen Bevorzugung bei der Gewinnverteilung versüßen lassen. Im Falle von *Glasgow Action* und der *Merchant City* waren es jetzt zunehmend die Wirtschaftsvertreter, die den Ton auch in Sachen Stadtplanung und -entwicklung angaben. Die öffentlichen Körperschaften beteiligten sich finanziell, gewährten Zuschüsse und bemühten sich um Fördermittel der britischen Regierung oder der europäischen Strukturförderung. Der Markt ersetzte somit wichtige Teile des alten Planungsregimes und verdrängte zugleich dessen demokratische Rückkopplung.

Auch die Blickrichtung hatte sich geändert. Im Mittelpunkt stand nun nicht mehr der alles ordnende Entwurf, das *Grand Design*, ja nicht einmal ein Großbauvorhaben. Stattdessen handelte es sich um die Verklammerung vieler einzelner Bausteine mit zum Teil ganz unterschiedlicher Zielsetzung (Abbildung 10). Zusammengehalten wurden diese Initiativen durch die Förderprogramme und den urbanen Teilraum, auf den sie sich konzentrierten. Die folgende Karte aus dem Jahr 1986 gibt einen Überblick über alle abgeschlossenen, laufenden und geplanten Maßnahmen innerhalb der *Merchant City*, wobei jedes Projekt mit einem Häkchen Gelder von der SDA erhielt.

Die neue Strategie zielte auf die Beseitigung einzelner Problempunkte und die schrittweise Wiederherstellung des sozialräumlichen Beziehungsgeflechts. Anders als bei den vorausgegangenen Flächensanierungen der 1950er und 1960er Jahre rückten jetzt Häuser und Straßenzeilen in den Mittelpunkt. Sanieren und Erhalten ging vor Abriss, wenngleich oft nicht mehr als die Fassade eines Hauses übrig blieb. Spiegelbildlich zum stetig wirkmächtigeren Individualismus innerhalb der britischen Gesellschaft setzte nun auch die Stadterneuerung auf maßgeschneiderte Einzelfalllösungen. Der gesamtgesellschaftlichen Entwicklung folgend, wich der universalistische Anspruch der Stadtplanung vorausgegangener Jahrzehnte einem heterogeneren und pluralistischeren Model.

Entscheidend aber war die Verlagerung des Operationsgebiets. Das Stadtzentrum stand nun im Mittelpunkt der Aufmerksamkeit. Stadtplaner und Wirtschaftsförderung wandten sich dem urbanen Kern des Ballungsraums zu. Obwohl gerade die Innenstadt in den Jahrzehnten zuvor stark gelitten hatte, war sie dennoch wirtschaftlich lebendig, wenngleich in geringerem Maße als früher. Die Planer sprachen dennoch auch hier von einer Wiederbelebung.

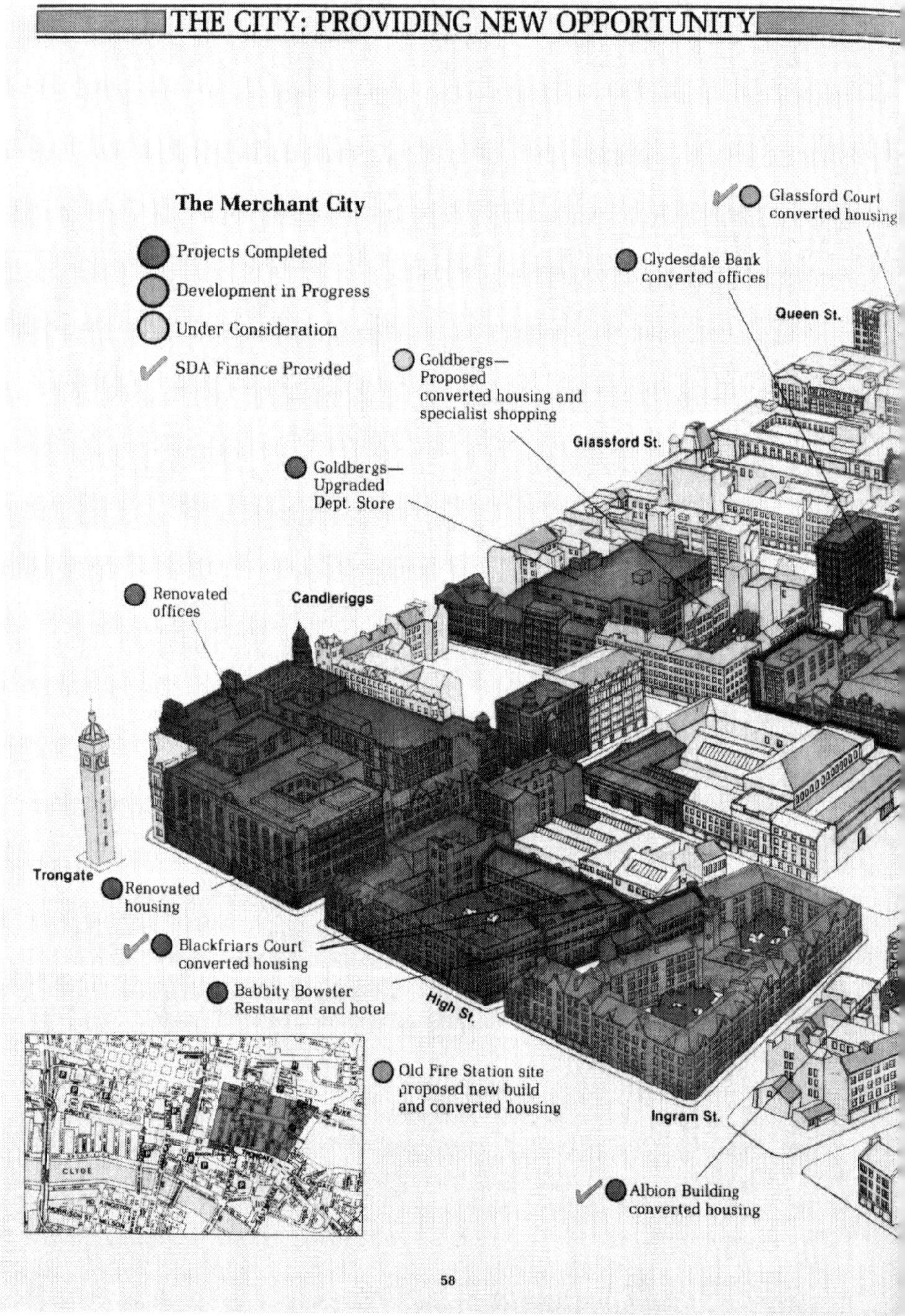

Abb. 10: Das Sanierungsgebiet *Merchant City*, entnommen aus SDA, Annual Report 1986, S. 58 f., NAS, SDA1/11.

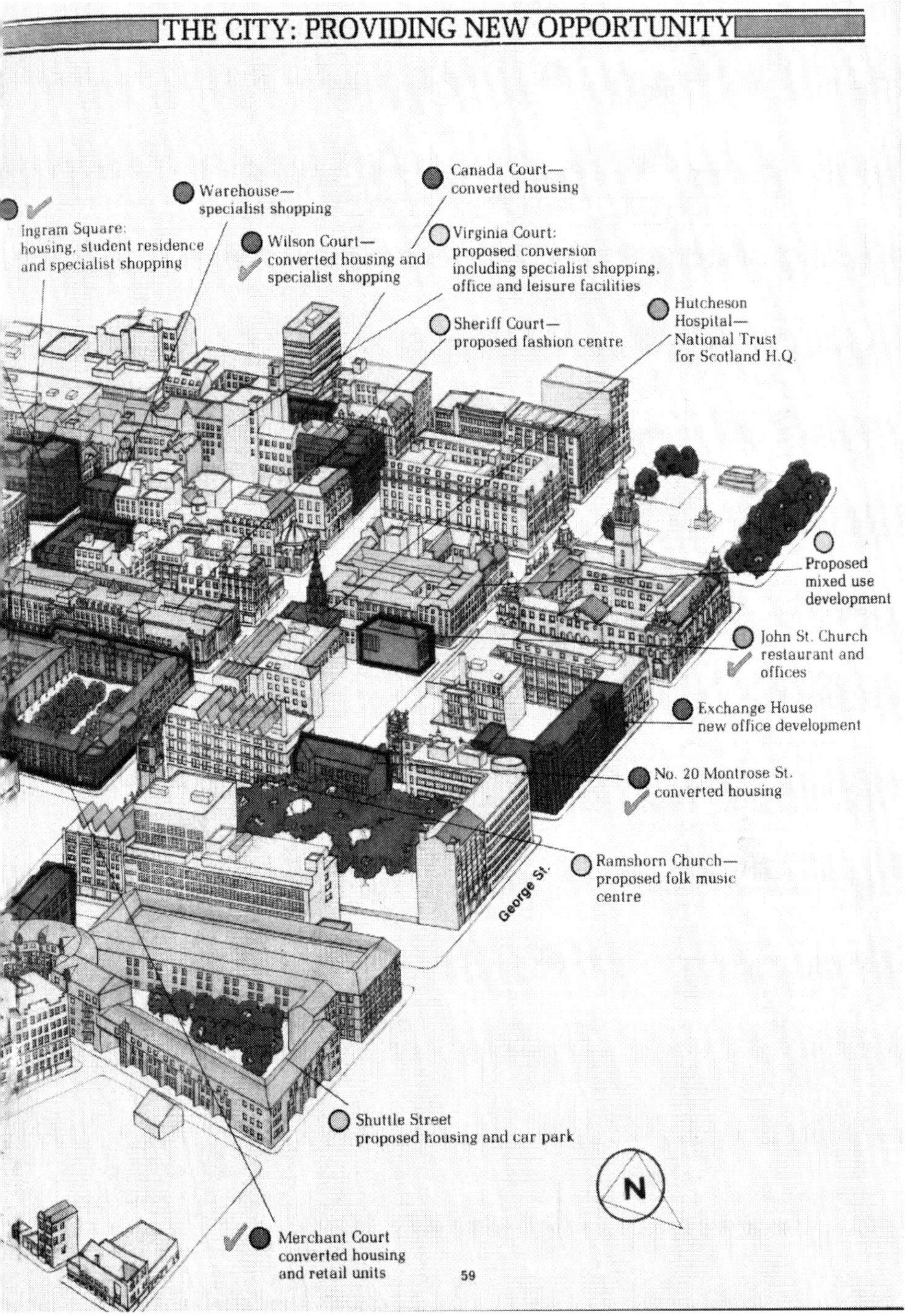
THE CITY: PROVIDING NEW OPPORTUNITY
Canada Court—
converted housing
Warehouse—
specialist shopping
Ingram Square:
housing, student residence
and specialist shopping
Wilson Court—
converted housing and
specialist shopping
Virginia Court:
proposed conversion
including specialist shopping,
office and leisure facilities
Hutcheson
Hospital—
National Trust
for Scotland H.Q.
Sheriff Court—
proposed fashion centre
Proposed
mixed use
development
John St. Church
restaurant and
offices
Exchange House
new office development
No. 20 Montrose St.
converted housing
Ramshorn Church—
proposed folk music
centre
George St.
Shuttle Street
proposed housing and car park
N
Merchant Court
converted housing
and retail units
59

Bei der Erneuerung des Stadtzentrums half vor allem die ökomische Entwicklung. In den frühen 1980er Jahren begann sich der Trend zur Suburbanisierung der Büroarbeit allmählich umzukehren und die Stadtpolitik versuchte diese Wende zu nutzen. Der *Strathclyde Structure Plan* von 1979 setzte nicht nur die Neunutzung innerstädtischer Brachen für Industrie- und Gewerbezwecke über die Erschließung peripherer Standorte auf der grünen Wiese. Er schrieb auch die Rekonzentration von Büroarbeitsplätzen im Stadtzentrum Glasgows als Planungsziel vor: »Major new office developments (over 2.000 square metres gross) shall not generally be located outwith Glasgow City Centre.«[206]

Dies bedeutete eine nachhaltige Förderung der *Merchant City*. Der Bau mondäner Shopping Malls, Restaurants und exklusiver Boutiquen sowie die Schaffung qualitativ hochwertiger Wohn- und Büroflächen ließen das Stadtzentrum als ökonomischen und sozialen Kernraum des urbanen Geflechts wieder aufleben. Es waren überwiegend junge gutverdienende Menschen, die in die Wohnungen einzogen.[207] Das nördliche Clyde-Ufer galt ab den 1990er Jahren als attraktive Randzone des ökonomisch und städtebaulich aufstrebenden Zentrums, als »[...] natural extension to the central business district.«[208]

Merchant City und *Atlantic Quay* waren beide Teil von Glasgows Entwicklung hin zu einer Dienstleistungsökonomie. Aufgrund seiner Größe und der Lage am Fluss war das Broomielaw Projekt besonders sichtbar und erzielte ein hohes Maß an Aufmerksamkeit. Zu den ersten Mietern gehörten nicht nur Umsiedler aus dem Südosten des Vereinigten Königreichs. Unter ihnen waren auch Unternehmen, die lediglich ihren Sitz innerhalb Glasgows verlagerten: der Marinetechnolgie-Konzern *Yard*, die Hotelkette Stakis und die eben erst im Zuge der Privatisierungspolitik entstandene *Scottish Power*. Der erste Bauabschnitt wurde am 27. März.1991 durch die Queen eröffnet:

> The Queen comes to the banks of the Clyde today to launch a new flagship. On the river where royalty used to see ocean-going liners off down the slipway, a new current of confidence and jobs is swirling around the wharves and piers. This time the jobs will not disappear downstream on the ebb tide.[209]

Hier ist sie wieder zu finden, die Unterscheidung zwischen dem alten Glasgow der Geschichte und dem neuen der Verheißung. Die Vergangenheit diente als Lieferant für Bilder und Rituale, mit deren Hilfe sich die goldene Zeit der wirtschaftlichen Prosperität heraufbeschwören ließ. Der enthusiastische Autor

206 Hier zitiert nach: SRC, Strathclyde Structure Plan. Monitoring Report 1982, S. 28.

207 Vgl. Glasgow University, The Merchant City and the Market for New Private Housing in Central Glasgow, Glasgow 1986; GDC, Ingram Square Development – Merchant City. A Report of Surveys Carried out in August-November 1986, Glasgow 1987.

208 Campbell, Glasgow Offers Environmental Quality.

209 O. A., It Will Be Just Like the Old Times down on the Clyde Today, in: Glasgow Herald, 27.3.1991.

dieser Zeilen erhoffte sich nicht weniger als den Stapellauf eines neuen Zeitalters der Sicherheit und des Wohlstandes, das es freilich zuvor so nie gegeben hatte.

Mit der Zerstörung von Hafen- und Werftanlagen sollten symbolisch die zahlreichen Krisen ausgetrieben werden, unter denen die alte Stadtökonomie so häufig gelitten hatte. Es zeigte sich jedoch bald, dass auch der Markt für Büroimmobilien alles andere als ein krisensicheres Geschäft und inzwischen genauso internationalisiert war wie einstmals die exportorientierte und schwerindustrielle Basis der urbanen Ökonomie. Noch 1991, dem Jahr der Eröffnung der ersten Büros am Broomielaw, schlitterte Großbritannien in eine fast zweijährige Krise, die ihren Ausgang in der deflationären Politik der Regierung nahm und sich besonders auf den Immobilienmarkt niederschlug. Zeitgleich platzte in Japan die große Immobilienblase. Die eine Hälfte von *Glasgow & Oriental*, der japanische Baukonzern *Kumagai Gumi*, war von den Verwerfungen in der Heimat und in Großbritannien zugleich betroffen. In der Folgezeit zog sich das Unternehmen fast vollständig aus seinen Geschäften in Übersee zurück.[210] Damit geriet der Weiterbau des Broomielaw-Projekts bereits nach der ersten von drei Ausbaustufen ins Stocken.

Die Nachfrage nach Büroflächen erholte sich jedoch rasch wieder. 1995 stieg *Pillar*, ein Ableger der auf den Bau von Businessparks spezialisierten *Arlington Securities plc*, in das Broomielaw-Projekt ein. *Arlington* war ursprünglich als ein sogenannter Geierfond gegründet worden und hatte sich zunächst dem Aufkauf unterbewerteter Unternehmensteile gewidmet. Als *Pillar* beim *Atlantic Quay* einstieg, gehörte die Firma bereits zu *British Aerospace* und beschäftigte sich häufig mit der Neunutzung aufgegebener Militärareale. Damit teilte sich *Pillar* den Mutterkonzern mit einem der Hauptmieter: Der Marinetechnologiekonzern *Yard* war schon kurz nach seinem Einzug am Broomielaw ein Teil von *BAE Sema* geworden. Die neuen Partner beschlossen, alle noch ausstehenden Abschnitte innerhalb von sechs bis acht Jahren fertigzustellen.[211] Etwa zeitgleich zeigten sich zudem neue Investoren am Horizont. 1999 eröffnete die *British Telecom* ihre Zentrale für Westschottland im *Alexander Bain House*, einem weiteren Bürogebäude in unmittelbarer Nachbarschaft zum *Atlantic Quay*. Und so nahm die Entwicklung des Viertels Ende der 1990er Jahre erneut Fahrt auf und die Bürolandschaft gedieh weiter bis zur Finanzkrise 2008 (Abbildung 11).

Mit der Entstehung dieses Büroquartiers etablierte sich eine neue Arbeitswelt in der Uferzone. Wo einstmals Hafen- und Werftarbeiter dominiert hatten, übernahm nun ein Heer von Büroangestellten das Ruder. Zu Zeiten der Hafen- und Industrienutzung hatte harte körperliche Arbeit den Alltag der meist männlichen Beschäftigten beherrscht. Die Angestellten waren im Hafen und

210 Alf Young, Ed Bellhouse and Jonathan Joseph Aim to Give the Broomielaw a New Lease of Life, in: The Herald, 16.9.1995.

211 Alf Young, Pillar Revives Development. Broomielaw is Given a Kick Start, in: The Herald, 15.3.1995.

Abb. 11: Der IFSD 2011 vom Clyde aus gesehen. Rechts, neben dem Gebäude der Clyde-Port Authority von 1908, die zwei dem Fluss zugewandten Gebäude des ursprünglichen Atlantic Quay Projekts. Links daneben das Alexander Bain House und weitere, in den 2000er Jahren entstandene Bürogebäude, Quelle: eigenes Foto.

auf den Werften eine kleine, wenngleich sozial höher gestellte Minderheit gewesen. Nun wurde das Angestelltenverhältnis gewissermaßen zum Normalfall erhoben. In den Callcentern, Versicherungen und Unternehmensdienstleistungen arbeiteten häufig mehr Frauen. Im Vergleich zum Arbeitsalltag von Hafen- und Industriearbeitern bargen die nun dominierenden Bürotätigkeiten nur geringe Unfall- und Gesundheitsrisiken.

Damit einher ging ein neues sozial-räumliches Beziehungsgeflecht. Der Fluss war ein fester und zentraler Bestandteil der alten Arbeitswelt der Uferzone gewesen. Hafen und Werften waren auf ihn ausgerichtet gewesen und hatten ihm ihre Existenz verdankt. Seit Mitte der 1960er Jahre hatte der Clyde seine Bedeutung als Lebens- und Verkehrsachse jedoch immer weiter eingebüßt. In der neuen Ordnung der Uferzone war er lediglich Teil des Arbeitsumfeldes, Teil einer »ideal working environment down by the riverside«.[212] Von einem zentralen Infrastrukturmerkmal, wandelte er sich zu einer ästhetischen Entität, einer Art willkommener Landschaftsarchitektur, die der schönen neuen Bürowelt als Kulisse und Naherholungsraum diente:

212 o.A., Ideal Working Environment.

The two buildings on the riverfront offer commanding views across the Clyde. Between the buildings, new public spaces are being created. These include gardens along the river, planted courtyards, restaurants, cafes and small business that will serve some of the needs of the large organisations that will occupy the offices.[213]

Fabriken, Werkshallen, Helgen und Hafenanlagen waren alle auf ihre Weise hochspezialisierte Raumangebote der industriellen Hochmoderne gewesen.[214] Eng umstellt von Arbeiterwohnhäusern hatten sie das Bild der Industrie- und Hafenstadt und ihre städtebauliche Entwicklung bis in die Nachkriegsjahre dominiert. An ihre Stelle traten nun Bürogebäude. Wo die Traditionsindustrien und auch der Hafen sich vor allem horizontal breit gemacht hatten, strebten diese Komplexe in die Höhe. Schließlich ließen sich Großraumbüros schuhkartonartig übereinander stapeln, was etwa mit den Arbeitsabläufen auf einer Werft nicht möglich gewesen wäre. Außerdem benötigte die neue Art der Wertschöpfung viel weniger Platz.

Die Büroflächen in den Neubauten waren für eine Vielzahl an Nutzungsmöglichkeiten offen. Wie auch immer wie sich die urbane Ökonomie in absehbarer Zukunft entwickeln würde, der Bedarf an Büroflächen würde weiter steigen, so erwartete es Ed Bellhouse im Jahr 1990.[215] Der Grund für diesen Optimismus war die Flexibilität des geplanten Bürokomplexes. Schon die Zerlegung in mehrere, je nach Nachfrage und Kassenlage zu verwirklichende Bauabschnitte eröffnete den Bauherren einen größeren Handlungsspielraum, als dies bei den Flächensanierungen der 1950er und 1960er Jahre der Fall gewesen war. Großflächige Büros ließen sich darüber hinaus fast beliebig unterteilen und so auf die Bedürfnisse künftiger Kunden anpassen. Vom Callcenter bis zum Ingenieurbüro: Alle kamen sie mit der gleichen architektonischen Grundform zurecht. So erklärte Bellhouse die Zusage des Marinetechnologie-Konzerns Yard folgendermaßen: »Yard were keen to establish themselves in a building that was modern, flexible and would allow them to adapt to changing organizational needs in the future.«[216] Modern hieß in erster Linie, dass die notwendige informations- und kommunikationstechnologische Grundausstattung vorhanden sein musste, bezog sich aber auch auf solche Annehmlichkeiten wie eine funktionierende Klimaanlage oder die architektonische Qualität.

Neben dieser technischen Komponente war es aber die Flexibilität, welche die Zukunftsfähigkeit eines solchen Projektes ausmachte. Variabel war etwa die Größe des anzumietenden Raumes. Kurz nachdem *Yard* in die neu errichteten

213 Ebd.

214 Vgl. Ulrich Herbert, Europe in High Modernity. Reflections on a Theory of the 20th Century, in: Journal of Modern European History 5 (2007), Heft 1, S. 5–22; vgl. Lutz Raphael, Ordnungsmuster der ›Hochmoderne‹? Die Theorie der Moderne und die Geschichte der europäischen Gesellschaften im 20. Jahrhundert, in: Ders./Ute Schneider, Dimensionen der Moderne. Festschrift für Christof Dipper, Frankfurt a. M. 2008, S. 73–91.

215 Young, Fresh Start.

216 McIntosh, Quay.

Büros am Broomielaw eingezogen war, verschlechterte sich die Lage vor allem im Rüstungsgeschäft. Die Folge war ein geringerer Flächenbedarf. Die Firma bot daraufhin Teile des angemieteten ersten und zweiten Obergeschosses zur Untermiete an. Andere Unternehmen verfuhren mit ihren Büroflächen in der Innenstadt ähnlich.[217]

Flexibel war aber nicht nur die Größe der anzumietenden Fläche. Die neue Generation von Bürogebäuden zeichnete sich insbesondere dadurch aus, dass im Innern dieses Raumes noch eine »great flexibility in the layout of work stations and departments« herrschte.[218] Die technische Ausstattung ermöglichte eine Vielzahl weiterer Unterteilungen und Strukturierungen, die sich jederzeit mit geringem Aufwand wieder verändern ließen. Die hoch anpassungsfähige räumliche Grundstruktur der *New Economy*, das Büro, hat deshalb trotz all ihrer baulichen Solidität immer etwas funktional Fluides, eine Offenheit für verschiedene Formen der künftigen Nutzung.

Wie bereits im Falle des SECC tritt erneut der Begriff der Flexibilität in einem scheinbar rein technischen Zusammenhang auf. Die Offenheit bezüglich unterschiedlicher Nutzungskonzepte entwickelte sich in der Architektur der 1980er und 1990er Jahre zu einem Leitmotiv, dass in Projektskizzen ebenso anzutreffen war, wie in Immobilienanzeigen. Es vereinte so unterschiedliche Bauwerke wie die Büros am Broomielaw und das SECC. Aber auch hier weist der Begriff der Flexibilität über den konkreten praktischen Zusammenhang hinaus. Er erscheint erneut als Formel, in der sich Ungewissheit über die Zukunft ausdrücken lässt, ohne dass deshalb das Handeln in der Gegenwart gelähmt wäre. Man baute möglichst zukunftsoffen.

Flexibilität nahm dem Fortschritt gewissermaßen die Richtung. Von hier war es nur ein kleiner Schritt zur ›nachhaltigen‹ Planung. Dieser Begriff fand vor allem durch den Bericht der Brundtland-Kommission von 1987 größere Verbreitung und ist heute in nahezu allen Lebensbereichen anzutreffen. Die Weltkommission für Umwelt und Entwicklung unter Vorsitz der ehemaligen norwegischen Ministerpräsidentin Gro Harlem Brundtland schuf mit dem Begriffspaar der nachhaltigen Entwicklung eine Metapher, die das Dilemma von Zukunftsungewissheit und der Notwendigkeit zu handeln, aufzulösen schien. »Sustainable development«, so war zu lesen, »is development that meets the needs of the present without compromising the ability of future generations to meet their own needs.«[219] In der Gegenwart sollte demnach so gehandelt werden, dass möglichst viel Handlungsspielraum für unbekannte Zukünfte blieb. Hier ging es in erster Linie um den Ressourcenverbrauch und Fragen des Umweltschutzes in einer sich verändernden, sozio-ökonomischen Weltordnung. Die semantische Nähe von Flexibilität und *Sustainable Development* führte zu

217 McIntosh, Tenants Have Whip Hand, The Herald, 8.1.1992.

218 McIntosh, Quay.

219 World Commission on Environment and Development, Our Common Future, Oxford, New York 1987, S. 43.

einer raschen Übernahme des Begriffes in Architektur und Stadtplanung, hier verstanden als »Ausgleich von sozialen, wirtschaftlichen und ökologischen Belangen in einer zukunftsoffenen Stadtentwicklung«[220]

Am Glasgower Broomielaw, im Umfeld der Bürobauten am Clyde, entwickelten sich ergänzende ökonomische Strukturen, deren Bausteine auf die beruflichen und privaten Bedürfnisse derer ausgerichtet waren, die hinter den Beton- und Glasfassaden ihrer Arbeit nachgingen. Restaurants, Imbissbuden und Cafés zur Pausenversorgung. Einkaufsmöglichkeiten für zwischendurch und schicke Pubs. Sie boten andere, nicht selten prekäre Formen der Arbeit.

Nachdem sich das traditionelle sozialräumliche Beziehungsgeflecht der Uferzone ab den 1960er Jahren allmählich aufgelöst hatte, räumten die Immobilienentwickler der 1990er und 2000er Jahre fast alle Relikte der alten Ordnung ab. Bis auf wenige denkmalgeschützte Tabaklagerhäuser und dem Gebäude des *Clyde Navigation Trust* blieb kaum ein Stein auf dem anderen. Die *Clyde Port Authority*, die in dem letztgenannten Gebäude residierte, war Anfang der 1990er Jahre selbst dabei, sich grundlegend zu verwandeln. Aus der Nachfolgebehörde des altehrwürdigen *Clyde Navigation Trust* wurde durch die Privatisierung 1992 zunächst ein privater Hafenbetreiber. Mehrheitseigner der *Clydeport plc* war mit 67 Prozent eine Gruppe von Managern und Arbeitnehmern des Betriebs. Weitere 28 Prozent übernahm die *Montagu Private Equity*. Die endgültige Schließung des letzten schottischen Stahlwerks in Ravenscraig im selben Jahr raubte dem jungen Unternehmen allerdings den größten und wichtigsten Kunden. 2003 übernahm die *Peel Group* die *Clyde Port plc*. Peel stieg mit der fast gleichzeitigen Übernahme des Liverpooler Hafens zum zweitgrößten Hafenbetreiber Großbritanniens auf und kontrolliert heute alle wichtigen Häfen der Westküste. Das aus einem Textilbetrieb hervorgegangene Unternehmen verdiente jedoch einen Großteil seines Geldes längst als Eigentümer und Entwickler von Immobilien. Peel ist ein gutes Beispiel für den Wandel von Industrie- zu Dienstleistungsunternehmen, der im letzten Drittel des 20. Jahrhunderts häufig anzutreffen ist.[221]

220 Vgl. Jens Kersten, Nachhaltigkeit und Städtebau, in: Wolfgang Kahl (Hrsg.), Nachhaltigkeit als Verbundbegriff, Tübingen 2008, S. 396–424; Ulrich Grober hat jüngst eine Kultur- und Begriffsgeschichte der Nachhaltigkeit von den Anfängen in der deutschen Forstwirtschaft des 18. Jahrhunderts bis zur Etablierung in der gegenwärtigen Umweltpolitik vorgelegt. Weil er das Konzept aber vor inflationärem Gebrauch retten möchte, klammer er alle Bereiche aus, die sich nicht dem Ökologischen Feld zuordnen lassen. Damit schließt Grober jedoch eine für diese Untersuchung interessante Frage aus: Was machte diesen Begriff in kurzer Zeit in allen erdenklichen Zusammenhängen Anschlussfähig? Grobers diachrone Perspektive bedürfte einer synchronen Ergänzung, die hier allerdings nicht geleistet werden kann und als Desiderat offen bleiben muss vgl. Ulrich Grober, Die Entdeckung der Nachhaltigkeit. Kulturgeschichte eines Begriffs, München 2010.

221 Vgl. Gerold Ambrosius, Agrarstaat oder Industriestaat – Industriegesellschaft oder Dienstleistungsgesellschaft? Zum sektoralen Strukturwandel im 20. Jahrhundert, in: Reinhard Spree (Hrsg.), Geschichte der deutschen Wirtschaft im 20. Jahrhundert, München 2001, S. 50–69, hier S. 63.

Der Bau des 1998 eröffneten *Trafford Centres* in Manchester, eine riesige *Shopping Mall*, vergleichbar mit dem Oberhausener *Centro*, das auf dem Gelände der ehemaligen Gutehoffnungshütte errichtet wurde, gehörte zu den frühen Großprojekten von Peel. Genau wie die jüngst fertiggestellte *MediaCity UK* entstand es auf Land, das zuvor im Eigentum des Hafens von Manchester gewesen war. Die wassernahen Immobilien boten auch in Glasgow enormes Potential.[222] Kurz nach der Übernahme der *Clyde Port plc* begannen die Planungen für den Bau eines neuen, gemischtfunktionalen Stadtviertels mit dem Titel *Glasgow Harbour* an Stelle der ehemaligen *Meadowside Granary*, am Zusammenfluss der Flüsse Kelvin und Clyde.

Der Wandel von der Hafenbehörde zum Immobilienunternehmen ist vielleicht selbst der sinnfälligste Ausdruck für die fundamentale Transformation, der die sozialräumliche Ordnung der Uferzone nach dem Boom unterworfen war. Organisatorisch vollzog sich innerhalb einer Institution das, was gleichzeitig im Stadtbild zu beobachten war.

Die weitgehende Zerstörung des ehemaligen Hafenviertels hinter dem Broomielaw blieb nicht ohne Widerspruch. Spekulanten trieben die Preise in die Höhe und vertrieben so zahlreiche kleinere Gewerbebetriebe und Handwerker. Auch die letzten Anwohner mussten dem Druck weichen und der Verlust architektonisch wertvoller Substanz wurde bedauert. Mancher Zeitgenosse vermutete gar, dass es bei den Spekulationsgeschäften nicht immer mit rechten Dingen zugegangen sei. Im »Glasgow Herald« erschien im Mai 1991 ein Artikel, der die Verdrängungspraktiken der Immobilienentwickler mit einer Brandserie in Verbindung brachte, der einige denkmalgeschützte Objekte zum Opfer gefallen waren.[223] In mindestens neun solcher Fälle vermutete die Feuerwehr Brandstiftung. Dass größere Proteste oder Hausbesetzungen gegen diesen Gentrifizierungsprozess ausblieben, hatte damit zu tun, dass dieses Quartier schon viele Jahre kaum mehr genutzten Wohnraum aufwies.

Kritisiert wurde, dass das Büroquartier abends und am Wochenende praktisch menschenleer sei, gewissermaßen eine temporäre Brache im sozial-räumlichen Netz. Trotz solcher Kritik entwickelte sich das Viertel jedoch weiter. 1996 erschien der städtische Entwicklungsplan *The River of Dreams*, der erstmals den Fluss und die Brachen der Uferzone zum zentralen Wachstumsgürtel innerhalb des Stadtraumes erklärte. Dort waren für den Broomielaw folgende Empfehlungen zu lesen:

»Continue to promote the Broomielaw as the focus for major office development and inward investment opportunities within Glasgow. […] Continue to reinforce the scale

222 Vgl. David Parker, The Official History of Privatization, Volume II, Popular Capitalism, 1987–1999, Oxford, New York 2012, S. 149–153.

223 Murray Ritchie, Fire Spreads Like an Epidemic in the Tinderbox City. International Investors Build on the Ashes of Glasgow's Heritage, in: Glasgow Herald, 20.5.1991.

and architectural quality of buildings fronting Clyde Street/Broomielaw as strong edge/commercial face to the City Centre.«[224]

Große Büroflächen sollten also weiterhin am Broomielaw konzentriert werden. Der zweite Ratschlag verweist auf die steigende Bedeutung der architektonischen Ausgestaltung. Hochwertige Fassaden, sichtbar über die Wasserfläche des Flusses hinweg, sollten als Aushängeschild und als architektonischer Beitrag zur Standortwerbung dienen. Die *Waterfront* wurde so zum Ort der architektonischen Inszenierung von Marketingbotschaften. Dies galt offenbar auch jenseits großer Leuchtturmprojekte einer *Iconic Architecture*, wie sie zu dieser Zeit in der Uferzone bereits in der Form von Norman Fosters *Clyde Auditorium* Fuß zu fassen begann.

Seit 2001 wird der Broomielaw unter dem Label *International Financial Services District* (IFSD) vermarktet und hat etliche bauliche Erweiterungen erfahren. Dahinter steckt erneut eine *Public-Private-Partnership*. Von öffentlicher Seite sind vertreten der *Glasgow City Council*, *Scottish Enterprise*, *Scottish Development International*, *Scottish Financial Enterprise* sowie die schottische Regierung. Auf Seiten der Wirtschaft stehen die *British Telecom* sowie eine Reihe von Immobilienentwicklern, Investoren und Finanzinstitutionen.[225]

Über die Jahre hat sich die Uferzone im Herzen der Stadt also als urbaner Wachstumsraum etabliert. Für sich genommen erscheint die Entwicklung des Broomielaw-Quartiers als Erfolgsmodell. Auch wenn die Verwerfungen des Immobilienmarktes immer wieder Bauvorhaben stoppten oder verzögerten, so läßt sich doch mittel- bis langfristig ein stetiger Ausbau beobachten. Auch die Hafen- und Industriestadt Glasgow war nicht über Nacht entstanden und selbst in der Phase der raschen Expansion im 19. Jahrhundert war es immer wieder zu Rückschlägen gekommen. An die Entwicklung des IFSD in unseren Tagen sollten deshalb keine höheren Maßstäbe angelegt werden. Fest steht, dass Teile des alten Hafenviertels hinter dem Broomielaw Kai im Zuge der Quartiersentwicklung wieder zu einem festen Bestandteil des sozialräumlichen Netzwerks der Innenstadt geworden sind und sich in den Büros entlang des Clyde angesehene Firmen niedergelassen haben.

Ob der positive Trend über die gegenwärtige Finanzkrise hinaus anhalten wird, bleibt offen. Trotz zahlreicher Leerstände befanden sich 2013 bereits wieder einige Projekte in Vorbereitung, wie etwa die drei Büro- und Geschäftshochhäuser des Broomielaw 220.[226] Jüngst wurden zudem Pläne bekannt, die derzeit von der Stadt und dem Glasgower Immobilienentwickler *Capella* im Rahmen einer weiteren *Public-Private-Partnership* vorangetriebenen werden.

224 Glasogw City Council, The River of Dreams, Glasgow 1996, Annex 2.

225 Vgl. Homepage des IFSD, Facts & Figures, URL: http://www.ifsdglasgow.co.uk/why-ifsd/facts--figures? (Abruf 24.7.2013).

226 Vgl. Glasgow for Business, Broomielaw-Projekt, URL: http://www.glasgowforbusiness.com/development-opportunities/office-development/220-broomielaw/ (Abruf 5.8.2013).

Auf der ehemaligen Kaimauer soll eine Restaurantmeile entstehen. Geplant ist die Errichtung von vier doppelstöckigen Pavillons unterschiedlicher Größe:

> The development will provide a vibrant new leisure destination for Glasgow's residents and business community, as well as becoming a major attraction for tourists to the city. Up to 10 new restaurants, coffee houses and eateries can be accommodated which is aimed at providing a continental style food offering in what is an untapped market for Glasgow.[227]

Die Entwicklung des Quartiers wird also weiter vorangetrieben, wenngleich viele Investoren angesichts der Krise zögern, sich auf einen riskanten Neubau einzulassen. Vermutlich aber wird Ed Bellhouse Recht behalten. Das Büro als Ort der Kommunikation und des Austausches, der Verarbeitung von Informationen und der Produktion von Dienstleistungen aller Art wird auch in Zukunft weiter nachgefragt werden. Je attraktiver das Arbeitsumfeld, je höher das örtliche Arbeitskräftepotential und je günstiger die Kostenstruktur ist, desto wahrscheinlicher wird es sein, dass der IFSD auch in Zukunft Arbeitsplätze anziehen kann. Denkbar wäre aber auch die weitere Verlagerung solcher Tätigkeitsbereiche in Schwellenländer, so wie es in den 2000er Jahren im Falle der Callcenter zu beobachten war, wobei Glasgow nach wie vor ein wichtiger Standort für solche Kommunikationseinheiten ist.

Gleich wie sich die Dinge entwickeln werden, das Schicksal des *Atlantic Quay* hing von Anfang an von den Entwicklungen des Immobilienmarktes ab und wird dies auch in Zukunft tun. Die Motivation für Ed Bellhouse und seine Mitstreiter war nicht der Wunsch, das Stadtbild zu verbessern oder alte Industriebrachen einer neuen Nutzung zuzuführen. Ihre Absicht war es, einen unternehmerischen Gewinn aus der Entwicklung geeigneter Immobilienobjekte zu erzielen. Auf die Hochphase einer von Experten durchdachten und mit den enormen Mitteln der öffentlichen Körperschaften in die Realität umgesetzten Stadtplanung der 1950er und 1960er Jahre war eine tiefe Krise gefolgt, an deren Ende ein neues Planungsregime hervortrat. Hatte die Stadt im Falle des SECC und beim *Glasgow Garden Festival* private Entwicklungsgesellschaften eher ausgebremst, so waren sie es, die nun die Initiative übernahmen. Die Gebietskörperschaften gaben einen Teil ihrer Hoheitsrechte im Bereich der Stadtplanung auf und wurden zu Dienstleistern, welche die Immobilienunternehmen in ihren Vorhaben tatkräftig unterstützen sollten. Damit gingen ein geringeres Ausmaß an demokratischer Kontrolle und die weitgehende Bedeutungslosigkeit öffentlicher Diskussionen über einzelne Vorhaben einher. Proteste wie etwa die Aktion *Save the Broomielaw*, die gegen das Bauvorhaben des *Capella*-Konzerns gerichtet ist, verhallen meist ohne große Resonanz.[228] Die Entstehungs-

227 Capella Group Limited Glasgow, Broomielaw-Projekt, URL: http://www.capellagroup.co.uk/pd_broomielaw_quay.html (Abruf 16.7.2013).

228 New Glasgow Society, Respect Broomilawt, URL: http://www.broomielaw.org/ (Abruf 21.12.2015).

geschichte des heutigen IFSD steht für diesen Wandel des Planungsdenkens ebenso wie für die zunehmende Dominanz des Leitbilds einer Informations- und Dienstleistungsgesellschaft in der Stadtentwicklung.

2.6 Ein Gürteltier als globale Ikone? Fosters Clyde-Auditorium und die Bedeutung der Iconic Architecture für Glasgow

Manch zeitgenössischer Beobachter hat Aspekte des Wandels nach dem Boom als einen Paradigmenwechsel von einer stark physisch-materiell orientierten zu einer virtuell-immateriellen Kultur beschreiben. So etwa der polnisch-britische Philosoph und Soziologe Zygmunt Baumann, der von der Verflüssigung der Moderne gesprochen hat.[229] Im Hinblick auf die Reurbanisierung und die Neuinszenierung der Stadtzentren seit den 1990er Jahren scheint diese Qualität der Veränderungen auf den ersten Blick keine Rolle zu spielen. Stadtplaner, Urbanisten und Politiker befassen sich nach wie vor ganz zentral mit der materiellen Seite der Stadt, ihrer Skyline, ihren Verkehrssystemen, ihren öffentlichen Plätzen und Einrichtungen. Die Schaffung und die Veränderung urbaner Räume, der Bau neuer Straßen, öffentlicher Gebäude und Wohnungen restrukturiert zunächst in erster Linie die physische Oberfläche der Stadt.

Betrachtet man die Entwicklung der europäischen Städte rund um die Jahrtausendwende genauer, lassen sich jedoch tatsächlich Prozesse der Entmaterialisierung, der Verflüssigung erkennen. Ein Beispiel hierfür ist die Ablösung der Leitmotive klassisch-moderner Stadtpolitik. In den 1950er und 1960er Jahren hatten alle Maßnahmen unter dem Diktat eines sozialwissenschaftlich fundierten Funktionalismus gestanden. Mit den Mitteln, welche die anhaltende wirtschaftliche Prosperität zur Verfügung gestellt hatte, glaubten die Sozialingenieure, Stadtplaner und Politiker all jene Probleme mit wissenschaftlichen Methoden lösen zu können, die im Laufe des 19. und frühen 20. Jahrhunderts durch Industrialisierung und Urbanisierung entstanden waren. Dieses Denken hatte die großen Flächensanierungs- und Dezentralisierungsprogramme im Glasgow der Nachkriegszeit beherrscht. Die Stadt war zu einem Experimentierfeld des *Social Engineering* geworden. Die Modernisierung im Sinne einer gesamtgesellschaftlichen Optimierung, von den Wohnverhältnissen über den Verkehrsfluss bis hin zur Bildung, hatte oberste Priorität. Öffentlich-rechtliche Akteure versuchten umzusetzen, was wissenschaftliche Erkenntnisse vorgaben.

Ende der 1960er Jahre begannen die finanziellen Grundlagen solch teurer Großprojekte wegzubrechen. Zudem traten die Mängel dieser Form der Stadtplanung immer klarer zu Tage. So sorgte etwa die neue funktionale Trennung

229 Er spricht von unserer Gegenwart in der Metapher der flüssigen Moderne vgl. Zygmunt Baumann, Liquid Modernity, Cambridge, Malden 2000, hier S. 2.

von Wohnen und Arbeiten für ein höheres Verkehrsaufkommen. Die industriell gefertigten Großsiedlungen erwiesen sich als mangelhaft. Der Wandel der Produktions- und Wirtschaftsform sowie die sich entwickelnde neue globale Arbeitsteilung brachten es zudem mit sich, dass sich die Herausforderungen und Problemlagen, mit denen die Stadtplaner konfrontiert waren, grundlegend veränderten. Eine Anpassung der wissenschaftlichen Grundlagen und des Handwerkszeugs der Urbanisten an die neuen Gegebenheiten wurde deshalb immer dringender.

Ein Symptom dieses Wandels war die zunehmende Ästhetisierung der Innenstadt als Teil des neuen Planungsregimes. David Harvey, ein amerikanisch-britischer Humangeograph, war einer der ersten, die diesen Trend beschrieb.[230] In seinem 1989 erschienen Buch *The Condition of Postmodernity* glaubte er rückblickend in den 1970er Jahren eine Zeitenwende zu erkennen. Damals wären die Dogmen der klassischen Moderne zunehmend unter Druck geraten und schließlich erodiert. Harvey verdeutlicht diese Entwicklung am Beispiel von Architektur und Stadtgestaltung.

In the field of urban architecture and urban design, I take postmodernism broadly to signify a break with the modernist idea that planning and development should focus on large-scale, metropolitan-wide, technologically rational and efficient urban *plans*, backed by absolutely no-frills architecture (the austere ›functionalist‹ surfaces of ›international style‹ modernism).[231]

Aus der Sicht Harveys befreite sich der Stadtraum aus dem Diktat des Funktionalismus. Er nahm wortwörtlich Gestalt an und begann als autonome Kategorie seinerseits die Planer zu beeinflussen. An die Stelle schmuck- und schnörkelloser Effizienzbauwerke des sogenannten internationalen Stils trat ein neuer Ästhetizismus, der das Antlitz der Städte mit wachsender Geschwindigkeit veränderte.

Above all, postmodernists depart radically from modernist conceptions of how to regard space. Whereas the modernists see space as something to be shaped for social purposes and therefore always subservient to the construction of a social project, the postmodernists see space as something independent and autonomous, to be shaped according to aesthetic aims and principles which have nothing necessarily to do with any overarching social objective, save, perhaps, the achievement of timeless and ›disinterested‹ beauty as an object in itself.[232]

Diese zeitgenössisch attestierte Ästethisierung des urbanen Raumes wird im Folgenden genauer betrachtet. Im Widerspruch zu Harvey lautet die These hierzu,

230 Zeitlich deutlich früher begann allerdings die Debatte in der Architektur selbst, vgl. Charles Jencks, The Story of Post-Modernism. Five Decades of the Ironic, Iconic and Critical Architecture, Chichester 2011, hier S.19–47.

231 David Harvey, The Condition of Postmodernity. An Enquiry into the Origins of Cultural Change, Oxford 1989, S. 66.

232 Ebd.

dass die zu beobachtende Ablösung der rational-funktionellen Architektur und Stadtgestaltung der Boom-Jahre durch eine am Erscheinungsbild und am Design orientierte Planung seit Mitte der 1980er Jahre bei aller Ästhetik immer auf das soziale Projekt der Stadterneuerung bezogen blieb. Allerdings zielten die Projekte, die aus dieser Denkrichtung hervorgingen immer auch auf das Image der Stadt, auf ihre Repräsentationen und Bilder und waren deshalb bestenfalls hoch funktional. Damit lässt sich die Erneuerung der materiellen Stadt in die Tendenzen der Verflüssigung einordnen, die sich bereits auf anderen Feldern der Stadtpolitik beobachten ließen.

Als Beispiel wird zum einen die Hinwendung zu Formen der ikonischen Architektur betrachtet, die in Glasgow Anfang der 1990er sichtbar wird. Zum anderen wird mit *River of Dreams* ein Raumordnungskonzept in Augenschein genommen, das die Entwicklung Glasgows in den 2000er Jahren bestimmen sollte. Der Fluss rückte als zentrale Achse, als Leitmotiv und Metapher in den Mittelpunkt. Die Integration des Clyde und seiner Uferbereiche in das sozialräumliche Gefüge gilt seither als eine vordringliche Aufgabe der Stadtpolitik.

2.6.1 Ein World Trade Centre für Glasgow?

Der Bau des *Scottish Exhibition and Conference Centre* in den frühen 1980er Jahren war eines der prominentesten Beispiele für die Umnutzung brachgefallener Industrie- und Hafenanlagen in Glasgow. Das Projekt zählte zu den frühen baulichen Versuchen, der neuen Wissens- und Dienstleistungsgesellschaft die notwendige Hardware zur Verfügung zu Stellen und sich so Standortvorteile im globalen Wettbewerb zu sichern. In seiner Architektur blieb dieses erste SECC funktional und zurückhaltend. Die zeitgenössische Bezeichnung der Bewohner für das Ensemble am Clyde als *The Red Shed*, bezog sich nicht nur auf die Farbgebung, die an die alten Hafenschuppen erinnern sollte. Aus dieser Bezeichnung sprach auch ein gehöriges Maß an Spott über die nüchtern-sachliche Form, die dieses wichtige Erneuerungsprojekt erhalten hatte. Der Bau des SECC wurde in allererster Linie von funktionalen Kriterien bestimmt, die sich aus den anfangs geplanten Nutzungsformen ableiteten. Die Form folgte also klar der Funktion.

Schon bald zeigte sich jedoch, dass sich eine solche Architektur gerade in der neuen Welt der Tagungen, Konferenzen, Kongresse und des nationalen und internationalen Messegeschäfts mehr als überlebt hatte. Große Ausstellungshallen ohne Tageslicht taugten für die Zurschaustellung von Industrieerzeugnissen und Rockkonzerte, für Konferenzen und Tagungen waren sie wenig attraktiv. Der zunehmenden Eventisierung im Tagungs- und Konferenzgeschäft waren sie ohnehin nicht gewachsen.

Hinzu kam die Beliebigkeit und Austauschbarkeit der funktionalen Architektur. An Bauprojekte wie das SECC knüpften sich große Hoffnungen auf eine Signalwirkung und die Verbesserung der wirtschaftlichen Lage der Stadt.

Die minimalistisch-funktionale Architektur des Gebäudekomplexes am Clyde musste diesem Überschuss an symbolischem Gehalt zuwider laufen. Ab den frühen 1990er Jahren wurde dieses Problem in Glasgow zunehmend erkannt und es kam zu ersten Experimenten mit ikonischer Architektur. In einem immer unübersichtlicher werdenden medialen Umfeld galt es, durch spektakuläre Bauten auf die Stadt und ihre Vorzüge aufmerksam zu machen.

Die bauliche Weiterentwicklung des SECC und des *Queen's Dock* Areals bot erstmals eine Gelegenheit, die neue Strategie zu testen. Im Sommer 1989 hatte die *World Trade Centre (Holdings) Ltd.* beim GDC einen Antrag eingereicht.[233] Vorgesehen war die Errichtung eines Bürokomplexes in unmittelbarer Nachbarschaft zu den bestehenden Gebäuden des SEEC, der Fläche des späteren *Clyde-Auditoriums.* Hinter diesem Vorhaben stand der britische Ableger der 1968 in New Orleans gegründeten *World Trade Centre Association (WTCA).* Ihr Ziel war es, ein weltweites Netzwerk von Welthandelszentren zu schaffen, um den Austausch von Waren, Dienstleistungen und Kapital zu erleichtern. Die Zentren waren über ein Franchise-System verbunden und konnten jeweils aus verschiedenen Bausteinen bestehen:

> A World Trade Centre facility can be a complex of one or more buildings, such as office buildings, exhibition facilities, trade marts, congress or conference centres, hotel; together with facilities, services and activities significantly devoted to world trade and international commerce and the promotion, furthering, and protection of such trade and commerce.[234]

Unter den Dienstleistungen, die die WTCA in ihren Einrichtungen bot, waren etwa Übersetzer und eine Rechtsberatung, aber auch die Fort- und Weiterbildung von Mitarbeitern, den Zugang zu den örtlichen Handelsorganisationen und Netzwerken oder eine Bibliothek mit Informationen über die jeweilige Volkswirtschaft. Vorab übernahm die Organisation die Planung und die Finanzierung ihrer Zentren sowie die Gründung eines Ablegers vor Ort.

Die WTCA war sehr vom damaligen Zeitgeist geprägt. Mit der Schaffung eines weltumspannenden Netzes von Handelsniederlassungen, das die Unwägbarkeiten des internationalen Waren- und Dienstleistungsverkehrs einebnen und den Fluss des Kapitals erleichtern sollte, verstand sich die Organisation als Speerspitze der Globalisierung. Flexibilität war ein zentrales Credo ihres Geschäftsmodells. Büroflächen wurden etwa bevorzugt in Kurzzeitmiete vergeben, um den Interessenten möglichst viel Entscheidungsspielraum einzuräumen. Die Bereitstellung von Raumreserven garantierte etwa Mietern die Möglichkeit, die eigene Fläche jederzeit zu erweitern.

233 World Trade Centre Association (künftig WTCA), World Trade Centre Application, 9.1.1990, GCA, SRC1/2/186.

234 WTCA, Guidelines for Membership, o.A. 1988, zitiert nach: ebd.

Die jeweilige Organisationsform vor Ort wurde offen gehalten, um auch hier möglichst viel Handlungsspielraum zu haben. Diese lokale Verwaltungsstruktur konnte ganz in öffentlicher Hand, in *Public-Private-Partnership* oder auch rein privatwirtschaftlich organisiert werden. Die Größe wurde nur von der Wirtschaftlichkeit begrenzt. In einer Stadt mit der Größe Glasgows musste ein *World Trade Centre* (WTC) beispielsweise mindestens 9290 Quadratmeter Bürofläche vermieten, um wirtschaftlich arbeiten zu können. Die tatsächliche Größe war flexibel, lag in der Regel aber deutlich über dem Minimum.

Nicht nur in punkto Globalisierung und Flexibilität zeigte sich die WTCA am Puls der Zeit. Bei der baulichen Gestaltung ihrer Projekte legte sie viel Wert auf deren Sichtbarkeit.

> Need for prominent building etc – Not of the greatest importance but one which colleagues in other WTC's feel is of great assistance in increasing International Trade in a Region due simply to the fact that the community have an increased perception of the presence of a centre for World Trade in their midst which generates more International Trade.[235]

Sichtbarkeit bedeutete hier in erster Linie Größe. Dies zeigte sich beispielsweise in den 1973 eröffneten Zwillingstürmen des WTC in New York oder dem 54 Stockwerke hohen *Trade Tower* in Seoul von 1988. Selbst die relativ bescheidenen 39 Stockwerke des 1978 eröffneten WTC in Dubai taten in der damals noch hochhausfreien Stadt ihre Wirkung. Die Gebäude sollten durch ihre Sichtbarkeit im Stadtbild als Werbeträger für die darin angebotenen Räumlichkeiten und Dienstleistungen fungieren.

In Glasgow sollte im Vergleich dazu ein eher kleines Zentrum entstehen. Die 16 Stockwerke hätten sich von der niedrige Umgebungsbebbauung jedoch deutlich abgehoben. Der Standort direkt am Ufer hätte die Sichtbarkeit noch um einiges erhöht. An diesen Turm sollten sich ein Atrium und ein Parkhaus anschließen. WTC und SEEC sollten gemeinsam einen Campus des Handels bilden.

Für knapp 40 Millionen Pfund wollte die WTCA 35.000 Quadratmeter Geschossfläche bauen. 26.000 Quadratmeter entfielen auf die zu vermietenden Büros, der Rest war für Lager- und Serviceräume, Ladenlokale und ähnliches vorgesehen. Stadt- und Regionalverwaltung, die eben erst Regeln verabschiedet hatten, um den Bau großer spekulativer Büroflächen auf den zentralen Innenstadtbereich zu beschränken, zeigten sich skeptisch. Sie forderten die WTCA auf, die Standortwahl und die Größe des Projekts gesondert zu begründen. Diese verwies unter anderem auf die Sichtbarkeit: »*the need for a prominent building which can be readily recognized as the Glasgow World Trade Centre.*«[236] Von den vier Argumenten für ihr Projekt stellte sie Wahrnehmbarkeit des Gebäudes in der Skyline an die erste Stelle.

235 Brief vom 9.1.1990 von Stuart J. Williams von der WTCA an R. F. Read vom SRC, ebd.
236 WTCA, World Trade Centre Application, S. 4.

Aufgrund der dem Vorhaben zugemessenen Bedeutung zog der SRC das Verfahren umgehend an sich.[237] Im Frühjahr 1990 lehnte er das Projekt schließlich ab. Die Entscheidung beruhte auf vornehmlich zwei Gründen: Zum Einen wollte man einen Bürokomplex in diesem Umfang außerhalb der abgesteckten Wachstumszonen *Merchant City* und *Broomielaw Quay* nicht akzeptieren, da dies gegen die Vorgaben des regionalen Strukturplans verstieß. Zum anderen kritisierte der Rat die vorgeschlagene Größe des Baus und die daraus sich ergebende Präsenz im Stadtbild:

> The height and form of the proposals is unacceptably intrusive into the wider townscape context of the West End; the architecture proposed is unnecessarily mannered, and inappropriate in character.[238]

Damit war das Projekt eines *World Trade Centres* in Glasgow erst einmal vom Tisch. Diese privatwirtschaftliche Initiative blieb jedoch nicht folgenlos. Die Idee einer Erweiterung des SECC blieb aber virulent. Im Gegenteil: mit der Ablehnung forderte der SRC zugleich die Betreibergesellschaft auf, eigene Pläne für die Weiterentwicklung des Areals zu verfassen. Außerdem gab die Stadt 1991 eine Studie über das internationale Tagungs- und Konferenzgeschäft in Auftrag. Diese Marktanalyse sollte bestehende Angebotslücken aufzeigen.[239]

Hintergrund für diese Anstrengungen war die mangelnde Wirtschaftlichkeit des SECC in der bisherigen Form. Im vorausgegangenen Geschäftsjahr hatte die Betreibergesellschaft über zwei Millionen Pfund Verlust gemacht. Die Auslastung lag bei gerade einmal 54Prozent.[240] Es sollte noch bis 1993 dauern, ehe das SECC erstmals in die Gewinnzone kam. Von einer Erweiterung erhoffte man sich aber nicht nur wirtschaftlich Impulse für das bestehende Zentrum, sondern auch eine größere Attraktivität des Tagungs-und Konferenzstandortes Glasgow insgesamt.

2.6.2 Der Bau des Clyde-Auditoriums und die frühe Rezeption

Die Betreibergesellschaft ließ sich Zeit mit der Erstellung eines Konzepts zur Erweiterung des SECC. Erst 1994 legte sie ein entsprechendes Dokument vor.[241] In Absprache mit den beiden Hauptanteilseignern GDC und SRC wurden die Pläne noch im selben Jahr konkretisiert. Anschließend begann unter der Führung der *Royal Fine Art Comission for Scotland* ein Architekturwettbewerb, um den besten Entwurf für das neue Gebäude zu küren. 1995, kurz vor dem zehn-

237 Ebd.

238 Ebd., S. 13

239 Vgl. o.A., The Armadillo Goes to Work, in: The Herald, 8.9.1997.

240 Keith Sinclair, SECC on Course to Break Even, in: Glasgow Herald, 19.9.1990.

241 SECC History, URL: http://www.secc.co.uk/about-the-secc/history.aspx#1994 (Abruf 31.08.2014).

jährigen Jubiläum des SECC, konnte Pat Lally, der damalige Mehrheitsführer im Glasgower Stadtrat und wenig später *Lord Provost*, das Ergebnis des Architekturwettbewerbs der Öffentlichkeit vorstellen.[242]

Der Siegerentwurf stammte von Paul Scott, einem Architekten des Büros Foster und Partner. Er sah die Schaffung eines Konferenzsaals mit 3.000 Sitzplätzen auf drei Ebenen vor. Ausgestattet mit der neuesten Veranstaltungstechnik sollte dieses Auditorium das damals größte seiner Art in Großbritannien werden. Um diesen zentralen Saal herum hatte Scott eine Reihe kleinerer Tagungsräume sowie mehrere Bars und Kaffes angeordnet, die eine flexible Nutzung erlauben und den Gästen den notwendigen Komfort bieten sollte. Weit mehr als das alte SECC war die Erweiterung darauf ausgelegt, sowohl für Konferenzen und Kongresse als auch für Konzerte nutzbar sein.

Neben der Erweiterung der räumlich-technischen Möglichkeiten des bestehenden Zentrums sollte das neue Auditorium jedoch noch eine zweite Funktion erfüllen. Ziel des Projekts sei es, so Lally auf der Pressekonferenz, Glasgow auf der Weltkarte der Konferenzzentren zu platzieren. Der Neubau solle Glasgows Sichtbarkeit als Messe- und Konferenzstandort erhöhen. Es galt die Stadt auf den *Mental Maps* all derer zu verankern, die große Tagungen, Kongresse und ähnliche Veranstaltungen rund um den Globus organisierten. Der Entwurf des *Clyde-Auditorium* war somit eine Art Zwitter. Einerseits sahen die Pläne eine Erweiterung und Ergänzung der harten Infrastruktur des Messe- und Konferenzstandorts Glasgows vor. Andererseits sollte das entsprechende Gebäude von Beginn an auch Symbol und Werbeträger sein. Die Kernbotschaft der Marke *Neues Glasgow* sollte über die architektonische Form kommuniziert werden, sowohl im Innern als auch nach außen.

Um eine solch komplexe Funktion erfüllen zu können, musste der Neubau ein Mindestmaß an nationaler und internationaler Aufmerksamkeit erreichen. Die bloße physische Größe des Gebäudes, die noch bei den Plänen für das *Glasgower World Trade Centre* im Vordergrund gestanden hatte, war dafür nicht ausreichend. Mit ihr konnte nur in der Skyline, also innerhalb des Stadtbildes kommuniziert werden. Die Menschen außerhalb der Stadtgesellschaft waren nur zu erreichen, wenn die äußere Gestaltung des Neubaus über die bloße Funktion als Landmarke[243] hinausging. Um dieses Ziel zu erreichen, musste das Gebäude eine entsprechende ästhetische Qualität aufweisen.

Schönheit und Ästhetik erlauben nur relative Urteile. Eine vergleichsweise sichere Möglichkeit, das angestrebte Maß an Aufmerksamkeit sicherzustellen, lag für die Auftraggeber aber darin, ein international renommiertes Architekturbüro zu beauftragen. Selbst wenn der konkrete Entwurf hinter den Erwar-

242 Alison Daniels, Shell-Shaped Conference Centre Will Cost £30m, in: The Herald, 19.7.1995.

243 Landmarken sind Elemente die das Stadtbild optisch strukturieren und sowohl die Orientierung als auch die Identifikation erleichtern, vgl. Kevin Lynch, The Image of the City, Harvard, Oxford 1960, S. 8.

tungen zurückbleiben sollte, garantierte der Ruf des Architekten, dessen weltweite Bekanntheit und sein kommunikatives Netzwerk ein Mindestmaß an Wahrnehmung.

Die Entscheidung für den Entwurf von Foster und Partner war einerseits sicherlich der Qualität des Entwurfs geschuldet, dürfte andererseits aber auch von solchen Überlegung beeinflusst worden sein. Norman Foster und seine Mitarbeiter waren zu dieser Zeit längst *Global Player* im Geschäft mit dem *Urban Design*. Revolutionäre Bauwerke wie das *Willis Building* in Ipswich oder die HSBC-Zentrale in Hongkong zeugten vom hohen beruflichen Können Fosters und seiner Mitarbeiter. Mitte der 1990er arbeitete sein Büro gerade an den neuen Metrostationen in Bilbao und der Erneuerung des Berliner Reichstags, schlossen den Bau der juristischen Fakultät in Cambridge und des Commerzbank-Hochhauses in Frankfurt ab und begannen mit dem Bau des Kongresszentrums in Valencia.

Für die Pressekonferenz zum Projektstart reiste Norman Foster persönlich an den Clyde, um Paul Scotts Pläne zu erläutern. Er wusste genau, welche Erwartungen die Auftraggeber mit dem Projekt verbanden und bediente sie: »The building will be unique in function and dramatic in appearance. Most importantly, it will be memorable, a landmark for Glasgow both by day and night.«[244] Das Gebäude sollte also höchste funktionale und ästhetische Ansprüche erfüllen. Das auffällige Aluminiumdach in Muschelform versorgte etwa alle wichtigen Teile mit Tageslicht und diente zur Aufnahme der aufwendigen Veranstaltungs- und Bühnentechnik. Sie verlieh dem Gebäude jedoch zugleich ein einprägsames und rasch wiedererkennbares Äußeres.

Die weithin sichtbare Metallhülle (Abbildung 12) mit ihren riesigen ineinandergeschobenen Schalen sollte, so Foster, an die Rümpfe der großen Schiffe erinnern, die einst in Glasgow gebaut wurden und von hier in alle Welt gingen. Sidney, der Antipode Glasgows im einstigen Handelsroutennetz des Empire, bildete den zweiten Assoziationshintergrund. Das *Clyde-Auditorium* barg eine klare Reminiszenz an das Opernhaus von Sidney, einer der wohl erfolgreichsten Architekturikonen des 20. Jahrhunderts. Interessanterweise war Jørn Utzons berühmter Bau, der die Einfahrt in den Hafen markiert, ebenso auf einer Konversionsfläche errichtet worden, wie sie nun das *Clyde-Auditorium* aufnehmen sollte. Sidneys Oper war über dem Areal eines aufgegebenen Straßenbahndepots gebaut worden.

Auf diese Weise spielten Foster und Scott vielfach mit Assoziationen und den unterschiedlichen Aufladungen, die der historische Ort *Queen's Dock* bot. Sie richteten diese auf die zukünftige Nutzung als Ort der Begegnung, des Austauschs und der Kultur aus. Das Gebäude wurde zu einem Kunstobjekt im urbanen Raum, wie es ein Architekturführer 1997 formulierte:

244 Daniels, Shell-Shaped Conference Centre.

Abb. 12: Clyde Auditorium 2008, © Wikimedia Commons/Ross Goodman, cc-by-2.0.

The brief for this project was to create a building more distinctive than the existing sheds that made up the SECC complex [...] the simple fact is that the Clyde Auditorium with its roofscape of eight overlapping aluminium-clad shells has become not just a functional building, but an object in itself, an instant and distinctive landmark in the city, while from within the building the glazed foyer spaces between those shells allow views back up the river towards Glasgow.[245]

Diese pluralistische-symbolische Überformung, die das entstehende Gebäude zu einer Art Groß- und Sozialskulptur werden ließ, gehört zu den wichtigsten Merkmalen ikonischer Architektur, die in Anlehnung an die postmoderne Philosophie und kulturalistische Theorien die Komplexität, Kontingenz und Vielfalt des urbanen Lebens inszenieren wollte.[246]

Das *Clyde-Auditorium* wurde zwischen 1995 und 1997 realisiert. Als großes Problem erwies sich dabei der Untergrund des Standorts. Die Hafenbecken des *Queen's Dock* waren seinerzeit mit Bauschutt verfüllt worden, der unter anderem vom abgerissenen St. Enoch Bahnhof stammte. In unmittelbarer Nähe zum Clyde erwies sich diese Verfüllung nun als wenig standfest. Zudem bildete sich

245 Johnny Rodger, Contemporary Glasgow. The Architecture of the 1990s, Glasgow 1997, S. 34f.

246 Vgl. Jencks, The Story of Post-Modernism, S. 40–46.

im feuchten Bauschutt gefährliches Methangas. Diese Schwierigkeiten führten zu einer leichten Verschiebung des Baukörpers vom ursprünglich geplanten Standort. Er wurde nun so ausgereichtet, dass er auf den Kaimauern des ehemaligen *Queen's Dock* ruhte. Die Mehrkosten von sechs Millionen Pfund übernahm unter anderem die *Scottish Enterprise*, während der *Glasgow District Council* den Großeil der eigentlichen Baukosten schulterte.[247]

Probleme mit Altlasten gab es immer wieder bei der Neunutzung alter Industrie- und Hafenbrachen. Meist war der Boden durch die vorherige Nutzung schwer belastet und musste ausgekoffert oder abgedeckt werden. Auch bergmännische Schäden waren im ehemaligen Kohlerevier Westschottlands keine Seltenheit. Trotz dieser Schwierigkeiten blieb der Bau des *Clyde-Auditoriums* im Zeit-, wenn auch nicht im Kostenplan. 38 Millionen Pfund kostete die Erweiterung schließlich die öffentlichen Träger.

In der Stadtöffentlichkeit wurden die Pläne für das *Clyde-Auditorium* von Beginn an viel diskutiert. Journalisten bezogen regelmäßig Stellung und zahlreiche Leserbriefe in den lokalen Zeitungen zeugen von der Intensität der Debatte. Die Tatsache, dass sich im Volksmund und in der Presse rasch die Bezeichnung Armadillo, das Gürteltier, durchsetzte, macht deutlich, dass längst nicht alle Glasgower den Bau für einen großen Wurf hielten.

Gestritten wurde in erster Linie über die äußeren Dimensionen des Gebäudes und darüber, wie originell und qualitätsvoll die Architektur von Foster und Partner tatsächlich war. Die Aluminiumhülle war ein häufiger Gegenstand der Kritik. Sie wirke billig, erinnere an die auswechselbaren Einkaufszentren an der Peripherie, so ein Leser im »Herald«, für den die Analogie zur Kellerassel näher lag, als die zum Gürteltier. Eine häufig auftauchende Kritik bezog sich auf einen attestierten Verlust an Identität und Erkennbarkeit.

> In the past any visitor to the city could step off a ship at the Broomielaw and tell at a glance they were in a city with a certain pride in its own local architecture. Nowadays visitors are whisked in from the airport they see every vacant lot transformed by kit-built architecture indistinct from any trading estate off the M4.[248]

Der Verfasser beklagte also die mangelnde Originalität des Entwurfs. Der Beliebigkeit der Gegenwart hielt er ein sepiatönernes Bild des alten Broomielaw entgegen. Dieser Teil des Innenstadthafens war nur wenige Jahre zuvor der schönen neuen Bürowelt des *Atlantic Quay* gewichen. Ein weiteres Beispiel dafür, dass er bereits früh zu einem zentralen Erinnerungsort eines positiv besetzten Alt-Glasgow wurde.

Im »Herald« kommentierte der Architekt Neil Baxter, später Direktor der *Royal Incorporation of Architects in Scotland*, das noch unfertige Gebäude im März 1997. Er hob zunächst die Präsenz im Stadtbild hervor.

247 Vgl. Ken Smith/Carlos Alba, £6m Extra for the Armadillo, in: The Herald, 5.10.1996.
248 Alistair McCallum, o.T., in: The Herald, 31.3.1997.

Like the Sidney building, there is no way you can miss the new Conference Centre. Even six months before its intended completion it dominates the view west of the Kingston Bridge. In its raw condition [...] the building demands attention for its sheer bulk. [...] this construction is already in Glasgow's face.[249]

Schon zu diesem Zeitpunkt war also zu erkennen, dass das neue Bauwerk aufgrund seiner Lage und seiner Position als Landmarke das Stadtbild prägen würde. Von der Kingston Bridge war das Bauwerk sehr gut zu sehen. Es lag somit in Sichtweite einer der meistbefahrenen Straßen Schottlands und erlangte so ein hohes Maß an Sichtbarkeit und Aufmerksamkeit.

Ziemlich ambivalent fiel Baxters Einschätzung des ästhetischen Werts des Gebäudes aus. Gerade im Vergleich mit der häufig erwähnten Oper von Sidney erweise sich die Konstruktion des *Clyde-Auditoriums* als unterkomplex und simpel. In einer überraschenden Volte erklärte er dann jedoch diese Simplizität des Entwurfs zur Tugend, die den Abschied vom Diktat der Funktionalität deutlich mache:

[...] his structure declares by its sheer scale and seeming simplicity that it refutes the ›form follows function‹ equation to which so many architects have aspired throughout the twentieth century.[250]

Dennoch, so Baxter, habe Foster und Partner sich im Entwurf eines Themas bedient, das sie selbst schon vielfach zum Einsatz gebracht hätten. Die Muschelform finde sich etwa bei der Metro von Bilbao oder am Londoner *Canary Wharf.* Die Formensprache des Gebäudes sei deshalb wohl letztlich nur für Glasgow neu.

Unterm Strich sah Baxter im *Clyde-Auditorium* einen architektonisch anspruchsvollen aber nicht besonders originellen Bau. Darin unterscheide es sich von seinem unmittelbaren Umfeld. »The Glasgow Conference Centre sits as the one structure of any real architectural merit amid a landscape of detritus.« Zu dieser Trümmerlandschaft zähle das heruntergekommene *Garden Festival* Gelände, die schlichten Funktionsbauten des alten SECC sowie der umgestaltete *Springfield Quay.* Der letztgenannte Hafenabschnitt war zuvor in eine seelenlose Mischung aus Parkplatz, Großkino und Schnellrestaurants verwandelt worden und kann aus heutiger Sicht als besonders schlechtes Beispiel für die Neunutzung von Konversionsflächen gelten. Dieses miserable Umfeld und die Lage des Auditoriums am *Urban Fringe* lasse es unwahrscheinlich erscheinen, so schloss Baxter seine Kritik, dass das neue Gebäude für Glasgow jemals eine ähnliche Bedeutung erlangen werde, wie sie das Opernhaus für Sidney besitze.

Viele Leser des »Herald« sahen dies anders. John G. MacDonald aus Hampshire beglückwünschte die Stadt zu ihrem Mut:

249 Neil Baxter, A Simple Shed with Shell Shock, in: The Herald, 24.3.1997.
250 Ebd.

> [...] it is refreshing to welcome a potential landmark building, confidently proposed by the architects and approved by the authority in a deserving area. [...] All credit to Glasgow and to all who are prepared to promote diversity and interest in a world often too drab and over-cautious.[251]

Hier taucht das Prinzip der »Diversity«, also der Unterscheidbarkeit und Vielfältigkeit wieder auf, das ja auch ein erklärtes Ziel der Erbauer war. Ein anderer Leser hingegen spottete:

> [...] I write to express my utter dismay that this building, by one of the country's leading architects, should still be referred to as the ›Armadillo‹. This I strongly feel does a great disservice to a charming and harmless little edentate that, to my certain knowledge, has ever spoken in such disparaging terms about either Sir Norman Foster or Neil Baxter. Although covered by bony plates, I'm sure it has feelings and can still be hurt.[252]

Die lebendige Debatte über das *Clyde-Auditorium* lässt erkennen, welche Ansprüche die zeitgenössischen Beobachter an die Architektur des Gebäudes stellten. Immer wieder kreisten die Beiträge um die Möglichkeit der Identifikation der Stadt mit ihrem neuen Gebäude und darum, ob es Glasgow angemessen repräsentierte. Beide Punkte gehörten damals und gehören noch heute zum Programm einer ikonischen Architektur.

Diese Form des Bauens war Anfang der 1990er keineswegs neu, wie bereits die vielfachen Hinweise auf das Opernhaus von Sidney zeigen. Sie ist vielmehr so alt wie die Formen der Moderne, gegen die sie sich richtete. Ihr Urbild ist der Eifelturm. Zu ihren herausragenden Vertretern im 20. Jahrhundert gehörten Frank Lloyd Wright oder Oskar Niemeyer. Die speziellen Rahmenbedingungen nach dem Boom verhalfen dieser Spielart moderner Architektur jedoch zu einer nie dagewesenen Bedeutung. Aus einem exotischen Nebengleis wurde eine Magistrale. Diese Entwicklung bestimmt seither den Städtebau weltweit. Dieser Paradigmenwechsel in der Architektur, war also genauer betrachtet eher eine Verschiebung von Gewichtungen und Relationen, wie Frederic Jameson in Bezug auf die Ästhetik der Postmoderne insgesamt festgehalten hat.

> [...] radical breaks between periods do not generally involve complete changes of content but rather the restructuring of a certain number of elements already given: features that in an earlier period or system were subordinate now become dominant, and features that had been dominant again become secondary.[253]

Die ikonische Architektur wird in erster Linie durch ihre doppelte Funktionalität bestimmt, die bereits in den Debatten um das *Clyde-Auditorium* erkennbar war. Ihre Produkte sind einerseits wichtige Bestandteile der urbanen *Hardware*,

251 John G. MacDonald, Armadillo Art, in: The Herald, 20.9.1995.
252 Alan Dunlop, Armadillo Plea, in: The Herald, 26.3.1997.
253 Frederic Jameson, Postmodernism and Consumer Society, in: Ders., The Cultural Turn. Selected Writings on the Postmodern, 1983–1998, London 1998, S. 1–20, hier S. 18.

also der physisch-materiellen Infrastruktur einer Stadt. Sei es nun, dass sie als Bürotürme, Hotels und Kongresszentren das eherne Gehäuse der Finanz- und Dienstleistungsökonomie abgeben, oder als Kultureinrichtung die erhöhte Lebensqualität sichern helfen, die einen Standort für die fähigsten Köpfe erst attraktiv erscheinen lässt.

Mit ihren Großskulpturen verändert sie durch ihre Präsenz den Stadtraum aber immer auch in ästhetisch-immaterieller Hinsicht, wie bereits Leslie Skair entdeckt hat: »Iconicity, while it is not entirely a matter of image, clearly connects with the production and dissemination of images.« Sie bilden Worte in einem Narrativ über die Stadt, sind Träger einer Werbebotschaft bezüglich der urbanen Kernmarke. Als architektonisch anspruchsvolles Kunstwerk zahlt etwa das *Clyde-Auditorium* bestenfalls auf die Marke Glasgow ein, indem es die Modernität und die kulturelle Vielfältigkeit der Stadt sowie ihren Wandel zum Informations- und Dienstleitungszentrum unterstreicht.[254]

Wo die klassische Moderne, ganz im Sinne des Fordismus, auf stark reduzierte und stetig reproduzierbare Grundformen setzte, zelebriert die ikonische Architektur von Frank O. Gehry bis Zaha Hadid einen radikalen Individualismus. Der Standort, seine Geschichte und sein Umfeld spielen eine zentrale Rolle für die ästhetische Gestaltung. Daher verwies Foster auf die Geschichte des Schiffsbaus in Glasgow und erweckte mit Sidney Assoziationen an den weltumspannenden Handel des Empire. So verstanden kann diese Richtung der Architektur als Teil einer größeren, gesamtgesellschaftlich zu beobachtenden Tendenz zur Entkollektivierung und zu mehr individueller Freiheit verstanden werden. Zugespitzt kann man sagen, in der ikonischen Architektur findet der Neoliberalismus seinen passenden ästhetischen Ausdruck. Deshalb traf die Kritik am *Clyde-Auditorium*, an seiner mangelnden Originalität und Innovation, ins Mark.

Was die ikonische Architektur weltweit eint, kann niemals eine einheitliche Formensprache sein. Im Gegenteil: Das Fehlen einheitlicher Stilmerkmale, ihre zur Schau gestellte Innovationsfreude, ist ihr Charakteristikum. Was die Protagonisten hinter den Bauwerken verbindet, sind vielmehr die theoretischen Grundannahmen darüber, was Architektur ist und was sie leisten soll.

Das *Clyde-Auditorium* war anfangs das größte und sichtbarste Gebäude dieser Art im Stadtbild. Doch auch am *Broomielaw Quay* versuchten die privaten Immobilienentwickler, dem neu entstehenden Finanz- und Dienstleistungsquartier mit den Mitteln ikonischer Architektur buchstäblich ein Gesicht zu geben. Auch hier war der Erfolg anfangs eher zweifelhaft. Allerdings lernten die Verantwortlichen am Clyde rasch aus anfänglichen Fehlern und das kam späteren Projekten zugute. Der Weg, der mit dem *Clyde-Auditorium* eingeschlagen wurde, wurde seither nicht mehr verlassen.

254 Zu dieser Form der Markenkommunikation, die eigentlich aus dem Bereich des Produktmarketings stammt vgl. Armin Reins, Corporate Language, Mainz 2006.

2.6.3 Städtebau zwischen ästhetischer Inszenierung und marktgerechter Präsentation

Noch vor seiner offiziellen Eröffnung erlebte das *Clyde-Auditorium* im September 1997 seine Feuertaufe. Mehr als 1500 Delegierte versammelten sich auf dem Weltkongress der *American Society of Travel Agents*, dem bedeutendsten Tourismusverband der USA. Die Bedeutung der Konferenz, so der Direktor *Greater Glasgow and Clyde Valley Tourist Board* Eddie Friel, könne deshalb nicht hochgenug eingeschätzt werden.

> This is different from all other conferences because of the power that these people have to influence business for the destination beyond the actual conference itself because they happen to be the most discerning and the most influential travel group in the world. We need to be in best performance mode.[255]

Von Anfang an erfüllte das *Clyde-Auditorium* also seine Funktion als Kommunikationsort, Werbeträger und Reklameplattform für die Stadt auf besondere Weise. Die Kritik der Anfangsjahre wich bald einem gewissen Stolz.

Auch international scheint das *Clyde-Auditorium* seine Rolle als Ikone und Repräsentation der Stadt zu erfüllen. So findet sich etwa in der Online-Architekturdatenbank archINFORM eine sehr positive Einschätzung des Bauwerks, die ganz den Absichten der Initiatoren des Projekts entspricht: »The building has quickly become one of the most recognisable on Clydeside and one of the iconic images of modern Glasgow.«[256] Ein weiteres Beispiel für die internationale Wahrnehmung zeigte sich am Ende der Commonwealth Spiele in Delhi 2010. Als die Übergabe an Glasgow als Ausrichtungsort 2014 zelebriert wurde, repräsentierte unter anderem ein symbolischer Fluss mit dem *Clyde-Auditorium* die Stadt in der feierlichen Abschlusszeremonie.[257]

Das ist umso erstaunlicher, als Fosters Kongresszentrum längst Konkurrenz bekommen hat. Zwischen 1998 und 2001 entstand am gegenüberliegenden Ufer, auf dem ehemaligen Gartenschaugelände, das spektakuläre Ensemble des Glasgow *Science Centres* (Abbildung 13), eines naturwissenschaftlichen Erlebnisparks mit Imax-Kino und dem 127 Meter hohen, frei im Wind rotierenden, *Glasgow Tower*. Der Entwurf stammte vom britischen Büro *Building Design Partnership*. 37 Millionen der insgesamt 75 Millionen Pfund, die das Gebäude kostete, kamen aus dem Topf der Milleniumslotterie.

Mit seiner Titaniumhülle setzt dieses Gebäude einen deutlichen Akzent auf dem ehmaligen *Prince's Dock* Areal, das nun ironischerweise in *Pacific Quay* um-

255 Elizabeth Buie, Keep a Welcome on the Clyde Side, in: The Herald, 5.9.1997.

256 Clyde-Aditorium (Schottisches Konferenz- und Ausstellunszentrum), Eintrag auf archINFORM, URL: http://deu.archinform.net/projekte/10976.htm (Abruf 31.08.2014).

257 Vgl. den Eintrag auf der Homepage des Clydewaterfront-Projekts, URL: http://www.clydewaterfront.com/our-journey/news-archive/2010/secc-armadillo-features-in-delhi.

Abb. 13: Glasgow Tower, Science Centre und Imax-Kino (von links), Quelle: Wikimedia Commons/Florian Fuchs, cc-by-sa-3.0.

benannt wurde. Zugleich trat es in Form und Materialwahl in Kommunikation mit dem *Clyde-Auditorium* gegenüber. Anders als Fosters Bau öffnet sich beim *Science Centre* durch die schräge Glasfront, ein weiter Blick auf den Clyde, der dadurch zu einem Bestandteil des Besuchererlebnisses wird.

Das *Science Centre* ist nicht nur ein wichtige Attraktion und ein zentraler Bestandteil in der Strategie zum Ausbau des Stadttourismus in Glasgow. Es unterstreicht zugleich das neue Selbstverständnis als Standort von Wissenschaft und technischer Innovation. Zusammen mit dem Armadillo sollte das Zentrum zudem die zuvor beklagte Trümmerlandschaft am Rand der Innenstadt wieder in den Stadtraum integrieren.

»It is clear that along with the Armadillo on the other side of the river, these buildings have been designed to recapture a lost part of the city. The docks here had become a wilderness, and these ›object‹ buildings reclaim the area as a ›place‹.«[258]

Im 2003 veröffentlichten Stadtentwicklungsplan wird die Rolle solcher architektonischer Perlen für die Aufwertung der Clyde-Ufers und das dahinter liegende Umfeld als Leitsatz formuliert:

Urban design has an important role to play in the renaissance of the Clyde in Glasgow. An urban design framework would unify individual developments by promoting a consistent quality of design, materials and landscape treatment within public areas. Design solutions should respect the scale and history of the Clyde and surrounding

258 Johny Rodger, Up Above the Streets and Houses, in: The Herald, 16.6.2001.

buildings, integrate new development with the River and convey a sense of importance and permanency in new walkways and urban spaces.[259]

In den 1970er und frühen 1980er Jahren hatte die ökonomische Entwicklung eine regelrechte Schneise der Industrie- und Hafenbrachen mitten durch das urbane Netzwerk geschlagen. Mit Hilfe einer hochwertigen Architektur und einer entsprechenden Gestaltung der Außenanlagen sollten die neuen Bauwerke also dazu beitragen, diese Wunde im Stadtbild zu schließen.

Die Stadt verpflichtete sich aber auch außerhalb dieses Korridors der ästhetischen Qualität von Neubauten eine größere Beachtung zu schenken. So war im Plan zu lesen:

The Council is committed to securing the highest possible quality of environment and to encouraging imaginative and innovative design that [...] enhances the City. [...] Good urban design can: help balance competing development demands to deliver a sustainable vibrant City of the highest design quality; enhance and promote Glasgow's image; and contribute to its economic regeneration.[260]

Design wurde zu einem Kerninstrument der Stadterneuerung. Dem Fluss kam als Zentralachse eine entscheidende Bedeutung zu: »The Clyde's role as a unifying force within the City will be reinforced by common approaches to infrastructure and urban design.«[261] An den Ufern des Clyde gab es noch immer genügend Brach- und Freiflächen, die für das neue Glasgow zu entwickeln waren. Der Fluss gab Bauprojekten zudem ein erhöhtes Maß an Sichtbarkeit und verstärkte so den Effekt. Die Entwicklung dieser Zone erhob die Stadtverwaltung deshalb mit dem Plan von 2003 zu einem Hauptziel der Stadtentwicklung.

The city council aims to bring about substantial change in the capture and perception of the River Clyde, identify new functions for the River and its banks that will result in widespread sustainable regeneration and allow it to regain its place at the heart of the City.[262]

Erneut wurde eine anspruchsvolle ästhetische Gestaltung als geeignetes Mittel genannt, um dieses Ziel zu erreichen. Die Flussufer sollten zu einem »corridor of design excellence«[263] werden.

Im harten Wettbewerb der Standorte, in dem sich Glasgow am Ende des Strukturwandels wiederfand, waren spektakuläre Bauwerke ein wichtiges Medium, möglichst globale Aufmerksamkeit zu erlangen. Es begann ein Wettbewerb um die renomiertesten Architekten, die gewagtesten Entwürfe und die markanteste

259 Glasgow City Council, City Plan. Part One: Development Strategy, Glasgow 2003, S. 53.
260 Ebd., S. 37.
261 Ebd., S. 53.
262 Ebd., S. 51.
263 Ebd.

Abb. 14: Riverside Museum der britisch-irakischen Architektin Zaha Hadid, Quelle: eigenes Foto.

Skyline. In *New Labours Cool Britannia*[264] wurde dieser Trend zusätzlich durch den Boom der *New Economy* und die Vergabe von Fördermitteln aus dem Topf der Milleniumslotterie befeuert. Dieser Trend setzte sich über alle Krisen hinweg bis heute fort. Jüngstes Beispiel in Glasgow sind das 2011 fertiggestellte *Riverside Museum* der irakisch-britischen Architektin Zaha Hadid (Abbildung 14) oder die 2014 eröffnete *Hydro Arena* des SECC von Foster und Partner.

Analog zur gleichzeitigen Aufwertung des Produktdesigns als Surrogat für die abgewanderte Produktion in der Wirtschaft fand in der Architektur also eine Verschiebung von der Funktionalität hin zur Ästhetik statt.[265] Was diese schöne neue Stadtwelt kommunizierte, waren Modernität, Individualismus und Pluralismus, der Freizeitwert und die Lebensqualität.

Vor allem aber schlug die ikonische Architektur endgültig eine Brücke zwischen den Sanierungsgebieten der *Soft City* und der physischen Stadt. Ein Bauwerk, das diese Verbindung besonders deutlich werden lässt, ist die 2006 eröffnete Clyde-Arc-Brücke, die erste Brücke über den Clyde seit den 1960er Jahren. Als wichtiges Infrastrukturprojekt verbindet sie nicht nur die beiden Flussufer zwi-

264 Vgl. Reiner Luyken, England sagt man nicht mehr, in: Die Zeit, 23.4.1998.

265 Vgl. Leslie Sklair, Iconic Architecture and Urban, National, and Global Identity, in: Diane E. Davis/Nora Libertun de Duren (Hrsg.), Cities and Sovereignty. Identity Politics in Urban Spaces, Bloomington 2011, S. 179–195, hier S. 186.

schen Clyde-Tunnel und Innenstadt. Sie steht zugleich symbolisch für die Stadterneuerung, wie es auf der Homepage von *Clyde Waterfront Regeneration* heißt.

> The winning design, by Edmund Nuttall Ltd. complements and enhances the urban landscape, signalling Glasgow's continued commitment to the regeneration of the Clyde Waterfront. The design makes provision for a four lane fixed bridge across the Clyde with two lanes dedicated to public transport and two for private and commercial traffic.[266]

Clyde Waterfront Regeneration war ein Gemeinschaftsprojekt der schottischen Regierung, des Glasgower Stadtrats, der *Scottish Enterprise*, sowie den Stadträten von Renfrewshire und West Dunbartonshire. Es bestand zwischen 2002 und 2014 und hatte die gezielte Entwicklung der ufernahen Flächen, aber auch die Förderung sozialer und wirtschaftlicher Ziele im Clyde-Korridor zum Zweck.

Die *Clyde Arc*-Brücke war eines der Projekte dieser Arbeitsgemeinschaft. Und während das Bauwerk immer wieder durch bauliche Mängel auf sich aufmerksam machte[267], ist sein Beitrag zur Infrastruktur der Stadt der Bilder und Imaginationen, der Repräsentationen dessen, was Glasgow ist und sein will, unbestritten, besonders seit die BBC ihre Räume in dem von Stararchitekt David Chipperfield im Mediaquartier am *Pacific Quay* entworfenen Glaspalast bezogen hat. Die Hängebrücke mit ihrem markanten Tragbogen bildet seither den Hintergrund der Nachrichtensendungen von BBC Scotland und flimmert so jeden Tag gleich mehrfach über die Bildschirme vieler Schotten, zusammen mit der Botschaft vom neuen coolen Glasgow der Kreativen und der Medien. Das Leitmotiv einer Kreativen Stadt ist hier zum allabendlichen Fernsehbild verdichtet. Diese Kurzformel, die heute in der Stadtentwicklung so dominant erscheint, entstand zu einem nicht unerheblichen Teil am Clyde. Auch in diesem Konzept verschwammen die physische Stadt und ihre Repräsentationen, bis ein neues marktgerechtes Stadtprodukt entstand.

2.7 Fazit: Die neue Stadt bauen

Im Rahmen dieses Kapitels wurden bedeutende Projekte der Erneuerung der physischen Stadt chronologisch behandelt. Vom Bau des SECC über das *Glasgow Garden Festival*, die Entstehung des IFSD bis hin zum *Clyde-Auditorium* ist ihnen allen der Versuch gemein, Industrie- und Hafenbrachen im Herzen der Stadt im Rahmen einer dauerhaften oder vorübergehenden Neunutzung zu reintegrieren. Aus Brachflächen sollten wieder Knotenpunkte im urbanen Netzwerk

266 Clydewaterfront-Projekt, Clyde Arc, URL: http://www.clydewaterfront.com/projects/pacific-quay--secc/infrastructure/finnieston_bridge (Abruf 7.12.2014).

267 2008 riss etwa eines der Trageseile vgl. BBC-News, Clyde Arc reopens after repairs, URL: http://news.bbc.co.uk/2/hi/uk_news/scotland/glasgow_and_west/7477405.stm (Abruf 7.12.2014).

werden. Alle Projekte sind Teil der Bemühungen von Seiten der Verantwortlichen in Wirtschaft und Politik, die Lücken zu Füllen, die der Zusammenbruch des sozialräumlichen Regimes der Industrie- und Hafenstadt hinterlassen hatte.

An solche Leuchtturmprojekte knüpften die Zeitgenossen große Hoffnungen. Sie sollten einen positiven Effekt für die Gesamtstadt und die zukünftige Entwicklung Glasgows herbeiführen. Ihre Bedeutung reichte somit über die konkreten Maßnahmen zur Verbesserung der physischen Infrastruktur hinaus. Betrachtet man die hier untersuchten Projekte in ihrer chronologischen Reihenfolge aus der Rückschau, so zeigt sich die allmähliche Zunahme des privatwirtschaftlichen Einflusses auf die Stadtplanung. Die früheren Maßnahmen beruhten auf Initiativen öffentlicher Körperschaften und die Realisierung erfolgte unter deren Kontrolle, wenngleich unterwachsender Beteiligung der Privatwirtschaft. Am Broomielaw Kai hingegen hatten von Anfang an die privaten Immobilienentwickler das Sagen. Obwohl dieser Trend, der bis heute anhält, ein wesentliches Merkmal einer Neuausrichtung der Stadtpolitik nach dem Boom darstellt, muss das Ausmaß der konkreten Einflussnahme jedoch in jedem Fall einzeln geprüft werden. *Merchant City* und *Atlantic Quay* im Herzen der Stadt waren waren für Investoren attraktiver als etwa die weiter flussabwärts gelegenen Areale von *Prince's* und *Queen's Dock*. Die scheinbare Zunahme des privatwirtschaftlichen Einfluss erklärt sich so teilweise schlicht aus der chonologischen Abfolge sehr unterschiedlicher Projekte.

Ein weiteres Merkmal der neuen Stadtpolitik ist die Wiederentdeckung des urbanen Kernraums und der Versuch, die Suburbanisierungsbewegungen von Einwohnern und Arbeitsplätzen zu stoppen. Noch bis in die 1970er Jahre hatte man die Dezentralisierung von Seiten der Politik aktiv gefordert und gefördert. Der Verlust zahlreicher Arbeitsplätze durch den industriellen Strukturwandel, die Abwanderung von Teilen der Bevölkerung und die zunehmende Verödung der Innenstadt führten dann jedoch zu einem allmählichen Umdenken. Das Zentrum rückte wieder in den Mittelpunkt der Anstrengungen von Stadtplanern und Investoren. Dieser Paradigmenwechsel von der Stadterweiterung zur Stadterneuereung, von der Außen- zur Innenentwicklung war ein gesamteuropäisches Phänomen[268] und blieb nicht auf die urbanen Kernräume altindustrieller Zonen beschränkt. Dies zeigt etwa ein Die Internationale Bauaustellung in Berlin (1978–1987) markierte etwa mit ihrem Konzept der behutsamen Stadterneuerung die entsprechende Wende.[269] Dieser Trend findet heute im Primat »Verdichtung« seine Fortsetzung.

268 Vgl. Tilman Halander, Wohnen und Stadtentwicklung in der Bundesrepublik, in: Ingeborg Flagge (Hrsg.), Geschichte des Wohnens, Bd. 5, Von 1945 bis heute: Aufbau, Neubau, Umbau, Stuttgart 1999, S. 233–417, hier S. 332–334.

269 Harald Bodenschatz/Cordelia Polinna, Learning from IBA – die IBA 1987 in Berlin 2010, URL: http://www.stadtentwicklung.berlin.de/staedtebau/baukultur/iba/download/Learning_from_IBA.pdf (Abruf 26.05.2013); Deutsches Institut für Stadtbaukunst/Harald Bodenschatz/Vittorio Magnago Lamupnani (Hrsg.), 25 Jahre Internationale Bauaustellung in Berlin 1987. Ein Höhepunkt des europäischen Städtebaus, Sulgen 2012.

Die Veränderungen an der ökonomischen Basis der Städte erzwang eine Neusausrichtung der Stadtpolitik. Ein wesentliches Merkmal des wirtschaftlichen Wandels war die Ablösung des industriellen Produktionsregimes. Ein Nebeneffekt dieser Entwicklung bestand darin, dass Produktion und Wertschöpfung zunehmend emissionslos wurden. Die Schaffung von Informationen und Dienstleistungen belastete das unmittelbare Umfeld der Produktionsstandorte nicht mehr. Sie war lediglich an die Bereitstellung vergleichsweise kompakter Büroräume mit der notwendigen kommunikationstechnologischen Infrastruktur gebunden.

Erst der Wandel von der Fabrik zum Bürokomplex als räumliche Grundstruktur des Wirtschaftens ermöglichte die Abkehr von den städtebaulichen Prinzipien der klassichen Moderne. So verlor etwa der Grundsatz der funktionalen Trennung von Arbeiten, Wohnen und Freizeit, welcher die Stadtplanung seit den 1930er Jahren beherrscht hatte, durch die veränderten Produktionsbedingungen weitgehend seinen Sinn. Das Problem, dass durch diesen Grundsatz gelöst werden sollte, bestand nicht mehr. Im Gegenteil, die Konzentration ökonomischer und sozialer Aktivitäten im Herzen der Stadt wurde nun zu einem Leitsatz im Bemühen um die Reanimation des urbanen Zentrums.

Der Strukturwandel brachte aber auch den Bedeutungsverlust der klassischen Rohstoffe, die bis in den Nachkriegsboom hinein die materielle Grundlage für die Entwicklung der altindustriellen Regionen gewesen waren. Die Fähigkeiten zur Kommunikation und zur Verarbeitung von Informationen sowie die Stellung in einem sich zunehmend globalisierenden Wirtschaftskreislauf traten an die Stelle von Kohle und Stahl. Die Bereitstellung entsprechender Infrastruktureinrichtungen wurde zu einer zentralen Aufgabe der Stadtpolitik.

Vor dem Hintergrund schrumpfender Einahmen sahen sich die besonders betroffenen altindustriell geprägten Städte einem immer härter werdenden Standortwettbewerb ausgesetzt. Mochten in den neuen Regionen der globalen Produktion in Fernost harte Standortfaktoren wie etwa seltene Erden nach wie vor eine bedeutsame Rolle spielen, so gewannen doch in Großbritannien und weiten Teilen Westeuropas und der USA bald andere, weichere Kriterien an Bedeutung. Die Kommunen versuchten deshalb, möglichst viele der Wünsche potentieller Investoren zu erfüllen. In der SDA sprach man etwa vom *Footlose Capital*, das es einzufangen gelte. Zu den Dingen, von denen man sich einen positiven Effekt erhoffte, zählten unter anderem ein attraktives Stadtbild, ein breites kulturelles Angebot und eine insgesamt hohe Lebensqualität. Hinzu kam die Schaffung eines ausreichenden Arbeitskräftepotentials durch ein verbessertes Bildungsangebot

All das musste jedoch wirkungslos bleiben, wenn es nicht gelang, die Vorzüge der Stadt als Standort nach Innen wie nach Außen ausreichend zu kommunizieren. Das Image einer Stadt, ihre Repräsentationen in der nationalen und internationalen Öffentlichkeit, wurden deshalb zu einem neuen zentralen Feld der städtischen Wirtschaftsförderung. Für die Erneuerung der gebauten Stadt zeigt sich diese Aufwertung des Ästhetischen und der Bilder in der Hinwendung zu einer *Iconic Architecture*. Ihre Präsenz in der Skyline versprach dem Produkt Stadt die notwendige Sichtbarkeit. Sie diente gewissermaßen als Logo im Städtebranding. Gleichzeitig kommunizierten die im besten Fall anspruchsvollen, von international renomierten Architekten geschaffenen Bauwerke die Botschaft von einer erneuerten und vitalen Stadt und verdichteten diese im Stadtbild.

Die *Iconic Architecture* war das Produkt einer jahrelangen Auseinandersetzung mit dem Wandel nach dem Boom. In ihr trafen verschiedene Ansätze zur Erneuerung der physischen Stadt auf Bemühungen um die Erneuerung der Stadt der Bilder, Repräsentationen und Vorstellungen. Diesem zweiten Entwicklungsstrang wird nun nachgegangen. Glasgow war einer der Orte, an dem diese neue Form der Infrastrukturpolitik sehr früh entdeckt und entwickelt wurde. Nicht so sehr der Bau von Verkehrswegen oder Gewerbegebieten würde über die Zukunft der Stadt entscheiden so dachte man, da diese Dinge in den entwickelten Industrienationen vergleichbar gut ausgebildet waren. Es galt vielmehr das schlechte Image abzuschütteln, das Glasgow als altindustriell geprägte Stadt in einer Verliererregion negativ konnotierte und mit hoher Kriminalität, miserablen Wohnverhältnissen und mangelnder ökonomischer Perspektive verband. Die imaterielle Stadt der Nachrichten, Botschaften und Bilder wurde zu einem zentralen Betätigungsfeld von privaten und öffentlichen Trägern urbaner Erneuerungsprozesse.

3. Die Stadt der Bilder: Neue Repräsentationen des urbanen Selbst

The external, and indeed the self-image of Clydesdale, is of an area populated by hard people doing hard manual jobs. This image still pervades the media and the literary world of books and plays. And yet the modern reality is quite different. As we shall see a large proportion of Clydeside's labour force does not have a job at all. Of those that do, relatively few are employed in traditional sectors. For example, in 1981 for every Glaswegian male employed in manufacturing there were two employed in the service sector.[1]

Mit dieser interessanten Beobachtung begann 1986 eine Studie über den Arbeitsmarkt in Glasgow. Die Urbanisten Alan McGregor und Frank Mathers glaubten ein Auseinanderklaffen der erhobenen sozio-ökonomischen Daten einerseits und des Selbst- und Fremdbildes andererseits beobachten zu können. Beide Sphären schienen zwar nicht gänzlich voneinander getrennt, wiesen aber doch jeweils eigene Gesetze, Sinnstiftungsmomente und Zeitlichkeiten auf. Das Bild von Glasgow als einer klassischen Arbeiter- und Industriestadt, die damit verknüpften kulturellen Gewissheiten, Selbstverständlichkeiten und kollektiven Erinnerungsorte, so legte es die Untersuchung nahe, wiesen offenbar eine längere Halbwertszeit auf als die sozio-ökonomischen Strukturmerkmale, die diesen einmal zu Grunde gelegen hatten.

Bei genauerer Betrachtung erweist sich der von McGregor und Mathers beobachtete Widerspruch zwischen einer in Statistiken und Zahlen abbildbaren Wirklichkeit und einem falschen, weil auf einer verzerrten Wahrnehmung basierenden Bewusstsein, jedoch selbst als brüchig. Tatsächlich stehen hier nicht Realität und Repräsentation gegeneinander, sondern zwei verschiedene Varianten sozial konstruierter Wirklichkeit.[2] Auch die Analyse der beiden Wissenschaftler ist eine Form kultureller Repräsentation. In der Wahl des Gegenstandes, in der eingenommenen Perspektive, in ihrer Sprache sowie in der Auswahl der Untersuchungskriterien spiegelt die Studie die Vorannahmen und Sinnhorizonte ihrer Produzenten wider.[3] Die Gesetze, denen sie bei der Konstruk-

1 Alan McGregor/Frank Mather, Developments in Glasgow's Labour Market, in: William Lever/Chris Moore, The City in Transition. Policies and Agencies for the Economic Regeneration of Clydeside, Oxford 1986, S. 22–43, hier S. 22.

2 Vgl. Peter L. Berger/Thomas Luckman, Die gesellschaftliche Konstruktion der Wirklichkeit. Eine Theorie der Wissenssoziologie, 24. Aufl., Frankfurt a. M. 2012, S. 197–201; Peter Noller, Globalisierung, Stadträume und Lebensstile. Kulturelle Repräsentationen des globalen Raums, Opladen 1999, hier besonders S. 23–25.

3 Vgl. James S. Duncan, Me(trope)olis. Or Hayden White among the Urbanists, in: ›Anthony D. King, Re-Presenting the City. Ethnicity, Capital and Culture in the 21st-Century Metropolis, Basingstoke 1996, S. 253–268.

tion ihrer Wirklichkeit folgen, sind in diesem Falle eben nicht die der Medienwelt, der Literatur oder der Stadtkultur im weitesten Sinne sondern die der Sozialwissenschaften. Für McGregor und Mathers steht beispielsweise außer Frage, dass ein arbeitsloser Arbeiter ein falsches Bewusstsein besitzt, da er an einer vom sozio-ökonomischen Wandel hinweggefegten Welt festhält. Warum aber sollte ein Mensch, der sich ein Leben lang als Arbeiter verstanden hat, sein Selbstverständnis ändern, nur weil er nun keine Stelle mehr hat? Er wird sich doch weiterhin nachdem definieren, was er zuvor gewesen war, zumal eine neue Quelle der Selbstverortung nicht in Sicht ist.

McGregor und Mather bringen in ihre Analyse des Glasgower Arbeitsmarktes also ein gewisses Maß an Voreingenommenheit mit ein. Sie sehen die erhobenen Daten und Zahlen durch die Brille des Sozialwissenschaftlers. Und dennoch kann der attestierte Wandel des Arbeitsmarktes kaum bestritten werden. In der Rückschau offenbart sich also eine zunehmende Diskrepanz von sozialwissenschaftlichen und sozio-kulturellen Repräsentation der Stadtgesellschaft. Hier soll zunächst der sozialwissenschaftlich-theoretische Hintergrund beleuchtet werden, der die Basis für die Beschäftigung mit »konstruierten Räumen« im selben Zeitraum bot.

3.1 Die Aufweichung der Kategorie Raum

Wie bereits im ersten Teil der vorliegenden Untersuchung gezeigt wurde, beeinflussen sozialwissenschaftliche Analysen und Deutungsmuster häufig politisches Handeln mittel- oder unmittelbar. Der CVRP oder der Geddes-Report hinterließen etwa klare Spuren in der Entwicklung Glasgows. Ist dies aber bei den eher dem Feld der Kultur zuzuordnenden Sinnstiftungs- und Deutungsangeboten ebenso der Fall? Schon das vorangestellte Zitat verweist auf die Wirksamkeit und die Beharrungskraft kultureller Muster und deren Einfluss auf das Selbst- und Fremdbild einer Gruppe von Menschen, in diesem Fall der Bewohner Glasgows. Indem solche kulturellen Repräsentationen beispielsweise das Image einer Stadt und ihrer Einwohner prägen, beeinflussen sie Entscheidungen potentieller Investoren oder Touristen, dorthin zu gehen. Gleichzeitig wirken sie sich auf das Verhalten der Bewohner aus. Wenn das Image der Stadt schlecht und die Zukunftsaussichten düster sind, steigt besonders bei den Jungen und gut Ausgebildeten die Bereitschaft, ihr Glück anderswo zu suchen.

Anders gesagt: Im Standortwettbewerb wird die Stadt zur Ware. Die Konsument, Touristen, Konferenzveranstalter, Investoren, die Einwohner sollen über Imagekampagnen oder Werbung dazu angehalten werden, die Ware Stadt zu kaufen. Der Bedeutungszwachs von Stadtmarketing und Werbung ist somit auch ein Beispiel für den Trend zur Ökonomisierung und zur Konsumentengesellschaft nach dem Boom.

Die Gemeinplätze und Bilder, die über eine Stadt kursieren, gleich ob sie aus sozialwissenschaftlicher Analyse, fiktiver Literatur oder anderen medialen Quellen gespeist werden, besitzen also eine große gesellschaftliche Relevanz und wirken auf politische Entscheidungen und sozio-ökonomische Prozesse ein. Sichtbar wird ihre Bedeutung immer dann, wenn in Zeiten des beschleunigten Wandels die unterschiedlichen Repräsentationen und Wahrnehmungswelten zunehmend auseinanderklaffen.

So entstanden in den späten 1960er und frühen 1970er Jahren zahlreiche literarische und wissenschaftliche Texte, die sich am Charakter von Stadt und Raum als sozialem Konstrukt abarbeiteten. Hierzu zählt etwa »Soft City« des britischen Schriftstellers Jonathan Raban. Das 1974 erschienene Buch basierte auf den Erfahrungen, die der vor allem als Reiseschriftsteller bekannt gewordene Raban zuvor in London gemacht hatte. Der 1942 geborene Autor war 1969 von Norwich nach London gezogen, angelockt vom Versprechen größtmöglicher individueller Freiheit, das sich für den damals 27 jährigen mit der Metropole verband.[4] Seine weiche Stadt erhielt ihre Konturen von der Gestaltungskraft radikal freier Individuen:

> [...] the city goes soft; it awaits the imprint of an identity. For better or worse, it invites you to remake it, to consolidate it into a shape you can live in. [...] Decide who you are, and the city will again assume a fixed form around you. Decide what it is, and your own identity will be revealed, like a position on a map fixed by triangulation.[5]

Für Raban ist die Stadt eine formbare Masse, die ihre Gestalt erst durch die Bedürfnisse, Wünsche und Träume ihrer Bewohner und Nutzer erhält. Individuelles und additiv-kollektives Selbstverständnis finden in der imaginierten Stadt ihren Resonanzraum und ihre natürliche Ausdrucksform. Diese *Soft City*, gab Raban zu bedenken, sei genau so real und wirkmächtig, wie die quantitativen, die »harten« Analysen und Deutungsmuster der Sozialwissenschaften:

> The city as we imagine it, the soft city of illusion, myth, aspiration, nightmare, is as real, maybe more real, than the hard city one can locate on maps in statistics in monographs on urban sociology and demography and architecture.[6]

Raban stand keineswegs allein. Etwa zur gleichen Zeit erschien »Die unsichtbaren Städte« von Italo Calvino. Der italienische Autor und Vordenker der literarischen Postmoderne, versammelte in diesem Werk 55 kurze Prosagedichte. Eingebettet in eine fiktive Rahmenhandlung als Reiseberichte Marco Polos spielen diese Beschreibungen verschiedenste Formen, Strukturen und Kategorien des

4 Zur Entstehungsgeschichte vgl.: Jonathan Raban, My Own Personal Metropolis, Financial Times, 8.8.2008.

5 Johnathan Raban, Soft City, London 1984 [ursprünglich 1974], S. 9.

6 Ebd., S. 10.

Urbanen jenseits der physischen Gestalt der Stadt durch.[7] Calvino erkundet auf diese Weise Möglichkeiten und Grenzen der Vorstellung von Stadt.

Die verstärkte Beschäftigung mit der sozial konstruierten und vorgestellten Stadt, mit der Fluidität ihrer Repräsentationen und das Ausloten des ungeklärten Verhältnisses zur materiellen Form blieben jedoch keinesfalls das Steckenpferd der heraufziehenden literarischen Postmoderne. Auch auf anderen Feldern der gesellschaftlichen Selbstverständigung begann eine Problematisierung der scheinbar unverrückbaren Kategorie des Raumes und somit der Stadt. Der Philosoph Michel Foucault veröffentlichte 1967 den Aufsatz »Von anderen Räumen«, der in diesem Zusammenhang als Meilenstein gilt.[8] Foucault sah darin seine Gegenwart als ein Zeitalter des Raumes an, das auf die vorausgegangene Epoche der Geschichte gefolgt sei. Bereits in der Einleitung historisierte er die Kategorie Raum, in dem er ihr geschichtliches Gewordensein offenlegte. Dann kam er auf die Vielfalt dessen zu sprechen, was er den »inneren Raum« nannte.

> Der Raum unserer Wahrnehmung, unserer Träumereien und unserer Leidenschaften besitzt eigene Qualitäten. Er ist leicht, ätherisch, transparent oder schwer, holprig, voll gestopft. Er ist ganz oben, auf dem Gipfel oder ganz unten, im Schmutz. Er kann fließen wie Wasser, er kann fest und starr sein wie Stein oder Kristall.[9]

Den multiplen inneren Räumen stellte Foucault den Raum entgegen, in dem wir leben und den er als Netzwerk interagierender Relationen beschrieb, um schließlich in der Heterotopie, dem Gegenort, die Verknüpfung aus beidem zu erblicken.

Prägend für die Problematisierung der Kategorie Raum in den Sozial- und Geisteswissenschaften war neben Foucault unter anderem der marxistische Soziologe und Philosoph Henri Lefebvre. In »Die Produktion des Raums«, erschienen 1974, baute er sein Thesengebäude über der Grundannahme auf, jeglicher Raum sei in erster Linie ein soziales Konstrukt:

> Jede Gesellschaft (also jede Produktionsweise mit den ihr eigenen Besonderheiten, die spezifischen Gesellschaften, in denen man den Begriff von Gesellschaft überhaupt erkennen kann) produziert ihren eigenen Raum.[10]

7 Italo Calvino, Die unsichtbaren Städte, München 2007 [ursprünglich Turin 1972]; vgl. Gerhard Goebel-Schilling, Italo Calvinos erzählte Stadt, in: Ulrich Schulz-Buschhaus/ Helmut Meter (Hrsg.), Aspekte des Erzählens in der modernen italienischen Literatur, Tübingen 1983, S. 215–224.

8 Michel Foucault, Von anderen Räumen, in: Jörg Dünne (Hrsg.),Raumtheorie. Grundlagentexte aus Philosophie und Kulturwissenschaften, Frankfurt a.M 2007, S. 317–329.

9 Ebd., S. 319.

10 Henri Lefebvre, La production de l'espace, Paris 1974; Auszüge in Übersetzung in: Jörg Dünne (Hrsg.),Raumtheorie, Frankfurt a.M 2007, S. 330–341; vgl. hierzu Christian Schmid, Stadt, Raum und Gesellschaft. Henri Lefebvre und die Theorie der Produktion des Raumes, 2. Aufl., Stuttgart 2010.

Dieses Kompositum setze sich aus der wahrgenommenen räumlichen Praxis, den konzipierten Raumrepräsentationen und den gelebten Repräsentationsräumen zusammen. Mit dieser Denkfigur öffnete Lefebvre den Horizont für die kritische Raumtheorie, wie sie in der Folge von Manuel Castells oder David Harvey vertreten wurde.[11] Sowohl Foucaults als auch Lefebvres Text tauchten dann 1989 prominent in Edward Sojas schulemachendem Buch »Postmodern Geographies« auf und spielten eine wichtige Rolle als Impulsgeber des interdisziplinären *Spatial Turn* im Laufe der 1990er und 2000er Jahre.[12] In diesem Zusammenhang wirken sie bis in die gegenwärtige Diskussion um virtuelle Räume nach. Virtualität war, wenn man so will, als Konzept bereits im Schwange, lange bevor die technologische Revolution im Zuge des Internetbooms das Thema in eine breite Öffentlichkeit trug.

Die seit den 1970er Jahren ungebrochene Beschäftigung mit dem Phänomen des Raumes und dessen sozialer Repräsentation steht, so die These, in einem zumindest mittelbaren Zusammenhang mit dem Gestaltwandel realer und virtueller Räume nach dem Boom. Die Ausbreitung von Brachlandschaften und der Verlust an Einwohnern, Orientierung und Perspektiven in den schrumpfenden Städten stellte das bislang gültige Fortschritts- und Wachstumsparadigma für jeden sichtbar in Frage. Paul Virilio, gelernter Architekt und Urbanist, sowie Mitbegründer der Dromologie und der Virtualitätsforschung, sah die »Auflösung des Stadtbildes«[13] als eine Folge des sozio-ökonomischen und technologischen Wandels sowie als ideengeschichtlichen Bruch:

> Ist der Verfall einer Vielzahl von Metropolen nicht gerade zum Zeichen des Niedergangs der Industrie und zu dem der Zwangsarbeitslosigkeit geworden, zum Symbol des Scheiterns des wissenschaftlichen Materialismus?[14]

Der Wandel der westlichen Industriegesellschaften erschütterte gerade in altindustriell geprägten Regionen nicht nur die physischen und ökonomischen Gegebenheiten sondern auch die bislang dominierende kulturelle und soziale Ordnung. Die Folge war eine massenhafte Entwertung bislang unhinterfragter Repräsentationen des überkommenen sozio-ökonomischen Raumregimes. Eine Neuvermessung der Kategorie des Urbanen und des Selbstverständnisses der betroffenen Stadtgesellschaften wurde so unumgänglich. Die angeführten Beiträge von Sozialwissenschaftlern, Philosophen, Soziologen und Schriftstellern sind als Diskursbeiträge in diesem Aushandlungsprozess zu verstehen.

11 Martina Löw/Silke Steets/Sergej Stoetzer, Einführung in die Stadt- und Raumsoziologie, 2. erw. Aufl., Opladen, Farmington Hills 2008, S. 52–57.

12 Edward Soja, Postmodern Geography. The Reassertion of Space in Critical Social Theory. London: 1989; vgl. Jörg Döring, Spatial Turn, in: Stephan Günzel (Hrsg.), Raum. Ein interdisziplinäres Handbuch, Stuttgart 2010, S. 90–99.

13 So die deutsche Übersetzung des ursprünglichen Titels »La ville surexposée«, vgl.: Paul Virilio, die Auflösung des Stadtbildes, in: Jörg Dünne (Hrsg.),Raumtheorie, Frankfurt a.M. 2007, S. 261–273, hier S. 261.

14 Ebd., S 268.

Diese Debatte war das intellektuelle Hintergrundrauschen, vor dem sich die Akteure in Glasgow verstärkt einer Erneuerung der Repräsentationen Glasgows, oder anders gesagt, des Stadtimages, zuwandten. Im Folgenden werden zentrale Bausteine dieses Abarbeitens am Selbst- und Fremdbild analysiert. Es wird auf die Darstellung der Stadt sowohl in der urbanistischen Fachliteratur als auch in den Medien und in der Kunst eingegangen. Es ist wichtig, dass beide Sphären dabei nicht getrennt betrachten werden. Sie beeinflussten sich in vielerlei Hinsicht gegenseitig und sind letztlich eher als zwei Seiten ein und derselben Medaille aufzufassen.

Graduelle Unterschiede existieren jedoch bezüglich der bewusst rationalen Gestaltung. Manche der in diesem Prozess entstandenen Bilder, wie etwa die verschiedenen Produkte der Imagekampagne »Glasgow's Miles Better«, wiesen ein hohes Maß an Intentionalität und manipulativer Energie auf. Andere, wie das der Arbeiterstadt, schienen auf den ersten Blick organisch aus der Erfahrungswelt der Bewohner hervorgegangen zu sein. Es fällt jedoch ins Auge, dass die Welt des roten Glasgows der Arbeiter und der Industrie just zu einem Zeitpunkt verstärkt thematisiert wurde, als dieses bereits im Verschwinden begriffen war. Nicht selten diente der Verweis auf Glasgows Charakter als Industrie- und Arbeiterstadt als Bastion gegen das Bild der Stadt, wie es von Werbe- und PR-Beratern gezeichnet wurde. Um diese Frontstellung zu verstehen, bedarf es zunächst eines Blickes in die Geschichte des Stadtmarketings im Allgemeinen und dessen Verankerung in der Stadterneuerungspolitik in Glasgow im Besonderen.

3.2 Die Etablierung des Stadtmarketings und die Ursprünge der »Glasgow's Miles Better«-Kampagne

Popular perceptions of a city are invariably particular, partial and imprecise or even inaccurate. Such a situation is scarcely surprising because the images are mental simplifications of a complex reality, involving the interplay, in time and space, of the web of relationships connecting economy, society and built environment.[15]

Dieses Zitat stammt aus einem Aufsatz zur Geschichte der Stadtentwicklung Glasgows, der anlässlich des Jahrestreffens der *British Association for the Advancement of Science* 1985 erschien. Der Autor war George Gordon, Professor für Geographie an der *Strathclyde University*, der auch den entsprechenden Sammelband herausgab. Die kurze Sentenz ist einem Absatz entnommen, der sich mit dem Wandel des Stadtimages im Lauf der vorausgegangenen hundert Jahre befasst. Vor dem Ersten Weltkrieg, so Gordon, sei das Glasgow-Bild der Öffentlichkeit von ökonomischem Erfolg und raschem Wachstum geprägt ge-

15 George Gordon, The City of Glasgow, in: Ders./John Butt, Strathclyde. Changing Horizons, dinburgh 1985, 53–78, hier S. 53.

wesen. Das soziale Elend, die Slums und andere Negativfolgen der raschen Urbanisierung und Industrialisierung wurden vom Glanz eines zur Schau gestellten Fortschrittsglaubens überstrahlt, wie er etwa im Titel der *Second City of the Empire* zum Ausdruck kam.

In den Zwischenkriegsjahren, als die Lösung der sozialen Probleme vor dem Hintergrund von Stagnation und Weltwirtschaftskrise immer drängender wurde, sei Glasgow dann zunehmend negativ aufgefallen. Kriminalität, Arbeitslosigkeit und Wohnungsnot hätten die öffentliche Wahrnehmung in diesen Jahren dominiert. Von den späten 1930er Jahren bis in die Gegenwart habe sich dieses dunkle Image der Stadt für viele mit dem Titel von Alexander McArthurs 1935 erschienenem Bestseller »No Mean City« verbunden.

Beide Labels hätten letztlich mehr geschadet als genützt, weil sie entweder die positiven oder die negativen Aspekte zu einseitig hervorgehoben hätten. Die 1983 ins Leben gerufene Kampagne »Glasgow's Miles Better« ziele hingegen darauf ab, so Gordon, die Wahrnehmung der Stadt in der Öffentlichkeit wieder ins rechte Lot zu bringen. Fehlentwicklungen und Probleme würden hier offensiv eingeräumt, während gleichzeitig die Erfolge der Stadterneuerungspolitik klar herausgestellt würden.

»Glasgow's Miles Better« war eine Kampagne der *Struthers Advertising & Marketing Limited* im Auftrag der Stadtverwaltung. Sie nimmt heute einen festen Platz in der Erzählung vom Wiederaufstieg Glasgows ein. Häufig erscheint sie als Ausgangspunkt für den gelungenen Wandel. Dieses gängige Bild ist in zweierlei Hinsicht zur relativieren. Zum einen bildete die Kampagne weniger den Anfang als einen ersten Höhepunkt in der Geschichte des jüngeren Glasgower Stadtmarketings, die bis in die frühen 1970er Jahre zurückreichte. Zum anderen war sie nur ein Teil, wenngleich ein sehr prominenter, in einer ganzen Reihe von Unternehmungen und Maßnahmen, mit denen Experten der Stadtverwaltung bald am Fremd- und Selbstbild Glasgows arbeiteten.

Im Folgenden wird zunächst den Anfängen des modernen Stadtmarketings in Glasgow nachgegangen, ehe der Blick auf die eigentlich Kampagne und die darauffolgenden Jahre fällt. Es geht dabei um die Frage, was eigentlich neu war, an »Glasgow's Miles Better« und wie sich die Geschichte dieser mehrjährigen Werbeaktion vor dem Hintergrund des sozio-ökonomischen Wandels verstehen lässt.

3.2.1 »Selling Siberia in a kilt«[16] oder die Anfänge des professionellen Stadtmarketings in Glasgow

Die Anfänge des professionellen Stadtmarketings in Glasgow lassen sich nicht verstehen, wenn man nicht einen kurzen Aufriss der Entwicklung der Werbebranche insgesamt voranstellt. Die ersten beiden Nachkriegsdekaden waren die

16 Harry Diamond, Can You Get My Name in the Papers?, Glasgow 1996,S. 66.

Zeit, in der sich in Großbritannien das *Public Relations Management* als Profession und Dienstleistung mehr und mehr etablierte. Die Institutionalisierung und das Wachstum der Branche sowie der Werbeindustrie insgesamt trugen in jenen Jahren wesentlich zur Expansion des tertiären Sektors bei.[17] Mitte der 1960er Jahre begannen auch die Gebietskörperschaften den Wert einer professionellen Imagepflege zu erkennen. Umgekehrt machten sich Werbefachleute zunehmend darüber Gedanken, wie und auf welche Weise sie öffentliche Einrichtungen und Institutionen als Kunden gewinnen könnten, um neue Märkte zu erschließen. So wurde beispielsweise intensiv darüber nachgedacht, welche Besonderheiten sich aus der Beauftragung durch Institutionen ergab, die dem Marktgeschehen nicht direkt unterworfen waren.[18] Ein weiteres viel diskutiertes Problem war die Frage, wie gesellschaftspolitische Ziele mit Hilfe von Werbe- und Marketingstrategien zu erreichen waren. Philip Kotler und Gerald Zaltmann prägten 1971 für diese Form des *Social Engineering* durch Werbung den Begriff des *Social Marketing*.[19]

Als gegen Ende der 1960er Jahre immer mehr Kommunen begannen, ihre bestehenden Kommunikationseinheiten zu professionalisieren und über Formen des Stadtmarketings nachzudenken, zögerte man in Glasgow zunächst, auf diesen Zug aufzuspringen. Gerald Fitzgerald, Vorsitzender der *Scottish Group of the Institute of Public Relations*, ermahnte die Stadt 1969 ihre Bemühungen auf diesem Feld auszubauen.

> Glasgow worries constantly about its civic image, and with good reason. It has recognized the need for a Public Relations Officer, almost certainly backed by a staff and a consultancy, but done little other than talk about it.[20]

Dieser Appell war eigennützig. Für den Branchenvertreter Fitzgerald ging es in erster Linie darum, einen der größten potentiellen Kunden in Schottland zu gewinnen. Allerdings konnte er auf den Erfolg der *New Towns* verweisen, um die Sinnhaftigkeit von Werbung und *Public Relations Management* für die Kommunen zu unterstreichen. Die Neugründungen waren in hohem Maße auf erfolgreiche Werbung angewiesen, um Bewohner und Arbeitsplätze anzulocken. Deshalb entwickelten sie sich fast automatisch zu Vorreitern des Stadtmarketings.

Anders sah es in den historisch gewachsenen Kommunen aus. Dort musste mehr Überzeugungsarbeit geleistet werden, um den gewählten Vertretern klar zu machen, warum in Zeiten knapper Kassen Geld für Imagearbeit ausgegeben werden sollte. Gerade der beschleunigte Wandel der wirtschaftlichen Strukturen im Laufe der 1970er Jahre führte jedoch bald zu wachsender Konkurrenz

17 Vgl. Jacquie L'Etang, Public Relations in Britain: A History of Professional Practice in the Twentieth Century, Mahwah, NJ, London 2004, S. 56–114.

18 Besonders einflussreich Philip Kotler/Sidney J. Levy, Broadening the Concept of Marketing, in: Journal of Marketing 33 (1969), S. 10–15.

19 Philip Kotler/Gerald Zaltman, Social Marketing. An Approach to Planned Social Change, in: Journal of Marketing 35 (1971), S. 3–12.

20 Gerald Fitzgerald, Making Reputations, in: Glasgow Herald, 24.9.1969.

der Kommunen untereinander. Im zunehmenden Wettbewerb zwischen Städten und Regionen versprachen Werbung und Kommunikation einen Vorteil. Unter diesen Vorzeichen waren auch etablierte Gemeinwesen bald gezwungen, gezielte Anstrengungen in Sachen Stadtmarketing zu unternehmen.

1972 stellte Glasgow erstmals einen *Public Relations Manager* ein und schuf kurz darauf ein *Information Bureau*, geleitet vom *Public Relations Officer*. Der erste und einzige *Public Relations Officer* der *Corporation of the City of Glasgow* vor der Verwaltungsreform wurde Harry Dutch. Seine Karriere ist typisch für die vieler seiner zeitgenössischen Kollegen. Seine berufliche Laufbahn begann er als Journalist, unter anderem als Lokalkorrespondent beim »Glasgow Herald«. 1967 wechselte er das Fach und wurde der erste PR-Manager der *Scottish Special Housing Association*. Diese Erfahrung half ihm fünf Jahre später bei der Bewerbung um den Posten des *Public Relations Officers* bei der *Corporation*. Dort war er für die Anfänge des Stadtmarketings und somit für die Vorläufer der erfolgreichen Kampagnen der 1980er Jahre verantwortlich.

Die wohl prominenteste Aktion in Dutchs Amtszeit war die Glasgow-Woche im Frühjahr 1974 in Hamburg.[21] Über 120 Vertreter der Stadt reisten für sieben Tage an die Elbe, darunter der Bürgermeister, Künstler und Geschäftsleute. Ziel dieser Aktion war es, Investoren und Touristen aus Deutschland zu gewinnen. Zu diesem Zweck wurde ein umfangreiches Veranstaltungsprogramm geboten. Theateraufführungen, Konzerte, Modenschauen und ein Duell zwischen den Glasgow Rangers und dem HSV sollten Lust auf Schottland machen. Neben dem Rolls Royce von *Lord Provost* William Gray wurde einer der für Glasgow typischen grünen Doppeldeckerbusse nach Hamburg verbracht, um dort über Leben und Arbeiten am Clyde zu informieren.

Die Stadt präsentierte sich als Vorreiter urbaner Erneuerung. Noch konnte man die *Slum Clearances* und die Flächensanierungen der 1950er und 1960er Jahre als Erfolg verkaufen. Wie überzeugt manche zu dieser Zeit noch von großflächigen Sanierungsprogrammen waren, offenbart eine Bemerkung des britischen Generalkonsuls, die zu einiger Verstimmung Anlass gab: »Glasgow, like Hamburg, had been vastly redeveloped by our respective airforces – but the RAF had given Hamburg a better start than the Luftwaffe.«[22]

Trotz solcher Unpässlichkeiten galt die Aktion insgesamt als großer Erfolg und die Hamburger sagten spontan einen Gegenbesuch zu. Der neu gegründete *Glasgow District Council* hätte Harry Dutch angesichts seiner Leistungen gerne übernommen. Der wechselte jedoch zur Strathclyde Region.[23] Eine Alternative musste her.

21 Vgl. die Pressesammlung des Information Bureaus zur Glasgow Week in Hamburg, GCA, CCG, Information Bureau, D-IB15.

22 Claude Thomson, Hamburg Keen to Repay Visit, in: Glasgow Herald, 8.3.1974

23 Glasgow District Council, 18.6.1974, GCA, GDC1/1/1, Heft 3, S. 37.

Nach einigem hin und her entschied man sich für Harry Diamond, dem vormaligen Assistenten Dutchs.[24] Harry Diamond, geboren 1926, war ein sozialer Aufsteiger. Er stammte aus einer litauisch-jüdischen Einwandererfamilie und war in den Gorbals aufgewachsen, als dieses Viertel noch unter die schlimmsten Slums Europas gezählt wurde. Im Rahmen seiner Autobiographie ging er auf diese Herkunft einige Male ein. In seiner Beschreibung fehlt jedoch der nostalgisch verklärende Ton, der bei manchen Zeitgenossen bereits die Erinnerung an die Gorbals zu überformen begann:

I have read several books about Gorbals, most of them sentimental, nostalgic drivel. My Gorbals had ignorance, stupidity, every disease known to mankind (and a few still to be identified), malice violence, illiteracy and unbelievable cruelty to partners and children. Most people I knew lived in grim, dank-smelling, dingy tenements although they did look after their own homes well. There may have been good times but I don't remember many of them.[25]

Wie Dutch hatte auch Diamond seine Karriere als Journalist begonnen. Beide kannten sich aus der gemeinsamen Zeit beim »Glasgow Herald«. Dort hatte sich Diamond vor allem für Verbrechen und Kriminalität interessiert. Ironischerweise hatte er in dieser Zeit mit seinen Artikeln wesentlich am schlechten Ruf der Stadt mitgeschrieben, die er als »grimy, poverty-ridden, drunken f...n' dump«[26] erscheinen ließ, wie er später einmal zugab. 1962 wechselte Diamond in das expandierende Feld des PR-Managements. Sein erster Arbeitgeber war das *Scottish Gas Board*. Dann trat er in die Werbeagentur eines Freundes ein. Dort beschäftigte er sich in erster Linie mit Produktwerbung. Von dort holte ihn Dutch in die PR-Abteilung der Stadtverwaltung.

Was ihn damals am Stadtmarketing reizte, so behauptete er in späteren Jahren, war die Größe der Herausforderung.

Then Harry Dutch [...] advertised for an assistant and I felt this was the kind of job I should really be doing rather than selling sausages and shirts. Some of my friends and colleagues had a jaundiced view of the politicians who ran the city and told me I couldn't do much for their image or that of the city, which was regarded by many people outside it as ›Siberia in a kilt‹.[27]

Diamond schlug die Warnungen seiner Freunde in den Wind und machte sich daran, das Bild vom Sibirien im Schottenrock in den kommenden Jahren spürbar zu verändern. Insgesamt sechzehn Jahre, zwischen 1975 und 1991, war er als oberster Hüter der PR-Abteilung der Stadtverwaltung tätig. Immer wieder

24 Glasgow District Council, General Purposes Committee, 28.2.1975, GCA, GDC1/1/1, Heft 12, S. 247.
25 Diamond, Can You Get My Name in the Papers?, S. 10.
26 Zitiert nach: Ian Jack, Before the Oil Run Out. Britain 1977–86, London 1987, 202 f.
27 Diamond, Can You Get My Name in the Papers?, S. 66.

zeigte er sich als gewiefter Werber mit einer Nase für öffentlichkeitswirksame Auftritte. Er setzte seine Erfahrung aus dem Bereich der Produktwerbung genau so gekonnt zum Wohl der Stadt ein, wie seine exzellenten Kontakte zur nationalen Presse oder sein Talent als Autor.

Eine seiner ersten Aufgaben bestand darin, das noch mit Dutch gemeinsam organisierte 800-jährige Stadtjubiläum zu bewältigen, das im Mai 1975 gefeiert wurde.[28] Dabei versuchte er im Rahmen des umfangreichen Veranstaltungsprogramms immer wieder negative Zuschreibungen aufzugreifen und sie in neue, positive Botschaften uzmzudeuten. Eindrucksvolle Events und Umzüge waren das vorrangige Vehikel dieser Strategie. Ein Beispiel war das große ökumenische Gebet auf dem *George Square*.[29] Glasgows Ruf als Heimstatt des Sektarianismus und der interreligiösen Gewalt wurde eine gemeinsame Feier von Katholiken und Protestanten entgegengesetzt.

Der Katalog zur Jubiläumsausstellung im *People's Palace* befasste sich mit Aspekten der Sozialgeschichte der Stadt. Er schloss mit den Worten:

> In the beginning there was a church on bluff above the Molendinar. Around it grew a great city. In its time it was the dominant workshop of the world and with its inherent power of survival it will still turn its skilled hands to any job. Glasgow can make it – always.[30]

Verfasst hatte dieses Credo der Schriftsteller Hugh Cochrane im Auftrag der Stadtverwaltung. Er unterstrich den Überlebenswillen, die Anpassungs- und Zukunftsfähigkeit des Gemeinwesens. Gleichzeitig barg die scheinbar so optimistische Aussage eine gewisse Ambivalenz: Wenn es hier hieß, die Glasgower könnten jede nur erdenkbare Arbeit erledigen, so schwang bei allem Trotz und wohl entgegen der Intention des Verfassers immer auch etwas von der Verunsicherung mit, die der ökonomische Wandel und die damit verbundenen Umbrüche mit sich gebracht hatten.

Nach der 800-Jahr-Feier ersuchte Diamond den Stadtrat, die PR-Abteilung von sieben auf zwölf Mitarbeiter aufzustocken. In Zeiten klammer Kassen und hoher Inflation waren den Räten 21.000 Pfund jährlich für weiteres Personal allerdings zu viel. Der Vorstoß scheiterte.[31] Diamond und seine Mitarbeiter ließen sich von solchen Rückschlägen jedoch nicht entmutigen. Immer wieder traten sie mit neuen Vorschlägen an den Stadtrat heran. 1976 holte Diamond kurzerhand eine ganze Schulklasse aus Worthington zu einem Besuch in die Stadt. Die Schüler hatten zuvor die Verwaltung im Rahmen einer Projektarbeit um Infor-

28 Vgl. die Pressesammlung des Information Bureaus zur 800-Jahrfeier, GCA, CCG, Information Bureau, D-IB 92/1

29 Vgl. o.A., Spectacular Start to 800, in: Glasgow Herald, 12.5.1975.

30 Hugh Cochrane, Glasgow – The First 800 Years, Glasgow 1975.

31 Glasgow District Council, General Purposes, 22.8.1975, Public Relations Department, Proposed Restructuring, GCA, GDC1/1/2, Heft 7, S. 357, Vgl. o.A., Labour Split on Extra Staff, in: Glasgow Herald, 23.8.1975.

mationen zu Glasgow gebeten. Diese Anfrage war auf Diamonds Tisch gelandet, der die Idee hatte, die 35 Kinder nicht nur mit Informationspaketen und Broschüren abzuspeisen, sondern sie gleich samt ihren Lehrern in die Stadt einzuladen.[32] Die Aktion war ein großer PR-Erfolg. Hier tauchte erstmals die Idee auf, durch positive persönliche Erfahrungen Botschafter für die Stadt zu gewinnen. Innovativ war auch die Anfertigung einer audio-visuellen Show im Jahr 1977, »[…] covering a wide variety of facilities within the city […].«[33] Sie sollte den Menschen einen positiven Eindruck von der Stadt vermitteln.

Mit solchen und ähnlichen Unternehmungen verstand es die PR-Abteilung offenbar zu überzeugen. 1979 wurde die ersehnte Aufstockung um weitere drei Mitarbeiter endlich Wirklichkeit.[34] Wenig später setzte Diamond die Stelle eines eigenen *Conference Managers* durch. Das war gleichzeitig der Startschuss für die Vorbereitungen zum Bau des SECC und die Vermarktung der Stadt als Konferenzstandort.

Mit dem Wachstum der Abteilung griff das Marketingdenken immer weiter auf die Verwaltung aus. Das *Public Relations Management* wurde zunehmend als Querschnittsaufgabe angesehen, die in allen Bereichen der Kommunalpolitik, insbesondere aber im Hinblick auf die wirtschaftliche Erneuerung, Berücksichtigung fand.

Nicht immer waren die Bestrebungen der Marketingfachleute jedoch erfolgreich. Zu den weniger glorreichen Episoden in der Geschichte des Glasgower Stadtmarketings zählte etwa die USA-Mission.[35] Alles hatte mit einem großzügigen Angebot begonnen. Norman Eckerslay, als Manager der *Chartered Bank of London* zuständig für deren Geschäfte in Kalifornien, wandte sich 1978 an die Stadt und bot ihr an:

> […] to place at the disposal of the city all the facilities and services of the Bank for promotions on any particular subject or on a variety of subjects; to provide the city with a suitable office, fully equipped with all the usual office and reference facilities and with the necessary support staff in San Francisco and Los Angeles for the period of twelve months; to make available to the city the services of the Bank's Marketing, Public Relations and Promotions Departments; to introduce a representative of the city to key figures in the Californian business community; and, in view of his personal relationship with Glasgow and his keenness to see trade develop between the city and the State of California, to make all of the above mentioned facilities available without charge.[36]

32 Diamond, Can You Get My Name in the Papers?, S. 77–81.

33 Glasgow District Council, General Purposes, 6.10.1977, Audio-Visual Presentation on Glasgow, GCA, GDC1/1/7, Heft 6, S. 507.

34 Glasgow District Council, General Purposes, 15.3.1979, Public Relations Department, Proposed Increase in Staffing Approved, GCA, GDC1/1/11, Heft 12, S. 1117.

35 Vgl. Diamond, Can You Get My Name in the Papers?, 110–116.

36 Glasgow District Council, Co-Ordinating Committee, 19.11.1979, Attraction of U.S. Investment to Glasgow, GCA, GDC1/2, 1979/80, Heft 8, S. 746.

Eckersley, der früher selbst in Glasgow gearbeitet und dort seine Frau kennengelernt hatte, wollte die Stadt in ihren Bemühungen um ausländische Investoren unterstützen. Nachdem die SDA, das *Scottish Economic Planning Department* und die Glasgower Handelskammer ihr Einverständnis erklärt hatten, nahm die Kommune das Angebot an. Für achtzehn Monate wurde Edward Brodie zum Botschafter Glasgows in San Francisco, wo er sich ein Büro mit Jim Reid, dem Vertreter der SDA teilte. In dieser Zeit versuchte er in erster Linie Kontakte zu knüpfen, Netzwerke aufzubauen und potentielle Investoren von den Standortvorteilen des Clyde-Beckens zu überzeugen. Unterstützt wurde er von einer hochkarätigen Delegation von Vertretern aus Wirtschaft und Verwaltung, die im Januar 1981 das Land bereiste. Ziel war es, insbesondere Unternehmer aus der Elektronikindustrie des *Silicon Valley* zur Ansiedlung in Glasgow zu bewegen.

Das Kalifornien-Programm geriet schon früh in die Kritik. Eine erste Abrechnung der Kosten förderte im Oktober 1980 zu Tage, dass Brodie neben seinem Gehalt in Höhe von 22.000 Pfund mehr als 75.000 Pfund für repräsentative Zwecke ausgegeben hatte.[37] Die Tatsache, dass diese Gelder nur im Sinne des Auftrages ausgegeben worden waren, tat der öffentlichen Empörung keinen Abbruch. Mit Kosten in Höhe von insgesamt 200.000 Pfund blieb das ganze Vorhaben zwar im erwarteten Kostenrahmen, angesichts leerer Kassen und steigender Arbeitslosenzahlen fragten sich aber immer mehr Menschen, wozu dieses Geld eigentlich ausgegeben worden war. Die Tatsache, dass Brodie am Ende keinen einzigen konkreten Erfolg vorweisen konnte, als er nach zwei Jahren zurückkehrte, schadete dem Ruf der Mission jedoch am meisten. Der *Local Government and Planning Act* von 1982 verbot einzelnen Kommunen solche Werbeaktionen im Ausland. Ein weiteres Beispiel dafür, wie die Thatcher-Regierung, im Namen eines schlanken Staates, die Rechte der Kommunen einschränkte und deren Selbstständigkeit beschnitt. Ein möglicher Entwicklungsweg war somit vorerst gescheitert.

3.2.2 No Mean City: Das Negativbild Glasgows in den 1970er und 1980er Jahren

Umso wichtiger wurde die Arbeit am Stadtimage. Mit welchen Botschaften und Inhalten warben die PR-Fachleute um Diamond und Brodie für die Stadt? Welches Glasgow wollten sie der Welt verkaufen? Diamond berichtet in seiner Autobiographie von einer Rede, mit der er gegenüber einem Komitee der Stadtverwaltung den weiteren Ausbau seiner Abteilung vertrat. Darin kommt zum Ausdruck, wie er seine Aufgabe im Dienst der Kommune verstand:

37 John MacCalman, High Cost of California Salesman Shakes Council, in: Glasgow Herald 31.10.1980.

> News media throughout the world are constantly telling readers, listeners and viewers about Glasgow's deprivation, poor housing, vandalism, and the mindlessness of some of its football supporters. I believe it is essential for us to do something now to demonstrate to the world that Glasgow is a good place to work, bring up one's children, establish new commercial and industrial enterprises, and to visit on holiday.[38]

Glasgow mangelte es nach dieser Auffassung nicht an medialer Aufmerksamkeit. Das Problem bestand darin, dass die zahlreichen Berichte und Nachrichten aus der Stadt fast alle mit negativen Vorzeichen versehen waren. Diesem Bild galt es durch positive Botschaften entgegen zu wirken.

Der auffälligste Punkt in der Berichterstattung über Glasgow war die Dominanz des Themas Gewalt.[39] Wie bereits George Gordon festgestellt hatte, war das Bild vom Chicago des Nordens jenseits der konkreten Ereignisse tief mit dem »No Mean City«-Image der Zwischenkriegsjahre verbunden. Seit dem Einsetzen der Industrialisierung und der Urbanisierung hatte das Bild Glasgows sowohl negative als auch positive Aspekte aufgewiesen. Wie die meisten rasch expandierenden Zentren der Industrialisierungsphase war Glasgow damals vor allem als ein Ort der Extreme bekannt gewesen. Faszination und Schrecken hatten sich die Waage gehalten. Dem Moloch des viktorianischen Zeitalters mit seinen miserablen hygienischen Verhältnissen, schlechten Wohnbedingungen, Krankheiten, Alkoholismus und Gewalt, dem Mangel an Licht und Luft, hatte das Selbstverständnis als »Second City of the Empire« gegenüber gestanden, in der sich das calvinistische Arbeitsethos mit der Verheißung hoher sozialer Mobilität, einer erfolgreichen Industrie sowie den Segnungen des Sozialmunizipalismus verband.

Nach dem ersten Weltkrieg geriet dieses Wechselspiel von Elend und Erfolg, von Schauder und Faszination aus dem Gleichgewicht. Mit Beginn der Stagnation in den frühen 1920er Jahren blieben die wirtschaftlichen Erfolge aus. Gleichzeitig lenkten Sozialreformer und Journalisten, in ihren Bemühungen, die Lage der Menschen in den Elendsquartieren zu verbessern, die Aufmerksamkeit zunehmend auf die dunkle Seite der Stadt.[40] Das Bild Glasgows in der Öffentlichkeit driftete immer weiter ins Negative ab. Bald galt die Stadt als Krisenherd, als ein Ort, an dem sich soziale und wirtschaftliche Problemlagen räumlich konzentrierten und verdichteten.

In den Nachkriegsjahrzehnten wurde Glasgow zum Experimentierfeld der Sozialingenieure und Wissenschaftler. Ungehemmter Fortschrittsglaube und Modernisierungszwang hinterließen tiefe Narben im sozialräumlichen Gewebe der Stadt.

Vor dem Hintergrund der ab Mitte der 1970er Jahre einsetzenden Rezession traten zuerst die negativen Begleiterscheinungen der Modernisierungspolitik,

38 Diamond, Can You Get My Name in the Papers, S. 72.

39 John R. Gold/Margaret M. Gold, Imagining Scotland. Tradition, Representation and Promotion in Scottish Tourism since 1750, Aldershot 1995, S. 184f.

40 Vgl. Irene Maver, Glasgow, Edinburgh 2000, S. 234.

sodann die des Strukturwandels immer stärker in den Vordergrund. Das Bild Glasgows in der Öffentlichkeit verschlechterte sich erneut. Der Journalist Dan van der Vat fasste die zeitgenössische Stimmung »of the creeping social disaster that is the old Glasgow« 1978 folgendermaßen zusammen:

Volumes have been written about the specific problems which have grown from Glasgow's special brand of multiple deprivations. Alcoholism, disease, domestic violence, crime illiteracy and vandalism flourish there as nowhere else in Western Europe, like rank weeds on an abandoned bombed site. Demolition mania and the inability of many planners until recently to understand that the needs of the poor are more urgent than those of the prosperous because they are exactly the same have helped to turn much of Glasgow into Scotland's Skid Row.[41]

Der erste Teil liest sich kaum anders als die Beschreibung der Gorbals in den 1930er Jahren, die Harry Diamond gegeben hatte. Hinzu kamen inzwischen jedoch die Spät- und Nebenfolgen der Stadtsanierungsprogramme der 1950er und 1960er Jahre. Die Aufzählung gipfelt in der Identifizierung der Stadt mit einem Bombentreffer. Die Stadt wird hier als Ganzes zum aufgegebenen Raum erklärt. Diese Brachlandschaft beschreibt van der Vat als Nährboden allen nur erdenklichen sozialen Übels. Die Innenstadtbrachen mutieren hier zu einer Metapher für den Zusammenbruch der industriestädtischen Gesellschaft überhaupt und dem daraus resultierenden menschlichen Leid.

Unternehmensschließungen, Arbeitslosigkeit und das Thema Gewalt bestimmten erneut das Bild der Öffentlichkeit. So überschrieb etwa die Journalistin Aileen Ballantyne einen Bericht über eine Gerichtsverhandlung in Glasgow mit den Worten: »Where stabbings and razor attacks are commonplace.«[42] Das Rasiermesser, die bevorzugte Waffe der Jugendbanden der 1930er Jahre, erlangte erneute Prominenz. Die Zwischenkriegszeit und die 1970er/1980er Jahre schienen in den Nachrichten bisweilen zu verschwimmen.

Nicht nur in den Nachrichten bestimmten vorerst negative Aspekte das Image Glasgows. Viele Kulturschaffende waren fasziniert von der dunklen Seite der Stadt. So schrieb Raymond Gardner 1972 in einer Rezension von Margaret Davis Buch »The Breadmakers«: »Mention a novel about Glasgow and one expects a sturdy diet of gang fights and murders, with a side salad of sex and the odd abortion for sweet.«[43] Dieses Bild dominierte aus der Sicht Gardners die gesamte Wahrnehmung der Stadt. Werke, die diesem Klischee nicht entsprachen, wurden demnach von der Kritik übersehen oder entsprechend umgedeutet. So habe man auch das völlig anders geartete Werk von Margret Davis bereits mit den Worten vorgestellt: »a round of hard graft, pub brawls and touching up of

41 Dan van der Vat, Glasgow is Not Dead Yet, in: The Times, 28.11.1978.

42 Aileen Ballantyne Where Stabbings and Razor Attacks are Commonplace, in: The Guardian, 29.8.1982.

43 Raymond Gardner, No Mean Lady, in: The Guardian, 20.10.1972.

birds, all the way to the Rangers-Celtic match at Ibrox Park, with the crowd roaring and the bottles flying.« Im Buch selbst spiele diese Seite der Stadt aber nur eine Nebenrolle.

Es gab jedoch auch zahlreiche schottische Autoren, die mit Glasgow tatsächlich hart ins Gericht gingen. Noch immer erschienen Romane über Banden, Kriminalität und Gewalt, wie etwa 1981 Peter Turnbulls »Deep and Crisp and Even« oder John Burrows »Jamesie's People« von 1984.[44] Die schottische Literaturszene war im letzten Drittel des 20. Jahrhunderts im Umbruch, äußerst produktiv und innovativ.

Das wohl bekannteste Buch jener Jahre war Alasdair Grays »Lanark«.[45] Der Autor, Jahrgang 1934, war im Nordosten Glasgows in einem Arbeiterhaushalt aufgewachsen. Obwohl aus einfachen Verhältnissen stammend, brachte ihn seine vielseitige künstlerische Begabung auf die *Glasgow School of Arts*, die er 1957 abschloss und an der er anschließend vier Jahre lehrte. Noch in seiner Studienzeit begann er das Buch zu schreiben, das zwanzig Jahre später unter als »Lanark« veröffentlicht wurde.

Die realistischeren Kapitel lassen einen hohen autobiographischen Anteil erkennen. So erfährt der Leser etwa im dritten Buch die Geschichte von Duncan Thaw, einem Kind armer Eltern aus dem *Eastend* der Zwischenkriegsjahre, das es schließlich an die Kunstschule schafft, dort allerdings scheitert.

In den anderen Kapiteln dominiert das Surreale. Grey zeichnet hier das düster apokalyptische Bild einer Stadt mit Namen Unthank. Trotz aller Verfremdung lässt sie deutliche Züge Glasgows erkennen. Für Lanark, den Helden dieser Abschnitte, erweist sich Unthank als ein Ort ohne Liebe, an dem die Sonne nie aufgeht. Die Menschen werden von einer unaufhaltsamen Krankheit gepeinigt und verschwinden nach und nach. Auch Lanark erkrankt, ehe er, buchstäblich vom Erdboden verschluckt, schließlich an einem Ort landet, der nur »das Institut« genannt wird. Dort sind eine Reihe von Ärzten und Spezialisten damit beschäftigt, einige der Erkrankten zu heilen. Sie tun dies jedoch, in dem sie die weniger hoffnungsvollen Kandidaten auflösen, um an deren Energie zu gelangen. Die ehrenwerten Mitglieder des Instituts tragen unverkennbare Züge der Sozialingenieure und Planer der 1960er Jahre. Wie diese wollen auch sie Gutes tun. Während sie die Situation von Wenigen verbessern, zerstören sie jedoch das Leben unzähliger Anderer und schaffen dabei stetig neues Leid.

Weder Glasgow noch seine literarischen Alter Egos kamen in Grays Buch gut weg. Im Bereich der Filmkunst erging es der Stadt nicht besser. Die 1970er Jahre brachten einige Werke hervor, die sich den Abgründen der westschottischen Gesellschaft in und um Glasgow widmeten. Einer der profiliertesten Drehbuchautoren in diesem Feld war Peter McDougall. Wie der spätere Komiker Billy Connolly hatte der 1947 in Greenock geborene McDougall seine Laufbahn zunächst als Auszubildender auf den Werften Westschottlands begon-

44 Vgl. Moira Burgess, Imagine a City. Glasgow in Fiction, Glendaruel 1998, S. 263–265.
45 Alasdair Gray, Lanark. A Life in Four Books, Edinburg 2002 [urspr.1981].

nen. Anschließend ging er nach London, wo er ab den frühen 1970er Jahren mit dem Schreiben von Drehbüchern begann. Seine Filme thematisierten häufig die religiösen Spannungen in seiner Heimat und die daraus resultierende psychische und physische Gewalt.[46] In »Elephant's Graveyard« von 1976 erzählte McDougall, wenngleich auf sehr poetische Art und Weise, von der Arbeits- und Hoffnungslosigkeit in den Schiffsbaugemeinden entlang des Clyde.

Problematisch war jedoch nicht nur die Sicht der Außenwelt auf Glasgow. Mit dem Imageverlust ging auch eine Schwächung der Kohäsionskräfte im Innern einher. In den Tagen des *UCS-Work-In* war die ganze Stadt in Solidarität mit den Werftarbeitern aufgestanden und hatte die Pläne der Regierung zur Schließung der Betriebe scheitern lassen. Der Erfolg erwies sich jedoch bald als Pyrrhussieg. Denn der Niedergang der Werften setzte sich auch nach 1972 fort. Die Zahl der Beschäftigten in Schiffsbau und Marineindustrie ging weiter zurück, ihr Anteil an der Gesamtbeschäftigung sank stetig. Das daran geknüpfte kollektive Selbstverständnis als Arbeiterstadt wies zwar, wie eingangs dieses Kapitels gezeigt wurde, eine größere Beharrungskraft auf, aber die kulturellen Gewissheiten der Industriegesellschaft verloren ihre sozio-ökonomische Basis und somit ihre Sinnhaftigkeit und Bindekraft.[47] Mit der Angst um den eigenen Arbeitsplatz nahm die Bereitschaft zur Solidarität untereinander ab.

Immer mehr Bezugspunkte des alten Glasgow verschwanden. Besonders in den Jahren 1979 bis 1981 verging kaum ein Monat, in dem nicht spektakuläre Firmenschließungen für negative Schlagzeilen sorgten. Unter den Unternehmen, die ihre Pforten nun für immer schließen mussten, waren große und traditionsreiche Namen. Die Schließung großer Traditionsunternehmen wie des Singer-Werkes in Clydebank zerstörte nicht nur Arbeitsplätze: Mit den Unternehmen verschwanden zugleich wichtige Bezugspunkte im sozial-kulturellen und räumlichen Koordinatensystem der Stadtgesellschaft.

Ökonomische Umbrüche von solchem Ausmaß zerstörten die soziale Kohäsionskraft Clydebanks und auch Glasgows. Die Verlusterfahrung jener Jahre lässt sich beispielsweise anhand eines Interviews erahnen, in dem der ehemalige Werftarbeiter Bobby Dickie 2003 auf den Wandel Clydebanks zurückblickte. Für ihn hatte die Stadt buchstäblich ihr Gesicht verloren: »it is sad when you pass the yard now: there's nothing left. The Skyline at Brown's has changed – only one crane left.«[48] Der Wandel war jedoch weder auf das alte Werftgelände noch auf die materielle Oberfläche beschränkt, wie Dickie weiter ausführte.

46 Just Your Luck, England 1972, Regie: Mike Newell, Buch: Peter McDougall, 75 min.; Just Another Saturday, England 1975, Regie: John Mackenzie, Drehbuch: Peter McDougall, 77min.

47 Martin Bellamy, Shipbuilding and Cultural Identity on Clydeside, in: Journal for Maritime Research 8 (2006), Heft 1, S. 1–33, hier S. 20f.

48 Dieses und das folgende Zitat sind entnommen aus BBC, Scots at Sea. Celebrating Scotland's maritime history, compiled by Jim Hewitson, Edinburgh 2004, S. 61. Die Auslassungszeichen folgen dem Erstabdruck.

> The other sad thing is that with the number of people who worked in the yard the community was alive, the shops and obviously the pubs were busy ... that has all changed, there's nothing of that left. Where Singer's was is now a business park, but it doesn't employ nearly as many. There was always something going on in the shipyards; it was on the newsreels and helped give Clydebank its identity. To a great extent that has now been lost, the character of the community has gone.[49]

Der Verlust der wirtschaftlichen Existenzgrundlage und die Auflösung der sozialen und kulturellen Zusammenhänge befeuerten die Abwanderung der wirtschaftlich leistungsfähigen Einwohner und schufen vielfältige neue Problemlagen.

Die doppelte Stoßrichtung der Image-Kampagne der 1980er Jahre nach innen wie nach außen ist nur vor diesem Hintergrund zu verstehen. Sie war nie bloß auf Großbritannien und den Rest der Welt ausgerichtet. Vielmehr wollten die Auftraggeber und Akteure hinter der Kampagne den Bürgern trotz der krisenhaften Entwicklung wieder eine positive Identifikation mit ihrer Stadt ermöglichen. Auf diese Weise sollte der Exodus der Bevölkerung gebremst werden. Gleichzeitig sah man in einer positiven Identifikation der Menschen mit der Stadt als Gemeinschaft ein Mittel gegen Gewalt und Vandalismus. Nicht nur auf der städtebaulichen, auch auf der Ebene der *Soft City* galt es also, eine lebenswerte und attraktive Umgebung zu schaffen.

3.2.3 Neue Impulse in den frühen 1980er Jahren

»Glasgow's Miles Better« war eine der wichtigsten Infrastruktur-Maßnahmen zur Sanierung der Repräsentationen und des Glasgow-Bildes innerhalb und außerhalb der Stadt. Der Feldzug begann 1983.[50] Das ganze Jahr hatte unter dem Motto »Welcome Home to Glasgow« gestanden. Diese Marketingaktion wandte sich an all jene Menschen im In- und Ausland, die familiäre Wurzeln in Glasgow hatten oder in den zurückliegenden Krisenjahren selbst von hier weggezogen waren.

Erneut lässt sich hier das grundlegende Handlungsmuster in Sachen Image-Wandel erkennen: Die Schwäche der schrumpfenden Stadt, der anhaltende Bevölkerungsverlust, sollte in eine Stärke umgemünzt werden. Die Exil-Glasgower waren in dieser Perspektive kein Bevölkerungsverlust mehr, sondern ein potentiell globales und insbesondere transatlantisches Netzwerk, das zum Wohle der Stadt genutzt werden sollte. Ausgewanderte Kinder der Stadt wurden als künftige Touristen und Vermittler von Investitionen betrachtet. Um dieses Potential abschöpfen zu können, mussten jedoch Kontakte hergestellt und gepflegt wer-

49 Ebd.

50 Michael Kelly, City Plan to Attract Exile Scots as Tourists, in: Glasgow Herald, 27.8.1982; City of Glasgow District Council, Public Relations Department, Welcome Home to Glasgow Project Report, Glasgow 1983, GCA, GDC1/3/12.

den. »Welcome Home to Glasgow« sollte hierzu die notwendigen Voraussetzungen schaffen, etwa durch die Erstellung einer umfassenden Kontaktdatei.

Neben der Kommune beteiligten sich der *Scottish Tourist Board* und die *British Tourist Authority* an dem 130.000 Pfund teuren Programm. In vielen großen Tageszeitungen in den USA, Australien, Indien oder Kanada erschienen vorab Berichte über die geplanten Feierlichkeiten. Etwa 50.000 Programmhefte wurden als Einladung an *Ex-Glasweegians* in aller Welt versandt. Hierfür hatte die Stadt eine Sammlung von Adressen angelegt, die den Grundstock für weitere Kontakte bilden sollte. 540 Veranstaltungen sollten über das ganze Jahr hinweg Menschen in die Stadt locken.[51] Tatsächlich kamen 1983 etwa 10.000 zusätzliche Touristen.[52]

Neben dem verstärkten Werben um die Ausgewanderten dürfte für diesen Erfolg jedoch vor allem die Eröffnung der *Burrell Collection* im selben Jahr verantwortlich gewesen sein. Der 1958 verstorbenen Glasgower Reeder William Burrell hatte seine umfangreiche Kunstsammlung der Stadt hinterlassen, verbunden mit der Auflage, dass die Schätze in einem Mindestabstand von 25 Kilometern zum Stadtzentrum ausgestellt werden sollten. Burrell, Jahrgang 1861, hatte die Hafen- und Industriestadt Glasgow vor Augen, wie sie sein ganzes Leben lang existiert hatte. Er wollte seine wertvolle Sammlung mit dieser Regelung vor den Abgasen und Emissionen im Stadtzentrum schützen.

Nach jahrzehntelang erfolgloser Suche nach einem geeigneten Standort begann man die Abstandsregel jedoch aufzuweichen, auch weil die Belastung der Luft im Stadtgebiet inzwischen zurückging.[53] Der *Pollok Estate*, den die Stadt 1967 erhielt, bot beste Voraussetzungen. 1974 fiel die endgültige Entscheidung für diesen Standort im Süden der Stadt.[54]

Ein Architekturwettbewerb wurde ausgeschrieben, den der aus England stammende aber in Schottland tätige Gordon Barry Gasson gewann. Er hatte ein Gebäude entworfen, das sich an den Bedürfnissen der Objekte orientierte und diese ebenso mit einbezog wie es durch offene Glaswände den Blick auf die umliegende Parklandschaft eröffnete. Schon kurz nach der Einweihung entwickelte sich die *Burrell Collection* zu einer der meistbesuchten Attraktionen Schottlands.

1983 brachte schließlich noch eine wichtige institutionelle Neuerung für das Stadtmarketing. Mit der Einrichtung eines eigenen *Greater Glasgow Tourist Board* stand erstmals eine gesonderte Stelle zur Verfügung, die die Stadt als Ausflugs- und Reiseziel bekannter machen sollte. Ihre Aufgabe war es insbesondere die Zahl der Übernachtungsgäste zu steigern.

51 Glasgow District Council, Scotland and the Pride of Clyde Celebrations, Events List, Glasgow 1983.

52 Vgl. Diamond, Can You Get My Name in the Papers?, S. 106–108.

53 Vgl.,Barry G'asson/John Meunier, The Burrell Collection. Second Report (1.4.73), GCA, GDC1/3/119.

54 GDC, Policy and Resources Committee, 10.12.1974, GCA, GDC 1/1/1.

1983 war insgesamt also ein ereignisreiches Jahr im Hinblick auf Tourismus und Stadtwerbung. »Glasgow's Miles Better« entsprang dieser Phase gesteigerter Image-Arbeit.[55] Harry Diamond war es, wie im Leserbrief eines gewissen Mr. Happy, angeblich Angestellter der *Struthers Creations Limited*, 1991 zu lesen stand, der die Botschaft vom besseren Glasgow in die Welt hinaus trug, Urheber der Kampagne war er jedoch nicht.[56] Tatsächlicher Verfasser dieses Leserbriefes war John Struthers. Anlässlich eines Artikels über Diamonds Schaffen als PR-Beauftragter[57] sah er sich genötigt, mittels der Maske des langjährigen Maskottchens der Stadt ein paar Dinge über die Entstehung der Werbeaktion klar zu stellen. Nach Struthers Aussage ging sie auf eine Initiative des Labour-Politikers und damaligen *Lord Provoust* Michael Kelly zurück. Dieser beauftragte den Werbefachmann Struthers, einen Slogan für eine nationale Kampagne zu entwickeln, die das Image der Stadt verbessern sollte. Kellys Idee war vom Vorbild der I ♥ NY Aktion inspiriert, mit der New York während der 1970er Jahre erfolgreich seinen schlechten Ruf als Hort der Drogenkriminalität und der Gewalt bekämpft hatte.

Struthers erfand zusammen mit seinem Sohn die doppeldeutige Formel »Glasgow's Miles Better« und gab ihr in der Figur des Mr. Happy ein sympathisches Gesicht. Mr. Happy, ein gelber Smiley mit Händen und Füßen, war die Erfindung des Kinderbuchautoren und -illustratoren Roger Hargreaves. Möglich wurde die Nutzung dieser national bekannten Kultfigur durch die persönliche Freundschaft zwischen Hargreaves und Struthers, die einmal für dieselbe Werbeagentur in London gearbeitet hatten.[58]

Der zugehörige Slogan war einerseits bestimmt genug und andererseits sehr offen und vieldeutig. Der schottische Journalist Ian Jack brachte das charakteristische Moment der Formel 1984 auf den Punkt:

> Than where or what is Glasgow miles better? Than Edinburgh? Than Paris? The ambiguity is deliberate, but the slogan does have a foundation of truth. Glasgow, in several respects, is miles better than it used to be […][59]

Seine Ambiguität bezog der Slogan aus der Offenheit des Vergleiches. Je nach Kontext konnte diese Leerstelle gefüllt werden. Der narrative Kern des Slogans gab jedoch die Richtung vor. Glasgow war heute besser als zuvor. Es lag also ein klares Fortschrittsnarrativ zu Grunde. Gleichzeitig schien der Slogan nahe zulegen, Glasgow sei besser als andere Städte. Dass dies nicht als Chauvinismus ausgelegt werden konnte, dafür sorgte die dritte Bedeutungsebene. Das lächelnde

55 Vgl. Stephen V. Ward, Selling Places, The Marketing and Promotion of Towns and Cities 1850–2000, London, New York 1998, S. 192 f.
56 John Struthers [alias Mr. Happy], The Council and the Slogan, in: Glasgow Herald, 30.11.1991.
57 John MacCalman, Glasgow's Image Maker, in: Glasgow Herald, 30.11.1991.
58 Ward, Selling Places, S. 192.
59 Jack, Before the Oil Run Out, S. 206.

Glasgow stand für eine freundliche und weltoffene Stadt und die Figur des Mr. Happy verkörperte diesen Geist.

In dem Schreiben, mit dem sich die Stadt um den Titel der Kulturstadt Europas bewarb, ging die Verwaltung 1986 ausführlich auf die Kampagne ein.

The campaign took as a starting point the conviction that the prevailing image of Glasgow was outdated, inaccurate and unfair and set out to demonstrate that there had been very real and remarkable changes in the city in recent years and to promote the positive and good factors of a much improved city.[60]

Zu diesem Anlass betonten die Verantwortlichen also nicht das komparative Element. Sie stellten vielmehr den Fortschritt in den Mittelpunkt ihrer Argumentation.

Obwohl Werbung für die Stadt gemacht wurde und obwohl Michael Kelly als *Lord Provoust* die Sache initiiert hatte, war die Kampagne das Ergebnis einer erfolgreichen Zusammenarbeit der Kommune mit den Vertretern der privaten Wirtschaft, wobei erneut die Frage der Finanzierung im Mittelpunkt der Partnerschaft stand. »Glasgow's Miles Better« wurde zunächst von einem privaten Trust getragen, dem überwiegend Vertreter der Glasgower Geschäftswelt angehörten. Erst nachdem Kelly im Mai 1984 aus dem Amt des *Lord Provost* ausschied, wurde dieser aufgelöst und die Kampagne ging offiziell in die Hände des GDC über.[61] Der richtete ein eigenes Komitee ein, »chaired by the incoming Lord Provost and comprising members of the Council, supplemented, on the invitation of the Council, by a few interested nonmembers [...]«[62]

Die Zielgruppe der Imagekampagne waren sowohl die Bewohner der Stadt als auch die Menschen im Rest des Landes. In der Anfangsphase lag sogar das Hauptaugenmerk auf der Glasgower Bevölkerung.

For its initiators, however, the campaign was as much for internal as it was for external consumption – that is, its aim was to boost local morale as well as to improve the external image of the city. Also, it had the advantage of showing the local electorate that the city council was being proactive at a time at which the urban economy had reached a particularly low fortune.[63]

Die Kampagne war demnach Teil einer aktivierenden Symbolpolitik. Zunächst ging es einmal darum, die notwendigen Mittel für eine großangelegte Werbeaktion aufzutreiben. Zugleich wollte man unter den Bürgern der Stadt für die

60 GDC, City of Culture 1990. City of Glasgow District Council Supplementary Submission, Glasgow 1986, S. 4. GCA GDC 1/3/1.

61 Vgl. Michael Kelly, Memory Lapse, in: Glasgow Herald, 5.12.1991.

62 GDC, 27.4.1984, ›Glasgow's Miles Better‹ Campaign, Arrangements for Future Administration Approved, GCA, GDC1/2, 1983/84, Heft 12, S. 1258.

63 Ronan Paddison, City Marketing, Image Reconstruction and Urban Regeneration, in: Urban Studies 30 (1993), S. 339–349, hier S. 340.

Maßnahme werben.[64] Etwa 200.000 Pfund kamen auf diese Weise in die Kriegskasse. Die Kommune steuerte weitere 150.000 Pfund bei.

Damit war genügend Geld vorhanden und die Kampagne konnte auf die nationale Ebene gehoben werden. Hierzu lud die Stadt in das Londoner Savoy Hotel. Bei einem ausgiebigen schottischen Frühstück am 20.März 1984 erläuterte Michael Kelly den anwesenden Vertretern der Presse und geladenen Gästen, den Sinn und Zweck der Veranstaltung:

> Our purpose is to banish the old image of Glasgow that is still plaguing us. We have spent millions of pounds on improving the physical environment of our city, but nothing on public relations. Last year we began to remedy this; to let people know that Glasgow is a clean, safe, friendly city.[65]

Das heutige Glasgow, so lautete die Botschaft, war besser als sein Ruf. Dies war unbestreitbar die inhaltliche Hauptstoßrichtung der frühen Kampagnenjahre. Negativbilder sollten als Teil eines alten, vergangenen Glasgow identifiziert werden. Um das »No mean City«-Image abzuschütteln, verfolgte die Stadt also eine Kommunikationsstrategie, die Kritikpunkte und Negativbilder aufgriff, um sie im Sinne eines überwundenen Gestern neu zu codieren:

> Our race relations are good; our hotels are the best in Scotland; our Victorian architecture the finest in the kingdom. We have to make clear the comparison between the old image and the new reality.[66]

Der Zusammenhang zwischen der Erneuerung der materiellen Stadt, der verbesserten »physical Environment«, und der Imagekampagne, also der Recodierung der immateriellen Stadt, wird in Kellys Rede ebenfalls angesprochen. Der Wandel der physischen Umgebung diente ihm als unumstößlicher Beleg für die Existenz des neuen Glasgow.

Oberster Repräsentant und Maskottchen dieser neuen Stadt war der ewig lächelnde Mr. Happy. Er verkörperte Freundlichkeit, Sauberkeit und Sicherheit. Die offene und freundliche Stadtbevölkerung, die dem Gast gerne mit Rat und Tat bei Seite steht, entwickelte sich zu einem Topos, der in Stadtmarketing-Texten Glasgows immer wieder hervorgehoben wurde und bis auf den heutigen Tag regelmäßig auftaucht.[67] Es handelte sich hierbei gewissermaßen um eine soziale-kulturelle Variation des »Human Ressources«-Themas, das gleichzeitig auch durch die ökonomische Debatte geisterte.

64 John Struthers (Hrsg.), Glasgow's Miles Better. ›They Said It‹ about Glasgow, Glasgow 1986.

65 Zitiert nach: Anne Donaldson, Stomping at the Savoy on Porridge and Champagne, in: Glasgow Herald, 20.3.1984.

66 Ebd.

67 Vgl. zuletzt Billy Connollys Beitrag für die Commonwealth Games Glasgow 2014: Billy Conolly History and Culture of Glasgow. Glasgow Made, URL: http://www.youtube.com/watch?v=sJqB2bW336k (Abruf 16.8.2013).

Die Botschaft vom neuen Glasgow musste in der Welt verbreitet werden. Zweck der Kampagne sei es deshalb, so Kelly, hunderttausende Botschafter für die Sache der Stadt zu rekrutieren. Der unmittelbare Erfolg des Kampagnen-Auftaktes blieb zunächst jedoch begrenzt. Obwohl Kelly vor der Veranstaltung im Savoy in der BBC-Sendung *Breakfast Time* aufgetreten war, und obwohl er zusammen mit Billy Connolly in den Morgenstunden in den Gärten des *Victoria Embankment* ein Dudelsackduett zum Besten gegeben hatte, waren die Reaktionen eher verhalten. Erst im Lauf der folgenden Wochen und Monate nahm die Kampagne Fahrt auf.

Dass der Werbefeldzug ein Erfolg wurde, lag in erster Linie am großen Einfallsreichtum der Macher. Anfangs wurden nur die üblichen großformatigen Zeitungsanzeigen geschaltet. Damit war jedoch nur ein begrenztes Publikum zu erreichen. Deshalb wurde die traditionellere Schiene bald durch ein umfassendes Merchandising-Paket ergänzt. Bald gab es nichts, was nicht im »Glasgow's Miles Better«-Design zu haben war: Aufkleber und Ansteck-Buttons, T-Shirts, Kaffetassen, Regenschirme, Einkaufstaschen und vieles mehr. All die Menschen, die solche Artikel benutzten, wurden buchstäblich zu Werbeträgern und so letztlich zu jenen Botschaftern Glasgows, die sich Michael Kelly in seiner Savoy-Rede gewünscht hatte. Hier zeigen sich erste Vorläufer der später so erfolgreichen Eventstrategie, die Gäste durch positive Erlebnisse zu Botschaftern Glasgows in der Welt machen wollte.

Auf geschickte Weise gelang es Struthers, zahlreiche Prominente für die Kampagne einzuspannen. In einem selbst publizierten Band versammelte er 50 positive Kommentare zu Glasgow.[68] Schauspieler, Musiker, Politiker und Sportler antworteten auf die Frage, warum ihrer Meinung nach »Glasgow's Miles Better« sei. Sogar Prince Charles und die Queen genehmigten den auszugsweisen Abdruck ihrer Reden. Den Anfang machte ein Grußwort der Premierministerin:

> The people of Glasgow, whose forefathers pioneered trade routes around the world and engaged in extraordinary feats of engineering in distant countries, are now putting these same qualities to work in successfully transforming Glasgow itself into a city equipped to meet the challenges of today.[69]

Hier gab sich Thatcher einem ihrer Lieblingsthemen hin, in dem sie die Gültigkeit der viktorianischen Werte für Gegenwart und Zukunft beschwor. Mit diesem moralischen Rüstzeug und mit dem richtigen Unternehmergeist werde die Stadt ihre Probleme überwinden.[70]

Neben der Werbung durch Merchandising-Artikel und die Fürsprache prominenter Menschen kamen freilich auch ganz klassische Werbemethoden zum Einsatz. Mr. Happy war in der Hochphase der Kampagne ein vielbeschäftigter

68 Struthers (Hrsg.), Glasgow's Miles Better.

69 Ebd., S. 7.

70 Vgl. Etwa Thatchers Rede auf dem Parteitag der Konservativen vom 15.5.1987, URL: http://www.margaretthatcher.org/document/106814

Mann. Er grüßte bald nicht nur von großen Plakaten im Glasgower Stadtgebiet, sondern auch von den roten Doppeldeckerbussen des Londoner Nahverkehrs. Sogar die HMS Glasgow ließ sich mit einem entsprechenden Banner an der Gangway fotografieren. Harry Diamond sorgte dafür, dass der Slogan in kaum einem Bericht über die Stadt fehlte. 1983–1985 sowie 1987 gewannen die Kampagnenfilme Preise beim *International Film and Television Festival* in New York.[71]

Das Ende der Kampagne kam mit der Kulturhauptstadt Glasgow 1990. Hierfür sollte ein eigener Werbeslogan entstehen. Den Auftrag erhielt die renommierte Agentur *Saatchie & Saatchie*, die 1979 Margret Thatcher mit dem Slogan »Labour isn't working« ins Rennen geschickt hatte. Nun brachte sie das blasse »There's a lot Glasgowing on« hervor. Dieser hölzerne und wenig beliebte Slogan zierte alle Publikationen im Umfeld der Kulturhauptstadt. Er stellte die kulturellen Aktivitäten in einer lebendigen attraktiven und kosmopolitischen Stadt in den Mittelpunkt.

Nach 1990 sollte ein neuer Kampagnenspruch gefunden werden. Gleich mehrere Gründe schienen gegen eine Rückkehr zum bewährten Slogan zu sprechen.[72] Erstens war man der Meinung, dass sich in der Stadt seit der Einführung des Slogans Vieles zum Besseren gewendet hatte. An Stelle des temporalen Komparatives sollte ein scheinbar erreichter Zustand treten. Die Eröffnung der *Burrell Collection*, des SECC, der Einkaufspassage *Prince's Square* und des *St. Enoch Shopping Centres*, das *Glasgow Garden Festival* und die Kulturhauptstadt; all das sollte die Realität des neuen Glasgow belegen. Die Werbemacher wollten die Botschaft vermitteln, dass angesichts dieser Erfolge ein neues Selbstvertrauen Einzug gehalten habe. Der alte Slogan mit seinem durchaus ironischen Spiel mit dem Verhältnis von Wunsch und Wirklichkeit wollte dazu nicht mehr so recht passen. Zweitens spielten die Kosten für die aufwendigen Werbeaktionen eine wichtige Rolle. Drittens ließ sich das Spiel mit der Doppeldeutigkeit des Slogans nicht in andere Sprachen übersetzten, was im internationalen Städtewettbewerb ein Nachteil war.

Am Ende kam bei den Überlegungen der Werbefachleute das wenig ambitionierte »Glasgow's alive« heraus. Ob es an der Blässe des Spruches lag oder an den gekürzten PR-Ausgaben lässt sich nicht eindeutig feststellen. Sicher ist, die Kampagne wurde ein Flop. Eine Bürgerinitiative, angeführt von John Struthers, verlangte bald die Wiedereinführung von »Glasgow's Miles Better«.

1994 gab die Stadtverwaltung schließlich nach, nicht zuletzt weil der neuere Slogan inzwischen gerne als »Glasgow's a dive«, verspottet wurde. Lange konnten sich die Anhänger von Mr. Happy jedoch nicht über diesen Erfolg freuen. Bereits drei Jahre später wurde die Kampagne erneut in Frage gestellt. Die Witwe des inzwischen verstorbenen Hargreaves verklagte die Stadt wegen Verletzung der Urheberrechte und forderte Lizenzgebühren in Höhe von 28.000 Pfund. An-

71 Iain Lundy, Mr Happy 25 Years On, in: Evening Times, 23.6.2003.
72 Ders., The Killing of Mr. Happy, in: Evening Times, 25.6.2008.

gesichts dieser juristischen und finanziellen Querelen zog John Brown, Bruder des späteren Premiers Gordon Brown und zu dieser Zeit PR-Manager der Stadt, die Konsequenzen und verkündete das endgültige Aus.

»Glasgow's Miles Better« war nur eine Werbekampagne. Im Slogan steckte jedoch ein narratives Gerüst, das Ereignisse und Erneuerungsprojekte aus der jüngeren Stadtgeschichte in eine Entwicklung hin zum Besseren einbezog. Fortschritt war in dieser Lesart nicht nur möglich, sondern bereits im Gange. Innerhalb des im Slogan konzentrierten Deutungshorizonts erhielten zahlreiche vorausgegangene und zeitgenössische Entwicklungsprojekte ihren Sinn und ihre Verortung im großen Ganzen.

Zugleich nahmen die zahlreichen Aktionen den Bewohnern der Stadt etwas von ihrem Loser-Image. Dies wirkte nicht nur nach außen, sondern erhöhte auch die Möglichkeit der Akzeptanz im Innern. In einer Zeit, in der viele Bewohner von Arbeitslosigkeit betroffen oder bedroht waren und in der sich die kulturellen Gewissheiten der Industriegesellschaft zunehmend auflösten, schrieb die Kampagne der jüngsten Vergangenheit der Stadt neuen Sinn ein. Indem sie die Ereignisse als notwendige Schritte auf dem Weg in eine bessere Zukunft interpretierte, schuf sie positive Anknüpfungspunkte für die Glasgower und erleichterte die affirmative Identifikation.

Glasgow begann früh damit, das eigene Image neu auszuformen und hatte dabei einigen Erfolg. Lediglich der wirtschaftliche Einbruch in Großbritannien in den 1990er Jahren ließ vorübergehend Zweifel an der Nachhaltigkeit der Veränderungen aufkommen. So schrieb John Arlidge, Schottland-Korrespondent des »Independent«, 1994 in einem Artikel:

> The brash self-confidence that characterised Clydeside in the Eighties and early Nineties has evaporated. The upbeat slogans – ›Glasgow's Miles Better‹ and ›There's a lot Glasgowing on‹ – have disappeared, and the politicians and public relations men who seduced the world into falling in love with the city are struggling to restore its spirit.[73]

Die Wirtschaftskrise der frühen 1990er Jahre war freilich ein nationales Phänomen. Gleichzeitig lag es in der Natur der Sache, dass sich ein Medienhype, wie ihn Glasgow in der zweiten Hälfte der 1980er Jahre erlebt hatte, nicht endlos fortsetzen ließ. Auch die beste Werbestrategie nutzt sich einmal ab. Mit der Kulturhauptstadt 1990 hatte man außerdem einen Höhepunkt an öffentlicher Wahrnehmung weit über Großbritannien hinaus erreicht. Es ist schwer vorstellbar, wie man diesen Erfolg noch hätte überbieten können. Die Aufmerksamkeit musste erst zurückgehen, wenn sie erneut steigen sollte.

Auf der Ebene der narrativen Stadterneuerung kam es also fast unweigerlich zu einem Bruch. Die darauf folgenden Entwicklungen ließen sich nicht mehr ohne Weiteres im Schema der stetigen Steigerung und immer größerer Erfolge

73 John Arlidge, Hopes Shrivel after the Hype, in: The Independent, 2.10.1994.

darstellen. Blickt man heute auf die Errungenschaften der Kampagne zurück, gilt es dieses Problem in der Bewertung zu berücksichtigen.

Heute gehört die Imagepflege zu den festen Bausteinen der Stadtpolitik weltweit. Auch wenn Marketingtechniken in Tourismuszielen und *New Towns* schon deutlich früher eingesetzt wurden, markierte »Glasgow's Miles Better« doch einen wichtigen Schritt zur Etablierung dieses Paradigmas als eines Mittels zur Stadterneuerung in Großbritannien.[74] Glasgows Kampagne war ein prominentes Beispiel für die Herausforderungen und die Möglichkeiten, welche sich für kommunale Körperschaften durch eine neuartige Verbindung von *Public Relations Management* und Methoden der Produktwerbung boten. Ihre Geschichte verweist zudem auf die veränderten Rahmenbedingungen, mit denen die Städte durch den Strukturwandel und die neue globale Arbeitsteilung im letzten Drittel das 20. Jahrhunderts zurechtzukommen hatten. In einem 1990 erschienen Stadtmarketing-Handbuch wird dieser Zusammenhang explizit ausgeführt:

> [...] the decline in the importance of material transport, the increasing mobility of labour, and the internationalisation of markets has allowed a new set of local place attributes and new definitions of the accessibility of places to become prominent locational determinants.[75]

Der Wandel hin zu einer Dienstleistungsgesellschaft, so die Autoren, hätte den Standortwettbewerb unter den Kommunen deutlich verschärft. Gleichzeitig hätten sich die Spielregeln verändert, unter denen dieser Wettbewerb ausgetragen wird:

> The novelty and much of the explanation of the problem is just that the rules of the competitive struggle have been changed quite abruptly; cities, and activities within cities, established upon one set of criteria have found that these no longer confer advantage and quite different valuations are now placed upon urban attributes.[76]

Nicht nur Glasgow hatte in den 1980er Jahren ein Imageproblem. Unter dem Wandel litten besonders die urbanen Zentren der altindustriell geprägten Regionen in Europa und den USA. So warb zu Beginn des Jahrzehnts etwa die Industriestadt Syracus im Upstate New York mit dem Slogan »I've got a share in Syracus.«[77] Der Kommunalverband Ruhr startete 1985 seine erfolgreiche Kampagne »Ein starkes Stück Deutschland.«[78] Glasgow hatte sein dynamisches

74 Zu den Vorläufern vgl. Gold/Gold, Imagining Scotland, S. 16–35.

75 Gregory J. Ashworth/Henk Voogd, Selling the City. Marketing Approaches in Public Sector Urban Planning, London, New York 1990, S. 2.

76 Ebd., S.3.

77 Vgl. J.R. Short u.a., Reconstructing the Image of an Industrial City, in: Annals of the Association of American Geographers 83 (1993), Heft 2, S. 207–224.

78 Angela Schwarz, Industriekultur, Image und Identität im Ruhrgebiet, in: Dies. (Hrsg.), Industriekultur, Image und Identität. Die Zeche Zollverein und der Wandel in den Köpfen, Essen 2008, S. 17–67, hier S. 40–44.

Wachstum vor 1914 den lokalen Rohstoffvorkommen und dem Ausbau des Clyde zur Wasserstraße zu verdanken gehabt. Das schwerindustrielle Cluster erblühte dank des Zustroms von Arbeitskräften aus den Highlands und aus Irland. Es bildete sich eine typische Industrie- und Hafenstadt, die aufgrund geophysikalischer Vorteile und einem Überangebot an Arbeitskräften als Standort sehr attraktiv war und zumindest zeitweise auch Unternehmen aus dem Süden anzulocken vermochte. Die Nebenfolgen waren Umweltzerstörung und soziales Elend gewesen. Die rußgeschwärzte, von Emissionen geplagte Stadt mit ihren Elendsvierteln in unmittelbarer Nachbarschaft zu den Fabrikschornsteinen nahm man dafür in Kauf, in Glasgow wie auch andernorts.

Im neuen Produktionsregime, in dem die Herstellung und der Vertreib von hochwertigen Dienstleistungen und Informationen im Mittelpunkt standen, spielten die ursprünglichen Stärken des Standorts keine Rolle mehr. Die Rohstoffe waren aufgebraucht oder wurden nicht mehr benötigt. Fluss und Hafen hatten ihre ökonomische Bedeutung längst eingebüßt. Am Arbeitsmarkt waren nun völlig andere Qualitäten als zuvor gefragt. Und auch an das urbane Umfeld wurden neue Erwartungen gestellt. Im wachsenden Wettbewerb um kluge Köpfe und Investoren spielte die Attraktivität der Stadt, ihr physisches Erscheinungsbild, ihr kulturelles und soziales Angebot, das Vorhandensein von attraktivem Wohnraum sowie ein positives Image eine immer wichtigere Rolle. Die Stadt wurde zu einem Produkt, Lebensqualität zum Verkaufsargument. Das Verwaltungshandeln näherte sich unternehmerischem Handeln immer weiter an. David Harvey, ein marxistisch orientierter britischer Humangeograph und während der 1980er Jahre einer der prominentesten Vertreter seiner Zunft, sprach, von einem Wechsel vom Leistungsmanagement zur Unternehmertum:

> […] the ›managerial‹ approach so typical of the 1960s has steadily given way to initiatory and ›entrepreneurial‹ forms of action in the 1970s and 1980s. […] there seems to be a general consensus emerging throughout the advanced capitalist world that positive benefits are to be had by cities taking an entrepreneurial stance to economic development. What is remarkable is that this consensus seems to hold across national boundaries and even across political parties and ideologies.[79]

Die Geschichte von »Glasgow's Miles Better« bietet ein konkretes Beispiel für diesen Wandel. Aus der Not geboren erschloss sich die Stadtverwaltung ein neues Handlungsfeld, das Stadtmarketing, und entwickelte hier in kurzer Zeit ein hohes Maß an Kompetenz. Hintergrund waren die wachsenden Bemühungen um Investoren und neue Arbeitsplätze in Folge des Strukturwandels, aber auch die Entdeckung des Stadttourismus als einer Branche, von der man sich Wachstum und Arbeitsplätze erhoffte. Die Botschaft von der »Erneuerung einer alten Industriestadt«, so der Titel einer 1988 erschienen Studie des Bun-

79 David Harvey, From Managerialism to Entrepreneurialism. The Transformation in Urban Governance in Late Capitalism, in: Geografiska Annaler 71 (1989), Serie B, Heft 1, 3–17.

desministeriums für Raumordnung, Bauwesen und Städtebau[80] über das Vorbild Glasgow, wurde dabei immer mehr zur Erzählung vom Werden einer postindustriellen Stadt. Wie in einem amerikanischen Aufsatz über Stadtmarketing aus dem Jahr 1992 zu lesen stand, war das Label Industriestadt jenseits der tatsächlichen ökonomischen Entwicklungen zum Problem geworden:

To call a city ›industrial‹ in the present period in the U. S. is to associate it with a set of negative images: declining economic base, pollution, a city on the downward slide [...]. Cities with more positive imagery are associated with the post-industrial era, the future, the new, the clean, the high-tech, the economically upbeat and the socially progressive.[81]

Die hier genannten Bausteine eines positiv verstandenen Bildes von der postindustriellen Stadt waren kein Spezifikum US-amerikanischer Städte. Sie fanden auch in der Werbung für Glasgow Verwendung. Sie waren nicht alle neu sondern erhielten teilweise nur eine neue Gewichtung im Feld der positiven Werte, die eine Stadt aufweisen konnte. Irene Maver fasste die Ergebnisse der Arbeit am Image in der zweiten Hälfte der 1970er und den 1980er Jahren so zusammen:

Sensationalism and negativity, the stock-in-trade of countless newspaper assessments of Glasgow since the 1920s, were replaced by self-assured rhetoric about Glasgow as a city of world importance.[82]

Wie viele andere altindustriell geprägte Städte versuchte Glasgow sich zunehmend von seiner industriellen Vergangenheit zu distanzieren und sich als Ort mit einem breiten kulturellen Angebot und hoher Lebensqualität zu vermarkten. Dieser Bruch mit der Vergangenheit und, wie viele Zeitgenossen empfanden, mit der eigenen Identität blieb nicht ohne Kritiker, wie sich besonders in den frühen 1990er Jahren zeigte. Die sozio-kulturellen Prägungen und die kollektive Erinnerung ließen sich nicht so einfach formatieren und neu bespielen, wie sich das die Werbefachleute erhofft hatten. Der »Strukturwandel in den Köpfen«[83] folgte den ökonomischen und gesellschaftlichen Veränderungen, welche die Phase nach dem Boom mit sich gebracht hatte, nur mit einiger Verzögerung. Die Arbeit am Image war deshalb immer auch ein Versuch, die Beharrungskraft des überkommenen Erfahrungsraums zu brechen und neue Erwartungshorizonte zu eröffnen. Glasgow sollte als eine andere Stadt vorstellbar werden, um bei Einheimischen und Fremden neue Energien zu wecken.

80 Bundesministerium für Raumordnung, Bauwesen und Städtebau, Erneuerung einer alten Industriestadt – Glasgow's Miles Better, Bonn 1988.
81 Vgl. Short u. a., Reconstructing the Image of an Industrial City, S. 208.
82 Irene Maver, Glasgow, S. 283.
83 Angela Schwarz Industriekultur, S. 17.

3.3 Der Schamane, die Strohlokomotive und das Papierschiff: George Wyllie und die künstlerische Auseinandersetzung mit dem Wandel

PR-Manager und Stadtmarketingexperten setzten auf eine klare Dichotomie. In ihren Botschaften stellten sie das neue gegen das alte Glasgow und ordneten beide sinnhaft in ein Fortschrittsnarrativ ein. Dieses Schwarz-Weiß-Bild entsprach der Logik der Neukodierung des Stadtimages und leistete seinen Teil, um die Botschaft vom besseren Glasgow in die Welt hinauszutragen. Das Ziel war dabei von den Auftraggebern aus Politik und Wirtschaft vorgegeben.

Anders verhielt es sich mit der künstlerischen Auseinandersetzung. Sie fiel naturgemäß vieldeutiger und uneinheitlicher aus. Für linksorientierte Künstler war die Botschaft von der kulturellen Erneuerung pure Maskerade, die von den eigentlichen Strukturproblemen und der politischen Verantwortlichkeit für den Niedergang ablenken sollte. Neben solch politisch aufgeladenen Positionen setzte sich die Mehrheit der kunstschaffenden auf eine differenziertere Art und Weise mit dem Wandel auseinander. Sie lehnten die einfachen Erfolgsgeschichten des Stadtmarketings ebenso ab wie die bloß politisch motivierte Kritik an ihnen. Über die Natur und die Bewertung der Veränderungsprozesse gab es naturgemäß eine große Vielzahl unterschiedlicher Einschätzungen.

Einige Kunstprojekte erzeugten eine besonders hohe Resonanz innerhalb der Glasgower Stadtgesellschaft und darüber hinaus. Sie sind Teil der Selbstverortung der Stadt als Reaktion auf den wirtschaftlichen, sozialen und kulturellen Umbruch. Sie werden hier berücksichtigt, weil sie im Rückblick als Ikonen erscheinen, sie eine hohe Sensibilität für die Befindlichkeiten aufwiesen und den Wandel mit dem Instrumentarium der zeitgenössischen Kunst auf prägnante Weise verdichteten.

Wohl kaum ein Künstler hat für die Zeit der Umbrüche so einprägsame und sinnstiftende Metaphern geprägt wie der Autodidakt und Bildhauer George Ralston Wyllie.[84] Geboren 1921 im Glasgower *Eastend*, wuchs er in Craigton auf, in unmittelbarer Nähe zum Werftenstadtteil Govan. Schon als Schüler war er ein äußerst begabter Zeichner. Die *Willam Arrol and Company*, Kranhersteller und Baufirma in Glasgow, hätte den geschickten Schüler gerne eingestellt. Andy Wyllie, Georges Vater, erlaubte seinem Sohn jedoch nicht, diesen Weg einzu-

84 Vgl. Susan Mansfield, George Wyllie. Marvels of a Georgian Era, in: The Scotsman, 8.3.2012; Jan Patience, George Wyllie. Artist, Writer and Sculptor. Obituary, in: The Herald, 17.5.2012; Moira Jeffrey, George Wyllie Obituary. Self-taught Sculptor Whose Work Had an Enduring Influence on Scottish Artists, in: The Guardian, 22.3.2012; Biographische Angaben auf der Homepage der George Wyllie Foundation, URL: http://georgewyllie.com/biography (Abruf 28.8.2013).

schlagen. Für ihn, der seinen Lebensunterhalt im Maschinenbau verdiente, war die Zukunft dieses Gewerbes viel zu unsicher. Sein Sohn sollte es einmal besser haben.

George Wyllie begann seine Karriere als Bürogehilfe in einer Glasgower Reederei, ehe er eine Ausbildung im technischen Büro der Post erhielt. Im Zweiten Weltkrieg diente er bei der Royal Navy. Seine Dienstzeit verstärkte einerseits die Begeisterung für Schiffe und Marinetechnik, die Wyllie bereits in jungen Jahren gezeigt hatte. Andererseits fiel in diese Zeit auch eine der prägendsten Erfahrungen seines Lebens. Als junger Marinesoldat auf der *HMS Argonaut* besuchte er das zerstörte Hiroshima.

Nach dem Krieg wurde Wyllie Zoll- und Steuerbeamter und diente in dieser Eigenschaft unter anderem in Glasgow, Prestwick und Nordirland, ehe er sich dauerhaft in Gourock an der Mündung des Clyde niederließ. In seinen Vierzigern begann er sich immer mehr der Kunst zuzuwenden. Er besuchte einen Schweißkurs und begann mit der Herstellung großformatiger Skulpturen. 1979 hing er schließlich seinen bisherigen Brotberuf an den Nagel, um sich ganz seinem künstlerischen Schaffen zuzuwenden.

Den Künstler George Wyllie prägten zwei Begegnungen ganz besonders. Zum einen traf er 1982 George Rickey, damals einer der führenden Vertreter der kinetischen Kunst, der für seine mobile-artigen Installationen bekannt war. Die durch Luft oder Wasser bewegten Gebilde faszinierten Wyllie und diese Grundidee floss in viele seiner Werke mit ein. Mit dem Amerikaner teilte Wyllie außerdem die Erinnerung an eine Kindheit am Clyde. Rickey war in Helensburgh aufgewachsen, nachdem sein Vater, ein Manager des Singer-Konzerns, von den USA aus nach Schottland geschickt worden war, um dort eine Stelle in Clydebank zu übernehmen.

Zum anderen war Joseph Beuys für Wyllies Schaffen von herausragender Bedeutung. Der Edinburger Gallerist Richard Demarco hatte ihn bereits 1970 erstmals nach Schottland geholt und zu jener Zeit begann auch Wyllies Auseinandersetzung mit dem deutschen Künstler. Zur ersten Begegnung kam es 1981, als Wyllie in Edinburg an Beuys Aktion *Poor House Doors* mitwirkte.[85] Der Düsseldorfer war nach Schottland gekommen, um sich hier intensiv mit der keltischen Kultur und Mythologie zu befassen.[86] Es war jedoch nicht so sehr der Schamanengeist, der Wyllie faszinierte, wenngleich die von ihm ab 1986 an unterschiedlichen Orten in der Welt errichteten *Spires* von der okkult-spirituellen Seite in Beuys Schaffen inspiriert waren. Vielmehr entstand aus der Begegnung mit dem deutschen Aktionskünstler Wyllies eigene Vorstellung von einer

85 Vgl. die Angaben zur Verbindung mit Beuys auf der Seite der George Wyllie Education Initiative, URL: http://www.whysman.org.uk/influence/on/josephbeuys.htm (Abruf 2.9.2013).

86 Vgl. Sean Rainbird, Joseph Beuys und die Welt der Kelten. Beuys in Schottland, Irland und England 1970–85, München 2005, S. 51–96.

sozialen Skulptur. Statt seine Werke wie bislang in Museen und Ausstellungen zu präsentieren, verlagerte er sie in den öffentlichen Raum:

> The influence of that meeting on Wyllie has been profound, encouraging him to take his art out of the showrooms of art dealers, even of public galleries and using places where people congregate to make symbolic ›statements‹ in material form that, with luck, might strike the public consciousness and even linger in the mind to bear eventual fruit. That has come to be one of George Wyllie's major concerns.[87]

Es ist diese Form der sozialen Skulptur als Metapher und Medium gesellschaftlicher Selbstverständigung, die hier von höchstem Interesse ist. Gleich zwei der wichtigsten Werke Wyllies in den 1980er Jahren, die Strohlokomotive und das Papierboot, setzten sich auf diese Weise mit dem Strukturwandel und seiner Bedeutung für die Menschen am Clyde auseinander. Beide haben sich tief in das kollektive Gedächtnis eingeschrieben. Sie wurden gewissermaßen zu Ikonen des Wandels.

Die Installation *The Straw Locomotive* offenbart, wie sehr die von Wyllie geschaffenen Bilder noch immer nachwirken (Abbildung 15). So gab es jüngst eine breite Unterstützung für den Vorschlag, eine Miniaturausgabe der ursprünglichen Skulptur aus dem Nachlass des 2012 verstorbenen Künstlers aufzukaufen und vor Ort auszustellen.[88] Viele Glasgower verbinden die Erinnerung an die Strohlokomotive mit dem *Glasgow Garden Festival 1988*. Auf der von der *Strathclyde University* eingerichteten Seite *Glasgow Digital Library* kann man etwa lesen, dass viele Besucher diese Skulptur während der Gartenschau gesehen hätten. Tatsächlich war die Installation bereits Teil des Glasgower Kulturfestivals *Mayfest* im Jahr 1987.[89] In der fälschlichen Verknüpfung beider Ereignisse zeigt sich die enge Verbindung von Wyllies Werk mit den anderen Bausteinen im Narrativ der Stadterneuerung.

Mit seiner Strohlokomotive nahm der schottische Künstler an der nationalen Kunstausstellung TSWA 3D teil, die von *TSW-Television South West* und *South West Arts* veranstaltet wurde. Die zwölf, in diesem Rahmen versammelten Werke sollten die Möglichkeiten der Kunst im öffentlichen Raum ausloten. Die Auswahl des Ortes spielte eine zentrale Rolle:

> The places exist: they are not normally perceived as spaces for art. They do not appear to be vacant, their meanings appear secure but perhaps dormant. It is the desire of the artists in TSWA 3D to transform these places through the collaboration of art into something more open and less certain. In so doing it acts as a metaphor not for this or that space of this or that transformation, but for the very belief in the possi-

87 Third Eye Centre, George Wyllie. Scul?ture Jubilee 1966–1991, Glasgow 1991, S. 15.

88 Vgl. Martin Williams, Calls to Keep Miniature Locomotive as Wyllie's Works Sold, in: The Herald, 28.8.2013.

89 Vgl. o.A., Artist Goes Loco… With Tons of Straw, in: Glasgow Herald, 5.5.1987.

Abb. 15: George Wyllies Strohlokomotive am Finnieston-Kran 1987, © George Wyllie Archive/George Oliver

bility of a public art which is both specific and uncompromised, which understands history without historicizing.[90]

Wyllie wählte als den Hauptort seiner Installation den Finnieston Kai, ein kleines Stück des alten Hafens flussaufwärts des SECC. Auf der gegenüberliegenden Uferseite wurde zu dieser Zeit das *Glasgow Garden Festival* vorbereitet, das im darauffolgenden Jahr stattfinden sollte. Mit dem Finnieston-Kran als weithin sichtbarem Wahrzeichen, schien dieser Abschnitt also ein Stück übrig gebliebener Hafen inmitten des sich auflösenden maritim-urbanen Zusammenhangs zu sein. In seiner Konfiguration bestehend aus Fluss, Kaimauer und Kran wirkte seine Bedeutung im stadträumlichen Gefüge auf den ersten Blick intakt. Gleichzeitig war es jedoch ein schlafender Ort im Sinne des Wettbewerbes, da hier nichts mehr verladen wurde und sich der Eindruck einer gesicherten und sinnhaften Existenz dieses urbanen Teilraums als trügerisch erwies. Wyllie wollte diesen Ort mit seiner Installation für neue Deutungshorizonte öffnen.

Das zentrale Objekt in Wyllies Kunstwerk war eine selbstgebaute Lokomotive. Er fertigte ein detailgetreues Stahlgerüst einer Dampflokomotive des Typs 4-8-2 an, wie sie zwischen 1951 und 1955 von den *Hyde Park Works* im Stadtteil Springburn produziert wurde. Der Nachbau erfolgte im Maßstab eins zu eins

90 Jonathan Harvey, Introduction, in: Ders. (Hrsg.), TSWA 3D, Exeter 1987, S. 5.

und war über 23 Meter lang. Das stählerne Skelett kleidete er mit Stroh aus. Die so gefertigte Lok wurde dann in einer feierlichen Prozession von Springburn zum Finnieston Kai in Glasgow geleitet, auf demselben Weg, den die stählernen Ungetüme der *North British Locomotive Company* einst genommen hatten, ehe sie vom Finnieston-Kran verladen und in alle Welt verschifft wurden. Der 1932 errichtete Kran hievte nun auch den Nachbau in die Höhe und schwenkte ihn über den Fluss. So verharrten Kran und Strohlokomotive als Gesamtkunstwerk mehrere Wochen. Dann wurde die Lok wieder auf die Erde gesetzt und nach Springburn zurück gebracht und schließlich in einer Zeremonie, die Wyllie als ein Wikingerbegräbnis bezeichnete, an Ort und Stelle verbrannt. Im Inneren des Stahlgerüsts blieb nur ein großes Fragezeichen zurück, eines der zentralen Symbole im Schaffen des schottischen Künstlers.[91]

Wyllies Werk war einerseits ein pathetischer öffentlicher Akt der Trauer über den Untergang der Glasgower Industrie, der seine Kraft aus dem Kontrast zur untergegangenen Welt des Industriezeitalters gewann, wie der Kunsthistoriker und Kritiker Richard Cork feststellte:

> To make such an unfunctional structure, and hang it from the arm of a machine no longer in regular use, is to generate a sense of pathos about the passing of Glasgow's industrial power. What could be more mournful than a train made of straw, so far removed from the real railway locomotives which were once loaded into ships by a crane capable of carrying a maximum weight of 1750 tonnes?[92]

Indem die Vergangenheit reinszeniert und somit sichtbar gemacht wurde, thematisierte die Installation die Verlusterfahrung der vorausgegangenen Jahrzehnte. Die nur aus Stroh gebaute Lok, der Kran ohne Schiff, die rückwärts verlaufende Prozession und schließlich die symbolische Verbrennung weisen die Gesamtperformance aber andererseits zugleich als sinnstiftendes Ritual aus, in dem auch der Stolz über das Vergangene seinen Platz erhält. Für Wyllie war und blieb das alte Glasgow Quell einer weltweit spürbaren Kraft:

> The First thing to notice is the crane, and that its hook is like an upturned questionmark – scul?ture rides again! From such a hook, and between the years 1865 and 1962, there has dangled the total of 18.000 […] locomotives being exported from the North British Locomotive Works in Springburn, Glasgow, to nearly every country in the world – Costa Rica, Java, Burma, France, Mexico, Egypt, and so on, and on, like the click of wheels on a railway track – even to Japan (yes Japan). Not bad Springburn. […] by way of the Finnieston Crane the abundant energy of Springburn was exported in locomotive form to energise the world.[93]

91 Vgl. George Wyllie, Why is there a ? in Scul?ture?, in: Third Eye Centre, George Wyllie, S. 38 f.

92 Richard Cork, Beyond the Tyranny of the Predictabel, in: Harvey (Hrsg.), TSWA 3D, S. 11.

93 George Wyllie, The Straw Locomotive, in: Harvey (Hrsg.), TSWA 3D, S. 18.

Die Strohlok wird so zum Symbol für Glasgows wirtschaftliche und soziale Bedeutung im Zeitalter der industriellen Moderne. Sie vermittelt aber zugleich zwischen einer glorreichen Vergangenheit und der von Unsicherheit und Orientierungslosigkeit geprägten Gegenwart. Während einige der exportierten Lokomotiven ihren Dienst noch verrichteten, Glasgows industrielle Energie also noch nicht gänzlich aus der Welt verschwunden war, schien der Quell dieser Kraft bereits versiegt: »Here, only the crane survives. The docks are filled in, and the Springburn works are flattened.«[94] Das Kunstwerk solle letztlich, so Wyllie, im Betrachter die Frage wecken, wo die große Kraft von Springburn geblieben sei? Diese Energie wurde so zur Hoffnung für die Zukunft der sozialen Gemeinschaft am Clyde.

Die Strohlokomotive am Kran enthält allein aufgrund ihrer Lage potentielle Energie, die erst noch freigesetzt werden muss. Für den Kritiker Richard Cork verhielt es sich mit dem Kran selbst und mit dem Material Stroh ähnlich:

> For Glasgow is proud of its past as well as sad about its present decline, and the Finnieston Crane is kept in good working order by a city which still hopes for industrial regeneration. By choosing straw as his material, Wyllie implies that the future revitalising of Clydeside will take a form very different form the glories of the past.[95]

Während der Kran für die Hoffnung auf eine industrielle Wiederbelebung steht verweist also das Stroh darauf, dass die Zukunft sich von der Vergangenheit ganz wesentlich unterscheiden wird. In diesem Sinne ist auch die rituelle Bestattung am Ende der Aktion zu verstehen. In ihr wurde das alte Glasgow, das zuvor noch einmal im Ritual gefeiert worden war, zu Grabe getragen. Wie die Helden der legendären Sagas ging es jedoch nicht einfach ins Totenreich ein. Vielmehr stand es fortan in verwandelter Form als Mythos, Kraftquell und Inspiration für Gegenwart und Zukunft bereit. Gemäß dem Energieerhaltungssatzes war seine Energie nicht verloren und es galt diese nun aufzuspüren und neu zu nutzen.

Die Kunstaktion *The Paper Boat* stellte in vielerlei Hinsicht die Fortsetzung von *The Straw Locomotive* dar.[96] Dieses Mal nahm sich Wyllie des Schiffsbaus an, der anderen der beiden Branchen, die einst das Schicksal Glasgows bestimmt hatten. Erneut spielte der Finnieston-Kran eine wichtige Rolle. Zum *Mayfest* 1989 baute Wyllie ein Boot in Form eines überdimensionalen Papierschiffchens. Es bestand aus einem Stahlgerüst, das von einer Kunststoffhülle umgeben war. Am 6. Mai taufte die damals 92-jährige Science-Fiction und Fantasy Schriftstellerin Naomie Mitchison das Boot mit der üblichen Zeremonie auf den Namen *QM*, eine Abkürzung für *Question Mark.* George Wyllie sang daraufhin

94 Ebd.

95 Cork, Beyond the Tyranny, S. 11.

96 Vgl. die Angaben zu diesem Projekt auf der Homepage der George Wyllie Foundation, URL: http://georgewyllie.com/george-and-paper-boat-launch (Abruf 28.8.2013).

mit einem Chor aus Greenock den eigens zu diesem Anlass komponierten *Paper Boat Song*. Danach wurde das Schiff vor einer großen Zahl von Zuschauern vom Finnieston-Kran feierlich zu Wasser gelassen. Dazu sprach Reverend Norman Orr, *Industrial Chaplain on the Clyde*, ein Gebet:

> Let us pray! Almighty and ever blessed and eternal God, we are gathered here in thanksgiving for the men of the Clyde who by their industry, endeavour and skill sustained this nation both in peace and war. And even as we are met in thanksgiving, we are met also in sorrow for the loss of so many shipyards, for those whose parsimony and greed have all but robbed us of these men's skills and of all our industry. And for all these reasons we ask you to bless this paper boat, that she may be for all who sail hard and all who see her a symbol of this sentiments.[97]

Im Falle der Strohlokomotive hatten die Prozession von und zum Finnieston Kai und die Verbrennung in Springburn den Charakter quasi-religiöser Rituale. Mit der Segnung des Papierbootes ging Wyllie noch einen Schritt weiter. Gleichzeitig zeigt sich in der Ansprache Orrs erneut jene Mischung aus Stolz auf die Leistungen der Vergangenheit und Trauer angesichts einer tiefgehenden Verlusterfahrung, die in der Re-Inszenierung einerseits Sinn erhalten und andererseits bewältigt werden sollte. Das Fragezeichen stand für die Auseinandersetzung mit diesem Thema, wie Wyllie selbst schrieb:

> Here are some questions from the ›Paper Boat‹ … Why does an island nation which has over hundreds of years become great because of the sea – by its shipbuilders, by its sailors, its maritime trade – now seem to be relentlessly abandoning that role and, in the confusion of this abdication, what of the displaced human skills and energy that built that meaningful past?[98]

Wyllie ging es nicht um eine nostalgische Verklärung der Vergangenheit. Die vielen Fragezeichen, die er setzte, waren vielmehr Probebohrungen auf der Suche nach Glasgows schlummernder Energie. Diese war kein esoterisches Konzept, wie das folgende Zitat offenbart, sondern bezog sich auf die konkreten Fähigkeiten und Stärken der Bevölkerung.

> I say […] where has the energy gone? Where are these skills going now? Well okay, a lot of the skills have gone overseas, they're working in the Persian Gulf, they're working on North Sea platforms, but I still know in […] Glasgow there are skills not in use. And that kind of bothers me and I feel maybe that should be addressed. The boat and so on hangs a question mark over that situation.[99]

Wyllies Kunst rückte somit all diejenigen ins Rampenlicht, für die im neuen Glasgow kein Platz mehr zu sein schien: Die Arbeiter und die Techniker, häu-

97 Transkript aus dem Dokumentarfilm The Why?sman – In Pursuit of the Question Mark, Großbritannien 1990, Regie: Murray Grigor, Buch: Ders./George Wyllie, o.A.

98 George Wyllie, But Will It Float?, in: Glasgow Herald, 6.5.1989.

99 Transkript aus dem Dokumentarfilm The Why?sman.

fig ungelernt, die einst die Humanressourcen des schwerindustriellen Clusters gebildet hatten. In Ihnen sah der Künstler das Potential für die Wiedergeburt der Region, für neue Wege und Ideen, die aus der Krise herausführen sollten. Seine Kunst verstand er als Inspiration und als ein Mittel zur Freisetzung dieser Kräfte.

I don't come up with any solutions. I come up with questions, basically. Maybe the nearest I will get to a solution is that the arts, which I find so stimulating, if I can get involved in doing that on a social basis, that ideal social sculpture working with people, and say look this loosened me of, maybe this will loosen off engineers, businessmen to have a go at trying out new things.[100]

Im Vergleich zur Strohlokomotive war das Papierschiff jedoch von Anfang deutlich politischer ausgerichtet. Die Ursache für die Fehlentwicklungen suchte der Künstler explizit in der Politik der konservativen Regierung.

The industrial energy of the north is strangled by some absent policy which not only does not understand engineers, but islands, the sea and roads that lead to the sea and the trade they could carry.[101]

Oder um es mit den Worten des *Paper Boat Songs* zu sagen: »So now we're building a Paper Boat, [...] don't be surprised at the way we vote.«[102]

Es waren jedoch nicht nur die Politiker, die Wyllie für die Lage der Menschen in Westschottland verantwortlich machte. Nach dem erfolgreichen Stapellauf begab er sich mit seiner *QM* auf die Reise. Das erste Ziel war die ebenfalls vom Strukturwandel hart gebeutelte Hafenstadt Liverpool, darauf folgte London als Zentrum der britischen Politik und schließlich ging es nach New York. Am *North Cove Harbour*, direkt vor dem *World Trade Centre*, machte Wyllie Station. Den Verantwortlichen in Wirtschaft und Finanzwelt überbrachte er eine Ausgabe von Adam Smiths *The Theory of Moral Sentiments*. Bislang, so der Künstler, habe sich der Kapitalismus zu einseitig von dessen Werk *The Wealth of Nations* leiten lassen, ohne die ethischen Grundsätze zu beachten, die im zweiten großen Werk dieses Autors zu finden seien. Die Ausblendung der moralischen Ansprüche habe ein Maß an Gier und Ungerechtigkeit hervorgebracht, das der Urheber dieser Schriften niemals akzeptiert hätte.[103] Damit erneuerte der schottische Künstler seine Kritik am Bankensystem und an einem ungezügelten Kapitalismus, die er 1983 bereits in seinem Theaterstück *A Day down a Gold Mine* formuliert hatte.[104]

100 Transkript aus Ebd.

101 Wyllie, But Will It Float?, in: Glasgow Herald, 6.5.1989.

102 Ebd.

103 Vgl. Geroge Wyllie, Reflections from a Paper Boat, in: Third Eye Centre, George Wyliie, S. 53–55.

104 Vgl. George Wyllie Foundation, URL: http://www.whysman.org.uk/goldmine/goldmine.htm (Abruf 3.9.2013).

Wyllies Arbeiten sind einerseits zu verstehen als die Auseinandersetzung eines Künstlers mit den Geschehnissen seiner Gegenwart. Als soziale Skulpturen zielten sie jedoch andererseits immer über diese individuelle Beschäftigung hinaus auf die ganze Gesellschaft. Dem Kollektiv legte Wyllie seine Fragen vor. Er wollte seine Mitmenschen zum Nachdenken über gegenwärtige Zustände und Problemlagen anregen. Hierzu bediente er sich, wie eben gezeigt wurde, vergleichsweise einfacher Symbole mit einem hohen Wiedererkennungswert: die Dampflokomotive, das Papierschiff, das Fragezeichen. In ihnen verdichtete er durch seine Aktionskunst die Erfahrungen des Wandels und der erlebten Umbrüche.

Jenseits von einer nostalgischen Verklärung der Vergangenheit oder dem Hochglanz-Image der Marketingexperten wollte er das Gemeinwesen, dessen Herzschlagader der Clyde einst gewesen war, wiederbeleben und dessen Energien freisetzen. Nicht um einer bloßen Re-Inszenierung vergangener Größe Willen, sondern um ein Neues zu schaffen, das den veränderten Rahmenbedingungen gewachsen war. Der Wandel war für ihn in erster Linie eine Chance, die Kraft sie zu nutzen war die Kreativität der Menschen.

Wyllie schuf Bilder, die sich bis heute tief ins kollektive Gedächtnis Glasgows und darüber hinaus eingeprägt haben. Er zielte auf das Populäre und versuchte die Bevölkerung in seine Aktionen mit einzubinden, häufig, wie im Falle des *Paper Boat Songs*, über Musik. Seine Kunst suchte den öffentlichen Raum. Mit der Strohlokomotive und dem Papierboot schuf Wyllie ambivalente Ikonen des Wandels. Sie waren einerseits Trauerarbeit, oder, psychologisch gesprochen, ein Durcharbeiten des Traumas einer kollektiven Verlusterfahrung. Andererseits brachten sie die Hoffnung auf eine baldige Erneuerung und Wiederbelebung zum Ausdruck. Die populär-kulturelle Stoßrichtung und die Ehrlichkeit der Botschaft trugen mit zum Erfolg der Werke bei. Obwohl sie die negativen Seiten des Wandels thematisierten, korrespondierten sie mit der optimistischen Aufbruchsstimmung, die in den späten 1980er aufkam. Die Kulturhauptstadt war ein wesentlicher Katalysator dieser Entwicklung.

3.4 Kulturhauptstadt Glasgow 1990: Die Entdeckung einer neuen Wachstumsbranche

Die vielleicht größte Erfolgsgeschichte, die Glasgow in den 1980er Jahren zu erzählen hatte, handelte von der erfolgreichen Bewerbung um die Austragung der Kulturstadt Europas für das Jahr 1990. Dieser Titel schien wie eine höchst amtliche Bestätigung des Werbeslogans »Glasgow's Miles Better« und eine Anerkennung für das in den Jahren zuvor Geleistete. Die Entscheidung der Londoner Regierung für die Stadt am Clyde war durchaus ungewöhnlich und markiert aus der Rückschau einen wichtigen Einschnitt in der europäischen Kulturförderung. Die Wahl einer alten Industriestadt, die Programmgestaltung und die Durchführung des Kulturhauptstadtjahres führten letztlich zu einer Neuinterpretation des gesamten Konzepts. Zugespitzt lässt sich das wie folgt formulieren: Die Schotten verwandelten eine Weihefeier der bourgeoisen Hochkultur in ein Instrument der regionalen Strukturförderung und der postindustriellen Stadterneuerung. Glasgows »Pionierkonzeption«[105] wurde in den darauffolgenden Jahren von vielen Städten aufgegriffen und weiterentwickelt.[106] Es waren vor allem die altindustriell geprägten Preisträger wie Lille oder das Ruhrgebiet, die sich vom Glasgower Modell inspirieren ließen.

3.4.1 Die Bewerbung

Im Juni 1985 hatte das noch ganz anders ausgesehen. Damals einigten sich die Kulturminister der Europäischen Gemeinschaft über »die alljährliche Benennung einer Kulturstadt Europas[107], wie der Titel anfangs noch lautete. Die ehemalige Schauspielerin und griechischen Kulturministerin Melina Mercouri hatte zwei Jahre zuvor der Kultusministerkonferenz einen entsprechenden Vorschlag unterbreitet. Das neue Programm war als ein Mittel gedacht, die kulturellen Gemeinsamkeiten und Unterschiede der Nationen in Szene zu setzen und so den Prozess der europäischen Einigung voranzubringen. Mercouris Initiative war Teil einer größeren kulturpolitischen Offensive in der Europapolitik.[108] Sie stellte eine Reaktion auf die zunehmende Kritik an der Dominanz von Wirtschafts- und Agrarpolitik innerhalb der Europäischen Gemeinschaft dar, die mit dem Auslaufen des Nachkriegsbooms immer deutlicher zu vernehmen war.

Diese Welle der Euroskepsis bildete zugleich das außenpolitische Pendant zu parallel verlaufenden nationalen Debatten über die Unregierbarkeit von

105 Jürgen Mittag, Die Idee der Kulturhauptstadt Europas. Vom Instrument Europäischer Identitätsstiftung zum tourismusträchtigen Publikumsmagneten, in: Ders. (Hrsg.), Die Idee der Kulturhauptstadt Europas. Anfänge, Ausgestaltung und Auswirkungen Europäischer Kulturpolitik, Essen 2008, S. 55–96, hier S. 81.

106 Zur Geschichte des Programmes vgl. Mittag (Hrsg.), Die Idee der Kulturhauptstadt; Tobias Schiller, Glasgow 1990 – Ruhrgebiet 2010. Aus Industriestädten werden Kultur(haupt) städte. Kultur als Motor der Revitalisierung altindustrieller Städte und Regionen: Ein Beitrag zur nachhaltigen Entwicklung?, Diplomarbeit, Tübingen 2007, S. 58–81; Lisa Hollmann, Kulturhauptstadt Europas – Ein Instrument zur Revitalisierung von Altindustrieregionen. Evaluierung der Kulturhauptstädte »Glasgow 1990, Cultural Capital of Europe« und ›Ruhr 2010, Essen für das Ruhrgebiet«, Diplomarbeit, Karlsruhe 2011, S. 28–42; Europäische Komission, Geschichte der Kulturhauptstädte, URL: http://ec.europa.eu/culture/our-programmes-and-actions/capitals/history-of-the-capitals_de.htm (Abruf 11.9.2013).

107 Entschließung der im Rat vereinigten für Kulturfragen zuständigen Minister vom 13.6.1985, Veröffentlicht im Amtsblatt der Europäischen Gemeinschaften am 22.6.1985, Nr. 85/C153/02, URL: http://cms.ifa.de/pdf/abk/inter/eu_kulturhauptstadt.pdf (Abruf 12.10.2013).

108 Vgl. Andreas Wirsching, Der Preis der Freiheit. Geschichte Europas in unserer Zeit, München 2012, S. 19–27; Tony Judt, Die Geschichte Europas seit dem Zweiten Weltkrieg, München, Wien 2006, S. 509–547.

Staaten und Städten.[109] Jenseits der ökonomischen Auseinandersetzungen und der wahrgenommenen »Eurosklerose«[110] sollten die zahlreichen Initiativen auf kultureller Ebene Möglichkeiten einer positiven Identifikation der Bürger mit der Gemeinschaft schaffen und gleichzeitig die Vielfalt und Offenheit Europas demonstrieren.

Die formalen Vorgaben waren relativ vage gehalten. Es wurden lediglich zwei Pole formuliert, zwischen denen sich die Organisatoren bewegen sollten:

> Durch diese Veranstaltung sollten der europäischen Öffentlichkeit besondere kulturelle Aspekte der Stadt, der Region oder des betreffenden Landes zugänglich gemacht werden. Auch könnte die betreffende Stadt zum Mittelpunkt einer Reihe von kulturellen Beiträgen aus anderen Mitgliedstaaten gemacht werden, die vor allem den Einwohnern der betreffenden Region zugutekommen. Zwischen diesen beiden Polen können vielfältige Schwerpunkte gesetzt und miteinander in Zusammenhang stehende Themen ausgewählt werden, die der betreffenden Stadt und gegebenenfalls dem besonderen Anlass, aufgrund dessen die Wahl auf diese Stadt fiel, angepasst sind [...][111]

Dieser nur grob umrissene Rahmen ließ den Veranstaltern bei der Ausgestaltung sehr viel Spielraum. Noch ungenauer war die Entschließung bezüglich der Durchführung und der Finanzierung. Festgelegt wurde lediglich, dass pro Jahr nur eine Stadt gekürt werden sollte. Die Mitgliedsländer waren reihum in alphabetischer Folge dazu aufgerufen, je einen Kandidaten zu benennen. Die Finanzierung blieb den betroffenen Ländern, Regionen und Kommunen anheimgestellt.[112]

Die erste Kulturstadt wurde noch im selben Jahr Athen. Es folgten Florenz, Amsterdam, West-Berlin und Paris. Alle waren anerkannte und traditionsreiche Zentren der europäischen Hochkultur und bereits vor ihrer Wahl etablierte Ziele des nationalen und internationalen Städtetourismus.

Als sich die britische Regierung für Glasgow, die Industriestadt in der Krise etschied, wich sie deutlich von diesem Muster ab und schuf zugleich einen Präzedenzfall für spätere Jahre. Was bewegte die Führung in London dazu, mit Glasgow ausgerechnet eine ehemalige Industrie- und Hafenstadt im Wandel als nationalen Vertreter zu präsentieren? Und warum entwickelte sich Glasgow 1990 anders als die vorausgegangenen Kulturstädte?

Bereits bei der Entscheidungsfindung ging man in Großbritannien neue Wege. Zuständig für das Verfahren war der britische Kulturminister Richard

109 Vgl. Gabriele Metzler, Staatsversagen und Unregierbarkeit in den 1970er Jahren?, in: Konrad H. Jarausch (Hrsg.), Das Ende der Zuversicht? Die siebziger Jahre als Geschichte, Göttingen 2008, S. 243–260.

110 Dieses Kompositum hat wohl der Kieler Ökonom Herbert Giersch geprägt, vgl. Herber Giersch, Eurosclerosis, in: Kieler Diskussionsbeiträge 112 (1985), S. 561–578.

111 Entschließung der im Rat vereinigten für Kulturfragen zuständigen Minister vom 13.6.1985.

112 Vgl. Kathrin Oerters, Die finanzielle Dimension der europäischen Kulturhauptstadt. Von der Kulturförderung zur Förderung durch Kultur, in: Jürgen Mittag (Hrsg.), Die Idee der Kulturhauptstadt, S. 97–124.

Luce. Der ideologischen Ausrichtung der Thatcher-Regierung folgend, setze er ganz auf die Kräfte des Marktes. Die britische Kulturstadt 1990 sollte über einen nationalen Wettbewerb ermittelt werden. Städte, die sich bewerben wollten, hatten drei Kriterien zu erfüllen:

> [...] appropriate international prestige, and a willingness to project the city in European terms; a developing and diverse cultural life and the ability to host a suitably high profile programme of cultural events (including the provision of adequate services and accommodation); and the financial commitment to carry this out without calling on extra resources from central government.[113]

Insgesamt beteiligten sich 1986 neun Städte am Wettbewerb. Neben Glasgow warfen Edinburg, Liverpool, Leeds, Bristol, Bath, Cardiff, Swansea und Cambridge ihren Hut in den Ring. Der Ausgang des Verfahrens war bis zuletzt offen. Unter Buchmachern und Journalisten galt Edinburg lange Zeit als Favorit. Umso überraschter waren viele Beobachter, als Luce im Oktober 1986 Glasgow zum Sieger kürte. In Edinburg sah man hinter der Wahl der ewigen Rivalin wieder einmal eine Verschwörung am Werk. Lokalpolitiker glaubten die Ursache für die Niederlage in den politischen Reibereien zwischen dem eigenen Stadtrat und der Londoner Regierung erkennen zu können. *Lord Provost* John McKay nannte den Entschluss »in some way political.«[114]

Was genau nun den Ausschlag für Glasgow gab, kann erst geklärt werden, wenn die entsprechenden Unterlagen freigegeben werden. Ob und inwiefern Luce diese Entscheidung bereits im Sinne einer Neuinterpretation des Programmes verstand, muss deshalb vorerst offen bleiben. Offiziell begründete er seine Entscheidung mit der besonderen Qualität der Bewerbung, wie aus der entsprechenden Pressemitteilung hervorgeht:

> [...] Glasgow emerged as the city which had put together the best case [...]. It showed a determination to succeed, an impressive variety of proposals, and convincing evidence of the ability to fund them. I have therefore decided to nominate Glasgow as the European City of Culture for 1990. I do so in the confident knowledge that it has an impressive range of cultural activities and excellent facilities, an international outlook, and a keen desire to expand its European connections. I am convinced that the city will mount and finance a programme which will do credit to the United Kingdom, and demonstrate to Europe some of the most positive aspects of the arts in Britain today.[115]

Was aber zeichnete die Glasgower Bewerbung tatsächlich aus? Im Glasgower Stadtarchiv findet sich eine Kopie der gesamten Bewerbungsunterlagen. In der Einleitung zu diesem Dokument zeigt sich zunächst ein inzwischen vertrau-

113 Vgl. Press Notice, Arts and Libraries, Arts Minister Richard Luce Nominates Glasgow as European City of Culture in 1990, London 1986, S. 2, GCA, GDC1/3/1.

114 Allan Laing, Anger over Glasgow's Choice as Culture City, in: Glasgow Herald, 21.10.1986.

115 Press Notice, Arts and Libraries, Arts Minister Richard Luce nominates Glasow, S. 2.

tes Muster. Die Verfasser hoben den geleisteten Wandel der letzten Jahre als eine herausragende Qualität der Stadt hervor. Alles, was bislang auf dem Gebiet der Stadterneuerung und des urbanen Wandels geschehen war, wurde nun zu Gunsten der Bewerbung ins Feld geführt:

> Less than 10 years ago, the prevailing image of Glasgow was that of a declining industrial city. Today, Glasgow has cast off the grime of its past industrial history. Its traditional beauty has been restored to reveal the most magnificent Victorian city in Europe.[116]

Dieses Lob der Schönheit der Viktorianischen Stadt barg eine Paradoxie. Während die Industriestadt einerseits zur überwundenen Vergangenheit erklärt wurde, stieg das aus ihr hervorgegangene Stadtbild zum Alleinstellungsmerkmal auf. Die Slums von gestern wurden nun zu schützenswerten architektonischen Ensembles. Sie sollten die Kulisse für ein kulturelles Großereignis von europäischem Ausmaß abgeben, wie es die Stadt noch nicht gesehen hatte. Die Fabriken und Verkehrsflächen, die in einem engen sozial-räumlichen Verhältnis zu dieser Bebauung gestanden hatten, waren damit jedoch weniger gemeint. Bis auf wenige prominente Ausnahmen blieben sie von dieser Neuinterpretation der Viktorianischen Stadt ausgeschlossen. Im Vordergrund stand die Aufwertung der Kernstadt gegenüber der Peripherie. Diesem Gentrifizierungsprozess entsprach auf rhetorischer Ebene das Selbstbild der »most magnificient Victorian city in Europe«, das im Bewerbungsschreiben beschworen wurde.

In der Bewerbung formulierten die Verantwortlichen von Seiten der Stadtverwaltung, was sie sich von dem angestrebten Titel erhofften. Die Kulturhauptstadt sollte den Ruf Glasgows aufbessern: »[to] maintain momentum already generated by the image building initiatives which played a key role in promoting the City's revitalised character […].«[117] Das Großereignis biete außerdem eine einmalige Möglichkeit, Glasgow als Ziel für Stadttouristen bekannter zu machen: »[to] provide a corporate marketing platform for the City's vast range of cultural, historical and artistic institutions, collections and events […].«[118]

Das Ereignis sollte sich jedoch nicht nur an die Gäste von außerhalb richten. Vielmehr erhoffte man sich positive Impulse, die mittel- bis langfristig eine weitere Belebung des sozialen und kulturellen Lebens erwirken würden:

> [to] stimulate increased awareness and participation in the arts by Glaswegians, and act as a launching pad for new cultural developments and events which could become permanent features of Glasgow.[119]

116 GDC, European City of Culture 1990. City of Glasgow District Council Submission for United Kingdom, S. 1, GCA, GDC 1/3/1.

117 Ebd., S. 2.

118 Ebd.

119 Ebd., S. 3.

Schließlich warben die Glasgower mit dem hohen Maß an »organisational experience and co-operative effort«[120], welche die Stadt und ihre Bewohner bei jüngst abgehaltenen Großveranstaltungen wie dem *Glasgow Garden Festival* oder dem Bau des *Scottish Exhibition and Conference Centre* an den Tag gelegt habe.

Besonders wichtig war es der Stadtverwaltung zu betonen, dass Glasgow jenseits der öffentlichen Wahrnehmung längst ein etabliertes kulturelles Zentrum von europäischem Rang sei und über eine entsprechend leistungsfähige Infrastruktur verfüge:

> Glasgow is the home of Scottish Opera, Scottish Ballet, the Scottish National Orchestra, Scottish Theatre Company, the Citizens' Theatre and the Scottish Early Music Consort. The City has its own major arts festival, Mayfest, the International Folk Festival in June, the Glasgow Jazz Festival in July and the Glasgow Choral Festival in August. As the cultural heart of Scotland, the City is en fete 52 weeks of the year. In making this formal submission to secure the UK nomination as European City of Culture in 1990, Glasgow does so with confidence that the cultural facilities and institutions, the organisational structures and the personalities vital to the success of such a prestigious enterprise already exist in the city.[121]

Tatsächlich war Glasgow schon allein aufgrund seiner Größe im Lauf des 19. Jahrhunderts zu einem der kulturellen Zentren Großbritanniens aufgestiegen. Zahlreiche Institutionen des nationalen Kulturbetriebes hatten hier ihre Heimat gefunden, Bislang hatte diese Seite der Stadt in der öffentlichen Wahrnehmung jedoch keine große Rolle gespielt. Sie war hinter dem Bild des industriellen und wirtschaftlichen Zentrums und den daran geknüpften Begleiterscheinungen immer wieder zurückgetreten. Die negativen Schlagzeilen der 1970er und frühen 1980er Jahre hatten diesen Effekt noch verstärkt. Deshalb war es den Verfassern wichtig, die Leistungsfähigkeit des Kulturstandorts Glasgow zu unterstreichen.

Ein weiteres Argument des Stadtrates war die bestehende europäische Vernetzung der Glasgower Kulturszene. Hierin folgten sie den Vorgaben des Kulturstadtprogrammes. Um diese Behauptung zu belegen, wurde auf die Ausstellung *Glasgow's European Treasures* verwiesen, mit der im *Kelvingrove Art Gallery and Museum* der EWG-Beitritt Großbritanniens gefeiert worden war.[122] Daneben wurde eine Reihe von Ausstellungen angeführt, die Glasgower Veranstalter aus dem europäischen Ausland eingekauft hatten. Die zahlreichen Auslandsreisen von Theaterensembles, Orchestern und anderen Glasgower Künstlern fanden ebenfalls Erwähnung. Schließlich gingen die Verfasser des Bewerbungsschrei-

120 Ebd.

121 Ebd., S. 1.

122 Vgl. Glasgow Art Gallery and Museums Association, Glasgow's European Treasures: An Exhibition of European Masterpieces to Commemorate Britain's Entry into the European Economic Community, Glasgow 1973.

bens auf die Städtepartnerschaften mit Nürnberg und Turin ein, die bereits für regen kulturellen Austausch gesorgt hätten. Nehme man all diese Dinge zusammen, so zeige sich Glasgow als »ideal city in Britain to stage a European arts event«.[123]

Auffällig ist, wie oft die breite Phalanx ins Feld geführt wird, die sich hinter der Bewerbung der Stadt versammelt habe. Um die allgemeine Zustimmung zur Bewerbung zu unterstreichen, wurde an das eigentliche Schreiben ein ganzes Bündel an Unterstützerbriefen von Kultureinrichtungen, Organisationen und Institutionen beigefügt. Dort erklärte etwa Cordelia Oliver, eine der angesehensten Kunstkritikerinnen des Landes und gebürtige Glasgowerin, ihre Heimatstadt schon mal vorab zur Kulturhauptstadt Schottlands. Bald wurde so aus der europäischen Kulturstadt die Kulturhauptstadt Europas.[124]

Immer wieder war unter Verweis auf zurückliegende Leistungen die Rede von Partnerschaft und Kooperation, bezogen häufig auf die Zusammenarbeit zwischen öffentlichen Körperschaften und der Wirtschaft zum Wohl des kulturellen Sektors: »More recently, the city's public and private institutions have demonstrated their ability to combine major co-operative ventures.«[125] Die Leistungsfähigkeit einer solchen Partnerschaft wurde betont.

Hinter der auf Geschlossenheit zielenden Rhetorik verbarg sich ein wichtiges und handfestes Argument. Mit Hilfe von Sponsoring und in enger Zusammenarbeit mit der lokalen Wirtschaft sowie den vor Ort bereits tätigen Quangos hoffte man, die finanzielle Herausforderung stemmen zu können, die mit dem Kulturstadttitel verbunden waren. Konkret schlug die Stadt eine Mischfinanzierung vor. Ein beachtlicher Teil des Kapitals sollte aus der privaten Wirtschaft stammen. Das Kulturstadt Programm sollte sich finanziell selbst tragen:

> European City of Culture will be largely self-financing. The programme will build upon existing events, utilizing the substantial sponsorship which already supports the arts in the City. At the same time, the prestige attached to European City of Culture will be expected to generate additional sponsorship for the special programmes which will be mounted during the year.[126]

Wie bereits im Falle des Glasgow Garden Festivals setzte die Stadtverwaltung also auf Sponsorengelder für die Umsetzung eines Großprojekts. Die Organisation *Glasgow Action*, die die Interessen der Glasgower Wirtschaft vertrat, unterstützte die Bewerbung ausdrücklich und bot finanzielle und organisatorische Hilfe an. Daneben erhoffte sich die Stadt die Beteiligung weiterer öffentlich-rechtlicher Institutionen, wie etwa des *Scottish Tourist Board*, und Mittel aus verschiedenen Strukturförderprogrammen der EG.

123 GDC, European City of Culture 1990. City of Glasgow District Council Submission, S. 2.
124 Cordelia Oliver, Glasgow. Scotland's Cultural Capital, in: Ebd., Anhang, S. 32.
125 Ebd.
126 Ebd., S. 10.

Am Ende belief sich der Gesamtetat auf etwa 60 Millionen Euro und lag somit deutlich über dem, der vorausgegangenen Preisträger.[127] 83 Prozent der Mittel stammten aus öffentlichen Haushalten während 8,6 Prozent durch Sponsoren aufgebracht wurden. Die Förderung der EG lag bei gerade einmal 120.000 Euro und obwohl diese Summe in etwa dem entsprach, was auch die Vorgänger Glasgows erhalten hatten, betrug die prozentuelle Beteiligung, aufgrund der hohen Gesamtkosten, nur 0,2 Prozent.

Bezüglich des Programmes blieb die Bewerbung notgedrungen vage und verwies stattdessen auf die bevorstehenden Jahre der Vorbereitung. In Anlehnung an den Entschluss der EG-Kultusministerkonferenz wurden jedoch drei Leitlinien formuliert, an denen sich die Veranstaltungen orientieren sollten:

- celebrate the distinctive and original identity of Glasgow's cultural organizations.
- emphasise the strong cultural links between Glasgow and Europe and the influence of Glasgow's art on European culture.
- bring together in a special programme guest artists and performers from all member states in the community.[128]

Es folgten einige konkretere Vorschläge bezüglich der internationalen Ausrichtung und Spannbreite des Veranstaltungskalenders. So sollte ein europaweites Filmfestival stattfinden, der europäische Nachwuchsmusiker des Jahres gekürt und jeder der zwölf Mitgliedsstaaten in einem Monat besonders gefeiert werden.

Hier deutete sich bereits eine weitere Besonderheit des Glasgower Kulturstadtmodells an. Bisher hatten sich die Feierlichkeiten auf wenige Wochen im Jahr konzentriert. In erster Linie wurden bereits geplante Veranstaltungen in ein bescheidenes Rahmenprogramm integriert. Glasgow bewarb sich hingegen mit einem Konzept, das ein ganzes Jahr voller Veranstaltungen vorsah. Bereits etablierte oder geplante Programmpunkte sollten durch zahlreiche zusätzliche Events ergänzt werden. In der Bewerbung wurde zudem die Hoffnung geäußert, einige dieser zusätzlichen Programmpunkte langfristig zu erhalten. Darüber hinaus erklärten sich die wichtigsten Kulturinstitutionen der Stadt dazu bereit, ihr Jahresprogramm entsprechend am Europathema auszurichten.

In einer weiteren Hinsicht brachte die Bewerbung eine Neuerung im Programm. Da die Stadt bereits begonnen hatte, sich als Messe- und Kongressstandort zu vermarkten, hoffte man hier auf wichtige Impulse. Insbesondere war vorgesehen, das Kulturprogramm durch eine Reihe von »major conferences for culturally related organisations«[129] zu ergänzen. Geschickt verband man also die Metaebene der europäischen Kulturpolitik mit den Interessen des Messe- und Kongressstandortes und trug gleichzeitig zur Vernetzung des Kul-

127 Kathrin Öerters, Die finanzielle Dimension, S. 100 f.
128 GDC, European City of Culture 1990. City of Glasgow District Council submission, S. 8.
129 Ebd., S. 9.

turbetriebes über nationale Grenzen hinweg bei. Ende 1990 fand auf Initiative Glasgows eine gemeinsame Tagung aller bisherigen Kulturstädte statt, auf der über Erfahrungen und Probleme des noch weitgehend unregulierten Verfahrens diskutiert wurde, und aus der schließlich *The Network of European Cities of Culture and Cultural Months* hervorging.[130]

Am 8. August 1986 besuchte eine Delegation des *Office of Arts and Libraries* die Stadt, um sich vor Ort über die Kulturstadtpläne informieren zu lassen. In Folge dieses Besuchs entstand eine ergänzende Eingabe zur Bewerbung, die auf Kritik und Konkretisierungswünsche der Delegierten einging.[131] Anhand dieses Dokuments lässt sich gut ergründen, worauf es letztlich bei der Entscheidung ankam. In erster Linie ging es um Fragen der Finanzierung und darum, wie breit das Vorhaben von Seiten der Unternehmer und Geschäftsleute der Region unterstützt wurde. Außerdem machten sich die Gutachter Sorgen, wegen des schlechten Rufs der Stadt. Würde es möglich sein, das negative Bild Glasgows in der Öffentlichkeit zu überwinden, um die notwendigen Besucherzahlen anzulocken?

Die Stadtverwaltung sah sich genötigt, ausführlich auf diesen sensiblen Punkt einzugehen. Die Stellungnahme umfasste drei der insgesamt sechs Seiten des Dokuments. Zudem wurden eine Kurzfassung des Evaluationsberichts der Imagekampagne und ein paar ausgewählte Zeitungsartikel aus der nationalen Presse beigefügt. Neben einigen Erläuterungen zu »Glasgow's Miles Better« wurde unter anderem auf die jüngsten Erfolge bei der Vermarktung der Stadt als Tourismusziel und als Kongressstandort verwiesen. Schließlich hoben die Verfasser die Fortschritte bei der Sanierung des historischen Stadtzentrums und die Bedeutung der Einkaufsstadt Glasgow hervor. Alle diese Maßnahmen hätten zu einer dauerhaften Verbesserung des Ansehens der Stadt in der britischen Öffentlichkeit geführt.

All these contributions confirm our belief that a favourable image of the city is emerging amongst the opinion formers in the media and the business world. This process will continue with the 1988 Garden Festival, which will provide another major opportunity to focus attention on the new Glasgow and to bring large numbers of visitors to the city to see its attractions for themselves. We are firmly of the view that the progress already made in changing the image of the city will ensure that the choice of Glasgow for European City of Culture will meet with widespread approval.[132]

Der Titel der europäischen Kulturstadt wurde so zu einem weiteren Baustein der laufenden Anstrengungen zur nachhaltigen materiellen und immateriellen Er-

130 Vgl. Elisabeth Mettler, Nachhaltige Effekte oder Strohfeuer für ein Jahr? Die Kulturstadtjahre Glasgow 1990, Luxemburg 1995 und Weimar 1999, in: Mittag (Hrsg.), Die Idee der Kulturhauptstadt, S. 125–143, hier S. 128.

131 GDC, European City of Culture 1990. City of Glasgow District Council supplementary submission, Glasgow 1986, GCA, GDC 1/3/1.

132 Ebd., S. 6.

neuerung Glasgows. Von dieser Auszeichnung erhofften sich die Stadtverwaltung und die Vertreter der lokalen Wirtschaft den endgültigen Durchbruch.

European City of Culture will have an enormously beneficial effect on the city in continuing the momentum of the regeneration process and by providing the opportunity, perhaps once and for all, of confirming the new image of Glasgow. We trust, then, that the image issue will be viewed as a positive factor in the decision equation in favour of Glasgow's nomination [...].[133]

Zusammenfassend kann festgehalten werden, dass die Bewerbung nicht nur die Anforderungen des Kulturstadtprogrammes erfüllte. Besonders bezüglich der Finanzierung entsprach das Glasgower Modell auch den Wünschen der Londoner Regierung in besonderem Maße. Die Leitlinien für das Programm, insbesondere die Ausweitung auf ein Ganzjahresereignis, stellten eine innovative Erweiterung des Konzepts der europäischen Kulturstadt dar. Darüber hinaus gelang es Glasgow, die Vorschläge in die Rahmenerzählung einer breit angelegten und erfolgreichen Strategie zur Stadterneuerung einzuordnen. In diesem Kontext versprach das Kulturstadtjahr einen weit höheren Mehrwert, als dies bei den bisherigen Ausrichtern der Fall gewesen war.

3.4.2 Programmgestaltung und Umsetzung

Nach der Kür Glasgows blieben den Verantwortlichen noch drei Jahre und zwei Monate für die Vorbereitungen des Großereignisses. Es galt, die in der Bewerbung nur vage formulierten Ziele zu konkretisieren und in ein umfangreiches Programm umzuwandeln. Schon früh zeigte sich, dass der Faktor Stadtmarketing eine zentrale Rolle spielen würde. Das Kulturhauptstadtjahr wurde als eigenständige Werbekampagne aufgefasst und auch so geplant. Für die Ausarbeitung des Rahmenkonzeptes war die Agentur *Saatchi & Saatchi* zuständig. Diese Wahl fanden einige Labour-Stadträte äußerst unglücklich, war die Agentur doch wesentlich am Erfolg Margret Thatchers beteiligt. Pat Lally wischte die Bedenken jedoch beiseite. Für Glasgow 1990 könne man nur die größte und beste Agentur gebrauchen.[134] Damit unterstrich er die Bedeutung des Marketingfaktors, wozu auch die sprachliche Aufwertung von der Europäischen Kulturstadt zur Kulturhauptstadt Europas gehörte.

1988 stellte *Saatchi & Saatchi* ihre Überlegungen zur Kulturstadtkampagne vor, die unter dem Motto »There's a lot Glasgowing on« stand. Das Jahr 1990, stellten die PR-Experten klar, solle ein Dynamo der Stadterneuerung werden. Es sollte um mehr gehen, als nur einen 365-Tage-Hype. Die Werbung sollte das Jahr mit seinen Veranstaltungen als Teil der laufenden Stadterneuerung präsen-

133 Ebd.
134 Vgl. Diamond, Can You Get My Name in the Papers?, S. 166f.

tieren. Dabei wurde auch festgelegt, welche Rolle dem Ereignis innerhalb des Narrativs der wiedergeborenen Stadt zukam.

> [...] it is confirmation of all that has gone before, including an arts-driven urban regeneration programme. It is also a triumphant ratification of the ›Glasgow's Miles Better‹ campaign, for it signals the European Community's and the UK Government's belief that Glasgow does indeed have more to offer than at least the seven other contenders for the City of Culture title.[135]

Die Nominierung durch die britische Regierung und die Verleihung des Kulturstadttitels durch die Europäische Gemeinschaft sollten das bereits Geleistete beglaubigen und den Wandel national wie international kommunizierbar machen.

Die Empfehlungen gingen über 1990 hinaus. Sie legten der Stadtverwaltung einen grundsätzlichen Strategiewechsel nahe, »from an event-led programme, using spectaculars such as the Garden Festival to boost the city's profile, to a venue-led strategy.«[136] Das Kulturstadtjahr sollte demnach dazu genutzt werden, die kulturelle Infrastruktur Glasgows weiter auszubauen, um so mittel- bis langfristig positive Effekte erzielen zu können. Ziel dieser Strategie war es zum einen, die Stadt als Tourismusmagnet und Reiseziel nachhaltig zu etablieren und so neue Einnahmequellen zu erschließen. Zum anderen wollte man die Gelegenheit nutzen, um für den Wirtschaftsstandort Glasgow zu werben, in dem die Stadt als »[...] exciting and energetic place to visit and work in [...]«[137] präsentiert wurde.

Dem lag die Annahme zu Grunde, dass zwischen der allgemeinen Lebensqualität und der wirtschaftlichen Attraktivität einer Stadt ein enger Zusammenhang bestünde. Aus den Augen der Werbefachleute war die Stadt am Clyde nichts anderes als eine Marke, die es an den Mann zu bringen galt. Um den Absatz zu steigern, sollten möglichst viele potentiellen Konsumenten im Kulturstadtjahr an den Clyde gelockt werden. Eine langfristige Bindung an das Produkt war aber nur zu erzielen, wenn diese Konsumenten ihren Besuch als äußerst positive Erfahrung erlebten und diese möglichst weiter gaben.

Um solche positiven Erinnerungen zu schaffen, genügten ein paar hochkulturelle Veranstaltungen längst nicht. Die Gäste würden sich auch jenseits fester Termine und konkreter Veranstaltungsorte durch die Stadt bewegen. Aus dieser Überlegung entstand der Wunsch, möglichst viele Bürger in die Ereignisse von 1990 mit einzubeziehen und so das Glasgow-Erlebnis der Besucher umfassend zu beeinflussen. Die Gäste sollten den Eindruck gewinnen, die ganze Bevölkerung stünde hinter der Sache. Um dieses Ziel zu erreichen und die Bewoh-

135 Saatchie&Saatchi Advertising, Glasgow 1990. European City of Culture, Glasgow 1990, S. 1, GCA, GDC1/3/1.

136 Ebd.

137 Ebd.

ner von dem Projekt zu begeistern, musste dem Ganzen ein möglichst breiter Kulturbegriff zu Grunde gelegt werden.

> Some of this will be done by ensuring a seamless transition from ›highbrow‹ events through to community events, so that no group feels alienated from the totality that is Glasgow 1990. In this way, we will demonstrate that Glasgow 1990 is about the culture of an entire city, that is, it's something that has grown naturally out of the vitality of the city, and hasn't been imposed upon it.[138]

Die Bevölkerung war also aktiv in das Geschehen einzubinden. Sie sollte zum Erfolg des Ereignisses selbst sowie zum Erreichen der mittel- bis langfristigen Ziele beitragen. Partizipation diente hier als Anknüpfungspunkt für eine positive Identifikation der Menschen mit ihrer Stadt.

Sowohl der forcierte Ausbau der kulturellen und touristischen Infrastruktur als auch der erweiterte Kulturbegriff stellten zwei weitere wesentliche Neuerungen des Kulturstadtprogrammes dar, die in Glasgow erstmals in dieser Konsequenz vorangetrieben wurden und für die kommenden Jahre prägend blieben.[139] Für den ersten Punkt war das Timing entscheidend. Zwei Großvorhaben, die nichts mit dem Kulturstadtjahr zu tun hatten, kamen den Verantwortlichen zupass. Zum einen erwies sich die 1983 eröffnete Kunstsammlung des Glasgower Reeders William Burrell binnen kürzester Zeit als echter Publikumsmagnet und war rasch eine der meistbesuchten Attraktionen in ganz Schottland. Als national beachtete Einrichtung trug sie zu Glasgows wachsendem Ruf als einem wichtigen Kulturstandort bei.

Ende 1982 hatte man sich außerdem nach jahrzehntelangem zähem Ringen endlich über einen Ersatz für die 1962 durch einen Brand zerstörte *St. Andrews Hall* geeinigt.[140] Der Neubau entstand nicht am alten Standort, hinter der *Mitchell Library*, sondern an einer erhöhten Stelle in der Innenstadt, wo die beiden Haupteinkaufsmeilen *Buchanan Street* und *Sauchiehall Street* aufeinandertreffen. Trotz einiger Schwierigkeiten und Finanzierungsprobleme konnte die neue *Royal Concert Hall* im Oktober 1990 eröffnet werden. Auf beide Projekte, die Burrell-Sammlung und die Konzerthalle, war in der Bewerbung Glasgows ausführlich hingewiesen worden.

Eine weitere Spielstätte der Kulturhauptstadt 1990 war zuvor unabhängig davon geplant worden: das *Tramway Theatre*. Untergebracht im ehemaligen Straßenbahndepot von Coplawhill im Südteil der Stadt, stand dieses Theater beispielhaft für die Neuaneignung der baulichen Relikte des Industriezeitalters durch kulturelle Nutzungsformen. Nach dem Ende der Straßenbahnen war hier zunächst das *Glasgow Museum of Transport* untergebracht. Mit der Eröffnung des SECC hatte die alte Messe in der *Kelvin Hall* ausgedient und die verkehrs-

138 Ebd., S. 2.
139 Vgl. Jürgen Mittag, Die Idee der Kulturhauptstadt, S. 84f.
140 Claude Thompson, Council Leader Supports £85m City Projects, in: Glasgow Herald, 16.11.1982.

technische Sammlung zog dorthin um. Damit war das alte Straßenbahndepot frei für eine Neunutzung. Zu dieser Zeit suchte der britische Regisseur Peter Brooks für seine neunstündige Bühnenversion des indischen Epos »Mahabharata« eine geeignete Spielstätte in Großbritannien. Dieses Mammutprojekt gab den Anstoß zum Umbau der Hallen. 1988 feierte das Stück im neuen *Tramway Theatre* unter großer Anteilnahme der Medien britische Premiere.

Die *Burrell Collection*, die *Royal Concert Hall* und das *Tramway Theatre* sind drei Beispiele dafür, dass der Ausbau der Infrastruktur des Kultursektors schon deutlich vor 1990 begonnen hatte und häufig unabhängig davon vorangeschritten war. Die Kulturhauptstadt erleichterte und beschleunigte jedoch die Realisierung bereits geplanter oder laufender Projekte. Eine Handvoll neue Vorhaben kamen hinzu, wie die Nutzung einer ehemaligen Werkshalle von *Harland & Wolff* in Govan als Spielort für Bill Brydens Stück »The Ship«. *The Shed*, wie diese Halle später genannt wurde, avancierte in den Folgejahren zum beliebten Drehort von Film- und Musikvideodrehs und beherbergte zahlreiche weitere Inszenierungen.

Ebenfalls unabhängig von der Kulturhauptstadt 1990 war eine Studie über die wirtschaftliche Bedeutung des Kultursektors für die urbane Ökonomie durchgeführt worden. Sie war Teil eines größeren Forschungsprojekts der *Calouste Gulbenkian Foundation* das neben Glasgow auch East Suffolk und Merseyside in den Blick nahm.[141] Der Leiter der Untersuchung war John Myerscough. Die Ergebnisse basierten auf einer Reihe von Umfragen unter Kunstschaffenden, Geschäftsleuten und Einwohnern, die zwischen 1985 und 1986 durchgeführt worden waren. Die Studie über Glasgow hatten der Stadtrat, *Glasgow Action* und der *Greater Glasgow Tourist Board* finanziert.

Die Ausgangsthese des Projekts lautete, dass die Kultur nicht etwa ein Zuschussbetrieb, sondern ein integraler und wertvoller Bestandteil der Ökonomie sei. Sie berge ein hohes Entwicklungspotential im Hinblick auf Wirtschaftswachstum und Beschäftigung. In der Zusammenfassung der Ergebnisse für den Stadtrat hieß es: »the arts should be seen as a form of production and capable of compensating, in part, for the decline of manufacturing industry in Glasgow.«[142]

Für den Untersuchungszeitraum 1985/1986 ermittelten Myerscough und sein Team einen Umsatz des Kultursektors von 204 Millionen Pfund.[143] 14.735 Menschen waren direkt oder indirekt in dieser Branche beschäftigt, was einem Anteil von 2,25 Prozent der Gesamtbeschäftigung ausmachte. Die Kunstkonsumenten gaben 1986 in der Stadt 80,9 Millionen Pfund aus, wobei etwa die Hälfte

141 Die Ergebnisse der gesamten Untersuchung wurden in einem Band veröffentlicht vgl. John Myerscough, The Economic Importance of the Arts in Britain, London 1988.

142 GDC, The Economic Importance of the Arts. Summary Report (Draft), Glasogw 1988, S. 2, GCA, GDC 1/3/113.

143 Ebd., S. 3.

dieses Betrages von auswärtigen Gästen stammte. Drei Bereiche waren für die ökonomische Wirkung von besonderer Bedeutung.

Erstens lockten die klassischen Institutionen des Kulturbetriebs wie Theater, Museen und Galerien viele Besucher an. Zweitens existierte ein Markt unabhängiger Künstler. Den dritten Bereich, der für Glasgow von besonderer Bedeutung war, bezeichnete die Studie als *Cultural Industries.* Unter dieser Überschrift wurden Unternehmen aus den Bereichen Druck, Design, Film, Musik und Radio zusammengefasst. 235 Unternehmen mit einem Umsatz von 173,7 Millionen Pfund und 5.418 Beschäftigten wurden dieser Kategorie zugeschlagen. Hier sahen Myerscough und seine Mitstreiter das größte Wachstumspotential. Sie empfahlen der Stadt eine aktivere Kulturpolitik, die neben Finanzierungsangeboten auch eine Talentförderung und Fachberatung umfassen sollte. Etwa 1.100 neue Stellen könne man so schaffen, hieß es in der Studie. Empfohlen wurden außerdem die gezielte Förderung des Kultur- und Stadttourismus sowie eine Ausweitung des Veranstaltungsprogrammes.

Als die konkrete Planung der Kulturhauptstadt begann, hatte man mit der Myerscough-Studie eine wichtige strategische Blaupause für die kommenden Jahre zur Hand. Ihr Autor war außerdem ein im ganzen Land anerkannter Experte, der später an der Evaluation vder Kulturhauptstadt Glasgow mit arbeitete.[144]

Für die inhaltliche Gestaltung der Kulturhauptstadt war Festivaldirektor Robert Palmer zuständig. Der 1947 im benachbarten Paisley geborene Kultur- und Veranstaltungsmanager war zuvor unter anderem Leiter der Theater- und Filmproduktionsgesellschaft *Theatre Workshop Edinburgh* sowie Schauspielintendant des *Scottish Arts Council* gewesen.[145] Als *Deputy Director* wurde ihm Neil Wallace zu Seite gestellt, bis dahin Direktor des *Chapter Arts Centre* in Cardiff. Neben der Programmgestaltung und der Koordination der verschiedenen Kulturanbieter war das *Festival Office* zudem für Werbung und Presseanfragen zur Kulturhauptstadt zuständig.[146]

Palmer und Wallace kümmerten sich früh um eine Einbindung der Stadtbevölkerung in das Programm, sei es als Zuschauer oder aktive Teilnehmer. Robert Palmer formulierte dies als ein wesentliches Ziel der Veranstaltungen:

> Glasgow's 1990 programme sets out to include – rather than restrict or exclude. To show the cultural individuality of the city, every institution and everybody could play a part.[147]

144 Vgl. John Myerscough, Monitoring Glasgow 1990. Prepared for Glasgow City Council, Strathclyde Regional Council and Scottish Enterprise, Glasgow 1991, GCA, GDC 1/3/2.

145 Vgl. o. A., Robert Palmer – Biography, in: GDC, Festivals Office, Glasgow 1990 Cultural Capital of Europe, Factsheet 13, Glasgow 1990, GCA, GDC 1/3/1.

146 Vgl. o. A., The Role of the Festivals Office, in: GDC, Festivals Office, Glasgow 1990 Cultural Capital of Europe, Factsheet 12, Glasgow 1990, GCA, GDC 1/3/1.

147 Palmer, So What's All the Fuss About?, S. 7.

Ein Mittel, um eine höhere Beteiligung und eine verbesserte Akzeptanz zu erreichen, bot sich in der Preisgestaltung. Die Eintrittsgelder sollten nach Möglichkeit so kalkuliert werden, dass viele einheimische Besucher die Veranstaltungen besuchen konnten.[148] Zudem wurden Programmpunkte aufgenommen, die völlig kostenlos waren. Wie wichtig der Kostenfaktor war, zeigte sich später etwa im Streit um die Ausstellung »Glasgow's Glasgow« in den Katakomben unterhalb der *Central Station*. Im Juli 1990 sah sich das Festivalbüro auf Grund der öffentlichen Kritik gezwungen, die Eintrittspreise drastisch zu senken. Daraufhin schoss die Besucherzahl in die Höhe.[149]

Jenseits der Frage von Ticketpreisen und finanziellen Möglichkeiten zur Partizipation wollte man den Kulturbegriff so erweitern, dass sich möglichst viele Bewohner der Stadt von dem Ereignis angesprochen fühlten. Dieser Anspruch wurde im offiziellen Programmheft folgendermaßen formuliert:

> Culture is not only about the arts. Glasgow's culture encompasses all those features which make the city what it is. [...] Glasgow's culture is in its humour, its street songs, its distinctive patter and its football teams. It's in the dance halls and hairdressing salons, at bus-stops, on its buses and in its pubs. Of course it's also in its opera, ballet, classical music, painting, literature and film. But it's not confined to these things. Lord Raglan is said to have described culture as roughly anything that humans do and monkeys don't. In Glasgow you find people doing just about everything that monkeys don't.[150]

Die Veranstalter beließen es jedoch nicht bei diesem Lippenbekenntnis. Das ganze Programm hatte eine dreifache Ausrichtung. Erstens sollte die Verpflichtung international renommierter Künstler wie Luciano Pavarotti oder der Bolschoi-Oper die Aufmerksamkeit im In- und Ausland auf Glasgow lenken. Zweitens wollte man lokalen und regionalen Künstlern eine Plattform bieten, um sich einem größeren Publikum bekannt zu machen. Und drittens zielten schließlich einige Programmbausteine direkt auf die die Inklusion und Partizipation der Stadtbevölkerung.[151]

Die Kulturhauptstadt sollte ein Mitmachfestival sein. Neben den klassischen Kulturbereichen wurde beispielsweise das beliebte Drachenfest ebenso in den Kalender integriert wie ein Straßenkunstfestival, das *Mayfest* oder die *Special Olympics Europe*. Veranstaltungen wie »The Big Day« brachten Rock und Pop Bands zu kostenlosen Konzerten in die Stadt. Unter dem Titel »Call that singing!« wurde ein niederschwelliges Bürgerchorprojekt angestoßen.[152] Immer

148 Vgl. John MacCalman, Leading Attractions Hinge on Concert Hall's Readiness, in: Glasgow Herald, 3.2.1989.

149 Vgl. GDC, Glasgow 1990 Cultural Capital of Europe. Progress Report by Festival Director September 1990, S. 3, GCA, GDC 1/1/113.

150 Palmer, So What's All the Fuss About?, S. 6.

151 Die folgenden Veranstaltungen sind dem Programmteil des Kulturhauptstadtbuches entnommen, vgl. GDC, Glasgow 1990 – The Book, S. 19–119.

152 Vgl. die aktuelle Homepage, URL: http://www.scottishmusiccentre.com/directory/e162/ (Abruf 18.9.2013).

wieder griffen die Verantwortlichen auf einheimische Kunstschaffende und bestehende lokale Gruppierungen zurück. Sie sollten an der Programmgestaltung wesentlich mitwirken. Zu einer stärkeren Einbindung der Bevölkerung trug zudem die Entscheidung bei, die Veranstaltungen nicht nur auf das Zentrum zu konzentrieren, sondern die einzelnen Stadtteile und auch die Region mit einzubeziehen. Im Rahmen von »Dressing the City« verschönerten etwa Anwohner in Zusammenarbeit mit Künstlern das Stadtbild.

Eines der imposantesten, erfolgreichsten und konzeptionell anspruchsvollsten Partizipationsprojekte war das Musical »The Ship«. Billy Bryden, Leiter der Schauspielabteilung von *BBC-Scotland*, hatte das Buch hierzu geschrieben und führte auch die Regie. Die Geschichte des Glasgower Schiffsbaus und der daran beteiligten Menschen war das eigentliche Thema des Stücks. In jeder Aufführung wurde ein Kulissen-Schiff fertig gestellt und vom Stapel gelassen. In dieser Re-Inszenierung der untergegangenen Industriestadt erinnert das Ganze an die sozialen Skulpturen des George Wyllie.

Brydens Kunst war jedoch deutlich integrativer. Wo die Stadtbevölkerung bei Wyllie in der Rolle des Zuschauers verharrte, brachte Bryden die Menschen selbst auf die Bühne. Neben einer Handvoll professioneller Schauspieler agierten im Theaterstück zahlreiche ehemalige Werftarbeiter und Anwohner. Hatte George Wyllie noch als Schamane ein Ritual aus der Vergangenheit vor den Augen der Stadtöffentlichkeit reinszeniert, durchlebten die Betroffenen nun selber noch einmal ihre alten Rollen. Dabei entstand zwar kein Schiff, das über die Weltmeere fahren konnte, wohl aber ein neues Kunstwerk, in das die Energie und das vorhandene Wissen des Ortes mittelbar mit einflossen. So verwirklichte Bryden zumindest teilweise Wyllies Anspruch von der Neunutzung des brach liegenden Potenzials der alten Welt.

3.4.3 The Happy-land of Yuppiedom? Kritik an der kulturorientierten Erneuerungsstrategie von Glasgow 1990

Bereits unmittelbar nach dem die Wahl Glasgows zur Kulturstadt 1990 bekannt wurde und somit lange bevor Details der Programmgestaltung festgelegt wurden, formierte sich das Heer der Kritiker. Das Gros der Gegner rekrutierte sich aus einem politischen Spektrum links des dominierenden Labour-Establishments. Die Wortführer waren häufig akademisch ausgebildet und viele von ihnen waren aktive Mitglieder des schottischen Kulturbetriebs.[153] Die Debatte um die Kulturhauptstadt, die von Seiten der Kritiker mit viel Verve geführt wurde, war im Kern eine Auseinandersetzung um die politische Deutungshoheit der

153 Vgl. Beatriz García, Urban Regeneration, Arts Programming and Major Events. Glasgow 1990, Sidney 2000 and Barcelona 2004, in: International Journal of Cultural Policy 10 (2004), Heft 1, S. 103–118, hier S. 106.

Geschichte und ein Kampf um die zukünftige Entwicklung und Identität der Stadt.

Von heute aus betrachtet erscheinen die überwiegend linken Kritiker bisweilen als strukturkonservative Akteure. Mehr als alles andere einte sie die Ablehnung des sozio-ökonomischen Wandels der 1970er und 1980er Jahre und seiner Folgeerscheinungen. Diesen Prozess verstanden sie als eine politisch gewollte und gezielt herbeigeführte Entwicklung zur Schwächung der Arbeiterklasse. Sie bezeichneten diese Politik als Deindustrialisierung. Im Zuge dieser Weichenstellung sei die soziale Exklusion und die Marginalisierung der kleinen Leute bewusst in Kauf genommen worden. Die Gegner der Kulturhauptstadt verstanden sich durchweg als Anwälte der Verlierer dieser Umwälzungen.

Dem Bild einer erneuerten Stadt, das in der Werbung und in PR-Kampagnen beschworen wurde, setzten sie eine Mischung aus nostalgisch verklärter Vergangenheit und ideologischem Dogmatismus entgegen. Die Verantwortung sah man nicht nur auf Seiten des Kapitals, sondern insbesondere bei der Londoner Regierung und dem politischen Establishment vor Ort.

Bei aller Ideologie und trotz der klaren politischen Frontstellung waren die Kritiker aber nicht einfach nur Veränderungsverweigerer. Im Gegenteil: Sie machten immer wieder auf reale Probleme aufmerksam und verhinderten, dass die Krisenherde und Schwierigkeiten der Stadtgesellschaft unter dem Teppich der Kulturhauptstadt verschwanden. Ihr Anliegen war es, jenem Teil der Stadtbevölkerung eine Stimme zu verleihen, der an der schönen neuen Glasgow-Welt keinen Anteil hatte. Letztlich stellten sie ein wichtiges Korrektiv dar, denn jenseits der revolutionären Rhetorik blieben sie Teil der Glasgower Kulturszene und leisteten, wichtige Beiträge zu deren Entwicklung. In gewisser Weise lassen sich sogar die bereits beschriebenen integrativen Elemente in Organisation, Planung und Programm des Kulturstadtjahres als Reaktion auf ihre Argumente verstehen.

Einer der frühesten und aktivsten Gegner war John Farquhar McLay. 1934 als Sohn eines Straßenbahnschaffners geboren, musste er als 16-jähriger nach dem frühen Tod des Vaters bereits die Familie ernähren.[154] Um sich und die Seinen finanziell über die Runden zu bringen arbeitete er zunächst als Schmied in der *Kinning Park Foundry*. Um der Maloche dort zu entkommen, meldete er sich aber bald freiwillig zur Armee. Von dort desertierte er und versteckte sich bei Verwandten in Irland. Der Umstand, dass er an Tuberkulose erkrankt war, schützte ihn nach seiner Rückkehr vor einer Bestrafung. Statt in einem Militärgefängnis landete McLay in einem Sanatorium für Lungenkranke. Während dieses Kuraufenthalts betätigte er sich als Mitherausgeber und Autor einer Patientenzeitung und fand so schließlich im Schreiben seine Berufung.

In den 1960er Jahren wandte sich McLay dem politischen Anarchismus zu. Er verstand sich als linker Kritiker einer verweichlichten Labour-Bourgeoisie und stellte sich bewusst in Opposition zum politischen Establishment Glasgows.

154 Vgl. Radical Glasgow, John Farquhar McLay, URL: http://www.radicalglasgow.me.uk/strugglepedia/index.php?title=John_Farquhar_McLay (Abruf 8.11.2014).

Dieses Selbstverständnis prägte auch sein Engagement gegen die Kulturhauptstadt. 1988 veröffentlichte er die Anthologie »Workers City – The real Glasgow stands up«. Diese Sammlung vereinte kurzer Texte und Gedichte von Autoren, die aus McLays Sicht legitimiert waren, die Arbeiterklasse Glasgows zu repräsentieren. Zeitlich spannte er mit seiner Auswahl einen Bogen »from the insights of Lewis Grassic Gibbon to the bitter anguish of writers in Castlemilk today, from 18th century rebel weavers to 1988-style Anarchist.«[155]

Im Jahr des *Glasgow Garden Festivals* und vor dem Hintergrund der laufenden Vorbereitungen auf die Kulturhauptstadt wollte er mit seiner Veröffentlichung dem aus seiner Sicht wahren Glasgow der Arbeiter seine zentrale kulturelle und soziale Bedeutung zurückgeben:

Glasgow – the working class city par excellence – is under attack. Opportunistic politicians and entrepreneurial admen are concocting a lie. For the sake of a quick buck they are ready to destroy the authentic voice and identity of this city. Glasgow with its long and proud Socialist tradition is to be transformed into the happy-land of yuppiedom – a grotesquery where the young, upwardly mobile middle class with fat salaries and expensive tastes are to be the centre-piece and soul of this great city of working-class struggle and achievement.[156]

In dieser Perspektive sind es die Mittelklasse-Aufsteiger, welche die Arbeiter aus dem sozialen, räumlichen und kulturellen Mittelpunkt der Stadt verdrängt haben. Gegen diese Gentrifizierung des materiellen wie immateriellen Glasgows setzte McLay das Bild der Arbeiter- und Industriestadt. Sie allein sei authentisch, alles andere eine Marketinglüge. Die Kulturhauptstadt sah McLay als Schauplatz eines Klassenkampfs um die Seele und die Identität der Stadt. Die von der Politik und den Wirtschaftseliten vorangetriebene Deindustrialisierung habe die Arbeiterklasse ihrer wirtschaftlichen Existenzgrundlage beraubt und sie sozial wie räumlich an den Rand gedrängt:

Working-class Glasgow is for the most part de-industrialised Glasgow. De-industrialised Glasgow is living in a distant scheme, without amenity and without community, and waiting for the Giro.[157]

Nur wenn es gelänge, die Arbeiterschaft wieder in den Mittelpunkt der urbanen Identität und des Selbstverständnisses der Stadtgesellschaft zur rücken, könne auch die ökonomische Reintegration gelingen. Gleichzeitig galt es die zunehmende räumliche Segregation zu überwinden. Die Yuppies hatten das Stadtzentrum, einst Heimat der Arbeiterschaft, längst erobert und bereiteten hier nun ihr bourgeoises Freudenfest vor. Die Verlierer dieser Entwicklung darbten hingegen in den großen Stadtrandsiedlungen dahin, demoralisiert, medial mundtot und von den gewählten Vertretern im Stich gelassen.

155 McLay (Hrsg.), Workers City. The Real Glasgow Stands Up, Glasgow 1988, Klappentext.
156 Ebd.
157 Ebd., S. 2.

Verantwortlich war aus Sicht McLays eine Phalanx aus Politik und Kapital, die sich hierzu des Mittels der Stadtplanung bedient hatte. Die *Slum-Clearences* und Umsiedlungen der 1950er und 1960er Jahre hätten die Menschen aus ihren sozialen Netzwerken und Nachbarschaften herausgerissen. Ihrer stärksten Waffe, der Solidarität, beraubt, waren sie verwundbar geworden. Erst dadurch sei das gegenwärtige Ausmaß an Exklusion überhaupt erst möglich geworden.

Jenseits der Klassenkampfrhetorik verwies McLays Kritik zu Recht auf die zunehmend abgetrennte Parallelgesellschaft und das Elend in den Stadtrandsiedlungen, wo die räumliche Konzentration von Armut, Arbeitslosigkeit und fehlenden Perspektiven immer wieder zu Vandalismus, Kriminalität und Gewalt führten. Angesichts solch tiefgehender sozialer Problemlagen ist es durchaus nachvollziehbar, dass Events wie das *Glasgow Garden Festival* oder der Kulturstadt-Hype als Maskerade und kosmetische Oberflächenbehandlung[158] erscheinen. Sie ließen sich mühelos in die von Kapital und Politik gemeinsam vorangetriebene Gentrifizierung[159] der Innenstadt einreihen, die zur räumlichen Segregation und zur sozialen Exklusion der unteren Schichten beigetragen hatte. Diese Linie der Kritik ist bis weit in die 2000er Jahre nicht verstummt.[160]

Obwohl die Kulturpolitik Glasgows die Schaffung neuer Arbeitsplätze, den Aufbau einer neuen positiven Identität und letztlich auch die Integration im Inneren versprach, trug sie selbst im Erfolgsfall kurz- bis mittelfristig wenig zur Lösung der konkreten sozialen Konflikte und Probleme bei. Die hohen Summen, die für spektakuläre Projekte ausgegeben wurden, so glaubten die Kritiker, hätten anderweitig besser zum Wohl der Menschen eingesetzt werden können. Aus Sicht der sozial schwachen Bevölkerungsschichten erscheine der Titel als »sham accolade to help grease the wheels of capitalist enterprise and smooth the path for the politicians.«[161] Dem Großteil der Bevölkerung bringe die Kulturhauptstadt nur Nachteile.

> [...] to pull in investment for inner-city developments which, in the obsessive drive to make the centre of the city attractive to tourists, can only work to the further disadvantage of the people in the poverty ghettoes on the outskirts. The so-called Merchant City might be reborn but only for those and such as those: the well-heeled who serve and perpetuate the system and profit by the miseries and inequalities inherent in the system: the kind of people who now find themselves installed in central areas where the have-nots ›who have not yet benefited from the Thatcher revolution‹ were long ago

158 Vgl. David Kemp, Glasgow 1990. The True Story Behind the Hype, Ellon 1990.

159 Trotz zahlreicher Vorläufer gewann die Gentrifzierungs-Debatte im europäischen Kontext ihre bis heute anhaltende Dynamik erst in den 1980er Jahren vgl. Jürgen Friedrichs, Forschungsstand und methodologische Probleme, in: Ders./Robert Kecskes (Hrsg.), Gentrification. Theorie und Forschungsergebnisse, Oppladen 1996, S 13–14.

160 Vlg. Beatriz García, Deconstructing the City of Culture. The Long-Term Cultural Legacies of Glasgow 1990, in: Urban Studies 42 (2005), Heft 5/6, S. 841–868, hier S. 845.

161 Farquahr McLay (Hrsg.), Workers City, S 1.

uprooted. The rest is just camouflage. Like the million pound spend annually maintaining security at the Burrell whilst housing-scheme squalor gets a pittance.[162]

Die Unmengen an Geld, die von Seiten der Stadt und der Region für kulturelle Zwecke verschleudert würden, so argumentierten die Kritiker, wären etwa in der Fortsetzung des sozialen Wohnungsbaus deutlich besser angelegt gewesen. Die Arbeitsplätze, die in der Kultur- und Tourismusbranche neu entstanden, waren aus dieser Perspektive nur ein Almosen.

This is the acme of bourgeois progress: after two centuries of brutal industrialism, with all its miserable corruption in terms of human life and the living environment, they can make welders in waiters.[163]

Die Ansicht, dass die neu geschaffenen Arbeitsplätze keinen wirklichen Ersatz für die alte Arbeitswelt darstellten, war weit verbreitet. Sie tritt auch im 1989 ausgestrahlten Film »Govan Ghost Story« zu Tage. Das von Bryan Elsley verfasste Drehbuch erzählt die Geschichte Jock McGinns, einem älteren arbeitslosen Werftarbeiter, der davon träumt, ein Buch über den *Work-In* von 1971/72 zu schreiben. Damit stößt er selbst bei seinen Freunden auf Unverständnis. Als er ihnen von seinem Projekt erzählt, spotten sie nur: »That's ancient history man. [...] Who's gonna read it. [...] You waste your time. Why don't you come to the unemployment centre [...], all the boys are there?«

In bemerkenswert zynischer Zuspitzung avanciert hier das Arbeitsamt zum sozialen Mittelpunkt einer deindustrialisierten Gesellschaft, freilich nicht ohne Bezug zur Wirklichkeit. Das Glasgow der Arbeiter und der Industrie, das, wie McGinns Freunde sagen, längst Geschichte ist, sucht den ehemaligen Werftarbeiter in seinen Träumen und in seiner Erinnerung fortwährend heim. Es begegnet ihm in Form ehemaliger Kollegen in der Wartehalle des Arbeitsamtes oder im Pub. Es erscheint als kulissenhafte Industrieruine beim Blick aus dem Fenster. Es ist das eigentliche Gespenst, das durch McGinns Leben spukt. Als typischer Verlierer des Wandels bleibt er in der Vergangenheit verhaftet und empfindet für die Gegenwart, die ihm wenig bis nichts zu bieten hat, nur Ekel und Verachtung. In McGinn setzte Drehbuchautor Elsley den Verlierern des Strukturwandels ein filmisches Denkmal.

Der andere Teil der Stadtgesellschaft, die neue Welt der Dienstleistungswirtschaft und des Tourismus, der Angestellten und Yuppies findet sich in der Figur von McGinns Schwiegersohn in spe wieder. Er ist Angestellter bei einem Bankhaus in der Glasgower Innenstadt. Seine Kleidung und sein Lebensstil weisen ihn als Vertreter des neuen Glasgow aus. Das Verhältnis der ungleichen Männer erweist sich denn auch als spannungsgeladen und schwierig.

In einer Schlüsselszene wagt der Jüngere einen Versuch, den Älteren von den Qualitäten des neuen Glasgows zu überzeugen. Er bringt den Alten zum

162 Ebd., S. 1.
163 Ebd., S. 3.

Finnieston-Kai, um ihm das Gelände des *Glasgow Garden Festivals* am gegenüberliegenden Ufer zu zeigen. Sie blicken auf das Festival und die Silhouette der großen Achterbahn. Es entspinnt sich der folgende Dialog:

McGinn:	What the hell would you call that?
Schwiegersohn:	It's a roller coaster.
McGinn:	A roller coaster? For Kids?
Schwiegersohn:	Not necessarily.
McGinn:	Looking forward to, are we?
Schwiegersohn:	Things are different now. It's bringing work back again, money into the city. We will all benefit.
McGinn:	Oh I imagine! We all get tired hanging around the shopping centres [...]. What an amenity!
Schwiegersohn:	You're living in the past.
McGinn:	I have to! We build ships on this river, no fucking roller coasters!
Schwiegersohn:	Now we don't. We do our best, all of us.[164]

Hier wird der Wandel von der Industrie- und Hafenstadt zum Dienstleistungs- und Kulturzentrum als Generationenkonflikt inszeniert. McGinn, aufgewachsen in der Welt der Industrie und der Arbeiter, erkennt allein deren Wertmaßstäbe und Grundannahmen an. Aus seiner Perspektive erscheint das Beschäftigungswachstum im Dienstleistungs- und Tourismussektor, symbolisiert durch die Achterbahn, nur als mageres Trostpflaster für die verlorene Vergangenheit, als sinnloses auf und ab ohne dauerhafte Substanz. Keinesfalls aber handelt es sich um Arbeit im Sinne der Industriegesellschaft. Sie ist nicht oder kaum mit körperlicher Anstrengung verbunden und produziert nichts, was sich messen und anfassen ließe. McGinn verklärt das Industriezeitalter als heroische Zeit, in der die starken Männer auf den Werften Titanenhaftes schufen, sich aber auch gegen Unternehmer und Staat solidarisch durchzusetzen wussten.

Für den jüngeren Mann ist die Vergangenheit nur eine ferne Erzählung und nicht mit eigenen biografischen Erlebnissen verknüpft. Seine Sicht orientiert sich an den Erfordernissen der Gegenwart und der vagen Hoffnung auf eine bessere Zukunft. Diese pragmatische Position ermöglicht es ihm, den Wandel als Chance aufzufassen. Dass überhaupt neue Arbeitsplätze entstehen und Investitionen getätigt werden, ist aus seiner Perspektive die notwendige Voraussetzung für das Wohlergehen und den Fortbestand des Gemeinwesens. Die Art der Beschäftigung oder die genaue Verwendung der Gelder sind für ihn von nachrangigem Interesse.

Elsley inszeniert in der Figur McGinns das Fortbestehen der Industriegesellschaft in den Köpfen ihrer ehemaligen Protagonisten, wie es auch die Sozialwissenschaftler Alan McGregor und Fank Mathers in ihrer bereits zitierten Studie

164 Eigenes Transkript nach Govan Ghost Story, England 1989, Regie: David Hayman, Buch: Bryan Elsley, 60 min.

beobachtet hatten.[165] Im Film wird diese Haltung letztlich als Anachronismus verworfen. Zugleich wirkt die Gegenwart brüchig und unsicher. So kritisierte »Govan Ghost Story« sowohl das Festhalten an den Koordinaten und Formen einer Welt, die unwiederbringlich verloren scheint als auch die mangelnde Substanz und Nachhaltigkeit der schönen neuen Welt. Die Filmhandlung kann als differenzierter Beitrag in der Identitäts- und Selbstfindungsdebatte verstanden werden, die in Bezug auf die Kulturhauptstadt oft antagonistisch und sehr einseitig geführt wurde.

Einen weiteren Kulminationspunkt der Debatte um den Charakter der Stadt und das Selbstverständnis ihrer Bewohner bot die bald so genannte Elspeth-King-Affäre. Vom Juni 1989 bis weit in das Jahr 1991 war sie, allem Trubel um dem Festivalprogramm zum Trotz, das Dauerthema des bürgerlichen Glasgows und beherrschte Feuilletons und Leserbriefspalten gleichermaßen. Am Anfang stand eine Personalentscheidung der Kommune. Um die Bewohner möglichst weitgehend in die Feierlichkeiten von 1990 mit einzubeziehen, sollte die Sozialgeschichte Glasgows neu erschlossen und im Rahmen einer großen Ausstellung präsentiert werden. Der Stadtrat stellte hierfür 111.000 Pfund zur Verfügung.[166] Ein Großteil dieser Summe diente der Schaffung einer neuen Historikerstelle innerhalb des Amtes für Museen und Galerien.

Als der Entschluss des Stadtrates bekannt wurde, regte sich Widerstand gegen das Vorhaben. In Leserbriefen und Artikeln in lokalen Zeitungen wunderten sich viele, dass die Stelle überhaupt ausgeschrieben wurde. Mit Elspeth King, Kuratorin der städtischen Sammlungen im *People's Palace*, stünde doch eine bewährte und erfolgreiche Ausstellungsmacherin zur Verfügung. Die sei nun gezwungen, sich gewissermaßen auf ihren eigenen Job zu bewerben.[167]

King war zu diesem Zeitpunkt seit 15 Jahren Kuratorin im *People's Palace*. Gegen alle Widerstände und leere Kassen hatte sie aus dem maroden Haus eine sehenswerte sozial- und stadthistorische Sammlung gemacht.[168] Viele bekannte schottische Künstler wie Alasdair Gray, James Kelman, Liz Lochhead oder George Wylie unterstützten ihre Arbeit als einen wertvollen Beitrag zur Geschichte der Arbeiterklasse in der Stadt.[169] King fand aber auch über die Grenzen Großbritanniens hinaus Anerkennung als Museologin, nicht zuletzt dank der Glasgower Diaspora.[170]

165 McGregor/Mather, Developments in Glasgow's Labour Market.
166 Vlg. John Mac Calman, Museum Shake-Up, in: Glasgow Herald, 19.1.1990.
167 So eine Vertreterin der National Association of Local Government Officers, vgl. John MacCalman, Curator Will have to Apply for New Social History Post, in: Glasgow Herald, 8.3.1990; Hugh Savage, Queueing for Her Own Job, in: Glasgow Herald, 20.3.1990.
168 Zur damaligen Ausstellung im People's Palace vgl. Elspeth King, The People's Palace & Glasgow Green, 2. Aufl., Glasgow 1988.
169 Vgl. den gemeinsamen Leserbrief dieser Gruppe Alasdair Gray u.a., Appreciation of Local Culture, in: Glasgow Herald, 20.6.1989.
170 Vgl. R. Ian Jack, Internationally Known Museum, Leserbrief in: Glasgow Herald, 29.6.1989.

Die Besetzung der neuen Stelle des Stadthistorikers wurde von einer Berufungskommission vorgenommen, die aus dem Leiter des Kulturamtes, dem Engländer Julian Spalding, seinem Stellvertreter Stuart Colter und einem weiteren, nicht genannten Mitglied der Stadtverwaltung bestand.[171] Ende Mai gaben sie ihre Entscheidung bekannt. Das Ergebnis war für viele überraschend. Nicht King erhielt den Zuschlag, sondern Mark O'Neill, bis dahin Leiter des Museums in Springburn.

Nun brach ein Sturm der Entrüstung los, der anfangs wohl von King und ihrem Umfeld mit angestoßen wurde, schon bald aber eine nicht mehr beherrschbare Eigendynamik entfaltete. Im Mittelpunkt stand plötzlich die Frage nach der Deutungshoheit über die Stadtgeschichte. Viele Kommentatoren verstanden die Wahl der Kommission als eine bewusste politische Entscheidung gegen das überkommene und für ein neues Geschichtsbild. So gab etwa Hugh Savage, Vorsitzender des Vereins Friends of the *People's Palace* und enger Vertrauter Kings, in einem Interview die folgende Einschätzung ab:

> It is not a question of personalities. The type of thing that she has been successfully developing at the *People's Palace*, I regard as the history of Glasgow. However, it is a working class history, as Glasgow is a working class city, and that doesn't suit them any longer.[172]

Viele Unterstützer Kings witterten hier ein Komplott von Yuppies, gewissenlosen Lokalpolitikern, Investoren und Werbeagenturen, die ein geglättetes, den Ansprüchen des Stadtmarketing genügendes neues Geschichtsbild schaffen wollten, das alles ausklammerte, was potentielle Touristen oder Investoren abschrecken könnte. Dass sie mit ihrer Einschätzung nicht allzu falsch lagen, offenbarte ein Stadtrat, der es vorzog, im Interview anonym zu bleiben. Er bestätigte die Einschätzung der Kritiker.

> He said that there were those now in charge at the council who felt that a more sanitised version of Glasgow's history had to be presented in order to attract investors, and also sponsors for the arts, which meant that the working class history of the city had to be quietly submerged.[173]

Glasgows Vergangenheit als Arbeiter- und Industriestadt erschien den Verantwortlichen offenbar als Hindernis auf dem Weg in eine bessere Zukunft. Aus dieser Perspektive weckte die Stadtgeschichte der vorangegangenen 150 Jahre zu viele negative Assoziationen bei den Adressaten der Botschaft von der gelungenen Erneuerung. Investoren und Sponsoren aber auch Besucher und Touristen sollten eine neue Glasgow-Erzählung präsentiert bekommen, in der Unternehmergeist und Erfindungsreichtum und nicht das soziale Elend im Vordergrund

171 Ken Smith, Job Snub for People's Palace Curator, in: Glasgow Herald, 28.5.1990.
172 Zitiert nach: ebd.
173 Zitiert nach: ebd.,

standen. Der Schmutz und der Dreck des schwarzen sowie die Arbeitskämpfe und Proteste des roten Glasgow galten in dieser Hinsicht als besonders schädliche Kapitel der Vergangenheit.

Die Ausstellung »Glasgow's Glasgow« sollte die bereinigte Stadtgeschichte in Szene setzten. Auch wenn die Schau schließlich spürbar ausgeglichener gestaltet wurde, als es die Voraussetzungen erwarten ließen, offenbart der Ausstellungskatalog im Vergleich zu anderen Publikationen ein bemerkenswertes Desinteresse an der Geschichte der Arbeiterschaft und der kleinen Leute.[174] Dies fällt umso mehr ins Auge, da die Bewohner der Stadt doch der eigentliche Gegenstand der Ausstellung sein sollten, wie der Untertitel verkündete. Der Kampf um die kulturelle Identität, die kollektive Erinnerung und das Selbstverständnis der Stadtbewohner war also kein Hirngespinst linker Gegner, sondern Teil des politischen Programms der Verantwortlichen.

Damit sind einige Kritikpunkte und Argumentationslinien vorgestellt, die in immer neuer Variation in der Auseinandersetzung um die Kulturhauptstadt und den Charakter des Gemeinwesens auftauchten. Eine tiefe existentielle Verunsicherung und ein generelles Unbehagen an der gegenwärtigen Entwicklung der Stadt scheinen immer wieder hinter den Diskussionsbeiträgen auf. Sie sind als Reaktion auf die vorausgegangenen Umbrüche der Stadtgesellschaft in ökonomischer und sozialer Hinsicht zu verstehen. In der Kritik an der Kulturhauptstadt und zahlreichen weiteren Debatten im Umfeld des Ereignisses spiegelt sich der Prozess der Selbstfindung und Neuorientierung wider, der durch die vielfachen sozio-ökonomischen Veränderungen nach dem Boom notwendig geworden war.

Die Antwort vieler Kritiker bestand im Festhalten an überkommenen Werten und Idealen. Viele von ihnen sammelten sich hinter dem Banner der *Workers City*, einem losen Zusammenschluss von Künstlern und Intellektuellen.[175] Dass diese selbsternannten Sprecher der Arbeiterklasse bisweilen von den Interessen und Anliegen des Proletariats weit entfernt waren, offenbart ein Leserbrief vom Juni 1990.

I have not bothered to count the column inches the Glasgow Herald has devoted to the so-called Elspeth King affair, but I am certain they will amount to more than the coverage given to the impending closure of the steel strip mill at Ravenscraig. I need hardly point out that 700 people will lose their jobs should this occur and the effect on the Scottish economy will be incalculable, especially in the Motherwell area. As I understand it, Ms King's job was never in danger; she may not have the one she applied

174 Vgl. Glasgow's Glasgow, The Words and the Stones, Glasgow 1990.

175 Die Bezeichnung ging wohl auf McLays 1990 veröffentlichten zweiten Sammelband zurück, der dieses Mal Beiträge zeitgenössischer Autoren gegen die kulturorientierte Erneuerung Glasgows versammelte, vgl. Farquhar McLay, The Reckoning: Beyond the Culture City Rip Off. Puplic Loss and Private Gain, Glasgow 1990.

for, but she does have a job. It is a pity the Scottish working class do not have such staunch supporters as Elspeth King.[176]

Diese Zeilen offenbaren die Selbstbezogenheit der Glasgower Debatte und ihrer Akteure zu diesem Zeitpunkt.

3.4.4 Die zeitgenössische Evaluation der Kulturhauptstadt und Bewertung aus heutiger Sicht

Offen geblieben ist bislang die Frage, wie die Kulturhauptstadt jenseits der angeführten Kritik und der Debatte um die urbane Identität und Selbstverortung von den Zeitgenossen bewertet wurde. Im Folgenden soll dem nachgegangen werden. Anschließend soll erörtert werden, ob, und wenn ja, wie sich diese Einschätzung aus heutiger Sicht verändert hat.

»[...] Glasgow 1990 is about improving the quality and economic life of the city and its people and creating much needed jobs in a variety of areas.«[177]So fasste Pat Lally im Frühjahr 1989 Sinn und Zweck der Kulturhauptstadt zusammen. Sie sollte die Lebensqualität in Glasgow verbessern, die urbane Ökonomie ankurbeln und auf möglichst vielen Gebieten neue Arbeitsplätze schaffen. Damit legte er die Kriterien fest, anhand derer die Zeitgenossen die Kulturhauptstadt messen sollten. Lally und den anderen Machern hinter dem Mammutprojekt lag viel daran, den Erfolg der Kulturhauptstadt zu belegen. Das Ereignis stand deshalb unter wissenschaftlicher Beobachtung.

Eine Analyse der wirtschaftlichen Bedeutung des Kultursektors für die urbane Ökonomie erfolgte bereits im Vorfeld. Diese bereits erwähnte Studie stand zunächst nicht in einem Zusammenhang mit der Evaluation der Kulturhauptstadt, sondern war Teil einer großen vergleichenden Studie zu diesem Thema, die neben Glasgow auch Merseyside und Ipswich in den Blick nahm.[178] Den Anstoß zu diesem Projekt hatte die *Calouste Gulbenkian Foundation* gegeben. Die Durchführung übernahm das Londoner *Policy Studies Institute*. John Myerscough leitete die Untersuchung. Er war einer der ersten, der in der Kultur nicht nur ein teures Spielzeug kommunaler Organisationen zur Unterhaltung der bürgerlichen Oberschicht sah, sondern einen vollwertigen Wirtschaftssektor mit großen Wachstumspotentialen, deren Ausnutzung einen Ausweg aus der Krise versprach. Die von Myerscough 1986 erhobenen Daten sollten die Grundlage dafür schaffen, die vorhandenen kulturellen Ressourcen besser nutzen zu können. Sie lieferten zugleich die Basis, um die Auswirkungen der Kulturhauptstadt überhaupt messen zu können.

176 D. T. Miner, What About Other Workers?, in: Glasgow Herald, 18.6.1990.

177 GDC, Glasgow Lifts the Curtain on Year of Culture, Pressemitteilung des Public Relations Departments vom 2.2.1989, GCA, GDC 1/3/126.

178 Myerscough, The Economic Importance of the Arts in Britain.

Es war daher naheliegend, Myerscough mit der begleitenden Evaluation der Kulturhauptstadt zu beauftragen. Zu diesem Zweck ließ er während des Ereignisses drei Marktanalysen durchführen.[179] Daneben untersuchte er die lokalen Organisationen und Institutionen des Kunstbetriebes und gab schließlich eine Studie in Auftrag, um die Effekte für die urbane Ökonomie zu erfassen. Auf Grundlage dieser drei Vorarbeiten entstand schließlich Myerscoughs Abschlussbericht, den er im Dezember 1991 seinen Auftraggebern, dem GDC, dem SRC und *Scottish Enterprise*, vorlegte.[180]

Das zunächst vertrauliche Dokument gab die Gesamtkosten mit 32,7 Millionen Pfund an.[181] Ein Großteil dieses Geldes, etwa 26,8 Millionen Pfund, war in die Programmgestaltung geflossen. Neben den Ausgaben für die Kulturinstitutionen enthielt diese Summe Aufwendungen für Nachbarschaftsprogramme in Höhe von 5,1 Millionen Pfund sowie die Finanzierung zusätzlicher Sozial- und Bildungsinitiativen, die mit 3,7 Millionen zu Buche schlugen. Die Werbe- und Marketingkosten beliefen sich auf 4,9 Millionen, die Verwaltungskosten auf 900.000 Pfund. Den Löwenanteil der Summe stemmten der *Glasgow District* und der *Strathclyde Regional Council*. Doch auch das Werben um Sponsoren hatte sich am Ende gelohnt. Etwa 350 Unternehmen steuerten insgesamt 6,1 Millionen Pfund bei.

Mit diesem Geld hatte das Festivalbüro einiges auf die Beine gestellt. Im Vergleich zu 1989 wuchs der Veranstaltungskalender im Bereich von Theater und Konzerten um 32 Prozent.[182] Dem stand eine Zunahme der Besucherzahlen um 40 Prozent gegenüber. Dieser Anstieg speiste sich zu einem guten Teil aus Bewohnern der Stadt und aus der Umgebung, wobei die überwiegende Zahl der einheimischen Besucher aus dem Stadtzentrum kam. Doch auch die Zahl der Gäste und Touristen von außerhalb lag um fast 90 Prozent über dem Niveau von 1986. Von den britischen Gästen gaben immerhin 74 Prozent an, bald wieder nach Glasgow kommen zu wollen.

Was den ökonomischen Nutzen der Kulturhauptstadt anbelangt, wies der Bericht die Höhe der positiven Effekte für die urbane Wirtschaft mit 10,3 bis 14,1 Millionen Pfund aus. Allein die angegebene Spannbreite zeigt jedoch, wie schwer den Analysten die Berechnung fiel. Besonders die vermuteten indirekten Auswirkungen ließen sich kaum sinnvoll erfassen.[183] Weniger strittig fiel die Bewertung im Bereich der Kulturindustrien aus. Darunter verstanden die Autoren verschiedene Dienstleistungen, die der Kultur im weitesten Sinne zu-

179 Im Glasgower Stadtarchiv war lediglich eine dieser Studien auffindbar vgl. System Three Scotland, Report on a Survey of Visitors to Glasgow, 30.10.1990, GCA, GDC 1/3/1.

180 Myerscough, Monitoring Glasgow 1990.

181 Ebd., S. i.

182 Ebd., S. iif.

183 Die Probleme bei der Ermittlung der ökonomischen Auswirkungen diskutierten die Analysten im Abschlussbericht ausführlich. Sie versuchten ein hohes Maß an Genauigkeit zu erhalten, indem sie die Ergebnisse aus 3 unterschiedlichen Berechnungsmethoden zueinander in Beziehung setzten vgl. ebd., S. 159–168.

zuordnen waren. Dazu gehörten etwa die Musikindustrie, das Produktdesign, die Verlage und die Filmproduktion. Zwischen 1986 und 1991 habe dieser Teil der Wirtschaft in der Stadt um fast vier Prozent zugelegt und hier sahen die Prüfer auch weiterhin gute Wachstumschancen.

Die Zusammenstellung der Unternehmen war jedoch vergleichsweise willkürlich. So enthielt die Aufstellung zwar die Daten der Buch- nicht aber die der Zeitungsverlage. Bedenkt man, dass Glasgow der größte Zeitungsstandort außerhalb Londons war, erscheint diese Entscheidung befremdlich.[184] Das gilt auch für den Entschluss, die Werbebranche nicht hinzuzuzählen. Die Aussagekraft des Berichts ist im Hinblick auf die Kulturindustrie also äußerst eingeschränkt.

Insgesamt beobachteten die Verfasser einen positiven Beschäftigungseffekt durch die Kulturhauptstadt. Etwa 5.500 Arbeitsplätze seien in direkter oder indirekter Folge entstanden, ein Großteil davon im Hotel- und Gaststättengewerbe sowie im Einzelhandel.[185] Allerdings waren diese Stellen wohl eher nicht mit Personen besetzt worden, die zuvor formell arbeitslos gemeldet waren und etwa die Hälfte entfiel nach dem Abschluss des Events wieder.

Neben der wirtschaftlichen Lage sahen die Analysten auch die Lebensqualität in der Stadt als deutlich verbessert an, wenngleich sie einräumten, dass in diesem Bereich mehr hätte geschehen können. Als Indikator nutzten sie das 1990 eingeführte Städte-Ranking des *Healey&Baker European Real Estate Monitor.*[186] In dieser Rangliste erreichte Glasgow 1991 in der Kategorie *Value for Money Office Space* einen beachtlichen zehnten Platz. In punkto Lebensqualität reichte es immerhin noch für Rang fünfzehn.

Jenseits der konkreten Zahlen ergab die Befragung von Unternehmern und Gewerbetreibenden eine deutliche Aufhellung des Geschäftsklimas durch die Kulturhauptstadt.

> The corporate spirit among business leaders in Glasgow is strong and 1990 proved another catalyst for action. The event was most appreciated as an expression of the self confidence, capability and effectiveness of the City, reinforcing the notion that Glasgow is a good place to live. One senior executive confirmed ›he had met no one who said it was a waste of time‹. Another believed it produced ›an excellent backdrop for business‹.[187]

Doch nicht nur die Geschäftswelt zeigte sich zufrieden. Laut einer Umfrage waren 89 Prozent der befragten Einwohner der Meinung, die Kulturhauptstadt habe sich positiv auf die Stadt Glasgow und ihr Image ausgewirkt, wenngleich immerhin 45 Prozent der Befragten der Aussage zustimmten, es sei zu viel Geld

184 Ebd., S. 150.

185 Genauer handelt es sich um die ermittelte Anzahl einjähriger Beschäftigungsverhältnisse, vgl. Ebd., S. 173.

186 Vgl. ebd., S. 181.

187 Ebd., S. 179.

dafür ausgegeben worden.[188] 61 Prozent vertraten die Ansicht, dass Glasgow ein besserer Ort zum Leben und Arbeiten geworden sei. 64 Prozent zeigten sich zudem mit der Breite des Programmes zufrieden. Insgesamt sahen die Befragten die Kulturhauptstadt überwiegend positiv. Damit hatten die Festivalmacher ein wichtiges Ziel zumindest weitgehend erreicht.

Eine andere Frage war es jedoch, ob sich das Ereignis auch außerhalb der Stadt positiv ausgewirkt hatte. Hierzu wurde eine weitere Studie in Auftrag gegeben. Sie konzentrierte sich auf den Raum, von dem man sich am ehesten wirtschaftliche Impulse für die Stadt erhoffte, den Südosten Englands. Dort saßen die wichtigen Firmen und Entscheidungsträger. Sie wurden einmal vor und einmal nach der Kulturhauptstadt befragt. Das Ergebnis war ermutigend. Die Zahl derer, die der Ansicht waren, Glasgow habe sich in letzter Zeit spürbar zum Besseren gewandelt, hatte durch das Ereignis deutlich zugenommen.

Das Evaluationsverfahren schien also den Befürwortern der Kulturhauptstadt weitgehend Recht zu geben. Den Machern hinter dem Großprojekt stellte sie alles in allem ein gutes Zeugnis aus. Für manchen war das eine späte Genugtuung, hatte es doch im Vorfeld und während des Festivals zum Teil sehr heftige Kritik am Gesamtprojekt im Allgemeinen und der Durchführung im Besonderen gegeben.

International fand Glasgows Neuinterpretation Kulturstadtprogrammes sehr viel Beachtung. Dies zeigt sich etwa in der Karriere Robert Palmers. Seine Erfahrung als Direktor der Kulturhauptstadt Glasgow und das in diesem Zusammenhang aufgebaute Netzwerk machten ihn in zu einem gefragten Experten für europäische Kulturpolitik. In zahlreichen Funktionen prägte er dieses Feld in den kommenden Jahren maßgeblich mit.[189] So war er unter anderem Direktor der Kulturhauptstadt Brüssel 2000, ehe er 2006 zum Direktor für Kultur sowie Kultur- und Naturerbe beim Europarat in Straßburg ernannt wurde. 2013 kehrte er schließlich zu seinen Wurzeln zurück und übernahm die Führung von *Creative Scotland*, der Nachfolgeorganisation des *Scottish Arts Council*.

Bedenkt man die vielen Adaptionen und Modifikationen des Glasgower Modells in den vergangenen Jahren, so spricht doch einiges dafür, dass die Schotten 1990 vieles richtig gemacht haben. Nicht umsonst spricht Jürgen Mittag in seiner vergleichenden Studie von einem Pionierkonzept.[190] Dass Glasgow nach wie vor ein wichtiger Referenzpunkt für andere Kulturhauptstädte ist, unterstreichen jüngst auch die Arbeiten, die anlässlich der Kulturhauptstadt Essen und das Ruhrgebiet entstanden sind.[191]

188 Ebd., S. 98f.

189 Keith Bruce, Former City of Culture Chief Tipped to Head Creative Scotland, in: The Herald, 3.5.2013.

190 Jürgen Mittag, Die Idee der Kulturhauptstadt Europas, S. 81.

191 Schiller, Glasgow 1990 – Ruhrgebiet 2010; Hollmann, Kulturhauptstadt Europas, Karlsruhe 2011.

Für die kulturelle Infrastruktur der Stadt erwies sich Glasgow 1990 als wichtiger Meilenstein. Wie bereits gezeigt wurde, führten die erhöhte Aufmerksamkeit und das eingesetzte Kapital dazu, dass zahlreiche Bauvorhaben, allen voran das neue Konzerthaus, nun mit neuer Energie fertiggestellt werden konnten. Neue und verbesserte Einrichtungen boten die Grundlage für einen nachhaltigen und langfristigen Aufstieg Glasgows vom Schmuddelkind zur viel beachteten Kulturmetropole in Großbritannien.

Als Beleg dafür, wie wertvoll die Pionierleistung der Glasgower war, sei hier Beatriz García angeführt. Die Glasgower Urbanistin, die sich mit der räumlichen Verteilung der Programmaktivitäten im Rahmen des Olympic Arts Festival Sidney 2000 und des Forums der Kulturen Barcelona 2004 befasst hat, kommt für ihre Fragestellung zu dem Schluss:

> Glasgow 1990 is nevertheless closer to offering a successful example of fair socio-spatial arts distribution [...] thanks to the close collaboration between city/district and periphery/regional authorities, an aspect that should gain greater consideration within event hosting processes [...].[192]

García war es auch, die in den 2000er Jahren eine Analyse der Langzeitwirkung des Ereignisses unternahm. Sie stützte sich dabei nicht so sehr auf ökonomisches Datenmaterial, denn auf diesem Feld schien eine Bewertung jenseits von Myerscoughs Kurzzeitstudie schwieriger denn je. Die Analyse konzentrierte sich stattdessen auf weichere Indikatoren. Grundstein der Untersuchung war die qualifizierte Auswertung der nationalen und teilweise internationalen Berichterstattung zwischen 1986 und 2003. Dazu kam eine Befragung von Vertretern verschiedener Statusgruppen. Am Ende kam García zu dem Ergebnis:

> [...] that the event secured some important long-term cultural benefits. The findings suggest that it is the softer, less tangible cultural benefits that have been better sustained.[193]

Der Versuch, das Programm über einen breiten Kulturbegriff nicht nur räumlich, sondern vor allem in sozialer Hinsicht auf Inklusion auszurichten, war innovativ und leistete einen Beitrag zu einer verbesserten Wahrnehmung und eine höhere Identifikation der Bürger mit ihrer Stadt. Auch wenn auf diesem Feld aus heutiger Sicht vielleicht noch mehr zu erreichen gewesen wäre, wäre es jedoch einigermaßen anachronistisch, dies den Akteuren von damals vorwerfen zu wollen. Glasgow 1990 war und ist, im Guten wie im Schlechten, ein Meilenstein der kulturorientierten Stadterneuerungspolitik.

192 Beatriz García, Urban Regeneration, S. 115

193 Vgl. Beatriz García, Deconstructing the City of Culture, S. 862.

3.5 Creative City? Glasgow seit 1990

Die Kulturhauptstadt 1990 markierte den Höhepunkt der Phase der Experimente und der Versuche, Glasgow neu zu erfinden. Die Veranstaltungen, die nationale und internationale Aufmerksamkeit sowie die zahlreichen Besucher aus dem In- und Ausland erzeugten genügend kritische Masse, um die Neuausrichtung der Stadt entscheidend voranzubringen. Die kommenden Jahre sahen die alltagstaugliche Adaption einzelner Handwerkszeuge aus der Erprobungs- und Selbstfindungsphase. Die Stadt hatte nun in wirtschaftlicher, sozialer und kultureller Sicht einen neuen Weg eingeschlagen, der bis auf den heutigen Tag die Geschicke der Stadt bestimmt.

Eine Phase der Konsolidierung ließ sich bald auch in anderen altindustriellen Kernstädten beobachten, wenngleich sie immer auch lokale Besonderheiten, eine unterschiedliche Gewichtung einzelner Faktoren sowie ein je eigenes Tempo aufwies. Eine Studie der *London School of Economics* untersuchte dieses Phänomen in internationaler Perspektive und verglich sieben europäische Städte mit relativ ähnlichen US-amerikanischen Kommunen.[194] Trotz aller erkennbaren Unterschiede kommen die Autoren zu dem Schluss, dass in den 1990er Jahren vielerorts die Wende zum Besseren gelungen sei. In dieser Dekade habe sich ein neuer Kurs, »a new sense of direction«[195], immer klarer abgezeichnet. Das neue Instrumentarium der Stadtpolitik, das in Reaktion auf die vielfachen Veränderungen und Herausforderungen des Wandels seit den 1970er Jahren geschmiedet worden war, etablierte und verfeinerte sich. Auf diesen Prozess wird abschließend am Beispiel Glasgow näher eingegangen. Im Folgenden stehen die Ideen und Leitbilder im Vordergrund, die Urbanisten, Politikern und Städteplanern Orientierung in ihrem Handeln gaben. Nach dem die bis dato gültigen Vorstellungen darüber, was eine Stadt ausmacht und wie man sie durch Planung verbessern kann, seit den 1970er Jahren erodierten, folgte eine Zeit der Orientierungslosigkeit und der Suche nach neuen Wegen. In den 1990er Jahren verdichteten sich verschiedene Stränge zu neuen Leitbildern, die noch heute Gültigkeit besitzen. Die *Kreative Stadt* ist heute ein weithin anerkanntes Leitmotiv sowohl in der Wissenschaft, als auch in der Stadtpolitik.[196] Die Wurzeln dieser Idee liegen zu einem nicht unerheblichen

194 Vgl. Anne Power/Jörg Plöger/Astrid Winkler, Phoenix Cities. The Fall and Rise of Great Industrial Cities, London 2010, S. 28–33.

195 Ebd., S. 28.

196 Aktuell existiert etwa ein UNESCO-Programm zum weltweiten Erfahrungsaustausch über Stadtplanung und -entwicklung unter dem Titel Creative Cities Network, URL: http://www.unesco.de/creative-cities.html (Abruf 6.12.2014). Unter dem gleichen Label hat die EU ein Programm zur Entwicklung des Kreativsektors in den urbanen Zentren Mitteleuropas aufgelegt, URL: http://www.creativecitiesproject.eu/en/index.shtml

Teil in den praktischen Erfahrungen, die bei der Erneuerung Glasgows gemacht wurden. Die Anfänge dieses Planungsparadigmas werden aufgezeigt und in einen größeren Kontext eingeordnet.

3.5.1 Die Glasgower-DNS der Kreativen Stadt

Eine der Begleiterscheinungen der vielfachen sozialen und ökonomischen Veränderungen nach dem Boom war das Erodieren der bis dahin gültigen Leitmotive in Stadtplanung und -politik. Die architektonische und stadtplanerische Moderne hatte in den 1950er und 1960er Jahren scheinbar sehr überzeugende Antworten auf die sozialen und städtebaulichen Herausforderungen gegeben, die mit der raschen Industrialisierung und Urbansierung entstanden waren. Sie antizipierte zugleich die Bedeutung des Automobils und suchte auch hier nach einer angemessenen Lösung im Umgang mit der zunehmenden individuellen Mobilität.[197] Die wirtschaftliche Prosperität der Nachkriegsjahre brachte die wirtschaftlichen, sozialen und politischen Voraussetzungen, um dieses Utopia im großen Stil zu realisieren.

Der einsetzende industrielle Strukturwandel einerseits und die wachsenden Anforderungen einer immer wohlhabenderen Konsum- und Freizeitgesellschaft andererseits begannen jedoch schon bald die Städte in eine ganz andere Richtung zu verändern, als sich das die Planer vorgestellt hatten. So wurde etwa die Suburbanisierung von Bewohnern und Arbeitsplätzen zum beherrschenden Trend, was Kritiker wie Jane Jacobs als Folge einer fehlgeleiteten Stadtpolitik ansahen.[198] Überhaupt sah man viele Lösungen der Planer zunehmend als Quelle neuer Schwierigkeiten. Der beschleunigte Wandel, der in Großbritannien in den frühen 1980er Jahren seine volle Dynamik entfaltete, stellte alle bisherigen Konzepte in Frage und ließ Jacobs Diktum vom Tod der großen Städte plötzlich brisanter erscheinen, als jemals zuvor.[199]

Schon die Zeitgenossen erkannten, dass grundlegend neue Denkansätze von Nöten waren, um eine neues Problem-Setting in Angriff zu nehmen. In »Remaking the Cities« schrieb etwa die Stadtplanerin Alison Ravetz:

> The emergence of any recognized new ›style‹ of planning […] must be accompanied by a new consciousness, or conceptualization of the problem. To explore such a consciousness is not an evasion of pressing problems, for we are in a situation where we

(Abruf 6.12.2014); vgl. Philipp N. Cooke/Luciana Lazzeretti, Creative Cities, Cultural Clusters and Local Economic Development, Cheltenham 2008.

197 Vgl. Hartmut Häußermann/Dieter Läpple/Walter Siebel, Stadtpolitik, Bonn Frankfurt a. M. 2008, hier S. 55–56.

198 Jane Jacobs, The Death and Life of Great American Cities, New York, Toronto 1961.

199 Ebd.

must either assert that present trends and the fabrication of more controls show the way forward, or else that we are involved with ›major discontinuities, where nothing less than a shift of basic paradigm (i. e. world view) is necessary so as to reconceptualize the situation‹.[200]

Für diese Neuausrichtung sei, so Ravetz weiter, die Anerkennung und das Verständnis für Widersprüche entscheidend. Die rational beherrschbare und klar geordnete Welt der klassischen Moderne wich einer weicheren Form der Planung, deren Letztwert die Kontingenzerfahrung war.

Aus diesem Hintergrundrauschen schälte sich im Laufe der späten 1980er und 1990er Jahre das neue planerische Leitmotiv der *Kreativen Stadt* heraus.[201] Als Topos und handlungsleitende Utopie bestimmt es die Entwicklung unserer Städte bis in die Gegenwart hinein, von Singapur[202] bis Toronto.[203] Sowohl die UNESCO als auch die Europäische Union verfügen über eigene Förderlinien unter dem Label *Creative Cities*.[204]

Das Glasgow des Umbruchs in den 1980er und 1990er Jahren war eines der Laboratorien, in denen dieses neue Leitbild zusammengebraut wurde. Von hier trat es seinen Siegeszug in alle Welt an. Im Folgenden wird dieser Paradigmenwechsel analysiert. Charles Landry, Städteforscher und Politikberater mit starkem Glasgow-Bezug spielte in diesem Prozess eine zentrale Rolle. Gefragt wird nach den Erfahrungen, die Landry beeinflussten, woher er seine Inspiration bezog und wie sich der Erfolg und die Etablierung dieser neuen Vorstellung von Urbanität erklärt.

3.5.2 Charles Landrys Strategie für Glasgow

My first Creative City project was in Glasgow 1989 and called: ›Glasgow – The Creative City & its Cultural Economy‹. This signaled an on-going interest in how going with the grain of the culture of a place and its embedded resources can help reinvent a city,

200 Alison Ravetz, Remaking Cities, London 1980, S. 340. Das eingeschobene Zitat stammt aus Hazel Henderson, Risk, Uncertainty and Economic Futures, in: Best's Review, Mai 1978, S. 10.

201 Vgl. Martina Heßler, Die Kreative Stadt. Zur Neuerfindung eines Topos, Bielefeld 2007.

202 Vgl. Kenichi Kawasaki, Singapore as a Creative City in Globalisation. Cultural Policies and New Cosmopolitanisms, in: Journal of Global Media Studies 12 (2013), S. 31–40; Natalie Oswin, The Queer Time of Creative Urbanism. Family, Futurity, and Global City Singapore, in: Environment and Planning 44 (2012), Heft 7, S. 1624–1640.

203 Vgl. City of Toronto, Cultural Planning for the Creative City, URL: https://www1.toronto.ca/wps/portal/contentonly?vgnextoid=0fc91ba53b450410VgnVCM10000071d60f89RCRD (Abruf 19.6.2014).

204 Vgl. UNESCO, Creative Cities Network, URL: http://www.unesco.de/creative-cities.html (Abruf 19.6.2014); http://www.creativecitiesproject.eu/en/index.shtml (Abruf 19.6.2014).

its public sector, community organizations and private companies, so as to give it strategic advantage.[205]

Unter denen, die die Kulturhauptstadt 1990 evaluierten und beobachteten, war auch der damals noch weitgehend unbekannte Städteforscher Charles Landry. Geboren 1948 hatte er Soziologie in Großbritannien, Frankreich und Deutschland studiert. 1978 gründete er COMEDIA, ein Marktforschungsunternehmen, das zunächst im Feld der Medienwirtschaft tätig wurde. Schon bald spielten jedoch öffentliche Auftraggeber eine zentrale Rolle als Kunden der Firma.

The majority of work that came Comedia's way was from local councils such as the Greater London Council, Birmingham City Council or West Midlands Development Agency. The larger British cities and regions began in the early 1980s to set up economic development units and were keen to help alternative initiatives as part of employment creation as well as to make a political point.[206]

Wenn man dieser Beschreibung Glauben schenken darf, war bereits der Schritt der COMEDIA hin zu einem Beratungsunternehmen für alternative Politikkonzepte in Sachen Stadterneuerung selbst eine Folge des Strukturwandels. Landry erkannte früh das Potential, das sich in dem neuen, rasch wachsenden Marktsegment bot und konnte sein Unternehmen erfolgreich etablieren.

Im Umfeld der Kulturhauptstadt erhielt die COMEDIA von der SDA, später der *Glasgow Development Agency* (GDA) den Auftrag, Wege zu finden, wie Glasgow sein kulturwirtschaftliches Potential zum größtmöglichen Nutzen für die städtische Ökonomie ausschöpfen könnte. Diese Studie war für die weitere Ausrichtung der Stadtpolitik in Glasgow von großer Bedeutung. Sie erschien nach zweijähriger Arbeit im Mai 1991.

Charles Landrys Studie über das ökonomische Potential der Glasgower Kulturlandschaft enthielt insgesamt ganze 90 Empfehlungen an die beiden Wirtschaftsfördereinrichtungen *Scottish Enterprise* und *Glasgow Enterprise*, die Stadtverwaltung und die Kulturschaffenden. Nicht alle Vorschläge, die in diesem Abschlussbericht zu lesen waren, hatte Landry selbst entwickelt. Einzelne Ideen waren zuvor bereits von anderen Akteuren der Stadt und der Region erarbeitet worden. Landrys Leistung bestand jedoch darin, diese Ideen zusammenzuführen und in eine einheitliche Strategie zur Förderung der Kulturwirtschaft zu gießen. Landry sprach bereits von einer »Creative City Strategy«[207] und operierte somit erstmals mit dem Begriff der Kreativen Stadt, der für ihn in den Folgejahren so bedeutend werden sollte.

205 Charles Landry, The Origins & Futures of the Creative City, Stroud 2012, S. 9.

206 Homepage Charles Landry, Archiv, unter: http://charleslandry.com/resources-downloads/archive-of-talks-and-projects/ (Abruf 21.05.2014).

207 COMEDIA, Making the Most of Glasgow's Cultural Assets. The Creative City and its Cultural Economy, Glasgow 1991, GCA, GDC 1/3/113.

Die Basis für Landrys Überlegungen bot ein breiter Kulturbegriff, wie er zeitgleich auch im Zusammenhang mit der Kulturhauptstadt Anwendung gefunden hatte.

The distinction between the ›arts‹ and culture in this report is that the arts refer to a narrower set of activities related to the production and transmission of meaning [...]. The definition of culture is broader and it encompasses contemporary forms and media, including fashion, design, film and broadcasting, electronic music.[208]

Diente die Ausweitung des Kulturbegriffs im Zusammenhang mit der Programmgestaltung der Kulturhauptstadt 1990 der sozialen Öffnung und der Einbeziehung möglichst vieler Konsumenten, kam es Landry nun auf die Kulturschaffenden, also die Produzenten an. Der erweiterte Kulturbegriff erlaubte es ihm, Bereiche wie etwa das Produktdesign der Kulturindustrie zuzuschlagen, die er zur neuen Wachstumsbranche erklärte.

Auf ähnliche Weise erweiterte er auch das Konzept der Kreativität. Er löste den Begriff aus der Sphäre der hohen Künste und des Genie-Kults. Stattdessen erklärte er ihn zur Schlüsselqualifikation aller denkbaren künftigen Wirtschaftsformen.

In our view genuine creativity involves experimentation; originality; the capacity to re-write rules; be unconventional; think a problem afresh with a new perspective; the ability to think from first principles; to visualize and imagine future scenarios and solutions to problems, to discover common threads amidst diversity; to look at problems laterally and with flexibility.[209]

Kreativität war also nicht einfach eine Gabe, die ein künstlerisches Individuum besitzt. Sie war vielmehr eine Grundhaltung, ein Denkstil, die Basis für Innovation und Entwicklung. Kreativ sein, hieß in diesem Sinne, offen sein für eine Vielzahl an Perspektiven und Möglichkeiten. Dadurch wurde die Kreativität zur Fähigkeit, die unterschiedlichsten Gegenwarten und Zukünfte zu beherrschen. In einer Zeit, in der das Morgen nicht mehr selbstverständlich aus der Gegenwart herzuleiten war, sollte eine breit gestreute Fähigkeit zur Kreativität die Wirtschafts-, Kultur- und Sozialgemeinschaft Stadt gegen alle Unwägbarkeiten absichern. Sie war gewissermaßen der Joker im Pokerspiel um die Zukunft und somit ein Pendent zum noch immer virulenten Begriff der Flexibilität.

Das wird noch deutlicher, wenn Landry in der abschließenden Definition der Kreativen Stadt allen Bereichen der urbanen Existenz eine Betrachtungsweise verordnete, die auf dem Konzept der Kreativität ruhen sollte:

Given that a city is a society, an economy and a polity any strategy for developing a creative city involves the task of injecting creativity into all three dimensions. A creative city, therefore must be creative in the way it runs its economy (a creative economy), in

208 Ebd., S. 29.
209 Ebd., S. 30.

the way it develops its social dynamics (a creative society) and in the way it handles its political arrangements (a creative polity).[210]

Kreativität wird bei Landry zum Schlüssel für eine ganzheitliche Stadtpolitik. Sein Denken war von den Erfahrungen der Kulturhauptstadt Glasgow stark beeinflusst. Von 1989 bis 1991 arbeitete er als Analyst und Berater erst für *Scottish Enterpreise* dann für deren Glasgower Büro. Er sollte Empfehlungen erarbeiten, wie die mit dem einmaligen Event der Kulturhauptstadt entfesselte positive Dynamik über 1990 hinaus nutzbar zu machen sei. Sein Auftrag war es mit anderen Worten, den Impuls des kurzfristigen Events in eine längerfristige und nachhaltige Verbesserung der wirtschaftlichen Lage der Stadt umzuwandeln.

Noch radikaler als etwa John Myerscough[211] verstand er Kultur als einen Sektor der Stadtökonomie, ja geradezu als Urkraft des Kapitalismus und Quell allen Wachstums.

To maximise the potential and impact of cultural activities it is important to view arts and culture as more than merely a collection of events, shows and festivals for consumption. Each cultural sector such as design, theatre, film, the visual arts and music is also an industry, where goods and services are produced, where products are bought and sold, where supply and demand operates, value added is created, and where support services and structures are needed right through from production to consumption.[212]

Kultur war in Landrys Lesart als ein marktorientierter Produktionsprozess aufzufassen. Ganz im Sinne des neoliberalen Laissez-Faire empfahl er deshalb, alle Entwicklungshemmnisse beiseite zu räumen, die eine ökonomische Entfaltung der Kulturindustrie bremsten. Stattdessen galt es Investitionsanreize zu setzen.

Landry schilderte den Kultursektor so, als handle es sich um eine beliebige Branche der Volkswirtschaft. Folgerichtig begann er seine Ausführungen mit einer Analyse der Rohstoffe, die für die Produktion notwendig waren. Die alten Industrien waren auf materielle Stoffe wie Kohle und Eisenerz angewiesen gewesen. Landrys kulturorientierte Kreativwirtschaft baute jedoch auf einer ganz anders gearteten Basis auf. So wie die Kohle- und Eisenvorkommen in der Region einst zur Herausbildung des schwerindustriellen Clusters geführt hatten, sollten nun Kreativität, Wissen und erlernte Fähigkeiten der Einwohner die Grundlage für die Produktion weitgehend immaterieller Güter liefern und so einen ökonomischen Mehrwert schaffen. Für Landry stellten sie die Grundlage einer neuartigen Wertschöpfungskette dar, von der letztlich auch die anderen Sektoren der urbanen Wirtschaft profitieren mussten.

A key element of both arts and culture is close association with creativity and skills. This in fact creates value added in various forms – economic, educative, social and

210 Ebd., S. 31.
211 ›Vgl. John Myerscough, The Economic Importance of the Arts in Britain, London 1988.
212 COMEDIA, Ebd., S. 4.

civic. Importantly, the artistic attributes can be used to the benefit not only of those few sectors defined as the arts. They can be used additionally to the benefit of all industrial sectors in the City.[213]

Anders als klassische Rohstoffvorkommen waren diese Basisstoffe kreativwirtschaftlicher Produktion jedoch unabhängig von geophysikalischen Gegebenheiten. Sie waren die Folge einer gezielten Förderung. Im Prinzip schien es möglich, sie an jedem beliebigen Ort zu erzeugen. Daraus leitete Landry seine Forderung ab, die Politik auf der Ebene der Regionen und Kommunen müsse es sich zur Aufgabe machen, durch entsprechende Bildungsprogramme möglichst günstige Voraussetzungen zu schaffen. Landry sah dies als wesentliche Neuerung an, die öffentliche Körperschaften und allen voran die Kommunen zu verinnerlichen hätten. Die bewusste und gezielte Förderung war umso wichtiger, weil zum anderen der Wettbewerb um die klügsten und kreativsten Köpfe zunahm. Wollte Glasgow eine wirtschaftliche Zukunft haben, musste die Stadt diese Herausforderung annehmen.

Die hier vertretenen Grundannahmen waren keine Erfindung Landrys und seiner Mitarbeiter. Es handelte sich vielmehr um Lösungsvorschläge, die in den Sozialwissenschaften vor dem Hintergrund des Strukturwandels erarbeitet worden waren. Besonders die marxistisch-strukturalistisch geprägten Vertreter dieser Fächer begrüßten die in diesem Denken implizierte Aufwertung individueller Arbeit gegenüber anderen Standortfaktoren.[214]

Glasgows Ausgangslage im zunehmenden Standortwettbewerb sah Landry als durchaus gut an. Mit ihren Universitäten und Bildungseinrichtungen, mit ihrer breiten und aktiven Kulturszene besitze die Stadt bereits eine ausgeprägte Fähigkeit, Konzepte und Ideen hervorzubringen. Dieser Stärke stünden jedoch einige Schwächen gegenüber, die eine Realisierung dieses Potentials verhinderten und die sah er vorrangig auf der unternehmerischen Seite der Kulturwirtschaft.

The city lacks a sufficiently large class of cultural entrepreneurs able to identify, manage and control the resources to the benefit of Glasgow. This applies particularly to music, theatre and film. There is also a weakness in terms of training particularly in the area of new media.[215]

Die Verbesserung des Images, an der die Stadt in den vergangenen Jahren erfolgreich gearbeitet habe, sei eine notwendige Voraussetzung für den wirtschaftlichen Erfolg. Es fehle jedoch an einer professionellen Vermarktungs- und Vertriebsstruktur für die Produkte der Kreativindustrie. Die Folge sei

213 Ebd.
214 Vgl. Michael Storper/Richard Walker, The Theory of Labour and the Theory of Location, in: International Journal of Urban and Regional Research 7(1983), Heft 1, S. 1–43.
215 Ebd.

die Abwanderung von Talenten, Fähigkeiten und somit von Gewinnen und Steuereinnahmen.

Auf diese Analyse der Stärken und Schwächen folgte eine Untersuchung der Marktchancen Glasgows im Vergleich zu den beiden direkten Konkurrenten Manchester und Birmingham, mit dem Ziel herauszufinden, in welchen Teilsegmenten die Stadt ökonomisch reüssieren könnte.[216] Landry empfahl darin, vor allem auf die vorhandenen Fähigkeiten im Bereich der bildenden und darstellenden Künste sowie im Design zu setzen. Hierbei könne die Stadt ihr herausragendes internationales Profil als Kulturstandort nutzen, dass durch Glasgow 1990 geschärft worden sei.

Landry beließ es jedoch nicht nur bei vagen Empfehlungen. Vielmehr schlug er zur Umsetzung der neuen kulturorientierten Strategie die Einsetzung einer *Cultural Industries Development Unit* innerhalb der GDA vor.[217] Diese sollte die Umsetzung der Vorgaben verantworten und sich um die Belange der Kreativwirtschaft kümmern. Unternehmensgründungen und die Entstehung neuer Arbeitsplätze seien zu fördern. Außerdem müsse dieses Büro mit einem *Creative City Venture Capital Fund* ausgestattet werden. Auf diesem Wege könne das notwendige Risikokapital zur Förderung des vorhandenen Potentials bereitgestellt werden.

Landry empfahl sechs Leuchtturmprojekte. Die Vorhaben sollten den Willen der Stadt verdeutlichen, die *Creative City Strategy* umzusetzen. Einer der Bausteine auf dem Weg zu einer neuen Stadtökonomie sollte das *Tramway Theatre* sein. Hier sah Landry die Gelegenheit einen Ort der Ausbildung, Produktion und Aufführung oder Ausstellung für die bildenden und darstellenden Künste zu schaffen. Das ehemalige Straßenbahndepot sollte zum Kraftwerk der Kulturszene werden.

Desweiteren wurde die Einrichtung einer einheitlichen Anlaufstelle für das kulturelle Angebot in der Stadt vorgeschlagen. Hier sollten alle notwendigen Informationen zusammenlaufen und die Vermarktung koordiniert werden. Eine solche Kulturzentrale könne außerdem den gesamten Ticketverkauf für alle beteiligten Institutionen übernehmen. Interessierte Bürger, aber auch Touristen und Geschäftsreisende bräuchten sich dann einfach nur an dieses Büro zu wenden.

Besondere Bedeutung kam der Entwicklung der audio-visuellen Medien als einer Schlüsselbranche für den wirtschaftlichen Erfolg zu: »The audio-visual industries are at the cutting edge of new communications technology and closely linked to the emerging knowledge industries.«[218] Aus diesem Grund wurde die Einrichtung einer Zentralstelle angeregt:

216 Ebd., S. 5.
217 Ebd., S.6.
218 Ebd., S. 7.

The proposed Media Centre project should be pursued with some vigour. It should act as a visible public face in the city centre housing key related organizations such as the Scottish Film Council, a Scottish BAFTA and the Scottish Training Trust. It might also house a Glasgow Film Commission, have screening facilities, and an area for seminars and conferences.[219]

Das neue Zentrum sollte ein Ort des Austauschs und der Kommunikation werden. Zugleich galt es aber auch, die Sichtbarkeit und die Präsenz der vorhandenen Strukturen und Unternehmen zu erhöhen. Mit diesem Vorschlag folgte der Bericht einem allgemeinen Trend, wie der Vergleich mit etwa zur gleichen Zeit entstanden Vorhaben wie dem »MediaPark Köln« oder dem »MedienHafen Düsseldorf« zeigt.[220] Die audio-visuellen Medien galten vielerorts als Hoffnungsträger und zahlreiche Städte versuchten ihr Standortprofil durch markante städtebauliche Maßnahmen zu verdeutlichen. Die Konzentration der Medienbranche am ehemaligen *Prince's Dock* war lange ein Ziel der Glasgower Stadtpolitik, das mit der Ansiedlung von *Scottish Television, BBC Scotland* und der *Film City Glasgow* zumindest teilweise gelang.

Für die Autoren war offenbar die Abkehr von der fordistischen Massenproduktion bereits zu einer neuen Selbstverständlichkeit geworden. Gestaltung und Design von Produkten werde deshalb künftig immer wichtiger. Um von dieser Entwicklung profitieren zu können, müssten die am *College of Building and Printing* versammelten Fähigkeiten besser genutzt werden:

Here are the available skills – from craft masonry and carpentry to graphics – required to train more artisan type individuals for the increasingly niched and design oriented markets of the future.[221]

Im Mittelpunkt standen also weniger die vermittelten Inhalte, als die erlernten Schlüsselqualifikationen. Denn, so war zu lesen, die Arbeitsweise in der Kreativwirtschaft werde sich künftig mehr dem Kunsthandwerk annähern. Da seien Experten gefragt, die mit einer breiten Pallette an Fähigkeiten immer neue und sich wandelnde Aufgaben zu lösen hätten.

Die Tatsache, dass im September 1993 der *International Design Congress* in Glasgow stattfinde, der an die 3.000 Experten in die Stadt bringe, sei eine große Chance. Hieraus könne ein weiterer Meilenstein in der eventorientierten Stadterneuerung werden. Zugleich biete sich die Möglichkeit, Unternehmen und Produkte aus der Region auf diesem Wege bekannt zu machen. Die Stadt solle darum das Ereignis durch ein eigenes Veranstaltungsprogramm zu einem ganzen »Jahr des Designs« ergänzen.

219 Ebd.

220 Vgl. Tobias Gerstung, Glasfaser statt Eisenbahngleis: Eine Stadt sucht ihre Zukunft – Die Geschichte des MediaParks Köln, in: Jahrbuch des Kölnischen Geschichtsvereins 80(2009/10), S. 149–190.

221 COMEDIA, Making the Most of Glasgow's Cultural Assets, S. 7.

The conference must not just be an event as an end in itself, but the launch pad for the celebration of design and manufactured goods in all their contexts, a trade fair for Glasgow products.[222]

Landrys Vorschläge wirkten in Glasgow noch lange Zeit nach. Ein Beispiel für den Erfolg der Empfehlungen war beispielsweise der Titel der *UK City of Architecture and Design*, den die Stadt 1999 errang und seither als Teil des Stadtmarketings aber auch als Identitätsbaustein beibehält.[223] Festes Element dieser Strategie ist die intensive Vermarktung des Erbes von Charles Rennie Mackintosh, einem bedeutenden Glasgower Jugendstil Architekten und Designers. Dazu gehört aber auch der gezielte Einsatz einer zeitgenössichen *Iconic Architecture*. Der 2004 angestoßene Werbeslogan »Glasgow – Scotland with a Style« zeugt ebenfalls von der Kontinuität dieses Elements.[224]

3.5.3 Die Netzwerker der Kreativen Stadt

Nach seinem Engagement im Rahmen der Kulturhauptstadt Glasgow hatte Charles Landry großen Erfolg als Politikberater. Er stieg in den folgenden Jahren zu einem der führenden europäischen Experten in Sachen Stadterneuerung auf.[225] Bei aller Anerkennung seiner individuellen Leistungen, das Konzept der Kreativen Stadt lag in den 1980er Jahren buchstäblich in der Luft. Landry konnte auf eine Vielzahl von Vor- und Mitdenkern zurückgreifen. Dieses intellektuelle und politische Umfeld gilt es zu beleuchten, will man den Paradigmenwechsel in Stadtplanung und -politik besser verstehen und historisieren.

Landry selbst betont immer wieder, dass er seine Ideen und Konzepte aus den praktischen Erfahrungen bei der Beratung von und in der Zusammenarbeit mit zahlreichen Kommunen abgeleitet habe.

The Creative City is the result of a long period of research and consultancy on the problems and possibilities of cities in Europe. Over the last decade we have worked more than 100 towns and cities ranging from Stirling to St. Petersburg, Middlesbrough to Milan, Huddersfield to Helsinki and Basingstoke to Barcelona. Much of this work was concerned with developing the artistic, cultural and social life of cities. But the lessons which were learnt seemed to have wider significance.[226]

222 Ebd., S. 8.

223 Vgl. Glasgow City Council, City of Architecture, URL: https://www.glasgow.gov.uk/index.aspx?articleid=3487 (Abruf 7.12.2014).

224 Glasgow unveils £1,5 m rebranding, in: BBC-News Online, 9.3.2004, URL: http://news.bbc.co.uk/2/hi/uk_news/scotland/3547313.stm (Abruf 7.12.2014).

225 Vgl, Charles Landry, Biography, URL: http://charleslandry.com/about-charles-landry/biography/ (Abruf 7.12.2014).

226 Charles Landry/Franco Bianchini, The Creative City, London 1995, S. 1.

Tatsächlich waren Landry und seine Mitstreiter immer vergleichsweise praxisorientiert. Eine solche Darstellung ist dennoch verkürzt. Die *Kreative Stadt* entsprang einer breiten sozialwissenschaftlichen Debatte über die Folgen des Strukturwandels für die Stadt, die Politik und die Gesellschaft. Das Konzept nahm eine Vielzahl der Debattenstränge auf und brachte sie auf einen Begriff. Die *Kreative Stadt* war offen genug, um auf vielerlei Feldern anschlussfähig zu sein, und assoziierte doch zugleich ein Mindestmaß an Inhalten und Themen, um handlungsorientierend zu wirken. Zentral für den Aufstieg des neuen Leitmotives war schließlich ein eng geknüpftes Netzwerk aus Politikern, Wissenschaftlern und Unternehmern der neuen Wissensindustrien, zu denen ja auch Landry selbst gehörte.

Ein wichtiger Teil dieses Beziehungsgeflechtes war die 1983/84 eingerichtete *Cultural Industries Unit* des *Greater London Council.*[227] Mastermind dieser strategischen Planungseinheit war Nick Garnham, Anglizist, Regisseur und Mitbegründer der Medienwissenschaften als Studienfach in Großbritannien. Er hatte sich aus der Perspektive der politischen Ökonomie mit der Kulturindustrie beschäftigt. Er war einer derjenigen, die dieses pessimistische Schreckgespenst Theoder W. Adornos zu einer positiven Zukunftsvision umdeuteten und neue zugänglich machten.[228]

Garnham war jedoch nicht nur intellektuell von großer Bedeutung. Viel mehr entwickelte sich die *Cultural Industries Unit* zu einem wichtigen Pool für Experten und Netzwerke. Ein Mitarbeiter, Ken Worpole, landete etwa bei Charles Landrys COMEDIA. Ein zweiter, Geoff Mulgan, wurde der Begründer des Think-Tanks DEMOS, Herausgeber von Landrys und Bianchinis Veröffentlichung von 1995. Mulgan besaß ausgezeichnete Kontakte zu den Protagonisten von *New Labour.* Er avancierte zunächst zum Berater von Gordon Brown und wurde später ein wichtiger Stratege im Dienste Tony Blairs.[229] Worpole und Mulgan hatten bereits 1986 gemeinsam eine Studie über die Kulturindustrie unter dem Dach der COMEDIA publiziert.[230] In der engen Verknüpfung aus Wissenschaft, Wirtschaft und Politik liegt wohl ein wesentlicher Schlüssel zum Erfolg der Kreativen Stadt, die schließlich Teil der politischen Agenda von *New Labour* wurde.

Landry war ein kluger Netzwerker. Vor allem aber besaß er ein feines Gespür für den Zeitgeist. Angeregt durch die Herausforderungen der Gegenwart

227 Vgl. Charles Landry, Lineages of the Creative City, in: Research Journal for Creative Cities 1 (2006), Heft 1, S. 15–23.

228 Vgl. Nicholas Garnham, From Cultural to Creative Industries. An Analysis of the Implications of the Creative Industries Approach to Arts and Media Policy Making in the United Kingdom, in: International Journal of Cultural Policy 11 (2005), Heft 1, S. 15–29, hier S. 17; Landry, Lineages of the Creative City, S. 19f.

229 Vgl. John Harris, The Power of Influence, in: The Guardian, 26.5.2006.

230 Geoff Mulgan/Ken Worpole, Saturday Night or Sunday Morning. From Arts to Industry, London 1986.

schöpfte er aus einem breiten Strom sozialwissenschaftlicher Debatten, der in den 1950er Jahren entsprungen war und sich seither stetig verbreitert hatte. Unter den wenigen Vordenkern, die er explizit nennt, ist beispielsweise der aus Österreich stammende amerikanische Nationalökonom Fritz Machlup.[231] Der 1902 in Wiener-Neustadt geborene Wissenschaftler war einer der ersten, die sich systematisch Gedanken über die wirtschaftliche Bedeutung von Wissen gemacht hatten.[232] In Anlehnung daran veröffentlichte Peter Ferdinand Drucker, ein weiterer österreichischer Emigrant, 1969 sein Konzept der Wissensgesellschaft.[233] Im selben Jahr erschien auch Alain Tourraines »La Société Post-Industrielle.«[234] Und wenig später folgte Daniel Bells »The Coming of the Post-Industrial Society«.[235]

All diesen Texten war gemein, dass sie die Ablösung der durch materielle Güter geprägten Industriegesellschaft durch eine neuartige, auf immaterieller Basis funktionierende Gesellschaftsform vorhersagten. In unterschiedlicher Akzentuierung unterstrichen die Autoren die steigende Bedeutung der Faktoren Wissen, Bildung, Informationen, Kultur und Lebensqualität für den ökonomischen Erfolg zukünftiger Gemeinwesen. Alle prophezeiten nicht nur einen Wandel des Wirtschaftssystems und eine technologische Revolution sondern einen damit einhergehenden mehr oder weniger radikalen sozialen Wandel.

In den darauffolgenden Jahren erlebte Informations- und Kommunikationstechnologie einen gewaltigen Aufschwung. In den Augen nicht weniger etablierte sie sich als neue Basisinnovation im Sinne Nikolai Kondratiews.[236] Mit der *Kraft der schöpferischen Zerstörung*[237], um es mit Joseph Schumpeter zu sagen, fegte sie die Welt der fordistischen Massenproduktion hinweg und schuf eine neue.[238] Mit dem Personalcomputer in den 1980er und der massenhaften Ausbreitung des Internets ab den 1990er Jahren, erhielten die Auguren die-

231 Interessanterweise findet sich der Hinweis auf Drucker und Machlup bei Landry nur in der Schrift von 1995 aber nicht mehr im später erschienen Hauptwerk, vgl. Charles Landry/Franco Bianchini, The Creative City, S. 61 f.;

232 Vgl. Fritz Machlup, The Production and Distribution of Knowledge in the United States, Princeton 1962.

233 Vgl. Peter F. Drucker, The Age of Discontinuity. Guidelines to Our Changing Society, New York 1969.

234 Alain Touraine, La Société Post-Industrielle. Naissance d'une société, Paris 1969.

235 Daniel Bell, The Coming of the Post-Industrial Society. A Venture in Social Forecasting, New York 1973; vgl. Malcolm Waters, Daniel Bell, London 1996, hier S. 105–124.

236 Zum Begriff der Kondratjew-Zyklen vgl. Nikolai D. Kondratjew, Die langen Wellen der Konjunktur, in: Archiv für Sozialwissenschaft und Sozialpolitik 56 (1926), S. 573–609; Zur zeitgenössischen Analyse der Computertechnologie als fünfter Kondratjew vgl. Leo A. Nefiodow, Der fünfte Kondratieff. Strategien zum Strukturwandel in Wirtschaft und Gesellschaft, Frankfurt a. M. 1990, hier S. 47–102.

237 Joseph Schumpeter, Business Cycles. A Theoretical, Historical and Statistical Analysis of the Capitalist Process, New York 1939.

238 Vgl. Peter Hall, Cities in Civilization, London 1998, hier S. 295–298.

ser Entwicklung eine besondere Glaubwürdigkeit und Attraktivität. Ihre Ideen wurden aufgegriffen und erweitert.

Einer der wichtigsten Denker dieser, wenn man so will, zweiten Generation war der 1942 in Spanien geborene, im Frankreich der 1960er Jahre akademisch sozialisierte Soziologe Manuell Castells. Als marxistisch beeinflusster Stadtsoziologe hatte er sich zunächst mit Subkulturen und »Neuen Sozialen Bewegungen« im urbanen Raum befasst.[239] Mit »The Informational City«[240] erschloss er sich dann ab 1989 ein neues Arbeitsfeld. Seine damalige Wahlheimat Kalifornien und die Nähe zum *Silicon Valley* erwiesen sich hierbei als wichtige Quelle der Inspiration. 1994 folgte die gemeinsam mit Peter Hall verfasste Studie über Technopole, in der er sich mit den Veränderungen bei der Wirtschaftsförderung und der Standortpolitik von Unternehmen in den neuen, hochtechnologischen Segmenten der Produktion der Informationswirtschaft befasste.[241] Mitte der 1990er Jahre erschien dann mit der Trilogie »The Information Age«[242] sein bislang einflussreichstes Werk, in dem er verschiedene Stränge zeitgenössischer Debatten mit eigenen Ideen verwob. In der Metapher des Netzwerks fand er ein treffendes Bild der neuen Wirtschafts- und Gesellschaftsform und schuf sogleich ein wirkmächtiges Narrativ, das zahlreiche Entwicklungen und Prozesse, die den Wandel nach dem Boom geprägt hatten, in einen sinnhaften Gesamtzusammenhang einordnete.

Wichtige Impulse für den Paradigmenwechsel kamen aus der Neuen Kulturgeographie anglo-amerikanischer Prägung. Diese, durch den Begriff *Cultural Turn* nur unzureichend beschriebene Spielart sozialwissenschaftlichen Denkens hatte sich insbesondere aus der intensiven Auseinandersetzung mit urbanen Subkulturen entwickelt. Landry verweist in seiner ersten systematischen Publikation zur Kreativen Stadt auf David Harvey[243], einen der führenden Vertreter dieser Richtung, zu der auch Castells gezählt werden kann. Es war die bereits im Kapitel zur ikonischen Architektur erwähnte These Harveys, dass die Ästhetik zunehmend eine dominierende Rolle in der Stadtplanung und -entwicklung spielen würde, die es Landry besonders angetan hatte.[244]

Anlass für die Publikation war der erste *Creative City Workshop*, der im Mai 1994 in Glasgow stattfand. Finanziert von der Deutsch-Britischen Stiftung für das Studium der Industriegesellschaft kamen damals Forscher und Städte-

239 Manuel Castells, The City and the Grassroots. A Cross-Cultural Theory of Urban Social Movements, London, Victoria 1983.

240 Ders., The Informational City. Information Technology, Economic Restructuring, and the Urban-Regional Process, Oxford 1989.

241 Ders./Peter Hall, Technopoles of the World. The Making of Twentiy-First-Century Industrial Complexes, London, New York 1994.

242 Ders., The Information Age. Economy, Society and Culture, Bde. 1–3, Oxford, Malden 1996–1998; Ders./Felix Stadler. The Theory of the Network Society, Cambridge, Malden 2006.

243 Landry/Bianchi, The Creative City, S. 4.

244 Vgl. Harvey, The Condition of Postmodernity, S. 66.

planer aus je fünf britischen und deutschen Städten an den Clyde. Vertreten waren Bristol, Glasgow, Kirklees, Leicester und Milton Keynes sowie Köln, Dresden, Essen, Karlsruhe und Unna. Initiiert wurde das Treffen von einer Gruppe, der neben den Vertretern von COMEDIA auch Ralph Ebert und Fritz Gnad vom Planungsbüro STADTart Dortmund sowie Klaus R. Kunzmann von der Universität Dortmund angehörten. Der letztgenannte war im wissenschaftlichen Beirat der IBA Emscher Park tätig. Zusammen mit Ebert, Gnad und anderen war er Teil einer Gruppe, die sich in den späten 1980er Jahren intensiv mit der Bedeutung der Kultur im Zusammenhang mit der wirtschaftlichen und städtebaulichen Entwicklung des Ruhrgebietes befassten.[245] Auch Sie kamen also von der praktischen Auseinandersetzung mit den Herausforderungen des Strukturwandels in einer altindustriellen Region zur »Kreativen Stadt«. Hier zeigte sich früh, die internationale Ausrichtung der Debatte.

Bereits in der ersten Publikation kommen mit Peter Hall und Franco Bianchini zwei weitere wichtige Diskussionspartner Landrys in den Blick. Hall lieferte das Vorwort zu dem kleinen Bändchen. Der 1932 geborene Geograph, Städteplaner und Urbanist war im Großbritannien der 1990er Jahre wohl einer der einflussreichsten Vertreter seiner Zunft. Sowohl als *Special Adviser on Strategic Planning* wie später als Mitglied der *Urban Task Force* beriet er die britische Regierung. Er trieb beispielsweise die Einrichtung von *Enterprise Zones* voran, die in den Thatcher-Jahren ein wichtiges Mittel der ökonomischen Erneuerung waren.[246] Zusammen mit Hall publizierte Landry später den auf europäischer Ebene einflussreichen Bericht »Innovative and Sustainable Cities.«[247] In seinem Mammutwerk »Cities in Civilization« stellte Hall Kreativität und Innovation als zentrale Triebfedern in den Mittelpunkt einer Geschichte der Sadt von der Antike bis in die Gegenwart.[248]

Franco Bianchini war damals Direktor der *European Cultural Planning Unit* an der *Montfort University* in Leicester. Er hatte ebenfalls einschlägige Vorarbeiten in Sachen kulturorientierter Stadterneuerung geleistet und sich zuletzt besonders für die europäische Dimension des Problems interessiert.[249] 1995 trat er neben Landry als Mitherausgeber auf. Ein wesentlicher Beitrag Bianchinis lag darin, dass er das Konzept der kulturellen Ressourcen einbrachte, das ihm aus Italien vertraut war.[250] Später wurde der gebürtige Italiener zu einem gefragten

245 Vgl. Vera Behr/Friedrich Gnad, Kultur als Wirtschaftsfaktor, Dortmund 1987; Dies./Klaus R. Kunzmann (Hrsg.). Kultur, Wirtschaft, Stadtentwicklung, Dortmund 1989.

246 Peter Hall, Cities of Tomorrow. An Intellectual History of Urban Planning and Design in the Twentieth Century, 2. Aufl., Oxford 1996, S. 355–358.

247 Peter Hall/Charles Landry, Innovative and Sustainable Cities, Dublin 1997.

248 Peter Hall, Cities in Civilization, hier: S. 3–23.

249 Vgl. Franco Bianchini u. a., City Centres, City Cultures, Manchester 1988; Ders./Michael Parkinson (Hrsg.), Cultural Policy and Urban Regeneration. The West European Experience, Manchester 1994.

250 Landry, Lineages of the Creative City, S. 19.

Berater sowohl auf britischer als auch auf europäischer Ebene. Er wirkte etwa an der Kulturhauptstadt Liverpool 2008 mit.[251]

Die Frage, welche Einflüsse die *Kreative Stadt* auf den Weg brachten, lässt sich sicherlich nicht abschließend beantworten. Beim Blick auf die Anfänge und die Tagung in Glasgow offenbart sich jedoch ein äußerst erfolgreiches Netzwerk von Experten, die in der Politikberatung und der stadtplanerischen Praxis tätig waren. Viele von ihnen hatten sich zuvor mit den Problemen der Stadterneuerung in altindustriellen Regionen befasst. Dieser Erfahrungshintergrund floss in die Formulierung des Konzepts mit ein, wie Landry schreibt.

Our joint experience suggested that a new way of thinking was needed that went beyond traditional professional specialisations. In thinking through which lessons from the UK could benefit German cities and vice versa it seemed to us that the overriding feature common to the two countries was the importance of creative responses to urban problems [...].[252]

Eine veränderte Wirklichkeit sollte durch das neue Planungsdenken wieder beherrschbar gemacht werden und dabei sollte möglichst interdisziplinär und holistisch vorgegangen werden. Die hohe Bedeutung der Praxis kam später auch in Landrys Hauptwerk zum Ausdruck, das im Jahr 2000 erschien und den Untertitel »A Toolkit for Urban Innovators« trägt.[253]

Zu dieser Zeit war die kulturorientierte Stadterneuerung bereits ein Erfolgsmodell und Landry konnte eine Vielzahl eigener und fremder Projekte zurückgreifen, um sein Konzept vorzustellen, dass sich inzwischen deutlich verfeinert hatte. Eine wesentliche Erweiterung war die Idee des kreativen Milieus.

A creative milieu is a place – either a cluster of buildings, a part of a city, a city as a whole or a region – that contains the necessary preconditions in terms of ›hard‹ and ›soft‹ infrastructure to generate a flow of ideas and inventions. Such a milieu is a physical setting where a critical mass of entrepreneurs, intellectuals, social activist, artists, administrators, power brokers or students can operate in an open-minded, cosmopolitan context and where face to face interaction creates new ideas, artefacts products, services and institutions and as a consequence contributes to economic success.[254]

Durch zielgerichtetes politisches Handeln sollten die Städte neue Maschinenräume des Informationszeitalters schaffen. Kulturelle und soziale Vielfalt war dabei kein Hindernis sondern eine wichtige Voraussetzung. Hier zeigt sich die DNS der Neuen Kulturgeographie. Weiche und harte Infrastrukturmaßnahmen

251 Er beriet das Partnerschaftsprojekt Edge Cities vgl. Jim Hinks, Rebirth. Stories from Cities on the Edge, Manchester 2008.

252 Bianchini/Landry, The Creative City, S. 2.

253 Charles Landry, The Creative City, A Toolkit for Urban Innovators, London 2000.

254 Ebd., S. 133.

waren nicht mehr getrennt voneinander zu betrachten. Beide trugen zur Entstehung neuer Wachstumszonen bei.

Zur harten Infrastruktur zählten nun auch Forschungszentren, Bildungsanstalten, Gesundheitsdienstleistungen, Einrichtungen der Kultur, der Erholung und der Freizeitgestaltung, eine attraktive urbane Umwelt, sowie Treff- und Kommunikationspunkte im Stadtraum. Unter der weichen Infrastruktur verstand Landry hingegen ein System assoziativer Strukturen und sozialer Netzwerke, Verbindungen und humaner Interaktion, das den Fluss der Ideen zwischen Individuen und Institutionen ermögliche und nationale wie internationale Märkte erschloss.

Dass Landrys Buch ein Bestseller wurde, lag unter anderem daran, dass die Politik inzwischen auf das Thema aufmerksam geworden war. *New Labour* hatte sich die gezielte Förderung der Kreativwirtschaft zu Beginn der Regierung Tony Blairs auf die Fahnen geschrieben und machte sich umgehend daran, diese zu erfassen.[255] Auch die OECD befasste sich inzwischen mit dem Thema.[256]

Mitten in dieses geballte Nachdenken über den Ökonomischen Nutzen der Kultur und nur zwei Jahre nach »The Creative City« erschien »The Rise of the Creative Class« des amerikanischen Ökonomen Richard Florida, das noch erfolgreicher und einflussreicher sein sollte und die Dominanz kulturwirtschaftlicher Modelle zementierte.[257] Florida, geboren 1957 in Newark, hatte Politikwissenschaften und Stadtplanung studiert, ehe es ihn aus beruflichen Gründen nach Pittsburgh verschlug. Die Bemühungen der alten Stahlstadt mit den Folgen des Strukturwandels fertig zu werden und die Abwanderung junger talentierter Fachkräfte zu verhindern, waren eine wichtige Inspirationsquelle für Floridas Buch.

Over the years, I have seen the community try just about everything possible to remake itself so as to attract and retain talented young people, and I was personally involved in many of these efforts.[258]

255 Labour Party, Create the Future. A Strategy for Cultural Policy, Arts and the Creative Economy, London 1997; Department for Culture, Media and Sport, Creative Industries Mapping, London 1998, URL: www.webarchive.nationalarchives.gov.uk/20131113211227/https://www.gov.uk/government/publications/creative-industries-mapping-documents-1998 (Abruf 28.5.2014); vgl..

256 OECD, Content as a Growth Industry, Paris 1998, URL: http://www.oecd.org/sti/2094064.pdf (Abruf 28.5.2014).

257 Richard Florida, The Rise of the Creative Class, New York 2002. Franz-Josef Brüggemeier, Creative Industries in the United Kingdom, in: Christiane Eisenberg/Andreas Gestrich (Hrsg.), Cultural Industries in Britain and Germany. Sport, Music and Entertainment from the Eighteenth to the Twentieth Century, Augsburg 2012, S. 187–201.

258 Richard Florida, The Rise of the Creative Class. Why Cities Without Gays and Rock Bands Are Losing the Economic Development Race, in: The Washington Monthly, 05/2002, S.16.

Auch Florida konnte also auf persönliche Erfahrungen zurückgreifen. In den späten 1990er Jahren hatte er unter anderem einer Gruppe angehört, welche die Regierung von Pennsylvania in Wirtschaftsfragen beriet.[259] In diesem Zusammenhang war er mit den Herausforderungen vertraut geworden, die mit der Bewältigung des Strukturwandels in einer altindustriell geprägten Region einhergingen. Seine Wahlheimat Pittsburgh sah er an dieser Aufgabe scheitern.

> Pittsburgh has launched a multitude of programs to diversify the region's economy away from heavy industry into high technology. It has rebuilt its downtown virtually from scratch, invested in a new airport, and developed a massive new sports complex for the Pirates and the Steelers. But nothing, it seemed, could stem the tide of people and new companies leaving the region.[260]

Einen Indikator für den Misserfolg Pittsburghs erblickte Florida darin, dass viele seiner Studenten die Region nach Abschluss ihres Studiums verließen, um anderswo zu leben und zu arbeiten. Er begann sich dafür zu interessieren, was Städte und Regionen in den Augen junger Hochschulabsolventen attraktiv erscheinen ließ und warum sie sich entschieden, dort Arbeit anzunehmen. Was hatten so unterschiedliche Orte wie die *San Francisco Bay Area*, Austin in Texas oder Boston gemeinsam, was Pittsburgh nicht bieten konnte?

Bei der Suche nach Antworten auf diese Fragen landete Florida schließlich bei der These, ein umfassender sozialer Wandel habe das Gesellschaftssystem der USA in den 1980er und 1990er Jahren erfasst. Im Kern dieses Wandels habe der Aufstieg der »Kreativen Klasse« gestanden. Er verstand darunter eine ökonomische gesellschaftliche Formation, die sich von anderen aufgrund ihrer Rolle im Produktionsregime unterschied:

> Those in the Working Class and the Service Class are primarily paid to execute according to plan, while those in the Creative Class are primarily paid to create and have considerably more autonomy and flexibility than the other two classes to do so.[261]

Ihre Aufgabe sei es, neue und anschlussfähige Formen zu schaffen und mittels ihrer Kreativität ökonomischen Mehrwert zu erzeugen. Die Klasse teile sich in eine Elite, das *Super Creative Core*, und eine breitere Gruppe, die *Creative Professionals*. Zur ersten Gruppe zählte Florida Wissenschaftler, Ingenieure, Universitätsprofessoren, Künstler, Designer und Architekten, aber auch Meinungsmacher wie Forscher in Think Tanks, Journalisten und Analysten. Ihr Arbeitsalltag konzentriere sich ganz auf den Prozess kreativer Hervorbringung.

> I define the highest order of creative work as producing new forms or designs that are readily transferable and widely useful – such as designing a product that can be

259 Florida, The Rise of the Creative Class, S. 85.
260 Florida, Why Cities Without Gays, S. 16.
261 Florida, The Rise of the Creative Class, S. 8.

widely made, sold and used; coming up wit a theorem or strategy that can be applied in many cases, or composing music that can be performed again and again. People at the core of the Creative Class engage in this kind of work regularly; it's what they are paid to do.[262]

Zur Kreativen Klasse zählte Florida neben dieser Spitzengruppe jedoch auch eine Reihe von Beschäftigten wissensintensiver Branchen, also aus dem Bereich der Hochtechnologie, der Finanzdienstleistungen, der Juristerei, dem Gesundheitswesen und der Unternehmensführung. Als Grundlage für die Ausübung solcher Berufe sei ein hohes Maß an formaler Ausbildung, also ein hohes Humankapital notwendig. Zusammengehalten werde die Gruppe jedoch durch ihre Funktion in der Produktion.

What they are required to do is to think on their own. They apply or combine standard approaches in unique ways to fit the situation, exercise a great deal of judgment, perhaps try something radically new from time to time.[263]

Der Aufstieg der Kreativen Klasse in den 1980er und 1990er Jahren habe seine tieferen Ursachen im Wandel des Produktionsregimes. In dieser Zeit habe sich ein neues Wirtschaftssystem etabliert, die Kreativwirtschaft, »designed to foster and harness human creativity.«[264] Dieses neue System habe die Kreative Klasse als soziales Milieu nach oben gespült.

Hatte Landry sein Konzept in erster Linie im Hinblick auf die Entwicklung der Städte und die Stadterneuerung hin ersonnen, so zielten Floridas Überlegungen auf die Gesellschaft als Ganzes. Dem pragmatischen, anhand einer Vielzahl von Beispielen entfalteten Modell der *Kreativen Stadt* stellte Florida einen neuen theoretischen Entwurf einer Gesellschaft gegenüber, in dem die soziale Kaste der Kreativarbeiter zum neuen Maß aller Dinge avancierte. Obwohl Florida an keiner Stelle auf die englische Debatte einging und die dort aktiven Autoren in seinem Werk weitgehend unerwähnt ließ, bot sein Entwurf doch eine ideale Ergänzung zu den Konzepten, die zeitgleich jenseits des Atlantik entstanden waren. Außerdem legt das bereits erwähnte Glasgow-Pittsburgh Kolloquium den Schluss nahe, dass hier zumindest ein Informationsaustausch bestand.[265]

Es war also letztlich ein breiter Strom an Gedanken, der in den 1990er Jahren den breiten Strom der Kreativen Stadt bildete, der viele überkommene Dogmen und Sichtweisen hinfort spülte. Zu dieser Entwicklung trug etwa auch Saskia Sassen bei, eine amerikanische Soziologin mit holländischen Wurzeln und ver-

262 Ebd., S. 69.

263 Ebd.

264 Ebd., S. 66

265 Vgl. Alan McGregor, Labour Market Problems and Manpower Policies in Glasgow. Remarks for the Colloquium/Workshop on Glasgow and Pittsburgh in the Project on Regional Structural Change in International Perspective, University of Pittsburgh, November 1984.

heiratet mit Richard Senett. Mit ihren Gedanken zur Rolle der Städte in einer globalisierten Wissensökonomie schlug sie eine Brücke zwischen Stadtplanung, Stadtsoziologie und Gesellschaftsentwurf.[266] Ihre *Global Cities* waren Knotenpunkte in einem weltweiten Netzwerk der Innovationen und Informationen.

Alle diese Denker, so lautet abschließend meine These, reagierten auf die veränderten Rahmenbedingungen und den Wandel der Städte nach dem Boom. Aus einer Vielzahl einzelner Erfahrungen, individueller Ansätze und Ideen entwickelte sich im Laufe der Jahre ein Sinnstiftungs- und Orientierungsangebot, das eine Antwort auf drängende Gegenwartsfragen zu bieten schien.

Ähnlich wie in der ikonischen Architektur verschränkte sich hier die Arbeit an der *Soft City*, auf besondere Weise mit der Erneuerung der physischen Stadt. So, wie die Stararchitektur lokale Bezüge aufgriff und in einen völlig neuen, bestenfalls individuellen und einzigartigen Entwurf umformte, so wollten auch die Strategen der Kreativen Stadt lokale Besonderheiten erkennen und diese Stärken im Rahmen einer Strategie der Wirtschaftsentwicklung ausbauen. Die bisweilen beklagte Offenheit und Unbestimmbarkeit der *Kreativen Stadt* ist deshalb keine Schwäche, sondern ein zentrales Merkmal dieses neuen Paradigmas.

Die *Creative City* als Leitvorstellung der Stadtplanung und die *Iconic Architecture* als kommunikativer Akt zielen beide auf die Nutzung von Alleinstellungsmerkmalen. Die eine setzt am Humankapital an, also den Individuen und ihren besonderen Fähigkeiten, sowie an der Pluralität, die sich aus der räumlichen Konzentration dieses Kreativ-Pools ergibt. Die andere versucht der Stadt ein erkennbares, möglichst unverwechselbares Gesicht zu geben, damit sie im globalen Wettlauf um Touristen, Investoren und kluge Köpfe bestehen kann. Sie nutzt wiederum die Kreativität und den Ruf weltweit bekannter Architekten. Damit entsprechen beide Elemente zeitgenössicher Stadtpolitik dem gesamtgesellschaftlichen Trend hin zu mehr Individualität und zur Aufwertung von Vielfalt und Kontingenz zur Tugend in der Post-Boom-Gesellschaft.

Zugleich stehen beide mit der zunehmenden Kommerzialisierung weiter Gesellschaftsbereiche in Verbindung. Die *Kreative Stadt* hat die Kultur als Segment der Wirtschaft entdeckt und sich eine möglichst efiziente und marktorientierte Ausnutzung ihres Wachstumspotentials auf die Fahnen geschrieben. Die ikonische Architektur ist ein Produkt der Entwicklung der Stadt hin zur Marke. Über ihre Sichtbarkeit im Stadtbild und in der Globalen Kommunikation integriert sie den Stadtraum in das zu Grunde liegende werbestrategische Kalkül.

266 Saskia Sassen, The Global City. New York, London, Tokio, Princeton 1991.

3.6 Fazit: Die Erneuerung der Soft City

Das zurückliegende Kapitel befasste sich mit zentralen Bausteinen der Glasgower Infrastrukturpolitik. Gemeinsamer Nenner der vorgestellten Maßnahmen war es, dass keine von ihnen direkt auf die Verbesserung der physischen Stadt und ihrer Strukturen zielte. Von den Anfängen des Stadtmarketings Mitte der 1970er Jahre, über die »Glasgow's Miles Better«-Kampagne und die Kulturhauptstadt Glasgow 1990 bis hin zur Etablierung der *Creative City* als neuem Stadtpolitischen Leitbild bezogen sich alle Projekte vielmehr auf die *Soft City*, also die Vorstellungen und Bilder, die Bewohner und Außenstehende von Glasgow hatten.

Über den dargestellten Zeitraum hinweg zeigt sich die zunehmende Etablierung und Professionalisierung dieser neuen Form städtischer Infrastrukturförderung. Am Anfang waren es vor allem gelernte Journalisten und geübte Autoren, die im neu eingerichteten *Public Relations Department* der Stadtverwaltung ihren Dienst versahen und die Werbetrommel für die Stadt rührten. Mit der Zeit stieg jedoch der Einfluss professioneller Werbeagenturen wie *Struthers Advertising & Marketing Limited* oder *Saatchie & Saatchie.* Schon kurze Zeit, nachdem man die Bedeutung des Stadtmarketings erkannt hatte, begannen die Städte damit, sich solche Leistungen am privaten Markt einzukaufen.

Die Entwicklung des Stadtmarketings reiht sich also ein in die zunehmende Privatisierung der Stadtpolitik, die bereits im Zusammenhang mit der Erneuerung des physischen Stadtbildes zu beobachten gewesen war. Die wesentlichen Eckpunkte des Programmes zur Wiederbelebung des alten Stadtzentrums waren von der Unternehmensberatung McKinsey formuliert worden. Ganz ähnlich entwickelte sich auch die Infrastrukturpolitik der *Soft City.* Hier war die neue Macht des marktkonformen Denkens sogar noch stärker ausgeprägt.

Die Erneuerung des imaginären Glasgow glich dem *Rebranding* eines Produkts oder einer Marke. Der Name blieb der gleiche, aber alle daran geknüpften Bilder und Assoziationen sollten mit neuen positiven Inhalten überschrieben werden. Es handelte sich also um einen Prozess der marktorientierten Neuausrichtung und Formatierung.

Diese war nur zu leisten, wenn hierfür neue Formen und Inhalte genutzt wurden, die an die Stelle der überkommenen Bilder des alten Glasgow treten konnten. Großveranstaltungen wie das *Glasgow Garden Festival* oder die Kulturhauptstadt, professionelle Imagekampagnen wie »Glasgow's Miles Better«, aber auch die Eröffnung neuer Einrichtungen und Institutionen boten Anlässe zur und Inhalte für die Schaffung eines neuen Glasgow-Narrativs. Zugleich erlaubten sie die Kommunikation dieser Erzählung von der Wiedergeburt über die Stadtgrenzen hinaus und somit dorthin, wo es Entscheidungen über Standorte und die Wahl des nächsten Stadtreiseziels zu beeinflussen galt. Hierin lag eine wesentliche Stärke der eventorientierten Stadterneuerung.

Die Geschichte der Aufwertung der virtuellen gegenüber der physischen Stadt wurde hier am Beispiel Glasgows nachvollzogen. Sie ereignete sich aber etwa zur gleichen Zeit an unzähligen anderen Orten der westlichen Hemisphäre. Führend waren dabei altindustriell geprägten Städte wie Baltimore, Chicago, Bilbao oder die Kommunen des Ruhrgebiets. Wie Stephen V. Ward in seiner Geschichte des Stadtmarketings zeigt, war dies eine direkte Folge des sozio-ökonomischen Wandels, von dem diese Städte in besonderer Weise betroffen waren. So schreibt Ward über die Chic-Kampagne Chicagos ab Ende der 1980er:

> It was simply symptomatic of a shift in urban policies that had become noticeable from the later 1970s and had reached epidemic proportions by the early 1990s. Everywhere throughout the older industrial countries, cities were experiencing major structural changes as their older industries declined without obvious replacements. As it dawned on the leaders of these cities that they were indeed peering into an economic abyss, with all the associated demographic, social and political implications they began to seek new sources of wealth and new ways of stating their importance as places.[267]

Mit der verstärkten Arbeit am Image reagierten die Städte also auf die Herausforderungen einer sich verändernden Welt nach dem Boom. Ihre Bemühungen zielten dabei einerseits auf die ökonomische Regeneration in einem zunehmend kompetitiven Umfeld ab.

Im Kampf um eine Stärkung der eigenen Wettbewerbsposition wurden nun Eigenschaften wie Stadtimage, Unverwechselbarkeit, Identität und Atmosphäre als ›weiche Standortfaktoren‹ erkannt, zu deren Stärkung eine langanhaltende Welle historisierender ›Verhübschung‹ der Innenstädte und des Baus postmoderner Museums- und Kulturbauten einsetzte.[268]

Investoren sollten angelockt werden. Brachliegende Potentiale der urbanen Wirtschaft, etwa in der Kulturindustrie oder dem Tagungs- und Städtetourismus galt es auszuschöpfen. Der Kultursektor gewann andererseits als essenzieller Bestandteil der Lebensqualität eine besondere Bedeutung in Bezug auf die Standortwerbung. In Glasgow verknüpfte man deshalb Kulturpolitik und Wirtschaftsförderung auf besonders enge Weise. Bei der Jagd nach dem *Footloose Capital* sollte ein Image als attraktive, kosmopolitische und lebenswerte Stadt mit einer breiten und spannenden Kulturszene entscheidende Vorteile bringen.

PR-Management und Imagearbeit zielten zugleich auf einen Wandel der kulturellen Repräsentationen der Stadt. Es ging also immer um mehr, als nur um Standortwerbung. Vielmehr versuchten sich Werbefachleute, Kommunalpolitiker und Kulturschaffende an nichts Geringerem als der Schöpfung neuer sinn- und bedeutungsstiftender Zusammenhänge und Strukturen. Diese wandten

267 Vgl. Ward, Selling Places. S. 186–208.

268 Tilman Harlander, Wohnen und Stadtentwicklung, in: Ingeborg Flagge (Hrsg.), Geschichte des Wohnens von 1945 bis heute. Aufbau – Neubau – Umbau, Stuttgart 1999, S. 233–417, hier S. 345.

sich so sehr nach außen, wie nach innen. Die Bürger sollten den Niedergang als Chance begreifen, sich aufs Neue mit ihrer Stadt identifizieren und so ihr Potential in Gegenwart und Zukunft einbringen.

Die Anfänge dieses Denkens lagen in den späten 1960er und frühen 1970er Jahren. Während der 1980er Jahre kamen diese Überlegungen dann langsam in der stadtpolitischen Praxis an. Im selben Maß, wie die finanziellen und politischen Möglichkeiten für große spektakuläre Maßnahmen zur Verbesserung der klassischen Infrastruktur schwanden, stieg die Bedeutung der Erneuerung der *Soft City* durch Imagekampagnen, Werbung und die Ausrichtung großer Ereignisse. Im Glasgow der 1990er war sie bereits ein zentrales Feld städtischer Wirtschaftspolitik und sie ist es bis auf den heutigen Tag geblieben.

Ausblick: Glasgow heute

Als der Verfasser dieser Zeilen im Sommer 2008 erstmals nach Glasgow reiste, sprühte die Stadt vor Optimismus. Im November des Vorjahres hatte sich Glasgow mit der Bewerbung als Austragungsort der *Commonwealth Games 2014* durchgesetzt und die Euphorie war groß. Erneut war es gelungen, ein Großereignis von internationalem Rang in die Stadt zu holen. Steven Purcell, damals *Leader of the Council,* versprach den Bewohnern der Stadt in diesem Zusammenhang den Bau von mindestens 1.000 neuen Wohnungen und die Schaffung ebensovieler neuer Jobs.[1]

> It will create education, training, job and business opportunities for local businesses and local people. Our estimates are that projects for the games, including new and upgraded sporting facilities and the Games Village, will create 1.000 extra jobs.[2]

Wie schon bei vorausgegangenen Großereignissen setzten die Verantwortlichen auch für die Commomwealth- Spiele auf eine breite Einbindung der Bevölkerung der Stadt in die Ereignisse: »We will also need to train volunteers and increase opportunities for all citizens to take part in sport and physical activity at a community level.«[3] Ein breites kulturelles Rahmenprogramm war ebenfalls geplant. Darüberhinaus sollten die Spiele das Selbstvertrauen der Bewohner weiter stärken und weltweit Werbung für die Stadt machen:

> Hosting the games will help us build a confident city, raising the ambitions not only of the athletes competing but of all young people in the city, as well as raising Glasgow's profile across the world as a major visitor and tourist destination.[4]

Auch jenseits der eventorientierten Stadterneuerung schien sich die beharrliche und langjährige Arbeit am Stadtimage und am Standort Glasgow bezahlt zu machen. So war etwa die Bevölkerung zwischen 2001 und 2006 um rund 400 Personen jährlich gewachsen und Glasgow gehörte wirtschafltich zu den dynamischsten Städten im Vereinigten Königreich.[5] Die Zahl der Arbeitsplätze stieg in Glasgow deutlich schneller als im schottischen Durchschnitt, wobei die meisten neuen Jobs im Dienstleistungssektor entstanden. Allerdings handelte es sich dabei häufig um wenig qualifizierte und schlecht bezahlte Stellen. Zwar war die Zahl der in der Stadt ansässigen Firmen nach wie vor geringer als in an-

1 Glasgow City Council, The Glasgow City Council Plan 2008 to 2011, S. 3.
2 Ebd., S. 9.
3 Ebd.
4 Ebd.
5 Ebd., S. 7.

deren vergleichbaren Städten, doch auch hier schien sich langfristig eine Angleichung abzuzeichnen.

Mitten in diese optimistische Grundstimmung platzte die Wirtschafts- und Finanzkrise, die ihren dramatischen Höhepunkt mit der Insolvenz der *Lehman Brothers* am 15. September 2008 fand. Für Glasgow, dessen wirtschaftliche Erholung sich nicht zuletzt den Banken und Versicherungen sowie anderen Finanzdienstleistungen verdankte, konnte eine solche Krise nicht ohne Folgen bleiben.

Dies zeigte sich bei einem weiteren Forschungsaufenthalt in der Stadt im Jahr 2009. Sichtbares Zeichen der ökonomischen Schieflage der urbanen wie der nationalen Ökonomie, waren die zahlreichen Schilder, die auf zu vermietende Büroflächen, Wohnungen und Ladengeschäfte hinwiesen. Die weltwirtschaftliche Entwicklung schien den Erfolg der ökonomischen Stadterneuerung Glasgows mitsamt ihren positiven Effekten auf alle Bereiche der Stadtpolitik in Frage zu stellen. Stuart Patrick, *Chief Executive* der *Glasgow Chamber of Commerce*, machte im November 2010 aus dem Ernst der gesamtwirschaftlichen Lage keinen Hehl:

> We are still recovering from the worst financial crisis since the thirties! We are faced with the most severe public spending custs sinde the Geddes cuts in the 1920's! Life will never be quite the same again![6]

Die unmittelbaren Folgen für die Stadt waren evident, insbesondere die gestiegene Arbeitslosigkeit. Die schlechten Zahlen waren aber nicht nur ein rein ökonomisches Problem, sie drohten darüberhinaus auch den hart erarbeiteten positiven Ruf der Stadt zu zerstören, da Glasgow von der Krise besonders hart getroffen wurde.

> Unemployment is up and, once again with the superlatives in action Glasgow's record of very high rates of worklessness is being highlighted as evidence that the city is on the slide.[7]

Heute, sieben Jahre nach der Pleite der *Lehmann Brothers*, haben sich die schlimmsten Befürchtungen aus jener Zeit jedoch nicht bestätigt. Zahlen und Daten über die Entwicklung der Stadt seither vermitteln eher ein gemischtes Bild.[8]

So stieg etwa die Bevölkerungszahl in Gasgow kontinuierlich an, ein genauerer Blick offenbart jedoch eine negative Wanderungsbilanz. Zwischen 2012 und 2014 verließen die Stadt jährlich im Durchschnitt 17 Menschen mehr, als im selben Zeitraum zuwanderten. Insgesamt ist der geringe absolute Wert aber eher ein Zeichen der relativen Stabilisierung, wenn man bedenkt, dass auf beiden

6 Glasogw City Council, Glasgow Economic Review. Special Edition: 13th Annual State of the City Economy Conference, Glasgow 2010, S. 4.

7 Ebd.

8 Für die folgenden demographischen Werte vgl. National Records of Scotland, Glasgow City Council Area – Demographic Factsheet, URL: http://www.nrscotland.gov.uk/statistics-and-data/statistics/stats-at-a-glance/council-area-profiles (Abruf 31.12.2015).

Seiten dieser Statistik mehr als 27.000 Menschen eingerechnet wurden. Andere Faktoren, wie etwa eine steigende Geburtenrate und eine sinkende Sterblichkeit glichen die Bilanz mehr als aus. Die Bevölkerung Glasgows wuchs tatsächlich weiter, wenn auch nicht im selben Maß wie die schottische Gesamtbevölkerung.

Die ökonomische Entwicklung verdeutlicht die weiterhin bestehenden Defizite und Besonderheiten. So war von Juni 2014 bis Juli 2015 der Anteil der Gruppe der *Economically Active* an der Bevölkerung in Glasgow mit 71,3 Prozent noch immer geringer, als im schottischen Durchschnitt mit 77,6 Prozent.[9] Unter den 116.800 Inaktiven überwog zwar die Zahl der Studierenden mit 38.000. Auffällig war aber zugleich der hohe Anteil von Langzeiterkrankten in Glasgow mit 29 Prozent gegenüber 25,9 Prozent im schottischen und 21,7 Prozent im gesamtbritischen Durchschnitt.

Vergleicht man diese Werte wiederum mit denen anderer ehemaliger Industriestädte wie Manchester oder Birmingham relatvieren sich die scheinbar schlechten Zahlen Glasgows wieder. Zwischen Juni 2014 und Juli 2015 lag etwa die Arbeitslosigkeit in der Stadt bei 9,4 Prozent, verglichen mit 8,1 Prozent in Manchester oder 10 Prozent in Birmingham.

Die häufig gestellte Frage, ob Glasgow den Strukturwandel erfolgreich bewältigt hat, lässt sich somit nur schwer beantworten. Das liegt zumindest teilweise daran, dass dieser Wandel kein historisch abgeschlossener Prozess ist. In den vorausgegangenen Kapiteln wurde mit der Zeit von Mitte der 1970er bis in die 1990er Jahre zwar ein Kernzeitraum dieses Transformationsprozesses untersucht, viele Entwicklungen setzen sich aber bis in unsere Gegenwart hinein fort.

Ein weiteres Problem ist die Perspektive, aus der man diese Frage beantworten möchte. Es ist kaum zu leugnen, dass Glasgow vor allem in den 1990er und frühen 2000er Jahren einige ökonomische Fortschritte erzielt hat und sich teilweise besser entwickelte, als das wirtschaftliche Umfeld. Durch die Brille der Finanz- und Wirtschaftskrise wird die Nachhaltigkeit dieses Erfolges jedoch in Frage gestellt. Ebenso verhält es sich, wenn man die Geschichte von den Verlierern und Außenseitern dieser Entwicklung her betrachtet, den Niedriglohn-Jobberinnen, den Arbeitslosen oder den ökonomisch Inaktiven.

Auch die Frage nach den Handlungsalternativen der historischen Akteure lässt sich – versucht man die Anachronismus-Falle zu vermeiden – nicht ohne weiteres beantworten. Hierzu sind zahlreiche weitere historische Untersuchungen für vergleichbare Kommunen vonnöten, die erst den Vergleich im jeweilgen historischen Zeithorizont ermöglichen. Dieses Desiderat der Forschung gilt es in den kommenden Jahren zu beseitigen.

9 Für die aktuellen Arbeitsmarktdaten vgl. Nomis, Labour Market Profile – Glasgow City, URL: (https://www.nomisweb.co.uk/reports/lmp/la/1946157420/report.aspx?town=glasgow#tabempunemp (Abruf 31.12.2015).

Dank

Die vorliegende Arbeit wurde im Wintersemester 2014/15 unter dem Titel »*Glasgow's Miles Better.* Die Wandlung einer Industriehafenstadt zum Dienstleistungszentrum in der zweiten Hälfte des 20. Jahrhunderts« von der Philosophischen Fakultät der Eberhard-Karls-Universität Tübingen als Dissertation angenommen. Für den Druck wurde der Text geringfügig überarbeitet.

Mein Dank gilt in erster Linie meinem akademischen Lehrer Prof. Dr. Anselm Doering-Manteuffel, der die Entstehung dieser Arbeit betreut und mit großem Interesse begleitet hat. Seine wissenschaftliche Neugier und seine große Offenheit sind mir Vorbild und Richtschnur. Mein Dank gilt außerdem Prof. Dr. Lutz Raphael für die Erstellung des Zweitgutachtens.

Danken möchte ich auch der Friedrich-Ebert-Stiftung für die materielle und ideelle Förderung während meines Studiums sowie der Deutschen Forschungsgemeinschaft, welche die Durchführung dieses Forschungsvorhabens und die Drucklegung ermöglicht hat.

Mein Dank gilt außerdem den von mir aufgesuchten Archiven, allen voran den *Glasgow City Archives*, den *National Archives of Scotland* und dem Archiv der *Caledonian University Glasgow.* Besonders bedanken möchte ich mich beim *Scottish Oral History Centre* der *Strathclyde University Glasgow* für die gute Zusammearbeit und die Möglichkeit die dort gesammelten Interviews zu nutzen.

Diese Forschungsarbeit nahm ihren Ausgang im Kontext des Oberseminars am Seminar für Zeitgeschichte und sie verdankt den anhaltenden Diskussionen dort und den Debatten im Rahmen der Forschungsgruppe »Nach dem Boom« sehr viel. Stellvertretend seien genannt Julia Angster, Maria Dörnemann, Fernando Esposito, Hanna Jonas, Martin Kindtner, Lars Legath, Silke Mende, Marco Schrof und Peter Tietze. Sie haben mir über so manche Durststrecke des akademischen Daseins hinweggeholfen. Silke Mende und Luise Wacker gebührt besonderer Dank für das geduldige Korrekturlesen. Für ihre Unterstützung danke ich zudem meinen Hilfskräften Almuth Ebke und Zarin Aschrafi.

Mein allergrößter Dank gilt meiner Familie, die mich in all den Jahren immer großartig unterstützt und begleitet hat. Ohne ihre Hilfe wäre dieses Werk nicht zustande gekommen. Schließlich danke ich Silke Schöttle für einfach Alles.

Quellen- und Literaturverzeichnis

Quellen

Ungedruckte Quellen und Archivalien

Glasgow Caledonian University Archives and Special Collections

The Records of the Scottish Trades Union Congress, Annual Reports 1966–1985, GCU/STUCA.

Glasgow City Archives

Minutes of the Corporation of Glasgow. Printed Series. Working Copies, 1965–1975, C1/3.

The Corporation of the City of Glasgow, Information Bureau, D-IB15.

The Corporation of the City of Glasgow, Planning Department, D-PL1.

Minutes of the City of Glasgow District Council 1975–1996, GDC 1/1.

City of Glasgow District Council Committee Papers, GDC 1/3.

Minutes of the Glasgow City Council 1997–1999, GCC 1/1.

Minutes of the Strathclyde Regional Council, 1975–1995, SRC 1/1.

Strathclyde Regional Council Committee Papers 1975–1995, SRC 1/2.

Margret Thatcher Foundation

Speeches and Interviews, Prime Minister 1979–1990, URL: http://www.margaretthatcher.org.

University of Strathclyde

Scottish Oral History Centre. University of Strathclyde

Zwei Serien von Interviews: *Voices from the Yards*, Erinnerungen ehmaliger Werftarbeiter, aufgezeichnet 1989; *Dockers*, Erinnerungen ehemaliger Hafenarbeiter, aufgezeichnet 2009. Die Interviews liegen größtenteils als MP3-Dateien vor, ohne Signatur.

New Glasgow Society, Glasgow in the 70s, Glasgow 1973, Bibliothek der University of Strathclyde (künftig BUS), Robertson Collection, D 941.44308.

Nicoll, R. E./D. J. Robertson, A Report on Containerisation. Implications for Distribution and Transport in West Central Scotland, Glasgow 1970.

University of Glasgow

Strathclyde Regional Council, Strukturpläne 1979–1992, Universitätsbibliothek, qM545.S85 STR3 und STR3.

Parlamentsdebatten, 1945–2000

The Hansard-Online, URL: http://www.parliament.uk/business/publications/hansard/ (Abruf 21.12.2014).

The National Archives of Scotland, Edinburg

Scottish Development Agency, Annual Reports 1975–1991, SDA1.
Scottish Economic Planning Department, SEP12
Scottish Office, Development Department, Planning Files, DD12.
Scottish Office, Central Services, Scottish Information Records Office, SOE12.

The National Archives, London

The Cabinet Papers 1915–1984, Online-Archiv der TNA, CAB, URL: http://www.nationalarchives.gov.uk/cabinetpapers/

Gedruckte Quellen und Graue Literatur

Abercrombie, Patrick, Greater London Plan, London 1944.
Abercrombie Patrick/Robert H. Matthew, The Clyde Valley Regional Plan, London 1949.
Alexander, K. J., The Economic Strategy, in: West Central Scotland Plan Team, Report, S.11–25.
Amery, Colin/Dan Cruickshank, The Rape of Britain, London 1975.
BBC, Scots at Sea. Celebrating Scotland's maritime history, compiled by Jim Hewitson, Edinburgh 2004.
Behr, Vera/Friedrich Gnad, Kultur als Wirtschaftsfaktor, Dortmund 1987.
Dies./Klaus R. Kunzmann (Hrsg.Hrsg.). Kultur, Wirtschaft, Stadtentwicklung, Dortmund 1989.
Bell, Daniel, The Coming of the Post-Industrial Society. A Venture in Social Forecasting, New York 1973.
Bellamy, Martin, The Shipbuilders. An Anthology of Scottish Shipyard Life, Edinburgh 2001.
Bianchini, Franco u. a., City Centres, City Cultures, Manchester 1988.
Ders./Michael Parkinson (Hrsg.), Cultural Policy and Urban Regeneration. The West European Experience, Manchester 1994.
Bird, James, The Major Seaports of the United Kingdom, London 1963.
Blackaby, Frank, (Hrsg.), De-Industrialisation, London 1979.
Blackbourn, David, A Sense of Place. New Directions in German History, London 1999.
Board of Trade, Shipbuilding Inquiry Committee. Report, 1965–1966, London 1966.
Bodenschatz, Harald/Cordelia Polinna, Learning from IBA – die IBA 1987 in Berlin 2010, URL: http://www.stadtentwicklung.berlin.de/staedtebau/baukultur/iba/download/Learning_from_IBA.pdf (Abruf 26.05.2013)
Bolitho, William, Cancer of Empire, London 1924.
Brennan, Tom, Reshaping a City. Glasgow 1959.
Broadway, Frank, Upper Clyde Shipbuilders. A Study of Government Intervention in Industry – The Way the Money Goes, London 1976.
Brockhaus Bilder-Conservationslexikon. Bd. 2, Leipzig 1838.
Christopher Booker, The Seventies. Portrait of a Decade, London 1980.
Bruce, Robert, First Planning Report to the Highways and Planning Committee of the Corporation of Glasgow, Glasgow 1945.

Bruce, Robert, Second Planning Report to the Highways and Planning Committee of the Corporation of Glasgow, Glasgow 1946.
Bryson, Bill, Notes from a Small Island, London 1993.
Bundesministerium für Raumordnung, Bauwesen und Städtebau, Erneuerung einer alten Industriestadt – Glasgow's Miles Better, Bonn 1988.
Cairncross, Alec, The Economy of Glasgow, in: Miller/Tivy (Hrsg.), The Glasgow Region, S. 219–241.
Calvino, Italo, Die unsichtbaren Städte, München 2007 [ursprünglich Turin 1972].
Campbell, R. H., Iron and Steel, in: Cunnison/Gilfillan (Hrsg.), The Third Statistical Account of Scotland: Glasgow, S. 153–170.
Castells, Manuel, The City and the Grassroots. A Cross-Cultural Theory of Urban Social Movements, London/Victoria 1983.
Ders., The Informational City. Information Technology, Economic Restructuring, and the Urban-Regional Process, Oxford 1989.
Ders./Peter Hall, Technopoles of the World. The Making of Twentiy-First-Century Industrial Complexes, London,New York 1994.
Ders., The Information Age. Economy, Society and Culture, Bde. 1–3, Oxford, Malden 1996–1998.
Ders./Felix Stadler. The Theory of the Network Society, Cambridge, Malden 2006.
City of Toronto, Cultural Planning for the Creative City, URL: https://www1.toronto.ca/wps/portal/contentonly?vgnextoid=0fc91ba53b450410VgnVCM10000071d60f89RCRD (Abruf 19.6.2014).
Clyde Waterfront, URL: http://www.clydewaterfront.com (Abruf 21.12.2014).
Coates, Ken, Work-Ins, Sit-Ins and Industrial Democracy. The Implications of Factory Occupations in Great Britain in the Early Seventies, Nottingham 1981.
Cork, Richard, Beyond the Tyranny of the Predictabel, in: Harvey (Hrsg.), TSWA 3D, S. 11.
Cullen, Gordon/McKinsey/SDA, The Potential of Glasgow City Centre, Glasgow 1985.
Cochrane, Hugh, Glasgow. The First 800 Years, Glasgow 1975.
Cowling, Keith, The Internationalization of Production and Deindustrialisation, Warwick 1985.
Cunnison, James/John B. S. Gilfillan, The Third Statistical Account of Scotland: Glasgow, Glasgow 1958.
Dale, Iain (Hrsg.), British Political Party Manifestos 1900–1997, 3 Bde., London 1999.
Defoe, Daniel, A Tour Through the Whole Island of Great Britain, Harmondsworth 1986.
Department of Employment and Productivity, In Place of Strife. A Policy for Industrial Relations, London 1969.
Department of the Environment, Policy for the Inner Cities, London 1977.
Department of the Environment, An Evaluation of Garden Festivals, London 1990.
Department of Industry, The Regeneration of British Industry, London 1974.
Diamond, Harry, Can You Get My Name in the Papers?, Glasgow 1996.
Drucker, Peter F., The Age of Discontinuity. Guidelines to Our Changing Society, New York 1969.
Dunford, Mick/Diane Perrons, The Restructuring of the Post-War British Space Economy, in: Ron Martin/Bob Rowthorn, The Geography of De-Industrialisation, Basingstoke, London 1986, S. 53–105.

Europäische Komission, Geschichte der Kulturhauptstädte, URL: http://ec.europa.eu/culture/our-programmes-and-actions/capitals/history-of-the-capitals_de.htm (Abruf 11.9.2013).

Europarat, Europäische Denkmalschutz-Charta, Straßburg 1975, Deutsches Nationalkomitee für Denkmalschutz, URL: www.dnk.de/_uploads/media/150_1975_Europarat_Denkmalschutz_Charta.pdf (Abruf 14.12.2012).

Europarat, Entschließung der im Rat vereinigten für Kulturfragen zuständigen Minister vom 13.6.1985, Veröffentlicht im Amtsblatt der Europäischen Gemeinschaften am 22.6.1985, Nr. 85/C153/02, URL: http://cms.ifa.de/pdf/abk/inter/eu_kulturhauptstadt.pdf (Abruf 12.10.2013).

Eversley, David, The Planner in Society, London 1973.

Eyre-Todd, George, The Story of Glasgow. From the Earliest Times to the Present, Glasgow 1911.

Faber, Mike/Dudley Seers (Hrsg.), The Crisis in Planning, 2 Bde., Sussex 1972.

Firn, John, External Control and Regional Policy, in: Gordon Brown (Hrsg.), The Red Paper on Scotland, Edinburgh 1975.

Foster, John/Charles Woolfson, The Politics of the UCS Work-In. Class Alliances and the Right to Work. Foreword by Tony Benn, London 1986.

Fothergill, Stephen/Graham Gudgin, Unequal Growth. Urban and Regional Employment Change in the UK, London u. a. 1982.

Foucault, Michel, Von anderen Räumen, in: Jörg Dünne (Hrsg.), Raumtheorie. Grundlagentexte aus Philosophie und Kulturwissenschaften, Frankfurt a.M 2007.

Fourastié, Jean, Les Trente Glorieuses ou la Révolution Invisible de 1946 à 1975, Paris 1979.

Giersch, Herbert, Eurosclerosis, in: Kieler Diskussionsbeiträge 112 (1985), S. 561–578.

Gilfillan John B. S./H. A. Moisley, Industrial and Commercial Developments to 1914, in: Miller/Tivy (Hrsg.), The Glasgow Region, S. 150–189.

Glasgow Art Gallery and Museums Association, Glasgow's European Treasures: An Exhibition of European Masterpieces to *Commemorate* Britain's Entry into the European Economic Community, Glasgow 1973.

Glasgow City Council, The River of Dreams, Glasgow 1996.

Ders., Glasgow City Plan Part One. Development Strategy, Glasgow 2003.

Ders., The Glasgow City Council Plan 2008 to 2011. Our Future Plans and Key Objectives, Glasgow 2007.

Ders., City Plan 2. Part 1: Development Strategy Overview, Glasgow 2009, URL: http://www.glasgow.gov.uk/en/Business/CityPlan/cityplan2hardcopiesandpdfsmaps.htm (Abruf 21.2.2012).

Ders., Glasgow Economic Review. Special Edition: 13th Annual State oft he City Economy Conference, Glasgow 2010.

Ders., Glasgow Economic Facts 2010/2011, URL: http://www.glasgoweconomicfacts.com/Dept.aspx?dept_id=214 (Abruf 19.4.2013).

Ders., Briefing Paper 2011 Census. Release 1: Results for Glasogw City, Glasgow 2013, URL: https://glasgow.gov.uk/CHttpHandler.ashx?id=16942&p=0 (Abruf 19.12.2014).

Glasgow District Council, Scotland and the Pride of Clyde Celebrations, Events List, Glasgow 1983.

Ders., Ingram Square Development – Merchant City. A Report of Surveys Carried out in August-November 1986, Glasgow 1987.

Ders., Glasgow 1990 – The Book. The Authorised Tour of the Cultural Capital of Europe, Glasgow 1989.
Glasgow Economic Forum, A Step Change for Glasgow. Glasgow's Ten-Year Economic Development Strategy, Glasgow 2006, URL: http://www.glasgoweconomicfacts.com/Dept.aspx?dept_id=196 (Abruf 18.4.2013).
Glasgow Garden Festival '88 Ltd., Glasgow Garden Festival '88, Glasgow 1986.
Glasgow Garden Festival 1988 Ltd., Glasgow Garden Festival '88 Souvenir Brochure and Official Guide, Gasgow 1988.
Glasgow's Glasgow, The Words and the Stones, Glasgow 1990.
Glasgow University, The Merchant City and the Market for New Private Housing in Central Glasgow, Glasgow 1986.
Gordon, George, The City of Glasgow, in: Ders./John Butt, Strathclyde. Changing Horizons, Edinburgh 1985, S. 53–78.
Gray, Alasdair, Lanark. A Life in Four Books, Edinburg 2002 [urspr.1981].
Hall, Peter, Cities of Tomorrow. An Intellectual History of Urban Planning and Design in the Twentieth Century, 2. akt. Aufl., Oxford 1996.
Ders./Charles Landry, Innovative and Sustainable Cities, Dublin 1997
Harvey, Jonathan (Hrsg.), TSWA 3D, Exeter 1987.
Henderson, R. A., Industrial Overspill from Glasgow 1958–1968, in: Urban Studies 11 (1974), S. 61–79.
Hinks, Jim, Rebirth. Stories from Cities on the Edge, Manchester 2008.
HMSO, Report of the Royal Commission on the Housing of the Industrial Population of Scotland, Rural and Urban, Edinburgh 1917.
Holden, Robert, Glasgow's Miles of Kitsch, in: The Architects' Journal 187 (1988), Heft 19, S. 15–19.
Hughes, John, Britain in Crisis. De-Industrialisation and How to Fight It, Nottingham 1981.
Hughes, John, De-Industrialisation, Nottingham 1980.
Jack, Ian, Before the Oil Run Out, Britain 1977–86, London 1987.
Jacobs, Jane, The Death and Life of Great American Cities, New York, Toronto 1961.
Kemp, David, Glasgow 1990. The True Story Behind the Hype, Ellon 1990.
King, Anthony (Hrsg.), Why is Britian Becoming Harder to Govern? London 1976.
King, Elspeth, The People's Palace & Glasgow Green, 2. Aufl., Glasgow 1988.
Kommunalverband Ruhrgebiet, Strukturbericht Ruhrgebiet 2002, Essen 2002, S. 9–12.
Kotler, Philip/Sidney J. Levy, Broadening the Concept of Marketing, in: Journal of Marketing 33 (1969), S. 10–15.
Kondratjew, Nikolai D., Die langen Wellen der Konjunktur, in: Archiv für Sozialwissenschaft und Sozialpolitik 56 (1926), S. 573–609.
Kotler, Philip/Gerald Zaltman, Social Marketing. An Approach to Planned Social Change, in: Journal of Marketing 35 (1971), S. 3–12.
Labour Party, Create the Future. A Strategy for Cultural Policy, Arts and the Creative Economy, London 1997; Department for Culture, Media and Sport, Creative Industries Mapping, London 1998, URL: www.webarchive.nationalarchives.gov.uk/20131113211227/https://www.gov.uk/government/publications/creative-industries-mapping-documents-1998 (Abruf 28.5.2014
Lally, Pat/Neil Baxter, Lazarus Only Done It Once, The Story of my Lives, London 2000.

Landry, Charles, Lineages of the Creative City, in: Research Journal for Creative Cities 1 (2006), Heft 1, S. 15–23.
Ders., The Creative City, A Toolkit for Urban Innovators, London 2000.
Ders., The Origins & Futures of the Creative City, Stroud 2012.
Ders./Franco Bianchini, The Creative City, London 1995.
Le Corbusier, An die Studenten. Die ›Charte d'Athènes‹, Hamburg 1962.
Lefebvre, Henri, La production de l'espace, Paris 1974; Auszüge in Übersetzung in: Jörg Dünne (Hrsg.),Raumtheorie, Frankfurt a.M 2007, S. 330–341
Lever, William F. (Hrsg.), Industrial Change in the United Kingdom, Harlow 1987.
London Docklands Development Corporation, Report and Financial Statements 1989/1990, London 1990, URL: http://www.lddc-history.org.uk/reports/index.html (Abruf 11.7.2013).
MacDougall, Ian, Voices of Leith Dockers. Recollections of Working Lives, Edinburgh 2001.
Fritz Machlup, The Production and Distribution of Knowledge in the United States, Princeton 1962.
Mackay Consultants, Prospects for Scotland's Energy Industries 2011–2020, Inverness 2011, 134f, URL: http://news.bbc.co.uk/2/shared/bsp/hi/pdfs/09_06_11_macaky report.pdf (Abruf 23.4.2013).
McArthur, Alexander/H. Kingsley Long, No Mean City. A Story of the Glasgow Slums, London 1935.
McGregor, Alan, Labour Market Problems and Manpower Policies in Glasgow. Remarks for the Colloquium/Workshop on Glasgow and Pittsburgh in the Project on Regional Structural Change in International Perspective, University of Pittsburgh, November 1984.
McLay, Farquahr (Hrsg.), Workers City. The Real Glasgow Stands Up, Glasgow 1988.
McLay, Farquhar, The Reckoning: Beyond the Culture City Rip Off. Puplic Loss and Private Gain, Glasgow 1990.
Miller, Ronald/Joy Tivy (Hrsg.), The Glasgow Region. A General Survey, Glasgow 1958.
Ministry of Transport, Report of the Committee of Inquiry into the Major Ports of Great Britain, London 1962.
Mitchell, Brian R., British Historical Statistics, Cambridge 1988.
Moisley, H. A.,Glasgow's Spheres of Influence, in: Miller/Tivy (Hrsg.), The Glasgow Region, S. 285–301.
Muir, James H., Glasgow in 1901, Glasgow 2001 [ursprünglich 1901].
Mulgan, Geoff/Ken Worpole, Saturday Night or Sunday Morning. From Arts to Industry, London 1986.
Myerscough, John, The Economic Importance of the Arts in Britain, London 1988.
Neville George, Thomas, The Geology and Geomorphology of the Glasgow District, in Miller/Tivy, The Glasgow Region, S. 17–61.
O. A., A Remarkable Chance for Glasgow. River Clyde Study and Ideas Competition, in: The Architects Journal 157 (1973), Heft 6, S. 308.
O. A., Glasgow, URL: http://www.lonelyplanet.com/scotland/glasgow (Abruf 17.5.2013).
O. A., Was the RIBA/RTPI/ILA Competition What Glasgow Needed?, in: The Architects Journal160 (1974), Heft 28, S. 77.
OECD, Urban Renaissance. Glasgow: Lessons for Innovation and Implementation, Paris 2002.

Orr, Sarah C./James Orr, Other Engineering, in: Cunnison/Gilfillan (Hrsg.), The Third Statistical Account, S. 209–239.
Raban, Jonathan, Soft City, London 1984 [ursprünglich London 1974].
Ravetz, Alison, Remaking Cities, London 1980.
Reid, Jimmy, Reflections of a Clyde-Built Man, London 1976.
Robb, A. M., Shipbuilding and Marine Engineering, in: Cunnison/Gilfillan, The Third Statistical Account, S. 171–208.
Royal Commission on the Distribution of the Industrial Population, Report, London 1940.
Royal Institute of British Architects, Towards a New Britain, Surrey 1943.
Salmonds, Alex, Independence and Responsibility. The Future of Scotland, Transkript einer Rede vom 15.2.2012, gehalten an der London School of Economics, URL: www2.lse.ac.uk/publicEvents/pdf/20120215%20Alex%20Salmond%20transcript.pdf (Abruf 3.4.2013).
Sassen, Saskia, The Global City. New York u. a. 1991.
Schumacher, Ernst F., Small is Beautiful. A Study of Economics as if People Mattered, London 1973.
Schumpeter, Joseph, Business Cycles. A Theoretical, Historical and Statistical Analysis of the Capitalist Process, New York 1939.
Scottish Executive, Review of Scotland's Cities – The Analysis, URL: http://www.scotland.gov.uk/Resource/Doc/47021/0027033.pdf (Abruf 10.1.2012).
Shipbuilding Inquiry Committee. Report 1965–1966, London 1966.
Soja, Edward, Postmodern Geography. The Reassertion of Space in Critical Social Theory. London: 1989.
Strathclyde Regional Council, Strathclyde Structure Plan 1979. Written Statement, Glasgow 1979.
Ders., Strathclyde Structure Plan 1979, Glasgow 1980.
Ders., Strathclyde Structure Plan. Monitoring Report 1982, Glasgow 1982.
Ders., Strathclyde Structure Plan. The Easy Read, Glasgow 1983.
Ders., Strathclyde Regional Plan 1981. Update 1986: Consolidation Report, Glasgow 1986.
Ders., Context Report ›Setting the Agenda‹. Glasgow 1993.
Struthers, John (Hrsg.), Glasgow's Miles Better. ›They Said It‹ about Glasgow, Glasgow 1986.
The Scottish Office, The Scottish Economy 1965–1970. A Plan for Expansion, London 1966.
Thatcher, Margaret, The Path to Power, London 1995.
The Corporation of the City of Glasgow, Industry on the Move, Glasgow 1959.
The Corporation of the City of Glasgow. The First Quinquennial Review of the Development Plan 1960. The Survey Report, Glasgow 1960.
Dies., Report on a Highway Plan for Glasgow, Glasgow 1965.
Dies./University of Glasgow, The Springburn Study. Urban Renewal in a Regional Context, Glasgow 1967.
Dies., Conservation in Glasgow. A Preliminary Report, Glasgow 1971.
Dies., Planning Policy Report on the Central Area, Glasgow 1975.
The Scottish Executive, Review of Scotland's Cities – The Analysis, Edinburgh 2002, URL: http://www.scotland.gov.uk/Resource/Doc/47021/0027033.pdf (Abruf 14.10.2011).

The Scottish Government, Statistical Bulletin, Planning Series, Scottish Vacant and Derelict Land Survey 1990.

The Scottish Government, Statistical Bulletin, Planning Series, Scottish Vacant and Derelict Land Survey 2012, URL: http://www.scotland.gov.uk/News/Releases/2013/01/scottish-vacant-derelict-land (Abruf 30.4.2013).

The Scottish Council, Inquiry into the Scottish Economy 1960–1961. Report of a Committee Appointed by the Scottish Council (Development and Industry) under the Chairmanship of J. N. Toothill, Edinburgh 1961.

Third Eye Centre, George Wyllie. Scul?ture Jubilee 1966–1991, Glasgow 1991.

Thompson, Willie/Finlay Hart, The U.C.S. Work-In. Foreword by Jimmy Reid, London 1972.

Tidal Harbours Commission, Appendix C to Second Report of the Commissioners with Supplement and Index, London 1847.

Torrance, David, Great Scottish Speeches, Edinburgh 2011.

Touraine, Alain, La Société Post-Industrielle. Naissance d'une société, Paris 1969.

Virilio, Paul, die Auflösung des Stadtbildes, in: Jörg Dünne (Hrsg.), Raumtheorie, Frankfurt a.M 2007, S. 261–273.

Wannop, Urlan A., The Physical Strategy, in: West Central Scotland Plan Team, Report. Conference West Central Scotland Plan, Glasgow 1974.

West Central Scotland Plan Team, Strathclyde. The Economic Impact of Offshore Oil, Glasgow 1975.

Wiener, Martin J., English Culture and the Decline of the Industrial Spirit 1850–1980, Cambridge u. a. 1981.

Wolzogen, Alfred von (Hrsg.), Aus Schinkels Nachlaß. Reisetagebücher, Briefe und Aphorismen, Berlin 1862.

World Commission on Environment and Development, Our Common Future, Oxford/New York 1987.

Wyllie, George The Straw Locomotive, in: Harvey (Hrsg.), TSWA 3D, S. 18.

Presse und Zeitschriften

BBC-News

O. A., Motorola to Close Scottish Plant, in: BBC News, 24.4.2001, URL: http://news.bbc.co.uk/2/hi/uk_news/scotland/1294237.stm (Abruf 9.4.2013).

O. A., BT Opens Indian Call Centres, in: BBC News, 7.3.2003, URL: http://news.bbc.co.uk/2/hi/business/2828391.stm (Abruf 5.8.2013).

O.A, Glasgow unveils £1,5 m rebranding, in: BBC-News Online, 9.3.2004, URL: http://news.bbc.co.uk/2/hi/uk_news/scotland/3547313.stm (Abruf 7.12.2014).

O. A., Clyde Arc reopens after repairs, 29.6.2008, URL: http://news.bbc.co.uk/2/hi/uk_news/scotland/glasgow_and_west/7477405.stm (Abruf 20.12.2014).

Der Spiegel (1947–2014)

Spiegel-Archiv seit 1947, Alles Spiegel-Ausgaben und Artikel können über die Suchfunktion auf Spiegel-Online eingesehen werden, URL: http://www.spiegel.de/spiegel/print/ (Abruf 20.12.2014).

Der Tagesspiegel
Schaper, Rüdiger, Mächtig viel Stil. Glasgows Niedergang und Auferstehung erinnert in manchem an Berlin. Ein paar Schmutzecken gibt es noch – zum Glück, in: Der Tagesspiegel, 14.3.2010.

Die Zeit
Luyken, Reiner, England sagt man nicht mehr, in: Die Zeit, 23.4.1998.
O. A., Elbvertiefung. Kampf um die Pötte, in: Die Zeit, 16.03.2012.

Evening Times
Lundy, Iain, Mr Happy 25 Years On, in: Evening Times, 23.6.2003.
Ders., The Killing of Mr. Happy, in: Evening Times, 25.6.2008.

Financial Times
Raban, Jonathan, My Own Personal Metropolis, Financial Times, 8.8.2008.

Glasgow Herald, ab 1992 The Herald (1900–2014)
Ausgaben vor 1989: Alle Ausgaben des Glasgow Herald liegen in der Mitchell Library in Glasgow auf Mikrofilm vor und wurden dort oder über das Google-News-Archiv eingesehen. Online sind alle Ausgaben zwischen 1806 und 1990 zugänglich, URL: http://news.google.com/newspapers?nid=GGgVawPscysC&hl=en.
Ausgaben seit 1989: The Herald Scotland, Online-Archive, URL: http://www.herald scotland.com/archive.

The Guardian
Ballantyne, Aileen, Where Stabbings and Razor Attacks are Commonplace, in: The Guardian, 29.8.1982.
Gardner, Raymond, No Mean Lady, in: The Guardian, 20.10.1972.
Hetherington, Peter, Breathing Life into a City's Old Patient, The Guardian, 6.6.1979.
Jeffrey, Moira, George Wyllie Obituary. Self-taught Sculptor Whose Work Had an Enduring Influence on Scottish Artists, in: The Guardian, 22.3.2012.
Scott, Kirsty, As the Wealth and Health Gap Widen, Glasgow Rebrands Itself as City of Style, in: The Guardian, 10.3.2004.
Hetherington, Peter, Breathing Life into a City's Old Patient, The Guardian, 6.6.1979.

The Illustrated London News
O. A. The Harbour of Glasgow, Illustrated London News, 2.9.1876, S. 219.

The Independent
Arlidge, John, Hopes Shrivel after the Hype, in: The Independent, 2.10.1994.

New Statesman
Sandbrook, Dominic, Au Revoir, Never Goodby, in: New Statesman, 26.2.2009.

The Scotsman

O. A., Silicon Glen. The Miracle that Just Melted Away, in: Scotsman.com, 8.11.2007, URL: http://www.scotsman.com/news/scottish-news/top-stories/silicon-glen-the-miracle-that-just-melted-away-1-698782 (Abruf 23.4.2012).

MacGee, Denny, £30m Exhibition Centre to Be Built in Glasgow, in: The Scotsman, 16.3.1982.

Mansfield, Susan, George Wyllie. Marvels of a Georgian Era, in: The Scotsman, 8.3.2012.

The Times Digital Archive

The Times Digital Archive, 1785–2006, URL: http://www.thetimes.co.uk/tto/archive/ [Zugang über EZB].

Datenbanken und Internetseiten

archinform, Internationle Architektur-Datenbank, URL: http://deu.archinform.net/projekte/10976.htm (Abruf 31.08.2014).

Capella Group Limited Glasgow, Immobilenentwickler des Broomielaw-Projekts, URL: http://www.capellagroup.co.uk/pd_broomielaw_quay.html (Abruf 16.7.2013).

Charles Landry, Homepage, URL: http://charleslandry.com (Abruf 19.12.2014).

Clydewaterfront, Projekt-Homepage, URL: http://www.clydewaterfront.com (Abruf 19.12.2014).

Città d'Acqua – Cities on Water, Homepage des gleichnamigen non-profit Netzwerks mitSitz in Venedig, URL: http://www.citiesonwater.com/sito/home2.htm (Abruf 17.9.2013).

Commonwealth Games Glasgow 2014, Homepage des Veranstalters mit Angaben über den Veranstaltungsort rund um das SECC, das ehemalige Queen's Dock, URL: http://www.glasgow2014.com/games/venues/secc-precinct (Abruf 7.5.2013).

Commonwealth Games Glasgow 2014: Billy Conolly History and Culture of Glasgow. Glasgow Made, URL: http://www.youtube.com/watch?v=sJqB2bW336k (Abruf 16.8.2013).

Dictionary of Scottish Architects 1840–1980, Kurzbiografien schottischer Architekten, URL: http://www.scottisharchitects.org.uk/architect_full.php?id=207826 (Abruf 7.5.2013).

Europäische Union, Programm zur Entwicklung des Kreativsektors in den urbanen Zentren Mitteleuropas, URL: http://www.creativecitiesproject.eu/en/index.shtml (Abruf 6.12.2014).

General Register Office for Scotland, Bevölkerung Schottlands, URL: http://www.gro-scotland.gov.uk/statistics/theme/population/estimates/mid-year/time-series.html (Abruf 12.4.2012).

George Wyllie Foundation, URL: http://georgewyllie.com (Abruf 28.8.2013).

George Wyllie Education Initiative, URL: http://www.whysman.org.uk (Abruf 2.9.2013).

Glasgow City Council, Homepage der Stadtverwaltung mit zahlreichen Dokumenten zur Stadtplanung und -entwicklung, Informationen zur Achitektur und Geschichte, Statistiken und Daten zu allen Stadtpolitischen Themen, URL: https://www.glasgow.gov.uk/ (Abruf 7.12.2014).

Glasgow for Business; Broomielaw-Projekt, URL: http://www.glasgowforbusiness.com/development-opportunities/office-development/220-broomielaw/ (Abruf 5.8.2013).

New Glasgow Society, Homepage der NGS gegen das Broomielaw-Projekt, vgl. URL: http://www.broomielaw.org/ (Abruf 5.8.2013)

International Finance and Service District, URL: http://www.ifsdglasgow.co.uk/why-ifsd/facts--figures (Abruf 14.12.2014).

International Labour Office, Department of Statistics, Laborsta Internet database, Zahlen zur Arbeitlosigkeit in Großbritannien, URL: http://laborsta.ilo.org/default.html (Abruf 12.4.2013).

Invest Glasgow, Statistiken zur ökonomischen Entwicklung Glasgows, URL: http://investglasgow.com/ (Abruf 14.12.2014).

National Records of Scotland, Glasgow City Council Area – Demographic Factsheet, URL: http://www.nrscotland.gov.uk/statistics-and-data/statistics/stats-at-a-glance/council-area-profiles (Abruf 31.12.2015).

Nomis Official Labour Market Statistics, Stadtscharfe Arbeitsmarktzahlen, URL: http://www.nomisweb.co.uk/ (Abruf 19.4.2013).

SECC, Homepage des SECC, URL: http://www.secc.co.uk/ (Abruf 3.1.2013).

Quatar Financial Centre, The Global Financial Centres Index 16, Quatar 2014, URL: http://www.longfinance.net/images/GFCI16_22September2014.pdf (Abruf 14.12.2014).

Radical Glasgow, Biographische Informationen rund um die Geschichte der Arbeiterbewegung in Glasgow, URL: http://www.radicalglasgow.me.uk/strugglepedia (Abruf 8.11.2014).

Scottish Music Centre, Call That Singing!, Mitmachchor seit der Kulturhauptstadt, URL: http://www.scottishmusiccentre.com/directory/e162 Abruf 18.9.2013).

Understanding Glasgow, Statistiken und Zahlen zur Lebensqualität und zur Gesundheit in Glasgow, URL: http://www.understandingglasgow.com/indicators/economic_participation/unemployment/ilo_unemployment_trends/scottish_cities (Abruf 14.12.2014).

UNESCO, Creative Cities Network, URL: http://www.unesco.de/creative-cities.html (Abruf 6.12.2014).

VillageStorytellingCentre, Memories of Transformation, Oral-History, URL: https://soundcloud.com/villagestorytellingcentre/podcast-interviews-for-memories-of-transformation (Abruf 5.12.2014).

Filmmaterial

Govan Ghost Story, England 1989, Regie: David Hayman, Buch: Bryan Elsley, 60 min.

Just Another Saturday, England 1975, Regie: John Mackenzie, Drehbuch: Peter McDougall, 77min.

Just Your Luck, England 1972, Regie: Mike Newell, Buch: Peter McDougall, 75 min.

Queen Mary, Großbritannien 1957; Regie: o. A., Buch: o.A., 2 min., URL: http://www.clydewaterfront.com/our-journey/video-gallery/queen-mary-%281957 %29 (Abruf15.2.2011).

Seawards the Great Ships, Großbritannien 1961, Regie: Hilary Harris, Buch: John Grierson/Clifford Hanley, 28 min.

The Bowler and the Bunnet, Großbritannien 1967, Regie und Buch: Clifford Hanley, 36 min.
The Why?sman – In Pursuit of the Question Mark, Großbritannien 1990, Regie: Murray Grigor, Buch: Ders./George Wyllie, o.A.
Young in Heart, Großbritannien 1963, Regie: David Welsh, Buch: Clifford Hanley, 23 min.

Sekundärliteratur

Abelshauser, Werner, Deutsche Wirtschaftsgeschichte seit 1945, Bonn 2004.
Abrams, Lynn/Callum G. Brown (Hrsg.), A History of Everyday Life in Twentieth Century Scotland, Edinburgh 2010.
Addison, Paul, The Road to 1945, London 1975.
Addison/Harriet Jones (Hrsg.), Companion to Contemporary Britain, Malden, Ma, Oxford 2005.
Addison., No Turning Back. The Peacetime Revolutions of Post-War Britain, Oxford 2010.
Aitken, Keith, The Bairns o'Adam, The Story of the STUC, Edinburgh 1997.
Allen, Robert C., The British Industrial Revolution in Global Perspective, Cambridge 2009.
Aldcroft, Derek H./Michael J. Freeman (Hrsg.), Transport in the Industrial Revolution, Manchester 1983.
Ambrosius, Gerold, Agrarstaat oder Industriestaat – Industriegesellschaft oder Dienstleistungsgesellschaft? Zum sektoralen Strukturwandel im 20. Jahrhundert, in: Reinhard Spree (Hrsg.), Geschichte der deutschen Wirtschaft im 20. Jahrhundert, München 2001, S. 50–69.
Arnold, Jörg, ›De-industrialization‹. A Research Project on the Societal History of Economic Change in Britain (1970–90), in: German Historical Institute Bulletin 34 (2012), Heft 2, S. 34–60.
Ashworth, Gregory J./Henk Voogd, Selling the City. Marketing Approaches in Public Sector Urban Planning, London, New York 1990.
Ashworth, William, The History of the British Coal Industry, Bd. 5, 1946–1982: The Nationalized Industry, Oxford 1986.
Assmann, Aleida, Geschichte findet Stadt, in: Moritz Csáky/Christoph Leitgeb (Hrsg.), Kommunikation – Gedächtnis – Raum. Kulturwissenschaften nach dem ›Spatial Turn‹, Bielefeld 2009, S. 13–28.
Augé, Marc, Orte und Nicht-Orte. Vorüberlegungen zu einer Ethnologie der Einsamkeit, Frankfurt a. M. 1994.
Bagwell, Philip S., The Transport Revolution 1770–1985, London 1974.
Bagwell, Philip S./Peter Lyth, Transport in Britain. From Canal Lock to Gridlock, London 2002.
Baird, Alfred J./Vincent F. Valentine, Port Privatisation in the United Kingdom, in: Mary R. Brooks/Kevin Cullinane (Hrsg.), Devolution, Port Governance and Port Performance, Oxford u. a. 2007, S. 55–84.
Baumann, Zygmunt, Liquid Modernity, Cambridge 2000.

Beckett, Andy, When the Lights Went Out. What Really Happened to Britain in the Seventies, London 2009.
Bellamy, Martin, Shipbuilding and Cultural Identity on Clydeside, in: Journal for Maritime Research 8 (2006), Heft 1, S. 1–33.
Bellamy, Martin/Bill Spalding, The Golden Years of the Anchor Line, Catrine 2011.
Berg, Maxine/Pat Hudson, Rehabilitating the Industrial Revolution, in: Economic History Review 45 (1992), Heft 1, S. 24–50.
Berger, Peter L./Thomas Luckman, Die gesellschaftliche Konstruktion der Wirklichkeit. Eine Theorie der Wissenssoziologie, 24. Aufl., Frankfurt a. M. 2012.
Black, Jeremy, Britain since the Seventies, London 2004.
Black, Europe Since the Seventies, London 2009.
Black, Lawrence, ›What kind of people are you?‹ Labour, the People and the ›New Political History', in: John Callaghan u. a. (Hrsg.), Interpreting the Labour Party. Approaches to Labour Politics and History, Manchester 2003, S. 23–38.
Blackbourn, David, A sense of Place. New Directions in German History, London 1999.
Blair, Alasdair M., The British Iron and Steel Industry Since 1945, in: The Journal of European Economic History 26 (1997), Heft 3, S. 571–581.
Boltanski, Luc/Ève Chiapello, Der neue Geist des Kapitalismus, Konstanz 2003.
Booker, Christopher, The Seventies. Portrait of a Decade, London 1980.
Boyer, Christoph, Lange Entwicklungslinien europäischer Sozialpolitik im 20. Jahrhundert. Eine Annäherung, in: Archiv für Sozialgeschichte 49 (2009), S. 25–62.
Briggs, Asa, Iron Bridge to Crystal Palace. Impact and Images of the Industrial Revolution, London 1979.
Briggs, Asa, Victorian Cities, 2. Aufl., Harmondsworth u. a. 1987.
Brindley, Tim/Yvonne Rydin/Gerry Stoker, Remaking Planning. The Politics of Urban Change in the Thatcher Years, London 1989.
Broadberry, Stephen N., The Productivity Race. British Manufacturing in International Perspective, 1850–1990, Cambridge, New York 1997.
Broadberry, Stepen N./Mary O'Mahony, Britain's Twentieth-Century Productivity Performance in International Perspective, in: Nicholas Crafts/Ian Gazely/Andrew Newell (Hrsg.), Work and Pay in Twentieth-Century Britain, Oxford 2007.
Broeze, Frank, The Globalisation of the Oceans. Containerisation from the 1950s to the Present, Newfoundland 2002.
Bruce, Steve u. a., Sectarianism in Scotland, Edinburgh 2004.
Brückweh, Kerstin/Martin Steber, Aufregende Zeiten? Ein Forschungsbericht zu Neuansätzen in der britischen Zeitgeschichte des Politischen, in: Archiv für Sozialgeschichte 50 (2010), 671–701.
Brüggemeier, Franz-Josef, Geschichte Großbritannien im 20. Jahrhundert, München 2010.
Brüggemeier, Franz-Josef, Creative Industries in the United Kingdom, in: Christiane Eisenberg/Andreas Gestrich (Hrsg.), Cultural Industries in Britain and Germany. Sport, Music and Entertainment from the Eighteenth to the Twentieth Century, Augsburg 2012, S. 187–201.
Burgess, Moira, Imagine a City. Glasgow in Fiction, Glendaruel 1998.
Burton, Anthony, The Rise and Fall of British Shipbuilding, London 1994.
Butler, David/Gareth Butler, British Political Facts Since 1979, Basingstoke 2006.

Butt, John, The Changing Character of Urban Employment 1901–1981, in: George Gordon (Hrsg.), Perspectives of the Scottish City, Aberdeen 1985, S. 212–235.

Butt, John, The Industries of Glasgow, in: Fraser/Maver (Hrsg.), Glasgow, S. 96–140.

Buxton, Neil K., Efficiency and Organization in Scotland's Iron and Steel Industry during the Interwar Period, in: The Economic History Review, New Series 29 (1976), Heft 1, S. 107–124.

Buxton, Neil K., Economic Growth in Scotland between the Wars: The Role of Production Structure and Rationalization, in: The Economic History Review 33 (1980), Heft 4, S. 538–555.

Cairncross, Alec, The British Economy Since 1945. Economic Policy and Performance, 1945–1995, 2. Aufl., Oxford 1999.

Cairncross, Alec/Barry Eichengreen, Sterling in Decline. The Devaluations of 1934, 1943 and 1967, 2. Aufl., Basingstoke 2003.

Cameron, Ewen A., Impaled Upon a Thistle. Scotland Since 1880, Edinburgh 2010.

Cameron, Ewen A., The Stateless Nation and the British State since 1918, in: Thomas M. Devine/Jenny Wormald (Hrsg.), The Oxford Handbook of Modern Scottish History, Oxford u. a. 2012, S. 620–634.

Campbell, A. D., Changes in Scottish Incomes 1924–49, in: The Economic Journal 65 (1955), Heft 258, S. 225–240.

Campbell, A. D., Costs and Contracts. Lessons from Clyde Shipbuilding between the Wars, in: Slaven/Aldcroft (Hrsg.), Business, Banking and Urban History, S. 54–79.

Campbell, A. D., Scotland since 1707. The Rise and Fall of the Scottish Industry, 2. Aufl., Edinburgh 1985.

Campbell, R. H., The Making of the Industrial City, in: Devine/Jackson (Hrsg.), Glasgow, S. 184–213.

Campbell, Scott, Increasing Trade, Declining Port Cities. Port Containerization and the Regional Diffusion of Economic Benefits, in: Helzi Nopon/Julie Graham/Ann R. Markusen (Hrsg.), Trading Industries, Trading Regions. International Trade, American Industry and Regional Economic Development, New York 1993, S. 212–255.

Cannadine, David, The Past and the Present in the English Industrial Revolution 1880–1890, in: Past and Present 103 (1984), S. 131–172.

Checkland, S. G., Scottish Banking. A History 1695–1973, Glasgow/London 1975.

Checkland, S. G., The Upas-Tree. Glasgow 1875–1975. A Study in Growth and Contraction, Glasgow 1976.

Cherry, Gordon E., Town Planning in Britain since 1900, The Rise and Fall of the Planning Ideal, Oxford, Cambridge 1996.

Childs, David, Britain Since 1945. A Political History, 6. erw. u. erg., Aufl., London 2006.

Cooke, Anthony u. a. (Hrsg.), Modern Scottish History 1707 to the Present, 5 Bde., East Linton 1998.

Cooke, Anthony, The Rise and Fall of the Scottish Cotton Industry, 1778–1914. Manchester 2010.

Cooke, Philipp N./Luciana Lazzeretti, Creative Cities, Cultural Clusters and Local Economic Development, Cheltenham 2008.

Cooper, Frederick, Dockworkers and Labour History, in: Sam Davies u. a. (Hrsg.), Dock Workers. International Explorations in Comparative Labour History, 1790–1970, Aldershot 2000, S. 523–541.

Collins, Brenda, The Origins of Irish Immigration to Scotland in the Nineteenth and Twentieth Centuries, in: Devine (Hrsg.), Irish Immigrants and Scottish, S. 5–8.
Crouch, Colin, Social Change in Western Europe, Oxford 1999, S. 39–44.
Cudahy, Brian J., Box Boats. How Container Ships Changed the World, New York 2007.
Cullingworth, Barry, Fifty Years of Post-War Planning, in: Town Planning Review 65 (1994), Heft 3, S. 277–303.
Cullingworth, Barry (Hrsg.), British Planning. 50 Years of Urban and Regional Policy, London, New Brunswick 1999.
Cunningham-Sabot, Emmanuèle, Shrinking Cities in France and Great Britain. A Silent Process?, URL: http://metrostudies.berkeley.edu/pubs/proceedings/Shrinking/5Fol_and_Sabot_PA_final.pdf (Abruf 23.5.2014).
Daiches, David, Glasgow, London 1977.
Davies, Andrew, Youth Gangs, Masculinity and Violence in Late Victorian Manchester and Salford, in: Journal of Social History 32 (1998), S.349–369.
Davies, Andrew, The Scottish Chicago? From ›Hooligans‹ to ›Gangsters‹ in Inter-War Glasgow, in: Cultural and Social History 4 (2007), Heft 4, S. 511–527.
Davies, Andrew, Street Gangs, Crime and Policing in Glasgow during the 1930s. The Case of the Beehive Boys, in: Social History 23 (1998), Heft 4, 251–267.
Davies, Andrew, Glasgow's Reign of Terror. Street Gangs, Racketeering and Intimidation in the 1920s and 1930s, in: Contemporary British History 21 (2007), Heft 4, S. 405–427.
Davies, H. W. E., The Planning System and the Development Plan, in: Barry Cullingworth (Hrsg.), British Planning. 50 Years of Urban and Regional Policy, London/New Brunswick 1999.
Devine, Thomas M., The Tobacco Lords. A Study of the Tobacco Merchants of Glasgow and Their Trading Activities 1740–1790, Edinburgh 1975.
Devine, Thomas M., The Union of 1707 and Scottish Development, in: Scottish Economic and Social History 5 (1985), S. 23–40.
Devine, Thomas M. (Hrsg.), Irish Immigrants and Scottish Society in the Nineteenth and Twentieth Centuries, Edinburgh 1991.
Devine, Thomas M./Gordon Jackson (Hrsg.), Glasgow. Volume I: Beginnings to 1830, Manchester/New York 1995. Devine, Thomas M./Richard J. Finlay (Hrsg.), Scotland in the Twentieth Century, Edinburgh 1996.
Devine, Thomas M., The Golden Age of Tobacco, in: Ders./Jackson (Hrsg.), Glasgow, S. 139–183.
Devine, Thomas M., The Scottish Nation 1700–2000, London 1999.
Devine, Thomas M., Industrialisation, in: Ders./Lee/Peden (Hrsg.), The Transformation of Scotland, S. 34–70.
Devine, Thomas M./Clive H. Lee/George C. Peeden (Hrsg.), The Transformation of Scotland. The Economy Since 1700, Edinburgh 2005.
Devine, Thomas M., The Scottish Nation. A History 1700–2007, London u.a. 2006.
Devine, Thomas M./Jenny Wormald (Hrsg.), The Oxford Handbook of Modern Scottish History, Oxford 2012.
Deutsches Institut für Stadtbaukunst/Harald Bodenschatz/Vittorio Magnago Lamupnani (Hrsg.), 25 Jahre Internationale Bauaustellung in Berlin 1987. Ein Höhepunkt des europäischen Städtebaus, Sulgen 2012.

Dickson, Tony/James H. Treble, Introduction: Scotland, 1914–1990, in. Dies.(Hrsg.), People and Society in Scotland, Band III, 1914–1990, S. 1–11.

Dickson, Tony/James H. Treble, People and Society in Scotland, Volume III, 1914–1990, Edinburgh 1992.

Dix, Gerald, Patrick Abercrombie, in: Gordon E. Cherry, Pioneers in British Planning, London 1981, S. 103–125.

Donelly, Mark, Sixties Britain. Culture, Society and Politics, Harlow 2005.

Arthur Donovan/Joseph Bonney, The Box that Changed the World. Fifty Years of Container Shipping. An Illustrated History. East Windsor 2006.

Döring Jörg/Tristan Thielemann (Hrsg.), Spatial Turn. Das Raumparadigma in den Kultur- und Sozialwissenschaften, Bielefeld 2008.

Döring Jörg, Spatial Turn, in: Stephan Günzel (Hrsg.), Raum. Ein interdisziplinäres Handbuch, Stuttgart 2010, S. 90–99.

Doering-Manteuffel, Anselm/Lutz Raphael, Nach dem Boom. Perspektiven auf die Zeitgeschichte seit 1970, 2. Aufl., Göttingen 2010.

Doering-Manteuffel, Anselm, ›Soziale Demokratie‹ als transnationales Ordnungsmodell im 20. Jahrhundert, in: Jost Dülffer/Wilfried Loth (Hrsg.), Dimensionen internationaler Geschichte, München 2012, S. 313–334.

Driemel, Hannes, Hafenarbeit im Containerterminal. Präzisionsarbeit statt Muskelkraft, in: Deutsches Schifffahrtsmuseum Bremerhaven (Hrsg.), Lebenswelt Hafen. So viel Wind und keine Segel, Bremerhaven 1986.

Dülffer, Jost, Europäische Zeitgeschichte – Narrative und historiographische Perspektiven, in: Zeithistorische Forschungen, Online-Ausgabe, 1 (2004), Heft 1, URL: http://www.zeithistorische-forschungen.de/16126041-Duelffer-1-2004 (Abruf 24.2.2012).

Dülffer, Jost, Jost/Anja Kruke, Von der Geschichte der europäischen Integration zur Gesellschaftsgeschichte Europas nach 1945, in: Archiv für Sozialgeschichte 49 (2009), S. 3–24.

Dünne Jörg, (Hrsg.), Raumtheorie, Grundlagentexte aus Philosophie und Kulturwissenschaften, Frankfurt a. M. 2007.

Duncan, James S., Me(trope)olis. Or Hayden White among the Urbanists, in: ›Anthony D. King, Re-Presenting the City. Ethnicity, Capital and Culture in the 21st-Century Metropolis, Basingstoke 1996, S. 253–268.

Ebke, Almuth ›The Party is Over?‹ Die Wirtschaftspolitik der Regierungen Heath, Wilson und Callaghan und das Narrativ des »British Decline«, 1970–76, Ms., Tübingen 2011.

Eckel, Jan, Hans Rothfels. Eine intellektuelle Biographie im 20. Jahrhundert, Göttingen 2005.

Edelman, Murray, Politik als Ritual. Die symbolische Funktion staatlicher Institutionen und politischen Handelns, 3. erw. Aufl., Frankfurt a. M. 2005.

Edwards, Brian, Glasgow Improvements, 1866–1901, in: Reed, Glasgow: The Forming of the City, S. 84–103.

Eichengreen, Barry, European Economy since 1945. Coordinated Capitalism and Beyond, Princeton, Oxford 2007.

Edgerton, David, The ›White Heat‹ Revisited. The British Government and Technology in the 1960s, in: Twentieth Century British History 7 (1996), Heft 1, S. 53–82.

English, Richard/Michael Kenny, Rethinking British decline, Basingstoke 2000.

Epple, Angelika, Globalisierungen, in: Docupedia Zeitgeschichte, 11.6.2012, URL: http://docupedia.de/zg/ (Abruf 17.10.2014).

Etzemüller, Thomas, Sozialgeschichte als politische Geschichte. Werner Conze und die Neuorientierung der westdeutschen Geschichtswissenschaft nach 1945, München 2001.

Etzemüller, Thomas, Social Engineering als Verhaltenslehre des kühlen Kopfes, in: Ders. (Hrsg.), Die Ordnung der Moderne. Social Engineering im 20. Jahrhundert, Bielefeld 2009.

Fahrmeier, Andreas/Elfie Rembold, Representation of British Cities. The Transformation of Urban Space 1700–2000, in: Dies. (Hrsg.), Representation of British Cities. The Transformation of Urban Space 1700–2000, Berlin, Wien 2003, S. 9–17.

Feinstein, Charles, Structural Change in the Developed Countries during the Twentieth Century, in: Oxford Review of Economic Policy 15 (1999), Heft 4, S. 35–55.

Ferguson, Niall u. a., The Shock of the Global. The 1970s in Perspective, Harvard 2010.

Fielding, Steven, Looking for the New Political History, in: Journal of Contemporary History 42 (2007), S. 515–524.

Finlay, Richard J., Modern Scotland 1914–2000, London 2004.

Finlay, Richard J., The Early Years. From the Inter-War Period to the mid-1960s, in: Hassan (Hrsg.), The Modern SNP, S. 19–30.

Floud, Roderick/Paul Johnson (Hrsg.), The Cambridge Economic History of Modern Britain, 3 Bde., Cambridge 2004.

Forsyth, W., Urban Economic Morphology on Nineteenth-Century Glasgow, in: Anthony Slaven/Derek Aldcroft (Hrsg.), Business, Banking and Urban History. Essays in Honour of S. G. Checkland, Edinburgh 1982, S. 166–191.

Foster, Janet, Docklands. Cultures in Conflict, Worlds in Collision, London 2005.

Foster, John, Strike Action and Working-Class Politics on Clydeside 1914–1919, in: International Review of Social History 35 (1990), S. 33–70.

Foster, John/Charles Woolfson, How Workers on the Clyde Gained the Capacity for Class Struggle. The Upper Clyde Shipbuilders' Work-In, 1971–2, in: John McIlroy/Nina Fisman/Alan Campbell, The High Tide of British Trade Unionism. Trade Unionism and Industrial Politics, 1964–79, Monmouth 2007, S. 297–325.

Foster, John, The Twentieth Century, 1914–1979, in: R. A. Houston/W. W. J. Knox, The New Penguin History of Scotland. From the Earliest Times to the Present Day, London u. a. 2001, S. 417–493.

Fox, Stephen, Transatlantic. Samuel Cunard, Isambard Brunel, and the Great Atlantic Steamships, New York 2003.

Fraser, Hamish/Irene Maver (Hrsg.), Glasgow. Volume II: 1830–1912, Manchester, New York 1996.

Fraser, Hamish/Irene Maver, Tackling the Problems, in: Dies. (Hrsg.), Glasgow, S. 394–440.

Freeden, Michael, The New Liberalism. An Ideology of Social Reform, Oxford 1978.

Frevert, Ute, Neue Politikgeschichte: Konzepte und Herausforderungen, in: Dies./Heinz Gerhard Haupt (Hrsg.), Neue Politikgeschichte. Perspektiven einer historischen Politikforschung, Frankfurt a. M., New York 2005, S. 7–26.

Frey, Hildebrand W., Glasgow. The Urban Banks of the River Clyde. Glasgow's Structure and Potential Development, in: Rinio Bruttomesso (Hrsg.), Waterfront. Una Nova

Frontier Urbana. 30 Progetti di Riorganizzazione e Rioso di Aree Urbane sul Fronte d'Acqua, Venedig 1991, S. 53–57

Friedrichs, Jürgen, Revitalisierung von Städten in altindustriellen Gebieten. Ein Modell und die Folgen, in: Geographische Zeitschrift 82 (1994), Heft 1, S. 133–153.

Friedrichs, Jürgen, Forschungsstand und methodologische Probleme, in: Ders./ Robert Kecskes (Hrsg.), Gentrification. Theorie und Forschungsergebnisse, Oppladen 1996, S 13–14.

García, Beatriz, Urban Regeneration, Arts Programming and Major Events. Glasgow 1990, Sidney 2000 and Barcelona 2004, in: International Journal of Cultural Policy 10 (2004), Heft 1, S. 103–118.

García, Beatriz, Deconstructing the City of Culture. The Long-Term Cultural Legacies of Glasgow 1990, in: Urban Studies 42 (2005), Heft 5/6, S. 841–868.

Gardiner, Leslie, The Changing Face of Britain from the Air, London 1989.

Garnham, Nicholas, From Cultural to Creative Industries. An Analysis of the Implications of the Creative Industries Approach to Arts and Media Policy Making in the United Kingdom, in: International Journal of Cultural Policy 11 (2005), Heft 1, S. 15–29.

Garside, W. R., British Unemployment 1919–1939. A Study in Public Policy, Cambridge u. a. 1990.

Geppert, Dominik, Großbritannien seit 1979. Politik und Gesellschaft, in: Neue Politische Literatur 54 (2009), Heft 1, S. 61–86.

Gerstung, Tobias, Glasfaser statt Eisenbahngleis: Eine Stadt sucht ihre Zukunft – Die Geschichte des MediaParks Köln, in: Jahrbuch des Kölnischen Geschichtsvereins 80 (2009/10), S. 149–190.

Gibb, Andrew, Glasgow. The Making of a City, London 1983.

Gibson, I. F., The Establishment of the Scottish Steel Industry, in: Scottish Journal of Political Economy 5 (1958), Heft 1, S. 22–39.

Gerhard Goebel-Schilling, Italo Calvinos erzählte Stadt, in: Ulrich Schulz-Buschhaus/ Helmut Meter (Hrsg.), Aspekte des Erzählens in der modernen italienischen Literatur, Tübingen 1983, S. 215–224.

Gold, John R./Margaret M. Gold, Imagining Scotland. Tradition, Representation and Promotion in Scottish Tourism since 1750, Aldershot 1995.

Gold, John R., The Practice of Modernism. Modern Architects and Urban Transformation, 1954–1972, London, New York 2007, S. 105–145.

Goss, Richard, British Ports Policies since 1945, in: Journal of Transport Economics and Policy 32 (1998), Heft 1, S. 51–71.

Gould, Peter C. Early Green Politics. Back to Nature, Back to the Land, and Socialism in Britain, 1800–1900, Brighton 1988.

Graf, Rüdiger/Kim Christian Priemel, Zeitgeschichte in der Welt der Sozialwissenschaften, Legitimität und Originalität einer Disziplin, in: Vierteljahrshefte für Zeitgeschichte 59 (2011) Heft 4, S. 479–508.

Greasley, David/Les Oxley, Discontinuities in Competitiveness. The Impact of the First World War on British Industry, in: Economich History Review 49 (1996), Heft 1, S. 82–100.

Greaves, Julian, Industrial Reorganization and Government Policy in Interwar Britain, Aldershot/Burlington 2005.

Greve, Carsten/Matthew Flinders/Sandra van Thiel, Quangos – What's in a Name?

Defining Quangos from a Comparative Perspective, in: Governance 12 (1999), Heft 2, S. 129–146.
Grober, Ulrich, Die Entdeckung der Nachhaltigkeit. Kulturgeschichte eines Begriffs, München 2010.
Gudgin, Graham/Andrew Shofield, The Emergence of the North-South Divide and its Projected Future, in: Richard T. Harrison/Mark Hart (Hrsg.), Spatial Policey in a Divided Nation, London 1993.
Häußermann, Hartmut/Dieter Läpple/Walter Siebel, Stadtpolitik, Bonn, Frankfurt a. M. 2008.
Hall, Peter, The Regional Dimension, in: Cullingworth (Hrsg.), British Planning, S. 76–89.
Hall, Peter, Cities of Tomorrow. An Intellectual History of Urban Planning and Design in the Twentieth Century, 2. Aufl., Oxford 1996.
Hall, Peter, The Cities in Civilization, London 1998.
Hamish Fraser, W./Irene Maver, Glasgow. Volume II: 1830 to 1912, Manchester, New York 1996.
Handley, James E., The Irish in Scotland, 1789–1845, Cork 1943.
Handley, James E., The Irish in Modern Scotland, Cork 1947.
Harlander, Tilman, Wohnen und Stadtentwicklung in der Bundesrepublik, in: Ingeborg Flagge (Hrsg.), Geschichte des Wohnens von 1945 bis heute. Aufbau – Neubau – Umbau, Stuttgart 1999, S. 233–417.
Harrison, Brian, Seeking a Role. The United Kingdom 1951–1970, Oxford 2009.
Harrison, Brian, Finding a Role? The United Kingdom 1970–1990, Oxford 2010.
Hart, Tom, Urban Growth and Municipal Government. Glasgow in a Comparative Context 1846–1914, in: Slaven/Aldcroft (Hrsg.), Business, Banking and Urban History, Essays in Honour of S. G. Checkland, S. 193–219.
Harvey, David, From Managerialism to Entrepreneurialism. The Transformation in Urban Governance in Late Capitalism, in: Geografiska Annaler 71 (1989), Serie B, Heft 1, 3–17.
Harvey, David, The Condition of Postmodernity, An Enquiry into the Origins of Cultural Change, Oxford 1990.
Harvie, Christopher, Scottish Industrialisation, c. 1750–1880, in: Rainer Schulze (Hrsg.), Industrieregionen im Umbruch. Historische Voraussetzungen und Verlaufsmuster des regionalen Strukturwandels im europäischen Vergleich, Essen 1993, S. 176–195.
Harvie, Christopher, Fool's Gold, The Story of North Sea Oil, London 1994.
Harvie, Christopher, No Gods and Precious Few Heroes. Scotland Since 1914, 3. erw. Aufl., Edinburgh 1998.
Hascher, Michael, Die low-tech Revolution. Container und Pipelines, in: Ralf Roth/Karl Schlögl (Hrsg.), Neue Wege in ein neues Europa. Geschichte und Verkehr im 20. Jahrhundert, Frankfurt a. M. 2009, S. 431–451.
Hassan, Gerry (Hrsg.), The Modern SNP. From Protest to Power, Edinburgh 2009.
Hayuth, Yehuda, Changes on the Waterfront. A Model-Based Approach, in Hoyle/Pinder/Husain (Hrsg.), Revitalising the Waterfront, S. 52–64.
Herbert, Ulrich, Europe in High Modernity. Reflections on a Theory of the 20th Century, in: Journal of Modern European History 5 (2007), Heft 1, S. 5–22.

Hesse, Jan-Ottmar, Die ›Krise der Selbständigkeit‹. Westdeutschland in den 1970er Jahren, in: Knut Andresen/Ursula Bitzegeio/Jürgen Mittag (Hrsg.), Nach dem Strukturbruch? Kontinuität und Wandel von Arbeitswelten, Bonn 2011, S. 87–105.

Heßler, Martina, Die *Kreative Stadt*. Zur Neuerfindung eines Topos, Bielefeld 2007.

Hewitson, Jim, The Scots at Sea. Celebrating Scotland's Maritime History, Edinburgh 2004.

High, Steven/David W. Lewis, Corporate Wasteland. The Landscape and Memory of Deindustrialization, Ithaca, London 2007.

Hitchcock, William I., The Struggle for Europe. The History of the Continent Since 1945, London 2003.

Hobsbawm, Eric Das Zeitalter der Extreme. Weltgeschichte des 20. Jahrhunderts, München 2007 [Orginal: London 1994].

Hollmann, Lisa, Kulturhauptstadt Europas – Ein Instrument zur Revitalisierung von Altindustrieregionen. Evaluierung der Kulturhauptstädte »Glasgow 1990, Cultural Capital of Europe« und ›Ruhr 2010, Essen für das Ruhrgebiet«, Diplomarbeit, Karlsruhe 2011.

Hollowell, Jonathan (Hrsg.), Britain since 1945, Oxford 2003.

Homer, Andre, Planned Communities. The Social Objectives of the British New Towns, 1946–65, in: Lawrence Black u.a. (Hrsg.), Consensus or Coercion? The State, the People and Social Cohesion in Post-War Britain, Cheltenham 2001, S. 125–135.

Hood, John u.a., The History of Clydebank, Carnforth 1988.

Hoyle, Brian S./David A. Pinder/Sohail Husain (Hrsg.), Revitalising the Waterfront. International Dimensions of Dockland Development, London 1988.

Hoyle, Brian S., Development Dynamics at the Port-City Interface, in: Ders./Pinder/Husain (Hrsg.), Revitalising the Waterfront, S. 3–19.

Hort, Arne, Von Scargill zu Blair? Der britische Bergarbeiterstreik 1984–85 als Problem einer europäischen Zeitgeschichtsschreibung, Frankfurt a.M. 2013.

Hradil Stefan/Stefan Immerfall (Hrsg.), Die westeuropäischen Gesellschaften im Vergleich, Opladen 1997.

Hurd, Archibald (Hrsg.) Ports of the World, 13. Aufl., New York 1959.

Hutton, Guthrie, Scotland's Millennium Canals. The Survival and Revival of the Forth & Clyde and Union Canals, Catrine 2002.

Imrie, Rom/Huw Thomas (Hrsg.), British Urban Policy. An Evaluation of the Urban Development Corporations, 2. Aufl., London u.a. 1999.

Jackson, Gordon, Glasgow in Transition, c. 1660 to c. 1740, in: Devine/Jackson (Hrsg.), Glasgow. Volume I, S. 63–105.

James, Harold, Geschichte Europas, München 2006.

James, Simon/Virgina Preston (Hrsg.), British Politics Since 1945. The Dynamics of Historical Change. Basingstoke, New York 2001.

Jameson, Frederic, Postmodernism and Consumer Society, in: Ders., The Cultural Turn. Selected Writings on the Postmodern, 1983–1998, London 1998.

Jamieson, Alan G., ›Not More Ports, but Better Ports‹. The Development of British Ports since 1945, in: The Northern Mariner 6 (1996), S. 29–34.

Jamieson, Alan G., Ebb Tide in the British Maritime Industries. Change and Adaption, 1918–1990, Exeter 2003.

Jarausch, Konrad H., Das Ende der Zuversicht? Die siebziger Jahre als Geschichte, Göttingen 2008.

Jencks, Charles, The Story of Post-Modernism. Five Decades of the Ironic, Iconic and Critical Architecture, Chichester 2011.

Johnman, Lewis, Internationalization and the Collapse of British Shipbuilding, 1945–1975, in: David J. Starkey/Gelina Harlaftis (Hrsg.), Global Markets. The Internationalization of the Sea Transport Industries since 1850, St. John's 1998, S. 319–354.

Johnman, Lewis/Hugh Murphy, British Shipbuilding and the State since 1918. A Political Economy of Decline, Exeter 2002.

Judt, Tony, Geschichte Europas seit dem Zweiten Weltkrieg, München, Wien 2006.

Kaelble, Hartmut, Die Besonderheiten der europäischen Stadt im 20. Jahrhundert, in: Friedrich Lenger/Klaus Tenfelde (Hrsg.), Die europäische Stadt im 20. Jahrhundert. Wahrnehmung - Entwicklung - Erosion, Köln u. a. 2006 S. 25–45.

Kaelble, Hartmut, Sozialgeschichte Europas 1945 bis zur Gegenwart, Bonn 2007.

Kastendiek, Hans/Richard Stinshoff, Kontinuität und Umbruch. Zur Entwicklung Großbritanniens seit 1945, in: Hans Kastendiek/Roland Sturm (Hrsg.), Länderbericht Großbritannien. Geschichte, Politik, Wirtschaft, Gesellschaft, 3. erw. Aufl., Bonn 2006, S. 95–116.

Kawasaki, Kenichi, Singapore as a Creative City in Globalisation. Cultural Policies and New Cosmopolitanisms, in: Journal of Global Media Studies 12 (2013), S. 31–40.

Keating, Michael, The City that Refused to Die. Glasgow. The Politics of Urban Regeneration, Aberdeen 1988.

Keeble, David, Industrial Change in the United Kingdom, in: William F. Lever (Hrsg.), Industrial Change in the United Kingdom, Harlow 1987, S. 1–20.

Kellas, James G., The Scotttish Political System, 4. Aufl., Cambridge 1989.

Kellet, John R., Glasgow. A Concise History, London 1967.

Kenefick, William, Technological Change and Glasgow's Dock Labour Force, C. 1860–1917, in: International Journal of Maritime History 13 (2001), Heft 2, S. 51–72.

Kenefick, William/Arthur McIvor (Hrsg.), The Roots of Red Clydeside, 1910–1914, Edinburgh 1996.

Kemp, Alex, The Official History of North Sea Oil and Gas, 2 Bde., London 2012.

Kerr, Peter, Post-War British Politics. From Conflict to Consensus, London 2001.

Kerr, William R., Tourism Public Policy and the Strategic Management of Failure, Oxford 2003.

Kersten, Jens, Nachhaltigkeit und Städtebau, in: Wolfgang Kahl (Hrsg.), Nachhaltigkeit als Verbundbegriff, Tübingen 2008.

Kinchin, Perilla/Juliet Kinchin, Glasgow's Great Exhibitions: 1888, 1901, 1911, 1938, 1988, Wendlebury 1988.

Kitson, Michael, Failure Followed by Success or Success Followed by Failure? A Re-Examination of British Economic Growth Since 1949, in: Floud (Hrsg.), The Cambridge Economic History of Modern Britain, Bd. 3: Structural Change and Growth 1939–2000, Cambridge 2004, S. 27–56.

Kluge, Volker, Olympische Sommerspiele. Die Chronik, Bd. 3, Mexiko-Stadt 1968 – Los Angeles 1984, Berlin 2000.

Knox, William W., Industrial Nation. Work, Culture and Society in Scotland, 1800–Present, Edinburgh 1999.

Konvitz, Josef W., Missing the Boat. Port City Planning in Glasgow during World War II, in: Urban Studies 29 (1992), Heft 8, S. 1293–1304.

Konvitz, Josef W., The Crisis of Atlantic Port Cities, 1880 to 1920, in: Comparative Studies in Society and History 36 (1994), Heft 2, S. 293–318.

Kretschmer, Winfried, Geschichte der Weltausstellungen, Frankfurt a. M. 1999.

Kummer, Sebastian, Einführung in die Verkehrswirtschaft, Wien 2006.

Kynaston, David, Austerity Britain 1945–48. A World to Build, London 2007.

Lampugnani, Vittorio M., Die Stadt im 20. Jahrhundert: Visionen, Entwürfe, Gebautes, 2 Bde., Berlin 2010.

L'Etang, Jacquie, Public Relations in Britain: A History of Professional Practice in the Twentieth Century, Mahwah, NJ, London 2004.

Lavery, Brian, Ship: 5,000 Years of Maritime Adventure, London 2004.

Law, Christopher M./C. J. Grundy/M. L., Senior, The Greater Glasgow Area, Salford 1984.

Lee, Clive H., The Establishment of the Financial Network, in Devine/Ders./Peden (Hrsg.), The Transformation of Scotland, S. 100–128.

Lee, Clive H., Scotland 1860–1939: Growth and Poverty, in: Roderick Floud/Paul Johnson (Hrsg.), The Cambridge Economic History of Modern Britain, Volume II: Economic Maturity 1860–1939, Cambridge u. a. 2004, S. 428–455.

Lees, Andrew, Cities Perceived. Urban Society in European and American Thought, 1820–1940, New York 1985.

Leese, Peter, Britain Since 1945. Aspects of Identity, Basingstoke 2006.

Lefebvre, Henri, Die Produktion des Raumes, in: Dünne (Hrsg.), Raumtheorie, S. 330–341.

Lenger, Friedrich/Klaus Tenfelde (Hrsg.), Die europäische Stadt im 20. Jahrhundert. Wahrnehmung -Entwicklung – Erosion, Köln u. a. 2006.

Lenman, Bruce, An Economic History of Modern Scotland, 1660–1976, London 1977.

Levinson, Marc, The Box. How the Shipping Container Made the World Smaller and the World Economy Bigger. Princeton, Oxford 2006.

Levitt, Ian, The Origins of the Scottish Development Department, 1943–62, in: Scottish Affairs 14 (1996), URL: http://www.scottishaffairs.org/backiss/pdfs/sa14/sa14_Levitt.pdf (Abruf 12.2.2013).

Linde, Horst, Containertechnologie – (R)Evolution des Seeverkehrs, in: Hans-Joachim Braun (Hrsg.), Seetransport in Geschichte und Gegenwart. Vorträge der Jahrestagung der Georg-Agricola-Gesellschaft 2004 in Bremerhaven, Freiberg 2005, S. 77–94.

Lindsay, Jean, The Canals of Scotland, Newton Abbot 1968.

Lindsay, Maurice, Glasgow. Fabric of a City, London 2001.

Lloyd, George, Property-Led Partnership Arrangements in Scotland, in: Patsy Healey u. a. (Hrsg.), Rebuilding the City. Property-led Urban Regeneration. London 1992, S. 233–244.

Löw, Martina/Silke Steets/Sergej Stoetzer, Einführung in die Stadt- und Raumsoziologie, 2. erw. Aufl., Opladen, Farmington Hills 2008.

Löw, Martina, Soziologie der Städte, Frankfurt a. M. 2008.

Losekoot, Erwin/Roy C. Wood, Prospects for Tourism Employment, in: Scottish Affairs 34 (2001), S. 91–106.

Lowe, Rodney, The Second World War, Consensus, and the Foundation of the Welfare State, in: Twentieth Century British History 1 (1990), Heft 2, S. 152–182.

Lowe, Rodney, The Welfare State in Britain since 1945, 3. Aufl., Basingstoke 2005.

Lübbe, Hermann, Gegenwartschrumpfung, in: Klaus Backhaus/Holger Bonus (Hrsg.), Die Beschleunigungsfalle oder der Triumpf der Schildkröte, 3. Aufl., Stuttgart 1998, S. 129–164.
Luks, Timo, Der Betrieb als Ort der Moderne. Zur Geschichte von Industriearbeit, Ordnungsdenken und Social Engineering im 20. Jahrhundert, Bielefeld 2010.
Lutz, Burkhart, Der kurze Traum immerwährender Prosperität. Eine Neuinterpretation der industriell-kapitalistischen Entwicklung im Europa des 20. Jahrhunderts, Frankfurt a. M., New York 1989.
Lyanche, Peter, Scottish Government and Politics. An Introduction, Edinburgh 2001.
Lynch, Kevin, The Image of the City, Harvard, Oxford 1960.
Lythe, S. G. E./John Butt, An Economic History of Scotland 1100–1939, Glasgow, London 1975.
Macdonald, Catriona M. M., Whaur Extremes Meet. Scotland's Twentieth Century, Edinburgh 2009.
Macinnes, John, The Deindustrialisation of Glasgow, in: Scottish Affairs 223 (1998), S. 108–124.
MacLellan, Rory/Ronnie Smith (Hrsg.), Tourism in Scotland, London 1998.
Maddison, Angus, The World Economy. A Millennial Perspective, Paris 2001.
Markus, Thomas A., Comprehensive Development and Housing, 1945–75, in: Reed, Glasgow. The Forming of the City, S. 147–165.
Markus, Thomas A., Visions of Perfection. The Influence of Utopian Thought upon Architecture from the Middle Ages to the Present Day, Glasgow 1985.
Marshall, Richard (Hrsg.), Waterfronts in Post-Industrial Cities, London, New York 2001.
Marr, Andrew, The Battle for Scotland, London 1992.
Marr, Andrew, A History of Modern Britain, London 2007.
Marwick, Arthur, The Sixties. Cultural Revolution in Britain, France, Italy, and the United States, c.1958-c.1974, Oxford 1998.
Marwick, Arthur, British Society Since 1945, 4. erw. Aufl., London u. a. 2003.
Mathias, Peter, The First Industrial Nation. An Economic History of Britain 1700–1914, 2. Aufl., London, New York 1983.
Maver, Irene, Glasgow, Edinburgh 2000.
Mazower, Mark, Der dunkle Kontinent. Europa im 20. Jahrhundert, Berlin 2000.
McConnell, Allan, Scottish Local Government, Edinburgh 2004.
McCrone, Gavin/J. N Randall, The Scottish Development Agency, in: Richard Saville (Hrsg.), The Economic Development of Modern Scotland 1950–1980, S. 233–244.
McCrorie, Ian, Clyde Pleasure Steamers in Illustrated History, Greenock 1986.
McGregor, Alan/Frank Mather, Developments in Glasgow's Labour Market, in: William Lever/Chris Moore, The City in Transition. Policies and Agencies for the Economic Regeneration of Clydeside, Oxford 1986, S. 22–43.
McKean, Charles, Between the Wars, in: Reed (Hrsg.), Glasgow. The Forming of the City, S. 130–146.
McKenzie, John M., ›The Second City of the Empire‹. Glasgow – Imperial Municipality, in: Felix Driver/David Gilbert, Imperial Cities. Landscape, Display and Identity, Manchester u. a. 1999, S. 215–237.
McLean, Bob, Labour in Scotland since 1945: Myth and Reality, in: Gerry Hassan, The Scottish Labour Party. History, Institutions and Ideas, Edinburgh 2004, S. 34–50.

Mclean, Iain, Challenging the Union, in: Devine/Wormald (Hrsg.), The Oxford Handbook of Modern Scottish History, S. 635–651.

McSmith, Andy, No Such Thing as Society. A History of Britain in the 1980s, London 2010.

Meller, Helen, Towns, Plans and Society in Modern Britain, Cambridge 1997.

Mettler, Elisabeth, Nachhaltige Effekte oder Strohfeuer für ein Jahr? Die Kulturstadtjahre Glasgow 1990, Luxemburg 1995 und Weimar 1999, in: Mittag (Hrsg.), Die Idee der Kulturhauptstadt, S. 125–143.

Mergel, Thomas, Großbritannien seit 1945, Göttingen 2005.

Metz, Rainer, Expansion und Kontraktion. Das Wachstum der deutschen Wirtschaft, in: Reinhard Spree (Hrsg.), Geschichte der deutschen Wirtschaft im 20. Jahrhundert, München 2001.

Metzler, Gabriele, Staatsversagen und Unregierbarkeit in den 1970er Jahren?, in: Jarausch (Hrsg.), Das Ende der Zuversicht? S. 243–260.

Metzler, Gabriele/Dirk van Laak, Die Konkretion der Utopie. Historische Quellen der Planungsutopien der 1920er Jahre, in: Isabel Heinemann/Patrick Wagner (Hrsg.), Wissenschaft-Planung-Vertreibung. Neuordnungskonzepte und Umsiedlungspolitik im 20. Jahrhundert, Stuttgart 2006, S. 23–43.

Middell, Matthias, Der Spatial Turn und das Interesse an der Globalisierung in der Geschichtswissenschaft, in: Döring/Thielemann (Hrsg.), Spatial Turn, S. 103–124.

Middleton, Alan, Glasgow and its East End, in: Ders./David Donnison (Hrsg.), Regenerating the Inner City. Glasgow's Experience, London 1987, S. 3–33.

Middelton, Roger, The British Economy Since 1945, Basingstoke 2000.

Miller, Mervyn, Abercrombie, Sir Leslie Patrick 1879–1957, in: H. C. G. Mathew/Brian Harrison (Hrsg.), Oxford Dictionary of National Biography. From the Earliest Times to the Year 2000, Bd. 1, Oxford u. a. 2004, S. 79–83.

Miller, William, Politics in the Scottish City 1832–1982, in: George Gordon (Hrsg.), Perspectives of the Scottish City, Aberdeen 1985, S. 180–211.

Mitchell, James, Scotland and the Union, 1945–95, in: Devine/Finlay, Scotland in the Twentieth Century, Edinburgh 1996, S. 85–101.

Mitchell, James, Scotland. Cultural Base and Economic Catalyst, in: Jonathan Hollowell, Britain since 1945, Oxford 2003, S. 109–125.

Mitchell, James, From Breakthrough to Mainstream. The Politics of Potential and Blackmail, in: Hassan (Hrsg.), The Modern SNP, S. 31–41.

Mittag, Jürgen, Die Idee der Kulturhauptstadt Europas. Vom Instrument Europäischer Identitätsstiftung zum tourismusträchtigen Publikumsmagneten, in: Ders. (Hrsg.), Die Idee der Kulturhauptstadt Europas. Anfänge, Ausgestaltung und Auswirkungen Europäischer Kulturpolitik, Essen 2008, S. 55–96.

Moss, Michael S./John R. Hume, Workshop of the British Empire. Engineering and Shipbuilding in the West of Scotland, London/Edinburgh 1977.

Muthesius, Stefan/Miles Glenndinning, Tower Block. Modern Public Housing in England, Scotland, Wales and Northern Ireland, London 1994.

Nefiodow, Leo A., Der fünfte Kondratieff. Strategien zum Strukturwandel in Wirtschaft und Gesellschaft, Frankfurt a. M. 1990.

Nenadic, Stana, The Victorian Middle Classes, in: Fraser/Maver, Glasgow, S. 265–299.

Nickell, Stephen/Luca Nunziata/Wolfgang Ochel, Unemployment in the OECD since the 1960s. What Do We Know, in: The Economic Journal 115 (Januar 2005), S. 1–27.

Niesing, Hartmut, Die Gewerbeparks (›industrial estates‹) als Mittel der staatlichen regionalen Industrialisierungspolitik dargestellt am Beispiel Großbritanniens, Berlin 1970.
Nisbet, Gary/Tim Gardner, Walter Macfarlane und Co. (1850–1965), URL: http://glasgowsculpture.com/pg_biography.php?sub=macfarlane_w-co (Abruf 04.06.2012).
Noller, Peter, Globalisierung der Stadträume und Lebensstile. Kulturelle und lokale Repräsentationen des globalen Raums, Opladen 1999.
Nonn, Christoph, Die Krise des Ruhrbergbaus bis zur Gründung der Ruhrkohle AG (1957/58 bis 1969), in: Michael Farrenkopf u. a. (Hrsg.), Glück auf! Ruhrgebiet. Der Steinkohlenbergbau nach 1945, Bochum 2009.
O'Brien, Patrick K., Introduction: Modern Conceptions of the Industrial Revolution, in: Ders. (Hrsg.), The Industrial Revolution and British Society, Cambridge 1993, S. 1–30.
O'Morgan, Kenneth, Britain Since 1945. The People's Peace, 3. erw. u. erg. Aufl., Oxford 2001.
Oerters, Kathrin, Die finanzielle Dimension der europäischen Kulturhauptstadt. Von der Kulturförderung zur Förderung durch Kultur, in: Mittag (Hrsg.), Die Idee der Kulturhauptstadt, S. 97–124.
Osborn, Frederic J., Abercrombie, in: Arnold Whittick (Hrsg.), Encyclopedia of Urban Planning, New York u. a. 1974, S. 2 f.
Oswin, Natalie, The Queer Time of Creative Urbanism. Family, Futurity, and Global City Singapore, in: Environment and Planning 44 (2012), Heft 7, S. 1624–1640.
Owzar, Armin, Schrumpfen in der Gegenwart – Schrumpfen in der Geschichte. Zur Einführung, in: Ders./Angelika Lampen (Hrsg.), Schrumpfende Städte. Ein Phänomen zwischen Antike und Moderne, Köln u. a. 2008.
Pacione, Michael, Renewal, Redevelopment and Rehabilitation, in: George Gordon (Hrsg.), Perspectives of the Scottish City, Aberdeen 1985, S. 280–303.
Pacione, Michael, Glasgow. The Socio-Spatial Development of the City, Chichester 1995.
Paddison, Ronan, City Marketing, Image Reconstruction and Urban Regeneration, in: Urban Studies 30 (1993), S. 339–349.
Parkinson, Michael, The Thatcher Government's Urban Policy, 1979–1989, in: The Town Planning Review 60 (1989), Heft 4, S. 521–540.
Parker, David, The Official History of Privatization, Volume II, Popular Capitalism, 1987–1999, Oxford, New York 2012.
Paterson, Len, From Sea to Sea. A History of the Scottish Lowlands and Highlands Canals, Glasgow 2006.
Paterson, Lindsay/Frank Bechhofer/DavidMcCrone, Living in Scotland. Social and Economic Change since 1980, Edinburgh 2004.
Payne, Peter L., Rationality and Personality. A Study of Mergers in the Scottish Iron and Steel Industry, in: Business History 19 (1977), Heft 2, S. 162–191.
Ders., The Decline of the Scottish Heavy Industries, in: Richard Saville (Hrsg.), The Economic Development of Modern Scotland, Edinburgh 1985, S. 79–113.
Ders., The Economy, in: Devine/Finlay, Scotland in the Twentieth Century, S. 13–45.
Pearce, David, Conservation Today, London, New York 1989.
Peden, George C., The Managed Economy. Scotland 1919–2000, in: Thomas M. Devine/C. H. Lee/George C. Peden (Hrsg.), The Transformation of Scotland, S. 233–264.

Ders., A New Scotland? The Economy, in: Devine/Wormald (Hrsg.), The Oxford Handbook of Modern Scottish History, S. 652–670.

Penner, Richard H., Conference Center Planning and Design. A Guide for Architects, Designers, Meeting Planners, and Facility Managers, New York 1991.

Phillips, Gordon/Noel Whiteside, Casual Labour. The Unemployment Question in the Port Transport Industry 1880–1970, Oxford 1985.

Phillipson, Nicholas, Adam Smith. An Enlighted Life, London 2011.

Pittock, Murray G. H., A New History of Scotland, Stroud 2003.

Pittock, Murray, The Road to Independence? Scotland since the Sixties, London 2008.

Pollard, Sidney (Hrsg.), The Gold Standard and Employment Policies between the Wars, London 1970.

Popp, Andrew/John Wilson, Business in the Region. From ›Old‹ Districts to ›New‹ Clusters, in: Richard Coopey/Peter Lyth (Hrsg.), Business in Britain in the Twentieth Century, Oxford 2009.

Power, Anne/Jörg Plöger/Astrid Winkler, Phoenix Cities. The Fall and Rise of Great Industrial Cities, Bristol 2010.

Priebs, Axel/Rainer Wehrhahn (Hrsg.), Neue Entwicklungen an der europäischen Waterfront, Kiel 2004.

Rainbird, Sean, Joseph Beuys und die Welt der Kelten. Beuys in Schottland, Irland und England 1970–85, München 2005.

Raithel, Thomas/Thomas Schlemmer (Hrsg.), Die Rückkehr der Arbeitslosigkeit. Die Bundesrepublik Deutschland im europäischen Kontext 1973–1989, München 2009.

Raphael, Lutz, Die Verwissenschaftlichung des Sozialen als methodische und konzeptionelle Herausforderung für eine Sozialgeschichte des 20. Jahrhunderts, in: Geschichte und Gesellschaft 22 (1996), S. 165–193.

Ders., Ideen als gesellschaftliche Gestaltungskraft im Europa der Neuzeit. Bemerkungen zur Bilanz eines DFG-Schwerpunktprogramms, in: Ders./Heinz-Elmar Tenorth (Hrsg.), Ideen als gesellschaftliche Gestaltungskraft im Europa der Neuzeit, München 2006, S. 11–27.

Ders., Ordnungsmuster der ›Hochmoderne‹? Die Theorie der Moderne und die Geschichte der europäischen Gesellschaften im 20. Jahrhundert, in: Ders./Ute Schneider (Hrsg.), Dimensionen der Moderne. Festschrift für Christof Dipper, Frankfurt a. M. 2008, S. 73–91.

Reed, Peter, Glasgow: The Forming of the City, 2. erw. Aufl., Edinburgh 1999.

Reins, Armin, Corporate Language, Mainz 2006.

Rhodes, Martin/Vincent Wright, The European Steel Crisis, 1974–84. A Study in the Demise of Traditional Unionism, in: British Journal of Political Science 18 (1988), Heft 2, S. 171–195.

Richards, Eric, The Highland Clearances, Edinburgh 2005.

Riddell, John F., Glasgow and the Clyde, in: Peter Reed (Hrsg.), Glasgow. The Forming of the City, S. 41–56.

Riddell, John F., The Clyde. The Making of a River, Edinburgh 2000.

Robertson, D. J., Population. Past and Present, in: Cunnison/Gillfillan, The Third Statistical Account, S. 48–79.

Rodger, Johnny, Contemporary Glasgow. The Architecture of the 1990s, Glasgow 1997.

Rodger, Richard, Rents and Ground Rents. Housing and the Land Market in Nineteenth-Century Britain, in: James H. Johnson/Colin G. Pooley (Hrsg.), The Structure of Nineteenth-Century Cities, London 1982, S. 39–74.

Ders., Employment, Wages and Poverty in the Scottish Cities 1841–1914, in: George Gordon (Hrsg.), Perspectives on the Scottish City, Aberdeen 1985, S. 25–63.

Ders., The Labour Force, in: Fraser/Maver (Hrsg.), Glasgow, S. 163–185.

Rodgers, Daniel T., Atlantic Crossings. Social Politics in a Progressive Age, Cambridge, London 1998.

Rogers, Tony, Conferences and Conventions. A Global Industry, 2. Aufl., Amsterdam u. a. 2007.

Rosa, Hartmut, Beschleunigung. Die Veränderungen der Zeitstrukturen in der Moderne, Frankfurt a. M. 2005.

Sandbrook, Dominic, Never Had It so Good. A History of Britain from Suez to the Beatles, London 2005.

Ders., Dominic, State of Emergency. The Way We Were: Britain 1970–1974, London 2010.

Ders., Seasons in the Sun. The Battle for Britain, 1974–79, London 2012.

Schiller, Tobias, Glasgow 1990 – Ruhrgebiet 2010. Aus Industriestädten werden Kultur(haupt)städte. Kultur als Motor der Revitalisierung altindustrieller Städte und Regionen: Ein Beitrag zur nachhaltigen Entwicklung?, Ms, Tübingen 2007.

Schlögel, Karl, Im Raume lesen wir die Zeit. Über Zivilisationsgeschichte und Geopolitik, München, Wien 2003.

Schildt, Axel/Dirk Schubert (Hrsg.), Städte zwischen Wachstum und Schrumpfung. Wahrnehmungs- und Umgangsformen in Geschichte und Gegenwart, Dortmund 2008.

Schmal, Henk (Hrsg.), Patterns of European Urbanisation since 1500, London 1981.

Schmid, Christian, Stadt, Raum und Gesellschaft. Henri Lefebvre und die Theorie der Produktion des Raumes, 2. Aufl., Stuttgart 2010.

Schmiechen, James, Glasgow of the Imagination: Architecture, Townscape and Society, in: Fraser/Maver, Glasgow, S. 486–518.

Schott, Dieter, London and its ›New Towns‹. Metropolitan Planning on Both Sides of the Channel, in: Lenger/Tenfelde (Hrsg.), Die europäische Stadt im 20. Jahrhundert, S. 284–306.

Schubert, Dirk (Hrsg.), Ufer- und Hafenzonen im Wandel. Analysen und Planungen zur Revitalisierung der Waterfront in Hafenstädten, 2. Aufl., Berlin 2002.

Ders.› London: The Unique City‹. Geplante Dekonzentration und Suburbanisierung oder Sprawl und Degeneration des Gartenstadtkonzepts, in: Ders./Axel Schildt (Hrsg.), Städte zwischen Wachstum und Schrumpfung. Wahrnehmungs- und Umgangsformen in Geschichte und Gegenwart, Dortmund 2008, S. 227–253.

Schulze, Max-Stephan, Western Europe. Economic and Social Change, London 1999.

Schulze, Rainer, Region – Industrialisierung – Strukturwandel. Annäherungen an eine regionale Perspektive sozio-ökonomischen Wandels, in: Ders. (Hrsg.), Industrieregionen im Umbruch, S. 14–33.

Ders. (Hrsg.), Industrieregionen im Umbruch. Historische Voraussetzungen und Verlaufsmuster des regionalen Strukturwandels im europäischen Vergleich, Essen 1993.

Schwarz, Angela, Industriekultur, Image und Identität im Ruhrgebiet, in: Dies. (Hrsg.), Industriekultur, Image und Identität. Die Zeche Zollverein und der Wandel in den Köpfen, Essen 2008, S. 17–67.

Scott Hughes, John, Harbours of the Clyde, London 1954.

Shapely, Peter, The Politics of Housing: Power, Policy and Consumers, Manchester, New York 2007.

Shone, Anton, The Business of Confrerences. A Hospitality Sector Overview for the UK and Ireland, Oxford 1998.

Short, J. R. u. a., Reconstructing the Image of an Industrial City, in: Annals of the Association of American Geographers 83 (1993), Heft 2, S. 207–224.

Seidel, Hans-Christoph, Kohlenkrise und Zechenstilllegungen im Ruhrgebiet, in: Jana Golombek (Hrsg.), Schichtwechsel. Von der Kohlekrise zum Strukturwandel. Katalog zur Ausstellung im LWL-Industriemuseum, Zeche Hannover in Bochum, 3.7.–30.10.2011, Essen 2011.

Sklair, Leslie, Iconic Architecture and Urban, National, and Global Identity, in: Diane E. Davis/Nora Libertun de Duren (Hrsg.), Cities and Sovereignty. Identity Politics in Urban Spaces, Bloomington 2011, S. 179–195.

Slaven, Anthony, The Development of the West of Scotland, 1750–1960, London, Boston 1975.

Slaven, Anthony/Derek H. Aldcroft (Hrsg.), Business, Banking and Urban History, Essays in Honour of S. G. Checkland, Edinburgh 1982.

Smith, Malcolm, Britain and 1940. History, Myth and Popular Memory, London 2000.

Smith, Roger, The Setting Up of the Clyde Valley Regional Planning Team and Agencies for Implementation, in: Ders./Urlan Wannop (Hrsg.), Strategic Planning in Action. The Impact of the Clyde Valley Regional Plan 1946–1982, Aldershot 1985, S. 16–40.

Smith, Roger/Urlan Wannop (Hrsg.), Strategic Planning in Action. The Impact of the Clyde Valley Regional Plan 1946–1982.

Smout, T. C., A Century of the Scottish People 1830–1950, London 1986.

Smith, Joan, Labour Tradition in Glasgow and Liverpool, in: History Workshop 17 (1984), S. 32–56.

Smith, Stephen, Labour Economics, 2. Aufl., London, New York 2003

Smyth, J. J., Labour in Glasgow 1896–1936. Socialism, Suffrage, Sectarianism, East Linton 2000.

Soja, Edward W., Thirdspace. Journeys to Los Angeles and Other Real-and-Imagined Places, London, New York 1989.

Sounes, Howard, The Sights, Sounds and Ideas of a Brilliant Decade, London 2006.

Stewart, David, Fighting for Survival. The 1980s Campaign to Save Ravenscraig Steel Works, in: Journal of Scottish Historical Studies 25 (2005), Heft 1, S 40–57.

Stopford, Martin, Maritime Economics, 3. Aufl., London 2009.

Storper, Michael/Richard Walker, The Theory of Labour and the Theory of Location, in: International Journal of Urban and Regional Research 7(1983), Heft 1, S. 1–43.

Stråth, Bo, The Politics of De-Industrialisation. The Contracting of the West European Shipbuilding Industry, London u. a. 1987.

Stratton, Michael/Barrie Trinder, Twentieth Century Industrial Archaeology, London 2001.

Supple, Barry, Fear of Failing. Economic History and the Decline of Britain, in: Economic History Review 47 (1994), Heft 3, S. 441–458.

Szöllösi-Janze, Margit, Wissensgesellschaft in Deutschland. Überlegungen zur Neubestimmung der deutschen Zeitgeschichte über Verwissenschaftlichungsprozesse, in: Geschichte und Gesellschaft 30 (2004), S. 277–313.

Therborn, Göran, Die Gesellschaften Europas 1945–2000, Frankfurt, New York 2000.

Theokas, Andrew C., Grounds for Review. The Garden Festival in Urban Planning and Design, Liverpool 2004.

Timmins, Nicholas, The Five Giants. A Biography of the Welfare State, 2. Aufl., London 2009.

Tomlinson, Jim, Inventing ›Decline‹. The Falling Behind of the British Economy in the Postwar Years, in: Economic History Review 49 (1996), S. 731–757.

Ders., The Politics of Decline, Harlow 2001.

Torrance, David, The Scottish Secretaries, Edinburgh 2006.

Treble, J. H., The Seasonal Demand for Adult Labour in Glasgow, 1890–1914, in: Social History 3 (1978), Heft 1, S. 43–60.

Ders., The Characteristics of the Female Unskilled Labour Market and the Formation of Female Casual Labour Market in Glasgow, in: Scottish Economic and Social History 6 (1986), S. 33–46.

Turner, Alwyn W., Crisis? What Crisis? Britain in the 1970s, London 2008.

Turnock, David, The Historical Geography of Scotland since 1707, Cambridge 1982.

Ulsamer, Cordula/Lothar Ulsamer, Schottland. Das Nordseeöl und die britische Wirtschaft. Eine Reise zum Rande Europas, Schondorf 1991.

Vamplew, Wray, Scottish Railways and the Development of Scottish Locomotive Building in the Nineteenth Century, in: The Business History Review 46 (1972), Heft 3, S. 320–338.

Ville, Simon, Transport, in: Roderick Floud/Paul Johnson (Hrsg.), The Cambridge Economic History of Modern Britain, Volume I: Industrialisation 1700–1860, Cambridge u. a. 2004, S. 295–331.

Vinen, Richard, A History in Fragments. Europe in the Twentieth Century, London 2000.

Virilio, Paul, Das dritte Intervall. Ein kritischer Übergang, in: Edith Decker/Peter Weibel (Hrsg.), Vom Verschwinden der Ferne. Telekommunikation und Kunst, Köln 1990.

Vries, Jan de, European Urbanisation, 1500–1850, London 1984.

Walker, Fred M., Song of the Clyde. A History of Clyde Shipbuilding, Cambridge 1984.

Wannop, Urlan, Regional Fulfilment. Planning into Administration in the Clyde Valley 1944–84, in: Planning Perspectives 1 (1986), S. 207–229.

Wannop, Urlan/Roger Leclerc, Urban Renewal and the Origins of GEAR, in: David Donnison/Alan Middleton, Regenerating the Inner City. Glasgow's Experience, London 1987, S. 61–71.

Wannop, Urlan/Roger Leclerc, The Management of GEAR, in: David Donnison/Alan Middleton (Hrsg.), Regenerating the Inner City, S. 218–231.

Ward, Stephen V., Selling Places, The Marketing and Promotion of Towns and Cities 1850–2000, London, New York 1998.

Ward, Stephen V., Public-Private Partnerships, in: Barry Cullingworth (Hrsg.), British Planning. 50 Years of Urban and Regional Policy, London, New Brunswick 1999, S. 232–249.

Warren, Kenneth, Locational Problems of the Scottish Iron and Steel Industry since 1760, Part 1, in: Scottish Geographical Magazine 81 (1965), Heft 1, S. 18–37.

Waters, Malcolm, Daniel Bell, London 1996.

Watson, Katherine, The Financial Services Sector since 1945, in: Floud/Johnson (Hrsg.), The Cambridge Economic History of Modern Britain, Volume III: Structural Change and Growth 1939–2000, Cambridge u. a. 2004, S. 167–188.

Wheatley, John, Eight-Pound Cottages for Glasgow Citizens, Glasgow 1913.

Wheen, Francis, Economic Gloom, Terror Threats, Strikes, Football Hooliganism, Civil Liberties Strangled: Why Britain is Going Back to the 70s, in: Mail online, URL: http://www.dailymail.co.uk/debate/article-1213528/Economic-gloom-Terror-threats-Strikes-Football-hooliganism-Civil-liberties-strangled-Why-Britains-going-70s.html (Abruf 23.2.2012).

Whyte, Ian D., Proto-Industrialisation in Scotland, in: Pat Hudson (Hrsg.), Regions and Industries. A Perspective on the Industrial Revolution in Britain, Cambridge 1989, S. 228–251.

Williamson, Elizabeth/Anne Riches/Malcolm Higgs. Glasgow, London 1990.

Windolf, Paul, Was ist Finanzmarkt-Kapitalismus?, in: Ders. (Hrsg.), Finanzmarktkapitalismus. Analysen zum Wandel von Produktionsregimen, Wiesbaden 2005, S. 20–57.

Wirsching, Andreas, Der Preis der Freiheit. Geschichte Europas in unserer Zeit, München 2012.

Withers, Charles, The Demographic History of the City, 1831–1911, in: Fraser/Maver (Hrsg.), Glasgow, 141–162.

Witthöft, Hans Jürgen, Container. Eine Kiste macht Revolution, Hamburg 2000.

Abkürzungen

CPA:	Clyde Port Authority
CVRP:	Clyde Valley Regional Plan
GAG:	Glasgow Appraisal Group
GDA:	Glasgow Development Agency
GCC:	Glasgow City Council
GDC:	Glasgow Distrtict Council
GEAR:	Glasgow Eastern Renewal Project
IFSD:	International Finance and Service District
ILP:	Independent Labour Party
LRU:	Land Renewal Unit
NCB:	National Coal Board
NEB:	National Enterprise Board
NPA:	National Port Authority
PPP:	Public-Private-Partnership
Quango:	Quasi Non-Governemental Organisation
SDA:	Scottish Development Agency
SECC:	Scottish Exhibition and Conference Centre, Glasgow
SEO:	Scottish Economic Office
SICRAS:	Small Industries Council for Rural Areas of Scotland
SIEC:	Scottish Industrial Estates Corporation
SNDC:	Scottish National Development Council
SNP:	Scottish Nationalist Party
SO:	Scottish Office
SoS:	Secretary of State for Scotland
SRC:	Strathclyde Regional Council
STB:	Scottish Tourist Board
STUC:	Scottish Trade Unions Congress
UCS:	Upper Clyde Shipbuilders
WTC:	World Trade Centre
WTCA:	World Trade Centre Association

Register

Personenregister

Orts- und Sachregister